入学試験日程

推薦入試
2025.1/9（木）
学力重視（国・数・英）又は、人物重視（面接・作文）選択制

一般入試
［前期］**2025.1/15**（水）
［後期］**2025.1/25**（土）
5教科 記述式〈英語リスニング実施〉

オープンスクール
7/20（土）・**21**（日）・**22**（月）

ドリカムチャレンジテスト（高校入試本番模試）
10/13（日）無料

学校見学・個別相談会
9/22（日）・**10/5**（土）・**19**（土）
10/26（土）・**11/2**（土）

イブニングセッション（個別相談・見学会）
6/3（月）～**3月上旬** 放課後

※各行事に関しましては変更の可能性……にてご確認ください。

躍進する大学合格実績!

〈2024年国公立大18名合格〉
筑波大・東京学芸大・茨城大・福島大・静岡大・長野大・

〈2024年私立大学124名合格〉 立教大・法……・成蹊大・日本大
駒澤大・北里大・神奈川大・神田外語大・東京電機大・獨協大・玉川大・東海大・東京農業大・東邦大・城西大・帝京大
拓殖大・日体大・杏林大・国際医療福祉大・千葉商科大・関東学院大・東京造形大 他

はばたく卒業生。輝く在校生。

〈硬式野球部〉**茨城県大会1位**（2020年）、**甲子園出場2回、プロ野球選手会長** 広島東洋カープ／会沢 翼捕手（中里中出身）
NTT東日本／平野宏監督（笠原中出身）

〈サッカー部〉**県大会準優勝**（2023年）、**全国大会出場9回、Jリーガー 現役選手7名**
水戸ホーリーホック／本間 幸司選手・田辺 陽太選手・内田 優晟選手、徳島ヴォルティス／田向 泰輝選手
ラインメール青森／平田 海斗選手、ロアッソ熊本／石川 大地選手、京都パープルサンガ／佐藤 響選手

〈柔　道　部〉**全国高校選手権第3位 大塚 康平**（那珂湊中出身）・**第5位 水野 克基**（中郷中出身）・**県大会団体戦男女アベック優勝**（2024年）

〈ビッグバンド部〉**口笛国際大会優勝・水戸魅力宣伝部長 口笛奏者 加藤 万里奈**（茨城大附属中出身）

〈美　術　部〉**「第72回二紀展」二紀賞（最高賞）受賞**（2018年）**青山 夢**（那珂一中出身）

〈クラシックバレエ〉**2023年 新春公演東京文化会館「ドン・キホーテ」全幕メルセデス役、滝沢歌舞伎ZERO FINL 2023出演**
オペラ藤原歌劇団、椿姫NHK出演、谷桃子バレエ団・ファーストソリスト 竹内 菜那子（水戸二中出身）

〈陸　上　部〉**県高校女子記録保持者3段跳び 渡部 凛**（水戸四中出身）（2022年）
国体出場女子100m 関 杏奈（水戸二中出身）（2023年）

〈バレーボール部〉**全日本高校選手権出場**（2018年）・**関東大会出場**（2023年）・**茨城県大会優勝**（2024年）

〈簿　記　部〉**公認会計士合格高卒2年目県最年少記録 高橋 透仁**（大島中出身）（2021年）

〈馬　　　術〉**国体優勝 中島 双汰**（明光中出身）（2019年）

〈ゴ ル フ 部〉**日本オープンゴルフ選手権ホールインワン最年少記録**（2021年）
全国高校選手権優勝 隅内 雅人（水戸二中出身）（2022年）

〈チアダンス部〉**プロバスケット茨城ロボッツダンスチーム 松岡 菜々美**（城里常北中出身）（2024年）

〈クリエイト ラボ〉**eスポーツ国際教育サミット最優秀賞**（2022年）・**アメリカファームクラフト世界大会6位**（2024年）

〈BMX自転車〉**世界大会5位 浦井 健芯**（友部中出身）（2022年）

〈ラジコンドリフトカー〉**東アジア大会マレーシアGP優勝 金谷 幸晟**（鉾田北中出身）（2023年）

〈フィギュアスケート部〉**県高校総体優勝 花田 実優**（緑岡中出身）（2023年）

普通科 **特進Gコース**
特進フロンティアコース ・サイエンス ・グローバル
特進文理コース ・選抜 ・特進

商業科 **人間経済コース**

水戸啓明高等学校

【お問い合わせ】生徒募集室直通TEL&FAX
029-243-9680

〒310-0851 茨城県水戸市千波町464-10
TEL.029-241-1573 FAX.029-243-9484
https://www.mito-keimei.ed.jp
e-mail：info@mito-keimei.ed.jp

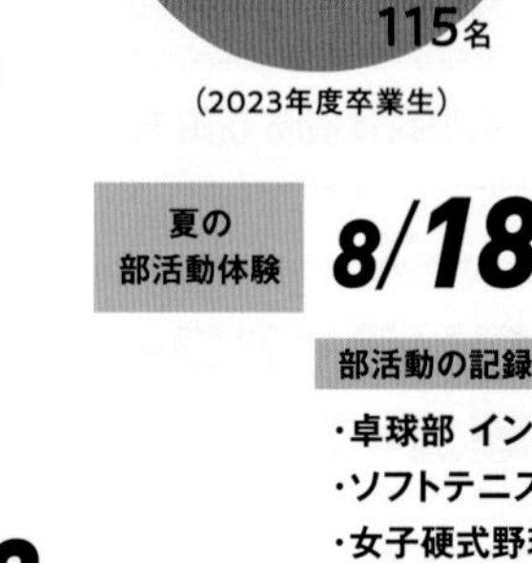

佐野日本大学高等学校

〒327－0192　栃木県佐野市石塚町 2555　TEL. 0283-25-0111（代）

叶えたい未来はここから始まる！

Check!

夢を叶える“新”クラス制度が始まる

- 1年次αクラス・特別進学クラス（Tクラス）・スーパー進学クラス（Sクラス）・N進学クラス（Nクラス）で高校学習の基盤を作る
- 進級時には希望進路に合わせたクラスを選択できる

部活動と勉強の両立ができる

- 運動部・文化部合わせて37。君に合った部活動を必ずみつけることができる
- 放課後は部活動だけではなく、課外、自習、先生への質問と有効活用できる
- 部活と勉強を3年間目一杯やって、日本大学付属推薦を受けることができる

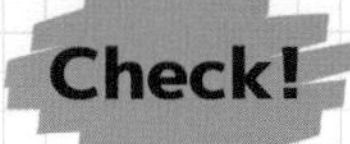

希望の進路が実現できる

- 日本大学付属校ならではの高大連携プログラムにより、16 学部 86 学科の学問的進路探究を全生徒が体験。自分に合う進路が必ず見つかる！

大学合格状況（令和６年４月１日現在）

現役合格率　98.3%

東北大学、山形大学（医）、筑波大学　等

- ■ 国公立大学 47 名　■ 日本大学 425 名
- ■ 日本大学以外の難関私立大学 等 253 名
- ■ 医歯薬看護獣医系学部 39 名

オープンキャンパス　生徒保護者対象

本校の生徒がコース・部活動等を紹介します。

7/27（土）　8/3（土）　8/4（日）　8/24（土）

One to One～あなただけの学校見学会～

5/18（土）　6/1（土）・15（土）・29（土）　7/6（土）
9/ 7（土）・21（土）　10/5（土）　11/2（土）・16（土）

個別相談会

11/30（土）　12/7（土）・14（土）

学力判定テスト　中学3年生対象

SANICHI Achievement 2024

10/12（土）

3つのポイント

①自分の学力がわかる
②合格の可能性がわかる
③入試の雰囲気がわかる

受験料　無　料

2025年度 受験用

茨城県 公立高等学校

⑥年間 スーパー過去問

年度	収録内容	別冊
2024	英語・数学・社会・理科・国語	解説・解答用紙
2023	英語・数学・社会・理科・国語	解説・解答用紙
2022	英語・数学・社会・理科・国語	解説・解答用紙
2021	英語・数学・社会・理科・国語	解説・解答用紙
2020	英語・数学・社会・理科・国語	解説・解答用紙
2019	英語・数学・社会・理科・国語	解説・解答用紙

受検者平均点（全日制）

年度	英語	数学	社会	理科	国語	合計
2024						
2023	50.8	48.1	63.9	57.3	69.9	290.0
2022	50.3	46.6	61.5	49.9	78.1	286.2
2021	53.4	39.7	56.2	54.7	63.6	267.6
2020	56.2	52.4	57.4	58.9	59.2	284.2
2019	53.1	49.3	55.3	51.7	58.6	267.9

※各教科100点満点　最新年度は発行時点では未公表です。後日ホームページに掲載します。

★当問題集のバックナンバーは在庫がございません。あらかじめご了承ください。

合格のための
入試レーダー 茨城県

2024年度入試はどう行われたか(全日制)

●全日制入学者選抜実施要綱

全ての高等学校で共通選抜を実施するほか，高等学校の裁量で文化，芸術及び体育等の分野において優れた資質・実績を有する者を対象とする特色選抜を実施する。

1 応募資格

中学校もしくはこれに準ずる学校を卒業または2024年３月卒業見込みの者などで，原則として保護者とともに県内に居住している者。

2 志願校・学科の選択

(1)学校・学科の選択は１校１課程１学科に限る。

(2)農業，工業，商業及び水産に関する学科において，２以上の学科がある場合，第２志望まで出願できる。また，普通科のコース(筑波を除く)を志願する場合，同一校の普通科を第２志望とすることができる。

※特色選抜において合格と判定されなかった受検者については，共通選抜において(2)が適用される。

3 志願手続

(1)入学願書は，中学校長を経由して，志願先高等学校長に提出する。

(2)入学願書提出期間　　２月７日(水)，２月８日(木)及び２月９日(金)

変更は１回限り

4 志願先の変更

(1)志願先変更期間内において，１回に限り志願校または同一校内における課程・学科を変更することができる。

(2)志願先変更期間　　２月16日(金)，２月19日(月)

英語リスニングテストの音声について ※コードの使用期限以降は音声が予告なく削除される場合がございます。あらかじめご了承ください。

リスニングテストの音声は、下記アクセスコード(ユーザー名／パスワード)により当社ホームページ(https://www.koenokyoikusha.co.jp/pages/cddata/listening)で聞くことができます。(当社による録音です)

〈アクセスコード〉ユーザー名：koe　パスワード：95582　使用期限：2025年3月末日

5 共通選抜

＜学力検査＞

⑴期日　２月28日(水)　　集合　午前８時40分

⑵時間割

項目＼時限	第１時	第２時	第３時	昼　食	第４時	第５時
検査時間等	9：20〜10：10	10：30〜11：20	11：40〜12：30	12：30〜13：20	13：20〜14：10	14：30〜15：20
教　科　名	英　語	国　語	数　学		社　会	理　科

⑶英語の検査に当たっては「聞き取りテスト」を含む。

⑷配点　各教科100点

＜実技検査＞

⑴次の各校の学科，コースの入学志願者は，実技検査を受けなければならない。
水戸第三(音楽科)，笠間(美術科及びメディア芸術科)，中央(普通科スポーツ科学コース)，取手松陽(音楽科及び美術科)

⑵実技検査実施日　２月29日(木)

6 特色選抜

特色選抜枠は，全ての学科において，募集定員の50パーセントを上限とする。

⑴期日　２月29日(木)　　集合　午前８時40分

⑵特色選抜を実施する学科では，共通選抜での学力検査に加えて，特色選抜の志願者に対して面接などを行うほか，必要に応じて作文，実技検査を行う。

7 入学者の選抜

入学者の選抜は，調査書，学力検査の成績，その他の選抜に関する資料を参考とし，各高等学校，学科等の特色に配慮しつつ，その教育を受けるに足る能力・適性等を総合的に判定して行う。

8 合格者の発表

期日　３月12日(火)　午前９時

●第２次募集

合格者が募集定員に満たない学科(コース)について，第２次募集を行う。

1 応募資格

⑴第１次募集に準ずる。

⑵第１次募集の学力検査受検の有無は問わないが，公立高等学校に合格した者は出願できない。

2 実施校・学科の発表

期日　３月12日(火)

3 出願期間

３月13日(水)及び３月14日(木)

4 面接・実技検査

⑴期日　３月15日(金)　　集合　午前８時40分

⑵第２次募集を実施する全ての学科において，面接を行う。面接方法は個別面接とする。

⑶普通科スポーツ科学コース，音楽科，美術科及びメディア芸術科の志願者については，実技検査を行う。

⑷各高等学校の裁量で作文を行うほか，当該年度の一般入学学力検査の結果を参考資料とすることがある。

5 合格者の発表

期日　３月19日(火)　午前９時

●帰国子女の特例入学者選抜

1 応募資格

一般募集に準じ，2022年３月１日から入学時までに帰国した者または見込みの者で，帰国時からさかのぼり，外国における在住期間が継続して２年以上の者。

2 実施校及び募集人員

⑴　全校で実施する。

⑵　募集人員は，１校につき，全学科を合わせて２人以上とする。

3 学力検査・面接

⑴期日　２月28日(水)　　集合　午前８時40分

⑵学力検査科目　英語・国語・数学　　各教科50分

（一般入学において行うものと同一の問題で同一の時間に行う。）

⑶面接　学力検査終了後に行う。

4 合格者の発表

３月12日(火)　午前９時

茨城県公立高校　2025年度入試全日程(予定)

願書等提出	志願先変更	学力検査	特色選抜 (実技検査)	合格者発表
２月６日(木) ７日(金) 10日(月)	２月17日(月) 18日(火)	２月27日(木)	２月28日(金) ※一部の学校	３月12日(水)

●第２次募集の日程は，願書等提出が３月13日(木)・14日(金)，検査が3月17日(月)，合格者発表が３月19日(水)の予定。

詳しくは今後の県教育委員会の発表をお待ちください。

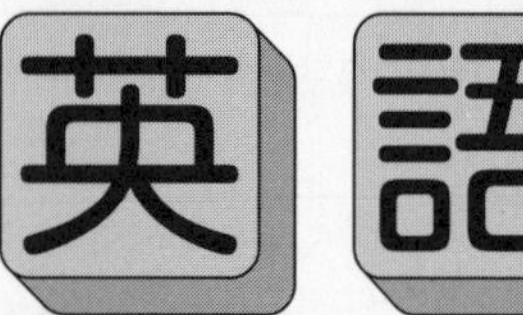

英語 出題傾向と対策

●出題のねらい

「聞く・話す・読む・書く」の各領域にわたって，基礎的・基本的事項の習熟度，および言語活動に必要な思考力や判断力を見る，というのが基本方針。具体的には，①平易な英語を聞いて内容を把握し，正しく応答する力を見る，②基本的な語句や文法事項を応用して英文を構成する力を見る，③まとまりのある英文を読んで内容を把握し，また読み取った内容について英語で表現する力を見る，となっている。全体を通して，身近な話題をもとにしてあり，また，中学校３年間の学習内容を偏りなく出題するよう配慮してある。

●何が出題されたか

構成・設問数ともに，例年とほぼ同じだったが，やや変化も見られた。1は放送問題で，配点は全体の３割を占める。設問は，英文を聞き，その内容に合うものを選ぶもの，英文についての問いに答えるものなどである。2は会話文の読解問題で，適切な語を補充するもの。3は短い文章の読解問題で，要旨把握と文整序が出題された。4はグラフを見ながら答える対話文読解で，対話の空所に入る適切な語句や文の選択・補充問題。5は長文読解総合問題で，英問英答，内容一致，適所選択，内容の真偽を問うものなど，いかに正確に内容を把握できているかを問う，読解力を重視した設問である。6は整序結合で，不要語(句)を含む６つの選択肢の中から５つを選んで英文を完成させる問題。

〈英語出題分野一覧表〉

分野		年度	2021	2022	2023	2024	2025 予想※
音声	放送問題		★	★	★	★	◎
	単語の発音・アクセント						
	文の区切り・強勢・抑揚						
語彙・文法	単語の意味・綴り・関連知識						
	適語(句)選択・補充						
	書き換え・同意文完成						
	語形変化		●	●	●		◎
	用法選択						
	正誤問題・誤文訂正						
	その他						
作文	整序結合			●	●	●	◎
	日本語英訳	適語(句)・適文選択					
		部分・完全記述					
	条件作文		●				△
	テーマ作文		●				△
会話文	適文選択		●	●	●	●	◎
	適語(句)選択・補充		●	●	■	●	◎
	その他						
長文読解	内容把握	主題・表題		●			△
		内容真偽	●	●	●	●	◎
		内容一致・要約文完成			●	●	◎
		文脈・要旨把握	●	●	●	●	◎
		英問英答	●	●	●	●	◎
	適語(句)選択・補充		●	●			◎
	適文選択・補充						
	文(章)整序		●	●	●	●	◎
	英文・語句解釈(指示語など)				●		△
	その他(適所選択)		●	●	●	●	◎

●印：１～５問出題，■印：６～10問出題，★印：11問以上出題。
※予想欄　◎印：出題されると思われるもの。　△印：出題されるかもしれないもの。

●はたして来年は何が出るか

本県の英語において，解答するうえでポイントとなる語句や文法事項は，基本的なものばかりである。来年度も本年度とほぼ同様の問題で，基本的な語句や文法事項が幅広く出題されると思われる。長文読解総合問題は，例年450語程度の物語やエッセーなどの文章が使われ，内容に関する問いが中心である。この問題文自体はさほど長くないが，全体の問題量が若干多めなので，速読速解力が必要といえよう。表現力を見る問題では，テーマ作文や条件作文が引き続き出題される可能性が高い。なお，中学の学習指導要領で日常的な会話が重視されているので，会話的な慣用表現も多く出題されるだろう。

●どんな準備をすればよいか

まずは基礎固めとして，改めて中１の教科書から順に復習するのが望ましい。単語の綴り，発音，アクセント，文法事項などを確かめながら，教科書本文を何度も音読しよう。基本的な英文に慣れることこそ，速読速解力を養う重要な第一歩だ。また，本文中の表現を応用して，身近な事柄について書く練習もしよう。安易なヤマかけ式の学習は通用しないが，語形変化問題に備え，動詞の活用形，形容詞や副詞の比較変化，名詞の複数形，代名詞の格変化は特にしっかり覚えておくとよい。基礎固めがきちんとできたかチェックするには，中学英語の総まとめといった標準的な問題集を１冊やろう。応用力を高めるには，長文読解や英作文問題集に挑戦するのもよいが，本県の過去の問題には工夫された良問が多く，それらを解いてみるのが何よりの応用練習であり，実戦練習にもなる。なお，リスニング対策は継続して英語の発音に耳を慣らしておくことが肝心だ。ラジオやテレビの初級レベルの英会話講座を毎日聞くようにするとよい。

出題傾向と対策

●出題のねらい

中学校３年間で学習する内容の基本的・基礎的事項の理解のほか，数学における総合的な力を見ることを基本方針としている。具体的には，数学において必要不可欠である計算力，変化の様子などをとらえる考察力，解答に至るまでの筋道を立てる数学的思考力や判断力，与えられた条件を数式などに表したりする表現力，条件や情報をいくつか組み合わせて新しい情報や解答をひき出す応用力や処理能力などである。これらの総合的な力が見られるよう，特定の学年や領域に偏ることなく出題されている。

〈数学出題分野一覧表〉

分野	＼年度	2021	2022	2023	2024	2025予想※
数と式	数・式の計算，因数分解	●	★	★	★	◎
	数の性質，数の表し方			●		
	文字式の利用，等式変形	■			●	△
	方程式の解法		●	●		◎
	方程式の解の利用		●			△
	方程式の応用	●	●	●		◎
関　数	比例・反比例，一次関数					
	関数 $y=ax^2$				●	△
	関数 $y=ax^2$ とその他の関数	●	●	★		◎
	関数の利用，図形の移動と関数など	★	★		★	◎
図　形	(平面) 計　量	★	■	■	■	◎
	(平面) 証明，作図	■	●	●	●	◎
	(平面) その他				●	
	(空間) 計　量	■	★	■	■	◎
	(空間) 頂点・辺・面，展開図	●			●	
	(空間) その他			●		
データの活用	場合の数，確率	★	●	★	★	◎
	データの分析・活用，標本調査	●	★	●	●	◎
その他	特殊・新傾向問題など					
	融合問題					

●印:１問出題，■印:２問出題，★印:３問以上出題。
※予想欄　◎印：出題されると思われるもの。　△印：出題されるかもしれないもの。

●何が出題されたか

出題構成は，昨年と同様で，大問６題，設問21問であった。

1は小問集合で，５問。数・式の計算問題や因数分解の問題。2は小問集合で，４問。平面図形，データの活用，文字式の利用，関数の出題。データの活用は，正しい箱ひげ図を選ぶ問題。3は平面図形。平行線を利用した問題で，直線上を点が移動したときにできる図形について問うもの。等しい角の組や三角形の面積を求める問題のほか，空欄に適するものを当てはめて証明を完成させる問題もある。4は数字が書かれたカードを利用した確率の問題３問。5は関数の利用に関する問題。水そうに水を入れるときや水そうから水を抜くときの時間と水面の高さの関係について問うもの。6は空間図形で，三角柱を利用した問題。

●はたして来年は何が出るか

毎日の学習や授業に重点を置いた基本問題を中心に，特定の学年や領域に偏らない出題構成により，数学の基礎的・基本的な知識，理解，習熟度を見るとともに，思考力，応用力，表現力など総合的な学力を見るような出題になるものと予想される。来年度は，今年度と同じような構成で出題されると思われる。1，2は小問集合で，各４問前後。基本的な計算力や知識を見るもの中心に出題されるであろう。3以降は，関数，平面図形，空間図形，確率またはデータの活用あたりの総合題となるであろう。平面図形は証明問題が必出と思われる。

●どんな準備をすればよいか

まず，教科書の総復習から始めよう。各学年から偏りなく出題されているので，１，２年の内容も軽視できない。また，１，２年の内容が３年の内容の基礎になっていることも忘れてはならない。関数などは３年間を通して学習すると，より理解が深まる。次に不得意分野の克服を図ろう。広い領域から出題されているので，特定分野だけを重点的に学習し，苦手分野は避けて通るということはできない。苦手分野克服の第一歩は，定理や公式，性質などを理解し，問題を一つ一つていねいに解いていくことである。基本となる考え方を押さえることが大事。証明問題もおろそかにしないようにしよう。文字式を利用した説明，図形の証明など，基本的な書き方はきちんと身につけておきたい。余裕があれば，少し難度の高い問題で演習を積むとよい。そして最後に実戦演習である。過去の入試問題や模擬問題を実際の試験時間で解いて，時間配分や自分に必要な得点を考えるようにしよう。

社会 出題傾向と対策

●出題のねらい

全体としてのねらいは，基本的事項についての理解度を見るとともに，資料の活用などを通じて思考力や判断力を見るというものである。

地理は地図・図表などをもとに世界や日本の諸地域の自然・産業・生活などの特色についての理解度を，歴史は年表・地図・写真などをもとに歴史の流れや出来事の時代的背景などについての理解度を，公民は日本の政治・経済のしくみなどについての理解度を見る。また，総合問題は三分野の内容を関連づけて，知識の定着や判断力を見るというものである。

●何が出題されたか

地理・歴史・公民から各１題と，三分野総合問題が１題の計４題で構成されている。2024年度は，昨年よりやや少なく小問数は28問で，語句を答える２問と，論述形式の問題１問を除いたほかは記号選択形式で出題された。

以下大問別に見ていこう。1は地理で，地図や統計資料を用い，日本・世界の諸地域の気候や産業などの特色を問うもの。地形図を読み取る問題も出された。2は歴史で，古代から近代までの基礎知識を見るもので，政治，文化，社会の様子について問われた。3は公民で，政治，経済，国際社会から出題された。4は三分野総合問題で，「人の移動」をテーマとして日本と世界について，EUの移り変わり，歴史，日本の国際支援などが問われた。

〈社会出題分野一覧表〉

分野	年度	2021	2022	2023	2024	2025 予想※
地理的分野	地形図	●	●	●	●	◎
	アジア			地産		△
	アフリカ		産			△
	オセアニア	地	産	人		◎
	ヨーロッパ・ロシア				総	△
	北アメリカ	産				△
	中・南アメリカ		地			△
	世界全般		産	地	地産人	◎
	九州・四国					△
	中国・近畿		総			△
	中部・関東					△
	東北・北海道	地産	地	地		◎
	日本全般	地　総	産　総	総	地産　総	◎
歴史的分野	旧石器～平安	●	●	●	●	◎
	鎌倉		●	●	●	◎
	室町～安土桃山	●	●	●	●	◎
	江戸	●	●	●	●	◎
	明治	●		●	●	◎
	大正～第二次世界大戦終結		●	●	●	◎
	第二次世界大戦後	●	●	●		◎
公民的分野	生活と文化	●	●	●		◎
	人権と憲法		●	●		◎
	政治	●	●	●	●	◎
	経済	●	●	●	●	◎
	労働と福祉	●	●	●		◎
	国際社会と環境問題	●	●		●	◎
時事問題						

注）地理的分野については，各地域ごとに出題内容を以下の記号で分類しました。
地…地形・気候・時差，産…産業・貿易・交通，人…人口・文化・歴史・環境，総…総合
※予想欄　◎印：出題されると思われるもの。　△印：出題されるかもしれないもの。

●はたして来年は何が出るか

三分野から幅広く基本事項が出題されること，統計資料・地図・年表・写真などの活用が重視されることなどの傾向に，大きな変化はないであろう。地理では日本と世界の諸地域の特色について問う問題や，貿易などをテーマに日本と世界とのつながりについて問う問題などが予想される。歴史では大きな時代の流れや日本史と世界史との関連を問う問題，年表・歴史地図・写真・史料などをもとにした総合的問題が出題されるであろう。公民では日本の政治・経済のしくみや国際社会・経済上の諸問題についての理解を問う問題が中心となると思われる。記述式の問題が再び多く出題されることに備えた対策も求められる。

●どんな準備をすればよいか

まず入試以前の基本的学習姿勢として，学んだ学習事項を軸にして知識を広め，ふだんから社会の変化に関心を持つことが大切である。次に各分野別に見ていこう。公民は３年の分野であるから，学校の授業の進度に合わせて理解を深めていくのがよい。公民の中には地理や歴史で学んだ事項も含まれる。これらは出題される確率が高いので，地理や歴史の復習も兼ねて特に念入りに学習しておこう。地理については復習をしながら新しいデータを取り入れてみたり，時事的な事項を補ってみたりするなど，やや細かい作業も必要であろう。各地域の特色や全体的な分布傾向などは，白地図を用いてまとめてみることも効果的である。歴史についても教科書の復習が基本であるが，年表をつくるなどしてまとめていくと体系的な理解も深まる。ひと通り復習が終わったところで，教科書のさくいんを用いて重要事項をチェックし，さらに，本県その他の公立高校の過去の入試問題を数多くこなしておけばほぼ万全であろう。

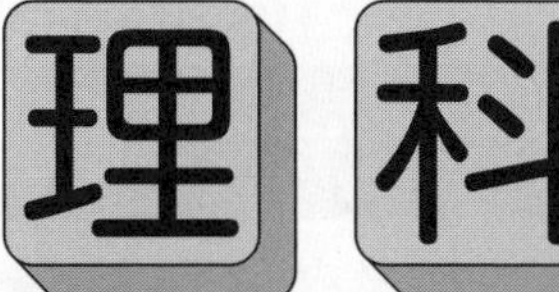

理科　出題傾向と対策

●出題のねらい

出題のねらいは，問題の内容，程度，および範囲を中学校学習指導要領に基づくものとし，以下の点に配慮して出題するというものである。①基礎的・基本的事項の習得の程度を見るとともに，思考力・応用力などが見られるようにする。②出題の範囲は，特定の学年や分野・領域に偏らないようにする。③問題量は，検査時間内に十分解答できるようにする。④観察・実験を通しての科学的事象の理解と，思考力や表現力を見るようにする。なお，昨年度は出題されなかった，論述・作図問題が出題された。

●何が出題されたか

３年間で学習する分野から幅広く出題されている。

また，今年度は，論述問題と作図問題の出題は見られなかった。

1は，物理・化学・生物・地学の各領域から基本事項を問う小問集合で８問の出題。2以降は実験や観察に基づいて出題された。2は電流と磁界について，オームの法則や電流が磁界から受ける力，電磁誘導に関する知識や理解を試す。3は状態変化から，融点や沸点，蒸留などについての正確な知識，密度や濃度などの理解を試す。4は動物の体のつくりとはたらきから，血液の循環や肺の呼吸運動について，知識を試す。5は地球と宇宙から，太陽の１日の動きについて，知識や理解を試す。6は重力や空気中の水蒸気量，プレートの動き，日本の気象について，正確な知識を試す。

〈理科出題分野一覧表〉

分野＼年度		2021	2022	2023	2024	2025予想※
身近な物理現象	光 と 音	●	●	●		◎
	力のはたらき(力のつり合い)				●	◎
物質のすがた	気体の発生と性質	●	●			◎
	物質の性質と状態変化	●	●	●	●	◎
	水 溶 液				●	◎
電流とその利用	電流と回路	●			●	◎
	電流と磁界(電流の正体)	●	●	●	●	◎
化学変化と原子・分子	いろいろな化学変化(化学反応式)	●	●	●	●	◎
	化学変化と物質の質量		●			◎
運動とエネルギー	力の合成と分解(浮力・水圧)	●			●	◎
	物体の運動	●			●	◎
	仕事とエネルギー		●	●		◎
化学変化とイオン	水溶液とイオン(電池)		●	●	●	◎
	酸・アルカリとイオン					◎
生物の世界	植物のなかま			●		◎
	動物のなかま		●			◎
大地の変化	火山・地震	●		●		◎
	地層・大地の変動(自然の恵み)		●		●	◎
生物の体のつくりとはたらき	生物をつくる細胞				●	△
	植物の体のつくりとはたらき	●	●	●		◎
	動物の体のつくりとはたらき	●		●	●	◎
気象と天気の変化	気象観察・気圧と風(圧力)		●		●	◎
	天気の変化・日本の気象	●	●	●	●	◎
生命・自然界のつながり	生物の成長とふえ方	●		●	●	◎
	遺伝の規則性と遺伝子(進化)					◎
	生物どうしのつながり		●			◎
地球と宇宙	天体の動き	●		●	●	◎
	宇宙の中の地球		●			△
自然環境・科学技術と人間				●		
総　合	実験の操作と実験器具の使い方	●	●	●		◎

※予想欄　◎印：出題されると思われるもの。　△印：出題されるかもしれないもの。
分野のカッコ内は主な小項目

●はたして来年は何が出るか

今年度，問題数は６題，小問数は27問と昨年度とほぼ同じであった。しかし，出題範囲は幅広く，ほとんどの単元に及んでいる。毎年のように出題される「化学変化と化学反応式(化合・分解・酸化と還元)」，「電気・電流の性質(オームの法則)」，「植物・動物の体のつくりとはたらき」などは，当然来年度も出題される可能性が高い。また，それ以外の単元で注意したいのは「光と音の性質」，「火山と地震」，「生物の成長とふえ方」など。なお，実験器具の使い方を確認する問題は頻出である。また，解答形式はほとんどが記号選択式だが，論述・作図問題が見られることもある。

●どんな準備をすればよいか

出題範囲がかなり幅広いので，早い時期から少しずつ準備する必要がある。特に１，２年の内容は早めに復習を終えておくようにしよう。教科書の内容が中心で，基本的なものが多いので，特別な学習方法は必要ない。実験・観察の手順や方法について，細かいところまでよく注意して覚え，一つ一つの操作なども，その理由や目的を確かめながら，十分理解をしておくこと。その際，グラフや表の読み取りに慣れるため，常に参照するとよい。また，教科書などをお手本として，記述力・表現力を養うことが重要である。できれば実験結果の整理やまとめを，自分専用のノートにしてみるのも一つの手である。次に，入試が近づいてきたら，他県の公立高校の入試問題に当たるなどして，しっかり演習を行うことが有効である。特に難問を解く必要はない。同じくらいのレベルの問題を繰り返し解くこと。また，自然現象や観察・実験の方法や結果をまとめることなど，基本を大切にしたい。

出題傾向と対策

●出題のねらい

中学校３年間で学習した内容をふまえ，国語の基礎的な能力を見るとともに，思考力，判断力，読解力を試すことも意図されている。また，課題文の内容のまとめや複数の課題文の比較により，受検生の総合的な国語力が試されるような試験となっている。具体的には，読解問題では，論理的文章，文学的文章，古文と幅広いジャンルの文章に対する基本的な読解力を試し，さらに，手紙や資料を用いた文章などにより，文章表現力，文法・敬語などの言語事項に関する能力も試されるものとなっている。

〈国語出題分野一覧表〉

分野		年度	2021	2022	2023	2024	2025予想※
現代文	論説文説明文	主題・要旨			●		△
		文脈・接続語・指示語・段落関係	●	●	●	●	◎
		文章内容	●	●	●	●	◎
		表現	●	●	●	●	◎
	随筆日記手紙	主題・要旨					
		文脈・接続語・指示語・段落関係					
		文章内容					
		表現					
		心情					
	小説	主題・要旨				●	△
		文脈・接続語・指示語・段落関係					
		文章内容		●	●	●	◎
		表現	●	●	●	●	◎
		心情	●	●	●	●	◎
		状況・情景					
韻文	詩	内容理解					
		形式・技法					
	俳句和歌短歌	内容理解					
		技法					
古典	古文	古語・内容理解・現代語訳	●	●	●	●	◎
		古典の知識・古典文法		●	●	●	◎
	漢文	(漢詩を含む)			●	●	◎
国語の知識	漢字語句	漢字	●	●	●	●	◎
		語句・四字熟語				●	△
		慣用句・ことわざ・故事成語	●			●	◎
		熟語の構成・漢字の知識	●		●	●	◎
	文法	品詞					
		ことばの単位・文の組み立て	●		●		◎
		敬語・表現技法		●		●	◎
	文学史					●	△
作文・文章の構成・資料			●				△
その他				●			△

※予想欄　◎印：出題されると思われるもの。　△印：出題されるかもしれないもの。

●何が出題されたか

昨年同様，大問４題で構成されている。一は，国語の知識に関する問題。漢字の読みと書き取りの設問のほか，手紙の書き方や，敬語，慣用句に関する設問などが出されている。二は，小説の読解問題。登場人物の心情や人物像の把握など，内容理解に関する設問が中心となるが，文章を読んだ感想の発表の中での発言の役割を問う設問なども出されている。三は，論説文の読解問題。内容理解に関する設問が中心となるが，脱文挿入，文章の展開を把握する設問なども出されている。四は，古文の読解問題。朗読会で読む文章とそれに関連する文章の２つの課題文で構成されている。内容理解に関する設問が中心となるが，歴史的仮名遣いの設問や，表現技法，漢文の訓読に関する設問も出されている。

●はたして来年は何が出るか

本年も大問が４題の出題となっていた。設問形式は記号選択式が増えるなど年によって変更はあるが，ノートのまとめの一部や感想の交流の一部といった形式で課題文の内容を整理する形式は，変わらず採用されている。また，課題文や設問の内容・レベルなどについては，今までの傾向とあまり変わっていない。来年度以降の出題形式については不明であるが，設問の内容やレベルについては，基本的には例年のような傾向が続くものと考えられる。論理的文章と文学的文章の読解問題，言語事項に関する知識や国語表現に関する問題，資料を利用した問題は，出題されるだろう。

●どんな準備をすればよいか

公立高校の入学試験は，基本的な問題が多いとはいえ，出題範囲が広い。したがって，幅広い分野について，まんべんなく学習しておくことが望まれる。まず，現代文の読解問題については，記述式の解答を多く含み，解説の詳しい問題集に取り組もう。文学的文章では，登場人物の心情をきちんととらえられるように，論理的文章では，論旨の展開を正確につかめるようにすること。韻文については，鑑賞力を養うだけでなく，表現技法も勉強しておくこと。古文は，教科書に載っている程度の簡単な文章を多く読み，古文の文体に慣れ，現代語訳がなくとも大まかに全体の内容がつかめるようにしておきたい。できれば，歴史的仮名遣いや基本的な古典の知識も，実際の文章を読みながら習得してしまう方がよい。漢文についても同様のことがいえる。漢字や文法などの国語の知識については，各分野ごとにノートに整理し，確認の意味で基本的な問題集を一つか二つこなしておくのがよいだろう。

2024年度 茨城県公立高校 入試問題

英語

●満点 100点 ●時間 50分

■リスニングテストの音声は，当社ホームページで聴くことができます。（当社による録音です。）再生に必要なアクセスコードは「合格のための入試レーダー」（巻頭の黄色の紙）の1ページに掲載しています。

1 次の(1)〜(4)は，放送による問題です。それぞれの放送の指示にしたがって答えなさい。

(1) これから，**No. 1** から **No. 5** まで，5つの英文を放送します。放送される英文を聞いて，その内容に合うものを選ぶ問題です。それぞれの英文の内容に最もよく合うものを，**ア**，**イ**，**ウ**，**エ**の中から1つ選んで，その記号を書きなさい。

No. 1

No. 2

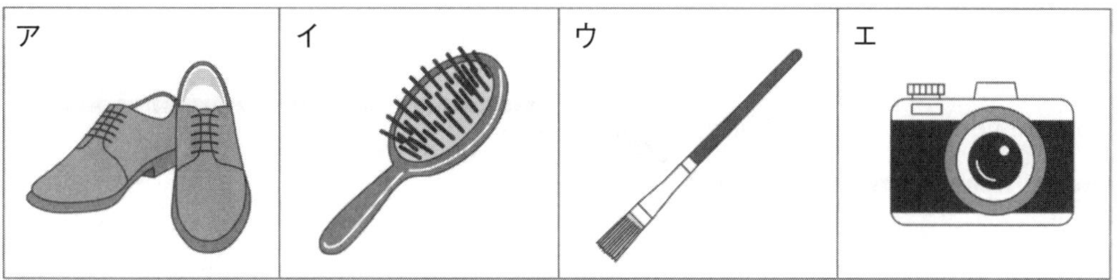

No. 3

ア

ケンの放課後の予定

月	卓球
火	
水	
木	犬の散歩
金	卓球

イ

ケンの放課後の予定

月	
火	卓球
水	
木	犬の散歩
金	卓球

ウ

ケンの放課後の予定

月	
火	犬の散歩
水	
木	卓球
金	卓球

エ

ケンの放課後の予定

月	
火	卓球
水	犬の散歩
木	
金	卓球

No. 4

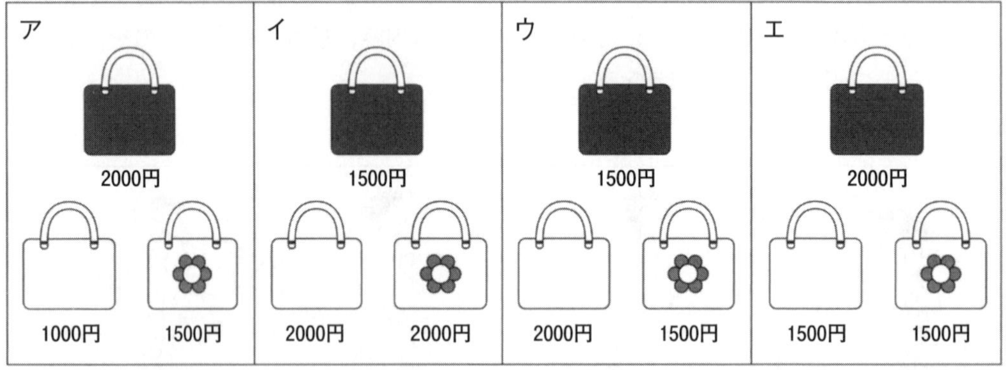

No. 5

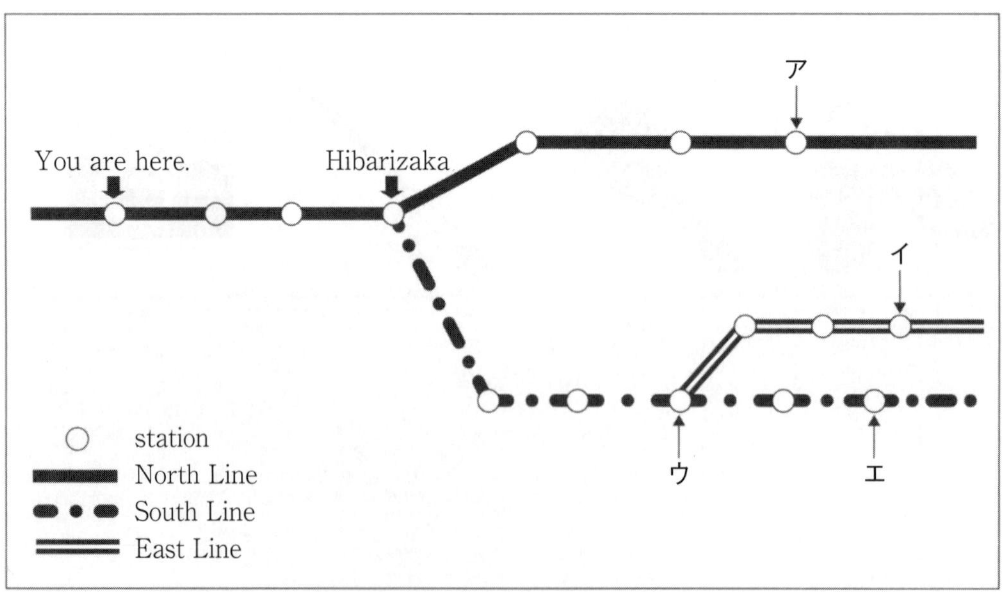

(2) これから，**No. 1** から **No. 4** まで，4つの対話を放送します。それぞれの対話のあとで，その対話について1つずつ質問します。それぞれの質問に対して，最も適切な答えを，**ア**，**イ**，

ウ，エの中から１つ選んで，その記号を書きなさい。

No. 1

ア　He will finish his lunch.　　**イ**　He will wait twenty minutes.

ウ　He will do his homework.　　**エ**　He will help his mother.

No. 2

ア　At the shopping mall.　　**イ**　At the station.

ウ　At the bookstore.　　**エ**　At the convenience store.

No. 3

ア　Two people.　　**イ**　Three people.　　**ウ**　Five people.　　**エ**　Six people.

No. 4

ア　Because he has to get his umbrella.

イ　Because he wants to leave his textbook there.

ウ　Because he has to close the windows.

エ　Because he wants to get his textbook.

(3)　これから，カズ(Kazu)とジュディ(Judy)の対話を放送します。そのあとで，その内容について，**Question No. 1** と **Question No. 2** の２つの質問をします。それぞれの質問に対して，最も適切な答えを，**ア**，**イ**，**ウ**，**エ**の中から１つ選んで，その記号を書きなさい。

No. 1

ア　Only Sally.　　**イ**　Only Judy.　　**ウ**　Judy and Sally.　　**エ**　His dance teacher.

No. 2

ア　He will practice dancing with Judy.

イ　He will study for the English test by himself.

ウ　He will take an English test with Judy and Sally.

エ　He will study math and English with Judy and Sally.

(4)　中学生のハナ(Hana)が，英語の授業で自分の経験について発表しています。これからその発表を放送します。その内容について，次の①，②の問いに答えなさい。

①　次の**ア**～**エ**のハナの顔のイラストを，内容に合うように**表情の変化の順番**に並べかえて，記号で答えなさい。ただし，**ア**～**エ**の中には**１つ不要なもの**があります。

②　次の質問の答えになるように，(　　)に適切な**英語１語**を書きなさい。

How many times has Hana performed in piano concerts?

— She has performed (　　　) times.

これで，放送による聞き取りテストを終わります。

※<**聞き取りテスト放送原稿**>は英語の問題の終わりに付けてあります。

2 コウジ(Koji)，ハル(Haru)，留学生のマイク(Mike)が，修学旅行における班別行動について話をしています。次の会話文が完成するように，文中の(①)～(⑥)に入る最も適切な語を，下の**ア**～**コ**の中からそれぞれ１つずつ選んで，その記号を書きなさい。ただし，文頭にくる語も小文字で示されています。

Koji : Where should we go during our school trip? Do you have any ideas, Mike?

Mike : This is my second year in Japan, so I want to learn more about Japanese history and traditional culture. I am especially interested in old temples.

Koji : Sounds good. People often say that seeing is believing. Let's go to Hibari Temple first. It was (①) near Lake Hibari five hundred years ago. It is also very (②) for its beautiful flower garden.

Haru : We can try the tea ceremony at the temple. I (③) to the school's tea ceremony club, so I would like to do it there. I wish I (④) enjoy tea ceremony with great people from history.

Mike : Me, too. (⑤), Japanese tea ceremony is now very popular all over the world. I also think that kimonos and *textiles are very interesting.

Koji : According to this website, there are some places to learn about them. Why don't we try *weaving a textile *accessory? It will be a nice present for your mother.

Mike : Amazing! We can learn a lot of things about Japanese history and traditional culture on this trip.

Haru : (⑥) through experience is necessary! So, let's decide where to go next!

* textile(s) 織物　weaving 織ること　accessory アクセサリー

ア	belong	イ	built	ウ	join	エ	making	オ	had
カ	learning	キ	famous	ク	could	ケ	besides	コ	ready

3 次の(1)，(2)の問いに答えなさい。

(1) 次の英文は，中学生のタカ(Taka)が授業中に行ったスピーチの一部です。この発表の内容に当てはまるものを，下の**ア**～**エ**の中から１つ選んで，その記号を書きなさい。

How do you feel when you see something blue? For some people, the color blue is *relaxing. For others, it makes them feel sad. When I talk to my friends about it, they also have similar feelings. However, the color blue often makes me feel excited because the members of my favorite soccer team wear blue uniforms. The players' performance always gives me *motivation and energy. In this way, different people may have different feelings about the same color. So, what do you think?

* relaxing 気分を落ち着かせる　motivation やる気

ア Everyone gets sad when they see something blue.

イ When some people see a color, each person may have different feelings about it.

ウ Taka wears a blue uniform to give his favorite team motivation and energy.

エ Taka always agrees with his friends' feelings about the color blue.

(2) 次の英文中の［　　］には，下の**ア**～**ウ**の３つの文が入ります。意味の通る英文になるように，ア〜ウの文を並べかえて，記号で答えなさい。

Have you ever heard of the word "***asakatsu***"? "***Asa***" means early morning and "***katsu***" means activities. For ***asakatsu***, people get up early and *make use of their time in the morning. [　　　　　] However, you don't have to worry about this. It's OK to start doing ***asakatsu*** just once a week. Why don't you start your day in a good way by doing ***asakatsu***?

＊ make use of〜　〜を活用する

ア You may think that it is hard to wake up early and do these activities every day.

イ There are also some people who enjoy walking or running every morning.

ウ Some people study before they go to work.

4 高校生のエリオット(Elliot)とユウキ(Yuki)が，教室で学校の「図書館便り」を見ながら話をしています。次の対話文を読んで，(1)，(2)の問いに答えなさい。

Elliot: Hi, Yuki. You are always reading a book when I see you.

Yuki: Hi, Elliot. Yes, I really like reading books. I went to the school library to *borrow a book.

Elliot: That's nice. What kind of book did you borrow this time?

Yuki: Well, this *graph shows that (①) books are the most popular in our school. So, I chose this kind of book. I want to take this book home, but I've been having a small problem. . . .

Elliot: What is it?

Yuki: In high school, we have many textbooks. They are very heavy, so it is difficult to carry them with other books from the library.

Elliot: Oh, I see. Have you ever tried reading *e-books?

Yuki: Does it mean reading on our smartphones?

Elliot: Yes, but we can also use any kind of *device such as a *tablet computer. Both paper books and e-books have their good points. Actually, (②) of our school's students read both paper books and e-books.

Yuki: I have never thought about reading books on any devices.

Elliot: I sometimes read books on my smartphone while I *commute to school by train. According to another graph, about thirty percent of our school's students enjoy reading (③). I think e-books would be more useful for them.

Yuki: I see. . . .

Elliot: This graph is interesting, too. Many students think that they (④) by using e-books. I also think that is the best thing about e-books. It is convenient to read them.

Yuki: If I don't have to carry many heavy books, I'll be happy. I'm now interested in reading books on tablet computers, but I still like paper books better.

Elliot: [(　　)(　　)(　　)] like paper books?

Yuki: I like collecting and keeping books on my *bookshelf. Actually, (⑤).

Elliot: Really? I hope your dream will come true.

＊ borrow ～ ～を借りる graph グラフ e-book(s) 電子書籍 device(s) 端末
tablet computer(s) タブレット型コンピュータ commute 通学する bookshelf 本棚

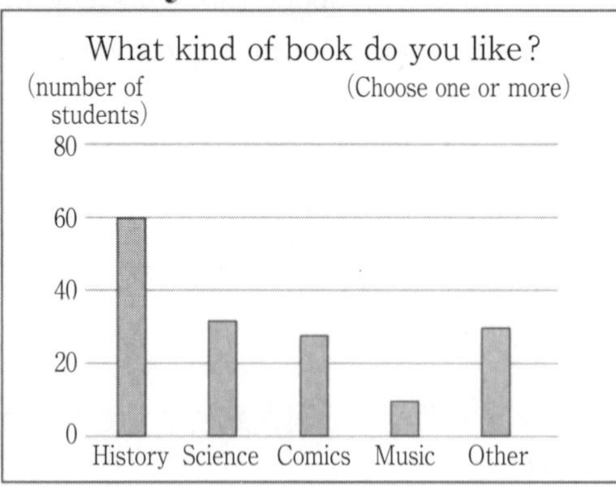

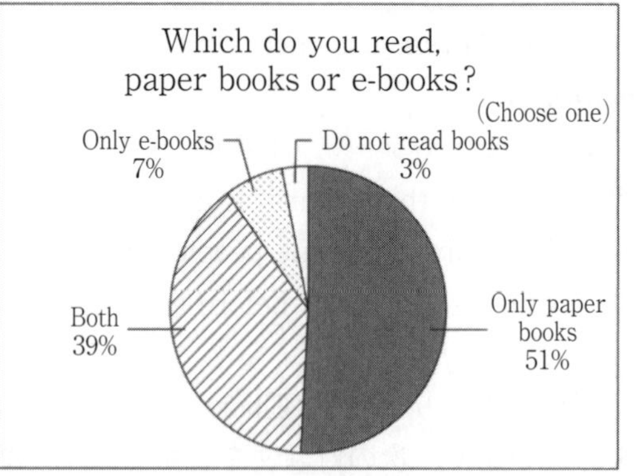

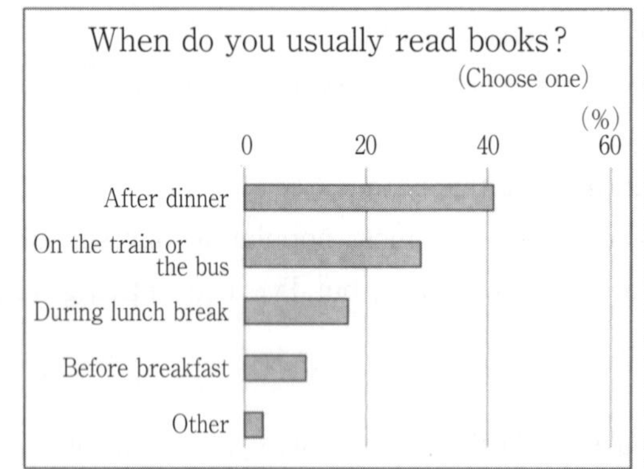

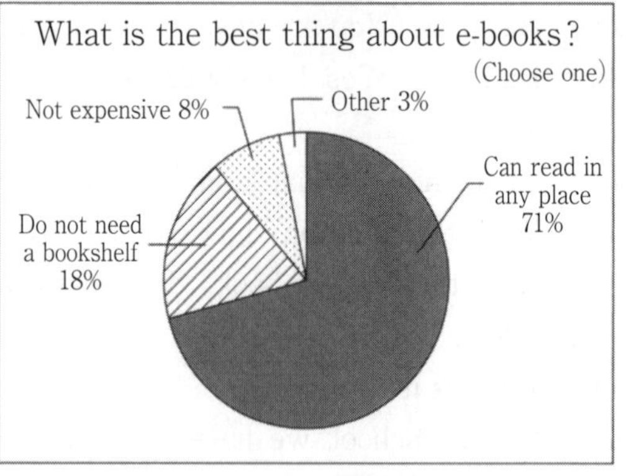

(1) 対話文中の(①)～(⑤)に入る最も適切なものを，**ア**～**エ**の中から１つ選んで，その記号を書きなさい。

① **ア** history **イ** science **ウ** comic **エ** music

② **ア** about twenty percent **イ** about forty percent
ウ about fifty percent **エ** about ninety percent

③ **ア** after they have dinner **イ** at lunch
ウ when they are on the train or the bus **エ** before they have breakfast

④ **ア** can borrow many books from the school library
イ can buy any books they like
ウ can look for interesting books
エ can read in any place

⑤ **ア** it is easy to carry them
イ I don't like using any devices
ウ I want to work in a library in the future
エ I have been collecting e-books for several years

(2) 対話の流れに合うように，文中の□の(　)に適切な英語を１語ずつ入れ，英文を完成させなさい。

5 次の英文を読んで，(1)～(5)の問いに答えなさい。

"Brian, let's walk home together," Shinji said. Brian and Shinji go to the same junior high school. Brian came to Japan from Canada about two years ago. They soon became best friends through their classes and baseball team activities.

In the morning, Brian and Shinji were in their Japanese language class. Ms. Yoshida, their teacher, said to the students, "In our next class, we are going to write a letter to someone. Who do you want to send it to ? Please decide by then." [ア]

On their way home, Shinji asked Brian, "Have you decided who you're going to send a letter to ?" Brian answered, "I'll write a letter to my grandmother who lives in Canada. She has been sick in the hospital since last month. I always wanted to communicate with her *in some way, so I decided to send her a letter to *cheer her up."

[イ] The next day in class, Brian said to Ms. Yoshida, "I'm going to write a letter to my grandmother in Canada. She understands both English and Japanese, but I want to write it in English. I can't express my true feelings in Japanese." Ms. Yoshida said to him, "No problem. It's OK to write your letter in English. I hope that the letter will make your grandmother happy."

[ウ] When Brian started writing, he found that it was hard to express his feelings in the letter. He felt that writing a letter was really *different from communicating through *social media. He imagined how his grandmother would feel after reading the letter. He wanted his letter to cheer her up.

A few weeks after he sent the letter, Brian got a *reply from his grandmother. In it, she said that she was very surprised to get the letter. She also said, "Your letter made me feel better and I'll *treasure it for life." Brian was very glad. He was so *moved that he began to miss her. [エ]

The next day, Brian told Shinji about exchanging letters with Brian's grandmother. Shinji was also happy to hear about it. He said, "Writing a letter to someone takes a lot of time, but it is a good way to show that we think about that person." Brian felt the same way.

Two months later, Brian received another letter from his grandmother. In the letter, she said that she got better and returned home from the hospital. Brian found out that she read his letter every day. When he finished reading her letter, he *noticed that the last word was a little *smudged. "Maybe, her tears . . .," he thought.

* in some way どうにかして　cheer ～ up ～を元気づける
different from ～ ～と異なる　social media ソーシャルネットワーキングサービスなど
reply 返信　treasure ～ ～を大切にする　moved 感動した
noticed ～ ～に気づいた　smudged にじんだ

(1) 本文の内容に合う文を，次の**ア**～**ク**の中から３つ選んで，その記号を書きなさい。

ア Brian and Shinji go to different schools, but they are on the same baseball team.

イ Brian has been in Japan for about two years since he came from Canada.

ウ Ms. Yoshida helped Brian and Shinji write a letter in Japanese.

エ Brian's grandmother understands only English.

オ　Brian thought that it was easy to express his feelings when he wrote the letter.
カ　Brian's letter made his grandmother surprised and made her feel better.
キ　Brian never told Shinji about exchanging letters with Brian's grandmother.
ク　Brian's grandmother was in good health again and she left the hospital.

(2)　次の文は，文中の［ア］～［エ］のどこに入るのが最も適切か，記号で答えなさい。
At the same time, he realized the power of a letter.

(3)　次の①，②の文を，本文の内容と合うように完成させるには，［　］の中に，それぞれ下のア～エのどれを入れるのが最も適切か，記号で答えなさい。

①　Ms. Yoshida told her students to ［　　　　］.
ア　write a letter to make their grandmothers happy
イ　ask their parents what they should write in a letter
ウ　decide who they would send a letter to
エ　look for something new to treasure

②　Brian understood that ［　　　　］.
ア　writing a letter was easier than using social media
イ　writing a letter was different from sending a message on social media
ウ　sending a letter was the fastest way to communicate with other people
エ　sending a letter was not an effective way of cheering his grandmother up

(4)　次の①，②の質問の答えとなるように，（　）内に適切な英語を1語ずつ書きなさい。
①　Why did Brian want to use English to write a letter to his grandmother?
Because he wanted to (　　)(　　)(　　)(　　) in English.
②　How did Brian feel when he got the first letter from his grandmother?
He felt very glad and he (　　)(　　)(　　) her.

(5)　次の英文は，卒業後にカナダへ帰国したブライアン(Brian)がシンジ(Shinji)に書いた手紙の一部です。本文の内容と合うように，（　）内に8語以上，12語以内で適切な英語を書きなさい。ただし，符号(, . ? ! など)は語数に含まないものとします。

> Hi, Shinji! How have you been? When I started to write this letter, I remembered that we wrote a letter in our class. I also remembered your words. I really think that writing a letter to someone is (　　　　　　　　).

6 高校生のマサト(Masato)，クラスメイトのシオリ(Shiori)，レイラ(Layla)が，マサトの父親のレストランについて話をしています。次のウェブサイトのページを参考にして，会話の流れに合うように，①～④の(　)内の**ア～カ**の英語を並べかえて，記号で答えなさい。ただし，それぞれ**不要な語(句)が１つずつ**あります。

○○レストランへの投稿

Mr. A
この店の料理は間違いなくおいしいです。地元の野菜をたくさん使ったサラダは絶品でした。ただ，この辺りのお店の中では値段がちょっと高い方かも。すてきなお店なので，ちょっとぜいたくをしたい特別な日に行ってみてください。

Mr. B
近くの似たようなお店と比べると少し値段が高いですが，このレストランの料理は一級品です。お昼時(どき)は混んでいるので，予約することをおすすめします。

Ms. C
この店では，とてもおいしい料理を楽しむことができます。ただ，１人分の量が多くて，全部を食べ切ることはできませんでした。それから，私のような外国人にとっては，外国語のメニューもあると助かります。

Masato : My father has a restaurant in Mito, and he asked me what ①(ア do イ to make ウ how エ the restaurant オ should カ he) better.

Shiori : Well, why don't you look at these *posts from *customers on this website ?

Layla : All three posts say that the food is delicious.

Masato : I'm happy to hear that, but the posts by Mr. A and ②(ア Mr. B イ Ms. C ウ are エ higher オ say that カ the prices) than the prices at other restaurants in this area. That may be true. . . . Well, are there any other comments ?

Shiori : Let me see. Maybe Ms. C's post will be helpful. She says, "The ③(ア of food in イ was ウ amount エ each dish オ so small カ too large) for me."

Masato : Then I'll talk to my father about a service that lets customers choose smaller amounts of food.

Layla : Sounds great ! Also, she talked about a problem with the *menu. How about making another ④(ア various foreign languages イ are ウ but also in エ menu written オ Japanese カ not only in) ?

Shiori : That's a good idea !

Masato : Thank you very much. My father will be so happy.

* post(s) 投稿　customer(s) 客　menu メニュー表

＜聞き取りテスト放送原稿＞

ただいまから**1**の，放送による聞き取りテストを行います。問題は(1)から(4)までの４つです。放送中メモを取ってもかまいません。

それでは(1)の問題から始めます。

(1)　これから，**No. 1** から **No. 5** まで，５つの英文を放送します。放送される英文を聞いて，その内容に合うものを選ぶ問題です。それぞれの英文の内容に最もよく合うものを，**ア**，**イ**，**ウ**，**エ**の中から１つ選んで，その記号を書きなさい。

それぞれの英文は，２回放送します。

では，はじめます。

No. 1　My brother is talking on the phone.

繰り返します。

No. 2　We use this when we paint a picture.

繰り返します。

No. 3　Ken will practice table tennis on Tuesday and Friday.　He will walk his dog on Thursday.

繰り返します。

No. 4　The black bag is the most expensive.　The white bag and the one with a flower on it are the same price.

繰り返します。

No. 5　If you want to get to Wakaba Station, take the North Line to Hibarizaka Station and change trains to the South Line there.　Wakaba Station is the third station from Hibarizaka.

繰り返します。

これで(1)の問題を終わります。

次に，(2)の問題に移ります。

(2)　これから，**No. 1** から **No. 4** まで，４つの対話を放送します。それぞれの対話のあとで，その対話について１つずつ質問します。それぞれの質問に対して，最も適切な答えを，**ア**，**イ**，**ウ**，**エ**の中から１つ選んで，その記号を書きなさい。

対話と質問は，２回放送します。

では，はじめます。

No. 1

A：　Ken, can you wash the dishes after lunch ?

B：　OK, Mom.　But I want to finish my homework first.

A：　How long will it take ?

B：　Just give me twenty minutes.　I'll wash them after that.

Question：　What will Ken do first after lunch ?

繰り返します。（対話と質問を繰り返す。）

No. 2

A：　Hi, Shota.　I'm surprised to see you here.　Where are you going ?

B：　The shopping mall.　I hear the new bookstore there is very nice.

A : Really? I'm going to the shopping mall, too. I need new shoes. Can I go with you?

B : Sure! Oh, look! The train is coming.

Question : Where are they now?

繰り返します。(対話と質問を繰り返す。)

No. 3

A : My sister and I will go to a restaurant for dinner this evening. Do you want to come with us?

B : Sure! That sounds nice!

A : Actually, Meg and Bob will also join us. Is that OK?

B : Of course. It'll be nice to see them.

Question : How many people will have dinner together at the restaurant this evening?

繰り返します。(対話と質問を繰り返す。)

No. 4

A : Oh, George, it's raining outside. I have to go back to the classroom to get my umbrella. Do you have to get yours?

B : No, but I left my math textbook there. Let's go together, Karen.

A : OK. I hope the classroom is still open.

B : Me, too. We should hurry.

Question : Why will George go back to the classroom?

繰り返します。(対話と質問を繰り返す。)

これで(2)の問題を終わります。

次に，(3)の問題に移ります。

(3) これから，カズ(Kazu)とジュディ(Judy)の対話を放送します。そのあとで，その内容について，**Question No. 1** と **Question No. 2** の２つの質問をします。それぞれの質問に対して，最も適切な答えを，**ア**，**イ**，**ウ**，**エ**の中から１つ選んで，その記号を書きなさい。

対話と質問は，２回放送します。

では，はじめます。

Kazu : Hi, Judy. Can you help me study for the English test?

Judy : Sure, Kazu. When do you want to meet? How about tomorrow?

Kazu : I cannot meet tomorrow because I have a dance lesson. Can we meet on Wednesday?

Judy : I'm going to meet Sally that day.

Kazu : I see.

Judy : Sally and I are going to study for the math test. We think math is very difficult, so we are nervous. . . .

Kazu : Well, I have an idea! I'll join you. I'm good at math, so I can help you and Sally.

Judy : Oh, that's a great idea! After we finish studying math, we can study together for the English test.

Questions :

No. 1　Who will Kazu meet on Wednesday ?

No. 2　What will Kazu do on Wednesday ?

繰り返します。(対話と質問を繰り返す。)

これで(3)の問題を終わります。

次に，(4)の問題に移ります。

(4) 中学生のハナ(Hana)が，英語の授業で自分の経験について発表しています。これからその発表を放送します。その内容について，次の①，②の問いに答えなさい。

英文は，２回放送します。

では，はじめます。

I performed in a piano concert yesterday. It was my third time, but I was still very nervous. Then, when I was on the stage, I saw my grandfather in the audience. I was surprised. I didn't think he would come, because I made him angry a few days ago. After the performance, I spoke to him. He was crying and told me that my performance was really good. I was very happy to hear that. I hope he will come to my next concert.

繰り返します。(英文を繰り返す。)

これで，放送による聞き取りテストを終わります。続いて，問題 **2** に進みなさい。

数学　●満点 100点　●時間 50分

（注意）・ 分数が含まれるときは，それ以上約分できない形にしなさい。
・ 根号が含まれるときは，根号の中を最も小さい自然数にしなさい。また，分母に根号が含まれるときは，分母に根号を含まない形にしなさい。

1　次の⑴，⑵の問いに答えなさい。

⑴ 次の①～④の計算をしなさい。

① $3-9$

② $-3(x+2y)+(x-3y)$

③ $3a^2b\times4b\div6ab$

④ $\sqrt{6}(\sqrt{2}+\sqrt{3})$

⑵ x^2+7x-8 を因数分解したとき，その結果として正しいものを，次の**ア**～**エ**の中から1つ選んで，その記号を書きなさい。

ア $(x-1)(x-7)$　**イ** $(x+1)(x+7)$　**ウ** $(x+1)(x-8)$　**エ** $(x-1)(x+8)$

2　次の⑴～⑷の問いに答えなさい。

⑴ 右の**図**で，△ABC は正三角形である。辺 AB，AC 上にそれぞれ点 D，E をとる。∠AED＝74°，∠CDE＝39° のとき，∠BCD の大きさとして正しいものを，次の**ア**～**オ**の中から1つ選んで，その記号を書きなさい。

ア 21°　**イ** 25°　**ウ** 30°　**エ** 35°　**オ** 46°

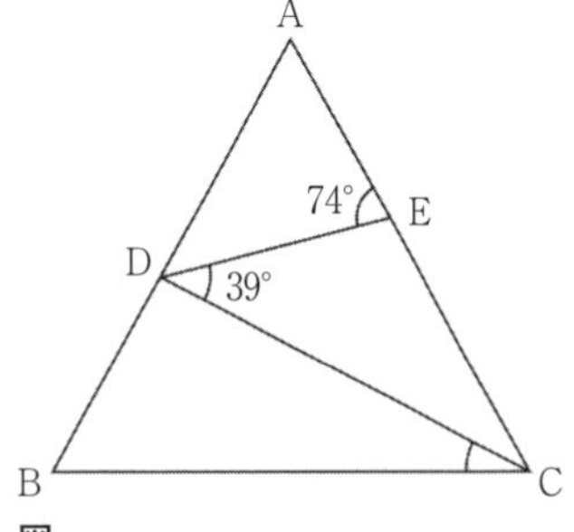

図

⑵ 次の**表**は，10人の生徒がテニスのサーブ練習をそれぞれ10回行い，サーブが入った回数のデータを小さい順に並べたものである。

表

1	2	3	3	3	4	5	6	7	9	(単位　回)

このとき，生徒10人のデータを箱ひげ図に表したものとして正しいものを，次の**ア**～**オ**の中から1つ選んで，その記号を書きなさい。

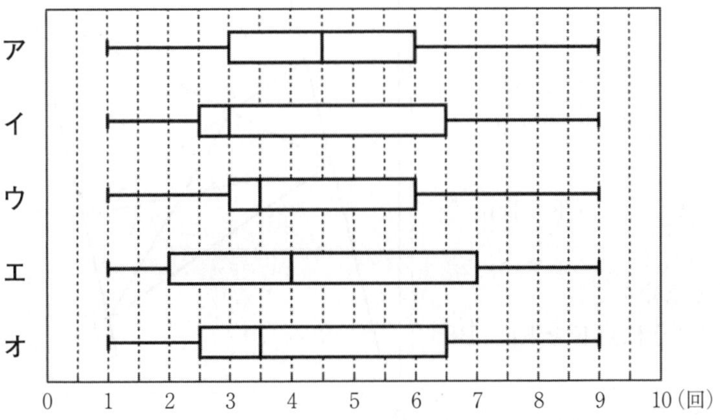

(3) ある動物園の入園料は，大人1人 x 円，子ども1人 y 円である。500円の割引券を1枚使うと，大人2人と子ども3人の入園料の合計が4000円より安くなった。

このとき，この数量の関係を表した不等式として正しいものを，次の**ア**～**エ**の中から1つ選んで，その記号を書きなさい。

ア $2x+3y-500<4000$　　**イ** $2x+3y<4000-500$

ウ $2x+3y-500>4000$　　**エ** $2x+3y>4000-500$

(4) 関数 $y=2x^2$ で，x の変域が $-1\leqq x\leqq$ [I] のとき，y の変域が [II] $\leqq y\leqq 18$ である。

このとき，[I]，[II] に当てはまる値の組み合わせとして正しいものを，次の**ア**～**カ**の中から1つ選んで，その記号を書きなさい。

	I	II
ア	−3	2
イ	−3	0
ウ	3	2
エ	3	0
オ	6	2
カ	6	0

3 右の**図1**のように，タブレット端末の画面に平行な2直線 l，m と直線 l 上の2点A，B，直線 m 上の2点C，Dが表示されている。また，線分ADと線分BCは点Eで交わっており，点Fは直線 m 上を動かすことができる。さらに，AB＝3cm，CD＝CE＝6cm，△ABEの面積は5 cm^2 である。

ひよりさんとふうがさんは，点Fを動かしながら，図形の性質や関係について調べている。

このとき，次の(1)～(3)の問いに答えなさい。

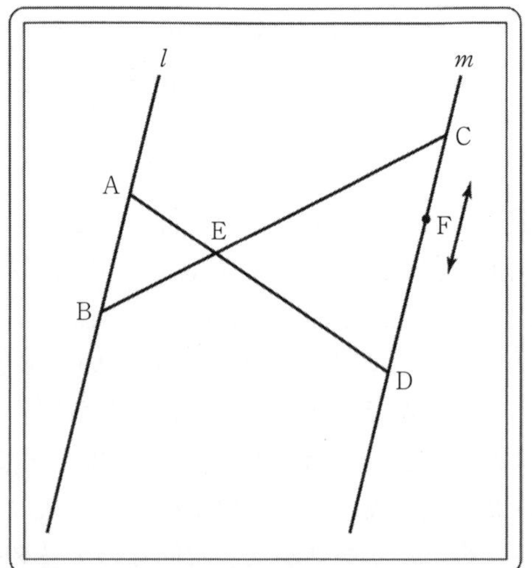

図1

(1) ひよりさんは，点FをEF∥BDとなるように動かした。

このとき，大きさが等しくなる角の組み合わせとして正しいものを，次の**ア**～**オ**の中から**2つ**選んで，その記号を書きなさい。

ア ∠EBDと∠CEF　　**イ** ∠AECと∠ADC

ウ ∠BEAと∠FED　　**エ** ∠CFEと∠CDE

オ ∠BDEと∠FED

(2) ふうがさんは，点Fを線分CD上にCF＝1cmとなるように動かした。

このとき，△DEFの面積を求めなさい。

(3) ひよりさんは，右の**図2**のように点FをED∥BFとなるように動かした。

このとき，ふうがさんは△DCB≡△ECFである

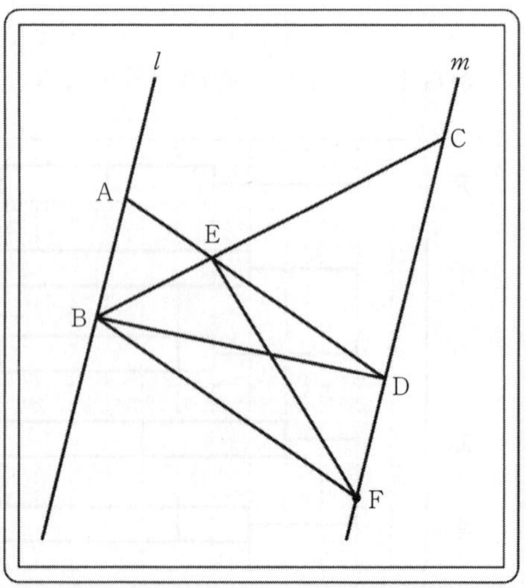

図2

ことに気づき，次のように証明した。

[I]～[Ⅲ]をうめて，証明を完成させなさい。

ただし，[I]については当てはまるものを，[ ]の選択肢の**ア**～**エ**の中から１つ選んで，その記号を書きなさい。

〈証明〉

△DCB と△ECF において，

仮定から，　　CD＝CE＝6cm　　……①

[I]　　……②

△CBF において，ED//BF なので，CE：CB＝CD：CF

さらに，①より CD＝CE だから，[Ⅱ]　　……③

①，②，③から，[Ⅲ]がそれぞれ等しいので，

△DCB≡△ECF

[I]の選択肢

ア　平行線の同位角は等しいから，∠CED＝∠CBF

イ　二等辺三角形の底角だから，∠CED＝∠CDE

ウ　共通な角だから，∠DCB＝∠ECF

エ　四角形 ABFD は平行四辺形だから，AB＝DF

4　１から６までの数が１つずつ書かれた６枚の赤色のカード[1]，[2]，[3]，[4]，[5]，[6]と，７から12までの数が１つずつ書かれた６枚の青色のカード[7]，[8]，[9]，[10]，[11]，[12]がある。赤色のカードをよくきってから１枚引き，そのカードに書かれた数を a とする。同様に，青色のカードをよくきってから１枚引き，そのカードに書かれた数を b とする。

このとき，次の(1)，(2)の問いに答えなさい。

ただし，赤色と青色のカードそれぞれにおいて，どのカードが引かれることも同様に確からしいとする。

(1)　$a+b$ が３の倍数となる確率として正しいものを，次の**ア**～**オ**の中から１つ選んで，その記号を書きなさい。

ア　$\frac{1}{2}$　　**イ**　$\frac{1}{3}$　　**ウ**　$\frac{1}{4}$　　**エ**　$\frac{1}{6}$　　**オ**　$\frac{1}{12}$

(2)　右の**図**のように，円周を12等分する点があり，時計回りにそれぞれ１から12までの番号をつけ，a，b と同じ番号の点にそれぞれコマを置く。例えば，$a=3$，$b=7$ のとき，円周上の番号３，番号７の２つの点にそれぞれコマを置く。

①　コマを置いた２つの点が，この円の直径の両端となる確率を求めなさい。

②　番号１の点とコマを置いた２つの点が，直角三角形の３つの頂点となる確率を求めなさい。

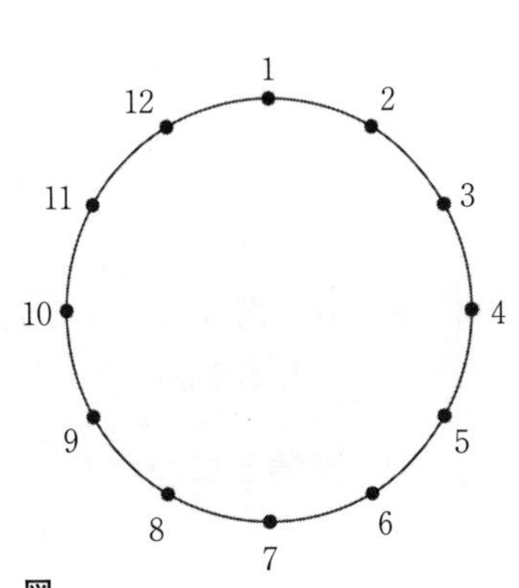

図

5 ひよりさんとふみさんは，数学の授業で関数について学んでいる。右の**図1**のような縦20cm，横30cm，高さ25cmの直方体の形をした水そうを使って，次の**実験Ⅰ**，**実験Ⅱ**，**実験Ⅲ**を行い，水を入れるときや抜くときの底面から水面までの高さの変化のようすについて調べている。

ただし，給水口を開けると，一定の割合で水を入れることができ，排水口を開けると，水そうの水がなくなるまで一定の割合で水を抜くことができるものとする。また，水そうの底面と水面はつねに平行になっており，水そうの厚さは考えないものとする。

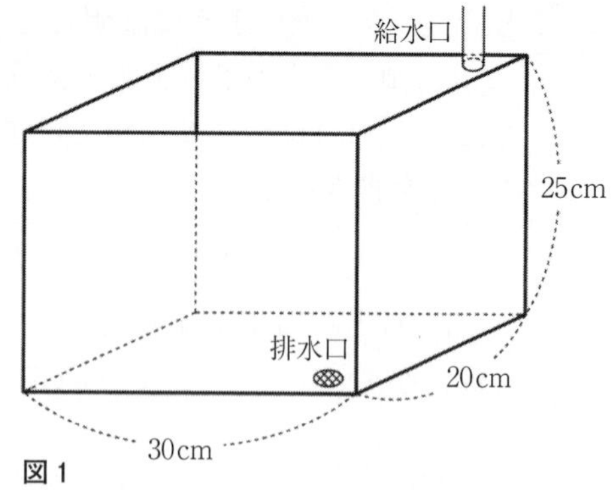

図1

> **実験Ⅰ**　空の水そう(**図1**)に一定の割合で水を入れる。
> **実験Ⅱ**　空の水そう(**図1**)に直方体のおもりを入れ，一定の割合で水を入れる。
> **実験Ⅲ**　**実験Ⅱ**で満水の状態になった水そうから一定の割合で水を抜く。

このとき，ひよりさんとふみさんの次の会話を読んで，(1)，(2)の問いに答えなさい。

> ひより：まずは**実験Ⅰ**だね。
> ふ　み：そうだね。空の水そう(**図1**)の排水口を閉じておいたよ。
> ひより：うん。給水口を開けると，毎秒100cm^{3}ずつ一定の割合で水が入るよ。
> ふ　み：わかった。給水口を開けるね。
> ひより：いま，60秒たったけど，水そうの底面から水面までの高さは何cmになったかな。

(1) **実験Ⅰ**について，空の水そうに水を入れ始めてから60秒後の水そうの底面から水面までの高さを求めなさい。

> ひより：次は**実験Ⅱ**だね。
> ふ　み：空の水そうに縦20cm，横20cm，高さ15cmの直方体のおもりを入れて(**図2**)，排水口を閉じておいたよ。
> ひより：うん。給水口を開けると，毎秒100cm^{3}ずつ一定の割合で水が入るよ。
> ふ　み：わかった。給水口を開けるね。
> ひより：どんどん水が入っていくね。
> ふ　み：満水になったから，給水口を閉じるよ。

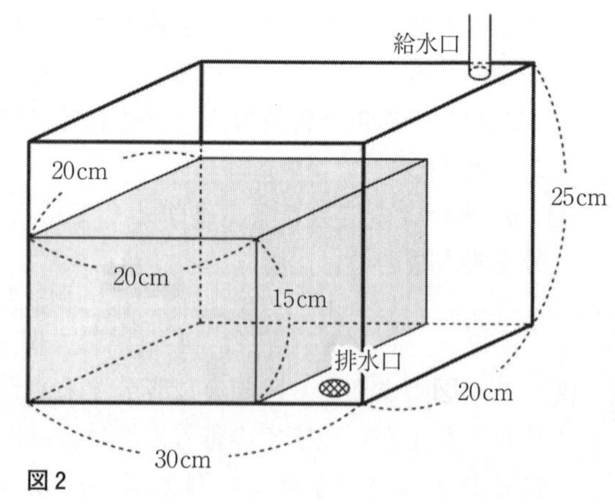

図2

(2) ① **実験Ⅱ**について，水を入れ始めてからx秒後の水そうの底面から水面までの高さを$y$cmとして，xとyの関係を表すグラフをかいたとき，満水になるまでのグラフとして正しいものを，次の**ア**～**エ**の中から1つ選んで，その記号を書きなさい。

ただし，入れるおもりと水そうの３つの側面と底面との間にすき間はないものとする。

ア
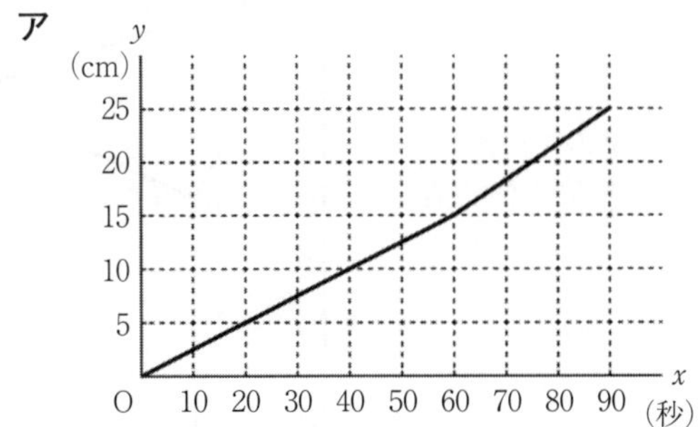

イ
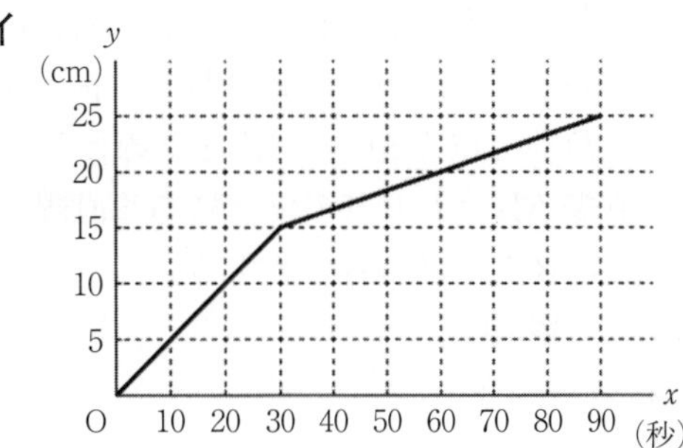

ウ
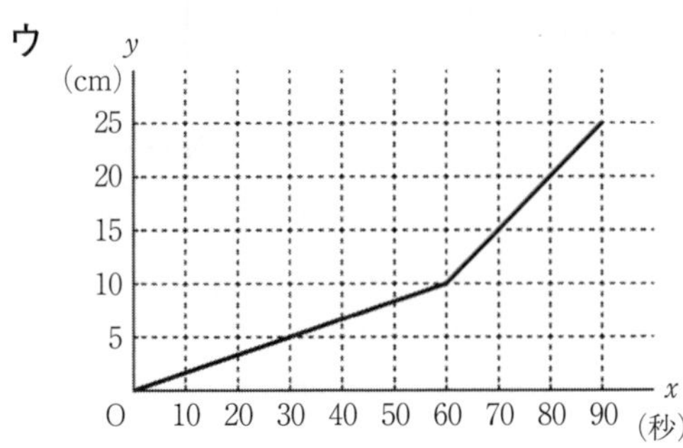

エ
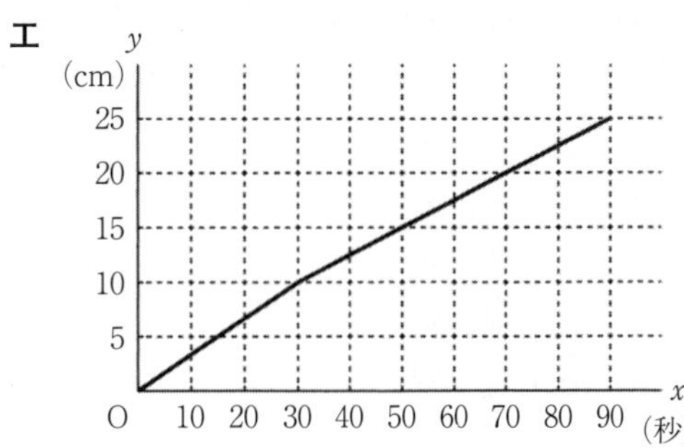

ふ　み：最後に**実験Ⅲ**だね。

ひより：排水口を開けると，毎秒150cm^{3}ずつ一定の割合で水が抜けるよ。

ふ　み：うん。排水口を開けるね。

ひより：どんどん水が抜けていって，やっと水そうが空になったよ。今度は，水を抜き始めてからx秒後の水そうの底面から水面までの高さを$y$cmとして，xとyの関係を表すグラフをかいてみよう。

ふ　み：そうだね。**実験Ⅱ**の結果のグラフをかいた図に**実験Ⅲ**の結果のグラフをかき入れてみるね。

ひより：あっ，交わっている点があるよ。計算して，交点の座標を求めてみよう。

② **実験Ⅱ**の結果のグラフをかいた図に**実験Ⅲ**の結果のグラフをかき入れたとき，２つのグラフの交点の座標を求めなさい。

6　右の**図1**のように，DE＝DF＝3cm，EF＝2cm の三角形を底面とし，高さが 4 cm の三角柱 ABCDEF がある。

このとき，次の(1)，(2)の問いに答えなさい。

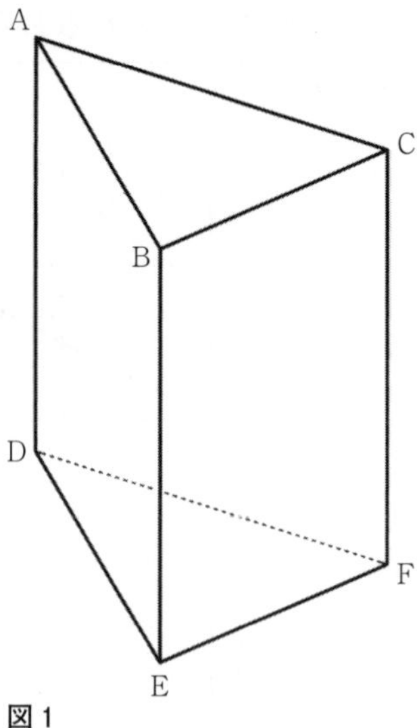

図1

(1)　三角柱 ABCDEF で，辺を直線とみるとき，次の①～③のうち直線 AB とねじれの位置にある直線には○を，そうでない直線には×をつけるものとする。

①　直線 BC

②　直線 CF

③　直線 DE

このとき，○×の組み合わせとして正しいものを，次の**ア**～**カ**の中から1つ選んで，その記号を書きなさい。

	①	②	③
ア	×	×	×
イ	○	×	×
ウ	×	○	○
エ	○	○	○
オ	×	○	×
カ	○	×	○

(2)　①　三角柱 ABCDEF の表面積を求めなさい。

②　次の**図2**のように，辺 BC の中点を P とし，辺 AD 上に AQ：QD＝3：1 となる点Qをとる。また，線分 DP 上に∠QRD＝90° となる点Rをとる。

このとき，三角すい RPEF の体積を求めなさい。

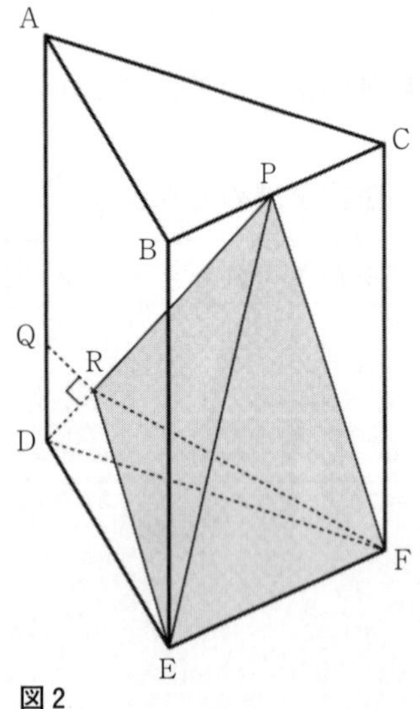

図2

社会

●満点 100点　●時間 50分

1　次の(1)～(8)の問いに答えなさい。

(1)　太郎さんと花子さんは，冬休みに家族で海外旅行をしました。次の文章を読み，訪れた都市を，**資料1**の①～④からそれぞれ選び，組み合わせとして最も適切なものを，下の**ア**～**ク**の中から1つ選んで，その記号を書きなさい。

> 太郎さんは東京国際空港を12月25日の午前11時5分に，花子さんは午後6時25分に出発し，それぞれの目的地に向かいました。太郎さんの乗った飛行機は日付変更線をこえたため，到着は現地の時刻で12月25日の午前9時50分でした。また，花子さんの到着地では夏でした。

資料1

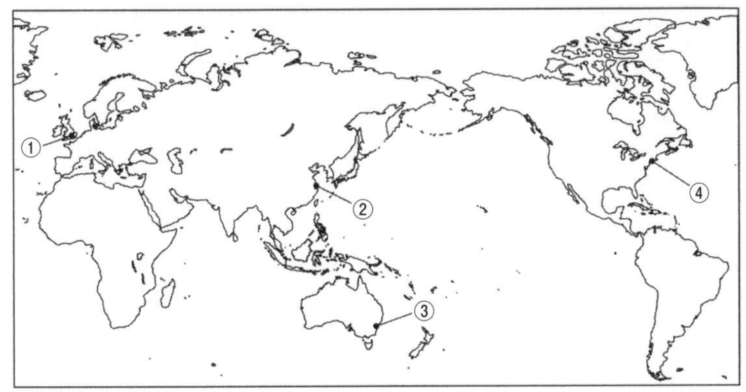

ア　[太郎　①　花子　④]　　**イ**　[太郎　②　花子　①]
ウ　[太郎　③　花子　②]　　**エ**　[太郎　④　花子　③]
オ　[太郎　②　花子　③]　　**カ**　[太郎　③　花子　④]
キ　[太郎　④　花子　①]　　**ク**　[太郎　①　花子　②]

(2)　地球上のある地域では，太陽が沈まなかったり，沈んでも暗くならなかったりする白夜(びゃくや)とよばれる現象が起こります。白夜について述べた文として最も適切なものを，次の**ア**～**エ**の中から1つ選んで，その記号を書きなさい。

ア　緯度の低い地域において，夏にみられる。
イ　緯度の低い地域において，冬にみられる。
ウ　緯度の高い地域において，夏にみられる。
エ　緯度の高い地域において，冬にみられる。

資料2　地球の緯線と経線

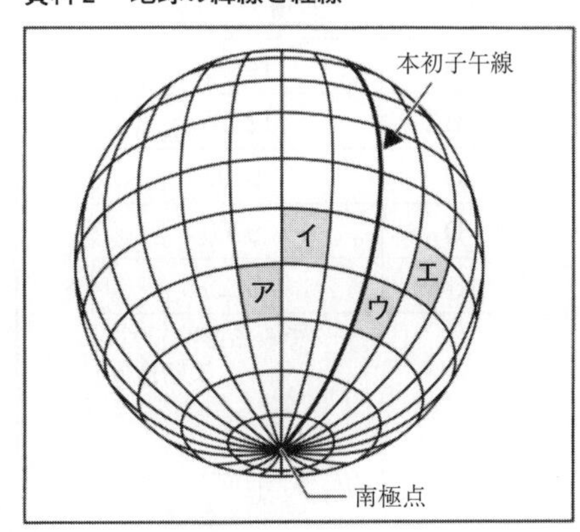

(3)　**資料2**は，地球の緯線と経線を模式的に示したもので，緯線が赤道を基準に15度ずつ，経線が本初子午線を基準に15度ずつ示されています。日本の中部地方は北緯30度～45度，東経135度～150度の範囲に位置して

います。地球の中心に対して，中部地方の反対側にあたる緯度・経度の範囲を示した部分として最も適切なものを，**資料２**の**ア**～**エ**の中から１つ選んで，その記号を書きなさい。

(4) **資料３**から読み取れることとして最も適切なものを，下の**ア**～**エ**の中から１つ選んで，その記号を書きなさい。

資料３　６か国の輸出総額と輸入総額，及び輸出入品の総額に占める上位３品目の割合（2020年）

フランス

	輸出（総額4886億ドル）		輸入（総額5828億ドル）	
順位	品目	割合（%）	品目	割合（%）
1	機械類	19.2	機械類	21.6
2	自動車	8.7	自動車	10.9
3	医薬品	7.9	医薬品	5.7

インド

	輸出（総額2755億ドル）		輸入（総額3680億ドル）	
順位	品目	割合（%）	品目	割合（%）
1	機械類	11.8	機械類	21.3
2	石油製品	9.7	原油	17.5
3	医薬品	7.3	金	6.0

中国

	輸出（総額２兆5891億ドル）		輸入（総額２兆696億ドル）	
順位	品目	割合（%）	品目	割合（%）
1	機械類	44.4	機械類	35.9
2	繊維品	6.0	原油	8.6
3	衣類	5.5	鉄鉱石	6.0

ニュージーランド

	輸出（総額389億ドル）		輸入（総額371億ドル）	
順位	品目	割合（%）	品目	割合（%）
1	酪農品	26.5	機械類	24.2
2	肉類	14.0	自動車	10.9
3	野菜・果実	8.0	石油製品	4.3

アメリカ合衆国

	輸出（総額１兆4303億ドル）		輸入（総額２兆4054億ドル）	
順位	品目	割合（%）	品目	割合（%）
1	機械類	24.6	機械類	29.2
2	自動車	7.1	自動車	10.4
3	精密機械	4.7	医薬品	6.1

日本

	輸出（総額6413億ドル）		輸入（総額6354億ドル）	
順位	品目	割合（%）	品目	割合（%）
1	機械類	35.7	機械類	25.9
2	自動車	18.9	原油	6.8
3	精密機械	5.3	液化天然ガス	4.7

〔「世界国勢図会 2022/23」より作成〕

ア　６か国のすべてにおいて，輸入総額に占める割合のうち，原油が10%以上を占めている。
イ　インドでは，医薬品の輸出額は，金の輸入額を上回る。
ウ　６か国のうち，中国とニュージーランドの２か国だけが，輸出総額が輸入総額を上回る。
エ　フランスとアメリカ合衆国はともに，自動車の輸出額が自動車の輸入額を下回る。

(5) **資料４**と**資料５**は，みかんの収穫量が多い上位５県について示したものです。**資料４**の**Ｂ**県の**県庁所在地**を書きなさい。

資料４　みかんの収穫量が多い上位５県（2021年）

県名	収穫量（万ｔ）
A	14.78
B	12.78
C	9.97
D	9.00
長崎	5.20

〔「データでみる県勢 2023」より作成〕

資料５　みかんの収穫量が多い上位５県の位置（2021年）

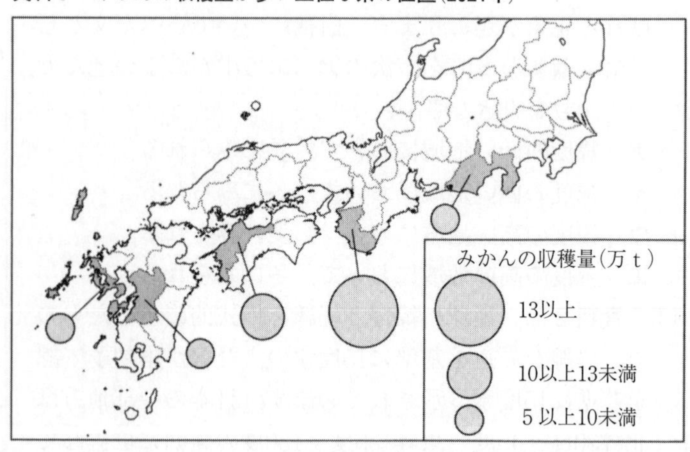

(6) 花子さんは，野菜の生産と畜産の盛んな茨城県と宮崎県の農業を比較し，**資料6**と**資料7**を作成しました。下の**ア**～**エ**について，資料から読み取れることとして正しいものには○を，誤っているものには×を書きなさい。

資料6　茨城県と宮崎県の比較（2021年）

	人口（万人）	県面積（km²）	耕地面積（km²）		農業産出額（億円）
			田	畑	
茨城県	285.2	6097	953	670	4263
宮崎県	106.1	7735	346	301	3478

〔「データでみる県勢 2023」，農林水産省資料より作成〕

資料7　農業産出額に占める農産物の割合（2021年）

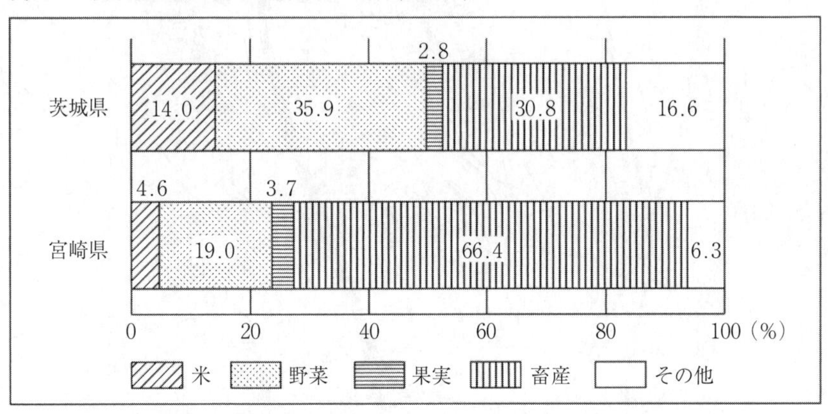

（注） 農産物の割合は小数第2位を四捨五入したため，合計は100%にならない場合もある。

〔農林水産省資料より作成〕

ア　田の面積は茨城県が大きいが，米の産出額は宮崎県が多い。
イ　県面積のうち，田と畑の面積を合わせた耕地面積の占める割合は茨城県が大きい。
ウ　耕地面積のうち，畑の占める割合は茨城県が大きく，野菜の産出額も茨城県が多い。
エ　宮崎県の畜産の産出額は，茨城県の野菜の産出額よりも多い。

(7) **資料8**は，北海道地方と東北地方を中心に示した地図です。日本最北端の島①と，海流②の名称の組み合わせとして最も適切なものを，次の**ア**～**エ**の中から1つ選んで，その記号を書きなさい。

ア　［①　国後島（くなしりとう）　②　黒潮（日本海流）］
イ　［①　国後島　②　親潮（千島海流）］
ウ　［①　択捉島（えとろふとう）　②　黒潮（日本海流）］
エ　［①　択捉島　②　親潮（千島海流）］

資料8

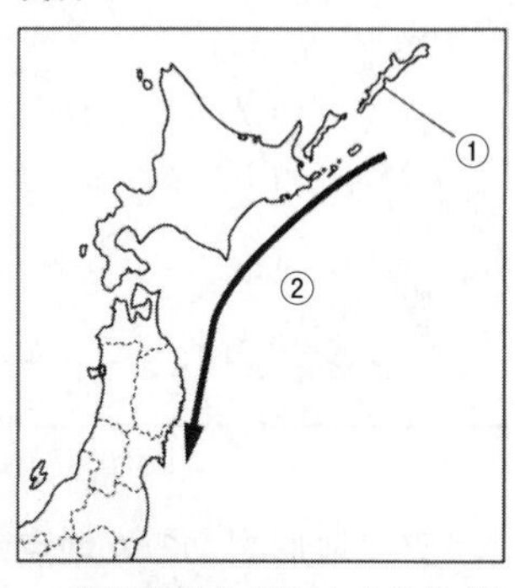

〔「理科年表 2023」より作成〕

(8) **資料9**の地形図から読み取れることとして，下の**ア**～**エ**について，正しいものには○を，誤っているものには×を書きなさい。

資料 9

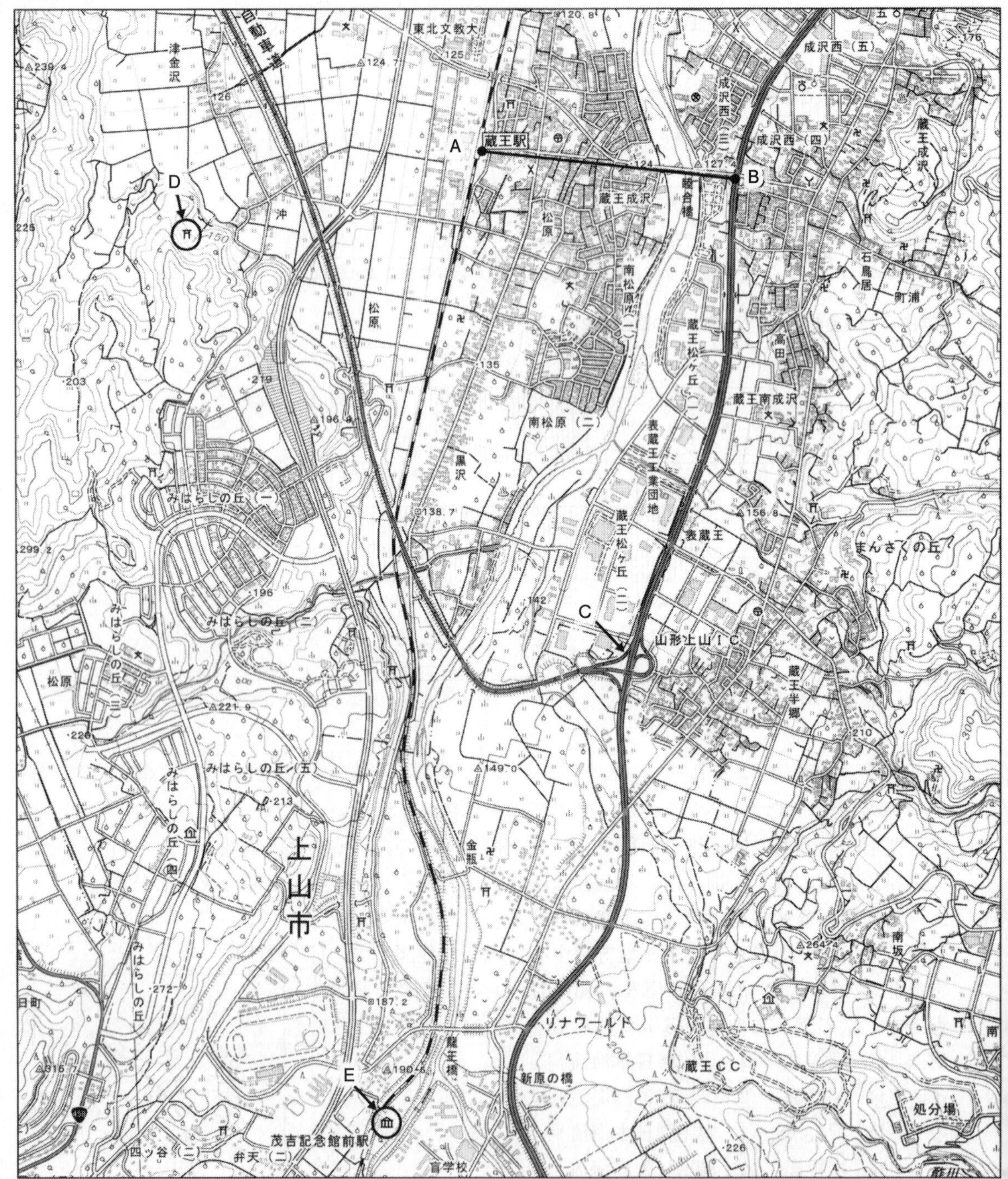

〔国土地理院発行２万５千分の１地形図「山形南部」より作成〕

ア　地形図上の**A地点**から**B地点**までの長さを約 4 cm とすると，実際の距離は約 1 km である。

イ　Aの「蔵王駅（ざおう）」から見て，Cの「山形上山IC（かみのやま）」は北西にある。

ウ　Dの神社は標高100mよりも高い場所にある。

エ　Eの地図記号は，図書館を表している。

2 次の(1)～(8)の問いに答えなさい。

(1) 下の**資料1**は，日本最大の古墳を示したものです。この古墳の位置として最も適切なものを，右の**資料2**の**ア**～**エ**の中から1つ選んで，その記号を書きなさい。

資料1　大仙古墳

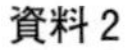

資料2

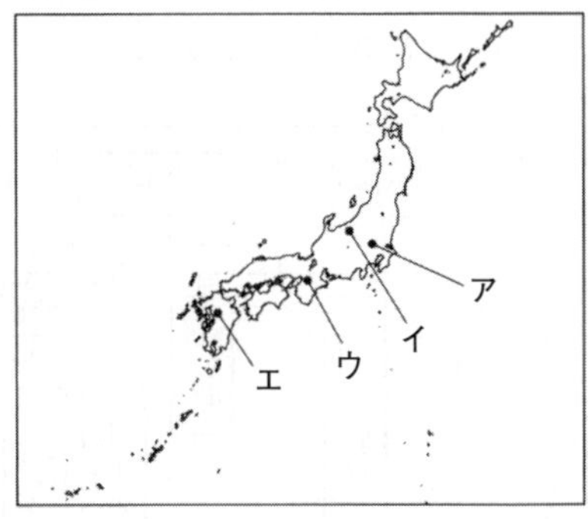

西暦	できごと
645	大化の改新が始まる
	A
743	墾田永年私財法が出される
	B
794	都を平安京に移す
	C
1086	院政が始まる
	D
1192	源頼朝が征夷大将軍に任命される

(2) 遣唐使の停止などによって，日本の風土や生活にあった国風文化が生まれました。遣唐使が停止された時期を右の年表中の**A**～**D**の中から1つ選んで，その記号を書きなさい。また，国風文化と関連の深い資料として最も適切なものを，下の**ア**～**エ**の中から1つ選んで，その記号を書きなさい。

ア

イ

ウ

エ

(3) 鎌倉幕府は，承久の乱で後鳥羽上皇らの軍を破ると西日本にも勢力を伸ばし，政治のしくみを整え支配を広げていきました。承久の乱後の鎌倉幕府の政治のしくみとして最も適切なものを，次の**ア**～**エ**の中から１つ選んで，その記号を書きなさい。

ア

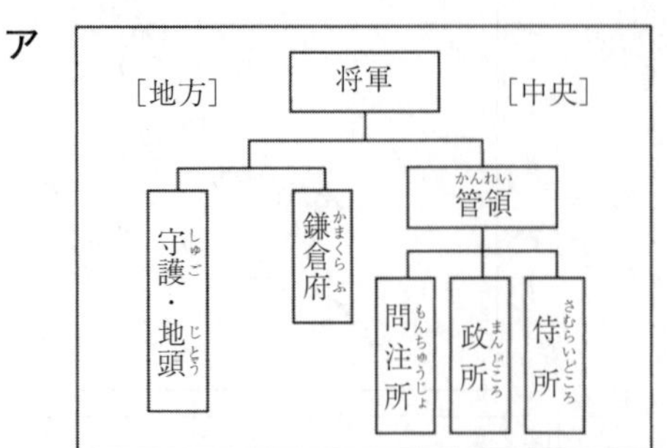

イ

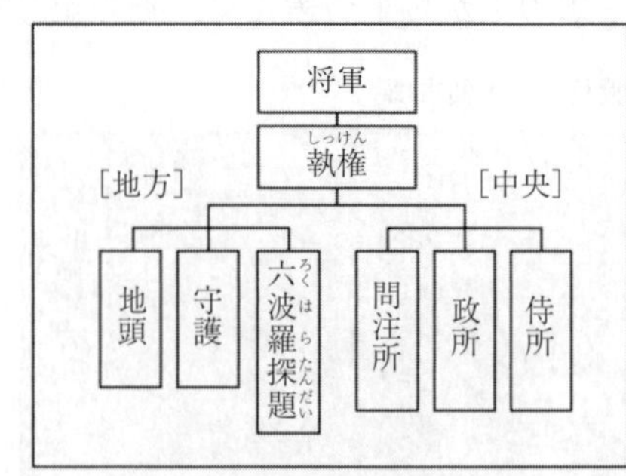

ウ

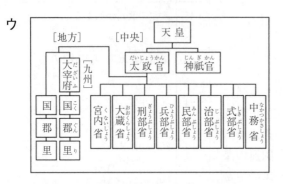

天皇
［地方］
［中央］
太政官
神祇官
大宰府
［九州］
国
郡
里
国
郡
里
宮内省
大蔵省
刑部省
兵部省
民部省
治部省
式部省
中務省

エ

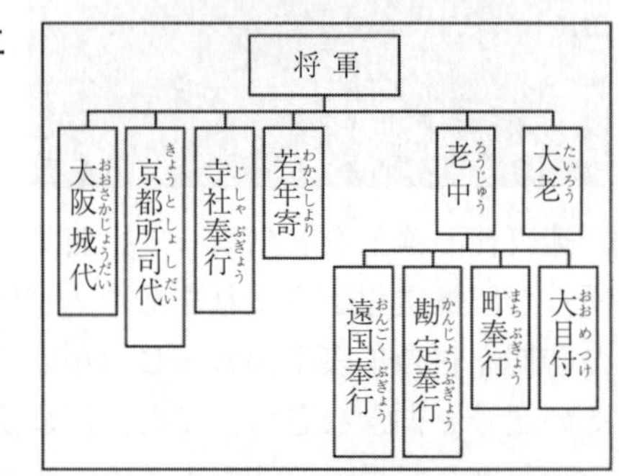

(4) **資料３**は，桃山文化を代表する建築物の一つです。桃山文化の特徴について述べた文として最も適切なものを，次の**ア**～**エ**の中から１つ選んで，その記号を書きなさい。

資料３　姫路城

ア　大名や豪商の権力や富を背景とした，豪華で力強い文化

イ　中国の文化の影響を強く受け，貴族を中心に栄えた国際色豊かな文化

ウ　貴族中心の伝統文化に加え，力を伸ばした武士の力強さが表れた文化

エ　大阪・京都を中心に，経済力をつけた町人を担い手とする文化

(5) 江戸時代に幕府が大名に向けて出した法令(支配の方針)の内容として最も適切なものを，次の**ア**～**エ**の中から１つ選んで，その記号を書きなさい。

ア

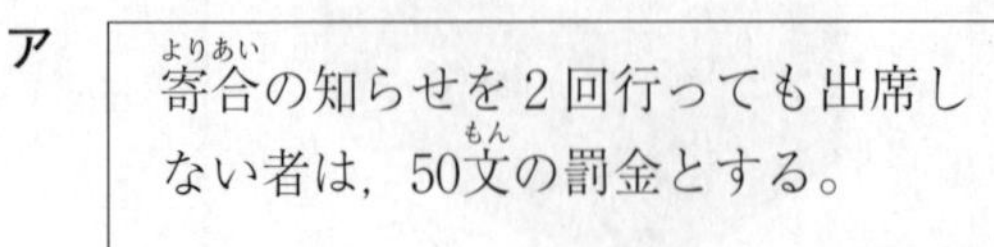
寄合の知らせを２回行っても出席しない者は，50文の罰金とする。

イ

諸国の守護の職務は，京都の御所の警備と，謀反や殺人などの犯罪人の取りしまりに限る。

ウ

城を修理するときは，必ず幕府に届けること。新たに城を築くことは固く禁止する。

エ

天皇の命令をうけたまわりては，必ず守りなさい。

(6) **資料4**は，日清戦争と日露戦争における日本の戦費と死者数，日本が得た賠償金について表したものです。日露戦争の講和会議を受けて条約が結ばれた後に，日比谷焼き打ち事件が起こるなど日本の国民に強い不満の声が上がりました。どのような点に不満をもったのか，**資料4**から読み取れることをもとに，下の**＜不満をもった理由＞**の□に当てはまる内容を**15字以上，25字以内**で書きなさい。ただし,「，」も１字に数え，文字に誤りのないようにしなさい。

資料4　日清戦争と日露戦争の比較

	戦費	死者数	日本が得た賠償金について
日清戦争	2億円	1.4万人	2億両(約3億円)を得た
日露戦争	18.7億円	8.5万人	得られなかった

〔財務省資料より作成〕

＜不満をもった理由＞

日清戦争と日露戦争を比べると，日露戦争のほうが日清戦争よりも戦費と死者数が□から。

(7) **資料5**は，日清戦争で得られた賠償金などをもとに建設されたものです。明治時代の日本の産業や社会について述べた文として最も適切なものを，次の**ア**～**エ**の中から１つ選んで，その記号を書きなさい。

資料5　八幡製鉄所（操業開始当時）

ア　製糸業や紡績業などの軽工業を中心に産業革命が進んだ。

イ　小作料の引き下げなどを求める小作争議が盛んに起こり，日本農民組合が結成された。

ウ　工場などから排出される有害物質により，イタイイタイ病などの公害問題が発生した。

エ　米，砂糖，衣料品などが配給制や切符制になった。

(8) 次の会話は，太郎さんと花子さんと先生が，第二次世界大戦前後の国際社会について話しているものです。会話文中の□に当てはまる語として最も適切なものを，下の**ア**～**エ**の中から１つ選んで，その記号を書きなさい。

太郎：第二次世界大戦は，1939年９月，ドイツがポーランドに侵攻したことで始まったね。

花子：その後，日本はドイツ・イタリアと日独伊三国同盟を結んだよね。

先生：このような動きの中で，アメリカのローズベルト大統領とイギリスのチャーチル首相が，第二次世界大戦後の国際社会について話し合って□を発表し，戦後の平和構想を示したんだよ。

ア　二十一か条の要求　　**イ**　非核三原則
ウ　大西洋憲章　　**エ**　ポツダム宣言

3 次の(1)～(6)の問いに答えなさい。

(1) **資料1**は，ある日の内閣総理大臣の行動をまとめたものです。また，**資料2**は**資料1**の［あ］～［う］の説明です。**資料1**と**資料2**の［あ］～［う］に当てはまる語の組み合わせとして最も適切なものを，下の**ア**～**カ**の中から1つ選んで，その記号を書きなさい。

資料1　ある日の内閣総理大臣の行動

8：16	官邸に到着
8：23	［あ］に出席
8：31	［い］らとの話し合い
12：05	昼食
15：03	NPO 団体との面会
18：39	国連［う］議長との面会
19：26	報道機関の取材への対応
19：29	公邸に到着

資料2　資料1の語の説明

資料1の語	資料1の語の説明
［あ］	内閣総理大臣が政府の方針や行政の仕事に関する物事を決めるために開く会議
［い］	内閣総理大臣と共に内閣を組織する構成員
［う］	国連においてすべての加盟国が平等に一票を持って参加する会議

ア［あ　閣議　　い　首長　　う　総会］
イ［あ　閣議　　い　国務大臣　う　総会］
ウ［あ　閣議　　い　国務大臣　う　安全保障理事会］
エ［あ　両院協議会　い　首長　　う　安全保障理事会］
オ［あ　両院協議会　い　首長　　う　総会］
カ［あ　両院協議会　い　国務大臣　う　安全保障理事会］

(2) 次の会話は，太郎さんとカンボジアからの留学生が，**資料3**を見ながら話しているものです。会話文中の［え］に当てはまる日本語の名称を書きなさい。

留学生：このカンボジアの紙幣を見たことがありますか。
太　郎：いいえ，見たことがありません。初めて見ました。中央に大きな橋が描かれていますね。
留学生：はい。この橋は「きずな橋」とよばれ，日本の支援で建設されました。
太　郎：支援って，ODA のことですか。
留学生：そうです。ODA，正式名称［え］により建設されたものです。
太　郎：橋ができて何が変わりましたか。
留学生：おかげで，農作物を首都に運ぶのが便利になりました。

資料3　カンボジアの紙幣
〔外務省ウェブページより〕

(3) ひよりさんのグループは，法律案の議決について調べました。**資料4**を見つけ，衆議院の優越についての**＜発表原稿1＞**を作成しました。**＜発表原稿1＞**の［お］に当てはまる文として最も適切なものを，下の**ア～エ**の中から1つ選んで，その記号を書きなさい。

資料4　与党・野党別衆議院議員数（2023年5月20日現在）

	議員数
与党	294
野党	170
欠員	1
合計	465

〔衆議院ウェブページより作成〕

＜発表原稿1＞

国会では，二院制がとられており，それぞれで異なる議決がなされることがあります。例えば，**資料4**のような衆議院の議員数で，衆議院が先議する場合を想定して考えてみます。

すべての衆議院議員が出席した状況では，与党議員全員が賛成すれば法律案を可決できます。［お］

ア　また，参議院が否決した法律案は，衆議院議員のうち，すべての野党議員が反対した場合でも，すべての与党議員が賛成すれば，再可決できます。

イ　また，参議院が衆議院の可決した法律案を受けとった後，30日以内に議決しないときは衆議院の議決が国会の議決となるため，法律として成立します。

ウ　しかし，参議院が否決した法律案は，衆議院議員のうち，すべての与党議員が賛成しただけでは再可決できません。

エ　しかし，参議院と衆議院の両院で可決した法律案であっても，国民投票で過半数の賛成を得なければ法律として成立しません。

(4) 次の会話は，花子さんと先生が，消費者保護について話しているものです。会話文中の［か］，［き］に当てはまる語の組み合わせとして最も適切なものを，下の**ア～カ**の中から1つ選んで，その記号を書きなさい。

花子：この前，買ったばかりのパソコンのバッテリーから煙が出て，それを外そうとしてやけどをしてしまい，病院で治療を受けました。

先生：それは大変でしたね。そのような消費者を保護するしくみがありますよ。［か］にもとづいて損害賠償を求めてみたらどうですか。その場合，パソコンのバッテリーに欠陥があったことを証明するだけで大丈夫ですよ。

花子：どのようにすればよいですか。

先生：2009年に設置され，政府の消費者政策をまとめて担当している［き］のウェブページで確認するのがよいと思います。

ア　［**か**　製造物責任法　**き**　経済産業省］
イ　［**か**　製造物責任法　**き**　消費者庁］
ウ　［**か**　消費者契約法　**き**　経済産業省］
エ　［**か**　消費者契約法　**き**　消費者庁］
オ　［**か**　クーリング・オフ制度　**き**　経済産業省］
カ　［**か**　クーリング・オフ制度　**き**　消費者庁］

(5) 太郎さんのグループは，市場経済における企業の競争について調べ，**<発表原稿２>**を作成しました。**<発表原稿２>**の［く］，［け］に当てはまる語の組み合わせとして最も適切なものを，下の**ア**～**カ**の中から１つ選んで，その記号を書きなさい。

<発表原稿２>

製造業者が商品の価格を固定したり，各小売店に安売りをしないよう要求したりすることは，企業の健全な競争をうながすことを目的とする［く］に違反します。価格競争がなくなると値段は高く設定されることが多く，消費者にとって多様で自由な選択が困難になり，消費者の利益が確保されなくなります。［く］は［け］が運用しており，［く］にもとづいて，監視や指導を行います。

ア ［**く** フェアトレード **け** 公正取引委員会］
イ ［**く** フェアトレード **け** 日本銀行］
ウ ［**く** 契約自由の原則 **け** 地方裁判所］
エ ［**く** 契約自由の原則 **け** 日本銀行］
オ ［**く** 独占禁止法 **け** 公正取引委員会］
カ ［**く** 独占禁止法 **け** 地方裁判所］

(6) 花子さんは，国民の税負担と社会福祉について調べ，**資料５**をもとに**<メモ>**を作成しました。**<メモ>**の［こ］～［し］に当てはまる語句の組み合わせとして最も適切なものを，下の**ア**～**カ**の中から１つ選んで，その記号を書きなさい。

資料５ 社会支出と国民負担の国際比較（2018年）

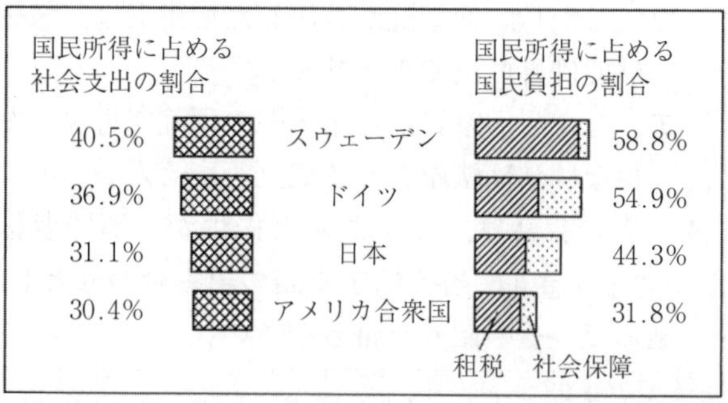

国民所得に占める社会支出の割合		国民所得に占める国民負担の割合
40.5%	スウェーデン	58.8%
36.9%	ドイツ	54.9%
31.1%	日本	44.3%
30.4%	アメリカ合衆国	31.8%

（国民負担の内訳：租税　社会保障）

（注） 国民所得とは，国民全体が一定期間に得る所得の総額のことである。
（注） 社会支出とは，社会保障支出に公的な施設設備費などを含むより広い費用のことである。
（注） 社会支出の割合と国民負担の割合は，国民所得に対するそれぞれの割合を示している。
〔国立社会保障・人口問題研究所資料，厚生労働省資料より作成〕

<メモ>

「大きな政府」について調べたこと
・ 国民の税負担は［こ］。
・ 政府による社会保障や公共サービスは［さ］。
・ 代表的な国として［し］がある。

ア ［**こ** 重い **さ** 充実している **し** アメリカ合衆国］
イ ［**こ** 重い **さ** 削減されやすい **し** スウェーデン］
ウ ［**こ** 重い **さ** 充実している **し** スウェーデン］
エ ［**こ** 軽い **さ** 削減されやすい **し** スウェーデン］
オ ［**こ** 軽い **さ** 削減されやすい **し** アメリカ合衆国］
カ ［**こ** 軽い **さ** 充実している **し** アメリカ合衆国］

4 花子さんのクラスでは，社会科の授業で「人の移動」というテーマでそれぞれが課題を設定し，調べ学習をしました。次の(1)～(6)の問いに答えなさい。

(1) 花子さんは移民について調べ，国ごとに**カード1～カード3**にまとめました。これらが示す国の組み合わせとして最も適切なものを，下の**ア～カ**の中から1つ選んで，その記号を書きなさい。

> **カード1**
> 1908年には，日本人が主にコーヒー農園などで仕事をするために移住しはじめた。この国には多くの子孫が日系人として暮らしており，サンパウロには日本人街がみられる。

> **カード2**
> この国の南西部やフロリダ半島には，スペイン語を話す人々が暮らしている。彼らの多くは，この国の南側に位置する国々から，仕事を求めて移住してきた。

> **カード3**
> かつて，イギリス人によって開拓が進められた。そのため，メルボルンにはヨーロッパ風の歴史的建造物が残る。1970年代以降は，アジアからの移民を中心に受け入れている。

ア ［**カード1** ベトナム **カード2** ニュージーランド **カード3** メキシコ］
イ ［**カード1** ベトナム **カード2** マレーシア **カード3** アラブ首長国連邦］
ウ ［**カード1** ブラジル **カード2** アメリカ合衆国 **カード3** オーストラリア］
エ ［**カード1** ブラジル **カード2** ニュージーランド **カード3** アラブ首長国連邦］
オ ［**カード1** カナダ **カード2** マレーシア **カード3** オーストラリア］
カ ［**カード1** カナダ **カード2** アメリカ合衆国 **カード3** メキシコ］

(2) 花子さんは，国境を越えた移動の制限を緩和したEU（ヨーロッパ連合）について調べ，EUの発足とその移り変わりを**<まとめ1>**として作成しました。**<まとめ1>**の あ ～ う に当てはまる語句の組み合わせとして最も適切なものを，下の**ア～エ**の中から1つ選んで，その記号を書きなさい。

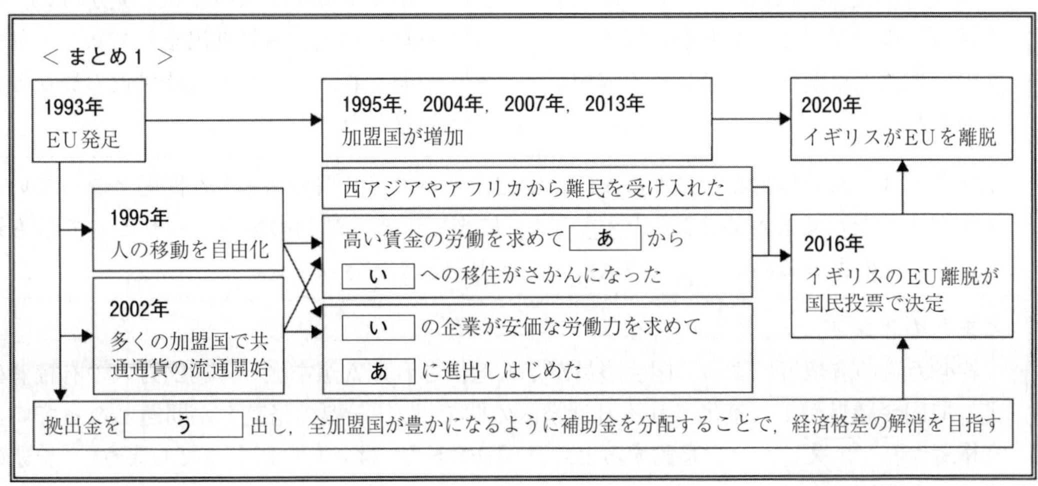

ア ［**あ** 東ヨーロッパ **い** 西ヨーロッパ **う** 経済的に豊かな国が多く］

イ　［**あ**　東ヨーロッパ　**い**　西ヨーロッパ　**う**　すべての国が均等に］
ウ　［**あ**　西ヨーロッパ　**い**　東ヨーロッパ　**う**　経済的に豊かな国が多く］
エ　［**あ**　西ヨーロッパ　**い**　東ヨーロッパ　**う**　すべての国が均等に］

(3)　太郎さんは，人の移動について歴史的なできごとから調べようと資料を集め，次の**ア**～**エ**のカードを作成しました。**ア**～**エ**のカードを年代の古い順に左から並べて，その記号を書きなさい。

ア

石炭を燃料とする蒸気機関を利用して，世界初の蒸気機関車の鉄道がイギリスで開通した。

イ

日宋貿易で大きな利益を得た平氏は，厳島神社を整備し，海上交通の安全を祈った。

ウ

東大寺の正倉院には，シルクロードを通って西アジアやインドから伝わった品や，聖武天皇が使った品などの宝物が納められた。

エ

ポルトガルやスペインを先がけに，ヨーロッパ人が海外進出をして新しい航路が開かれ，アメリカ大陸付近の島などに到達した。

(4)　太郎さんは，人の移動などによる人口の変化によって「一票の格差」が問題となっていることを学びました。**<まとめ２>**の［え］，［お］に当てはまる語句の組み合わせとして最も適切なものを，下の**ア**～**エ**の中から１つ選んで，その記号を書きなさい。

<まとめ２>

約48万人の有権者によって国会議員が１人選出されるＡ選挙区と，約24万人の有権者によって国会議員が１人選出されるＢ選挙区の間では，「一票の格差」が問題となっている。有権者が［　え　］に移動すると，「一票の格差」はさらに広がってしまう。「一票の格差」の解消に向けて，Ａ選挙区を［　お　］などする必要がある。

ア ［え　Ａ選挙区からＢ選挙区
　　お　他の選挙区と合わせて選挙区内の議員１人当たりの有権者数を増やす］

イ ［え　Ａ選挙区からＢ選挙区
　　お　分割して選挙区内の議員１人当たりの有権者数を減らす］

ウ ［え　Ｂ選挙区からＡ選挙区
　　お　他の選挙区と合わせて選挙区内の議員１人当たりの有権者数を増やす］

エ ［え　Ｂ選挙区からＡ選挙区
　　お　分割して選挙区内の議員１人当たりの有権者数を減らす］

(5)　太郎さんは，日本から海外へ渡った人々を調べていくと，明治初期に，政府の使節団が欧米に派遣されたことがわかりました。太郎さんが作成した**＜メモ＞**の［か］，［き］に当てはまる語の組み合わせとして最も適切なものを，下の**ア**～**エ**の中から１つ選んで，その記号を書きなさい。

＜メモ＞
・　岩倉(いわくら)使節団では，岩倉具視(いわくらともみ)のほか，［か］や木戸孝允(きどたかよし)らが派遣された。
・　［き］が終わったアメリカや，ヨーロッパにおいて，政治や産業などの状況を視察した。

ア ［か　西郷隆盛(さいごうたかもり)　き　ピューリタン革命］
イ ［か　大久保利通(おおくぼとしみち)　き　南北戦争(なんぼく)］
ウ ［か　伊藤博文(いとうひろぶみ)　き　第一次世界大戦］
エ ［か　板垣退助(いたがきたいすけ)　き　名誉革命(めいよ)］

(6)　花子さんは，日本の国際支援について調べ，**資料１**と**資料２**を見つけ，**＜まとめ３＞**を作成しました。**＜まとめ３＞**の［く］，［け］に当てはまる語句の組み合わせとして最も適切なものを，下の**ア**～**ケ**の中から１つ選んで，その記号を書きなさい。

資料１　青年海外協力隊として日本から派遣された隊員数が1000人を超える国(累計)

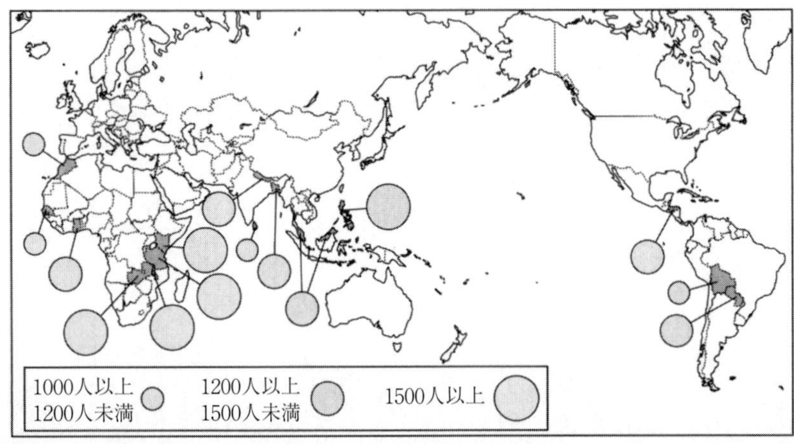

資料２　日本の青年海外協力隊の分野別派遣実績(累計)

分野	派遣人数(人)
人的資源	19382
保健・医療	6452
農林水産	5973
計画・行政	5362
鉱工業	3958
その他	5513
合計	46640

(注)　**資料１**，**資料２**は2023年３月31日時点のものである。

〔**資料１**，**資料２**は独立行政法人国際協力機構資料より作成〕

<まとめ3>

世界には，1950年代以降に人口が急速に増加した国があるが，人口の増加に経済成長が追いつかず，貧困から抜け出せない国が存在する。日本はいち早く成長した国として，そのような国を支援している。

これまでに日本の青年海外協力隊員が1000人以上派遣された国の数が最も多い地域は，[く]である。日本の青年海外協力隊は，教育などの人的資源，保健・医療の支援のほか，[け]など，自立のための支援をしている。

ア ［く　アフリカ　　け　農林水産技術の指導］
イ ［く　アフリカ　　け　平和維持活動］
ウ ［く　アフリカ　　け　多国籍企業の進出］
エ ［く　アジア　　け　農林水産技術の指導］
オ ［く　アジア　　け　平和維持活動］
カ ［く　アジア　　け　多国籍企業の進出］
キ ［く　南アメリカ　け　農林水産技術の指導］
ク ［く　南アメリカ　け　平和維持活動］
ケ ［く　南アメリカ　け　多国籍企業の進出］

理　科

●満点　100点　●時間　50分

1　次の(1)～(8)の問いに答えなさい。

(1)　**図1**のように金属球をばねばかりにつるした状態で，**図2**のa，b，cのように水槽内の水に沈めた。a，b，cそれぞれの位置におけるばねばかりの値の大小関係として最も適切なものを，下の**ア**～**エ**の中から1つ選んで，その記号を書きなさい。ただし，糸の体積や質量は考えないものとする。

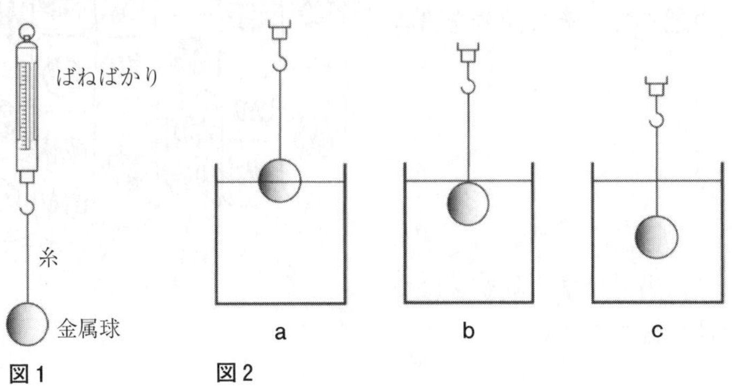

図1　　図2

ア　a＞b，b＞c　　**イ**　a＜b，b＜c

ウ　a＞b，b＝c　　**エ**　a＜b，b＝c

(2)　精製水に溶かしたとき，その水溶液に**電流が流れない**物質を，次の**ア**～**エ**の中から1つ選んで，その記号を書きなさい。

ア　水酸化ナトリウム　　**イ**　塩化水素　　**ウ**　食塩　　**エ**　砂糖

(3)　細胞についての説明として最も適切なものを，次の**ア**～**エ**の中から1つ選んで，その記号を書きなさい。

ア　オオカナダモの葉の細胞には，葉緑体が見られる。

イ　核は，液胞の中に存在する。

ウ　細胞質は，酢酸オルセイン液(酢酸オルセイン)で赤く染まる。

エ　細胞壁は，動物細胞，植物細胞ともに，細胞の一番外側にある。

(4)　石灰岩の特徴についての説明として最も適切なものを，次の**ア**～**エ**の中から1つ選んで，その記号を書きなさい。

ア　粒の直径が2mm以上の岩石のかけらが固まってできている。

イ　火山灰が固まってできており，軽石や火山岩のかけらを含んでいる。

ウ　等粒状組織がみられ，含まれる無色鉱物と有色鉱物の割合が同程度である。

エ　サンゴなどの死がいが固まってできており，うすい塩酸をかけると二酸化炭素が発生する。

運動の向き

物体

机

図

(5)　右の**図**のように水平な机に物体を置き，手で押し出したところ，物体は手を離れてから一定の速さで運動した。手を離れた後の物体にはたらいている力をすべて表した図を，次の**ア**～**エ**の中から1つ選んで，その記号を書きなさい。ただし，摩擦や空気抵抗は考えないものとする。

ア　　　　　　　　　イ

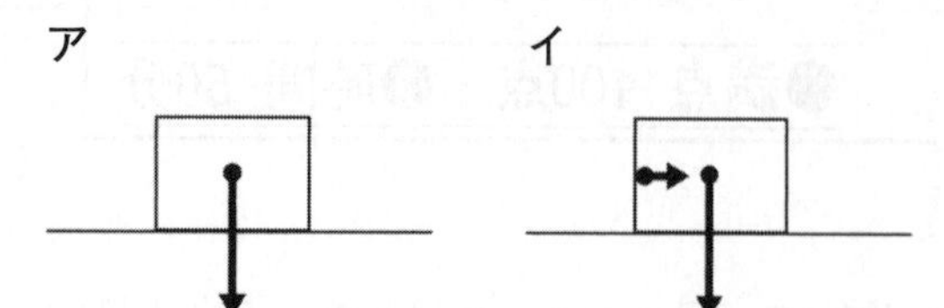

ウ　　　　　　　　　エ

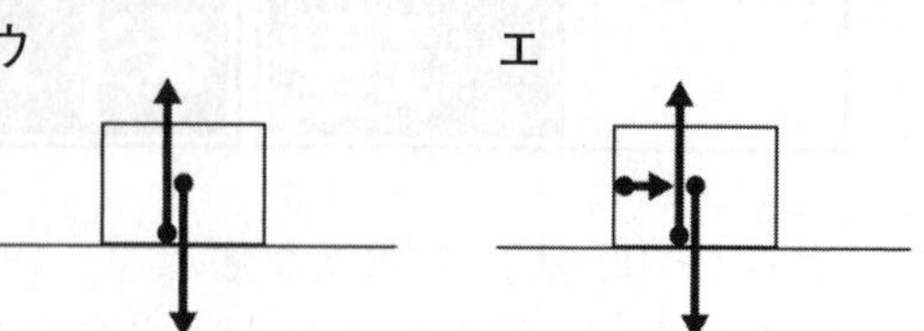

(6)　**図**は，タマネギの根の先端を顕微鏡で観察してスケッチしたものである。**図**のaの細胞を１番目として，a～eの細胞を細胞分裂が進む順序に並べたものとして最も適切なものを，次の**ア**～**エ**の中から１つ選んで，その記号を書きなさい。

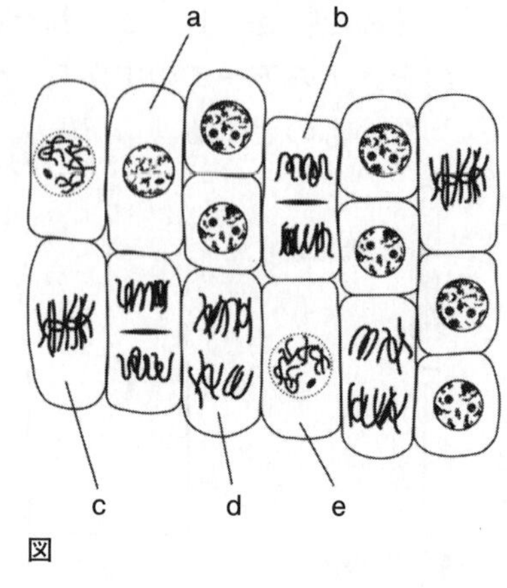

図

ア　a→e→c→b→d
イ　a→e→c→d→b
ウ　a→c→d→b→e
エ　a→c→b→d→e

(7)　次の**ア**～**エ**の化学反応式の(　)に当てはまる数が２になるものを，１つ選んで，その記号を書きなさい。

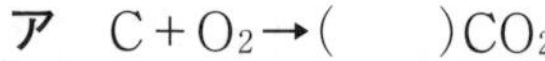

ア　$C + O_2 \rightarrow (\quad) CO_2$
イ　$(\quad) Ag_2O \rightarrow 4Ag + O_2$
ウ　$2Mg + (\quad) O_2 \rightarrow 2MgO$
エ　$(\quad) NaHCO_3 + HCl \rightarrow NaCl + CO_2 + H_2O$

(8)　乾湿計を用いて気温と湿度を測定したところ，乾球と湿球の示す目盛りは**図**のようになった。また，**表**は湿度表の一部である。この測定を行ったときに雨や雪は降っておらず，雲が空全体の６割を覆っていた。このときの**湿度**と**天気**の組み合わせとして最も適切なものを，下の**ア**～**エ**の中から１つ選んで，その記号を書きなさい。

表

乾球の読み〔℃〕	乾球と湿球との目盛りの読みの差〔℃〕								
	0	1	2	3	4	5	6	7	8
18	100	90	80	71	62	53	44	36	28
17	100	90	80	70	61	51	43	34	26
16	100	89	79	69	59	50	41	32	23
15	100	89	78	68	58	48	39	30	21
14	100	89	78	67	56	46	37	27	18
13	100	88	77	66	55	45	34	25	15
12	100	88	76	64	53	42	32	22	12
11	100	87	75	63	52	40	29	19	8
10	100	87	74	62	50	38	27	15	5
9	100	86	73	60	48	36	24	12	1

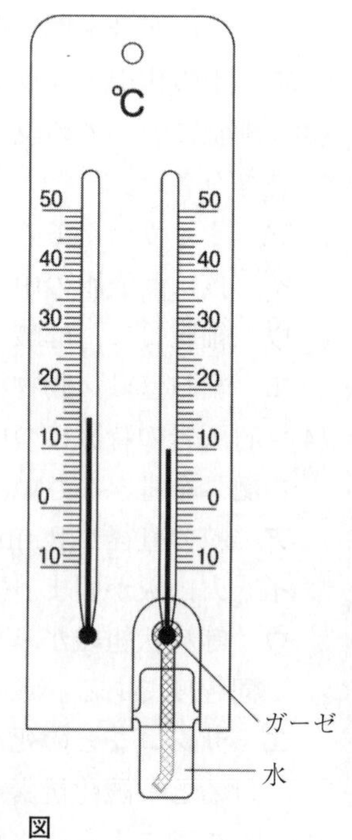

図

	湿度	天気
ア	38%	くもり
イ	38%	晴れ
ウ	48%	くもり
エ	48%	晴れ

2 太郎さんと花子さんの次の会話を読んで，(1)～(4)の問いに答えなさい。

太郎：モーターは，扇風機や洗濯機などさまざまなものに使われているよね。ゲーム機のコントローラーが振動するのも，モーターのはたらきによるものらしいよ。

花子：そうなんだ。ゲームをするのは楽しいけど，モーターのしくみについて考えるのも楽しそうだね。モーターは，どのようなしくみで動いているのかな。

太郎：今タブレット端末で調べたら，モーターにはコイルと磁石が入っていて，コイルに流れる電流が磁界から力を受けることで回転しているらしいよ。

花子：そういえば，この前の授業で実験したね。ノートを見返してみよう。

花子さんのノートの一部

【目的】

磁界の中で電流を流したコイルの様子を調べる。

【方法】

図1に示す回路を組み立てる。電源装置により電圧を変化させて，コイルに電流を流したとき，コイルがどのように動くかを調べる。

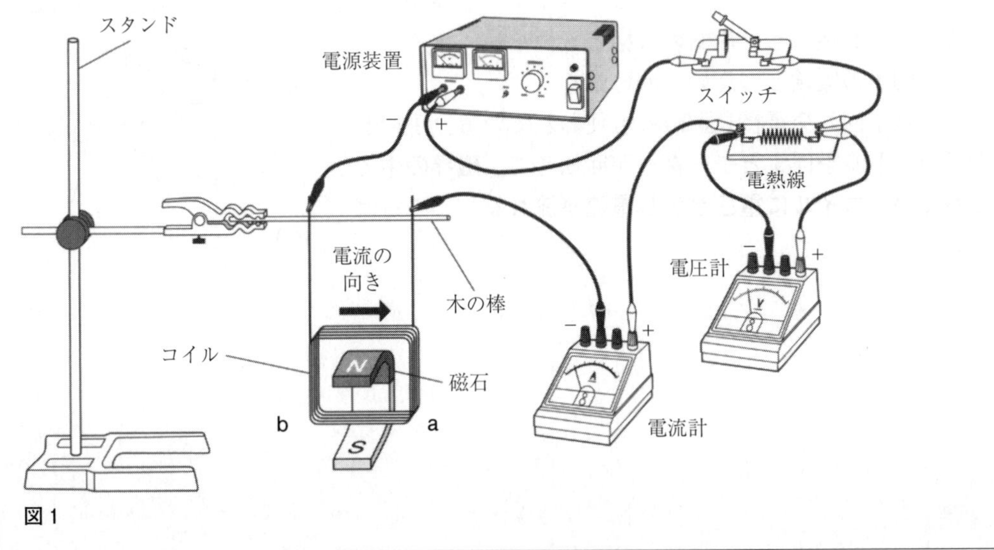

図1

(1) スイッチを入れたとき，**図1**の ab 間を流れる電流により生じる磁界の向きを表した矢印として最も適切なものを，次の**ア**～**エ**の中から1つ選んで，その記号を書きなさい。

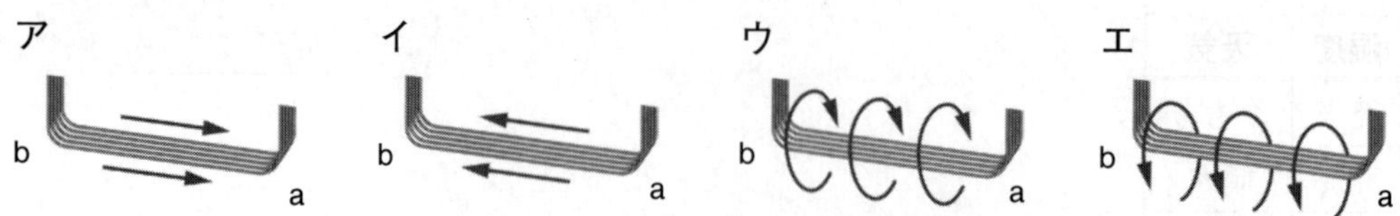

(2) スイッチを入れて回路に電流を流したところ，電圧計と電流計の示す値は**図2**のようになった。このとき，電熱線の電気抵抗の大きさは何Ωか，小数第２位を四捨五入して小数第１位まで求めなさい。

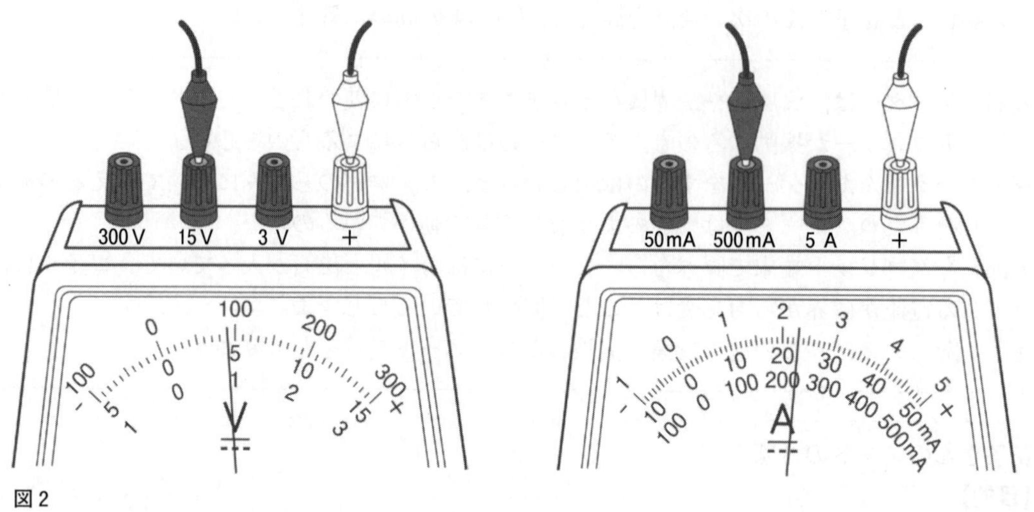

図2

(3) この実験について考察した次の**ア**～**ウ**について，正しいものには**○**を，誤っているものには**×**を書きなさい。

ア 電源装置の電圧が大きいほど，コイルに流れる電流は大きい。

イ コイルに流れる電流が大きいほど，コイルは磁界から大きな力を受け，大きく動く。

ウ 電流の向きを逆にし，磁石のＮ極とＳ極を逆にすると，コイルは**図1**の実験とは逆の方向に動く。

(4) モーターは手回し発電機(**図3**)にも使われている。手回し発電機はハンドルを回すとモーターが回転して，**磁界の中でコイルが動いてコイルに電圧が生じ電流が流れる**。この電流を何というか書きなさい。

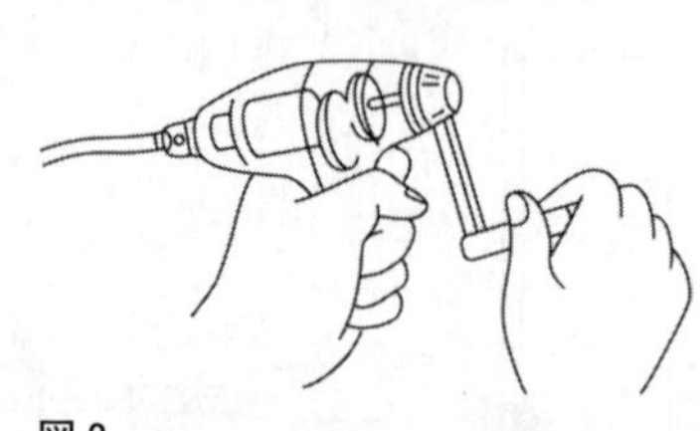
図3

3 　太郎さんは，エタノールの状態変化と蒸留に関する実験を行った。下の(1)～(4)の問いに答えなさい。

≪エタノールの状態変化の実験≫

【方法】

空気が入らないようにポリエチレンの袋にエタノールを入れて口をしばる(**図1**)。その袋の上から熱湯を注ぐ。

【結果】

袋がふくらんだ(**図2**)。

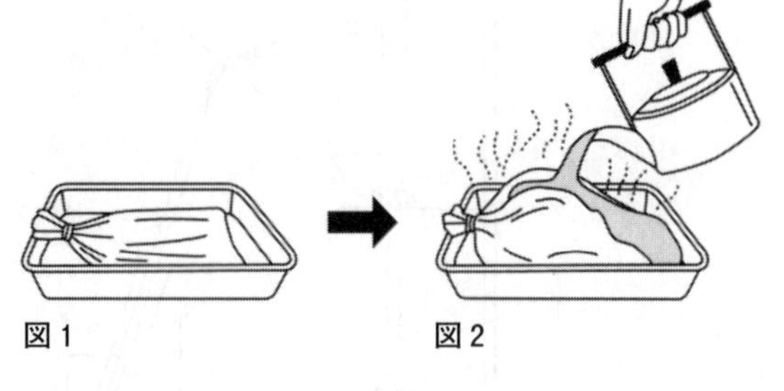
図1　図2

(1) **図2**のとき，エタノールの粒子の様子として最も適切なものを，次の**ア**～**エ**の中から1つ選んで，その記号を書きなさい。

ア　エタノールの粒子が熱によって分解されて，二酸化炭素と水蒸気が発生した。

イ　エタノールの粒子の運動が，熱によって激しくなった。

ウ　エタノールの粒子の大きさが，熱によって大きくなった。

エ　エタノールの粒子の数が，熱によって増えた。

(2) **表1**は，物質**A**～**E**の融点と沸点を示したものである。物質の温度が20℃のときは液体，90℃のときは気体として存在するものの組み合わせとして最も適切なものを，下の**ア**～**コ**の中から1つ選んで，その記号を書きなさい。

表1

	物質A	物質B	物質C	物質D	物質E
融点〔℃〕	660	−39	−115	−210	−116
沸点〔℃〕	2467	357	78	−196	35

ア　物質**A**と物質**B**　　**イ**　物質**A**と物質**C**

ウ　物質**A**と物質**D**　　**エ**　物質**A**と物質**E**

オ　物質**B**と物質**C**　　**カ**　物質**B**と物質**D**

キ　物質**B**と物質**E**　　**ク**　物質**C**と物質**D**

ケ　物質**C**と物質**E**　　**コ**　物質**D**と物質**E**

≪エタノールの蒸留の実験≫

【方法】

❶　水とエタノールの混合物(エタノール水溶液)約50cm^{3}を**図3**のような装置を用いて弱火で加熱し，5本の試験管**A**，**B**，**C**，**D**，**E**の順に一定時間ごとに液体を集める。

❷　それぞれの試験管の液体の温度を20℃にして，質量と体積を測定する。

❸　集めた液体の一部を脱脂綿に含ませ，火をつけたときの様子を調べる。

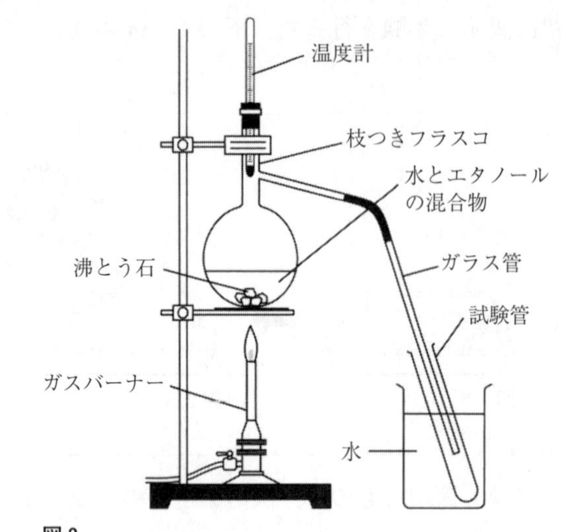

図3

【結果】

試験管	A	B	C	D	E
質量〔g〕	1.9	4.2	5.0	3.7	3.7
体積〔cm^3〕	2.3	5.0	5.6	3.7	3.7
火をつけたときの様子	燃えた			燃えなかった	

(3)　この実験に関する次の**ア**～**ウ**について，正しいものには○を，誤っているものには×を書きなさい。

ア　試験管**C**に集められた液体は，火をつけたら燃えたので，水は含まれていない。

イ　枝つきフラスコ内の混合物に含まれるエタノールの割合は，蒸留を開始してから時間が経過していくにつれて，小さくなっていく。

ウ　試験管**A**～**E**は，蒸留を開始してから時間が経過しているものほど，集まった液体の量が多い。

(4)　試験管**B**に集まった液体に含まれているエタノールの質量は何gか，求めなさい。ただし，**表2**は，20℃におけるエタノール水溶液の密度と質量パーセント濃度の関係を表している。

表2

密度〔g/cm^3〕	0.91	0.89	0.87	0.84	0.82	0.79
質量パーセント濃度〔%〕	50	60	70	80	90	100

4　太郎さんと花子さんの次の会話を読んで，(1)～(4)の問いに答えなさい。

太郎：ヒトの細胞は，体内に取り込まれた養分からエネルギーを取り出しているよ。
花子：養分からエネルギーを取り出すには，酸素が必要だよ。
太郎：その酸素は a 血液によってからだの各細胞に運ばれるんだったね。
花子：肺やからだの各細胞に b 血液を送り出しているのは心臓だね。
太郎：細胞に届けられる酸素は，肺呼吸(肺の呼吸運動)によって体内に取り込まれるんだけど，しくみはどうなっているのかな。

花子：$_{c}$ 肺のモデル装置をつくって実験してみようよ。

(1) 下線部aについて，その成分の説明として最も適切なものを，次の**ア**～**エ**の中から１つ選んで，その記号を書きなさい。

ア 赤血球は，酸素と結びつくヘモグロビンを含む。
イ 血しょうは，出血したときに血液を固める。
ウ 白血球は，養分や不要な物質などを運ぶ。
エ 血小板は，体内に入った細菌をとらえる。

(2) **図1**は，ヒトのからだの体循環・肺循環を模式的に表している。矢印は血液の流れる方向を，**w**～**z**は血管を示している。動脈血が流れる血管の組み合わせとして最も適切なものを，次の**ア**～**カ**の中から１つ選んで，その記号を書きなさい。

ア wとx　　**イ** wとy
ウ wとz　　**エ** xとy
オ xとz　　**カ** yとz

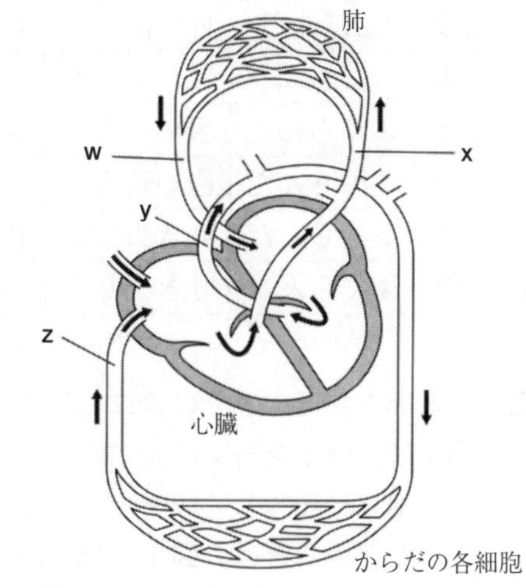

図1

(3) 下線部bについて，次の①～③は，ヒトの心臓の動きと血液の流れを示している。□に当てはまる内容として最も適切なものを，下の**ア**～**エ**の中から１つ選んで，その記号を書きなさい。

① 心房が広がって，血液が心臓の外から心房に流れ込む。
↓
② □ 血液が心室に流れ込む。
↓
③ 心室が縮んで，血液が心臓の外に押し出される。

ア 心房が広がり，心室も広がり　　**イ** 心房が広がり，心室が縮んで
ウ 心房が縮んで，心室が広がり　　**エ** 心房が縮んで，心室も縮んで

(4) 下線部cについて，次のような実験を行った。

【方法】
❶ **図2**のような装置をつくる。
❷ ゴム風船**B**（ゴム膜）につながる糸を引く。

【結果と考察】
糸を引くと，ゴム風船**A**が［あ］。この状態は息を［い］様子を表している。
この装置では，ストローは気管を，ゴム風船**B**は［う］を表している。

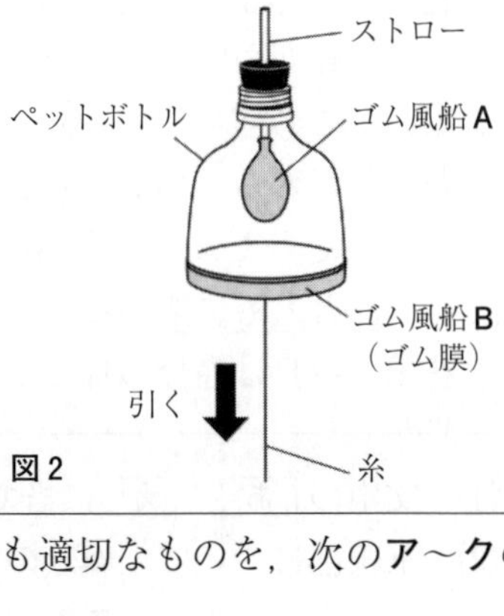

ストロー
ペットボトル
ゴム風船A
ゴム風船B（ゴム膜）
引く
糸

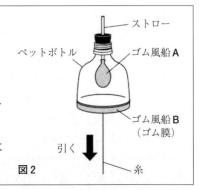

図2

文中の［あ］～［う］に当てはまる語句の組み合わせとして最も適切なものを，次の**ア**～**ク**の中から１つ選んで，その記号を書きなさい。

	あ	い	う
ア	しぼんだ	吸い込んだ	横隔膜
イ	しぼんだ	吸い込んだ	肺
ウ	しぼんだ	吐き出した	横隔膜
エ	しぼんだ	吐き出した	肺
オ	ふくらんだ	吸い込んだ	横隔膜
カ	ふくらんだ	吸い込んだ	肺
キ	ふくらんだ	吐き出した	横隔膜
ク	ふくらんだ	吐き出した	肺

5 太郎さんは，春分の日に北半球のある地点で，透明半球を用いて太陽の１日の動きを調べた。**図１**は，サインペンの先の影が透明半球の中心にくるようにして，１時間ごとの太陽の位置を透明半球に記録し，印をつけた点をなめらかな線で結び，方角を書き込んだものである。太郎さんと花子さんは，**図１**を見ながら太陽の動きについて話している。下の会話を読んで，(1)～(3)の問いに答えなさい。

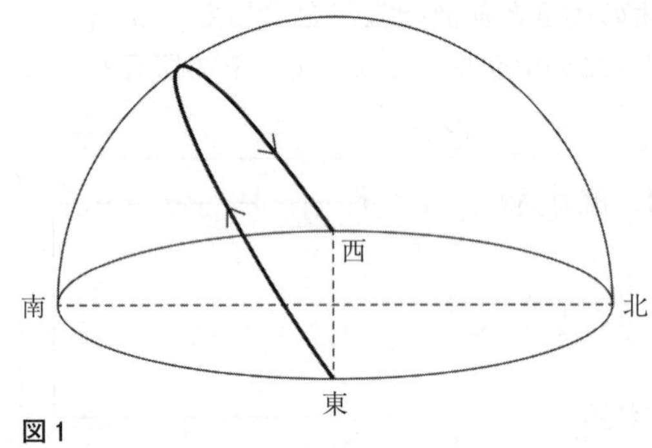

図１

太郎：太陽の動きを観察すると，太陽は朝，東の空からのぼって，夕方，西の空に沈んでいくね。
花子：このように見えるのは，地球が地軸を中心として，［あ］から［い］の方向に回転しているからなんだ。
太郎：この回転を［う］というよね。
花子：だから，地球にいる私たちから見た太陽の動きは見かけの動きなんだよ。
太郎：そうだよね。太陽の１日の見かけの動きを太陽の［え］といって，その動きは季節とともに変わっていくよ。
花子：今日は春分の日だから，太陽は真東からのぼって真西に沈むよね。

(1) 文中の［あ］～［え］に当てはまる語を書きなさい。
(2) 下線部について，春分の日の９か月後の，この場所の太陽の動きを表した図として最も適切なものを，次の**ア**～**エ**の中から１つ選んで，その記号を書きなさい。

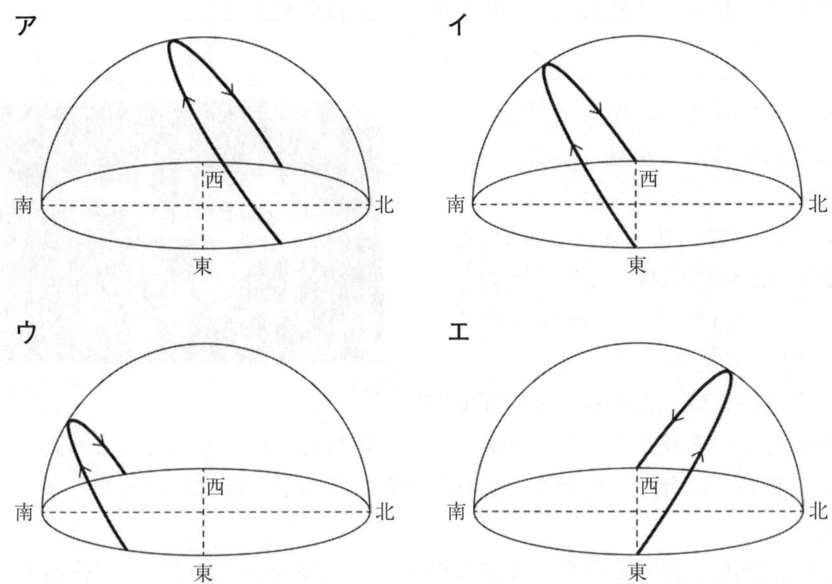

(3) **図2**は，北半球における夏至の日の地軸の傾き，赤道，太陽光，観測地点における水平面を模式的に表したものである。観測地点が北緯36度であったとすると，夏至の日の太陽の南中高度は何度か，求めなさい。

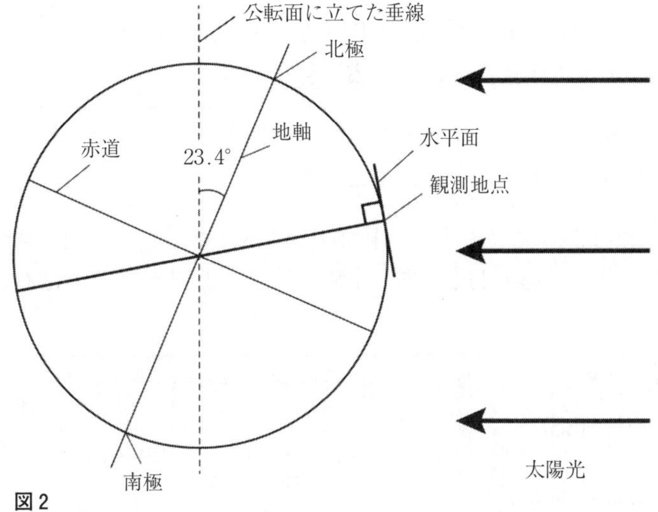

図2

6　太郎さんと花子さんは，親子天体観察会に参加している。次の会話を読んで，(1)～(4)の問いに答えなさい。

図1

太郎：あそこに赤く光って見えるのが火星だね。
花子：そうだね。こっちには木星が見えるよ。
太郎：あっ，あの動いて見えるのは流星かな。
花子：いや，あれはISS(国際宇宙ステーション)だよ(**図1**)。ISSは地上から約400km上空に建設された有人実験施設で，宇宙飛行士たちが今もそこで活動しているんだよ。
太郎：そうなんだ。そういえば，この前ISS内部で宇宙飛行士が実験をしている映像をテレビで見たよ。宇宙飛行士は浮かんだまま移動していたよ。まるで a <u>重力</u>がはたらいていないようだった。宇宙飛行士は地上と同じような服装をしていたよ。
花子：ISS内部は常に b <u>温度と湿度を調整</u>しているから快適な環境みたいだよ。ISSの大きさはどれくらいなのかな。
太郎：スマートフォンで調べてみるね。広さは約110m×約70mでサッカーのフィールドと同じくらい，質量は約420 t，容積は916m^{3}だって。
花子：とても大きいんだね。
太郎：ISSから見た地球や月の写真も見つかったよ。 c <u>日本列島</u>も写っているね。
花子：ちょうど私たちが住んでいる茨城県が見えるよ。 d <u>雲の様子</u>もよくわかるね。

(1)　下線部**a**について，次の文中の［あ］，［い］に当てはまる数値を書きなさい。ただし，月面上の重力の大きさは，地球上での重力の大きさの6分の1とする。

> 質量180 gの物体を地球上でばねばかりにつるすと，目盛りは1.8Nを示した。同じ物体を月面上で測定すると，ばねばかりの目盛りは［　あ　］Nを示し，上皿天びんでは質量［　い　］gの分銅とつり合う。

(2)　**図2**は，気温と飽和水蒸気量の関係を表したものである。下線部**b**について，ISS内部が気温22.5℃，湿度50%に保たれているとした場合，ISS内部の空気に含まれる水蒸気の質量は何kgか，求めなさい。ただし，ISS内部の飽和水蒸気量は地上と同じものとする。

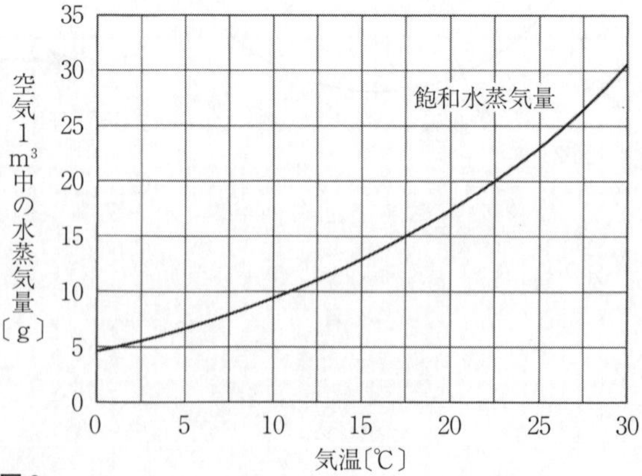

空気1m^{3}中の水蒸気量〔g〕
35
30
25
20
15
10
5
0
飽和水蒸気量
0　5　10　15　20　25　30
気温〔℃〕

図2

(3)　地球の表面は，プレートと呼ばれるかたい板(岩盤)で覆われている。下線部**c**について，日本列島付近の陸のプレートと海のプレートの動きを模式的に表した図として最も適切なものを，次の**ア**～**キ**の中から1つ選んで，その記号を書きなさい。

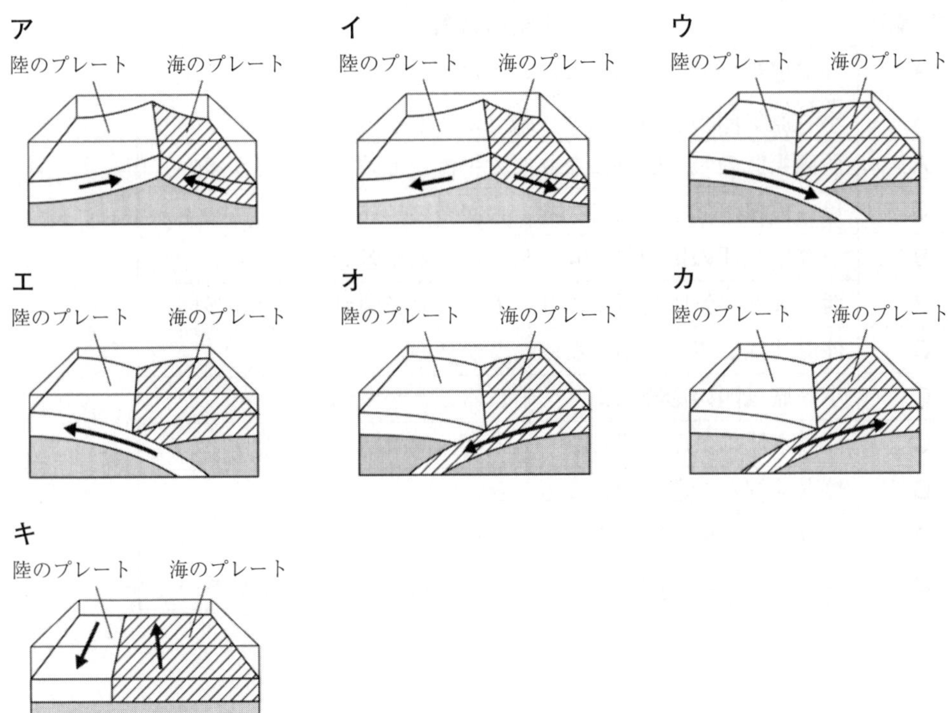

(4) 下線部**d**について，冬型の気圧配置のときに見られる日本列島付近の**雲の様子**と**天気の特徴**の組み合わせとして，最も適切なものを，下の**ア**～**シ**の中から１つ選んで，その記号を書きなさい。

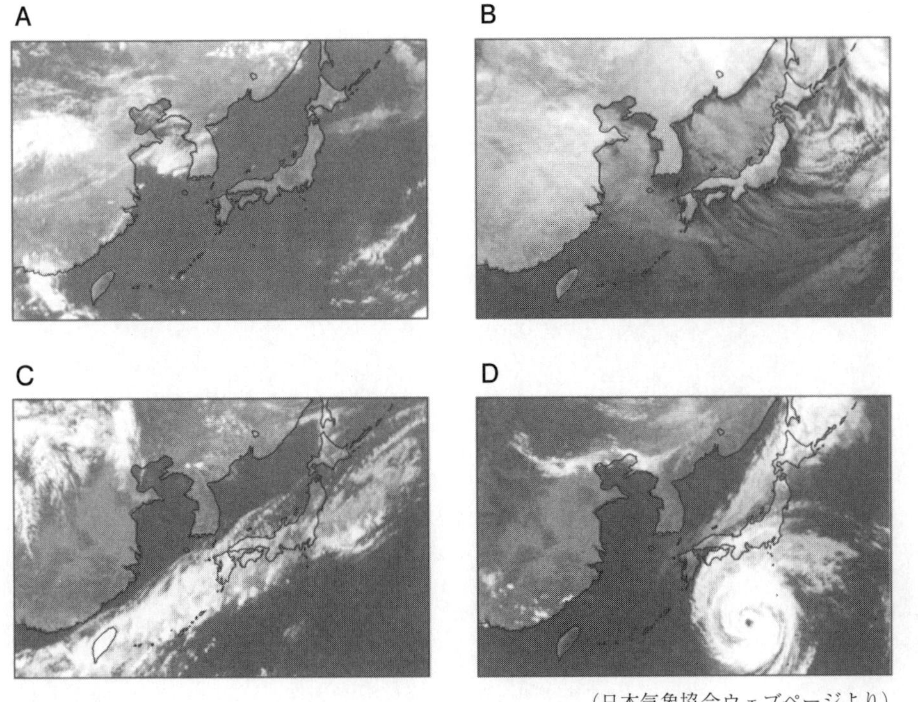

（日本気象協会ウェブページより）

	雲の様子	天気の特徴
ア	A	停滞前線ができ，雨になることが多い。
イ	A	小笠原気団の影響により，晴れることが多い。
ウ	A	西高東低の気圧配置になり，太平洋側で晴れることが多い。
エ	B	停滞前線ができ，雨になることが多い。
オ	B	小笠原気団の影響により，晴れることが多い。
カ	B	西高東低の気圧配置になり，太平洋側で晴れることが多い。
キ	C	停滞前線ができ，雨になることが多い。
ク	C	小笠原気団の影響により，晴れることが多い。
ケ	C	西高東低の気圧配置になり，太平洋側で晴れることが多い。
コ	D	停滞前線ができ，雨になることが多い。
サ	D	小笠原気団の影響により，晴れることが多い。
シ	D	西高東低の気圧配置になり，太平洋側で晴れることが多い。

(五) 一郎さんたちは、クラスで【Ⅰ】の平家物語を用いた朗読会を行います。【Ⅲ】は、グループでその準備の話し合いをしているところです。後の(1)と(2)の問いに答えなさい。

【Ⅲ】 朗読会に向けての話し合い

一郎	先生が見せてくれた琵琶法師(びわほうし)の動画、迫力があったね。
花子	「平家物語」は琵琶の演奏に合わせて語られる「 1 」として親しまれてきたと習ったけど、そのとおりだったね。
一郎	声に出して読むと、躍動感が出るね。あんなふうに読むにはどんなことに気を付けるといいかな。
明子	特に、読むときの 2 を意識するといいと思うよ。文章【Ⅰ】だと、後半にそれを意識できるところがあるよね。たとえば「峰の雪むらぎえて、花かと見ゆる所もあり」と「谷の鶯おとづれて、霞にまよふ所もあり」の組み合わせのところと、「のぼれば白雲皓々として聳え」と「下れば青山峨々として岸たかし」の組み合わせのところだよね。
花子	それは、 3 表現だね。色の対比や、山や谷の風景が思い浮かぶよね。
一郎	ところで、先生が紹介してくれた文章【Ⅱ】について調べてみたんだけれど、「老馬の智」という故事成語があることが分かったよ。
花子	故事成語って中国の古典から生まれた短い言葉のことだね。日本ではそれを教訓にしたり、会話の中に引用したりするって習ったよね。実際に【Ⅰ】の中でも、「 4 」があると言っているね。
先生	話し合いが進んでいますね。文章【Ⅰ】の登場人物の中にも、「老馬の智」という故事成語を意識している人がいると言えそうですね。気付きましたか。

(1) 1 ～ 3 に入る言葉として最も適切なものを、それぞれ次の**ア**～**ケ**の中から一つ選んで、その記号を書きなさい。

ア 平曲　**イ** 連歌　**ウ** 狂言　**エ** リズム　**オ** 句切れ
カ 体言止め　**キ** 対句　**ク** 比喩　**ケ** 呼応

(2) 4 に入る最も適切な言葉を、【Ⅰ】より二十七字で抜き出し、最初の五字を書きなさい。

【Ⅱ】古典の文章

※1韓非子（かんぴし）に曰（いは）く、管仲（くわんちゅう）（管仲と隰朋が斉の桓公に）・隰朋（しつぽう）、桓公（くわんこう）に従つて※2孤竹（こちく）を伐（う）つ（征伐したことがあった）。春往（ゆ）いて冬返り（春出陣し冬になって引き上げて来る時）、迷惑して（まごついて道に迷った）道を失ふ。

管仲曰く、老馬の智（ち）（老馬の知恵を借り用いるべきである）用（もち）ふ可（べ）きなり、と。③乃（すなは）ち老馬を放つて之（これ）に随（したが）ひ、遂（つひ）に道を得たり。

※1　韓非子＝韓非とその一派が著した書物。　※2　孤竹＝中国、殷（いん）の時代、河北にあった国の名称。

(一)【Ⅰ】の①やさしう の読み方を現代仮名遣（づか）いに直して、すべて平仮名で書いたとき、正しいものを次の**ア**〜**オ**の中から一つ選んで、その記号を書きなさい。

ア やさしふ　**イ** やさしゅう　**ウ** やさしく　**エ** やさしむ　**オ** やさじう

(二)【Ⅰ】に ②梅花とも又うたがはるれ とあるが、梅の花ではないかと疑われたものは何か。最も適切なものを、次の**ア**〜**エ**の中から一つ選んで、その記号を書きなさい。

ア 雪　**イ** 鶯　**ウ** 霞　**エ** 苔

(三)【Ⅰ】の□に入る言葉として最も適切なものを、次の**ア**〜**エ**の中から一つ選んで、その記号を書きなさい。

ア 山　**イ** 道　**ウ** 谷　**エ** 陣

(四)【Ⅱ】の ③乃ち老馬を放つて之に随ひ は、「乃放老馬而随之」を書き下し文に改めたものである。書き下し文を参考にして「乃チ放ッテ老馬ヲ而随ヒ之ニ」に返り点を補うとき、正しいものを次の**ア**〜**オ**の中から一つ選んで、その記号を書きなさい。

ア 乃チ放ッテ下老馬ヲ上而随ヒレ之ニ
イ 乃チ放ッテ二老馬ヲ而随ヒ一レ之ニ
ウ 乃チ放ッテ二老馬ヲ一而随ヒレ之ニ
エ 乃チ放ッテ二老馬ヲ一而随ヒ二之ニ一
オ 乃チ放ッテ二老馬ヲ一而随ヒ下之ニ上

四

一郎さんたちは、国語の授業で【Ⅰ】と【Ⅱ】の古典の文章を読み、【Ⅲ】のように話し合いました。後の㈠～㈤の問いに答えなさい。

一一八四年一月、源義経らは、平家を追って※1一の谷へ向かった。二月六日、義経は一部の兵を率いて、平家の陣の背後に位置する※2鵯越に迫った。

【Ⅰ】古典の文章

又武蔵国住人別府小太郎とて、生年十八歳になる※3小冠すすみ出でて申しけるは、「父で候ひ（父でありました）し義重法師がをしへ候ひしは（教えましたのは）、『敵にもおそはれよ、山ごえの狩をもせよ、深山にまよひたらん時は、老馬に手綱をうちかけて、さきにおつたててゆけ。かならず□へいづるぞ』とこそをしへ（教えました）候ひしか」。※4御曹司、「①やさしう（立派なこと）も申したる物かな。雪は野原をうづめども、老いたる馬ぞ道は知るといふためし（例）あり」とて、白葦毛なる老馬に鏡鞍おき、白轡はげ、手綱むすんでうちかけ、さきにおつたてて、いまだ知らぬ深山へこそいり給へ。比はきさらぎはじめの事なれば（季節は二月初めのことなので）、峰の雪むらぎえて（まばらに消えて）、花かと見ゆる所もあり。谷の鶯おとづれて、霞にまよふ所もあり。のぼれば白雲※5皓々として聳え、下れば青山※6峨々として岸たかし（高い崖をなしている）。松の雪だに消えやらで（松のこずえの雪さえ消えずに残り）、苔のほそ道かすかなり。嵐にたぐふ折々は（嵐に吹かれたときには）、②梅花とも又うたがはれ。東西に鞭をあげ（東に西にと馬に鞭をあて）、駒をはやめて（足を速めて）ゆく程に、山路に日暮れぬれば（山道で日が暮れたので）、みなおりゐて（馬から降りて）陣をとる。

※1　一の谷＝地名。現在の兵庫県神戸市にある。
※2　鵯越＝地名。
※3　小冠＝小冠者。元服して間もない若者。
※4　御曹司＝上級貴族・武士の息子。ここでは源義経のこと。
※5　皓々＝白く光り輝くさま。
※6　峨々＝山や岩が険しくそびえ立つさま。

〔編集部注：問題四が次のページに続きます。〕

(四) 【Ⅱ】の A と B に入る最も適切な言葉を、【Ⅰ】から A は十二字、B は二十五字で、それぞれ抜き出して書きなさい。

(五) 【Ⅱ】の C に入る言葉として最も適切なものを、次のア〜エの中から一つ選んで、その記号を書きなさい。

ア グローバル化が進む現代で、誰もが美しく感じることが必要である
イ 美しさの基準は人それぞれだが、自然のように誰もが美しく感じるものもある
ウ 人と違うことが唯一の価値をもち、変わらない反復性や再現性が重要である
エ 設計者の考えが表れており、住む人の日々の営みの記憶が蓄積するものである

(六) 【Ⅰ】の文章の構成や論理の展開の特徴として最も適切なものを、次のア〜オの中から一つ選んで、その記号を書きなさい。

ア 初めに中心となる話題を提示し、その話題を再び問題提起の形で示しつつ説明を加えている。
イ 初めに結論を示して主張を明確にした後で、類似する事柄を取り上げつつ説明を加えている。
ウ 初めに身近な具体例を提示し、途中でその具体例から読み取れることを詳しく説明している。
エ 初めに仮説を立て、それが正しいことを示すために根拠となる数値をもとに論を進めている。
オ 初めに問題提起し、予想される反論に対する筆者の考えを古典の引用をもとに説明している。

【Ⅱ】 花子さんのノートの一部

初めて読んだ時に大切だと思ったこと

○ 建物
・［ A ］である。

○ 建築
・［ B ］である。
・ある価値を実現するための意図によって顕在化する考え方である。

○ 建築の要素
用・・・建物の用途のこと。基本的な身体機能がほぼ同じなので、科学的に検証できる。 ｝科学
強・・・建物の強度のこと。重力を根拠に計算するから、どこでも結果は同じである。 ｝科学
美・・・建物の美しさのこと。［ C ］。 ｝芸術

されているのか、どのような構造によって成立しているのか、どういう美が表現されているのか、という切り口から建築を見ることで自分なりに建築を読み取ることができます。そしてこの用・強・美の側面から見ていくことで、自身の建築に対する読み取り方を常に※5アップデートすることができるのです。

（光嶋裕介「ここちよさの建築」による。）

※1 ここまで＝本文は、全4章のうちの2章によった。
※2 クライアント＝顧客（こきゃく）。
※3 ユーザー＝商品などの使用者。利用者。
※4 梁（はり）＝主に構造物の上部の重みを支えるために、柱の上にかけわたす水平材。
※5 アップデート＝データを最新のものに更新すること。

㈠ 【Ⅰ】の ① ・ ② に入る言葉の組み合わせとして最も適切なものを、次のア～エの中から一つ選んで、その記号を書きなさい。

ア 〔① 空間 ② 芸術 〕
イ 〔① 美 ② 自然 〕
ウ 〔① 住む人 ② 建築家〕
エ 〔① 人間 ② 光 〕

㈡ 【Ⅰ】の ③ に入る言葉として最も適切なものを、次のア～エの中から一つ選んで、その記号を書きなさい。

ア 慢性的
イ 理性的
ウ 感情的
エ 主体的

㈢ 【Ⅰ】には、次の一文が抜けている。補うのに最も適切な箇所を、【Ⅰ】の〈ア〉～〈オ〉の中から一つ選んで、その記号を書きなさい。

> だから、私たちは何かをつくるとき、意識的にも無意識的にも、自然をお手本としたり模倣したりします。

惜しげなく十分な量が注意深く選ばれている場合に保たれ、用の理は、場が欠陥なく使用上支障なく配置され、その場がそれぞれの種類に応じて方位に叶い工合よく配分されている場合に保たれ、美の理は、実に、建物の外観が好ましく優雅であり、かつ肢体の寸法関係が正しいシュムメトリア〈対称〉の理論をもっている場合に保たれるであろう。

（『ウィトルーウィウス建築書〈普及版〉』森田慶一訳註、東海選書）

建築をつくるにあたっては、それが何をするための建築なのか、その用途を成立させるためにはどのような構造や強度をもたせるのか、それを美しくつくるにはどうすればよいのかを考えなければならない。用・強・美をいかに編み込んでいくのかが、建築家が建築をつくるときに解決しなければならないことであると、ウィトルウィウスは言っています。〈 **イ** 〉

ウィトルウィウスは二〇〇〇年も前のローマの建築家ですが、彼の述べていることは、現代の建築にそのまま通ずる重みがあります。

僕は、この用・強・美という三つの側面があることが、建築のおもしろさだと感じています。どういうことかと言うと、建築には「科学」に属している部分と、「芸術」に属している部分の両方があるということです。

科学に属しているのは「用」と「強」の側面です。科学の命題は反復性や再現性があること。科学は、誰がどう計算しても、まったく同じ答えが出ることを求めます。

まず「強」についてはわかりやすいでしょう。建築における強度の計算〈構造計算〉は、科学的なルールに則って厳密におこなわれます。「この太さのヒノキの柱は、どれだけの荷重を支え得るか」「柱と柱のあいだが二メートルのとき、杉材の※4梁の太さはどのくらい必要か」。こうした計算は、ドイツで計算しても、日本で計算しても、結果は同じです。地球の重力を考慮し、それを根拠にして計算するからそうなります。〈 **ウ** 〉

では「用」はどうでしょうか。ここでは人間の「身体機能」から考えてみましょう。二足歩行をする。ごはんを食べる。排泄する。こうした基本的な身体機能は、たとえ国が違ってもそれほど変わりません。ですから、ある程度科学的に検証することができます。たとえば排泄というトイレの用途は、アルゼンチンでも、日本でも同じです。

一方で、「美」についてはどうでしょうか。「美」は芸術の世界に属するものです。何を美しいと感じるかは、人によって異なり、美しさの基準は曖昧なもの。一方で、たとえば自然のように誰にとっても美しいと感じられるものもあります。海も山も、森も川も、雲も雪も、雨も木も、美しい。〈 **エ** 〉

建築の美において中心的な役割を果たしているのは、自然の光の存在です。さきほど空間という言葉を定義する際に「[①]が知覚することで成立」すると述べましたが、太陽の光が建築を照らし出すことで、空間が立ち上がるのです。美しさは[②]によって導かれる。太陽という自然の恵みなのです。建築が「光の彫刻」と言われるのは、そのためです。

また、芸術の世界においては、人と違うことが唯一の価値をもつという側面もあります。ですので、反復して同じことを確認する科学と違って、「美」はもっと感覚的で自由な価値観の中にあるのです。言い換えると、頭で[③]に科学して、心で感性的に芸術するとも、とらえられるかもしれません。〈 **オ** 〉

このように科学である「用」と「強」、そして芸術である「美」をどのように組み合わせていくか。ここに設計者としての考え方が表れるのです。使い手としても、この建物はどのような用途が意図

三　花子さんは、国語の授業で【Ⅰ】の文章を読み、内容をノートにまとめています。後の㈠〜㈥の問いに答えなさい。（【Ⅰ】はページごとに上段から下段に続いている。）

【Ⅰ】　授業で読んだ文章

建築は具体的にどのような要素から成り立っているのか。建築を構想し、つくる建築家は、どのような視点に立って設計をおこなっているのか。こうしたことを紹介しながら、みなさんがより主体的に建築に関わるためのいくつかの入り口を共有していきます。

まずは、建築に関する言葉の定義を整理しておきましょう。

僕は※1ここまで、「建築」や「空間」という言葉を特に定義せずに使ってきましたが、これらの言葉の意味を改めて考えてみたいと思います。考えたいのは、「建築（architecture）」と「建物（building）」、「空間（space）」と「場所（place）」の違いです。

そんなことは意識したことがないという人が多いかもしれませんが、「建築」と「建物」は同じようで、同じものではありません。「建物」は、物質としての建物そのもののことです。一方で「建築」は、ある価値を実現するために意図をもってつくられた建物、あるいはそうした意図によって顕在化する考え方のことです。

意図を込めるのは建築をつくる建築家や職人であったり、発注する※2クライアントであったりしますが、その意図を読み取るのは※3ユーザーである住人になります。建築と人間は常にセットとしてあり、この建築の意図を交換することによって建築というものは存在しています。建築は人間の意図を伝達する媒体なのです。だから建築はモノであると同時に考え方でもあるということです。

また建築は、そこに住む人の日々の営みの記憶が蓄積されるものでもあります。そのため、建築とは「記憶の器」である、とも言うことができるでしょう。〈　ア　〉

「空間」と「場所」についてはどうでしょうか。「空間」は簡単に言うと、主体である人間のまわりを包み込むようにあるもので、それを人間が知覚することで成立します。人間が生きているあいだ、空間は常にその人にまとわりついています。人間が中心にあるものなので、「ここからここまでが空間だよ」というふうに客観的な線引きをすることは困難です。人間がいることではじめて空間が立ち上がるのです。

これに対し「場所」とは、単位として二次元で計測するものです（緯度・経度）。x軸とy軸の座標上の点のように二次元で示すことができるため、人間が不在でも成り立ちます。人がいなくても「〇丁目〇番地」と指し示すことができる「住所」が、これにあたります。

このように言葉を定義してみると、建築とは何かが少しずつ具体的に考えられるようになります。目に見えない「意図」や「価値」といった考え方が、人間を通して物質としての建物と結びつくことで、そこに意味が生まれ、「建築」や「空間」が立ち上がる。つまり建築は、「人間を主役とした器」なのです。

では、人間を主役とした器である建築とは、どのような要素から成り立っているのでしょうか。

ここでは、建築の古典と呼ばれる本を紐解いてみます。現存するヨーロッパ最古の建築書に、紀元前一世紀に活動したローマの建築家ウィトルウィウス（生没年未詳）が著した『建築書』という本があります。

この本の中でウィトルウィウスは、建築には「用・強・美」という三つの根本的な側面があると言っています。彼は、建築とは「強さと用と美の理が保たれるようになさるべきである」と述べ、次のように記しています。

強さの理は、基礎が堅固な地盤まで掘り下げられ、材料の中から

(二) 【Ⅰ】と【Ⅱ】に②でも、わたしにはそんなものさえ、ないのだと思うとあるが、このときの希和子の考えとして最も適切なものを、次のア～エの中から一つ選んで、その記号を書きなさい。

ア　才能がないから努力しても仕方がないと思っていたが、奮起して今後は友人に追いつこうという考え。
イ　才能がないとは感じていたが、くやしいと思う気持ちまでもない自分を認めざるを得ないという考え。
ウ　才能がないのだから、他の文芸部員のように自分を好きだと思える余裕などいっさいもてないという考え。
エ　才能がないと自覚しているので、自分の居場所として他に打ち込めるものを探していこうという考え。

(三) 【Ⅱ】の③自分の中に閉じ込めてきた感情は【Ⅰ】のどの表現を言い換えているか。最も適切なものを、【Ⅰ】の本文中から十五字以上、二十字以内で抜き出して書きなさい。

(四) 【Ⅱ】の希和子の悩みは人間関係以上に、自分自身にあるんだと思うよ。文芸部の目的が物語を創ることであると考えていて、物語れない自分に引け目を感じているんじゃないかなという花子さんの発言は、話し合いの中でどのような役割を果たしているか。最も適切なものを、次のア～エの中から一つ選んで、その記号を書きなさい。

ア　反対意見や賛成意見など、グループ内のさまざまな意見を一つにまとめる役割。
イ　前の人の発言の内容に共感し、さらに自分たちの生活にまで話題を広げる役割。
ウ　自分の考えを示すことで話し合いの展開を修正し、目的に沿って交流を進める役割。
エ　相手に発言を促すことで、登場人物の気持ちについて理解が深まるようにする役割。

(五) 【Ⅰ】の内容の説明として最も適切なものを、次のア～エの中から一つ選んで、その記号を書きなさい。

ア　希和子が自分の気持ちを見つめ直しつつ自己分析することで、文芸部での自分のあり方について考える姿を描いている。
イ　複雑な思いを抱えた希和子が、人との出会いを通して他者の悩みに共感することで精神的に成長していく姿を描いている。
ウ　自らの才能の有無について悩む希和子が、友人に支えられ次なる目標に向けて新たな出発をしようとする姿を描いている。
エ　周囲の人たちとの才能の違いを実感した希和子が、あらためて自分にしか書けない物語を書こうと試みる姿を描いている。

【Ⅱ】 感想の交流の一部

一郎　希和子は直接言われたわけではないけれど、後輩の絵茉や梨津の自分に対する思いを聞いてきっとつらかったよね。僕なら二人に言い返すよ。
次郎　でも、希和子は言い返さなかったね。
花子　入部してから、ずっと、他の部員との違いは感じていたみたいだから、二人の言うとおりだと思ったのかな。
一郎　ただ、希和子だって文芸部員としてエッセイを書いたり、詩を書こうとしたり、努力していたじゃないか。
明子　そうだよね。入ってきたばかりの一年生の言葉なんて気にすることないよね。希和子は気にし過ぎじゃないの。
一郎　第一、希和子のおかげで文芸部が存続できたのだから、上級生らしく胸を張っていればいいのにね。
花子　ちょっと待って。希和子の悩みは人間関係以上に、自分自身にあるんだと思うよ。文芸部の目的が物語を創ることであると考えていて、物語れない自分に引け目を感じているんじゃないかな。
次郎　なるほど。「①そうか、わたしはやはりくやしかったのだ。物語れない己が。」と言っているからね。
明子　陸上に打ち込む妹と話をしたり、バレーボールに打ち込む友達のことを思い出したり、自分の中でどんどん考えが深まっているよ。
次郎　「②でも、わたしにはそんなものさえ、ないのだと思う。」というところからは、希和子がかなり落ち込んでいるのが伝わってくるよね。
一郎　妹の真沙美だって、友達の菜月だって、決して才能が豊かなわけではないのに、陸上やバレーボールに夢中になっているのも希和子はうらやましいんだろうね。そして、そうでない自分がいやなのだと思うよ。
花子　この物語の中心は、才能について悩む希和子の心の揺れなんじゃないかな。③自分の中に閉じ込めてきた感情に向き合い始めたから、希和子は自分には才能があるかどうかが気になるんだね。私自身も、部活動や習いごとをやっていて、自分には才能があるかどうか考えることがあるなあ。
明子　みんなの話を聞いていたら、希和子の悩みが見えてきたよ。

(一)　【Ⅰ】と【Ⅱ】に①そうか、わたしはやはりくやしかったのだ。物語れない己がとあるが、希和子は、「物語る」とはどうすることだと考えているか。最も適切なものを、次の**ア**～**エ**の中から一つ選んで、その記号を書きなさい。

ア　自分の才能を生かして、見たことや聞いたことを文章にまとめること。
イ　トップアスリートの美しい姿を見て、感じたことを豊かに表現すること。
ウ　文芸部員の一人として、他の部員と協力し、優れた小説を書くこと。
エ　体験や感想を述べるのではなく、小説や詩などを創作すること。

テレビは、トラックを走る汗だくの選手を映しだしている。梅雨時とはいえ、晴れた日ならば気温はかなり上がるだろう。

「もっとすずしい時期にやればいいのに」

母が、桃をむきながら言った。

「高校野球とかもね。炎天下で連日だよ」

真沙美は、母がむいたばかりの桃に手を伸ばしながら言ったが、目はしっかりと画面に向いている。

日本の夏はどこも暑い。北海道でも三十度を超すが、その暑すぎる夏にも、スポーツは行われる。野球もサッカーも。憑（つ）かれたように熱中する。夢中になる。ただ一筋に打ちこめるもの……。わたしにはない。

今、テレビの画面に映っているのは、長距離のようで、選手たちはグラウンドをただただ何周も走りつづけている。

「これ、どれくらい走るの？」

と聞くと、真沙美がぼそっと答える。

「五千メートル」

つまり五キロ。自転車通学している学校までよりなお長い距離だ。走者のフォームはそれぞれ個性があるが、トップアスリートが走る姿は美しいな、と思う。しなやかな足の運び。むだな肉のない身体（からだ）。残り一周の鐘が鳴ってスピードが上がる。※ストライドが伸びる。こんなふうには百メートルだって走れない。何千メートルも走ったあとなのに、まるで短距離選手みたいな走りで、ゴールに飛びこむ。

「ねえ、短距離と、長距離の選手って、性格とかもちがうの？」

わたしは真沙美に聞いてみた。

「ええ？　考えたことない。使う筋肉はちがうけど」

ちなみに真沙美は、リレーの助っ人として陸上をスタートさせたが、重視しているのは走り幅跳びで、大会などでは百メートルと二種目エントリーしているようだ。

「高校でもつづけるんだよね、陸上」

「うん。高校ぐらいまではね」

「やっぱり、陸上って、才能って関係する？」

「トップアスリートなら、あるかもね。けど、中学の部活レベルで、そんなこと言ってもねえ」

「そっか。まあ、そうだよね」

「けど、たまにいるよ。ああ、この子センスあるなって、感じさせる子。都大会とかに楽々出るようなタイプの。それって、やっぱ、才能なのかもしれない。そんな子にかぎって、練習ぎらいとかってうわさが流れて。それでも、あっさり勝っちゃう。ケロッとして走るしか能がないなんて自分で言っちゃったりして。くやしいとは思う。けど、しょうがないよね」

そんな才能はないと、真沙美は自分で思っている。たぶんそれは事実なのだろう。才能なんてほんとうにひとにぎりの人にしか与えられていないものだから。それでも陸上をつづけるのは、好きだから。その「好き」は十分に伝わってくる。それは、菜月からもあふれるほどに伝わる。バレーボール部員としてはめぐまれているとはいえない身長。好きの裏にひそむ、菜月のくやしさ。②<u>でも、わたしにはそんなものさえ、ないのだと思う。</u>

頭数として必要なのだと、文芸部での存在理由を説明してきた。うそではない。けれど、小説を書けるわけではないし、俳句も短歌も詩も作れない——封印していたはずのコンプレックスが、一年生部員の加入をきっかけに解き放たれて増殖していく。だから絵茉たちの言葉が痛い。だったら文芸部などやめてしまえばいいのだ。でも……。それを押しとどめるものはなんなのだろう。

（濱野京子「シタマチ・レイクサイド・ロード」による。）

※　ストライド＝歩幅。

二　一郎さんたちは、国語の授業で【Ⅰ】の文章を読み、【Ⅱ】のように読みを深めるための感想の交流を行いました。後の㈠～㈤の問いに答えなさい。（【Ⅰ】はページごとに上段から下段に続いている。）

【Ⅰ】　授業で読んだ文章

湯浅希和子は高校二年生で、陸上部に所属する中学生の妹の真沙美がいる。友人には、同級生でバレーボール部員の森重菜月や、文芸部員の坂本楓香がいる。希和子は楓香に誘われ、文芸部に所属している。文芸部員は三年生の山下さん、後輩の二人を含め七人である。

希和子は、作品の創作に熱心に取り組む他の部員と自分に違いを感じていた。ある日、後輩の村岡絵茉や横山梨津が、エッセイばかりを書く希和子について、「なんで文芸部にいるのか、いまいちよくわからない」「文芸の才能あるのかなあ」などと話していた。次は、希和子がそれを立ち聞きしてしまった後の場面である。

文章を書くのがきらいなわけではない。下手でもないと思う。たとえば、公園で花を見る。雨に遭う。商店街でにおいを感じる。そんな瞬間を言葉にしてみたいと思う。けれどそれは、物語ることではない。ほかの部員たちが、物語を生み出そうとしている中で、わたしだけがちがう。去年までは、さほど気に留めなかったそのことが、このところ気にかかってしかたがない。

自分の中からわきあがる豊かな物語があったら！　そういう能力がないこと――たぶんこれまでも、どこかでコンプレックスがあったという自覚はあるのだ。それが、血気盛んな一年の入部で、表にふきでてきたのだろうか。いや、そもそも、最初にわたしを打ちのめしたのは、いちばん親しい友人である楓香なのだ。

先刻、絵茉が口にした才能という言葉。そんなもの、十六、七でわかるはずがないと思う。そうした反論は、しかし、自分の才能を保証するものでもなんでもなくて、もとより、その持ち合わせにはまったく自信はない。

高校生の部活に才能などいるものか、とも思う。それでも、なんで文芸部にいるのかわからない、という梨津の言葉は、このところの自分のためらい、というか後ろめたさを、無理矢理外に引きずりだされるようで痛い。エッセイを書くことは逃げでもごまかしでもないはずだが、ここが自分の居場所だと思うことからは、逃げてきたのではないか。

一生に一作ぐらい、だれだって創作はできる、と山下さんに言われたのは、二月ごろだったろうか。だったら今でなくてもいいでしょう？　と反論したが、文芸部にいる今がチャンスだ、と相手は言葉をかぶせてくる。自分でできないと思っていることを、他人からおまえならできると言われるのも、けっこう傷つくことだと悟った。

詩が書けたらよかった。それで、いろいろ読んでみた。でも、自分の変な理屈っぽさが詩作のじゃまをするようで、結局あきらめた。

エッセイストだって、作家だよ、と楓香に言われたこともある。でも、自分からそれを言うのは、少しくやしい。それを口にしたのが楓香だからなおさらに。①そうか、わたしはやはりくやしかったのだ。物語れない己が。

毎年、陸上の日本選手権は、六月に行われる。同じ陸上競技といっても、正月の駅伝ほど世間に注目されているわけではなさそうだが、陸上部の真沙美にとっては、かなり関心が高いイベントのようで、録画までして観ている。

(二) 次のア〜エの行書で書かれた漢字を楷書で書いたときに、総画数が一番多いものを一つ選んで、その記号を書きなさい。

ア 滋　イ 棒　ウ 福　エ 揮

(三) 次の(1)〜(4)の――部について、漢字の部分の読みを平仮名で、片仮名の部分を漢字で書きなさい。

(1) 質問して発言の真偽を確認する。
(2) 目を背ける。
(3) キュウキュウ車に乗る。
(4) ヤサしい問題を解く。

(四) 次の(1)〜(3)の A 〜 C に入る言葉の組み合わせとして最も適切なものを、後のア〜エの中から一つ選んで、その記号を書きなさい。

(1) 発表会には不安があった。 A 予想以上にうまくできた。
(2) 電車で行くか、 B バスで行くか、よく考えよう。
(3) 「ロケット」は外国語から日本語に取り入れられた語だ。 C 外来語だ。

ア A だから　B ただし　C つまり
イ A しかし　B ただし　C そして
ウ A だから　B あるいは　C そして
エ A しかし　B あるいは　C つまり

(五) 次の文章の①〜③の――部の言葉の意味として最も適切なものを、それぞれ後のア〜エの中から一つ選んで、その記号を書きなさい。

スポーツの試合を新聞記事にするのは、なかなか①骨だ。記事を書く際には、読み手に試合の流れを分かりやすく伝える表現力が必要である。競技のルールに関する知識も大事だ。これらを身につける努力をすれば、スポーツ担当記者としての②見通しは明るいだろう。③筆が立つ新聞記者はこうした能力をもっている。

(1) ①骨だ
ア 困難だ　イ 簡素だ
ウ 地味だ　エ 独特だ

(2) ②見通しは明るい
ア 物事が分かっている　イ 将来に期待がもてる
ウ 周囲の評価が高い　エ 信用が得られる

(3) ③筆が立つ
ア 文章を書く回数が多い
イ 文字を美しい文字で書く
ウ 文章を書くのが上手である
エ 文章を編集する

国語

●満点100点　●時間50分

注意　字数の指定がある場合は、句読点や符号なども一字として数えなさい。

一　次の㈠～㈤の問いに答えなさい。

㈠　光太郎さんの学校では、昨年に引き続き、総合的な学習の時間で手話について学ぶことになりました。そこで、地域で手話のボランティアをしている山本さんを今年も講師として招くことにしました。

　次の文は、担任の木村先生を通して山本さんに依頼をした後で、光太郎さんが書いた山本さんへの日程調整をお願いするための改まった手紙です。これを読んで後の⑴～⑷の問いに答えなさい。

【山本さんへの日程調整をお願いする手紙】

> （Ⅰ）
>
> 　［A］。［B］。
>
> 　先日は、手話の講師を引き受けてくださり、ありがとうございます。今年は、さらに多くのことを教えていただきたいと考えています。
>
> 　つきましては、事前のごあいさつと、打ち合わせのための時間をいただきたいと存じます。わたしのグループのメンバー四人が<u>行く</u>のに、ご都合のよろしい日をご連絡いただけると幸いです。
>
> 　お忙しいところ恐れ入りますが、よろしくお願いいたします。
>
> （Ⅱ）
>
> 令和五年十月二十日
>
> 青空中学校二年一組
> 鈴木光太郎
>
> 山本一男　様

⑴　（Ⅰ）・（Ⅱ）に入る言葉の組み合わせとして最も適切なものを、次の**ア**～**エ**の中から一つ選んで、その記号を書きなさい。

ア　Ⅰ　前略　Ⅱ　敬具　　**イ**　Ⅰ　拝啓　Ⅱ　敬具
ウ　Ⅰ　拝啓　Ⅱ　草々　　**エ**　Ⅰ　前略　Ⅱ　草々

⑵　［A］に入る時候の挨拶として最も適切なものを、次の**ア**～**エ**の中から一つ選んで、その記号を書きなさい。

ア　あじさいが美しい季節になりました
イ　寒さが身にしみる頃になりました
ウ　夏の暑さがおさまる頃になりました
エ　紅葉がより鮮やかになってきました

⑶　［B］に入る相手の安否（あんぴ）を尋ねる文を「山本様」、「いかが」という言葉を使い、十五字以上、二十五字以内の一文で適切に書きなさい。

⑷　光太郎さんは、山本さんに手紙を送る前にグループの友達に読んでもらいました。そして<u>行く</u>について、敬語にした方がよいという意見をもらったので、光太郎さんは書き直すことにしました。最も適切な敬語を、次の**ア**～**エ**の中から一つ選んで、その記号を書きなさい。

ア　おいでになる　　**イ**　いらっしゃる
ウ　うかがう　　**エ**　ご覧になる

Memo

2023年度 茨城県公立高校 入試問題

英語

●満点 100点 ●時間 50分

■リスニングテストの音声は，当社ホームページで聴くことができます。（当社による録音です。）再生に必要なアクセスコードは「合格のための入試レーダー」（巻頭の黄色の紙）の１ページに掲載しています。

1 次の(1)～(4)は，放送による問題です。それぞれの放送の指示にしたがって答えなさい。

(1) これから，**No. 1** から **No. 5** まで，５つの英文を放送します。放送される英文を聞いて，その内容に合うものを選ぶ問題です。それぞれの英文の内容に最もよく合うものを，**ア**，**イ**，**ウ**，**エ**の中から１つ選んで，その記号を書きなさい。

No. 1

No. 2

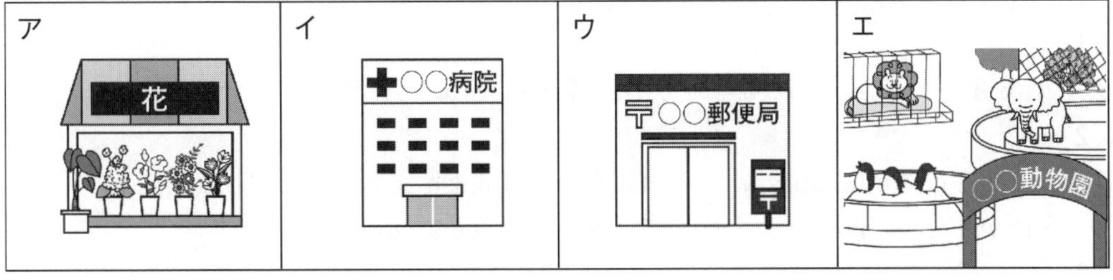

No. 3

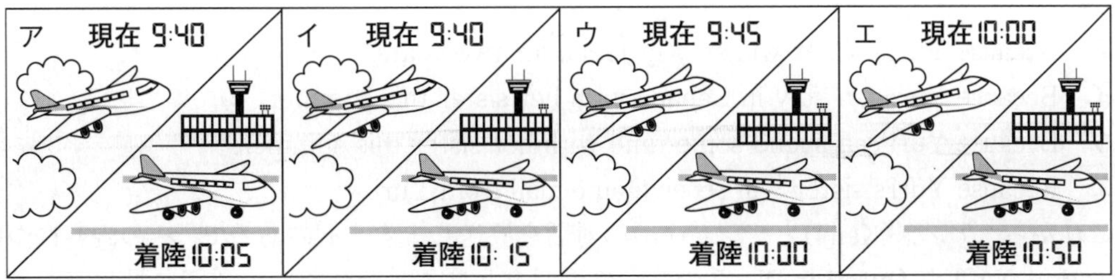

No. 4

ア 遠足に行きたい場所		イ 遠足に行きたい場所		ウ 遠足に行きたい場所		エ 遠足に行きたい場所	
1位	わかば公園	1位	あおい博物館	1位	あおい博物館	1位	ひばり城
2位	ひばり城	2位	わかば公園	2位	ひばり城	2位	あおい博物館
3位	あおい博物館	3位	ひばり城	3位	わかば公園	3位	わかば公園

No. 5

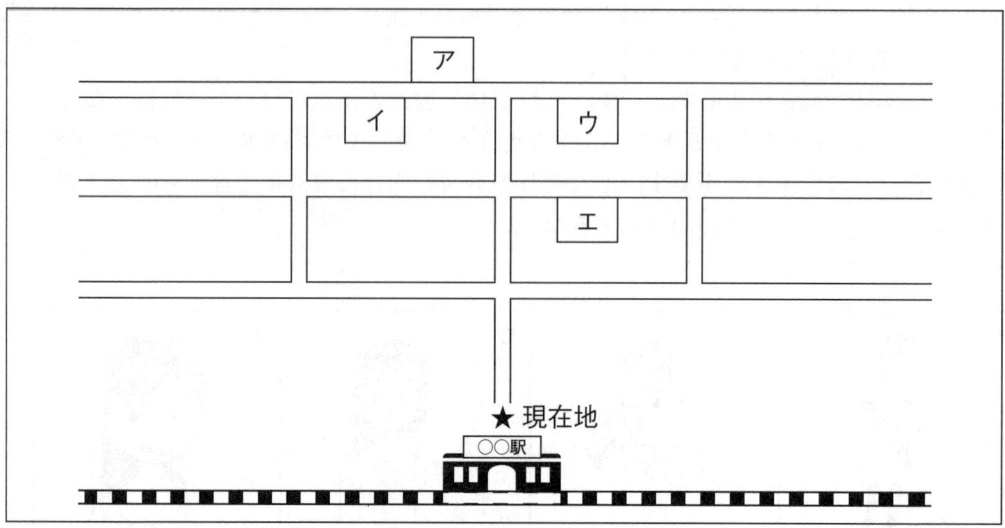

(2) これから，**No. 1** から **No. 4** まで，４つの対話を放送します。それぞれの対話のあとで，その対話について１つずつ質問します。それぞれの質問に対して，最も適切な答えを，**ア**，**イ**，**ウ**，**エ**の中から１つ選んで，その記号を書きなさい。

No. 1

ア At 6:30.　**イ** At 7:00.　**ウ** At 7:30.　**エ** At 8:00.

No. 2

ア She will go to the library.　**イ** She will finish reading her book.

ウ She will enjoy some music.　**エ** She will see a movie.

No. 3

ア Monday.　**イ** Tuesday.　**ウ** Wednesday.　**エ** Thursday.

No. 4

ア Because Yuri's sister will stay in Japan for two years.

イ Because Yuri can stay in Canada with her sister this summer.

ウ Because Yuri can spend some time with her sister this summer.

エ Because Yuri's sister will receive an e-mail from Yuri.

(3) これから，ケンジ(Kenji)とアン(Ann)の対話を放送します。そのあとで，その内容について，**Question No. 1** と **Question No. 2** の２つの質問をします。それぞれの質問に対して，最も適切な答えを，**ア**，**イ**，**ウ**，**エ**の中から１つ選んで，その記号を書きなさい。

No. 1

ア　A book.　　イ　A key.　　ウ　A cap.　　エ　A pen.

No. 2

ア　Because Ann is carrying a lot of books.

イ　Because Kenji has to write a report.

ウ　Because Ann knows who he is.

エ　Because Kenji wants to go to the library with Ann.

(4)　外国人の観光客に，添乗員が市内観光について説明しています。これからその説明を放送します。その内容について，次の①，②の問いに答えなさい。

①　この市内観光で訪れる場所を，訪れる順番に並べかえて，記号で答えなさい。

②　次の質問の答えになるように，(　)に適切な**英語1語**を書きなさい。

How long does this city trip take?

— It takes (　　　) hours.

これで，放送による聞き取りテストを終わります。

※＜**聞き取りテスト放送原稿**＞は英語の問題の終わりに付けてあります。

2　モリ先生(Mr. Mori)が留学生のティナ(Tina)，ジム(Jim)と話をしています。次の会話文を読んで，下の(1)，(2)の問いに答えなさい。

Mr. Mori : Tina, your Japanese is very good. How long have you been studying Japanese?

Tina : Thank you. For three years. I talk a lot with my *host family in Japanese but it is difficult to read Japanese, especially ***kanji***. I ①(w　　) I could read all the ***kanji*** *characters.

Mr. Mori : I see. ***Kanji*** will help you understand Japanese better. Jim, you have lived in Japan longer than Tina. You are good at ②(b　　) speaking and reading Japanese. How do you usually ③(p　　) reading Japanese?

Jim : I read many books ④(write) in easy Japanese. You can learn a lot of Japanese little by little. Now, I often read ****manga***. Reading it is ⑤(easy) than reading other kinds of books.

Mr. Mori : That's good not only for ⑥(child) but also for adults. It is very important to enjoy studying.

*　host family　ホストファミリー　　character(s)　文字　　***manga***　マンガ

(1)　会話文が完成するように，文中の①～③の(　)内に，最も適切な英語を，それぞれ1語ずつ書きなさい。なお，答えはすべて，(　)内に示されている文字で書き始めるものとします。

⑵　会話文が完成するように，文中の④～⑥の（　）の中の語を，それぞれ１語で適切な形に直して書きなさい。

3　次の⑴，⑵の問いに答えなさい。

⑴　次の英文は，新聞記事の一部です。この記事が伝えている内容として最も適切なものを，下の**ア**～**エ**の中から１つ選んで，その記号を書きなさい。

In Japan, over 30 percent of people have pets, such as dogs and cats. Spending time with animals can make people feel happy. It also has good *effects on their health. For example, some people feel *healthy when they walk with their dog. Some people feel *relaxed when they are with their cat. If you really want to *lead a happy and healthy life, living with pets may be a good choice.

＊ effect(s)　効果　　healthy　健康な　　relaxed　くつろいだ
lead a ～ life　～な生活を送る

ア　The only way to lead a happy life is to have a pet.
イ　Almost all the people want to live with pets.
ウ　Some people feel happy when they are with their pet.
エ　Going to a pet shop will be a good way to improve your health.

⑵　次の英文中の［　　］には，下の**ア**～**ウ**の３つの文が入ります。意味の通る英文になるように，**ア**～**ウ**の文を並べかえて，記号で答えなさい。

I like English movies. I want to watch them without *subtitles. Let me tell you the steps I will use. ［　　　　］ Through these steps, I hope to improve my ability and enjoy English movies.

＊ subtitle(s)　映画やテレビの字幕

ア　Then, I will watch it without subtitles and repeat some of the words that they say.
イ　I will watch a movie with Japanese subtitles first because I want to enjoy the story.
ウ　After I know the story in Japanese, I will watch the movie with English subtitles to understand what the actors are saying.

4　アメリカ合衆国に留学中の高校生のジュン(Jun)と友人のサム(Sam)が，レストランでメニューを見ながら話をしています。次の対話文を読んで，⑴，⑵の問いに答えなさい。

Sam : Look at this *menu. What will you have, Jun ?
Jun : Well, everything looks so delicious that I cannot choose. Have you decided yet, Sam ?
Sam : Yes. I always choose (①) when I come to this restaurant. It is very popular. Today we can eat the steak.
Jun : [(　　　)(　　　)(　　　) have you been here before ?]
Sam : I have been here several times with my friends.
Jun : So you know a lot about this restaurant.
Sam : Right. Are you still thinking about (②) to eat ?
Jun : Yeah. *Honestly, I don't like steak very much. So if they have a dish with vegetables, that may be good for me.

Sam : Then, how about curry and rice ? You can choose the vegetable curry.

Jun : Really ? That sounds great ! I'll have that.

Sam : Do you want something to drink ?

Jun : I want the orange juice.

Sam : Sorry, Jun. Orange juice is not on the list for the "*Drink Set". You need to pay two *dollars for it, so it will be (③) *in total.

Jun : I see. That will be no problem. How about you ?

Sam : I'll have coffee. Also I would like to have chocolate cake for *dessert. So I have to pay . . .

Jun : Wait. Your birthday is (④), right ? You can get a two-dollar *discount today. So, you'll only need to pay twelve dollars.

Sam : All right. Thank you so much for letting me know.

Jun : You're welcome. When we have time next month, (⑤) ? I would like to try the "Special Sandwich".

Sam : Of course ! I'd like to, too !

This Month's Menu March 2023

Food with "Drink Set"

- Today's Lunch [$10] (Steak, Soup, Rice/Bread)
- Pizza [$7] ・Sandwiches [$6] ・Noodles [$8]
- Curry and Rice [$8] (Beef/Chicken/Vegetable)

"Drink Set" : Coffee/Tea/Cola (★Choose one)

Drink [$2]

・Coffee ・Tea ・Cola
・Apple Juice ・Orange Juice ・Banana Milk

Dessert [$4]

・Cheese Cake ・Chocolate Cake ・Ice Cream

- Birthday Month : $2 Discount
- NEW MENU "Special Sandwich [$9]" ★April 1st〜

＊ menu メニュー　Honestly 正直なところ　Drink Set ドリンクセット
dollar(s) ドル(アメリカの通貨単位，＄で表す)　in total 合計で
dessert デザート　discount 値引き

(1) 対話文中の(①)～(⑤)に入る最も適切なものを，ア～エの中から１つ選んで，その記号を書きなさい。

① ア Today's Lunch　イ sandwiches　ウ pizza　エ noodles
② ア how　イ when　ウ where　エ what
③ ア 8 dollars　イ 9 dollars　ウ 10 dollars　エ 11 dollars
④ ア February 10th　イ March 10th　ウ April 10th　エ May 10th
⑤ ア how about making sandwiches together
　イ is this restaurant still open
　ウ do you want me to bring more money
　エ can we come here again

(2) 対話の流れに合うように，文中の□の(　)に適切な英語を１語ずつ入れ，英文を完成させなさい。

5 次の英文は，ミキ(Miki)が書いたスピーチの原稿です。この英文を読んで，(1)～(5)の問いに答えなさい。

"Miki, be ready to move to a new house! You can't take many books." My mother kept saying this. We were going to leave town and move abroad in two months. I had too many books on the *bookshelf. I said, "But, Mom, these are my *treasures. I want to keep these books." [ア] I read them many times when I was a little child and they are full of good memories. Though I was a junior high school student, I still loved those books very much.

My mother said, "I understand how you feel. But Miki, I'm sure that those books will meet some new people in the future, and you will, too." [イ] I asked my mother, "Will my books meet new people?" I thought, "What does she mean?" I knew it would be hard to take all of those books to the new house. But I wanted to keep all my treasures.

One Saturday, I went to the city library to say goodbye to my favorite place and to an old woman who worked there. I said to her, "This will be the last time here." She looked surprised. I spent some time in the library and talked with her. When I left the library, the old woman ran after me. She gave me an old book.

After I got home, I started to read the book. Soon I found that it was very interesting. I continued reading it for two hours and finally finished it. The book was about a girl who had to move. [ウ] She became stronger through meeting new people. Her story gave me great *courage. I remembered my mother's words.

The next day, I went to the library and said "thank you" to the old woman. She smiled and looked happy. She said, "I moved to this town when I was as old as you. I read that book and it gave me courage. Good luck at your new place."

I never thought that I would *let go of my favorite books, but I understood my mother's words. I decided to give them to other people *like the old woman did. I wanted my books to make someone feel excited or *encouraged.

A few days later, I went to a *used-book store with my mother. [エ] I sold some of my treasures. My books would meet someone. I hoped that they would become *someone else's treasures.

Before we moved, the bookshelf in my room became a little lighter. <u>And my heart did, too.</u>

* bookshelf 本棚 treasure(s) 宝物 courage 勇気
let go of ～ ～を手放す like ～ ～のように encouraged 励まされた
used-book store 古本屋 someone else's 誰か他の人の

(1) 本文の内容に合う文を，次のア～クの中から３つ選んで，その記号を書きなさい。

ア Miki and her family moved to a new house in the same town.
イ Miki's mother had a lot of books about treasures.
ウ Miki's books were her treasures because they gave her good memories.
エ Miki soon agreed with her mother's idea about letting go of all of her books.
オ One Saturday, Miki went to the library to look for some books.
カ Miki was given a book by the old woman at school.
キ Miki finished reading the book which the old woman gave her in two hours.
ク The old woman moved when she was a junior high school student.

(2) 次の文は，文中の[ア]～[エ]のどこに入るのが最も適切か，記号で答えなさい。

I thought she was like me.

(3) 次の①，②の文を，本文の内容と合うように完成させるには，[　]の中に，それぞれ下のア～エのどれを入れるのが最も適切か，記号で答えなさい。

① The old book given by the old woman made [　　　].

ア Miki nervous　イ Miki encouraged
ウ Miki's mother angry　エ Miki's mother surprised

② On Sunday, Miki went [　　　].

ア to the library to say "thank you" to the old woman
イ to the used-book store to say goodbye to her town
ウ to the library to give her treasures to other people
エ to the used-book store to read a book

(4) 下線部の内容を次の[　]内のように表したとき，(　)に入る適切な英語を，本文から４語で抜き出して書きなさい。

And my heart (　　　　　　　　　　), too.

(5) 次の質問の答えとなるように，(　)内に適切な英語を１語ずつ書きなさい。

① When Miki decided to let go of some of her books, what did she understand ?
She understood (　　) (　　) (　　) words meant.

② When Miki sold some of her books, what did she hope ?
She hoped that (　　) (　　) (　　) someone else's treasures.

6 留学生のエマ(Emma)が，クラスメイトのアズサ(Azusa)とタケル(Takeru)に次の２つのウェブサイトを見せながら旅行について相談しています。会話の流れに合うように，①～④の(　)内の英語を並べかえて，記号で答えなさい。ただし，それぞれ**不要な語(句)が１つずつ**あります。

浴衣(ゆかた)で散策

浴衣で散策しませんか？
豊富な色・デザインの中から
あなたの好きなものを選べます。
浴衣を着て写真を撮れば、素敵な
思い出がつくれます。

ひばり広場では、毎日楽しい
イベントが行われています！

風鈴絵付け体験

お好きな絵をかいて、自分だけの
風鈴を作りませんか？
スタッフがお手伝いをします。
できあがった風鈴は当日お持ち帰り
いただけます。おうちで風鈴の音を
楽しみましょう！

※　汚れてもよい服装で
参加してください。

Emma : Summer vacation starts next week! I'm going to *take a day trip with my friends next Wednesday. Which is better to do on the trip, wearing a ***yukata*** or *painting on a *wind chime?

Azusa : If I ①(ア I would　イ choose　ウ painting on a wind chime　エ wearing a ***yukata***　オ were　カ you,). Walking around the city *in traditional clothes sounds great!

Takeru : Painting on a wind chime sounds nice.

Emma : Why do you think so?

Takeru : Because you can take it home with you. You can enjoy the sound of the wind chime at home. The staff members ②(ア wear　イ you　ウ will　エ paint on　オ show　カ how to) a wind chime.

Azusa : Well, if you wear a ***yukata*** and take some pictures of yourself, you can enjoy them later, too.

Emma : That's true. . . . I can't decide which activity I should choose.

Takeru : Well . . . ③(ア you　イ do　ウ a wind chime　エ why　オ don't　カ paint on) in the morning? Then you can wear a ***yukata*** in the afternoon.

Emma : That's a good idea. I'll do that. I don't ④(ア my ***yukata***　イ clean　ウ to　エ want　オ dirty　カ make).

* take a day trip　日帰り旅行をする　paint on ～　～に絵をかく
wind chime　風鈴　in ～　～を着て

<聞き取りテスト放送原稿>

ただいまから[1]の，放送による聞き取りテストを行います。問題は(1)から(4)までの4つです。放送中メモを取ってもかまいません。

それでは(1)の問題から始めます。

(1) これから，**No. 1** から **No. 5** まで，5つの英文を放送します。放送される英文を聞いて，その内容に合うものを選ぶ問題です。それぞれの英文の内容に最もよく合うものを，**ア**，**イ**，**ウ**，**エ**の中から1つ選んで，その記号を書きなさい。

それぞれの英文は，2回放送します。

では，はじめます。

No. 1 My sister is brushing her teeth.

繰り返します。

No. 2 When you are sick, you should go to this place.

繰り返します。

No. 3 We are flying over Ibaraki now. We will arrive at the airport in 15 minutes.

繰り返します。

No. 4 Aoi Museum is more popular than Wakaba Park, but the museum is not as popular as Hibari Castle.

繰り返します。

No. 5 If you want to go to the shop, go down the street and turn left at the third corner. You'll find it on your right.

繰り返します。

これで(1)の問題を終わります。

次に，(2)の問題に移ります。

(2) これから，**No. 1** から **No. 4** まで，4つの対話を放送します。それぞれの対話のあとで，その対話について1つずつ質問します。それぞれの質問に対して，最も適切な答えを，**ア**，**イ**，**ウ**，**エ**の中から1つ選んで，その記号を書きなさい。

対話と質問は，2回放送します。

では，はじめます。

No. 1

A： Bob, I have to go to school early tomorrow for the school festival.

B： Me, too. I have to arrive at school by seven thirty.

A： How long does it take to get to school ?

B： It takes one hour.

Question： What time will Bob leave for school tomorrow ?

繰り返します。(対話と質問を繰り返す。)

No. 2

A： Yuka, what will you do tomorrow afternoon ?

B： I'll go to the library. I have finished reading my book, so I want to read another.

A： OK. John and I will go to the movies tomorrow afternoon. Do you want to join us ?

B : Oh, yes. Sounds great. I'll go to the library this afternoon instead.

Question : What will Yuka do tomorrow afternoon ?

繰り返します。(対話と質問を繰り返す。)

No. 3

A : Oh, no ! I forgot about the homework.

B : We need to give it to our teacher by Thursday.

A : We only have today, tomorrow, and Thursday. What do we have to do ?

B : We have to write a report about the book we read during winter vacation.

Question : What day of the week is it "today" ?

繰り返します。(対話と質問を繰り返す。)

No. 4

A : Hi, Yuri. You look so happy.

B : That's right, Fred. I got an e-mail from my sister. She is studying in Canada.

A : How long has she been there ?

B : For two years. She is going to come back this summer, and we'll have a birthday party for her.

Question : Why does Yuri look happy ?

繰り返します。(対話と質問を繰り返す。)

これで(2)の問題を終わります。

次に,(3)の問題に移ります。

(3) これから,ケンジ(Kenji)とアン(Ann)の対話を放送します。そのあとで,その内容について,**Question No. 1** と **Question No. 2** の2つの質問をします。それぞれの質問に対して,最も適切な答えを,**ア**,**イ**,**ウ**,**エ**の中から1つ選んで,その記号を書きなさい。

対話と質問は,2回放送します。

では,はじめます。

Kenji : Hi Ann, what happened ?

Ann : Hey Kenji, I picked this up. I think it's that boy's.

Kenji : That's not good. He can't enter his house without it.

Ann : That's right. I want to run after him, but. . . .

Kenji : Wow, you have so many books.

Ann : I just went to the library. I need a lot of books for my report.

Kenji : They look so heavy. . . . OK, I'll go after him !

Ann : Thank you !

Kenji : That boy with the dog, right ?

Ann : No. Go after the tall boy walking in front of him !

Kenji : OK.

Questions :

No. 1 What did Ann pick up ?

No. 2 Why will Kenji go after the tall boy instead of Ann ?

繰り返します。(対話と質問を繰り返す。)

これで(3)の問題を終わります。

次に，(4)の問題に移ります。

(4) 外国人の観光客に，添乗員が市内観光について説明しています。これからその説明を放送します。その内容について，次の①，②の問いに答えなさい。

英文は，２回放送します。

では，はじめます。

Welcome to our city trip. Today we'll visit some famous places by bus. It's nine o'clock now. First, we'll arrive at the City Museum in 20 minutes. We'll have one and a half hours to see many famous pictures there. In the afternoon, we'll go to the City Garden. During this season we can see beautiful flowers. Oh, I forgot to say. Before we visit the garden, we'll have lunch at Aoi restaurant. Finally, we'll go to the Music Hall and enjoy some wonderful music. Today's trip will be over at five in the afternoon.

繰り返します。（英文を繰り返す。）

これで，放送による聞き取りテストを終わります。続いて，**問題 2** に進みなさい。

数学

●満点 100点　●時間 50分

（注意）・　分数が含まれるときは，それ以上約分できない形にしなさい。

・　根号が含まれるときは，根号の中を最も小さい自然数にしなさい。また，分母に根号が含まれるときは，分母に根号を含まない形にしなさい。

1　次の(1)，(2)の問いに答えなさい。

(1)　次の①～④の計算をしなさい。

①　$1-6$

②　$2(x+3y)-(5x-4y)$

③　$15a^2b \div 3ab^3 \times b^2$

④　$\dfrac{9}{\sqrt{3}}-\sqrt{12}$

(2)　x^2-6x+9　を因数分解しなさい。

2　次の(1)～(4)の問いに答えなさい。

(1)　右の**図**は，ある中学校の３年生25人が受けた国語，数学，英語のテストの得点のデータを箱ひげ図で表したものである。

このとき，これらの箱ひげ図から読み取れることとして正しく説明しているものを，次の**ア**～**エ**の中から**２つ**選んで，その記号を書きなさい。

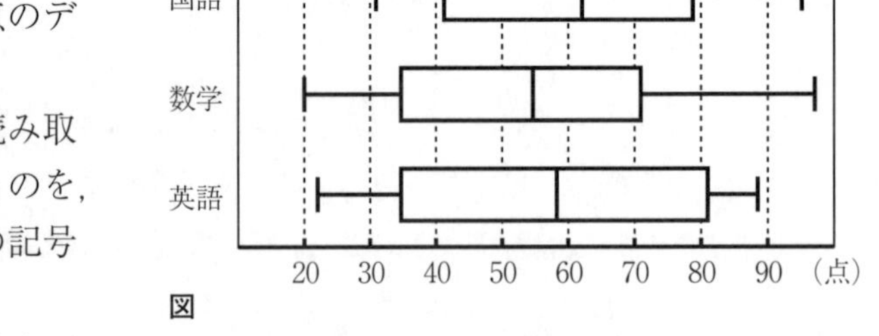

図

ア　３教科の中で国語の平均点が一番高い。

イ　３教科の合計点が60点以下の生徒はいない。

ウ　13人以上の生徒が60点以上の教科はない。

エ　英語で80点以上の生徒は６人以上いる。

(2)　$\dfrac{252}{n}$の値が，ある自然数の２乗となるような，最も小さい自然数nの値を求めなさい。

(3)　xについての２次方程式　$x^2+3ax+a^2-7=0$　がある。

$a=-1$のとき，この２次方程式を解きなさい。

(4)　チョコレートが何個かと，それを入れるための箱が何個かある。１個の箱にチョコレートを30個ずつ入れたところ，すべての箱にチョコレートを入れてもチョコレートは22個余った。そこで，１個の箱にチョコレートを35個ずつ入れていったところ，最後の箱はチョコレートが32個になった。

このとき，箱の個数を求めなさい。

3　右の**図1**のように[1]から[7]までの番号の書かれた階段がある。地面の位置に太郎さん，[7]の段の位置に花子さんがいる。太郎さん，花子さんがそれぞれさいころを1回ずつ振り，自分が出した目の数だけ，太郎さんは[1]，[2]，[3]，…と階段を上り，花子さんは[6]，[5]，[4]，…と階段を下りる。例えば，太郎さんが2の目を出し，花子さんが1の目を出したときは，下の**図2**のようになる。

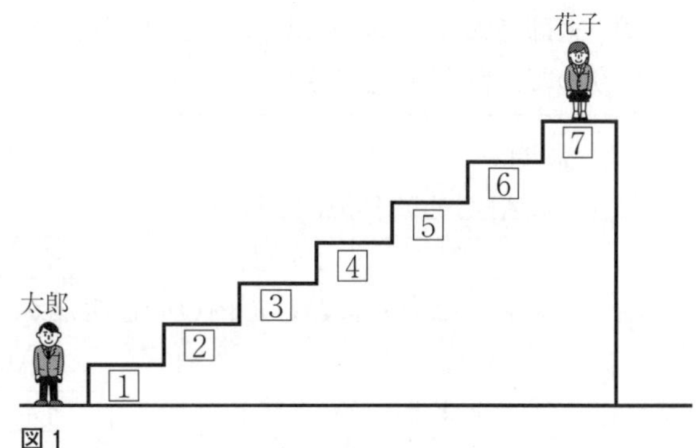

図1

また，2段離れているとは，例えば，**図3**のような状態のこととする。

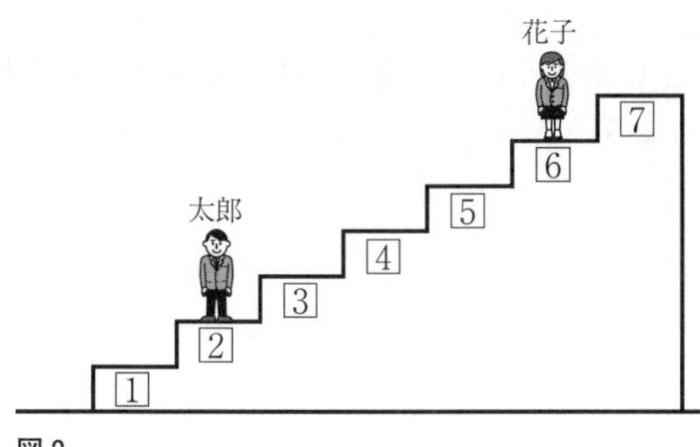

図2

図3　2段離れている例

このとき，次の(1)～(3)の問いに答えなさい。

ただし，さいころは各面に1から6までの目が1つずつかかれており，どの目が出ることも同様に確からしいとする。

(1)　太郎さんと花子さんが同じ段にいる確率を求めなさい。

(2)　太郎さんと花子さんが2段離れている確率を求めなさい。

(3)　太郎さんと花子さんが3段以上離れている確率を求めなさい。

4　右の**図1**のように，タブレット端末の画面に長さが14cmの線分ABを直径とする円Oが表示されている。さらに，円Oの円周上の2点A，Bと異なる点C，点Aにおける円Oの接線 l，l 上の点Pが表示されている。点Pは l 上を動かすことができ，太郎さんと花子さんは，点Pを動かしながら，図形の性質や関係について調べている。

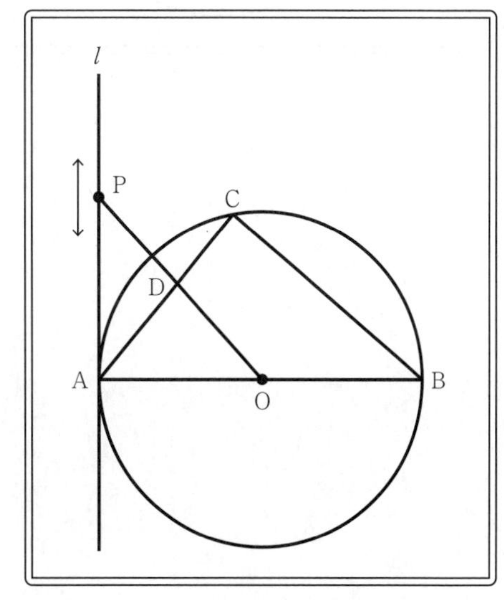

図1

このとき，次の(1)，(2)の問いに答えなさい。

(1)　太郎さんは線分OPと線分BCが平行になるように点Pを動かした。

①　線分ACと線分OPの交点をDとし，BC＝10cmとするとき，線分ODの長さを求めなさい。

② 太郎さんは，△ABC∽△POA であることに気づき，次のように証明した。 ア ～ オ をうめて，証明を完成させなさい。

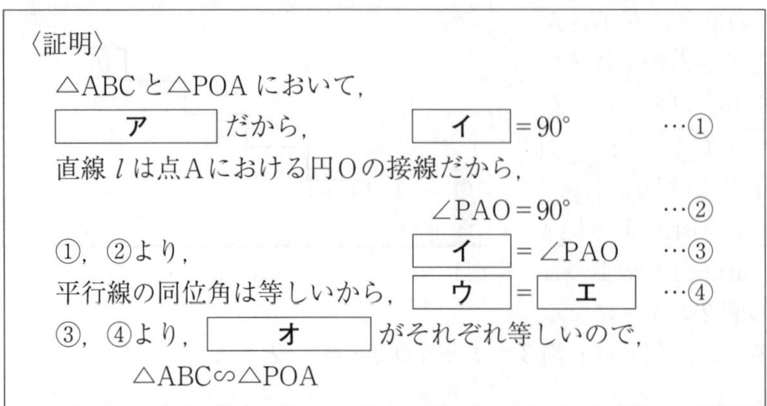

〈証明〉

△ABC と△POA において，

ア だから， イ ＝90°　…①

直線 l は点Aにおける円Oの接線だから，

∠PAO＝90°　…②

①，②より， イ ＝∠PAO　…③

平行線の同位角は等しいから， ウ ＝ エ 　…④

③，④より， オ がそれぞれ等しいので，

△ABC∽△POA

(2) 花子さんは，次の**図2**のように∠AOP＝60°となるように点Pを動かした。線分 OP と円Oとの交点をEとするとき，△APE の面積を求めなさい。

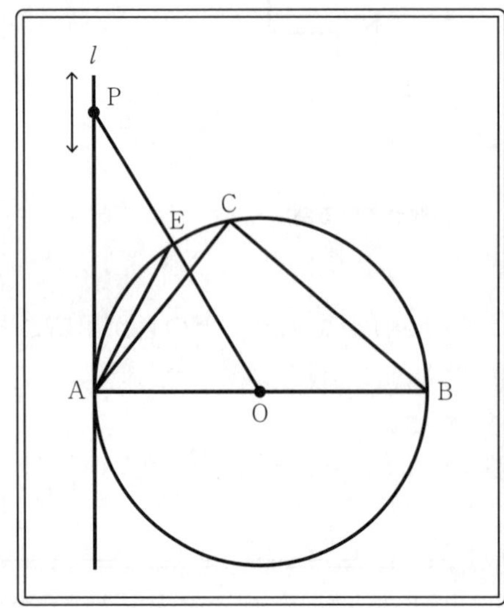

図2

5　O(0, 0)，A(6, 0)，B(6, 6)とするとき，次の(1)，(2)の問いに答えなさい。

(1) 右の**図1**において，mは関数 $y=ax^2$ $(a>0)$ のグラフを表し，C(2, 2)，D(4, 4)とする。

① mが点Bを通るとき，aの値を求めなさい。

② 次の文章の［Ⅰ］～［Ⅲ］に当てはまる語句の組み合わせを，下の**ア**～**カ**の中から1つ選んで，その記号を書きなさい。

> mと線分OBとの交点のうち，点Oと異なる点をPとする。はじめ，点Pは点Dの位置にある。
>
> ここで，aの値を大きくしていくと，点Pは［Ⅰ］の方に動き，小さくしていくと，点Pは［Ⅱ］の方に動く。
>
> また，aの値を $\frac{1}{3}$ とすると，点Pは［Ⅲ］上にある。

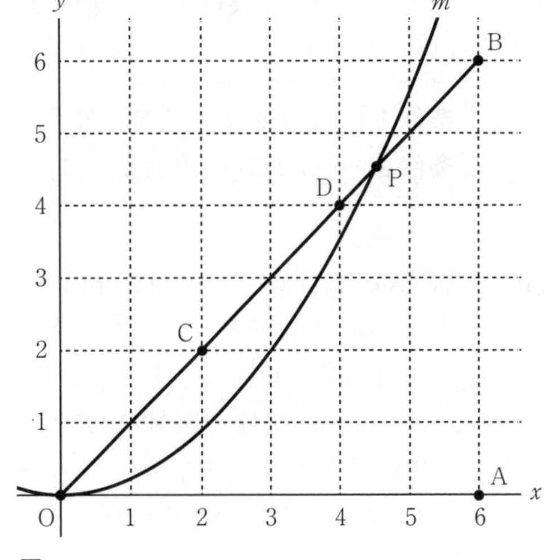

図1

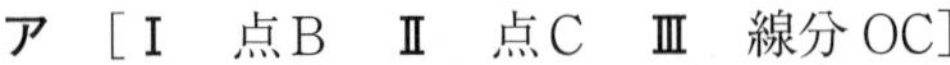

ア［Ⅰ 点B　Ⅱ 点C　Ⅲ 線分OC］
イ［Ⅰ 点B　Ⅱ 点C　Ⅲ 線分CD］
ウ［Ⅰ 点B　Ⅱ 点C　Ⅲ 線分DB］
エ［Ⅰ 点C　Ⅱ 点B　Ⅲ 線分OC］
オ［Ⅰ 点C　Ⅱ 点B　Ⅲ 線分CD］
カ［Ⅰ 点C　Ⅱ 点B　Ⅲ 線分DB］

(2) 次の**図2**で，$y=bx$で表される直線lと2点A，Bを除いた線分ABが交わるとき，その交点をEとする。

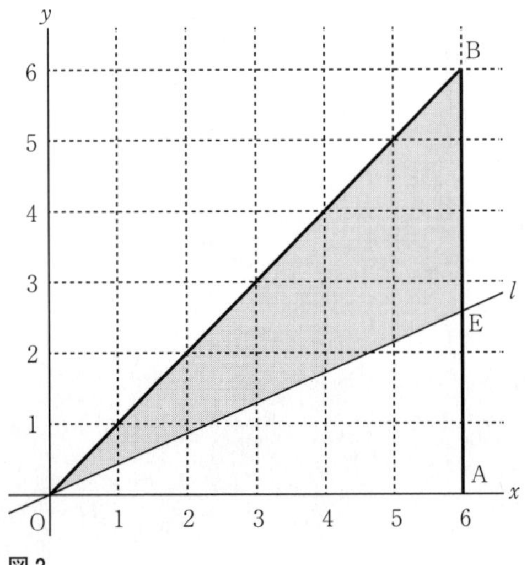

図2

このとき，次の［**条件１**］と［**条件２**］の両方を満たす点の個数が12個になるのは，bがどのような値のときか。bのとりうる値の範囲を，不等号を使った式で表しなさい。

［**条件１**］　x座標もy座標も整数である。
［**条件２**］　△OEBの辺上または内部にある。

6　右の**図**のような，１辺が6 cmの正四面体がある。辺BC上にBP：PC＝2：1となる点P，辺CD上にCQ：QD＝2：1となる点Qをとる。

このとき，次の⑴，⑵の問いに答えなさい。

⑴　△CPQはどんな三角形か。最も適切なものを，次の**ア**～**エ**の中から１つ選んで，その記号を書きなさい。

ア　正三角形
イ　二等辺三角形
ウ　直角三角形
エ　直角二等辺三角形

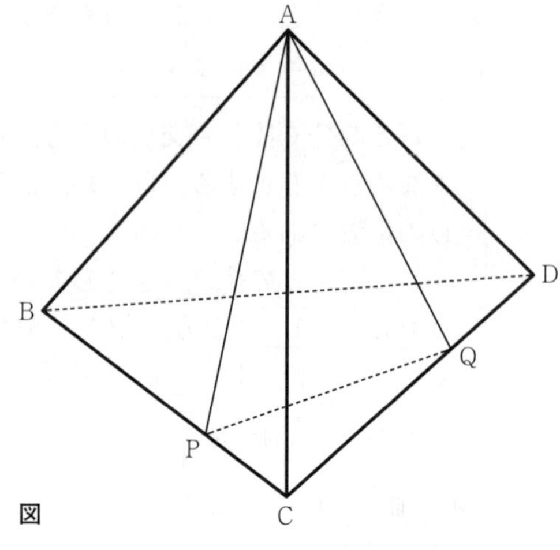

図

⑵　①　線分AQの長さを求めなさい。

②　直線APを軸として，△APQを１回転させてできる立体の体積を求めなさい。ただし，円周率はπとする。

社会

●満点 100点 ●時間 50分

1 社会科の授業で，「世界や日本のさまざまな地域の特色を見いだそう」という課題で，班ごとにテーマを設定し，学習しました。次の**1**，**2**に答えなさい。

1 A班では「世界の姿と諸地域」というテーマを設定しました。(1)〜(4)の問いに答えなさい。

資料1 世界地図

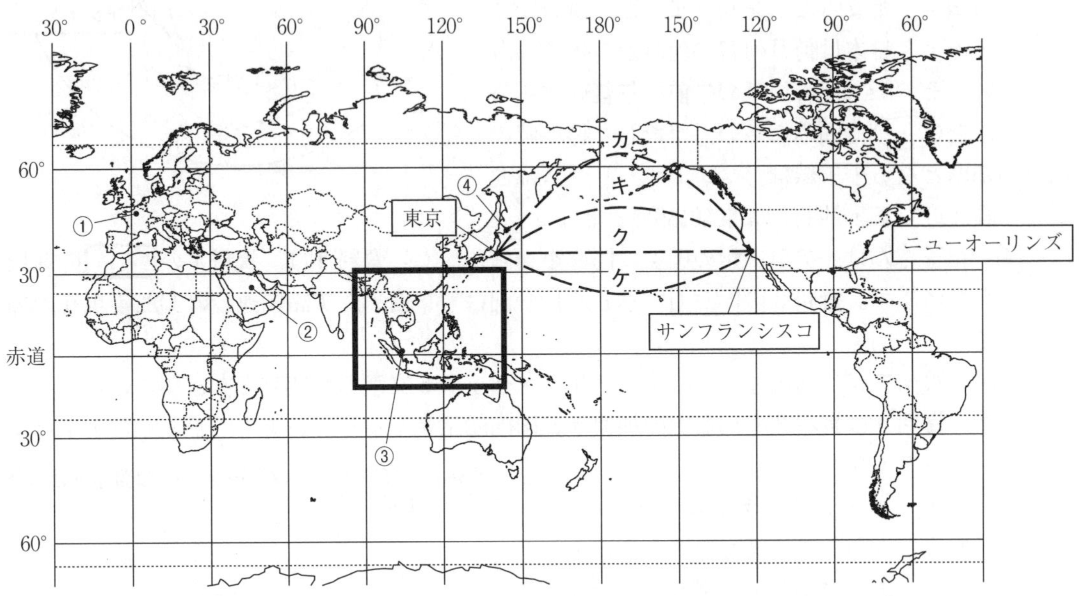

(1) 太郎さんは，**資料1**をもとに世界の気候について調べました。次の**ア**〜**エ**のグラフは，**資料1**にある①〜④のそれぞれの都市の気温と降水量を表したものです。**資料1**にある②の都市に当てはまるグラフを，次の**ア**〜**エ**の中から1つ選んで，その記号を書きなさい。

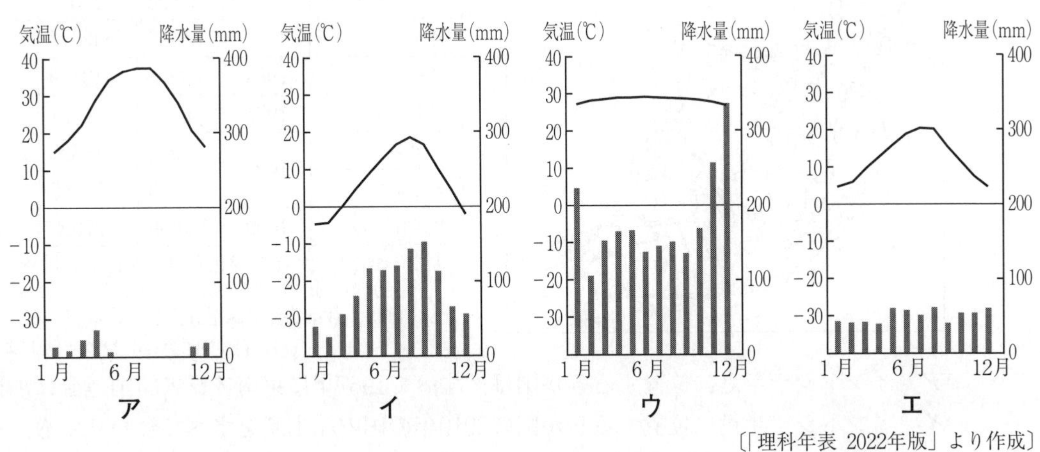

〔「理科年表 2022年版」より作成〕

(2)　太郎さんが見つけた**資料2**は，「中心(サンフランシスコ)からの距離と方位が正しい地図」です。サンフランシスコと東京の最短ルートを**資料1**の地図上に表現する場合最も適切なものを，**資料1**の**カ～ケ**の中から1つ選んで，その記号を書きなさい。

資料2　中心からの距離と方位が正しい地図

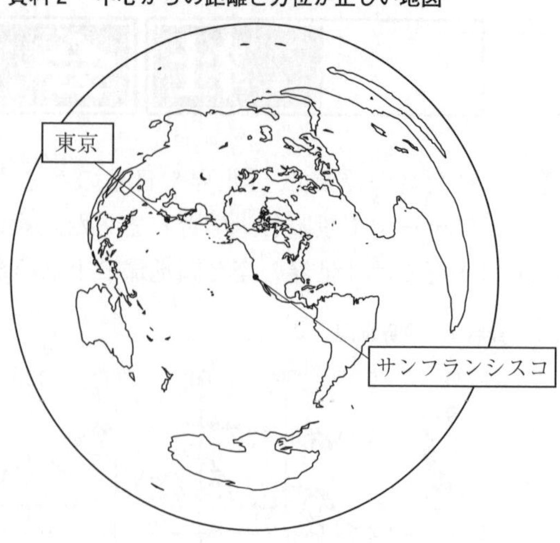

(3)　太郎さんは，**資料1**のニューオーリンズで，12月22日午後7時からプロバスケットボールの試合が始まることを知りました。試合が始まるとき日本は何月何日の何時か，書きなさい。その際，解答用紙の**午前**・**午後**のどちらかを◯で囲みなさい。ただし，標準時の基準となる子午線は，ニューオーリンズは西経90度，日本(明石)は東経135度とします。

(4)　花子さんは，アジア州の国々に関心をもちました。**資料3**は，**資料1**の□の地域を示しています。**資料3**の▒で示した10か国は，東南アジア諸国連合の2022年現在の加盟国です。

①　東南アジア諸国連合の略称を**アルファベット5文字**(**大文字**)で書きなさい。

②　**資料4**は**資料3**の加盟国の加盟年と国内総生産を示しています。インドシナ半島に位置する5か国(ミャンマー，タイ，カンボジア，ベトナム，ラオス)について読み取ったものとして最も適切なものを，下の**ア～エ**の中から1つ選んで，その記号を書きなさい。

資料3　東南アジア諸国連合の加盟国

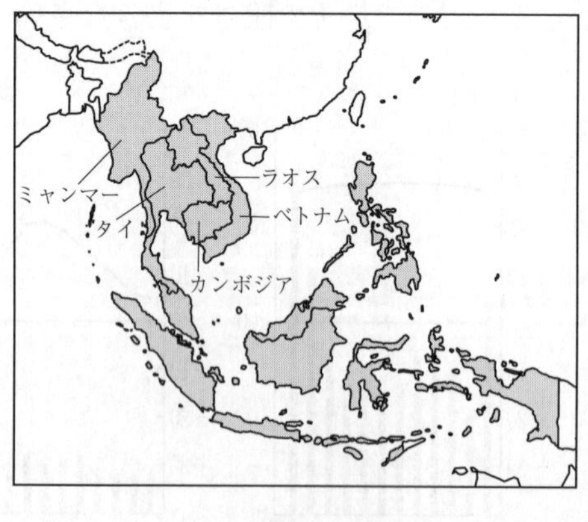

資料4　東南アジア諸国連合への加盟年および国内総生産

国名	加盟年	国内総生産(百万ドル) 1990年	国内総生産(百万ドル) 2019年	国内総生産の変化(倍)
インドネシア	1967	133858	1119191	8.4
マレーシア		44025	364684	8.3
フィリピン		49095	359354	7.3
シンガポール		38892	372074	9.6
タイ		88460	542017	6.1
ブルネイ	1984	3901	13469	3.5
ベトナム	1995	6472	261921	40.5
ラオス	1997	902	18823	20.9
ミャンマー		6173	76785	12.4
カンボジア	1999	1698	27098	16.0

(注)　国内総生産の変化とは，2019年の国内総生産が1990年と比べて何倍になったかを示したもので，数字は小数第2位で四捨五入している。

〔「世界国勢図会 2021/22年版」より作成〕

ア　インドシナ半島に位置する5か国は，すべて1967年に東南アジア諸国連合に加盟した。

イ　インドシナ半島に位置する5か国の2019年の国内総生産をすべて合わせても，インドネシアの2019年の国内総生産には及ばない。

ウ　インドシナ半島に位置する5か国は，加盟国の中で2019年の国内総生産が大きい上位5か国に1つも含まれていない。

エ　インドシナ半島に位置する５か国は，加盟国の中で国内総生産の変化(倍)が大きい上位５か国にすべて含まれている。

2　Ｂ班では，「日本の火山」というテーマを設定して，火山と人々の生活の関係について調べました。(1)～(3)の問いに答えなさい。

(1)　次郎さんは，**資料５**と**資料６**から日本列島の各地には多くの火山が見られることや，火山活動を利用した発電所があることに気づきました。**資料５**と**資料６**を読み取った下の**ア**～**エ**のうち，**適切でないもの**を１つ選んで，その記号を書きなさい。

資料５　日本の主な火山

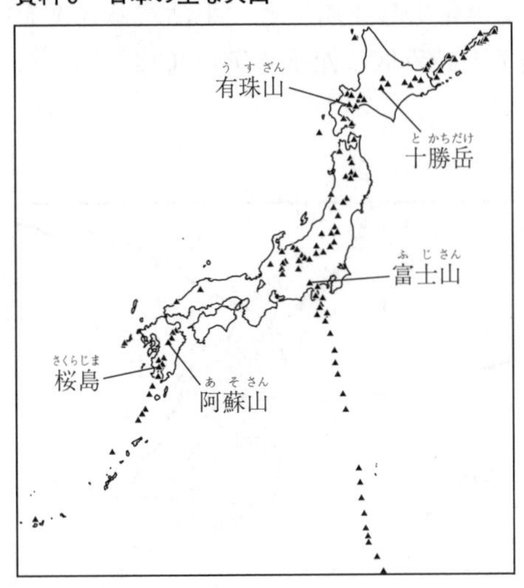

(注)　主な火山の位置を▲で示した。また，「過去およそ１万年以内に噴火した，あるいは現在噴気活動が活発な火山」を対象とした。
〔産業技術総合研究所「日本の活火山」より作成〕

資料６　地熱発電所の分布

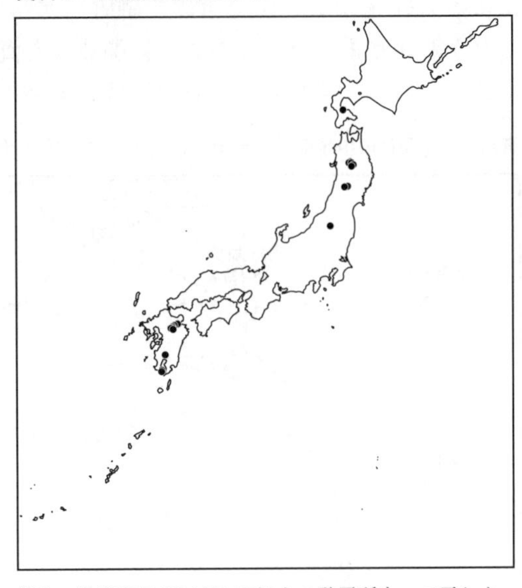

(注)　設備容量が1000kW以上の発電所を●で示した。
〔石油天然ガス・金属鉱物資源機構「地熱資源情報」より作成〕

ア　日本固有の領土である北方領土には火山がある。
イ　奥羽山脈には火山が列をつくるように並んでいて，地熱発電所がある。
ウ　富士山から伊豆諸島や小笠原諸島にかけて，火山が列をつくるように並んでいる。
エ　紀伊山地には火山が列をつくるように並んでいて，地熱発電所がある。

(2)　次郎さんは，**資料５**に示した火山のうち有珠山，阿蘇山，桜島について，それぞれの周辺地域の特徴を調べ，**カード１**～**カード３**を作成しました。**カード１**と**カード３**の［あ］に共通して当てはまる語と，**カード２**にまとめた火山名の組み合わせとして最も適切なものを，下の**ア**～**カ**の中から１つ選んで，その記号を書きなさい。

カード１
大規模なカルデラをもつことで有名。隣接する県には，別府などに［あ］があり，この地域は火山に関する観光資源に恵まれる。

カード２
県庁所在地にあり，市内には火山灰が頻繁に降る。また，湾内に位置しており，湾の周辺にはシラス台地が見られる。

カード３
たびたび噴火し，周辺に被害をもたらしてきたが，洞爺湖の湖畔に［あ］があり，この地域の重要な観光資源になっている。

ア　[あ　温泉　　カード２　桜島　]
イ　[あ　温泉　　カード２　阿蘇山]
ウ　[あ　温泉　　カード２　有珠山]
エ　[あ　世界遺産　カード２　有珠山]
オ　[あ　世界遺産　カード２　阿蘇山]
カ　[あ　世界遺産　カード２　桜島　]

(3)　良子さんは，北海道の十勝岳が約30年周期で噴火を繰り返していることに興味をもち，防災マップ(ハザードマップ)を取り寄せました。すると，かつて，山に積もっていた雪が噴火による火砕流(かさいりゅう)などの熱で溶けて融雪型火山泥流(ゆうせつがたかざんでいりゅう)が発生し，ふもとで生活する人々を襲ったことがわかりました。このことに関連した**資料７**を読み取った下の**ア**～**エ**について，正しいものには○を，誤っているものには×を書きなさい。

資料７　十勝岳の中規模噴火を想定した防災マップ(ハザードマップ)の一部

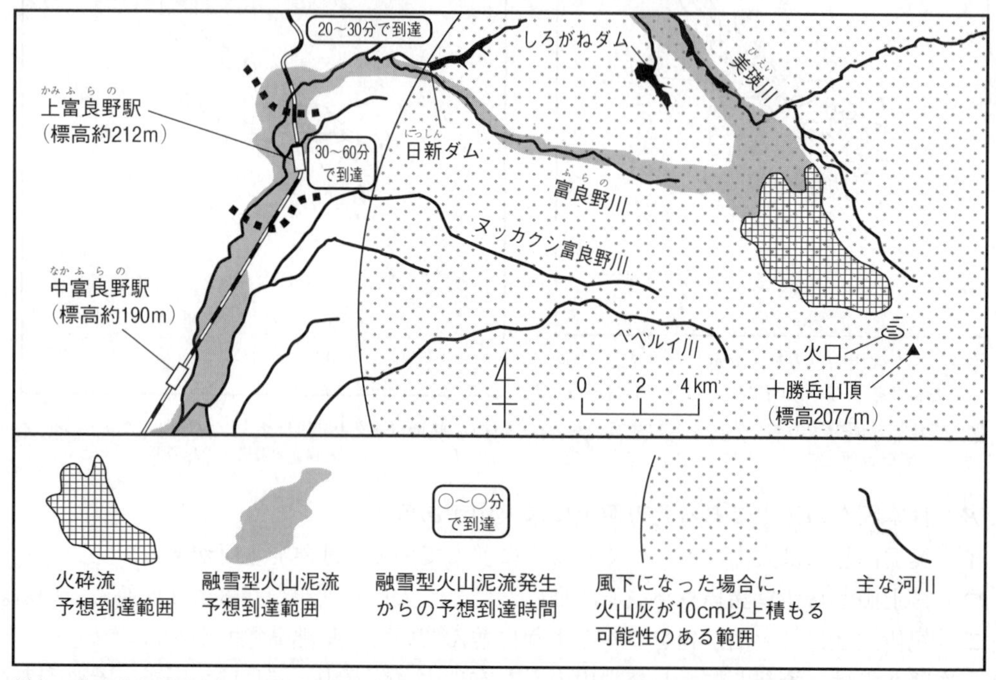

(注)　融雪型火山泥流とは，火山活動によって火山をおおう雪や氷が溶かされることで発生し，火山噴出物と水が混合して地表を流れる現象のこと。

〔上富良野町「十勝岳火山防災マップ」より作成〕

ア　上富良野駅から半径２kmの全域で，火山灰が10cm以上積もることが想定されている。
イ　日新ダムやしろがねダムは，富良野川や美瑛川に沿って流れる融雪型火山泥流をせき止めることができる場所に設置されている。
ウ　山に雪が積もっているときに噴火した場合，中富良野駅にいる人は上富良野駅方面には避難しないほうがよい。
エ　中富良野駅には，ベベルイ川から流れてきた融雪型火山泥流が到達することが想定されている。

2　社会科の授業で，「日本のそれぞれの時代にはどのような特色があるか」という課題で，班ごとにテーマを設定し，学習しました。次の**1**，**2**に答えなさい。

1　A班では，「日本の農業の歴史」というテーマを設定し，調べたことをまとめ，**カード1**～**カード4**を作成しました。(1)～(4)の問いに答えなさい。

カード1　稲作の開始
朝鮮半島から稲作が伝わり，たて穴住居の近くには高床倉庫が造られ，収穫した稲を収めた。むらどうしの戦いも始まった。

カード2　農業の発達
草や木を焼いた灰が肥料として使われるようになった。また，同じ田畑で米と麦を交互に作る二毛作が行われるようになった。さらに，定期的に市が開かれた。

カード3　有力農民の登場
二毛作やかんがい用の水車，肥料などの使用が広がり，収穫が増えた。農村では有力な農民を中心に村の自治組織がつくられた。

カード4　商品作物の生産
新田開発で農地の面積が広がり，技術の向上により生産力はめざましく伸びた。現金収入を得るため綿などの商品作物を栽培するようになった。

(1)　**カード1**の時代のものとして最も適切な資料を，次の**ア**～**エ**の中から１つ選んで，その記号を書きなさい。

ア

イ

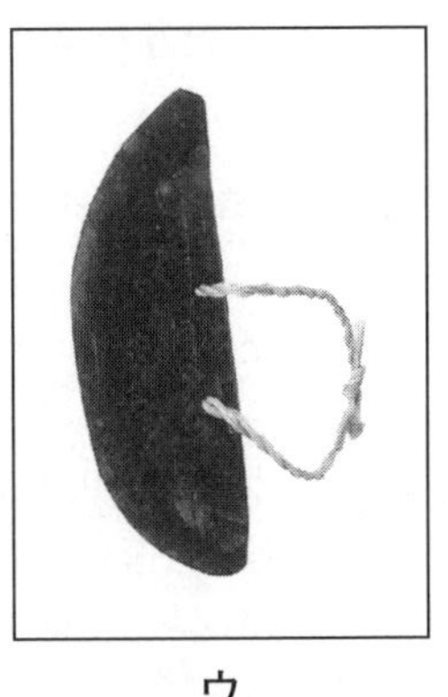
ウ

エ

(2)　**カード2**の時代のできごとについて述べた文として最も適切なものを，次の**ア**～**エ**の中から１つ選んで，その記号を書きなさい。

ア　日本は中国から進んだ文化などを取り入れようとして，遣隋使を派遣した。
イ　北条氏が政治の実権を握り，執権という地位に就いた。
ウ　聖武天皇は，国ごとに国分寺と国分尼寺を，都には東大寺を建てた。
エ　政治の立て直しをはかった桓武天皇は，都を平安京に移した。

資料1　石に刻まれた一揆の記録

正長元年ヨリ
前は神戸　四か
サキ者カンヘ四カン
郷　負い目ある
カウニヲヰメアル
べからず
ヘカラス

(3)　太郎さんと花子さんは，**カード3**の時代の特色について調べる中で，**資料1**を見つけ，話し合いをしました。次の会話文中の あ に当てはまる内容として最も適切なものを，下の**ア**～**エ**の中から１つ選んで，その記号を書きなさい。

太郎：産業の発達とともに，村では人々が生活を守るために，有力な農民を中心に，自治組織をつくっていたんだ。

花子：年貢(ねんぐ)の徴収を村で請け負ったり，おきてをつくったりして，村の秩序を守っていたね。

太郎：**資料１**は，1428年に起きた土一揆(つちいっき)に関するものだね。土一揆では，農民たちが，土倉(どそう)や酒屋(さかや)などをおそったりしたんだよね。

花子：**資料１**からは あ を要求したことがわかるね。

ア　関所の廃止　　**イ**　土地の開墾　　**ウ**　借金の帳消し　　**エ**　鉱山の開発

(4)　太郎さんは，**カード４**の時代の特色について興味をもち，調べていく中で，**資料２**と**資料３**を見つけ，下のような＜**ノート**＞にまとめました。＜**ノート**＞の い ～ え に当てはまる語の組み合わせとして最も適切なものを，下の**ア**～**エ**の中から１つ選んで，その記号を書きなさい。

資料３　横浜港の輸出品・輸入品の割合（1865年）

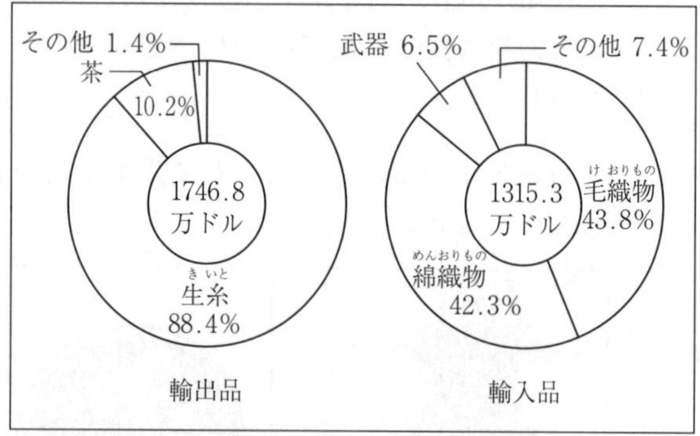

(注)　生糸にはまゆ，蚕卵紙(さんらんし)（蚕の卵を産み付けた紙）を含む。また，綿織物には綿糸を含む。

〔「横浜市史」より作成〕

資料２　アメリカと1858年に結んだ条約（部分要約）

・　下田(しもだ)・函館(はこだて)のほか，神奈川(かながわ)，長崎(ながさき)，新潟(にいがた)，兵庫(ひょうご)を開港すること。（略）
・　日本人に対して法を犯したアメリカ人は，アメリカ領事裁判所(りょうじさいばんしょ)において取り調べのうえ，アメリカの法律によって罰すること。

＜**ノート**＞

資料２から，欧米列強がアジアへ進出する中，日本は い を結んで，神奈川（横浜）などで貿易が行われたことがわかった。また，**資料３**から，主要な輸出品となった う の国内での生産はさかんになった一方，海外から安くて質のよい え が輸入されたため，国内の え 生産に影響が出たのではないだろうか。

ア　［**い**　日米和親条約(にちべいわしんじょうやく)　**う**　綿織物　**え**　生糸　］
イ　［**い**　日米修好通商条約(にちべいしゅうこうつうしょうじょうやく)　**う**　綿織物　**え**　生糸　］
ウ　［**い**　日米和親条約　**う**　生糸　**え**　綿織物］
エ　［**い**　日米修好通商条約　**う**　生糸　**え**　綿織物］

2　B班では，「近代の日本と世界」というテーマを設定し，19世紀～20世紀にかけての日本と世界の動きについて調べたことをまとめて，**カード5**～**カード7**を作成しました。(1)～(3)の問いに答えなさい。

カード5	**カード6**	**カード7**
政府を去った板垣退助（いたがきたいすけ）らは専制政治を非難し，民撰議院設立（の）建白書（みんせんぎいんせつりつ（の）けんぱくしょ）を提出した。こうして，自由民権運動が始まった。日本各地にこの運動が広がっていった。	日本の植民地とされていた朝鮮では，京城（けいじょう）（現在のソウル）で独立を宣言する文章が発表され，人々が「独立万歳」をさけんで行進し，独立運動が広がった。	第一次世界大戦後，社会運動が活発になった。労働運動では，ストライキなどの労働争議が増え，農村では，小作料の引き下げなどを求める小作争議が盛んになった。

(1)　①　**カード5**について話し合っている次の会話文中の［お］に共通して当てはまる内容を，**5字以内**で書きなさい。

> 次郎：板垣退助たちが，民撰議院設立の建白書を出して，［　お　］ことを求めたのは，なぜだろう。
> 良子：それまでは少数の人の意見で政治が行われていたからじゃないかな。
> 次郎：なるほど。このことをきっかけとして，国民が政治に参加することを求めて，自由民権運動が始まったんだね。
> 良子：その後，自由民権運動は各地に広まり，1881年，政府は1890年に［　お　］ことを約束したんだね。

②　1877年に西郷隆盛（さいごうたかもり）を中心に士族（しぞく）などが大規模な反乱を起こした場所として最も適切なものを，**資料4**の**ア**～**エ**の中から1つ選んで，その記号を書きなさい。

資料4　地図

(2)　**カード6**の下線部よりも前に起こったできごととして最も適切なものを，次の**ア**～**エ**の中から1つ選んで，その記号を書きなさい。

ア　孫文（そんぶん）が民族の独立と近代国家の建設をめざして革命運動を起こした。

イ　第五福竜（龍）丸（だいごふくりゅうりゅうまる）の事件から，原水爆の禁止を求める運動が全国に広がった。

ウ　ベトナム戦争に対し，世界各地で反戦運動が高まった。

エ　植民地支配から独立した国の代表が，アジア・アフリカ会議で平和共存を訴えた。

(3)　次郎さんは，**カード7**について調べていく中で，**資料5**と**資料6**を見つけ，次のような<**まとめ**>を作成しました。**資料5**と**資料6**を参考にして，<**まとめ**>の［か］と［き］に当てはまる語の組み合わせとして最も適切なものを，下の**ア**～**エ**の中から1つ選んで，その記号を書きなさい。

資料5　日本国内の物価と賃金の推移

	物価	賃金
1912年	100	100
1913年	103.9	101.4
1914年	98.4	100.5
1915年	111.3	100.6
1916年	173.5	106.2
1917年	218.7	122.3
1918年	316.8	161.8
1919年	359.4	222.9
1920年	286.5	289.6

（注）表の数値は1912年の額を100としたときの比を表す。
（注）物価は主要15品目の平均。
〔「日本長期統計総覧」より作成〕

資料6　1917年にある国で起きた民衆のデモ

<まとめ>

資料5から，日本国内の賃金が上昇したことがわかる。この理由として日本では，1914年に始まった第一次世界大戦により好景気を迎えたことが考えられる。しかし，戦争が長期化する中，［　か　］したので，民衆の生活が苦しくなったのではないだろうか。同じ頃，**資料6**のようにある国では，戦争への不満から民衆のデモが起き，レーニンを中心として新しい政府ができた。このことを［　き　］という。

ア　［か　物価が上昇　き　世界恐慌(せかいきょうこう)］
イ　［か　物価が上昇　き　ロシア革命］
ウ　［か　物価が下落　き　世界恐慌］
エ　［か　物価が下落　き　ロシア革命］

3　社会科の授業で，「現代の民主政治と経済はどのようになっているのだろうか」という課題でテーマを設定し，学習しました。次の**1**～**3**に答えなさい。

1　ひよりさんは，「裁判の変化」というテーマを設定し，**資料1**～**資料3**をもとに，**<まとめ1>**を作成しました。(1)，(2)の問いに答えなさい。

資料1　犯罪の被害者が裁判に参加している法廷内イメージ図

（注）被害者参加人とは，裁判への参加を許可された犯罪の被害者などのこと。
（注）被害者参加弁護士とは，裁判で犯罪の被害者などが自身の考えを主張できるように支える弁護士のこと。
〔内閣府資料より作成〕

資料2　裁判に参加した犯罪の被害者の声の一部

（裁判を担当した検察官が，）法に無知な自分に的確にアドバイスなどをしてくれたことや，被害者感情を踏まえて踏みこんだ尋問をしてくれたことに，感謝している。

（注）尋問とは，問いただすこと。
〔法務省資料より作成〕

資料3　ひよりさんが傍聴した裁判に関するメモ

・犯罪の被害者の話も聞いていた。
・被告人に出された判決は有罪だった。
・被告人は，その後，控訴したそうだ。

<まとめ1>
2008年から，犯罪の被害者やその家族などが希望に応じて［　あ　］裁判に参加することができる制度が始まった。2009年からは，国民が［　あ　］裁判に参加する裁判員制度が始まった。裁判がより国民に身近なものとなってきているといえる。

(1)　**<まとめ1>**の［あ］に共通して当てはまる語を，**漢字2字**で書きなさい。

(2)　**資料3**から，この裁判が行われた裁判所として最も適切なものを，次の**ア**～**エ**の中から1つ選んで，その記号を書きなさい。

ア　地方裁判所　　**イ**　最高裁判所　　**ウ**　弾劾裁判所　　**エ**　高等裁判所

2　洋子さんは，「地方自治のしくみ」というテーマを設定し，下のような**<まとめ2>**を作成しました。(1)～(3)の問いに答えなさい。

資料4　B市の住民のAさんが，条例の制定の請求をした際の流れ

条例の制定を請求するAさんが，最低でも［　い　］人以上の署名を集めるための活動を開始する。

B市の選挙管理委員会が，署名簿を審査し，署名の効力（有効・無効）について決定する。

条例の制定を請求するＡさんが，Ｂ市の う に，署名簿と条例を制定する際に必要な書類を提出する。

Ｂ市の市議会で，条例の案が審議される。

＜まとめ２＞

地方公共団体には，地方議会と，地方公共団体の長である う が置かれ，住民のための政治を行っている。地方議会の議員と う は，直接，住民によって選挙で選ばれる。

地方議会は，地方公共団体の独自の法である条例を制定したり，地方財政について話し合ったりする。

地方の政治は，国の政治と比べて私たちの身近な生活に深く関わっている。地方公共団体の住民には，**資料４**のように，直接請求権が認められている。それは，住民の意思を強く生かすためである。

地方財政には，自主財源と依存財源がある。足りない財源については，借金としての え を発行するなどして補う。

(1) **資料４**でＢ市の有権者が52500人の場合， い に入る数字として最も適切なものを，次の**ア～エ**の中から１つ選んで，その記号を書きなさい。

ア 1050　**イ** 8750　**ウ** 17500　**エ** 35000

(2) **資料４**と**＜まとめ２＞**の う に共通して入る語として最も適切なものを，次の**ア～エ**の中から１つ選んで，その記号を書きなさい。

ア 首相　**イ** 大統領　**ウ** 党首　**エ** 首長

(3) **＜まとめ２＞**の え に当てはまる語を，**漢字３字**で書きなさい。

3 太郎さんと花子さんは，「身近な経済」というテーマを設定し，話し合いをしました。(1)～(3)の問いに答えなさい。

太郎：昨日携帯電話を買ってきたけど，これは お だよね。
花子：そうだね。 お は，当事者同士，それぞれ個人の自由な意思で行われるんだね。一度 お をすると，お互いに守る責任が生じるんだよ。
太郎：消費者に関するトラブルのニュースもよく聞くよね。
花子：それで，日本では消費者を守るために，ａさまざまな法律や制度がつくられてきたんだね。
太郎：そういえば，企業で働くことも お になるんだよね。だから，働くときにはｂ企業と労働者の関係について考えることも大切になるね。

(1) お に共通して当てはまる語として最も適切なものを，次の**ア～エ**の中から１つ選んで，その記号を書きなさい。

ア　注文　　イ　決済　　ウ　契約　　エ　サービス

(2)　下線部aについて，消費者の自立(自立した消費活動)を支援する法律の名前として最も適切なものを，次のア～エの中から１つ選んで，その記号を書きなさい。

ア　製造物責任法(PL法)　　イ　消費者基本法

ウ　独占禁止法　　エ　環境基本法

(3)　下線部bに関連して，次のア～エのうち，労働基準法に定められている内容として，正しいものには○を，誤っているものには×を書きなさい。

ア　労働条件の決定においては，労働者と使用者は対等の関係であること

イ　労働者が労働条件について団結して交渉できること

ウ　男女同一賃金を原則とすること

エ　毎週少なくとも２日の休日とすること

4　次の1，2に答えなさい。

1　次の会話は，花子さんと太郎さんが，「住みよい町づくり」について話し合ったものです。これを読んで，(1)～(4)の問いに答えなさい。

花子：身体の不自由な方やお年寄りにとって住みよい町とはどんな町だろうね。

太郎：例えば，茨城県のWebページ「茨城県庁舎の概要」を見ると，「身体の不自由な方，お年寄りへの配慮」という項目があるね。

花子：そうだね。「庁舎内外の出入り口，廊下，エレベーター，駐車場は，段差を少なくし，スロープや手すりを設けました。また，音声案内，点字ブロック，点字表示板を整備するなど，身体の不自由な方やお年寄りも安心して利用できるよう配慮しています。」とあるね。

太郎：身体の不自由な方やお年寄りが利用しやすいように公共の建物や交通機関などが整備されていくことを［　あ　］化というね。

花子：それは，住みよい町づくりにとって大切なことだね。

太郎：住みよい町づくりといえば，オーストラリア出身のオリバー先生が，「オーストラリアでは，多様な人々に開かれた社会をめざしているよ。」と授業で言っていたよ。

(1)　会話文中の［あ］に当てはまる語を**カタカナ６字**で書きなさい。

(2)　太郎さんの話を聞き，花子さんはオーストラリアに興味をもち，<**まとめ１**>を作成しました。<**まとめ１**>の［い］，［う］に当てはまる語の組み合わせとして最も適切なものを，下のア～エの中から１つ選んで，その記号を書きなさい。

<**まとめ１**>

オーストラリアでは，1970年代以降，［　い　］と呼ばれる政策をやめ，近年では，インドやフィリピン，ベトナムなどアジアからの移民が増えたことにより，多文化主義の社会(多文化社会)を築くことが進められている。移民だけでなく，［　う　］を中心とする先住民の伝統を守ることにもつながり，「多様な人々に開かれた社会」になっている。

ア　[い　白豪主義　う　マオリ　　　　　　　　　　　　]
イ　[い　白豪主義　う　アボリジニ(アボリジニー)]
ウ　[い　地域主義　う　マオリ　　　　　　　　　　　　]
エ　[い　地域主義　う　アボリジニ(アボリジニー)]

(3)　太郎さんは，住みよい町づくりと関連づけ，交通の発展について調べました。次の**ア**～**エ**を年代の古い順に左から並べて，その記号を書きなさい。

ア　ポルトガルのバスコ・ダ・ガマがインドに着く航路を発見し，ヨーロッパとインドが海路で直接つながった。

イ　江戸や大阪に荷物を運ぶため，東まわり航路や西まわり航路が開かれた。

ウ　モンゴル帝国や元が陸と海の交通路を整え，ユーラシア大陸の東西の交流が盛んになった。

エ　本州四国連絡橋の児島(倉敷)―坂出ルートが開通した。

(4)　太郎さんは，交通の発展について調べていくうちに，鉄道運賃は，公共料金の１つであることを知りました。次の**ア**～**カ**のうち，公共料金に当てはまるものを**２つ**選んで，その記号を書きなさい。

ア　郵便料金
イ　映画館の入場料
ウ　直売所で販売するレタスの価格
エ　スーパーマーケットで販売するリンゴの価格
オ　公立学校授業料
カ　ライブチケットの価格

2　次の会話は，次郎さんと良子さんが，「わたしたちの地域と学校」について話し合ったものです。これを読んで，(1)，(2)の問いに答えなさい。

次郎：水戸市には水戸藩９代藩主徳川斉昭によって1841年に設立された a <u>弘道館</u>があるね。
良子：弘道館は水戸藩の藩校だったんだよね。わたしたちの地域の未来を考えると，学校の存在は大切だよね。
次郎：そうだね。日本全体を見ると， b <u>人口の変化</u>にともなって，学校の維持が課題となっている地域もあるみたいだよ。

(1)　下線部**a**について，弘道館が設立された19世紀のできごとを述べた文として最も適切なものを，次の**ア**～**エ**の中から１つ選んで，その記号を書きなさい。

ア　法然が開いた浄土宗など，新しい仏教が民衆に広まった。
イ　杉田玄白らが『解体新書』を出版し，蘭学の基礎を築いた。
ウ　松下村塾で人材の育成を行っていた吉田松陰が処罰された。
エ　日本国憲法が制定され，義務教育は無償と定められた。

(2) 下線部**b**について，良子さんたちは**資料１**と**資料２**から＜まとめ２＞を作成しました。＜まとめ２＞の［え］，［お］，［か］に当てはまる語の組み合わせとして最も適切なものを，あとの**ア**～**エ**の中から１つ選んで，その記号を書きなさい。

資料１　日本における小学校児童数の変化

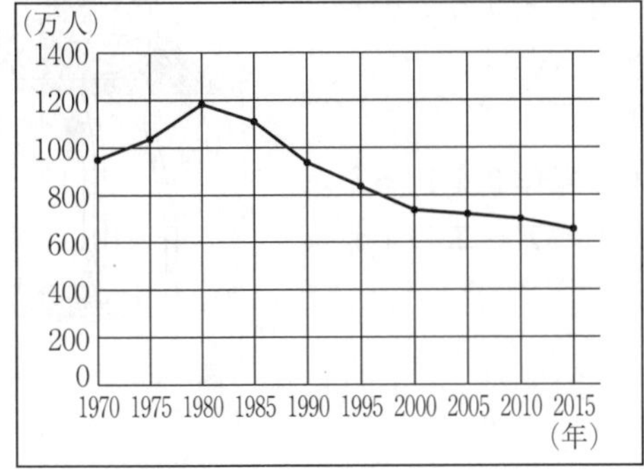

〔「文部科学統計要覧(令和２年版)」より作成〕

資料２　日本の人口ピラミッド

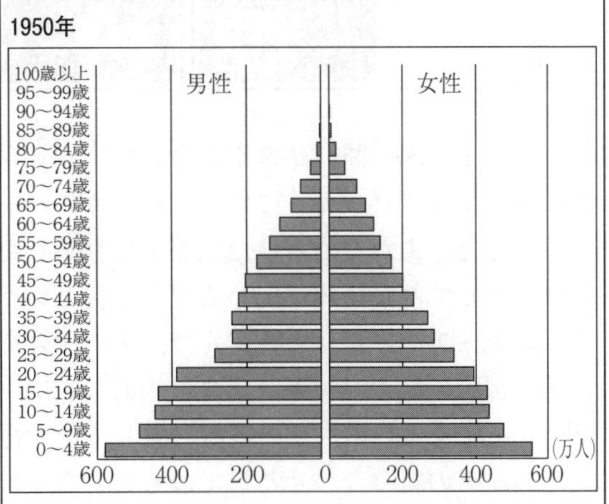

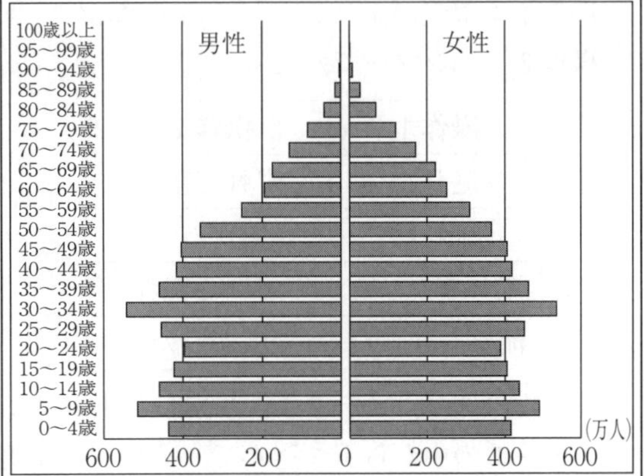

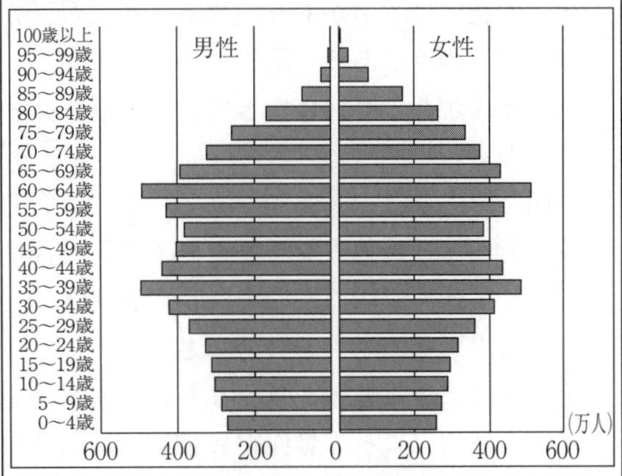

〔総務省資料より作成〕

＜まとめ２＞

1980年代ごろから，日本における小学校児童の数は減少傾向にある。また，日本全体の人口ピラミッドは，1950年ころから30年ごとに見ると，［え］から［お］，さらに［か］へと変わってきている。これらのことから，長期的に見て，少子高齢化が進んでいると考えられる。

ア［え　富士山型
　　お　つぼ型
　　か　つりがね型］

イ［え　つぼ型
　　お　富士山型
　　か　つりがね型］

ウ［え　つりがね型
　　お　つぼ型
　　か　富士山型］

エ［え　富士山型
　　お　つりがね型
　　か　つぼ型］

理科

●満点 100点　●時間 50分

1　次の(1)〜(8)の問いに答えなさい。

(1)　**図**のようにビーカーに水を入れ，ガスバーナーで加熱した。しばらくすると，あたためられた水が上に移動した。このように，物質の移動によって熱が全体に伝わる現象を何というか，最も適切なものを，次の**ア**〜**エ**の中から１つ選んで，その記号を書きなさい。

ア　沸騰　　**イ**　対流　　**ウ**　放射　　**エ**　伝導

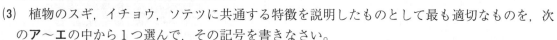

図

(2)　１mm くらいの太さの銅線に対して次の**操作１**，**操作２**を行った。その結果の組み合わせとして最も適切なものを，下の**ア**〜**エ**の中から１つ選んで，その記号を書きなさい。

操作１：電流が流れるかどうか調べる
操作２：ハンマーでたたく

	操作１	操作２
ア	流れた	くずれて割れた
イ	流れた	広がった
ウ	流れなかった	くずれて割れた
エ	流れなかった	広がった

(3)　植物のスギ，イチョウ，ソテツに共通する特徴を説明したものとして最も適切なものを，次の**ア**〜**エ**の中から１つ選んで，その記号を書きなさい。

ア　花には外側からがく，花弁，おしべ，めしべが見られる。
イ　雌花には子房があり，果実の中に種子ができる。
ウ　胞子のうがあり，胞子によってふえる。
エ　胚珠（はいしゅ）がむきだしになっており，花粉は直接胚珠につく。

(4)　**図**は，ある日の天気図である。この後数日間に関東地方から近畿（きんき）地方で予想される状況を説明したものとして最も適切なものを，次の**ア**〜**エ**の中から１つ選んで，その記号を書きなさい。

ア　大雪になる地域が多くなることが予想される。
イ　干ばつによって農作物に被害が出ることが予想される。
ウ　大雨による河川の増水が予想される。
エ　朝方，冷え込みが強くなることが予想される。

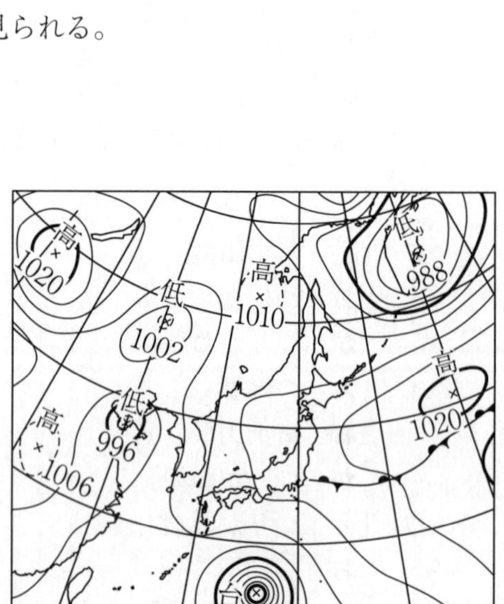

（気象庁の資料により作成）
図

(5)　ティッシュペーパーでプラスチックのストローをこすると，こすったティッシュペーパーとこすられたストローのそれぞれに静電気が生じた。この電気の力が利用されている装置として最も適切なものを，次の**ア**～**エ**の中から１つ選んで，その記号を書きなさい。

ア　手回し発電機　　**イ**　電子レンジ　　**ウ**　コピー機　　**エ**　スピーカー

(6)　酸化銀が熱により分解すると，ある気体が発生する。この気体を説明したものとして最も適切なものを，次の**ア**～**エ**の中から１つ選んで，その記号を書きなさい。

ア　色もにおいもなく，空気中で火をつけると爆発して燃える。

イ　体積で，乾燥した空気の約８割を占めている。

ウ　水に溶けやすく，上方置換法で集める。

エ　ものを燃やすはたらきがあり，空気よりも密度が大きい。

(7)　動物の生殖細胞や受精について説明したものとして最も適切なものを，次の**ア**～**エ**の中から１つ選んで，その記号を書きなさい。

ア　精子は減数分裂によってできるため，精子の中にある染色体の数は，親の体をつくる細胞の中にある染色体の数よりも少ない。

イ　精子は体細胞分裂によってでき，卵は減数分裂によってできるため，卵の中にある染色体の数は，精子の中にある染色体の数よりも少ない。

ウ　精子と卵の受精によって，受精卵の中にある染色体の数は，親の体をつくる細胞の中にある染色体の数の２倍になる。

エ　卵の中にある染色体の数は，受精卵の中にある染色体の数と同じである。

(8)　次の文は，地震について説明したものである。文中の［あ］，［い］に当てはまる数値の組み合わせとして最も適切なものを，下の**ア**～**エ**の中から１つ選んで，その記号を書きなさい。

> 地震の大きさを表す用語には，震度とマグニチュードがある。震度は，ある地点での揺れの程度を表したものであり，日本では［　あ　］段階に分けられている。マグニチュードは，地震の規模を数値で表したものである。例えば，マグニチュードの数値が２大きくなると，エネルギーは［　い　］倍になる。

	あ	い
ア	7	32
イ	7	1000
ウ	10	32
エ	10	1000

2　太郎さんは光の進み方について調べるために，白い半透明の紙と黒い２つの角筒を用いて**図１**のような形をした装置を製作した。装置の外側の角筒の片面には小さな穴があけられている。また，内側の角筒の片面には白い半透明の紙が貼られ，これがスクリーンの役割をしている。**図１**の矢印の方向から内側の角筒をのぞき込むことで，小さな穴を通過し

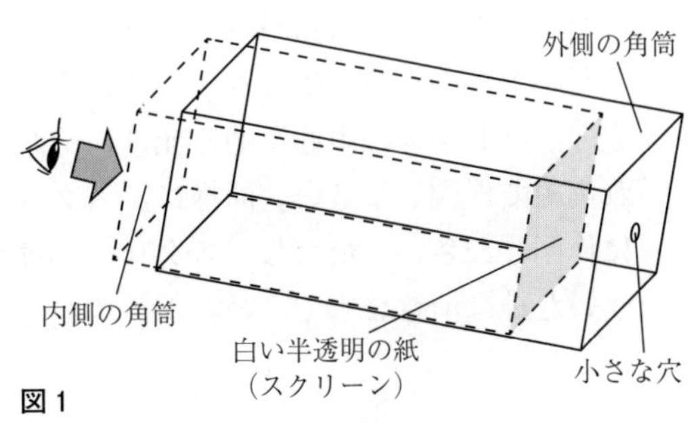

図１

た光がスクリーンに映る様子を観察することができる。この装置を使って，太郎さんは**実験**を行った。(1)〜(4)の問いに答えなさい。

> **≪実験≫**
> 太郎さんがこの装置を机上にある花に向けて，内側の角筒をのぞき込んだところ，白い半透明の紙(スクリーン)上に像がうすく映っているところが見られた。
> 次に，太郎さんは装置の外側の角筒の片面にあけられている穴を広げ，**図2**のように穴のところに凸レンズを取りつけた。この装置を用いて机上にある花を観察するために，内側の角筒と外側の角筒を重ねた状態から外側の角筒を固定し，内側の角筒を引き出すように引いた。はじめはスクリーン上にはっきりとした像は見られなかったが，ある位置まで内側の角筒を引くと，スクリーン上にはっきりと像が見えるようになった。このとき角筒を引くことをやめた。

(1) スクリーン上にはっきりと見えた像のことを何というか，書きなさい。

(2) 次の文は，凸レンズを装着することでスクリーン上にはっきりと像が見えるようになった理由について述べたものである。文中の［あ］，［い］に当てはまる語句の組み合わせとして最も適切なものを，あとの**ア**〜**エ**の中から1つ選んで，その記号を書きなさい。

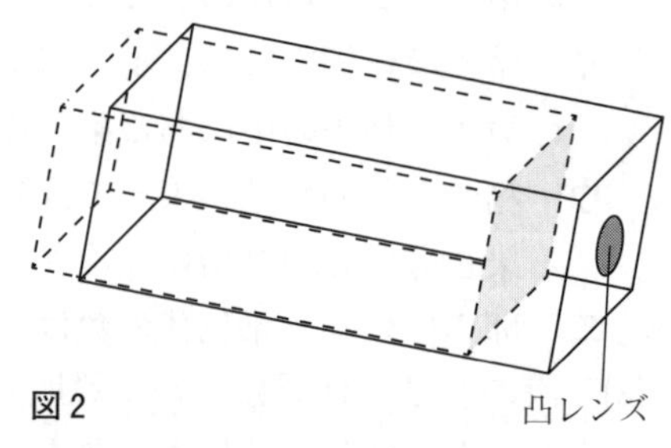

図2

> 凸レンズを装着することでスクリーン上にはっきりと像が見えるようになったのは，光の［あ］という性質によって，物体の表面ではね返った光がレンズを通過した後，［い］からである。

	あ	い
ア	屈折	1点に向かって進むようになった
イ	屈折	広がって進むようになった
ウ	全反射	1点に向かって進むようになった
エ	全反射	広がって進むようになった

(3) **図3**は，スクリーンにはっきりと像ができたときの花と凸レンズを模式的に表したものである。花は矢印を用いて模式的に表されていて，凸レンズの焦点は点$\mathbf{F_1}$，点$\mathbf{F_2}$に存在している。また，スクリーンは省略されている。

花の上部の点**Q**ではね返った光のうち，凸レンズの軸(光軸)に平行に進み凸レンズに入った光と，凸レンズの中心を通る光は，それぞれどのように進むか。2つの光の道すじを，それぞれ実線で作図しなさい。同様に，スクリーン上に見える像についても矢印を用いて正しい位置に作図しなさい。ただし，スクリーンは解答用紙にかかなくてよい。また，像を求めるためにかいた線は消さなくてよい。

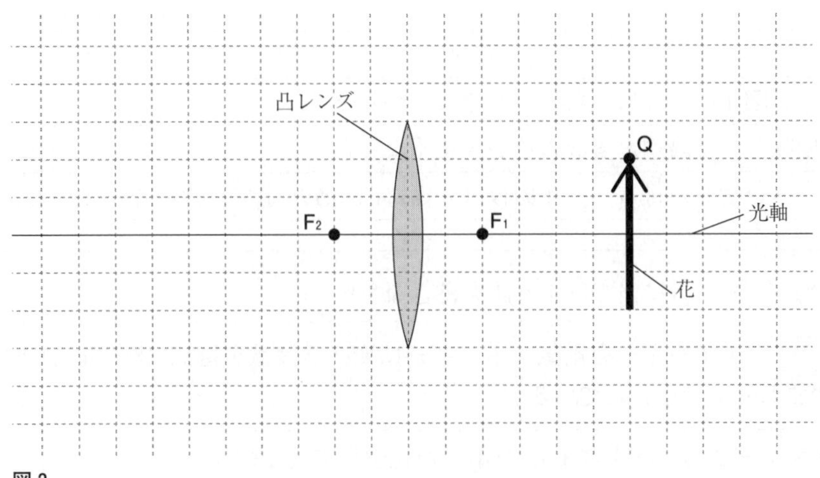

図3

(4) **図4**は，太郎さんが装置を用いて花を観察している様子を表したものである。太郎さんから見てスクリーンに映る花の像の見え方は，どのようになるか。最も適切なものを，次の**ア**～**エ**の中から１つ選んで，その記号を書きなさい。

ア

イ

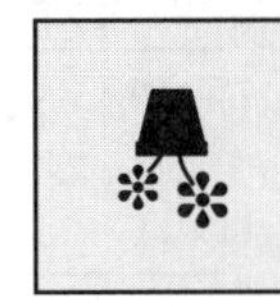

ウ

エ

図4

3 太郎さんは，**図1**のような装置を組み立ててダニエル電池を用いた**実験1**を行い，どのようなしくみで電気エネルギーを取り出せるかを調べた。(1)～(5)の問いに答えなさい。

≪実験1≫

【方法】

❶ 電子オルゴールとつなぎ，音が鳴るかどうかで電流の向きを調べる。

❷ プロペラ付きモーターにつなぎかえて，水溶液の様子をしばらく観察する。

❸ 金属板の様子を観察する。

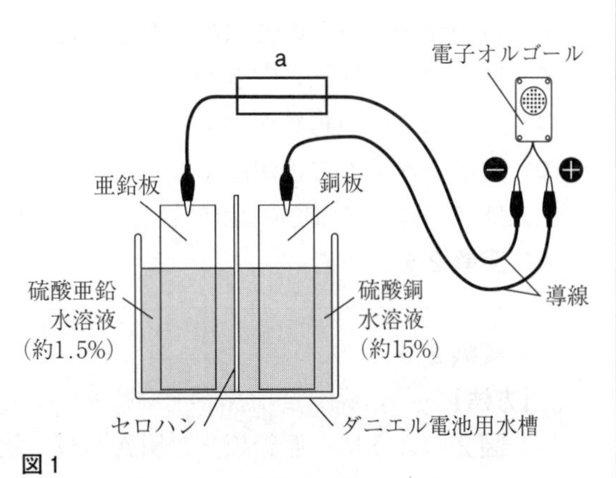

図1

【結果】

	結果
❶	亜鉛板と銅板を**図1**のようにつないだときに音が鳴った。
❷	プロペラは回転し，硫酸銅水溶液の色がうすくなった。
❸	銅板の表面に赤い物質が付着し，亜鉛板は表面に凹凸ができて，黒くなっていた。

(1) 電池に関する次の文中の□に当てはまる語を書きなさい。

> 物質のもつ□エネルギーを電気エネルギーに変える装置を電池(化学電池)といい，私たちの身のまわりで利用されている。

(2) ダニエル電池の＋極で起こる反応を電子 e^- を用いた化学反応式で書きなさい。

(3) **実験1**の**図1**中の**a**において，導線を電子が流れる向きと，電流が流れる向きを表した図として最も適切なものを，次の**ア**～**エ**の中から1つ選んで，その記号を書きなさい。なお，図中の⊖は電子を表している。

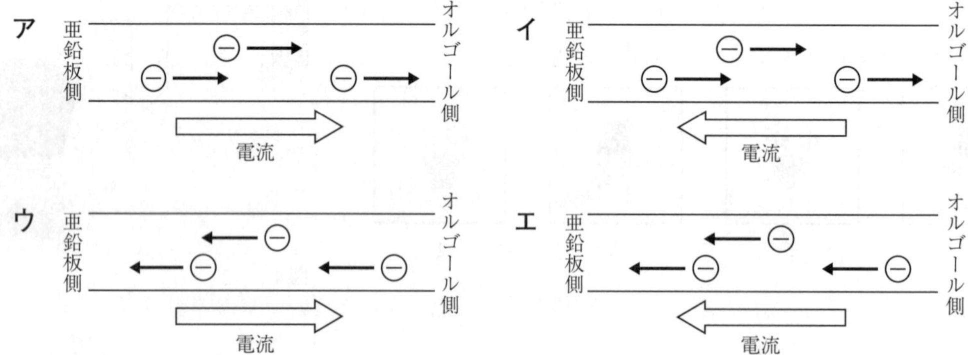

(4) **実験1**について，セロハンの代わりにイオンを通さないガラス製の板を用いて，２つの水溶液が混ざらないようにしたときの結果を説明したものとして，最も適切なものを，次の**ア**～**エ**の中から1つ選んで，その記号を書きなさい。

ア　電子オルゴールの音は鳴らなかった。
イ　プロペラの回転の向きが反対になった。
ウ　亜鉛板に赤い物質が付着した。
エ　硫酸銅水溶液の色が濃くなった。

(5) 太郎さんは，３種類の金属(亜鉛，金属**A**，銅)について，イオンへのなりやすさを調べるために**実験2**を行った。

≪実験2≫

【方法】

図2のように，亜鉛板，金属**A**の板，銅板をそれぞれ，硫酸亜鉛水溶液，金属**A**のイオンを含む水溶液，硫酸銅水溶液に入れて，その様子を観察した。

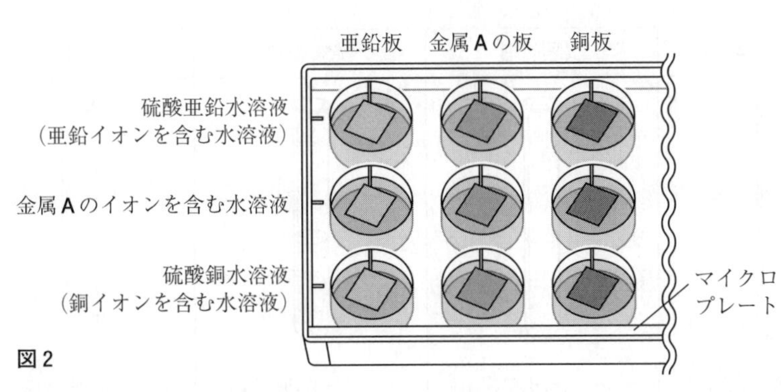

図2

【結果】

	亜鉛板	金属Aの板	銅板
硫酸亜鉛水溶液	変化なし	変化なし	変化なし
金属Aのイオンを含む水溶液	金属Aが付着	変化なし	変化なし
硫酸銅水溶液	銅が付着	銅が付着	変化なし

亜鉛，金属A，銅の3種類の金属の板とそれぞれのイオンを含む水溶液を組み合わせてダニエル電池と同じしくみの電池を作った。**＋極**と**－極**の組み合わせとして，正しいものには○を，誤っているものには×を書きなさい。

	＋極	－極
ア	亜鉛と硫酸亜鉛水溶液	金属Aと金属Aのイオンを含む水溶液
イ	金属Aと金属Aのイオンを含む水溶液	亜鉛と硫酸亜鉛水溶液
ウ	銅と硫酸銅水溶液	金属Aと金属Aのイオンを含む水溶液
エ	金属Aと金属Aのイオンを含む水溶液	銅と硫酸銅水溶液

4 花子さんは，デンプンに対するヒトのだ液のはたらきについて調べるために，次の**実験**を行った。(1)～(4)の問いに答えなさい。

≪実験≫

【方法】

❶ 4本の試験管A，B，C，Dにデンプン溶液5mLを入れる。

❷ 試験管Aと試験管Bにはだ液1mLと水1mLを，試験管Cにはだ液2mLを，試験管Dには水2mLを加えて，ふり混ぜる。

❸ 約40℃の湯の入ったビーカーに4本の試験管を入れてあたためる。ただし試験管A，C，Dは10分間，試験管Bは20分間入れてあたためる。

❹ それぞれにヨウ素液を少量加えてふり混ぜ，変化の様子を観察する。

試験管	試験管A	試験管B	試験管C	試験管D
溶液の内訳	デンプン溶液 5 mL だ液 1 mL 水　1 mL	デンプン溶液 5 mL だ液 1 mL 水　1 mL	デンプン溶液 5 mL だ液 2 mL	デンプン溶液 5 mL 水 2 mL
湯に入れる時間	10分間	20分間	10分間	10分間

【結果】　ヨウ素液を加えたときの色の変化の様子

試験管	試験管A	試験管B	試験管C	試験管D
変化の様子	うすい青紫色に変化した	変化しなかった	変化しなかった	青紫色に変化した

(1)　試験管B，Cの溶液の色が変化しなかったのは，だ液に含まれる消化酵素がデンプンを分解したためである。この消化酵素を何というか，書きなさい。

(2)　試験管Aの溶液の色の変化が試験管B，試験管Cとは異なった理由は何か。次の文中の［あ］，［い］に当てはまる語の組み合わせとして最も適切なものを，下の**ア**～**エ**の中から１つ選んで，その記号を書きなさい。

> 試験管Aの溶液の色の変化が異なったのは，試験管Aが試験管Bに比べて湯に入れる時間が［あ］ためだと考えられる。また，試験管Cに比べて加えただ液の量が［い］ためだと考えられる。

	あ	い
ア	短かった	少なかった
イ	短かった	多かった
ウ	長かった	少なかった
エ	長かった	多かった

(3)　花子さんは，だ液に含まれる消化酵素によって，デンプンが麦芽糖などの糖に分解されることを確かめるために，次のような操作を行った。次の文中の［う］，［え］に当てはまるものは何か。［う］には，糖が含まれていることを調べるための，溶液名を書きなさい。また，［え］には，最も適切なものを，下の**ア**～**エ**の中から１つ選んで，その記号を書きなさい。

方法❶～❸を行った後，試験管Cに［ う ］を加えて，ふりながら加熱すると，［ え ］の沈殿ができた。

ア　青紫色　　イ　緑色　　ウ　赤褐色　　エ　黄色

(4)　ヒトのからだの中では，デンプンは最終的にブドウ糖に分解される。右の**図**の**A**～**G**のうち，その過程ではたらく消化酵素に関わる器官はどれか。その組み合わせとして最も適切なものを，次の**ア**～**カ**の中から１つ選んで，その記号を書きなさい。

ア　B，F
イ　F，G
ウ　A，C，D
エ　E，F，G
オ　A，B，D，E
カ　C，D，E，G

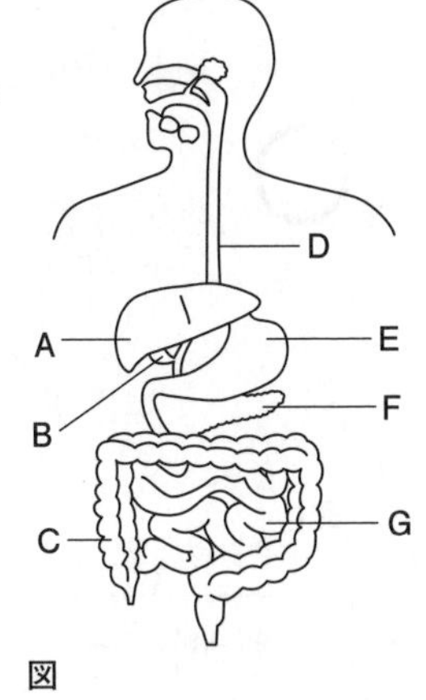

図

5　太郎さんと花子さんは，月と金星について話している。次の会話を読んで，(1)～(4)の問いに答えなさい。

> 太郎：月や金星は見え方に特徴があるね。
> 花子：そうだよね。月の直径は太陽の直径の約［ あ ］なのに，月と太陽がほぼ同じ大きさに見えるのはどうしてかな。
> 太郎：地球から太陽までの距離が地球から月までの距離の約［ い ］だから，月と太陽がほぼ同じ大きさに見えるんだね。
> 花子：月と地球と太陽の並び方によって，日食や月食も起こるよね。そして，地球から近い天体は動きを観察しやすいから，昔からいろいろ調べられてきたね。
> 太郎：ガリレオ・ガリレイは，金星の見え方の変化も地動説を信じる根拠にしたみたいだよ。

(1)　文中の［ あ ］，［ い ］に当てはまるものの組み合わせとして最も適切なものを，次の**ア**～**エ**の中から１つ選んで，その記号を書きなさい。

	あ	い
ア	400倍	400倍
イ	400倍	400分の１
ウ	400分の１	400倍
エ	400分の１	400分の１

(2)　**図１**は，月，地球，太陽の位置関係を模式的に表したものである。月食について説明した下の文中の［ う ］，［ え ］に当てはまるものを答えなさい。なお，［ う ］には**図１**の**A**～**H**の中から，［ え ］には下の**ア**～**エ**の中から，１つ選んで，その記号を書きなさい。

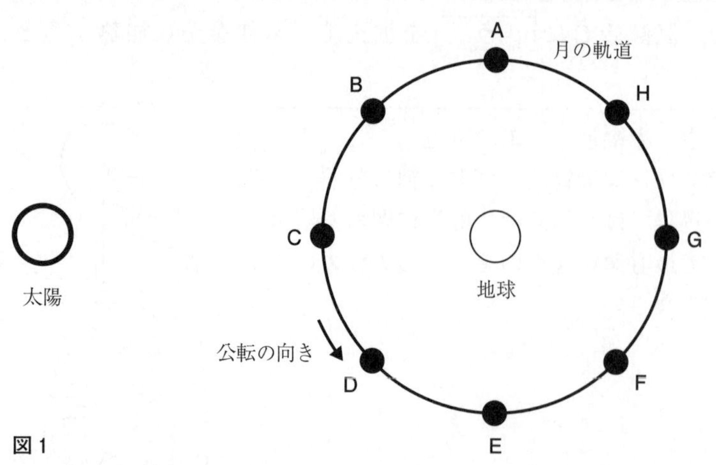

図1

月が［う］の位置にあるとき，月食が起こることがある。［う］の位置の月の見え方(見かけの形)は［え］である。

ア　新月　　イ　満月　　ウ　上弦の月　　エ　下弦の月

(3)　**図2**は金星の公転を模式的に表したものである。**図2**をもとに金星の見え方について説明した文中の［お］～［き］に当てはまるものの組み合わせとして正しいものを，下の**ア**～**エ**の中から1つ選んで，その記号を書きなさい。

金星が三日月のような形に見えるのは**図2**の［お］の位置にあるときで，満月に近い形に見えるのは［か］の位置にあるときである。また，見える大きさについては，aの位置にあるときはbの位置にあるときより［き］見える。

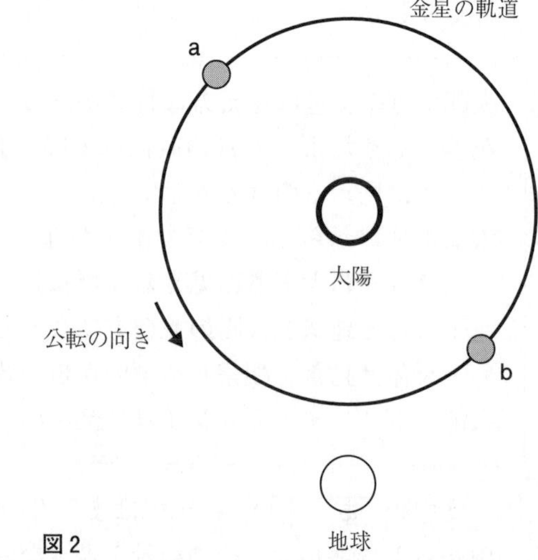

図2

	お	か	き
ア	a	b	大きく
イ	a	b	小さく
ウ	b	a	大きく
エ	b	a	小さく

(4)　太郎さんは，金星を真夜中に観察しようとしたが，観察できなかった。金星を真夜中に観察することができない理由を，「地球」，「公転」という2つの語を用いて書きなさい。

6 次の(1), (2)の問いに答えなさい。

(1) 太郎さんは，先生と理科の授業で学んだことについて振り返りを行っている。次の会話を読んで，下の①，②の問いに答えなさい。

> 太郎：持続可能な社会の実現に向けて，再生可能エネルギーの研究は重要なものだとわかりました。特に，a バイオマス発電については，発電所で燃料を燃焼させるにもかかわらず，大気中の二酸化炭素は増加しないという点が興味深かったです。
>
> 先生：そうですね。間伐材を燃料にした場合は，その植物が光合成によって吸収した二酸化炭素と，発電の燃料として燃焼させた際に出される二酸化炭素の量がほぼつり合うのでしたね。
>
> 太郎：そのように考えると，植物の光合成は持続可能な社会の実現にとっても，大事な反応だと思います。
>
> 先生：そうですね。光合成については，授業ではオオカナダモとBTB液(BTB溶液)を使って実験し，BTB液の色の変化から，植物が二酸化炭素を吸収するのかどうかを調べましたね。では，これ以外の方法で植物が二酸化炭素を吸収するのかどうかを調べることはできますか。
>
> 太郎：はい，できると思います。石灰水を使えば調べられると思います。
>
> 先生：では，どのような実験を行えばよいと思いますか。
>
> 太郎：まず，２本の試験管**A**，**B**を用意します。試験管**A**，**B**それぞれに採取したばかりの大きさがほぼ同じタンポポの葉を入れ，さらに試験管**B**はアルミニウムはくで覆います。それから，試験管**A**，**B**それぞれにストローで息をふきこみ，すぐにゴム栓でふたをします。そして，それらの試験管に，光合成に十分な時間光を当てた後，石灰水を使って，植物が二酸化炭素を吸収したのかどうかを調べようと思います。
>
> 先生：よく考えましたね。でも，b この実験だけでは，「植物が二酸化炭素を吸収するのかどうか」を調べる実験の対照実験としては不十分ではないでしょうか。

① 下線部**a**に関する説明として正しいものを次の**ア**～**エ**の中から２つ選んで，その記号を書きなさい。

ア バイオマス発電では，化石燃料を用いた火力発電と異なり，タービンは必要としない。
イ バイオマス発電では，動物の排泄物(はいせつぶつ)も燃料となる。
ウ バイオマス発電では，燃料を安定して確保することが課題である。
エ バイオマス発電では，放射線を出す放射性廃棄物の管理が重要である。

② 下線部**b**について，もう１本試験管を増やし，「植物が二酸化炭素を吸収するのかどうか」を調べるための実験を行う場合，どのような実験を行えばよいか。

次の追加実験に関する文中の［あ］～［う］に当てはまる語の組み合わせとして最も適切なものを，あとの**ア**～**ク**の中から１つ選んで，その記号を書きなさい。

> 試験管**A**の結果と比較するために，新しい試験管**C**に，タンポポの葉を［あ］，アルミニウムはくで［い］，ストローで息を［う］ものを準備し，その後，光合成に十分な時間光を当てる実験を行う。

	あ	い	う
ア	入れて	覆い	ふきこんだ
イ	入れて	覆い	ふきこまない
ウ	入れて	覆わず	ふきこんだ
エ	入れて	覆わず	ふきこまない
オ	入れないで	覆い	ふきこんだ
カ	入れないで	覆い	ふきこまない
キ	入れないで	覆わず	ふきこんだ
ク	入れないで	覆わず	ふきこまない

(2) 花子さんと太郎さんは，光合成と光の強さについて話している。次の会話を読んで，あとの①，②の問いに答えなさい。

花子：光を強くすると光合成は活発になるのかな。試験管の中にタンポポの葉を入れて，LED ライトを１灯か２灯当てた場合で石灰水を入れて，にごり方を比べられたらおもしろいのだけど。
太郎：そうだね。でも，石灰水のにごり方って，数値として表すのは難しそうだね。吸収した二酸化炭素の量を数値として比較できるような方法がないかな。
花子：理科の授業で石灰水について勉強したよ。それを実験で利用できないかな。

花子さんのノートの一部

○石灰水について

・ 石灰水は，水酸化カルシウム $Ca(OH)_2$ が溶解した飽和水溶液である。また，二酸化炭素 CO_2 は水に溶けると，炭酸 H_2CO_3 となる。
・ 石灰水に二酸化炭素を通すと，次の化学反応が起こる。

$$Ca(OH)_2 + H_2CO_3 \rightarrow CaCO_3 + 2H_2O$$

・ 石灰水が白くにごるのは，炭酸カルシウム $CaCO_3$ が，水に溶けにくい白色の固体だから。
・ このように，この反応は，水に溶けた二酸化炭素と水酸化カルシウムの中和である。

≪実験≫

【方法】

❶ ４本の試験管**D**，**E**，**F**，**G**を用意する。**表**に示す組み合わせで，大きさのほぼ同じタンポポの葉および同量の二酸化炭素を試験管に入れ，ゴム栓をする。(二酸化炭素の量は，光合成を行うのに十分な量とする。)
❷ **表**に示すように昼白光の LED ライトを１灯または同じ LED ライトを２灯用い，試験管に光を30分当てる。
❸ 試験管に石灰水を入れ，再びゴム栓をしてよくふる。
❹ 石灰水をろ過し，ろ液に少量の BTB 液を入れる。
❺ BTB 液の色の変化に注意しながら，ろ液にある濃度の塩酸を少しずつ加えていき，中性になるまでに必要な塩酸の量を測定する。

表

	実験の操作		
	方法❶で試験管に加えるもの		**方法❷**で用いるLEDライトの数
	二酸化炭素	タンポポの葉	
試験管D	入れない	入れない	1灯
試験管E	入れる	入れない	1灯
試験管F	入れる	入れる	1灯
試験管G	入れる	入れる	2灯

【結果の予想】

・ 試験管Dと試験管Eを比べた場合，**方法❺**で中性になるまでに必要な塩酸の量は，試験管Eの方が少なくなる。

（理由） [え] ため，石灰水の中の水酸化カルシウムの量が減るから。

・ 試験管E～試験管Gで使用する塩酸の量の大小関係は [お] となる。

（理由） タンポポの葉を入れた試験管では，光を強くすることで光合成が活発になり，タンポポの葉が吸収する二酸化炭素の量が増えるから。

① 文中の [え] に当てはまる内容として最も適切なものを，次の**ア**～**エ**の中から1つ選んで，その記号を書きなさい。

ア 石灰水は，水酸化カルシウムの飽和水溶液である

イ 二酸化炭素を入れることで，試験管内の酸素の割合が減っている

ウ 炭酸カルシウムが，水に溶けない白色の固体である

エ 炭酸と水酸化カルシウムが，中和している

② 文中の [お] に当てはまる内容として最も適切なものを，次の**ア**～**エ**の中から1つ選んで，その記号を書きなさい。

ア 試験管E＞試験管F＞試験管G　　**イ** 試験管E＞試験管G＞試験管F

ウ 試験管G＞試験管F＞試験管E　　**エ** 試験管G＞試験管E＞試験管F

㈢　「握手」という熟語の構成の説明として最も適切なものを、次の**ア**～**オ**の中から一つ選んで、その記号を書きなさい。

ア　二字が似た意味の漢字を重ねたもの。

イ　二字が対になる漢字を組み合わせたもの。

ウ　上の漢字が下の漢字を修飾しているもの。

エ　下の漢字が上の漢字の目的や対象を示すもの。

オ　主語と述語の関係にあるもの。

四 次の㈠〜㈢の問いに答えなさい。

㈠ 次の【Ⅰ】〜【Ⅲ】を読んで、後の⑴と⑵の問いに答えなさい。

【Ⅰ】 書き下し文

孔子曰（いは）く、薬酒（やくしゅ）は口に苦きも、病に利（り）あり。□、行ひに利あり。

【Ⅱ】 訓読文（訓読するための文）

孔子曰（ク）、薬酒（ハ）苦（キモ）二於口（ニ）一、而利（アリ）二於病（ニ）一。忠（ちゅう）言（げんハ）逆（さからフモ）二於耳（ニ）一、而利（アリ）二於行（ヒニ）一。

【Ⅲ】 現代語訳

孔子がこう言った、「薬酒は口に苦いが、病気には効き目がある。真心から出た言葉は耳に痛いが、行いには助けとなる。」

⑴ 【Ⅰ】の□に入る語句として最も適切なものを、次のア〜エの中から一つ選んで、その記号を書きなさい。

ア 耳に逆ふも忠言は　イ 忠言は逆ふも耳に
ウ 忠言は耳に逆ふも　エ 耳に忠言は逆ふも

⑵ 【Ⅰ】の――部「利」のへんを行書で書いたものとして最も適切なものを、次のア〜エの中から一つ選んで、その記号を書きなさい。

ア　イ 　ウ 　エ

㈡ 次の⑴〜⑷の――部について、漢字の部分の読みを平仮名で、片仮名の部分を漢字で書きなさい。

⑴ 寸暇をさいて勉強する。
⑵ 破れた衣服を繕う。
⑶ 苦労がムクわれる。
⑷ 人口のゾウゲンが目立つ。

【Ⅳ】 花子さんのグループの発表のスライド

ア

○ 視点を変える経験の積み重ね

ヘーゲル　絶対知

さまざまな視点でものを見る

イ

○ 視点を変える難しさ

複数の思考回路をもつ

大変な作業の繰り返し

ウ

○ 視点を変える良い点

ハンニバル

不可能が可能になる

エ

○ 商人の視点の違い

同じ事実	商人	事実に対する違う意見
碓氷の峠道を登ること	江州	山が F とよい
	他国	山が G とよい

オ

○ 宮崎　駿の視点

めんどくさいのは
うらやましいな

「めんどくさい」の連発はなぜ？

(六) 【Ⅳ】のスライドは、【Ⅲ】の話し合いをもとに作成したものである。**発表の順番になるように、**ア～オの記号を並べ替えて書きなさい。

(七) 【Ⅳ】の F と G に入る言葉を、【Ⅱ】をもとに考え、それぞれ二字で書きなさい。

【Ⅲ】 グループでの話し合いの一部

花子　【Ⅰ】では、「視点を変える」ことの大切さが強調されていましたね。
一郎　【Ⅱ】は、その具体例として読むことができますね。
花子　【Ⅰ】と【Ⅱ】の内容をうまく組み合わせて、発表のスライドの構成を考えていきましょう。
一郎　【Ⅰ】では、「視点を変える難しさ」が最初に述べられています。それを一番目のスライドにするのはどうでしょう。
明子　でも、難しさを最初にすると、聞いているみんなは取り組もうとする気持ちがなくなってしまうのではないでしょうか。
次郎　それなら「視点を変える良い点」を一番目のスライドにすればいいですね。その次に「難しさ」を出してはどうでしょうか。
一郎　そうですね。やはり僕も「良い点」から聞きたいです。最初は筆者が言うように「難しさ」を述べた方がいいかと思ったのですが。
花子　では「良い点」を先に述べて、その後で「難しさ」を述べていく順番にしましょう。
明子　そうですね。でも一番初めに宮崎駿さんを出すのが効果的ではないでしょうか。「めんどくさいのはうらやましいな」というセリフが興味を引くと思います。
次郎　なるほど。そうすると聞いているみんなに、なぜこの発言なのか、という疑問を抱かせて、興味を引くことができそうですね。
一郎　「めんどくさい」は否定的な気持ちですが、【Ⅱ】の中で筆者は、そのことが［　E　］のだと肯定的にとらえていますね。
明子　それでは二番目に次郎さんの言っていたように「良い点」をもってきて、その具体例として、【Ⅱ】の商人の視点の違いを入れましょう。
次郎　いいですね。【Ⅰ】の結論として、さまざまな視点で物を見る経験が大切だと述べているので、視点を変える経験の積み重ねを一番最後にもってくると、私たちの伝えたいことがはっきりしますね。
花子　ありがとうございました。発表するのが楽しみですね。

㈣　【Ⅲ】の［E］に入る言葉を、【Ⅱ】から十三字で抜き出して書きなさい。

㈤　【Ⅲ】の――部の花子さんの発言は、話し合いの中でどのような役割を果たしているか。最も適切なものを、次の**ア**～**エ**の中から一つ選んで、その記号を書きなさい。

ア　話し合いの内容を整理する役割　　**イ**　相手の発言の根拠を確認する役割
ウ　相手に話題の転換を促す役割　　**エ**　話し合いの目的を意識させる役割

【Ⅱ】

昔、※1江州の商人と他国の商人が、二人で一緒に※2碓氷の峠道を登っていた。焼けつくような暑さの中、重い商品を山ほど背負って険しい坂を登っていくのは、本当に苦しいことだった。

途中、木陰に荷物を下ろして休んでいると、他国の商人が汗を拭きながら嘆いた。「本当にこの山がもう少し低いといいんですがね。世渡りの稼業に楽なことはございません。だけど、こうも険しい坂を登るんでは、いっそ行商をやめて、帰ってしまいたくなりますよ」

これを聞いた江州の商人はにっこりと笑って、こう言った。

「同じ坂を、同じくらいの荷物を背負って登るんです。あなたがつらいのも、私がつらいのも同じことです。このとおり、息もはずめば、汗も流れます。だけど、私はこの碓氷の山が、もっともっと、いや十倍も高くなってくれれば有難いと思います。そうすれば、たいていの商人はみな、中途で帰るでしょう。そのときこそ私は一人で山の彼方へ行って、思うさま商売をしてみたいと思います。碓氷の山がまだまだ高くないのが、私には残念ですよ」

どんな仕事にも、その仕事特有の苦労がある。

二人の商人の苦労は、普通の人ならば体一つで登るだけでも大変な山道を、重い荷物を担いで運ぶことである。誰でもできる仕事ではあるまい。筋力や体力はもちろんのこと、忍耐力も必要だろう。仕事特有の苦労は、ある種の※3参入障壁になる。つまり、その仕事に新たに就きたいと思う人を思いとどまらせるのだ。

世の中には、「手間ひまがかかってめんどくさいわりにはお金が儲からない」という仕事は多い。確かに、それはその仕事のデメリットである。しかし、それは同時に参入障壁にもなっている。

先日、「〈プロフェッショナル　仕事の流儀〉宮崎駿スペシャル〈風立ちぬ　一〇〇〇日の記録〉」という番組の再放送を見た。この中で、宮崎が何度も発する言葉に私は衝撃を受けた。それは「めんどくさい」という言葉だ。「え、宮崎駿でも、めんどくさいって思うんだ」。私は驚いた。私は、宮崎駿レベルのクリエーターであれば、めんどくさいとは無縁だと思っていた。しかし、違っていた。「めんどくさいっていう自分の気持ちとの戦いなんだよ」「大事なものは、たいていめんどくさい」「めんどくさくないとこで生きてると、めんどくさいのはうらやましいなと思うんです」。めんどくさいの連発である。

私は思った。みんな多かれ少なかれ「めんどくさい」という気持ちと戦いながら仕事をしている。「めんどくさいが仕事のやりがいを生んでいる」と考えてはどうだろうか。

（戸田智弘「ものの見方が変わる　座右の寓話」による。）

※1　江州＝近江国（現在の滋賀県）の別称。
※2　碓氷＝群馬県西部の地名。
※3　参入障壁＝参加することのさまたげとなるもの。

㈡ 【Ⅰ】の内容に合っているものとして最も適切なものを、次のア～エの中から一つ選んで、その記号を書きなさい。

ア 視点を変える最大のメリットは、不可能を可能にするという視点を確実に手に入れることであり、歴史上の哲学者の言葉を分析することによって、私たちは視点を変えることができる。

イ 視点を変えることは繰り返しを必要とする作業であるが、多くの視点で物事を捉える経験を積み重ねることによって、どんな問題でも解決の糸口を見つけることができるはずである。

ウ 視点を変えることは一般的には敬遠されがちだが、西洋では、哲学を通して視点を変える思考法を多くの人が学ぶことによって、問題を解決するための論理的思考力を高めている。

エ ヘーゲルは、人間がさまざまな経験を重ねることで、その人自身の中に無数の視点が浮かび上がってくると言っており、そのことで、私たちは神様レベルに一気に達することができる。

㈢ 花子さんは【Ⅰ】を読んで、「視点を変えようとしない理由」を次のようにまとめた。D に入る最も適切な言葉を、【Ⅰ】から十二字で抜き出して書きなさい。

○ 視点を変えようとしない理由
- 複雑な作業
- 人間は怠け者
- D

とか……。

だから視点をうまく変えることができれば、どんな問題でも解決の糸口が見つかるはずなのです。私の好きな言葉に※2カルタゴの名将軍ハンニバルの名言があります。あっと驚く戦術で勝ち続けてきた将軍です。それは、「視点を変えれば不可能が可能になる」というものです。

私にとっては、この言葉自体がすでに一つの新たな視点でした。つまり、視点を変えるだけで不可能が可能になるという視点を手に入れたのです。それ以来、問題にぶちあたるたび、そういう視点で問題に向き合うようにしています。絶対に解決できると。

その方法として、色んな視点でとらえるようにしているのです。究極は神様でしょう。神様には全部見えているはずです。これは神を信じるかどうかとは別に、あらゆる物事を知りうる存在があるとして、それを神と呼ぶならばという話です。私は常にそんな神様を想像して、神様ならどう見えているかと考えるのです。すると無数の視点が浮かび上がってきます。

ただ、この域に一気に達することができるわけではありません。私も長い時間をかけて、色んな視点で物事を見る経験を積み重ねたことで、そうした視点のストックができ、神様の想像ができるようになりました。

逆にいうと、そういう経験を積み重ねれば誰だって神様レベルに近づくことはできるということです。神様レベルとかって、なんだか子どものようなことをいっているように聞こえるかもしれませんが、実はこれは近代ドイツの偉大な哲学者ヘーゲルがいっていたことなのです。

彼は絶対知という言葉を使ったのですが、これは人間の意識が様々な経験を経ることで、神様のような知に達することができるということです。絶対という言葉からもわかると思いますが。その場合の経験というのは、様々な視点でものを見る経験だといっていいと思うのです。

（小川仁志「中高生のための哲学入門
―「大人」になる君へ―」による。）

※1　ワーク＝ワークショップのこと。進行役や講師を迎えて行う体験型講座。
※2　カルタゴ＝アフリカ北部にあった古代の都市。

(一)　【Ⅰ】の A ～ C に入る言葉の組み合わせとして最も適切なものを、次のア～エの中から一つ選んで、その記号を書きなさい。

ア　A しかし　B では　C しかも
イ　A 確かに　B しかし　C なぜなら
ウ　A さて　B なぜなら　C または
エ　A なぜなら　B でも　C あるいは

三　花子さんたちは、国語の授業で、【Ⅰ】と【Ⅱ】の文章を読み、グループごとに分かったことをスライドで発表することになりました。そのために【Ⅲ】の話し合いをして、【Ⅳ】のようにまとめました。後の㈠～㈦の問いに答えなさい。（【Ⅰ】はページごとに上段から下段に続いている。）

【Ⅰ】

視点を変えるための※1ワークをやってもらうと、よく「難しい」という反応が返ってきます。疑うのも難しいですが、まだこれは方法としてはシンプルな方です。単純にいうと、自分が思っていることと反対のことを思い浮かべればいいのですから。再構成も割とできます。論理的思考なので、比較的慣れているのです。

でも、視点を変えるというのは、複雑な作業であるうえに、日ごろやりません。だから難しいのです。まず複雑な作業であるというのは、頭を複数持つということです。正確には複数の思考回路を持つということなのですが。

人間は通常一つの思考回路で物事を考えます。あたかも道を一つ選んでそこをずっと歩いていくかのように。視点を変えるということは、その今歩いている道から急に別の道に移らないといけなくなった状態です。

そうすると、まずどこから別の道に行けばいいのかわからないでしょう。その前にそもそもどこにどんな別の道があるのか探さなければなりません。これは大変な作業なのです。さらに厄介なのは、その作業を何度か繰り返さなければならない点です。

それにしても、なぜ私たちは日ごろ視点を変えようとしないのか？　もちろん複雑な作業だからやりたくないというのはあるでしょう。でも、決してそれだけが理由だとは思えません。［A］、視点を変えるメリットがそれを上回るなら、私たちはなんでもやるはずです。人間とはそういう生き物です。

もしかしてそれほどのメリットがない？　いや、そんなことはないでしょう。視点を変えれば得することはいっぱいあります。それ以上に怠け者？　それも多少あるかもしれません。でも、私の推測はこうです。多くの人がそのメリットに気づいていないのではないかと思うのです。

頑張って視点を変えれば、必ずメリットがあるにもかかわらず、そのことに気づいていない。なぜなら、それを教えてくれる学問がないからです。哲学がまさにその学問なのですが、日本では一部の人しか哲学を学びませんね。しかもその哲学は視点を変える思考法ではなく、歴史上の哲学者の言葉を分析するものです。

西洋ではもっと多くの人が学んでいますが、それもやはり視点を変える思考法ではなく、歴史上の哲学者の言葉の分析なのです。だからみんな気づかないのも無理ありません。［B］、皆さんはもう知ってしまったのです。哲学には視点を変えるというプロセスがあること、そしてそれは大きなメリットをもたらすことを。だからやらない手はありません。

哲学のプロセスはいずれもとても大事なのですが、その中でもあえて「一番は？」と尋ねられたら、やはり視点を変えるところを挙げると思います。普段、ある一つの見方しかできていないものを、別の見方をすることではじめて、本質が見えてくるのですから。

いくら疑っても、別の見方ができなければ先には進めません。そのあと、再構成するわけですが、極端な場合には、別の見方をするだけで答えが立ち現れてくることもあるのです。入口がふさがっている時、その入口しかないと思っていたら先には進めません。そんな時、裏口に気づけば、それだけで問題は解決します。［C］、塀をよじのぼれることに気づくとか、その塀の下に穴を掘って入る

㈢ ②さもあるべし の内容として最も適切なものを、次のア～エの中から一つ選んで、その記号を書きなさい。

ア 普通の人の「貪瞋痴」に対して腹を立てても不思議はない。
イ 生まれてから一度も怒ったことがなくても不思議はない。
ウ 決して怒らないと人から誤解されていても不思議はない。
エ 腹を立てたことを全部覚えていたとしても不思議はない。

㈣ ③我が非 の具体的内容として最も適切なものを、次のア～エの中から一つ選んで、その記号を書きなさい。

ア 上人について、いつも他人の嫌がる批判をしてしまうこと。
イ 上人について、結論を出さずに話をうやむやにしてしまうこと。
ウ 修行者について、自分の発言と行動が一致していないこと。
エ 修行者について、他人の助言を安易に行動に移してしまうこと。

㈤ 一郎さんは、【Ⅰ】とテーマが似ている話「無言上人の事」を見つけ、【Ⅱ】のように、あらすじと感想をノートにまとめた。しかし、感想を読み返した際に、昔の人の笑いの感覚は、今の人の笑いの感覚に似ているように笑っている の箇所の表現が適切ではないと思い、書き直すことにした。「ことが分かった。」につながるように、＝＝部の言葉を使い、十五字以上、二十字以内で書きなさい。（句読点を含む。）

【Ⅱ】 一郎さんのノートの一部

〈「無言上人の事」のあらすじ〉

四人の上人（僧）が道場内での七日間の無言修行（物を言わずに、精神を統一する修行）を行った。
↓
お手伝いの法師のみが道場への出入りを行った。
↓
道場内の灯火が消えようとしていたので、ある僧が、お手伝いの法師に呼びかけた。
↓
ほかの僧が「無言修行の場で、声を出していいわけがありません。」と言った。
↓
二人の言葉を聞いた僧は、「みなさんは、この場ですべきことを分かっていますか。」と言った。
↓
それを聞いた上の位の老僧が、「私だけは、物を言わない。」と言って、うなずいた。

〈感想〉

・難しい話だったけど、繰り返し読んだら理解できたので、うれしかった。
・昔の人の笑いの感覚は、今の人の笑いの感覚に似ているように笑っていることが分かった。
・興味をもって調べることは大切だと思った。

二　一郎さんは、国語の授業で【Ⅰ】の古典の文章を読みました。後の㈠～㈤の問いに答えなさい。

【Ⅰ】　古典の文章

ある遁世の(世を離れた学僧の上人の部屋に)ア上人の、学生なるが庵室へ、修行者常に来る。中にあるイ修行者の云はく、

「ウ法師は生まれてより後、すべて腹を立て候はぬ」(一切、怒ったことがありません)と云ふを、上人の云はく、

「凡夫は、(人は「貪瞋痴」というものを備えている)※1貪瞋痴の三毒を具せり。①たとひ浅深厚薄こそあれ、いかでか腹立ち給はざらむ。(お怒りにならないことはないでしょう)縁にあはぬ時こそ立たね、また立つを覚え給はぬか。(怒る機会に出会わなければ腹は立たないが、さもなければ腹は立つもの)※2聖人にておはしまさば、(聖人でいらっしゃれば)②さもあるべし。エ凡夫ながらかく宣ふ、虚事と覚ゆるなり」(嘘だと思われる)と云へば、「立たぬと云はば、立たぬにておはしませかし。(私が怒らないと言うのなら、怒らないとお思いになっておけばよいじゃないですか)オ人を虚事の者になし給ふは、いかにとて候ふぞ」(どのようなお考えか)と、顔を赤めて、首をねぢて叱りければ、「さては、さこそは」とてやみけり。(と、けりをつけた)鳴呼がましく侍り。(愚かなやりとりです)凡夫の習ひ、(人の常として)③我が非は覚えぬとこそ。無言聖に似たり。

※1　貪瞋痴＝貪りと怒りと無知。　※2　聖人＝知徳が最も優れ、万人が仰ぎ崇拝する人。

㈠　ア上人・イ修行者・ウ法師・エ凡夫・オ人　の中で、異なる人物を指す言葉を一つ選んで、その記号を書きなさい。

㈡　①たとひ　を現代仮名遣いに直して、すべて平仮名で書きなさい。

(四) 【I】に ③俺、何やってんだろ とあるが、この時の岳の気持ちとして最も適切なものを、次のア～エの中から一つ選んで、その記号を書きなさい。

ア 他のクラスメイトが合唱の練習に打ち込みながら団結していくのに、バスケットボールの練習にも、合唱の練習にも参加していない自分のことを情けなく思う気持ち。

イ 晴美と早紀がソリパートを大成功させてみんなから歓声と拍手を浴びる中、音楽室の前で、一人で歌声を聞いていることしかできない自分を励まそうとする気持ち。

ウ 晴美の様子が気になって合唱の練習の様子を見に行ったのに、涼万に勇気づけられる晴美の様子を見て、一刻も早く自分も合唱の練習に参加しようとあせる気持ち。

エ ソリを合唱に取り入れるという奇策を提案した音心に比べると、自分には音楽の才能がないので、バスケットボールでみんなを見返してやろうと発奮する気持ち。

(五) 【I】の内容や表現の説明として最も適切なものを、次のア～エの中から一つ選んで、その記号を書きなさい。

ア 登場人物の心の中を丁寧に描くことで、気持ちを分かりやすく表現している。

イ 季節の変化を描くことで、登場人物の揺れ動く気持ちを表現している。

ウ 登場人物のユーモアのある言動を描くことで、微妙な人間関係の変化を表現している。

エ 複数の登場人物の内面を詳細に描くことで、人間関係を分かりやすく表現している。

【Ⅱ】 感想の交流の一部

一郎　岳がバスケの朝練を抜け出してきたのは、よっぽど合唱の様子が気になっていたのかな。
花子　それよりも、晴美のことを心配しているから見に来たんだと思うよ。
次郎　そうだね。晴美を傷つけてしまって、岳も相当後悔しているんじゃないかな。
花子　晴美はいつも自信があって、目立つのが好きだけど、岳のせいで自信をなくしてしまった様子だね。
一郎　そうだけど、岳は自分の行動を後悔しているだけとは思えないんだよね。
次郎　どんなところが？
一郎　晴美の泣き顔を回想している場面があるけど、大切に思っていなければこんな表現はしないと思うよ。それから、晴美を勇気づけている涼万の姿を想像する岳の様子の描写からも、晴美への好意を感じるよね。
花子　なるほどね。結局、晴美は歌うことができてよかったよ。
次郎　「②岳はハッとして顔を起こした」ってあるけど、岳の晴美への思いも含めて、複雑な気持ちを表しているんだね。

(一) 【Ⅰ】に ①岳の胃のあたりが、きりきり締めつけられた とあるが、その理由として最も適切なものを、次の**ア**～**エ**の中から一つ選んで、その記号を書きなさい。

ア　自信がない晴美に無理やりソリのパートを押しつけた、音心の勝手な行動に腹が立ったから。
イ　自分が合唱の練習に参加していないことで、クラスに迷惑をかけているかもしれないと考えたから。
ウ　晴美がいつもと違って自信がなさそうな様子なのは、自分のせいかもしれないと感じたから。
エ　バスケットボールの練習に参加することができない自分は、合唱で役割を果たすべきだと思ったから。

(二) 【Ⅱ】に こんな表現 とあるが、その表現を【Ⅰ】から二十四字で抜き出して、その初めと終わりの三字を書きなさい。（句読点を含む。）

(三) 【Ⅰ】と【Ⅱ】に ②岳はハッとして顔を起こした とあるが、その理由として最も適切なものを、次の**ア**～**エ**の中から一つ選んで、その記号を書きなさい。

ア　歌うことをためらっていた晴美が、涼万のアドバイスで歌うことを決心したので、寂しくなったから。
イ　クラスがまとまったことに安心して、バスケットボールの朝の練習に戻れることがうれしかったから。
ウ　晴美と早紀の見事なソリパートの歌声に聴き入っていて、いつの間にか時が過ぎたことに驚いたから。
エ　晴美と彼女を勇気づけた涼万のことを考えていたが、思いがけずすばらしい歌声が聞こえてきたから。

「どうして」
「出来ないよ。みんなに迷惑かけちゃう」
①岳の胃のあたりが、きりきり締めつけられた。
いつも自信たっぷりで、あんなに目立つのが大好きなキンタが……。頼まれたことを引き受けないネガティブなキンタなんて、今まで見たことがない。
晴美の涙顔がまた※3フラッシュバックした。
宝石みたいに綺麗な涙が、玉の汗の中で光っている。
握りつぶされたみたいに、胸がギュッと苦しくなった。
キンタ、やれよ。あの天才井川が、お前がいいって言ってるんだから、だいじょうぶだよ。
祈るような気持ちになった。
「誰か他の人……」
晴美の中途半端なつぶやきに、岳は思わず前のめりになって、音楽室のドアに手をかけた。
出来るよ、キンタがやれよ！
ドアを開けてそう言いそうになったとき、誰かが言葉を放った。
「なぁキンタ、まずやってみようぜ。それでダメだったら、また考えればいいじゃん」
しばしの沈黙ののち、晴美の声が続いた。
「……うん」
教室に安堵のどよめきが広がった。
岳はそっとドアから手を離した。しばらくそのまま、ぼんやりしていた。音心の前奏が始まり、合唱に入った。
涼万か……。
岳はつま先を見つめた。さっきの声は間違いなく涼万だった。涼万のひとことが、晴美を勇気づけたのだ。

――はじめはひとり孤独だった

気づくと、音心が提案したソリパートが始まっていた。②岳はハッとして顔を起こした。

――ふとした出会いに希望が生まれ
新しい本当のわたし
未来へと歌は響きわたる

音心の抑えめな伴奏にのって、早紀と晴美のふたりの声が重なり合う。
早紀の透き通ったまっすぐなソプラノに、晴美の憂いのある※4ビブラートの効いたアルト。清らかさと切なさの相反するようなメロディーが混ざりあって、新しい音楽が生まれた。
岳は知らず知らずのうちに、腕に立った鳥肌をさすっていた。
ソリパートが終わると、ほんの少し間を置いて全員での合唱が始まった。いつもとは迫力が違った。
岳は音楽室から離れた。歌が終わってみんなが出てきたとき、こっそりそばで聴いていたことを知られたくなかった。
階段に足を落とすようにゆっくり降りた。だんだんと歌声が遠ざかっていく。やがて曲が終わったのか、大きな歓声と拍手が聞こえた。きっと、ソリパートが大成功して、みんな盛り上がっているのだろう。
バスケの練習をしているわけでもなく、合唱でひとつになりつつあるクラスの一員にもなれていない。
③俺、何やってんだろ。
一階に続く踊り場で立ち止まった。どこかでずれたわずかな隙間から、冷たい空気がすうすうと体に入ってくるみたいだった。

（佐藤いつ子「ソノリティ　はじまりのうた」による。）

※1　ソリ＝ソロの複数形。複数人で旋律などを歌唱・演奏すること。
※2　気圧されて＝全体の感じや相手の勢いに圧倒されて。
※3　フラッシュバック＝過去の強烈な体験が突然脳裏によみがえること。
※4　ビブラート＝音を際立たせるために音声を細かくふるわせる技法。

国語

●満点100点　●時間50分

注意　字数の指定がある場合は、句読点や符号なども一字として数えなさい。

一　一郎さんたちは、国語の授業で【Ⅰ】の文章を読み、【Ⅱ】のように感想の交流を行いました。後の㈠～㈤の問いに答えなさい。（【Ⅰ】はページごとに上段から下段に続いている。）

【Ⅰ】　授業で読んだ文章

バスケットボール部の武井岳と山東涼万と金田晴美（キンタ）、吹奏楽部の井川音心と水野早紀の五人は、緑山中学校一年五組のクラスメイトである。岳を除く四人は、毎朝、合唱コンクールの練習に励んでいる。岳は、以前、晴美に歌が下手だと言って、泣かせてしまったことを気にかけている。次の場面は、膝を痛めてバスケットボール部の朝の練習を見学していた岳が、体育館を抜け出して、合唱の練習の様子を見に来たところである。

首にかけたスポーツタオルを、両手でグッと引っ張った。気づくと、曲が終わっていた。

「今の、とっても良かったと思います。もう一度やりましょう」

指揮者の早紀の声だ。

「待って。ちょっと提案があるんだけど」

今度は音心の声だ。

「五組の合唱、すごく良くなったと思うけど、どのクラスもどんぐりの背比べで、絶対に勝てるってところまでは、いってないと思うんだ」

みんなが少しざわついた。

「だから勝つには、奇策がいる。で、提案なんだけど、最初の四小節のAメロって、三回繰り返しがあるよね。その二回目のAメロをソロでやったらどうかな」

「えっ、ソロ⁉」

今度は一気に騒がしくなった。

「うん。正確に言うとソロじゃなくて※1ソリかな。ソプラノとアルトのふたり。たとえば伴奏はこんな感じで、すこし抑えめにして」

そう言うと音心は、アレンジしてさらさらとピアノを奏でた。

「おぉ～。なんかいい感じだね」

教室がわいている。

岳は音心の即興演奏に、大きく息を吸い込んだ。きっと音心も涼万みたいな天才肌に違いない。

「なぁ井川、それで誰がソリっつーのやんの？」

「うん。このふたりしかないと思っているんだ」

教室の中のちょっとした緊張が、廊下まで伝わってきた。

「水野早紀と金田晴美」

反射的に岳の肩が跳ね上がった。

「えっ！」

晴美の大声が響く。それをスルーして、音心は続けた。

「早紀、ソリの間は指揮をせずに、前を向いて歌うんだ。出来るよね」

いちおう質問形だが、その言葉には有無を言わせない迫力がある。おそらく早紀は、※2気圧されてうなずいたのだろう。

「金田もOKだよね。じゃ、早速やってみよう」

ざわついた空気が、すっとおさまった。前奏がまさに始まったとき、晴美が声を上げた。

「ごめん。わたし、やっぱり無理」

音心は演奏を止めた。

Memo

2022年度 茨城県公立高校 入試問題

英語

●満点 100点　●時間 50分

1　次の(1)～(4)は，放送による問題です。それぞれの放送の指示にしたがって答えなさい。

(1)　これから，**No. 1** から **No. 5** まで，五つの英文を放送します。放送される英文を聞いて，その内容に合うものを選ぶ問題です。それぞれの英文の内容に最もよく合うものを，**ア**，**イ**，**ウ**，**エ**の中から一つ選んで，その記号を書きなさい。

No. 1

No. 2

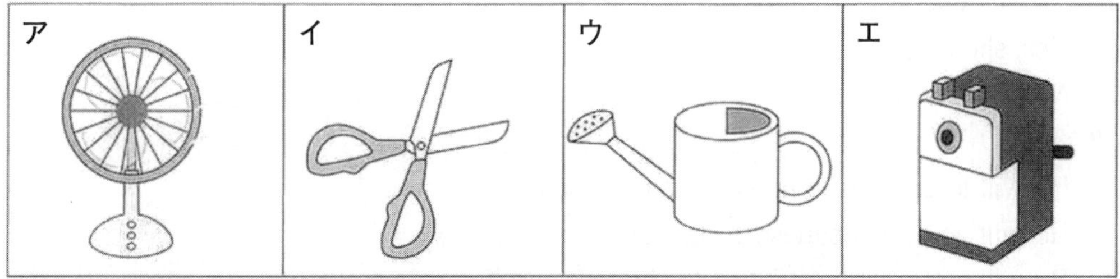

No. 3

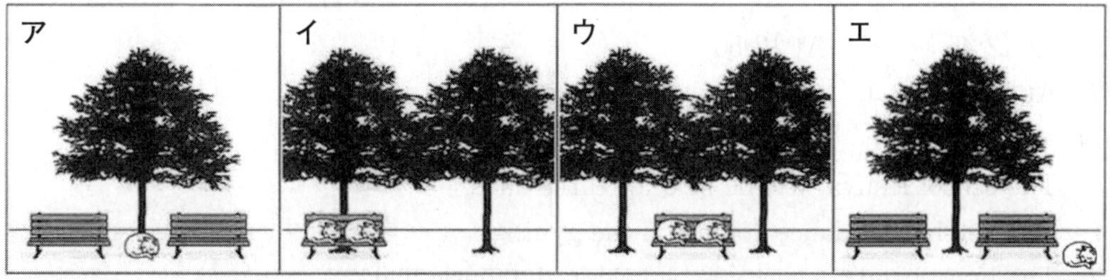

No. 4

ア		イ		ウ		エ	
今日	明日	今日	明日	今日	明日	今日	明日
15℃	20℃	20℃	15℃	20℃	15℃	15℃	15℃

No. 5

ア
勉強のスケジュール

英語	8:00-10:00
数学	10:00-11:00

イ
勉強のスケジュール

英語	10:00-12:00
数学	12:00-13:00

ウ
勉強のスケジュール

英語	8:00-10:00
数学	10:00-13:00

エ
勉強のスケジュール

数学	10:00-12:00
英語	12:00-13:00

(2) これから，**No. 1** から **No. 4** まで，四つの対話を放送します。それぞれの対話のあとで，その対話について一つずつ質問します。それぞれの質問に対して，最も適切な答えを，**ア**，**イ**，**ウ**，**エ**の中から一つ選んで，その記号を書きなさい。

No. 1

ア Yes, she did.
イ No, she didn't.
ウ Yes, she has.
エ No, she hasn't.

No. 2

ア He will learn how to make Japanese food.
イ He will go to a Japanese restaurant.
ウ He will make Japanese food for his friends.
エ He will go back to America.

No. 3

ア At 12:45.　イ At 12:50.
ウ At 1:15.　エ At 1:50.

No. 4

ア The school festival will be held for three days.
イ Lisa will have a dance contest in the gym.
ウ The brass band concert will be held in the music hall.
エ The brass band concert will be held only on Saturday.

(3) これから，ジム(Jim)と店員との雑貨屋での対話を放送します。そのあとで，その内容について，**Question No. 1** と **Question No. 2** の二つの質問をします。それぞれの質問に対して，最も適切な答えを，**ア**，**イ**，**ウ**，**エ**の中から一つ選んで，その記号を書きなさい。

No. 1

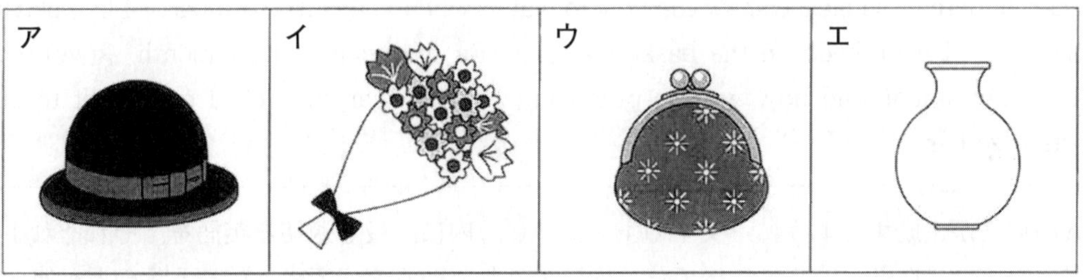

No. 2　ア　500 yen.　　イ　1,500 yen.　　ウ　2,000 yen.　　エ　2,500 yen.

(4)　英語の授業で，生徒たちがクラスメイトのメイ(Mei)のスピーチを聞いてメモを取っています。これからそのスピーチを放送します。その内容について，下の空欄①には**数字**を，空欄②，③にはスピーチで用いた英語の中から適切な語を1語ずつ書き，メモを完成させなさい。

スピーチを聞いたある生徒のメモ

Mr. Anderson：（ ① ）years old
・takes a walk every morning
→ good for his（ ② ）
・keeps our town（ ③ ）
Mei respects him very much !

これで，放送による聞き取りテストを終わります。続いて，問題 2 に進みなさい。

※<**聞き取りテスト放送原稿**>は英語の問題の終わりに付けてあります。

2　次のAとBの英文は，日本に住む高校生のモモコ(Momoko)と，モモコの家でホームステイをする予定のマレーシア(Malaysia)に住むソフィア(Sophia)がやりとりしたメールです。それぞれの英文を読んで，下の(1)，(2)の問いに答えなさい。

A

Hi, Momoko.

My name is Sophia, and I'm fifteen years old.　It is always hot in Malaysia, but I learned that Japan has four ①(s　　).　When I go to Japan next ②(D　　), I can enjoy winter in Japan, right ?　I hope I can go skiing with you.

In my school, I play sports ③(s　　) as tennis and *netball.　I don't think netball is popular in Japan.　Do you play any sports ?　I can't wait to meet you.

＊　netball　ネットボール(バスケットボールに似た球技)

B

Hi, Sophia.

It will be fun to spend next winter with you. Let's go skiing together. I have never ④(hear) of netball, so please show me how to play it when you come to Japan. I like playing sports, too. I have been on the basketball team for five years. Last month, ⑤(we) team won a tournament, and now we are practicing ⑥(hard) than before. I can't wait to play sports together.

(1) Aの英文が完成するように，文中の①～③の(　)内に，最も適切な英語を，それぞれ1語ずつ書きなさい。なお，答えはすべて(　)内に示されている文字で書き始めるものとします。

(2) Bの英文が完成するように，文中の④～⑥の(　)の中の語を，それぞれ1語で適切な形に直して書きなさい。

3 次の(1)，(2)の問いに答えなさい。

(1) 次の英文は，ふたば市(Futaba City)のウェブサイトの一部です。この記事が伝えている内容として最も適切なものを，下のア～エの中から一つ選んで，その記号を書きなさい。

Futaba City will start a *bike sharing service next spring! You can *rent a bike from 30 *parking lots in the city at any time. You don't have to return the bike to the same parking lot, and you only need one hundred yen to rent a bike for twenty-four hours. You can pay with your smartphone or *in cash. This bike sharing service will make your life in Futaba City easier.

* bike sharing service　貸し出し自転車サービス　　rent ～　～を借りる
parking lot(s)　駐輪場　　in cash　現金で

ア People must rent and return bikes at the same place.
イ The bike sharing service is good for the environment.
ウ To use the bike sharing service, smartphones are necessary.
エ In Futaba City, people can rent a bike when they like.

(2) 次の英文中の[　　]には，下のア～ウの三つの文が入ります。意味の通る英文になるように，ア～ウの文を並べかえて，記号で答えなさい。

People have tried to create new things to make life better. At the same time, they have been interested in the *natural world, and many scientists have been watching it *carefully. [　　　　] Scientists used this idea to make the Shinkansen go into *tunnels like those birds.

* natural　自然の　　carefully　注意深く　　tunnel(s)　トンネル

ア Sometimes they get useful ideas from animals like birds.
イ As a result, they have got a lot of new ideas from it.
ウ Some birds go into water with quiet movements.

4 高校生のシホ(Shiho)とクラスメイトのアナ(Anna)が，次のページのウェブサイトを見ながら話をしています。下の対話文を読んで，(1)，(2)の問いに答えなさい。

Anna : Hi, Shiho. What are you doing?
Shiho : I'm looking at Hibari Zoo's website. I will go there with my family. Do you want to

come with us, Anna ?

Anna : Yes ! When will you go ?

Shiho : (①)

Anna : Sorry, I have a piano lesson this Saturday until three in the afternoon at the City Hall.

Shiho : No problem. We'll go there in the evening. The tickets will be cheaper. Look at the website.

Anna : That's true. Then, each person can save (②) yen.

Shiho : Yes. Also, you should bring your [ ]. If you don't show it when you buy a ticket, you can't get the student *discount.

Anna : Okay. Hey, (③) ?

Shiho : My family and I will go there by car. *Do you want a ride ?

Anna : Thank you, but I'll go *directly from the City Hall. It's *far from your house, right ?

Shiho : Then you should take the bus . . . Look at this page. There is a *timetable.

Anna : There are two lines. Which line should I take ?

Shiho : Hmm . . . If you take the Blue Line, you need 25 minutes to get to the zoo. If you take the Red Line, 35 minutes.

Anna : All right. Can we meet at the *entrance ?

Shiho : Yes. How about meeting at four o'clock ?

Anna : Then I'll take the bus (④).

Shiho : Anna, which event would you like to go to ? They have four kinds of events.

Anna : Really ? I like big animals, but I cannot pay a lot of money. I can use only 3,000 yen this week.

Shiho : Then how about (⑤) ?

Anna : That sounds great ! It will be fun.

＊ discount 割引　Do you want a ride ? 乗っていく？　directly 直接
far 遠い　timetable 時刻表　entrance 入口

Hibari Zoo

Tickets

	8:30~16:00	16:00~21:00
Adults	2,000 yen	1,700 yen
High school and junior high school students ※	1,200 yen	900 yen
Elementary school students	1,000 yen	700 yen
Small children (4-6 years old)	600 yen	300 yen

※To get the student discount, please show your student card when you buy a ticket.

Event Time　◆You need to pay for some events.

Taking pictures with elephants	9:30	13:30	15:30	16:30	*Free
Playing with rabbits	11:00	14:30	16:00	17:30	Free
Giving food to pandas	10:00	12:00	14:00	16:30	3,000 yen
Walking with baby horses	13:00	15:00			500 yen

＊ Free 無料

Bus from City Hall to Hibari Zoo

	Blue Line	Red Line
08	25 40	30 55
09	25 40	30 55
14	25 40	30 55
15	25 40	30 55

(1) 対話中の(①)～(⑤)に入る最も適切なものを，ア～エの中から一つ選んで，その記号を書きなさい。

① ア Let's go next Sunday. イ How about this Saturday ?
ウ When are you free ? エ I haven't decided yet.

② ア 1,200 イ 900 ウ 800 エ 300

③ ア how many times have you been there
イ who will go with you
ウ how can I get to the zoo
エ when do you buy a ticket

④ ア at two forty イ at three twenty-five
ウ at three thirty エ at three fifty-five

⑤ ア "Taking pictures with elephants" イ "Playing with rabbits"
ウ "Giving food to pandas" エ "Walking with baby horses"

(2) 対話の流れに合うように，文中の□に入る適切な英語を，対話文またはウェブサイトの中から2語で抜き出し，英文を完成させなさい。

5 下の英文は，高校生のミズキ(Mizuki)が書いたスピーチの原稿です。この英文を読んで，(1)～(5)の問いに答えなさい。

Hello, everyone. My name is Mizuki. Today, I would like to talk about the things I learned through *blind soccer.

When I was a junior high school student, I learned that our city was going to hold a big sports event. My mother said, "How about joining the event ? It sounds interesting, right ?" I thought so, too. In that event, people were going to have lessons and experience various sports. I wanted to play blind soccer because I was a member of the soccer team in junior high school. I asked my friend, Jun, to come with me.

The next weekend, Jun and I went to the event. We saw some famous players. [ア] When we arrived at the soccer field, Ms. Tanaka, a blind soccer player, was there. I was surprised because I often watched her games on TV before. [イ] When the lesson began, Jun and I were so nervous that we did not know what to do. However, she was friendly and said, "Don't worry. You will have fun."

When my eyes *were covered, I felt very scared. I felt I could not move or run on the field. I could hear the sound of the ball, but it was too difficult to know where the ball was.

ウ

When the lesson ended, Ms. Tanaka told us that we should keep *covering our eyes and walk around outside the soccer field. She said, "You will learn more." I wanted to buy something to eat, so Jun took off his *blindfold and took me to the shop. I had to go down the stairs and walk through the hallway which was full of people. I became tired but *discovered a lot of things.

エ

I thought my life would be hard if I couldn't see *clearly. Then I asked Ms. Tanaka how I could help people who can't see clearly. She told me that I should just help them when they need help. She smiled and said, "You don't have to think too much. We are not the only people who need a *hand. You *ask for other people's help when you *are in trouble, right? For example, when you *get lost, you may ask someone to help you. All of us need help from other people."

*Thanks to her words, I feel that giving other people a hand is easier. We cannot live alone, and we *naturally help each other in our everyday lives. I learned this from experiencing blind soccer.

Thank you for listening.

* blind soccer　ブラインドサッカー(視覚に障がいのある人のために考案された競技)
be covered　おおわれる　cover ～　～をおおう　blindfold　目かくし
discover ～　～を発見する　clearly　はっきりと　hand　助け，援助
ask for ～　～を求める　be in trouble　困っている　get lost　道に迷う
Thanks to ～　～のおかげで　naturally　自然なこととして

(1) 本文の内容に合う文を，次の**ア**～**ク**の中から三つ選んで，その記号を書きなさい。

ア The sports event sounded interesting to Mizuki, and he joined the event with a friend.
イ Jun told Mizuki to take part in the sports event.
ウ Mizuki knew nothing about Ms. Tanaka before he went to the event.
エ Mizuki and Jun were nervous but Ms. Tanaka gave them kind words.
オ Mizuki knew where the ball was because he could hear the sound.
カ When Mizuki went to the shop, his eyes were covered.
キ Ms. Tanaka asked Mizuki to help people because they often get lost.
ク Mizuki decided to be a famous soccer player like Ms. Tanaka.

(2) 次の文は，文中の ア ～ エ のどこに入るのが最も適切か，記号で答えなさい。

We got very excited to see them.

(3) 次の①，②がそれぞれ質問と答えの適切な組み合わせとなるように，(　)内に本文中から連続する英語を抜き出して書きなさい。ただし，それぞれ【　】で指定された語数で答えること。

① Why did Mizuki want to play blind soccer at the sports event?
Because he was (　　　　　　　　　　) in junior high school.　【6語】

② How does Mizuki feel after listening to Ms. Tanaka's words?
He feels that (　　　　　　　　　　).　【7語】

(4) 次の英文はミズキのスピーチを聞いた生徒が書いたものです。(①)～(③)に入る最も適切な英語を，下の**ア**～**エ**の中から一つ選んで，その記号を書きなさい。

I think Mizuki had a great experience. I have never played blind soccer. However, I can imagine it would be hard to play soccer if (①). Mizuki met Ms. Tanaka at the sports event and learned some important things. After this experience, he thought that he wanted to (②). I agree with Ms. Tanaka's idea. She said (③), so we should support each other in our everyday lives.

① ア my eyes were covered
イ we didn't have time to practice
ウ many people were watching me
エ I couldn't hear anything

② ア play blind soccer more イ learn how to teach soccer
ウ go to the sport event again エ help people in trouble

③ ア everyone should help people who get lost
イ everyone should learn more about blind soccer
ウ everyone needs someone's help
エ everyone needs soccer players' help

(5) このスピーチのタイトルとして最も適切なものを，**ア**～**エ**の中から一つ選んで，その記号を書きなさい。

ア Making friends at the sports event
イ Let's learn how to play blind soccer
ウ An exciting life of a famous soccer player
エ There is something we can do for others

6 サトル(Satoru)と留学生のアイシャ(Aisha)，フェイロン(Fei Long)の３人が，休日にあおい町(Aoi Town)に出かける話をしています。下の二つのポスターを見ながら，会話の流れに合うように，①～④の( )内の英語を並べかえて，記号で答えなさい。ただし，それぞれ**不要な語(句)が一つずつ**あり，文頭に来る語(句)も小文字で示されています。

Aoi Art Museum	Aoi Science Museum
【場所】 あおい駅から歩いて５分	【場所】 あおい駅から歩いて20分
【今月の特別企画】	【今月の特別企画】
＊有名漫画家の原画を展示	＊サイエンスショー「エネルギー問題について考える」(世界の現状を3D映像で)
＊地元ゆかりの画家による絵画作品を郷土史とともに紹介	＊写真展「海の不思議」(世界で活躍する写真家の作品を展示)

Satoru : Please look at the posters. We will go to Aoi Station by train, then walk to one of the museums. ①(ア how イ want to ウ you エ which museum オ do カ visit)? Aisha, you like the Aoi Art Museum, right?

Aisha : Yes, because ②(ア famous cartoonists イ taken ウ many pictures エ by オ there are カ drawn) in this museum.

Fei Long : I see. Actually, my idea is different. I am interested in the science museum.

Satoru : Why ?

Fei Long : Because we can learn many things about ③(ア that イ have to ウ the amazing ocean エ energy problems オ solve カ we).

Aisha : But we can learn many things in the art museum, too. For example, the history of Aoi Town . . . Oh, also, ④(ア takes イ to walk ウ it エ only 5 minutes オ only 20 minutes カ from) Aoi Station to the museum.

Satoru : Umm . . . It's very hard to decide.

<聞き取りテスト放送原稿>

ただいまから1の，放送による聞き取りテストを行います。問題は(1)から(4)までの四つです。放送中メモを取ってもかまいません。

それでは(1)の問題から始めます。

(1) これから，**No. 1** から **No. 5** まで，五つの英文を放送します。放送される英文を聞いて，その内容に合うものを選ぶ問題です。それぞれの英文の内容に最もよく合うものを，**ア**，**イ**，**ウ**，**エ**の中から一つ選んで，その記号を書きなさい。

それぞれの英文は，２回放送します。

では，はじめます。

No. 1 My sister is running after a dog.

繰り返します。

No. 2 We use this when we give plants some water.

繰り返します。

No. 3 There are two benches under a tree and a cat is sleeping between them.

繰り返します。

No. 4 It will be cloudy tomorrow, and it will be colder than today.

繰り返します。

No. 5 It's ten o'clock now. I have studied English for two hours, and now I will study math for one hour.

繰り返します。

これで(1)の問題を終わります。

次に，(2)の問題に移ります。

(2) これから，**No. 1** から **No. 4** まで，四つの対話を放送します。それぞれの対話のあとで，その対話について一つずつ質問します。それぞれの質問に対して，最も適切な答えを，**ア**，**イ**，**ウ**，**エ**の中から一つ選んで，その記号を書きなさい。

対話と質問は，２回放送します。

では，はじめます。

No. 1

A : Mary, have you ever visited a foreign country ?

B : No, I haven't. How about you, John ?

A : I have been to Japan three times.

B : Japan is a country I want to visit someday. Please tell me about your trip.

Question : Has Mary ever been to Japan ?
繰り返します。(対話と質問を繰り返す。)

No. 2

A : Mai, can you teach me how to make Japanese food ?

B : Sure, Bob. Come to my house next Sunday if you are free. My mom and I will show you.

A : Great. Then I can make it for my friends after I go back to America. They'll be surprised.

B : Sounds good.

Question : What will Bob do next Sunday ?

繰り返します。(対話と質問を繰り返す。)

No. 3

A : Here we are. The baseball game will begin soon.

B : I'm thirsty. Can I go and buy something to drink ?

A : Yes, but it's one o'clock, so we only have fifteen minutes before the game begins.

B : OK. I'll come back soon.

Question : What time will the baseball game begin ?

繰り返します。(対話と質問を繰り返す。)

No. 4

A : Lisa, the school festival will be held from this Friday to Sunday, right ?

B : Yes. My brass band will have a concert in the gym on the first day.

A : Sounds great ! I'd like to go there. What time will it start ?

B : It will start at two o'clock in the afternoon.

Question : What is true about the school festival ?

繰り返します。(対話と質問を繰り返す。)

これで(2)の問題を終わります。

次に，(3)の問題に移ります。

(3) これから，ジム(Jim)と店員との雑貨屋での対話を放送します。そのあとで，その内容について，**Question No. 1** と **Question No. 2** の二つの質問をします。それぞれの質問に対して，最も適切な答えを，**ア**，**イ**，**ウ**，**エ**の中から一つ選んで，その記号を書きなさい。

対話と質問は，２回放送します。

では，はじめます。

Clerk : How can I help you ?

Jim : I'm looking for something for my grandmother's birthday, but I only have 2,000 yen.

Clerk : OK. Then, how about this hat ? It's the most popular in this shop. It's 1,500 yen.

Jim : Well, my grandmother doesn't go out often, so I don't want to buy her a hat.

Clerk : So, something she can use at home would be better, right ?

Jim : Yes. I thought giving her flowers was a good idea, but my sister is going to give them to her.

Clerk : Then how about this ? She can put the flowers in it.

Jim : That's a good idea! How much is it?

Clerk : Oh, I'm sorry. It's actually 2,500 yen, but . . . 2,000 yen will be fine.

Jim : Thank you very much.

Questions :

No. 1 What will Jim buy for his grandmother's birthday?

No. 2 How much will Jim pay?

繰り返します。(対話と質問を繰り返す。)

これで(3)の問題を終わります。

次に，(4)の問題に移ります。

(4) 英語の授業で，生徒たちがクラスメイトのメイ(Mei)のスピーチを聞いてメモを取っています。これからそのスピーチを放送します。その内容について，下の空欄①には**数字**を，空欄②，③にはスピーチで用いた英語の中から適切な語を１語ずつ書き，メモを完成させなさい。

英文は，２回放送します。

では，はじめます。

Mr. Anderson is 82 years old, and he lives near my house. He takes a walk for thirty minutes every morning. When I meet him, he always tells me how good walking is for his health. He says he has never become sick since he started walking in the morning twenty years ago. When he takes a walk, he often collects garbage to keep our town clean. I respect him very much, and I want to be like him.

繰り返します。(英文を繰り返す。)

これで，放送による聞き取りテストを終わります。続いて，問題 2 に進みなさい。

数学

●満点 100点 ●時間 50分

（注意）・ 分数が含まれるときは，それ以上約分できない形にしなさい。
・ 根号が含まれるときは，根号の中を最も小さい自然数にしなさい。また，分母に根号が含まれるときは，分母に根号を含まない形にしなさい。

1 次の問いに答えなさい。

(1) 次の①～④の計算をしなさい。

① $4-(-9)$

② $\sqrt{6}\times\sqrt{3}-\sqrt{8}$

③ $6a^3b\times\dfrac{b}{3}\div 2a$

④ $\dfrac{x+6y}{3}+\dfrac{3x-4y}{2}$

(2) 2次方程式 $(x+3)(x-7)+21=0$ を解きなさい。

2 次の問いに答えなさい。

(1) 連立方程式 $\begin{cases} ax+by=-11 \\ bx-ay=-8 \end{cases}$ の解が $x=-6$，$y=1$ であるとき，a，b の値を求めなさい。

(2) -3，-2，-1，1，2，3の数が一つずつ書かれた6枚のカードがある。その中から1枚のカードをひき，もとに戻し，再び1枚のカードをひく。1回目にひいたカードに書かれた数を a，2回目にひいたカードに書かれた数を b とする。

このとき，点 $(a,\ b)$ が関数 $y=\dfrac{6}{x}$ のグラフ上にある確率を求めなさい。

ただし，どのカードがひかれることも同様に確からしいとする。

(3) ある洋品店では，ワイシャツを定価の3割引きで買うことができる割引券を配布している。割引券1枚につきワイシャツ1着だけが割引きされる。この割引券を3枚使って同じ定価のワイシャツを5着買ったところ，代金が8200円だった。このとき，ワイシャツ1着の定価を求めなさい。

ただし，消費税は考えないものとする。

(4) 右の**図**のように関数 $y=-x^2$ のグラフがある。このグラフ上の点で，x 座標が -1 である点をA，x 座標が2である点をBとする。このとき，△OABの面積を求めなさい。

ただし，原点Oから点 $(1,\ 0)$ までの距離と原点Oから点 $(0,\ 1)$ までの距離は，それぞれ1cmとする。

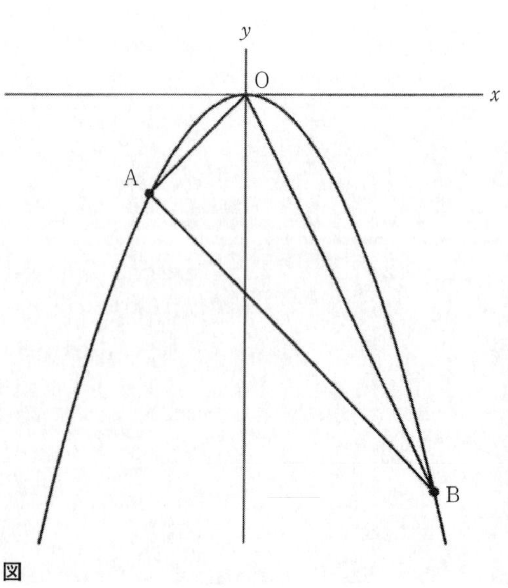

図

3 コンピュータの画面に，正方形ABCDと，頂点Bを中心とし，BAを半径とする円の一部分が表示されている。点Pは2点B，Cを除いた辺BC上を，点Qは2点C，Dを除いた辺CD上を，それぞれ動かすことができる。太郎さんと花子さんは，点P，Qを動かしながら，図形の性質や関係について調べている。

このとき，次の(1)〜(3)の問いに答えなさい。

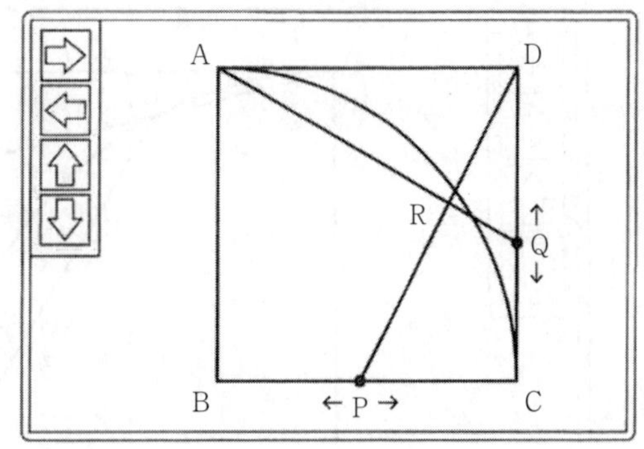

図1

(1) 右の**図1**のように，線分AQと線分DPの交点をRとする。∠PDC＝∠QADであるとき，△DPC∽△DQRであることに太郎さんは気づき，下のように証明した。

[a]〜[c]に当てはまるものを，[ ]の選択肢の中からそれぞれ一つ選んで，その記号を書きなさい。

(証明) △DPCと△AQDにおいて，
仮定から， ∠PDC＝∠QAD …①
四角形ABCDは正方形だから，
DC＝AD …②
∠DCP＝∠ADQ＝90° …③
①，②，③より，1組の辺とその両端の角がそれぞれ等しいので，
△DPC≡△AQD …④
また，△DPCと△DQRにおいて，
④より，合同な図形の対応する角は等しいので，
∠DPC＝∠[a] …⑤
また，共通な角だから，
∠PDC＝∠[b] …⑥
⑤，⑥より，[c]ので，
△DPC∽△DQR

a，*b*の選択肢

ア	DQR	イ	QRD
ウ	QDR	エ	DCP
オ	ADP	カ	RAD

*c*の選択肢

ア 3組の辺の比がすべて等しい

イ 3組の辺がそれぞれ等しい

ウ 2組の辺の比が等しく，その間の角が等しい

エ 2組の角がそれぞれ等しい

(2) 下の**図 2** のように，線分 AQ と弧 AC との交点を E とすると，点 Q を動かしても∠AEC の大きさは一定であることに花子さんは気がついた。∠AEC の大きさを求めなさい。

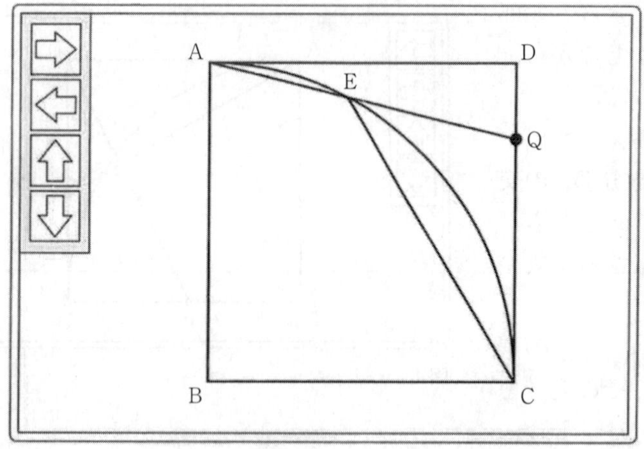

図 2

(3) 下の**図 3** のように，点 P を辺 BC の中点となるように動かし，線分 PD と弧 AC との交点を F とする。正方形 ABCD の 1 辺の長さを10cm とするとき，線分 PF の長さを求めなさい。

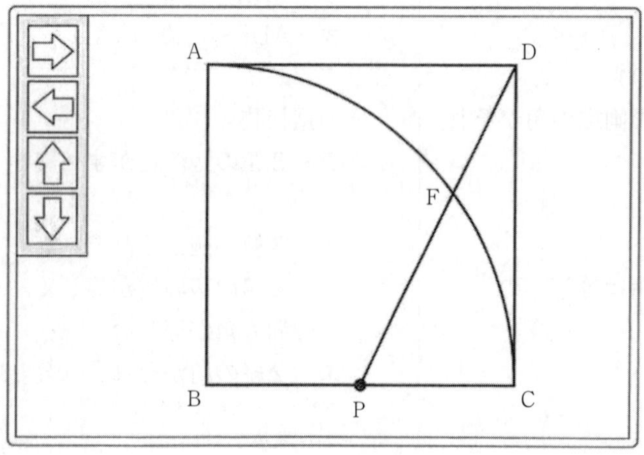

図 3

4　S町では，2700m離れた２地点Ａ，Ｂ間で，２台の無人自動運転バスＰ，Ｑの導入実験を行った。下の**表**は，バスＰ，Ｑの走行の規則についてまとめたものである。また，下の**図**は，地点Ａを出発してから x 分後の地点Ａからの距離を y mとして，x と y の関係をグラフに表したものである。

ただし，２地点Ａ，Ｂを結ぶ道路は直線とする。

表

バスＰ	午前10時に地点Ａを出発し，実験を終了するまで一定の速さで走行する。 ２地点Ａ，Ｂ間を片道９分で３往復する。 バスＱと同時に地点Ａに戻り，実験を終了する。
バスＱ	午前10時に地点Ａを出発し，地点Ｂまで一定の速さで走行する。 地点Ｂに到着後，７分間停車し，その間に速さの設定を変更する。 バスＰと同時に地点Ｂを出発し，地点Ａまで一定の速さで走行する。 バスＰと同時に地点Ａに戻り，実験を終了する。

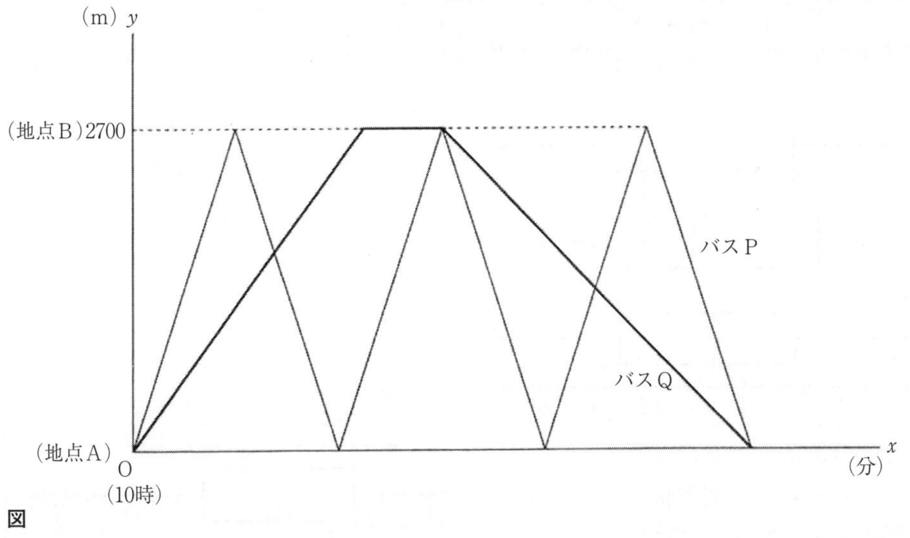

図

このとき，次の(1)，(2)の問いに答えなさい。

(1)　①　バスＰが２回目に地点Ｂに到着した時刻を求めなさい。

②　バスＱの，地点Ｂに到着するまでの速さは分速何mか求めなさい。

(2)　２地点Ａ，Ｂを結ぶ道路上に地点Ｃがある。地点Ｃを，地点Ａに向かうバスＱが通過した８分後に，地点Ａに向かうバスＰが通過した。地点Ｃは地点Ｂから何mのところにあるか求めなさい。

5　A組，B組，C組の生徒について，6月の1か月間に図書館から借りた本の冊数を調査した。このとき，次の(1)，(2)の問いに答えなさい。

(1)　下の**図1**は，A組20人について，それぞれの生徒が借りた本の冊数をまとめたものである。

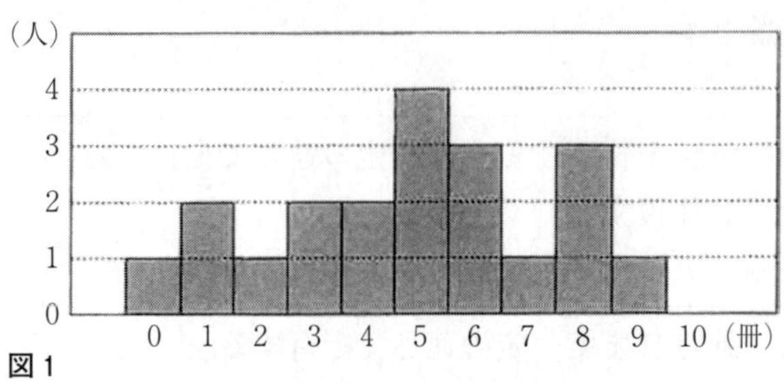

図1

①　本の冊数の平均値を求めなさい。

②　**図1**に対応する箱ひげ図を，次の**ア**～**エ**の中から一つ選んで，その記号を書きなさい。

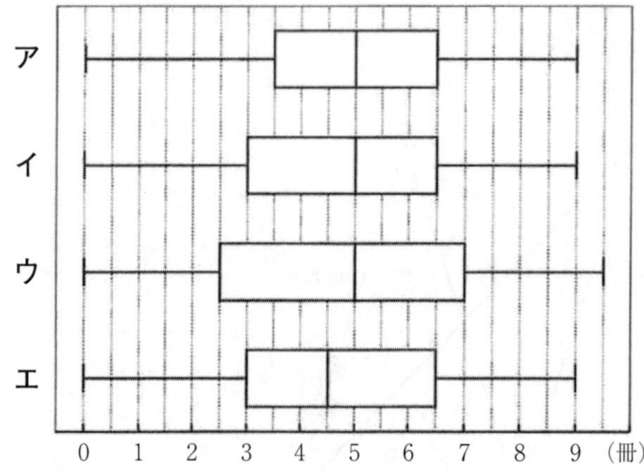

(2)　右の**図2**は，B組20人とC組20人について，それぞれの生徒が借りた本の冊数のデータを箱ひげ図に表したものである。これらの箱ひげ図から読み取れることとして，下の①～④は正しいといえるか。「**ア**　正しいといえる」，「**イ**　正しいといえない」，「**ウ**　これらの箱ひげ図からはわからない」の中からそれぞれ一つ選んで，その記号を書きなさい。

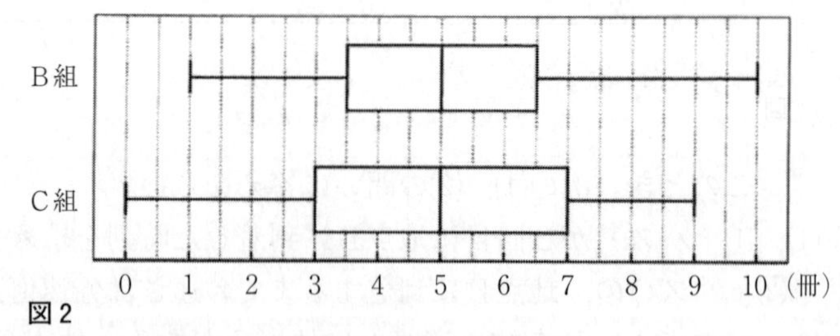

図2

①　B組とC組の四分位範囲を比べるとB組の方が大きい。

②　B組とC組の中央値は同じである。

③　B組もC組も，3冊以下の生徒が5人以上いる。

④　B組とC組の平均値は同じである。

6 右の**図1**のような，底面の半径が2 cm，母線の長さが6 cm，高さが$4\sqrt{2}$ cm，頂点がOの円すいがある。

このとき，次の(1)~(3)の問いに答えなさい。

ただし，円周率はπとする。

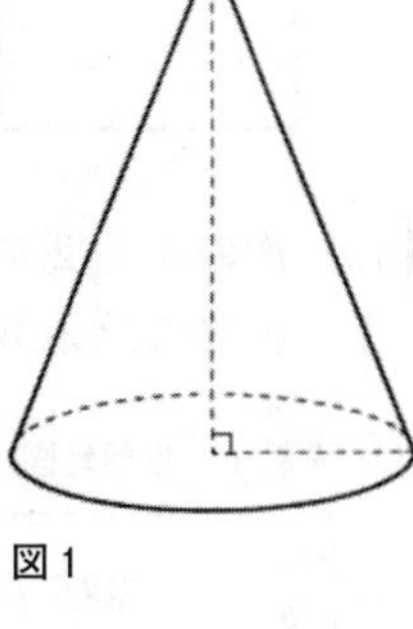

図1

(1) この円すいの体積を求めなさい。

(2) この円すいの表面積を求めなさい。

(3) 下の**図2**のように，この円すいにおける底面の直径の一つをABとする。点Pは線分OA上の点でOP＝2cmであり，点Qは線分OB上を動く点である。点Bから点Pを通るようにして点Qまでひもをかける。ひもの長さが最短となるように点Qをとるとき，そのひもの長さを求めなさい。

ただし，ひもの太さや伸び縮みは考えないものとする。

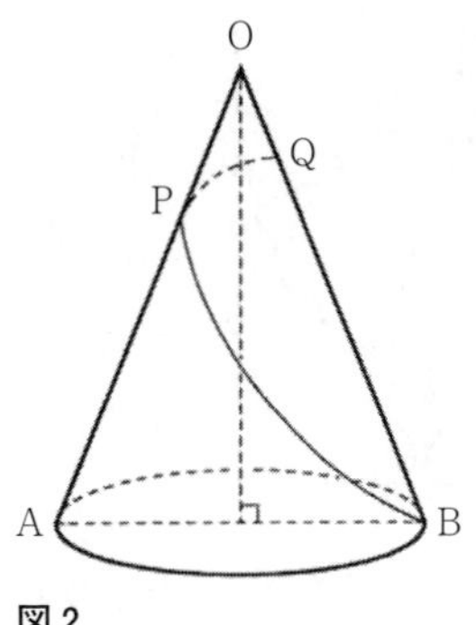

図2

社会

●満点 100点 ●時間 50分

1 次の１，２に答えなさい。

1 世界の諸地域について，次の(1)～(3)の問いに答えなさい。

資料１ 世界地図

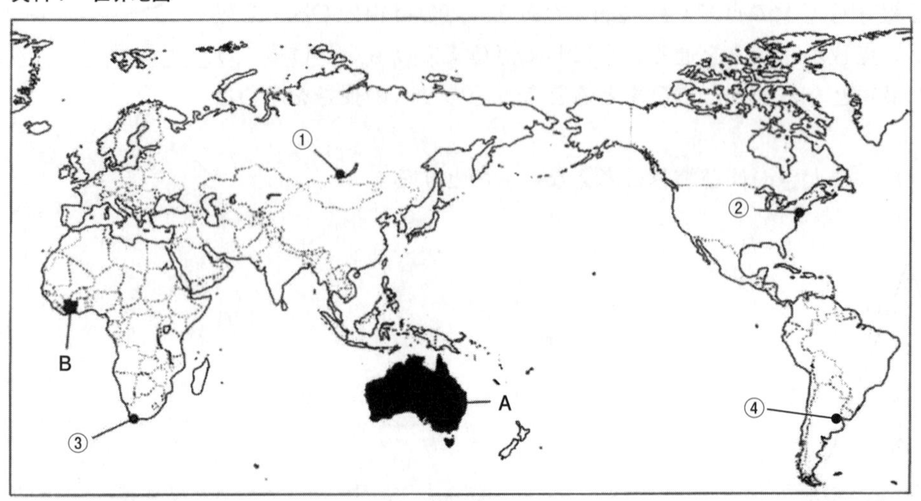

(1) 次のグラフは，**資料１**にある①～④のいずれかの都市の気温と降水量を表したものである。**資料１**にある④の都市に当てはまるグラフを，次の**ア**～**エ**の中から一つ選んで，その記号を書きなさい。

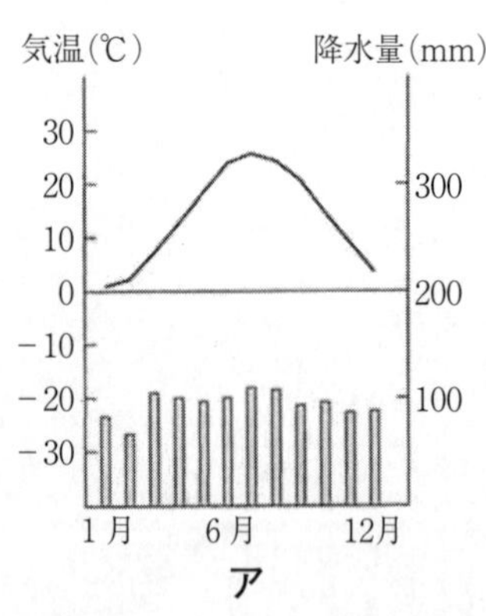

ア

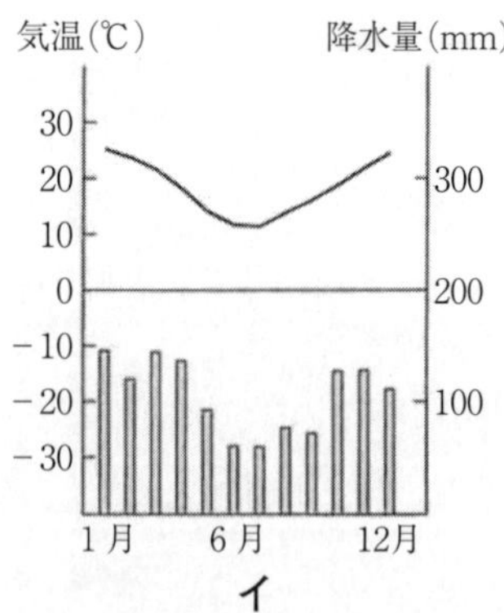

イ

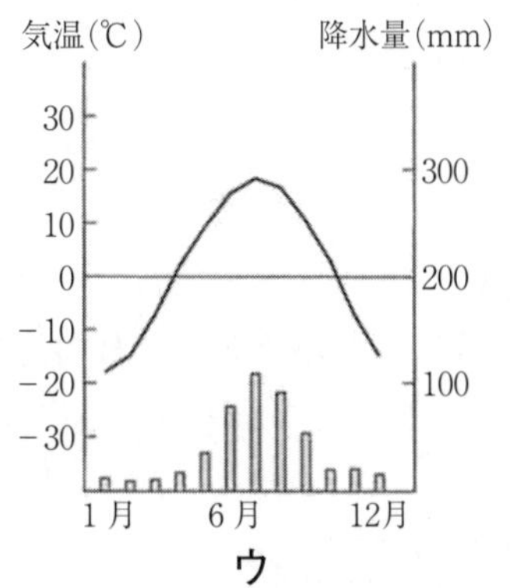

ウ

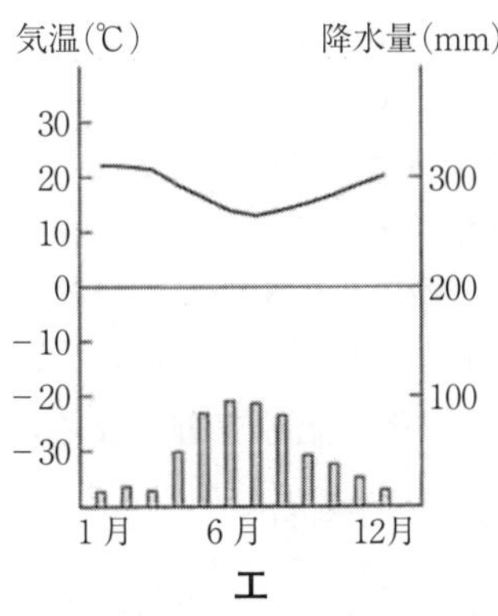

エ

〔「理科年表」2021年版より作成〕

(2) **資料2**は，**資料1**の**A**のオーストラリアの輸出額の総計に占める主要輸出相手国の割合の推移を示したものである。**資料2**の**ア**～**エ**は，アメリカ，イギリス，中国，日本のいずれかである。イギリスと中国に当てはまるものを，**ア**～**エ**の中からそれぞれ一つ選んで，その記号を書きなさい。

資料2　オーストラリアの輸出額の総計に占める主要輸出相手国の割合の推移

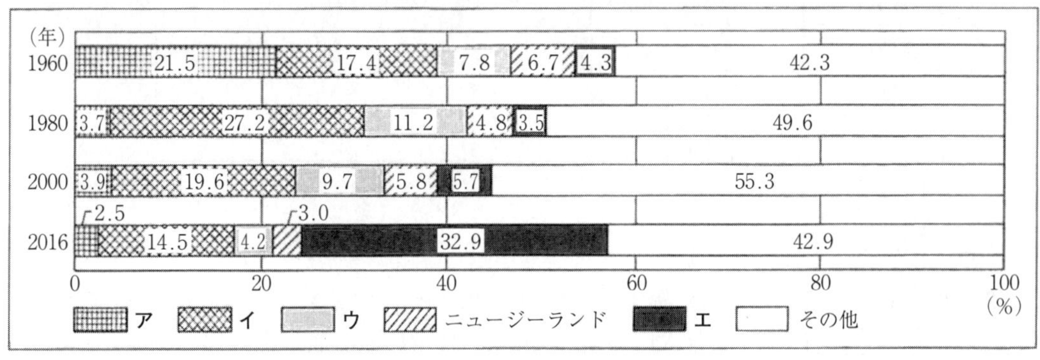

〔オーストラリア政府外務貿易資料より作成〕

(3) 次の**＜メモ＞**は，アフリカ州の産業についてまとめたものである。**＜メモ＞**の［ a ］に当てはまる語を**カタカナ**で書きなさい。また，［ b ］と［ c ］に当てはまる語の組み合わせとして適切なものを，下の**ア**～**エ**の中から一つ選んで，その記号を書きなさい。

＜メモ＞

アフリカ州では，19世紀末までに多くの地域がヨーロッパ諸国による植民地となり，［ a ］と呼ばれる大農園で作物が作られるようになった。多くの国は，特定の鉱産資源や農作物を輸出して成り立つ［ b ］の国となっている。

資料1の**B**のコートジボワールでは，**資料3**のように，［ c ］が主要な輸出品目となっており，その生産量は，2019年現在で世界第1位となっている。

資料3　コートジボワールにおける輸出額の割合(%)（2018年）

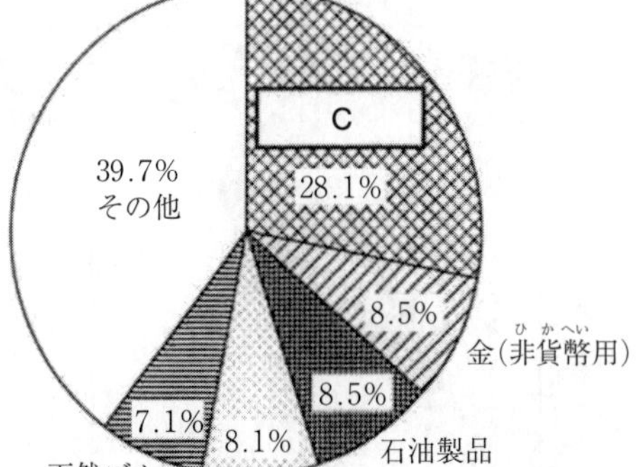

〔「データブック オブ・ザ・ワールド」2021年版より作成〕

ア　［b　加工貿易　　　　　c　カカオ(豆)］
イ　［b　加工貿易　　　　　c　綿花］
ウ　［b　モノカルチャー経済　c　カカオ(豆)］
エ　［b　モノカルチャー経済　c　綿花］

2　日本や身近な地域について，次の(1)～(5)の問いに答えなさい。

(1)　**資料4**は，**資料5**の**A**～**D**を含む日本の主な島の面積を示したものである。**B**の島を，下の**ア**～**エ**の中から一つ選んで，その記号を書きなさい。

資料4　日本の主な島の面積

島	面積(km²)
A	3167
B	1489
沖縄島	1209
C	855
大島(奄美大島)	712
対馬	696
D	593

〔「日本国勢図会」2021/22年版より作成〕

資料5

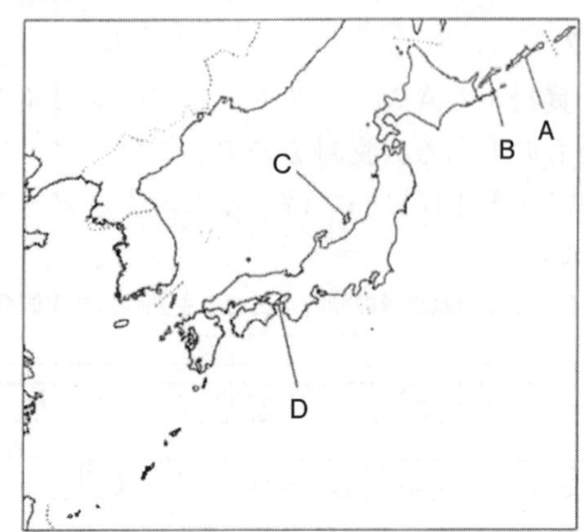

ア　国後島(くなしり)　　イ　択捉島(えとろふ)
ウ　淡路島(あわじ)　　エ　佐渡島(さど)

(2)　**資料6**は，日本の人口に関する三つの主題図(テーマをもとに作られた図)である。**資料6**の［a］～［c］には，老年人口の割合(全人口に占める65歳以上人口の割合)，人口密度，第三次産業就業者の割合(全就業者に占める第三次産業就業者の割合)のいずれかが当てはまる。［a］～［c］の組み合わせとして適切なものを，下の**ア**～**カ**の中から一つ選んで，その記号を書きなさい。

資料6　日本の人口に関する三つの主題図(2017年)

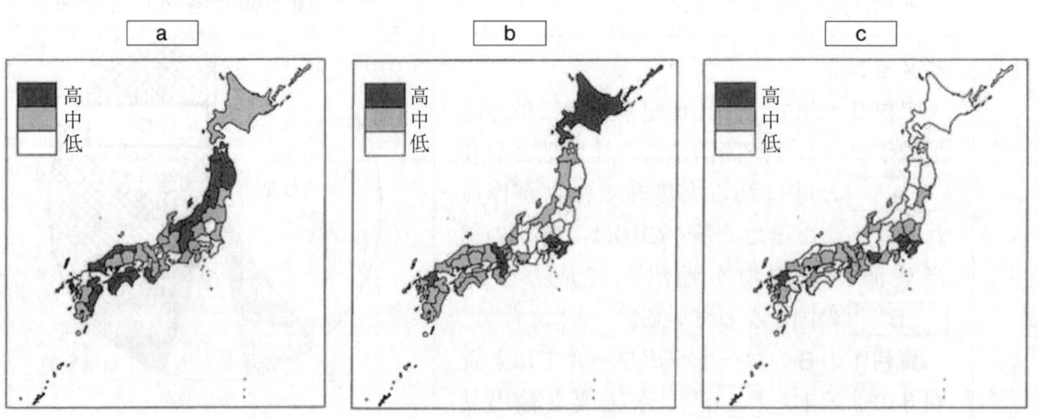

（注）　**資料6**の各主題の高中低の内訳は右の表のとおりとする。

	老年人口の割合	人口密度（1 km^2 当たり）	第三次産業就業者の割合
高	31％以上	1000人以上	74％以上
中	28％以上31％未満	190人以上1000人未満	65％以上74％未満
低	28％未満	190人未満	65％未満

〔「データでみる県勢」2019，2021年版より作成〕

ア　［a　第三次産業就業者の割合　b　老年人口の割合　c　人口密度］
イ　［a　第三次産業就業者の割合　b　人口密度　c　老年人口の割合］
ウ　［a　人口密度　b　老年人口の割合　c　第三次産業就業者の割合］
エ　［a　人口密度　b　第三次産業就業者の割合　c　老年人口の割合］
オ　［a　老年人口の割合　b　人口密度　c　第三次産業就業者の割合］
カ　［a　老年人口の割合　b　第三次産業就業者の割合　c　人口密度］

(3)　**資料7**は，近畿地方の2府5県についてまとめたものである。三重県に当てはまるものを，**資料7**の**ア**～**エ**の中から一つ選んで，その記号を書きなさい。また，三重県の県庁所在地名を下の**オ**～**ク**の中から一つ選んで，その記号を書きなさい。

資料7　近畿地方の2府5県のデータ（2018年）

府県	人口密度（人/km^2）	産出額			製造品出荷額（億円）	重要文化財指定件数（件）
		農業（億円）	林業（億円）	漁業（海面）（億円）		
ア	197.8	1158	40	127	27549	395
イ	4625.5	332	4	46	179052	682
ウ	561.7	704	24	39	59924	2199
エ	310.2	1113	51	446	112597	188
奈良県	362.8	407	29	−	21998	1327
滋賀県	351.6	641	11	−	81024	825
兵庫県	652.8	1544	38	523	166391	470

（注）　重要文化財指定件数については，2021年8月1日時点のものである。
〔「データでみる県勢」2021年版，文化庁資料より作成〕

オ　大津市　　**カ**　四日市市　　**キ**　津市　　**ク**　松山市

(4)　**資料8**はある地域の地形図である。**資料8**から読み取れるものとして**適切でないもの**を，下の**ア**～**エ**の中から一つ選んで，その記号を書きなさい。

資料8

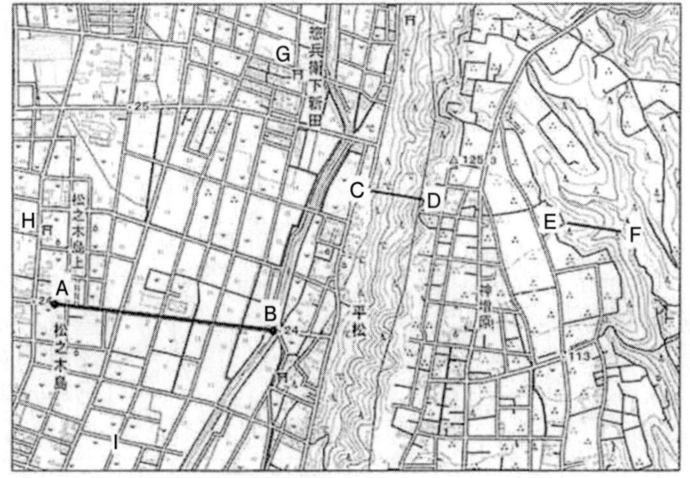

〔国土地理院発行2万5千分の1地形図「笠井」より作成〕

ア　地形図上のA地点からB地点までの長さを約3cmとすると，実際の距離は約750mである。

イ　C－D間とE－F間では，E－F間の方が，傾斜が急である。

ウ　G付近の神社から見てH付近の神社は南西の方角にある。

エ　I付近には畑が見られる。

(5)　**資料9～資料12**は，茨城県と北海道の農業を比較したものである。これらの資料から読み取れるものとして**適切でないもの**を，下の**ア～エ**の中から一つ選んで，その記号を書きなさい。

資料9　茨城県と北海道の農業産出額に占める農産物の割合(2018年)

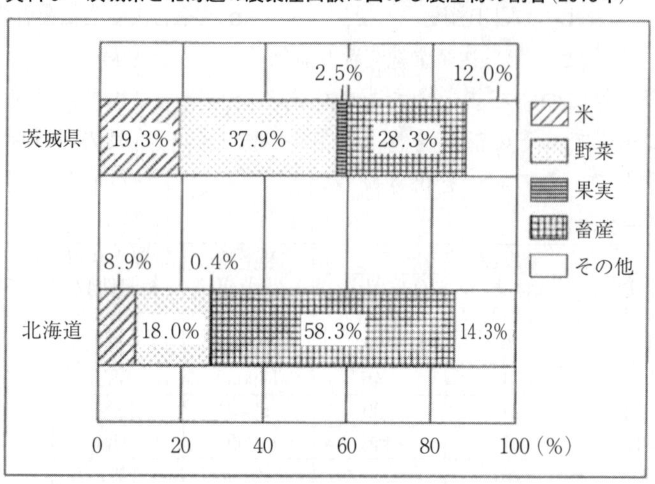

（注）　割合は四捨五入しているので，合計が100%にならない場合がある。

〔「データでみる県勢」2021年版より作成〕

資料10　茨城県と北海道の耕地面積と農家戸数(2015年)

	耕地面積(ha)	農家戸数(戸)
茨城県	170900	57239
北海道	1147000	38086

〔「データでみる県勢」2017年版より作成〕

資料11　農業産出額の順位(2018年)

(単位：億円)

	農業産出額	
1位	北海道	12593
2位	鹿児島県	4863
3位	茨城県	4508
4位	千葉県	4259
5位	宮崎県	3429

〔「データでみる県勢」2021年版より作成〕

資料12　茨城県と北海道の耕地面積規模別の農家の割合(2015年)

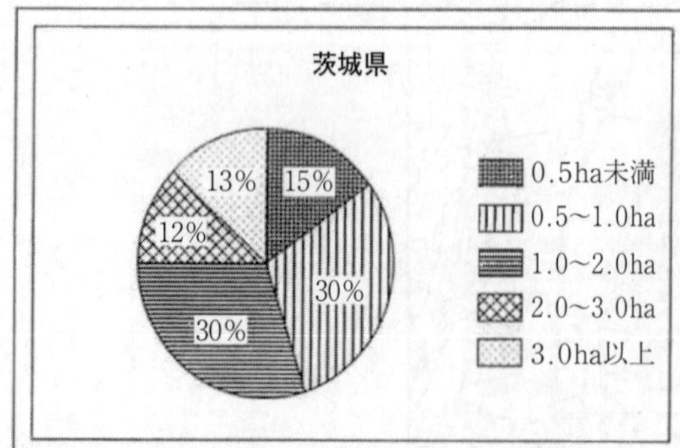

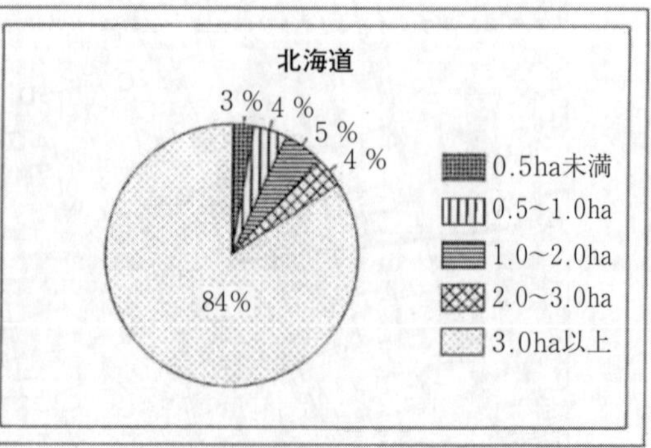

〔「地理統計要覧」2021年版より作成〕

ア　農業産出額に占める畜産の割合は，茨城県よりも北海道が大きい。
イ　米の産出額は，茨城県よりも北海道が多い。
ウ　北海道の農家一戸あたりの耕地面積は，茨城県の約５倍である。
エ　耕地面積規模別の農家の割合は，茨城県は3.0ha 未満が８割以上を占め，北海道は3.0ha 以上が８割以上を占める。

2　社会科の授業で，「世界と日本の歴史を関連づけてみよう」という課題で，班ごとにテーマを設定し，学習しました。次の**1**，**2**に答えなさい。

1　１班では，「社会と信仰」というテーマを設定して調べました。下の(1)～(4)の問いに答えなさい。

良子：この前の授業で３つの宗教について学習したので，右の**＜メモ１＞**を作ってみたんだ。

＜メモ１＞

宗教名	おこした人
仏教	シャカ
キリスト教	イエス
イスラム教	a ムハンマド

太郎：私たちが使っている「西暦」は，イエスが生まれたとされる年を基準としているんだよね。
雪子：時代区分の学習で，「b 年号」や「時代」というのも習ったけど，どのような内容だったかな。
太郎：「年号」は「元号」とも言うよ。日本では中国にならって７世紀半ばに初めて使用されたんだよ。
次郎：「時代」は縄文時代や奈良時代といった歴史上の区分のことだよ。
雪子：興味のある時代の社会と信仰について調べてみようよ。私は c 平安時代について調べてみるね。
太郎：それなら d 江戸時代を調べてみるよ。

(1)　下線部**a**に関連して，ムハンマドがイスラム教をおこしたころの日本の様子を述べた文として適切なものを，次の**ア**～**エ**の中から一つ選んで，その記号を書きなさい。
ア　倭の奴国の王が，後漢に使いを送り，皇帝から金印を授かった。
イ　唐の都長安(西安)にならった平城京が，奈良につくられた。
ウ　隋の進んだ文化を取り入れるため，小野妹子らが隋に派遣された。
エ　大王を中心として，近畿地方の豪族で構成する大和政権が生まれた。

(2)　下線部**b**について，次のⅠ～Ⅲは，年号(元号)がついた歴史上の出来事について述べたものである。それらを古い順に並べたものを，下の**ア**～**カ**の中から一つ選んで，その記号を書きなさい。
Ⅰ　後醍醐天皇が，天皇中心の新しい政治をめざし，貴族(公家)を重視する政治を行った。（建武の新政）
Ⅱ　中大兄皇子や中臣鎌足らによって蘇我氏が倒され，政治改革が始められた。（大化の改新）
Ⅲ　院政をめぐる天皇家や藤原氏の争いを，武士が武力で解決し急速に地位を高めた。（保元の乱）

ア　［Ⅰ－Ⅱ－Ⅲ］　イ　［Ⅰ－Ⅲ－Ⅱ］　ウ　［Ⅱ－Ⅰ－Ⅲ］
エ　［Ⅱ－Ⅲ－Ⅰ］　オ　［Ⅲ－Ⅰ－Ⅱ］　カ　［Ⅲ－Ⅱ－Ⅰ］

(3) 雪子さんは，下線部**c**の平安時代について興味をもち，**＜メモ２＞**を作成しました。**資料１**の建物がある寺院の位置を，**資料２**の**ア**～**エ**の中から一つ選んで，その記号を書きなさい。

また**＜メモ２＞**の[あ]，[い]に当てはまる語の組み合わせとして適切なものを，下の**オ**～**ク**の中から一つ選んで，その記号を書きなさい。

資料１　中尊寺金色堂の内部

資料２

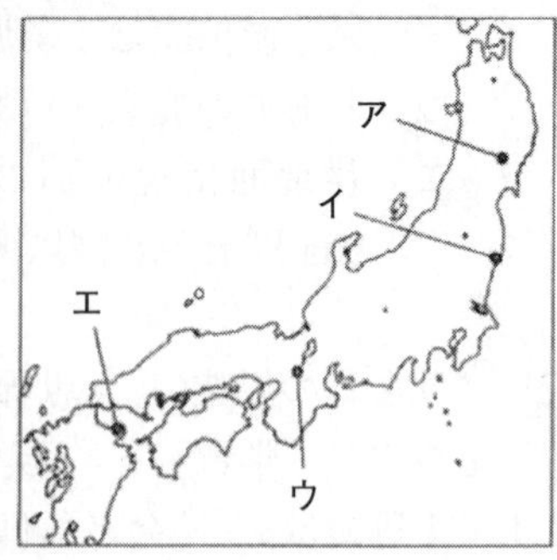

> **＜メモ２＞**
> 平安時代の初めには，最澄と空海が[あ]で学んだ新しい仏教の教えを日本に伝えた。その後，日本では国風文化が広まった。また，[い]を唱えて阿弥陀仏にすがり，死後に極楽浄土に生まれ変わることを願う浄土信仰(浄土の教え)が広まり，**資料１**のような寺院が建てられた。

オ［**あ**　宋　**い**　念仏］　**カ**［**あ**　唐　**い**　念仏］
キ［**あ**　唐　**い**　題目］　**ク**［**あ**　宋　**い**　題目］

(4) 太郎さんは，下線部**d**の江戸時代に興味をもち，**資料３**を見つけ，この時代のキリスト教について自分で調べたことを**＜メモ３＞**のように整理し，**＜まとめ１＞**を作成しました。**＜まとめ１＞**の[う]～[お]に当てはまる語の組み合わせとして適切なものを，下の**ア**～**エ**の中から一つ選んで，その記号を書きなさい。

資料３　日本におけるキリスト教徒の人数の推移(推計)

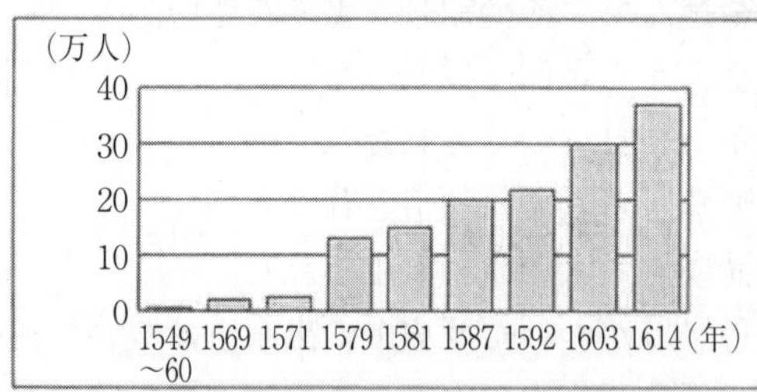

〔「日本キリスト教史」より作成〕

＜メモ３＞

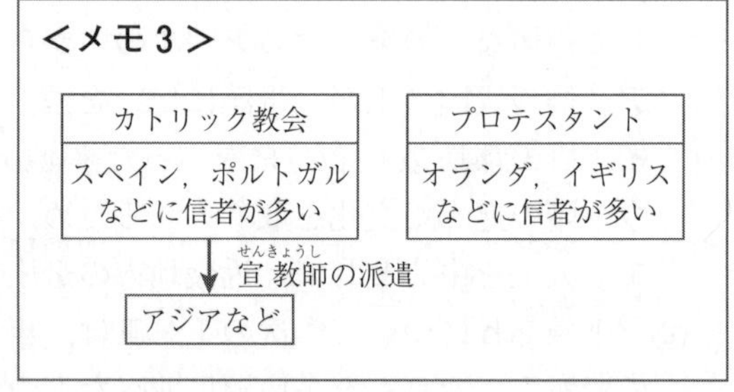

> **＜まとめ１＞**
> 16世紀半ば以降，[う]の宣教師が来航してキリスト教を布教したので，日本におけるキリスト教徒の人数が増えた。江戸幕府は，貿易の利益のために布教を初め黙認していたが，キリスト教徒が幕府の支配に抵抗することを恐れ，キリスト教の禁教とともに貿易の[え]に乗り出した。その後，スペインやポルトガルの船が来航を禁止されるなか，当時日本と貿易を行っていたヨーロッパの国の中で[お]が日本と貿易を続けることになった。

ア ［う カトリック教会 え 拡大 お イギリス］
イ ［う カトリック教会 え 制限 お オランダ］
ウ ［う プロテスタント え 拡大 お オランダ］
エ ［う プロテスタント え 制限 お イギリス］

2 2班では，「歴史の中の動物」というテーマを設定し，**カード1**～**カード3**を作成しました。下の(1)～(3)の問いに答えなさい。

カード1 馬(うま)	**カード2** 象(ぞう)	**カード3** パンダ
1274年の文永(ぶんえい)の役(えき)では，元・高麗(こうらい)軍に対し，日本の御家人(ごけにん)は馬に乗るなどして戦った。 また，中世には馬借(ばしゃく)とよばれる［か］が活躍した。	江戸幕府8代将軍(しょうぐん)のe徳川吉宗(とくがわよしむね)のとき，中国商人が長崎にもたらした象は，江戸まで陸路で移動し，沿道の人々が見物した。	1972年，日中友好の証(あかし)として，中国から2頭のパンダが贈られ，上野動物園(うえのどうぶつえん)で飼育されることになった。

(1) **カード1**の［か］に当てはまる語を，次の**ア**～**エ**の中から一つ選んで，その記号を書きなさい。

ア 運送業者　イ 造船業者　ウ 金融業者　エ 手工業者

(2) **カード2**の下線部**e**が享保(きょうほう)の改革を行っていた時期と，同じ世紀のできごとについて述べた文として適切なものを，次の**ア**～**エ**の中から一つ選んで，その記号を書きなさい。

ア インドでは，ガンディーらがイギリスからの独立運動を推し進めた。
イ アメリカでは，奴隷制(どれいせい)などをめぐって南北戦争(なんぼくせんそう)が起こった。
ウ フランスでは，フランス革命が始まり，人権宣言(じんけんせんげん)が発表された。
エ ポルトガルのバスコ＝ダ＝ガマの船隊がインドに到達した。

(3) 花子さんは**カード3**について調べていく中で，**資料4**を見つけ，**＜まとめ2＞**を作成しました。**資料4**と**＜まとめ2＞**の［き］に当てはまるできごとを，下の**ア**～**エ**の中から一つ選んで，その記号を書きなさい。

資料4　第二次世界大戦後の近隣諸国との関係回復

西暦	できごと
1951年	サンフランシスコ平和条約(へいわじょうやく)を締結
1956年	日ソ共同宣言(にっきょうどうせんげん)に調印
1965年	日韓基本条約(にっかんきほんじょうやく)を締結
1972年	［き］

＜まとめ2＞
パンダが日本にやってきたのは，1972年に日本と中国が［き］したことで，両国の国交が正常化されたからである。

ア 下関条約(しものせきじょうやく)を締結
イ 日中共同声明(にっちゅうきょうどうせいめい)に調印
ウ 日中平和友好条約(にっちゅうへいわゆうこうじょうやく)を締結
エ 日清修好条規(にっしんしゅうこうじょうき)を締結

3 次の(1)〜(7)の問いに答えなさい。

(1) **資料1**は地方公共団体と国の政治のしくみについて表したものである。地方公共団体と国の政治のしくみについて説明した文として適切なものを，下の**ア**〜**エ**の中から一つ選んで，その記号を書きなさい。

資料1　地方公共団体と国の政治のしくみ

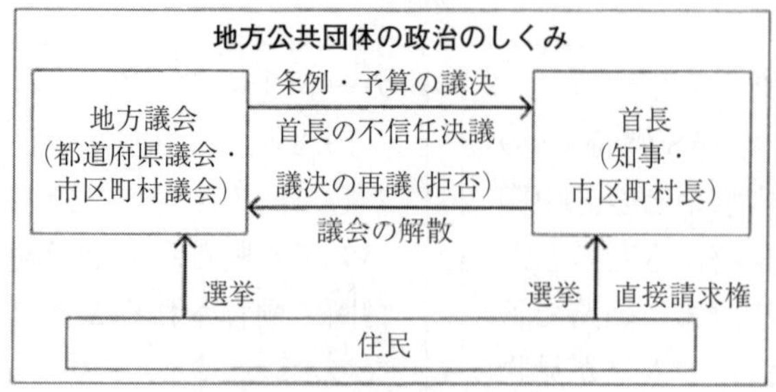

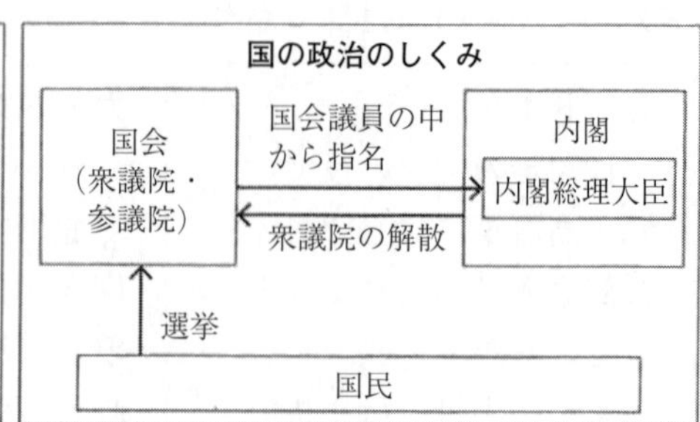

ア　地方公共団体の政治では直接請求権が認められているが，国の政治では認められていない。

イ　地方公共団体の住民は首長を，国民は内閣総理大臣を選挙で直接選ぶことができる。

ウ　地方議会も国会もともに二院制が採用されている。

エ　首長は地方議会の解散の権限はないが，内閣は衆議院の解散の権限がある。

(2) 日本国憲法で保障されている権利が，公共の福祉により制限を受けることがある。例えば，「高速道路建設のため，正当な補償のもとで住民に立ち退(の)きを求める場合」がある。この場合に住民が制限を受けることになる権利として最も適切なものを，次の**ア**〜**エ**の中から一つ選んで，その記号を書きなさい。

ア　集会・結社の自由　　**イ**　表現の自由　　**ウ**　財産権　　**エ**　労働基本権

(3) 太郎さんは，環境美化委員会で，クラスの清掃計画の案を作りました。社会科で学習した効率や公正の考え方に基づいて案をチェックするために，次の**ア**〜**エ**の観点を考えてみました。効率の考え方に基づいて作られた観点として最も適切なものを，次の**ア**〜**エ**の中から一つ選んで，その記号を書きなさい。

ア　クラスの生徒全員に清掃分担が割り振られているか。

イ　クラスの生徒全員から意見を聞く機会や話し合いの場を設けているか。

ウ　時間内に清掃を終えるために，それぞれの清掃場所の清掃手順は適切か。

エ　当番の割り当てが，一部の生徒に過大な負担となっていないか。

(4) **資料2**〜**資料4**は2021年6月に改正された育児・介護(かいご)休業法に関連する資料である。これらの資料から読み取れることとして適切なものを，下の**ア**〜**オ**の中から**すべて**選んで，その記号を書きなさい。

資料2　育児・介護休業法の改正ポイントの一部

① 本人または配偶者の妊娠・出産等を申し出た労働者に対し，休業を取得する意向があるかを確認するよう，事業主に義務づけた。

② 男性が，通常の育児休業とは別に，子の生後8週間以内に最大4週間の休暇を取れるようにする。この休暇は2回まで分割取得を可能とする。

③ 従業員数1000人超の企業は，育児休業等の取得の状況を年1回公表することを義務づけられた。

(注) 育児休業とは，1歳に満たない子を養育する男女労働者が，会社に申し出ることにより，1歳になるまでの間で希望する期間，育児のために休業できる制度をさす。

〔厚生労働省資料より作成〕

資料3　男性と女性の育児休業取得率の推移（2012年度～2019年度）

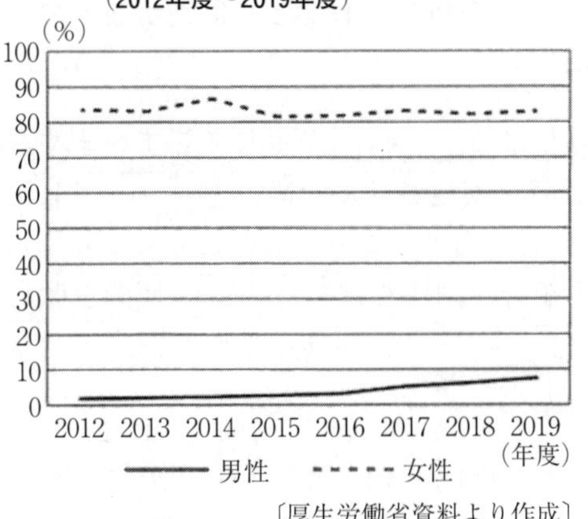

〔厚生労働省資料より作成〕

資料4　女性の年齢階層別の労働力率の推移

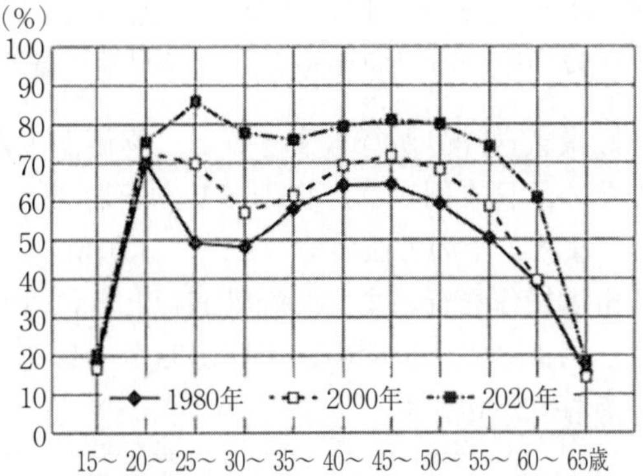

（注）　労働力率とは，以下の式で表される労働力人口比率をさす。
＜（就業者および完全失業者の人数）÷（15歳以上の人数）＞

〔総務省資料より作成〕

ア　2012年度から2019年度における育児休業取得率は，男性は常に10%未満，女性は常に80%以上であり，大きな差が見られる。

イ　2015年度から2019年度にかけて男性と女性の育児休業取得率を比べると，女性の方が取得率の伸びが大きい。

ウ　2020年の25～64歳における女性の労働力率は，2000年と比べて，どの年齢階層においても高くなっている。

エ　育児・介護休業法の改正によって，男性が，通常の育児休業とは別に，子の生後８週間以内に最大４週間の休暇を取れるようにすることが定められた。

オ　育児・介護休業法の改正によって，すべての企業は育児休業等の取得の状況を年１回公表することを義務づけられた。

(5)　**資料５**は，政府と家計，企業の関係を示したものである。a，b，cの説明の組み合わせとして適切なものを，下の**ア**～**カ**の中から一つ選んで，その記号を書きなさい。

資料5　政府と家計，企業の関係

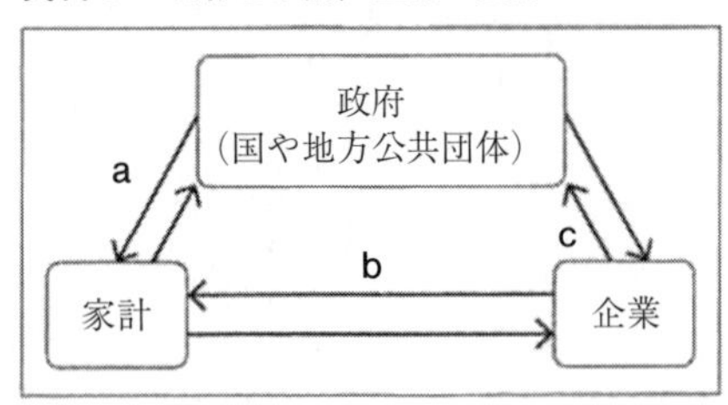

ア　［a　賃金を支払う　　b　公共サービスを提供する　　c　税金を納める］
イ　［a　賃金を支払う　　b　税金を納める　　c　公共サービスを提供する］
ウ　［a　税金を納める　　b　賃金を支払う　　c　公共サービスを提供する］
エ　［a　税金を納める　　b　公共サービスを提供する　　c　賃金を支払う］
オ　［a　公共サービスを提供する　　b　税金を納める　　c　賃金を支払う］
カ　［a　公共サービスを提供する　　b　賃金を支払う　　c　税金を納める］

(6) 次の［　］の文は，経済政策について述べたものである。文中の［a］に当てはまる語を**カタカナ**で書きなさい。また，［b］～［d］に当てはまる語の組み合わせとして適切なものを，下の**ア**～**カ**の中から一つ選んで，その記号を書きなさい。

> 好景気(好況)が行きすぎると，物価が上がり続ける［a］が生じてしまいます。そのため，日本銀行は，物価の変動をおさえて景気を安定させるために，［b］政策を行います。その方法の一つとして，国債などを銀行から買ったり，銀行に売ったりする公開市場操作を行います。好景気のときには日本銀行が国債などを［c］傾向を強めることによって，世の中に出回るお金の量を［d］ことで，生産や消費をおさえて景気を落ち着かせます。

ア［b　財政　c　買う　d　増やす］　**イ**［b　財政　c　売る　d　増やす］
ウ［b　財政　c　買う　d　減らす］　**エ**［b　金融　c　売る　d　減らす］
オ［b　金融　c　買う　d　減らす］　**カ**［b　金融　c　売る　d　増やす］

(7) **資料6**は，2018年6月に国連の安全保障理事会(あんぜんほしょうりじかい)で決議できなかった，ある重要な決議案に賛成した国，反対した国，棄権(きけん)した国の内訳を示したものである。この決議案が**決議できなかった理由**を示した下の［　］の文中の［a］に当てはまる国名と［b］に当てはまる語の組み合わせとして適切なものを，下の**ア**～**エ**の中から一つ選んで，その記号を書きなさい。ただし，［a］には同じ国名が入る。

資料6　国連の安全保障理事会におけるある重要な決議案の投票結果

賛成(10)	反対(1)	棄権(4)
クウェート，フランス，ロシア，中国，ペルー，コートジボワール，カザフスタン，赤道ギニア，ボリビア，スウェーデン	［a］	イギリス，オランダ，ポーランド，エチオピア

決議できなかった理由

> 常任理事国としての［b］をもつ［a］が反対したからである。

ア［a　アメリカ　b　司法権］　**イ**［a　ドイツ　b　司法権］
ウ［a　アメリカ　b　拒否権］　**エ**［a　ドイツ　b　拒否権］

4 一郎さんの学校では，国連の持続可能な開発目標(ＳＤＧｓ)(エスディージーズ)について学習しました。17の目標のうち，クラスごとに関心のある目標を選び，それについて調べました。次の**1**～**3**に答えなさい。

1　3年1組では，「10　人や国の不平等をなくそう」に注目し，ヨーロッパ州の国々について，次のような**<表>**を作成しました。下の(1)，(2)の問いに答えなさい。

<表>

国名	ドイツ	フランス	スペイン	スロバキア	ブルガリア
EUに加盟した年	1952年	1952年	1986年	2004年	2007年
一人あたり国民総所得(2019年)(米ドル)	47488	41155	29860	18916	9794

(注)　1993年以前の加盟年は，EUのもとになった共同体に加盟した年を示している。
また，一人あたりの国民総所得は，国民が国内や海外で一定期間に得た所得を国民の人数で割ったものである。

〔外務省資料，「世界の統計」2021年版より作成〕

(1)　一郎さんは，**<表>**を見て，次のような**<まとめ>**を作成しました。**<まとめ>**の［**あ**］，［**い**］に当てはまる語の組み合わせとして適切なものを，下の**ア**～**エ**の中から一つ選んで，その記号を書きなさい。

<まとめ>

2000年代にEUに加盟した東ヨーロッパの国では，西ヨーロッパの国と比較して，一人あたりの国民総所得が［**あ**］という傾向がみられる。これに示されるように，ヨーロッパ州内には，［**い**］の問題がある。

ア　［**あ**　低い　**い**　貿易摩擦］　**イ**　［**あ**　高い　**い**　貿易摩擦］
ウ　［**あ**　低い　**い**　経済格差］　**エ**　［**あ**　高い　**い**　経済格差］

(2)　洋子さんは，ヨーロッパ州と他の州を比べるため，**資料1**，**資料2**から**<メモ1>**を作成しました。A州からD州は，アフリカ州，アジア州，ヨーロッパ州，北アメリカ州のいずれかを示しています。**資料1**，**資料2**，**<メモ1>**を見て，ヨーロッパ州に当てはまるものを，下の**ア**～**エ**の中から一つ選んで，その記号を書きなさい。

資料1　各州の人口(2019年)

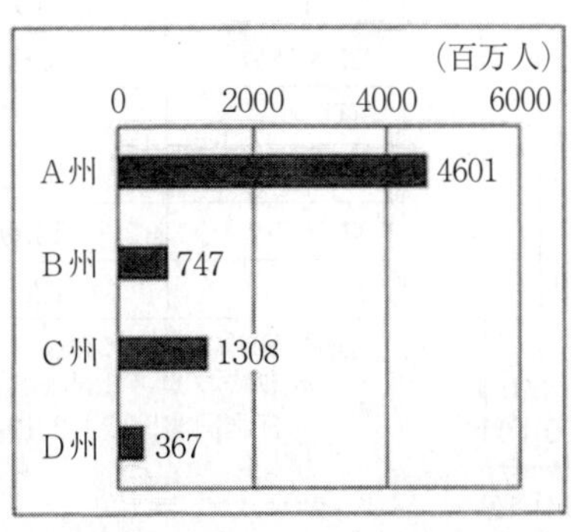

〔「日本国勢図会」2020/21年版より作成〕

資料2　各州を構成する各国の国内総生産(GDP)の合計(2009年，2019年)

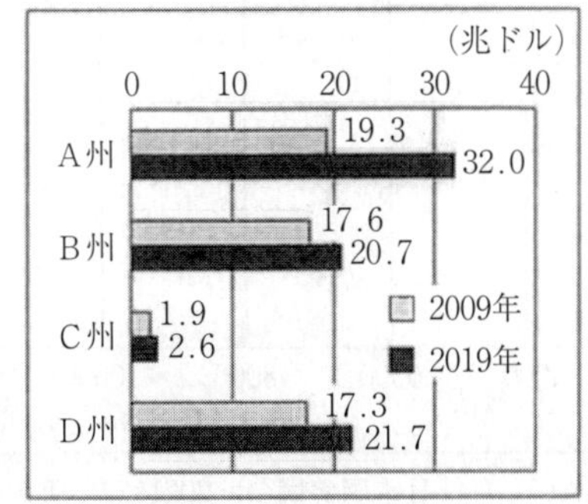

〔国際連合資料より作成〕

<メモ１>
・A州の人口は，アフリカ州の約3.5倍である。
・アジア州は，2009年と比べて2019年のGDPの合計が約1.7倍になった。
・北アメリカ州は2019年のGDPの合計が，B州と比べて約１兆ドル多い。

ア　A州　**イ**　B州　**ウ**　C州　**エ**　D州

2　3年2組では，「7　エネルギーをみんなにそしてクリーンに」に注目し，世界の発電と環境政策について調べる中で，**資料3**～**資料6**を見つけ，それらの資料をもとに話し合いました。あとの(1)～(4)の問いに答えなさい。

資料3　主な国の発電量の内訳(2017年)

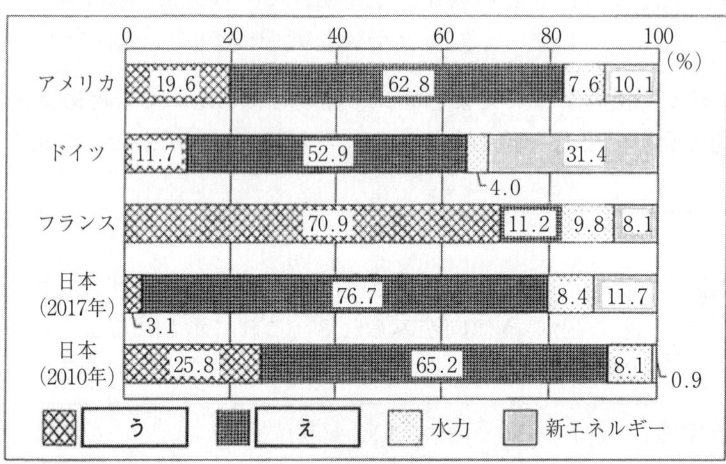

(注)　**資料3**の新エネルギーは，再生可能エネルギーから水力発電を除いたものを示している。割合は四捨五入しているので，合計が100％にならない場合がある。

〔「データブック オブ・ザ・ワールド」2014，2021年版より作成〕

資料4　燃える氷状の物質

資料5　二酸化炭素の総排出量が多い国・地域(2018年)

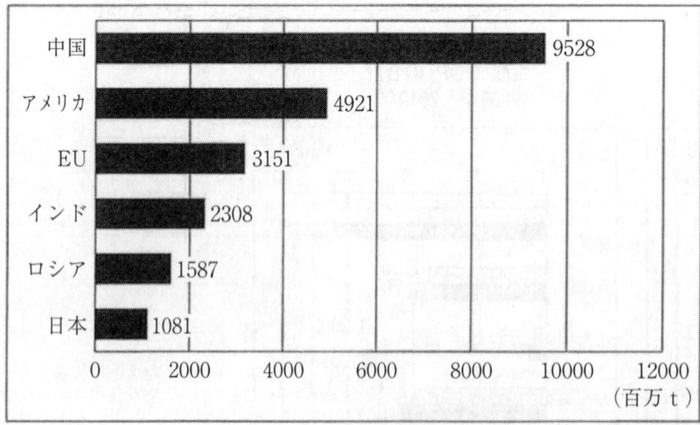

〔「日本国勢図会」2021/22年版より作成〕

資料6　二酸化炭素総排出量が多い国・地域の人口(2018年)

国名	人口(万人)
中国	141505
アメリカ	32677
EU	50970
インド	135405
ロシア	14397
日本	12653

(注)　EUの人口には，イギリス及びキプロス北部を含む。

〔「日本国勢図会」2019/20年版より作成〕

花子：**資料3**を見ると，それぞれの国には特徴があるね。
太郎：フランスは他国と比べて [う] 発電の割合が高いという特徴があるよね。
良子：日本では，[え] 発電の割合が高くなったね。発電のための資源の多くは輸入に頼っているけど，今後は新しい資源の開発も注目されるね。**資料4**の a 燃える氷状の物質が日本近海でみつかっているみたいだよ。一方で，二酸化炭素の排出や採掘技術など，今後解決しなければならない課題もあるようだよ。
太郎：確かに [え] 発電は，環境への影響も気になるよね。
次郎：うん。再生可能エネルギーの利用が大事になってくるね。ドイツは他国と比べて，新エネルギーの利用が多いよね。19世紀からめざましく工業が発展した b ドイツは，どんな国なのかを調べてみようかな。
良子：私は世界の c 温室効果ガスを削減するための取り組みを調べるね。

(1) **資料3**，会話文中の [う]，[え] それぞれに当てはまる語の組み合わせとして適切なものを，次の**ア**～**エ**の中から一つ選んで，その記号を書きなさい。

ア ［**う** 原子力 **え** 火力］ **イ** ［**う** 火力 **え** 風力］
ウ ［**う** 火力 **え** 地熱］ **エ** ［**う** 原子力 **え** 風力］

(2) **資料4**，会話文中の下線部aの燃える氷状の物質を何というか，次の**ア**～**エ**の中から一つ選んで，その記号を書きなさい。

ア ウラン **イ** メタンハイドレート **ウ** レアメタル **エ** バイオ燃料

(3) 下線部bについて，19世紀にはビスマルクのもとドイツ帝国が成立しました。その後のドイツに関する次の**ア**～**エ**のできごとを，年代の古い順に左から並べて，その記号を書きなさい。

ア ベルリンの壁が崩壊した。
イ ワイマール憲法が制定された。
ウ 日独伊三国同盟を結んだ。
エ オーストリア・イタリアと三国同盟を結んだ。

(4) 下線部cについて，２組では**<メモ２>**を作成し，**資料5**，**6**を見ながら話し合いました。[お]～[き] に当てはまる語を，下の**ア**～**カ**の中からそれぞれ一つ選んで，その記号を書きなさい。

<メモ２>
・[お] の採択(1997年)
…先進国に温室効果ガス削減を義務づける。

・[か] の採択(2015年)
…途上国を含む各国が，温室効果ガス削減目標を自ら定めて取り組む。

良子：温室効果ガスの削減のために，国際的な取り組みがされていることがわかったよね。でも，二酸化炭素の総排出量の状況は国によって異なるよ。
太郎：中国，アメリカの二酸化炭素の総排出量が多いことがわかるね。

次郎：一人あたりで考えると，アメリカは中国と比べて，二酸化炭素の排出量が［き］ことがわかるよ。
花子：削減目標達成のために，それぞれの国や地域は責任をもって取り組む必要があるよね。

ア パリ協定　**イ** 気候変動枠組条約　**ウ** ベルサイユ条約
エ 京都議定書　**オ** 少ない　**カ** 多い

3　3年3組では，「16　平和と公正をすべての人に」に注目し，次のような**＜メモ3＞**を作成しました。下の(1)，(2)の問いに答えなさい。

＜メモ3＞　戦争や紛争を防ぐために設立されたこれまでのしくみ

国際機関の名称	d 国際連盟(こくさいれんめい)	国際連合(こくさいれんごう)
発　足	e 1920年	1945年
加 盟 国	42か国(発足当時)	51か国(発足当時) 193か国(2021年現在)
制裁措置	経済制裁	経済制裁，武力制裁

(1)　下線部**d**について，次の文中の［く］に当てはまる語を，下の**ア**～**エ**の中から一つ選んで，その記号を書きなさい。

国際連盟は，アメリカのウィルソン大統領の提案した［く］をもとに設立された。しかし，アメリカは国内で議会の反対があり，国際連盟に加盟しなかった。

ア　十四か条の平和原則(じゅうよんじょうのへいわげんそく)
イ　ポツダム宣言(せんげん)
ウ　二十一か条の要求(にじゅういっじょうのようきゅう)
エ　大西洋憲章(たいせいようけんしょう)

(2)　下線部**e**について，第一次世界大戦が始まった1914年から国際連盟が設立された1920年の間に起きた日本のできごとを，次の**ア**～**エ**の中から一つ選んで，その記号を書きなさい。
ア　満州事変(まんしゅうじへん)が起こった。
イ　原敬(はらたかし)が首相に指名された。
ウ　大日本帝国憲法(だいにっぽんていこくけんぽう)が発布された。
エ　ポーツマス条約が結ばれた。

理科

●満点 100点　●時間 50分

1　次の(1)～(8)の問いに答えなさい。

(1)　家庭用のコンセントの電源には交流が使われており，スマートフォンなどの充電器は，交流を直流に変換している。交流の説明として正しいものを，次の**ア**～**エ**の中から一つ選んで，その記号を書きなさい。

ア　電流の流れる向きが周期的に入れかわる。

イ　乾電池につないだ回路に流れる。

ウ　電圧の大きさは常に100Ｖである。

エ　DC と表現することがある。

(2)　次の文は，ある気体の性質について説明したものである。これに当てはまる気体を，下の**ア**～**エ**の中から一つ選んで，その記号を書きなさい。

この気体は肥料の原料やガス冷蔵庫などの冷却剤として用いられている。また，無色で特有の刺激臭があり，水にひじょうに溶けやすい性質がある。

ア　酸素　　**イ**　二酸化炭素

ウ　水素　　**エ**　アンモニア

(3)　**図**は，アサガオの写真である。アサガオの特徴を説明した次の文中の［あ］，［い］に当てはまる語句の組み合わせとして最も適当なものを，下の**ア**～**エ**の中から一つ選んで，その記号を書きなさい。

アサガオは双子葉類であり，維管束は［　あ　］おり，葉脈は［　い　］脈になっている。

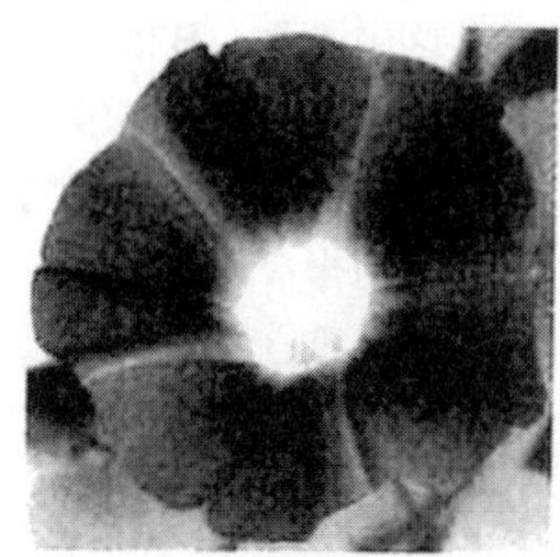

図

	あ	い
ア	輪状に並んで	網状
イ	輪状に並んで	平行
ウ	ばらばらに分布して	網状
エ	ばらばらに分布して	平行

(4)　**図**は，ある季節の典型的な天気図である。**図**のような気圧配置を特徴とする季節の茨城県の天気の説明として最も適当なものを，次の**ア**～**エ**の中から一つ選んで，その記号を書きなさい。

ア　幅の広い帯状の雲が東西に停滞し，長雨となる。

イ　高温で湿度が高く，蒸し暑い晴天の日が続く。

ウ　移動性高気圧が次々にやってきて，4～6日くらいの周期で天気が変わる。

エ　かわいた晴天の日が続く。

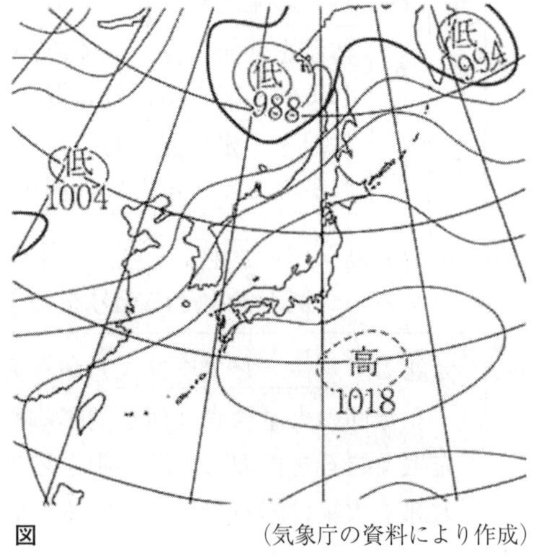

図　（気象庁の資料により作成）

(5) 動滑車を使った仕事の説明として最も適当なものを，次の**ア**～**エ**の中から一つ選んで，その記号を書きなさい。ただし，動滑車とひも(糸)の質量は考えないものとする。

ア 物体を動かすのに必要な力を小さくすることができるが，力を加える距離は長くなる。つまり物体に対する仕事の大きさは変わらない。

イ 物体を動かすのに必要な力を小さくすることができ，力を加える距離も短くなる。つまり物体に対する仕事の大きさは小さくなる。

ウ 物体を動かすのに必要な力を小さくすることはできないが，力を加える距離は短くなる。つまり物体に対する仕事の大きさは小さくなる。

エ 物体を動かすのに必要な力を小さくすることはできず，力を加える距離も短くならない。つまり物体に対する仕事の大きさは変わらない。

(6) 原子を構成する粒子である，陽子，中性子，電子についての説明として正しいものを，次の**ア**～**エ**の中から**すべて**選んで，その記号を書きなさい。なお，正しいものがない場合は，**なし**と書きなさい。

ア 原子核は陽子と電子からできている。

イ 1個の原子がもつ陽子の数と電子の数は等しい。

ウ 同じ元素で中性子の数が異なる原子が存在する場合がある。

エ 陽子は負の電気をもつ。

(7) **図**中の**A**，**B**は，スズメとトカゲのいずれかの生物の体温と外界の温度の関係を示したものである。次の文中の あ ， い に当てはまる記号と語句の組み合わせとして最も適当なものを，下の**ア**～**エ**の中から一つ選んで，その記号を書きなさい。

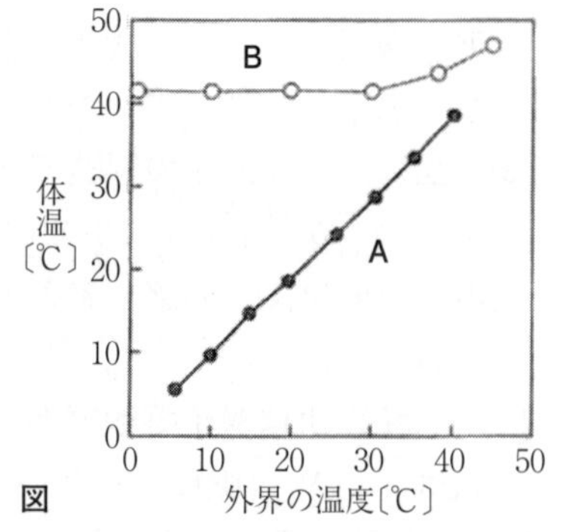

図

トカゲの体温と外界の温度の関係を示しているのは，**図**中の あ であり，トカゲは い 。

	あ	い
ア	A	外界の温度が変わっても，体温を一定に保つことができるしくみをもつ
イ	B	外界の温度が変わっても，体温を一定に保つことができるしくみをもつ
ウ	A	体温を一定に保つしくみがないため，外界の温度が下がったときは，外部から得られる熱でできるだけ体温を保とうとする
エ	B	体温を一定に保つしくみがないため，外界の温度が下がったときは，外部から得られる熱でできるだけ体温を保とうとする

(8) 次の会話文中の あ ， い に当てはまる語の組み合わせとして正しいものを，下の**ア**～**エ**の中から一つ選んで，その記号を書きなさい。

太郎：※パーサビアランスという火星探査車が火星に着陸したというニュースを見ました。今回の火星探査は何を調べるために行われているのでしょうか。

先生：岩石を採取し，その中から生物の痕跡(こんせき)を探し出すことだそうです。

太郎：火星は岩石でできているということなのですか。

先生：そうですね。密度が大きいことから，火星は　あ　に分けられていますね。火星の大気の主な成分を覚えていますか。

太郎：火星の大気はほとんどが　い　だと授業で学習しました。

先生：今回の火星探査では，大気の　い　から酸素を作り出す実験も行われるそうです。将来の有人火星探査や火星への移住に役立てられるかもしれませんね。

※　2020年７月に打ち上げられた，火星の地質や環境などを調べる装置を備えた車

	あ	い
ア	地球型惑星	メタン
イ	地球型惑星	二酸化炭素
ウ	木星型惑星	メタン
エ	木星型惑星	二酸化炭素

2　太郎さんと花子さんは科学イベントに参加し，音の速さを調べる実験を行った。次の花子さんのノートについて，あとの(1)〜(4)の問いに答えなさい。

花子さんのノート

【課題】

空気中を伝わる音の速さを調べる。

【方法】

❶　**図１**のように，20m間隔で86人が１列に並び，1.7kmの距離で実験を行う。

図１

❷　列の最後尾の人が音を出す係になる。
以下の振動数の異なる三つの音を使用する。

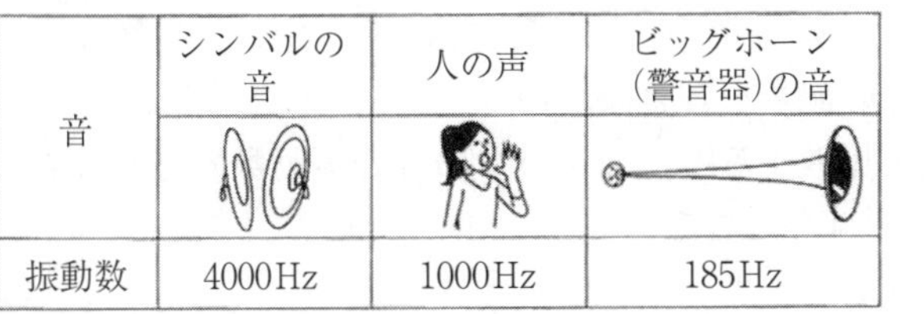

音	シンバルの音	人の声	ビッグホーン（警音器）の音
振動数	4000Hz	1000Hz	185Hz

図２

❸　**図２**のように，並んでいる人は，音が聞こえたら旗をあげる。

❹　並んでいる人以外は，先頭や最後尾付近から旗のあがるようすを観察する。また，旗のあがるようすを離れた場所から撮影して確認する。

❺　音を出し，音が聞こえる最大の到達距離とその地点までの到達時間を測定する。

❻　到達距離と到達時間をもとに，音の伝わる速さを求める。

※太郎さんは旗をあげる係で，私は旗があがるようすを確認する係になった。

【結果】

表

	到達距離〔m〕	到達時間〔s〕	音の伝わる速さ〔m/s〕
シンバルの音	980	2.89	339
人の声	1180	3.46	341
ビッグホーン(警音器)の音	1700	5.03	338

（気温15℃，風速５m/s）

・音が鳴ると，後ろの人から順番に旗をあげていくようすが見られたので，a音が伝わるようすが見てわかった。

・私が観察していた場所では，太郎さんが旗をあげたようすが見えた後に，音が聞こえてきた。

・音が聞こえたら旗をあげる係の太郎さんは，b最初に音を聞いた後，遅れてもう一度音を聞いた。

【考察】

・教科書には，気温が15℃の時，音が空気中を伝わる速さは，約340m/sであることが書いてある。今回の実験では，例えばシンバルを使用したときの結果は339m/sで，340m/sと比べると誤差が0.3％となり，他の音も含めて教科書の値と近い値になった。

・今回の実験は図３のように，人の列と平行で等しい距離に壁がある場所で行われた。太郎さんの位置で再び音が聞こえたのは，壁からの反射があったからだと考えられる。

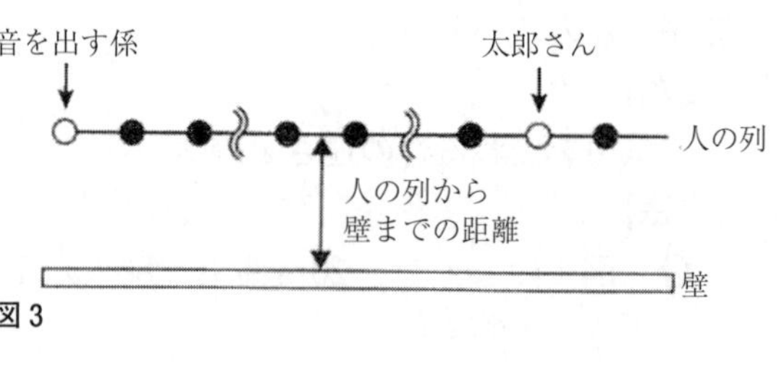

図３

(1)　方法❷での振動数について述べた次の文中の［　　］に当てはまる語として最も適当なものを，下のア～エの中から一つ選んで，その記号を書きなさい。

シンバルの音と人の声の振動数を比較すると，シンバルの音の振動数の方が大きいため，人の声よりシンバルの音の方が［　　　］音になる。

ア　高い　　イ　低い　　ウ　大きい　　エ　小さい

(2)　この実験について述べた文として正しいものを，次のア～エの中から**すべて**選んで，その記号を書きなさい。なお，正しいものがない場合は，**なし**と書きなさい。

ア　音の伝わる速さは，到達距離を到達時間で割ることで求めることができる。

イ　シンバルの音は到達時間が最も短いため，同じ位置にいる人に伝える場合，シンバルの音の方が人の声よりも速く伝わる。

ウ　ビッグホーン(警音器)の音の到達距離は最も大きいため，同じ位置にいる人に伝える場合，ビッグホーンの音の方が人の声よりも速く伝わる。

エ　音が空気中を伝わる速さは，光が空気中を伝わる速さと比べると遅い。

(3)　下線部aについて，ビッグホーンから出て空気中を伝わる音の，ある時点における，波のようす(A)と伝わり方をばねで表したようす(B)はどのようになるか。A，Bの組み合わせとして最も適当なものを，次の**ア**～**エ**の中から一つ選んで，その記号を書きなさい。ただし，**A**の図中の点は空気の粒を表している。

ア

A

B

イ

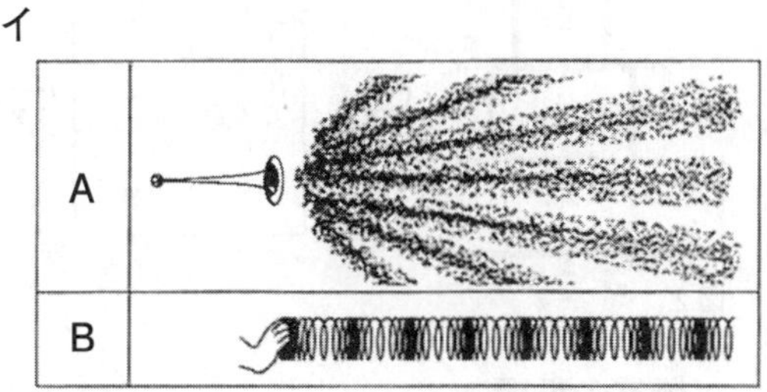

ウ

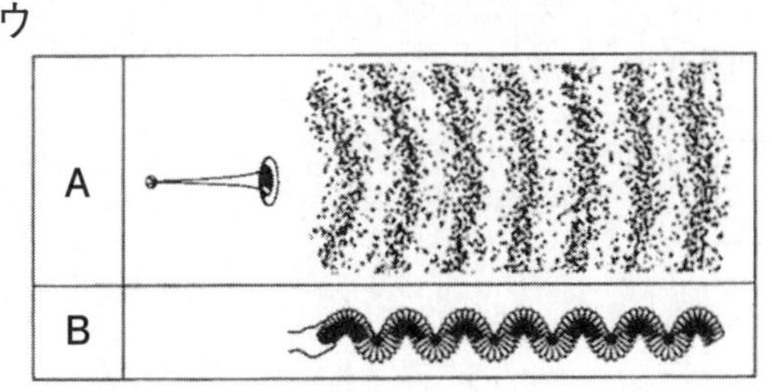

エ

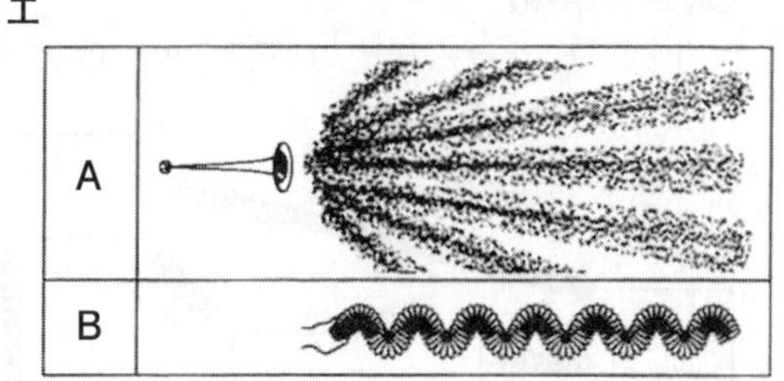

(4) 下線部**b**について，花子さんは，太郎さんが遅れてもう一度聞いた音は**図3**の壁で反射したものだと考えた。太郎さんは，音を出してから1秒後に直接伝わった音を聞き，音を出してから2秒後に反射した音を聞いた。このときの人の列から壁までの距離は何mと考えられるか。最も適当なものを，次の**ア**～**カ**の中から一つ選んで，その記号を書きなさい。ただし，空気中を伝わる音の速さは340m/sとし，音が反射した場合の進み方は，光の反射と同様に入射角と反射角は等しくなるものとする。

ア 128m　　**イ** 255m　　**ウ** $170\sqrt{3}$ m

エ 340m　　**オ** $340\sqrt{3}$ m　　**カ** 680m

3 太郎さんと花子さんは理科の授業で生態系について学んだ後，放課後に太郎さんがまとめたノートを見返しながら振り返りを行った。あとの(1)～(4)の問いに答えなさい。

太郎さんのノートの一部

≪生態系≫

【生物どうしの関係】

自然界では生態系の中でさまざまな生物(生産者，消費者，分解者)が互いに関わり合いながら生きている。

【生物の数量的な関係】

ある生態系で，植物(Ⅰ)，草食動物(Ⅱ)，肉食動物(Ⅲ)の数量的関係を模式的に表すと**図1**のようなピラミッド形になる。

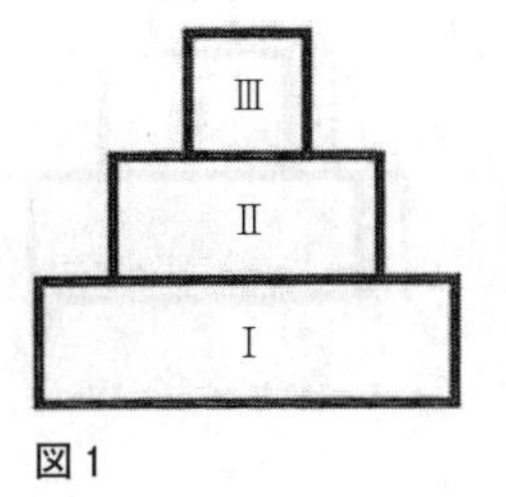

図1

【生物の数量変化の例】

ある生態系で，**図2**の**A**のように草食動物(Ⅱ)が減少すると，**B**⇨**C**⇨**D**の順に数量が変化し，最終的には**図1**のつり合いのとれたもとの状態にもどる。ただし，**図2**中のそれぞれの点線は，**図1**で示した生物の数量的関係のつり合いがとれた状態を表している。

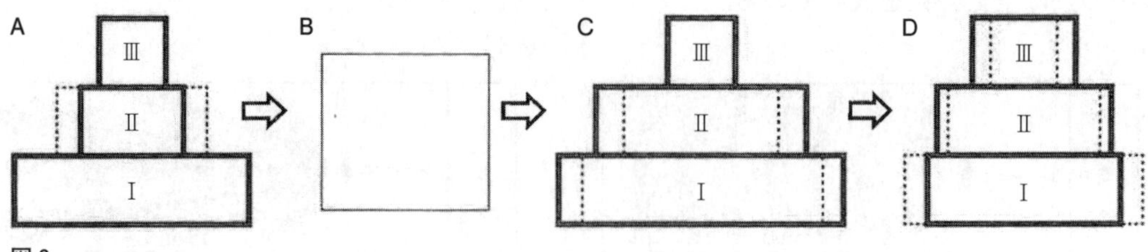

図2

≪物質の循環≫

【炭素の循環】

生態系における炭素の循環を模式的に表すと**図3**のようになる。

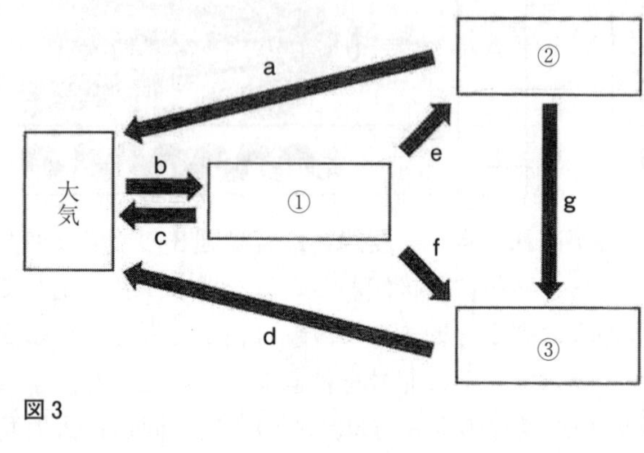

図3

※**図3**の①～③には，生産者，消費者，分解者のいずれかが入る。

(1) 生態系における生産者・消費者と生物の組み合わせとして最も適当なものを，次の**ア**～**エ**の中から一つ選んで，その記号を書きなさい。

ア ダンゴムシ，ミミズ，トビムシ，シイタケのすべてが生産者である。

イ ダンゴムシは消費者，ミミズ，トビムシ，シイタケは生産者である。

ウ ダンゴムシ，ミミズ，トビムシは消費者，シイタケは生産者である。

エ ダンゴムシ，ミミズ，トビムシ，シイタケのすべてが消費者である。

(2) **図2**中の**B**に当てはまる図として最も適当なものを，次の**ア**～**エ**の中から一つ選んで，その記号を書きなさい。

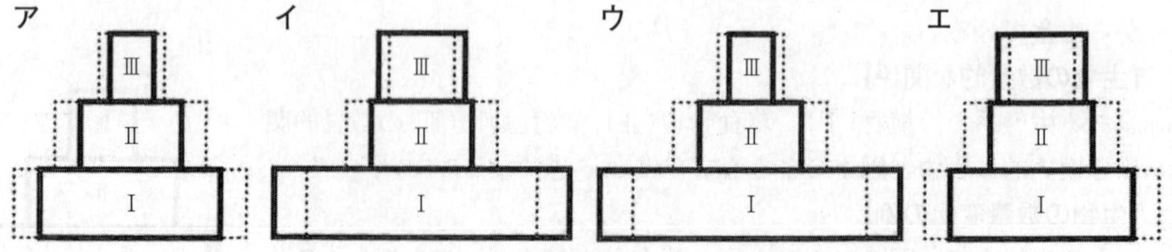

(3) **図3**の矢印のうち，有機物の流れを表す矢印の組み合わせとして最も適当なものを，次の**ア**～**ク**の中から一つ選んで，その記号を書きなさい。

ア a，d　　**イ** b，c
ウ a，d，g　　**エ** e，f，g
オ a，b，c，d　　**カ** b，c，e，f
キ a，d，e，f，g　　**ク** a，b，c，d，e，f，g

(4) 次の太郎さんと花子さんの会話文中の あ ～ う に当てはまるものの組み合わせとして最も適当なものを，下の**ア**～**ク**の中から一つ選んで，その記号を書きなさい。ただし， あ には**図3**中の①～③が， い には生産者であることを示すはたらきが， う には**図3**中の**a**～**d**が入るものとする。

太郎：生態系の授業の内容を振り返ろうと思ってノートにまとめてみたよ。
花子：私は，**図3**の炭素の循環がよくわからないのだけれど，生産者は あ でいいのかな。
太郎：そうだね。 あ のところには，大気との間に い を表す矢印 う があるから生産者を表しているね。
花子：そうか，そのように考えればいいんだね。ありがとう。

	あ	い	う
ア	①	呼吸	b
イ	①	光合成	b
ウ	①	呼吸	c
エ	①	光合成	c
オ	②	呼吸	a
カ	②	光合成	a
キ	③	呼吸	d
ク	③	光合成	d

4 太郎さんは，ある地域の地層について調べ，ノートにまとめた。**図1**はボーリング調査が行われた**地点A，B，C，D**とその標高を示す地図である。**図2**は，**地点A，B，C，D**でのボーリング試料を用いて作成した柱状図である。

この地域では，断層やしゅう曲，地層の上下の逆転はなく，地層はある一定の方向に傾いている。また，各地点で見られる凝灰岩（ぎょうかいがん）の層は同一のものである。下の(1)～(4)の問いに答えなさい。ただし，地図上で**地点A，B，C，D**を結んだ図形は正方形で，**地点B**から見た**地点A**は真北の方向にある。

太郎さんのノートの一部

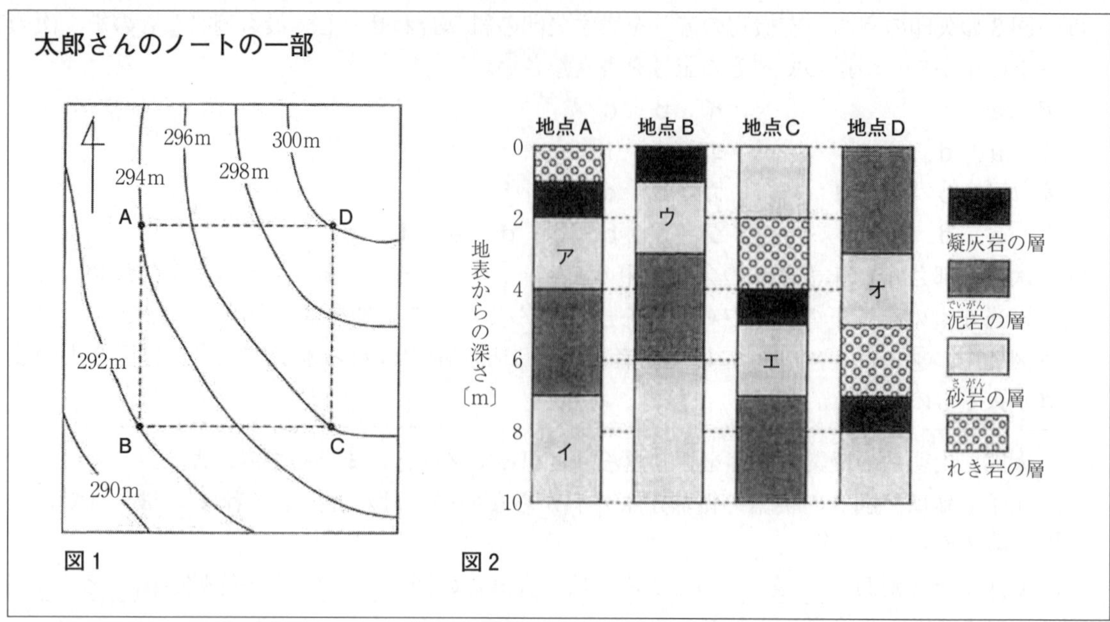

図1　図2

(1) **地点D**の泥岩の層から，ビカリアの化石が発見されたことから，この地層は新生代に堆積したことが推定される。次の文の あ ， い に当てはまる語の組み合わせとして最も適当なものを，下の**ア**～**エ**の中から一つ選んで，その記号を書きなさい。

地層の堆積した年代を推定できる化石を あ といい，ビカリアのほかに，新生代に堆積したことが推定できる化石には い がある。

	あ	い
ア	示相化石	アンモナイト
イ	示相化石	ナウマンゾウ
ウ	示準化石	アンモナイト
エ	示準化石	ナウマンゾウ

(2) **図2**の**ア**，**イ**，**ウ**，**エ**，**オ**の砂岩の地層のうち，堆積した時代が最も新しいものはどれか。最も適当なものを，**図2**の**ア**～**オ**の中から一つ選んで，その記号を書きなさい。

(3) 太郎さんはこの地域の地層は南に傾いていると予想した。その理由を説明した次の文中の ____ に当てはまる値として，最も適当なものを，下の**ア**～**エ**の中から一つ選んで，その記号を書きなさい。

【南北方向について】

地点Aと**地点B**において，「凝灰岩の層の地表からの深さ」を比較すると，**地点A**では**地点B**よりも1m深いが，「地表の標高」は**地点A**が**地点B**よりも2m高いので，「凝灰岩の層の標高」は**地点A**が**地点B**よりも1m高い。**地点D**と**地点C**においても同様に，「凝灰岩の層の標高」は**地点D**が**地点C**よりも1m高い。よって，地層は南が低くなるように傾いている。

【東西方向について】

地点Aと**地点D**において，「地表の標高」から「凝灰岩の層の地表からの深さ」を差し引くことで，それぞれの凝灰岩の層の標高を求めると，**地点A**，**地点D**ともに ____ mとなった。よって，東西方向の傾きはないことがわかった。**地点B**と**地点C**も同様に，東西方向の傾きはなかった。

【まとめ】

南北方向，東西方向の二つの結果から，この地域の地層は南に傾いていると予想した。

ア 290～291　**イ** 291～292　**ウ** 292～293　**エ** 293～294

(4) **地点A**では，凝灰岩の層の下に，砂岩，泥岩，砂岩の層が下から順に重なっている。これらは，**地点A**が海底にあったとき，川の水によって運ばれた土砂が長い間に堆積してできたものであると考えられる。凝灰岩の層よりも下の層のようすをもとにして，**地点A**に起きたと考えられる変化として，最も適当なものを，次の**ア**～**エ**の中から一つ選んで，その記号を書きなさい。

ア **地点A**から海岸までの距離がしだいに短くなった。

イ **地点A**から海岸までの距離がしだいに長くなった。

ウ **地点A**から海岸までの距離がしだいに短くなり，その後しだいに長くなった。

エ **地点A**から海岸までの距離がしだいに長くなり，その後しだいに短くなった。

5 花子さんは石灰石の主成分である炭酸カルシウム($CaCO_3$)と，うすい塩酸が反応するときの質量の関係を調べるため，次のような実験を行い，ノートにまとめた。下の(1)～(5)の問いに答えなさい。

花子さんのノートの一部

【方法】

❶ 炭酸カルシウムを2.00g，4.00g，6.00g，8.00g，10.00gずつはかりとる。

❷ ❶ではかりとった炭酸カルシウムを，それぞれ図のようにうすい塩酸20.00gに加え，反応させる。

❸ 反応が終了したら質量を測定し記録する。

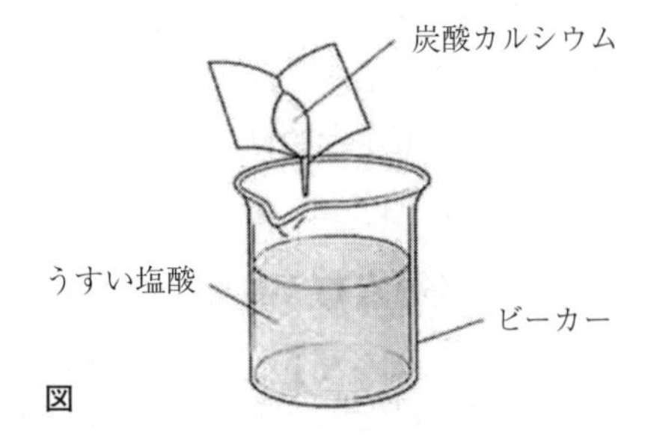

図

【化学反応式】

$CaCO_3$ ＋ [あ] HCl → [い] ＋ H_2O ＋ CO_2

【結果】

炭酸カルシウムの質量〔g〕	2.00	4.00	6.00	8.00	10.00
反応後の質量〔g〕	21.12	22.24	23.58	25.58	27.58

※反応後の質量は，ビーカーの質量を差し引いた値

(1) [あ] に当てはまる数値を書きなさい。また，[い] に当てはまる化学式として最も適当なものを，次の**ア**～**エ**の中から一つ選んで，その記号を書きなさい。

ア CaCl　**イ** $CaCl_2$　**ウ** CaHCl　**エ** Ca_2Cl

(2) この実験では，反応前後の質量を比較することで，二酸化炭素の発生量を求めることができる。これは化学変化におけるある法則を利用しているからである。この法則の説明として最も適当なものを，次の**ア**～**エ**の中から一つ選んで，その記号を書きなさい。

ア 化学変化の前後で，化学変化に関係する物質全体の質量は変化しない。

イ 物質が化合するとき，それに関係する物質の質量の比は変化する。

ウ　化学変化の後，化学変化に関係する物質全体の質量は増加する。

エ　化学変化の後，化学変化に関係する物質全体の質量は減少する。

(3)　この実験で用いたうすい塩酸20.00 gに，炭酸カルシウムは何gまで反応すると考えられるか。あとの方眼紙にグラフを書いて数値を求め，最も適当なものを，次の**ア**～**オ**の中から一つ選んで，その記号を書きなさい。

ア　4.00 g　**イ**　4.50 g　**ウ**　5.00 g　**エ**　5.50 g　**オ**　6.00 g

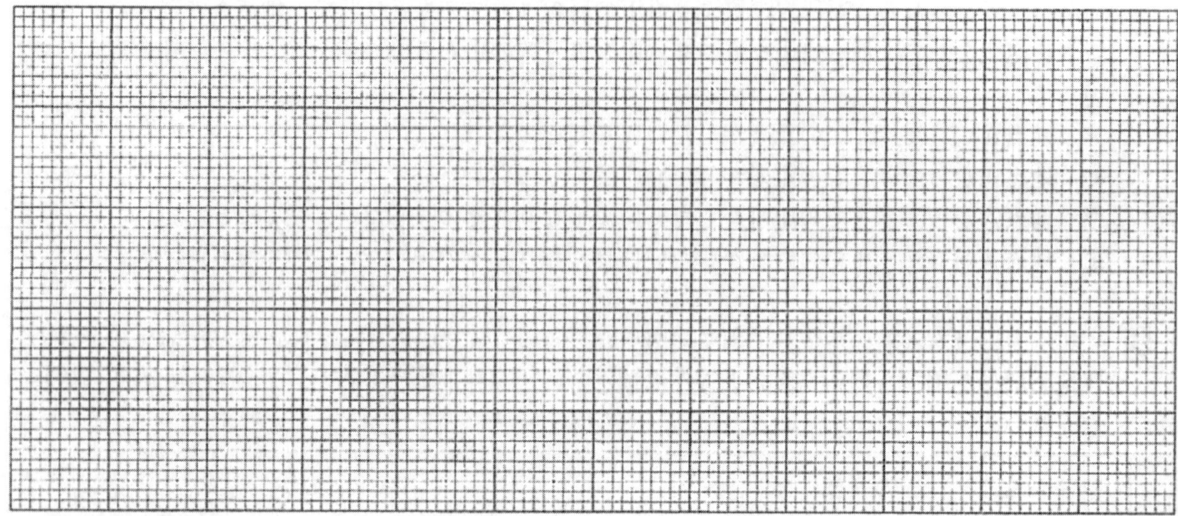

(4)　実験の結果から，どのように考察することができるか。次の文中の［う］と［え］に当てはまる語句の組み合わせとして，最も適当なものを，下の**ア**～**カ**の中から一つ選んで，その記号を書きなさい。

実験の結果，ある質量以上の炭酸カルシウムをうすい塩酸に加えると，反応せず残った炭酸カルシウムが見られた。これは，うすい塩酸の量に対して炭酸カルシウムの量が［う］と考えられる。反応せず残った炭酸カルシウムが見られる場合は，加える炭酸カルシウムの質量が［え］と考えられる。

	う	え
ア	過剰になったため	増加すると，発生する二酸化炭素の質量も増加する
イ	過剰になったため	増加しても，発生する二酸化炭素の質量は変わらない
ウ	過剰になったため	増加すると，発生する二酸化炭素の質量は減少する
エ	不足したため	増加すると，発生する二酸化炭素の質量も増加する
オ	不足したため	増加しても，発生する二酸化炭素の質量は変わらない
カ	不足したため	増加すると，発生する二酸化炭素の質量は減少する

(5)　花子さんは今回の実験で炭酸カルシウムとうすい塩酸を用いて二酸化炭素を発生させた。同様に二酸化炭素が発生するものを，次の**ア**～**キ**の中から**すべて**選んで，その記号を書きなさい。

ア　メタンを空気中で燃焼させる。

イ　塩化銅水溶液を電気分解する。

ウ　酸化銅に炭素を混ぜて加熱する。

エ　炭酸水素ナトリウムを加熱する。

オ　炭酸水素ナトリウムにうすい塩酸を加える。

カ　炭酸ナトリウム水溶液に塩化カルシウム水溶液を加える。

キ　マグネシウムを空気中で燃焼させる。

6　花子さんは，科学部の活動中に，先生から空気の質量について，次の問題を出されて，実験を行った。下の(1)～(4)の問いに答えなさい。

問題

図1のように空気を入れたゴム製の風船を糸で棒につるした。この状態で，棒は傾くことなく，二つの風船の質量は等しくつりあっている。

二つの風船のうち，右側の風船の空気を抜いてしぼませると，どのようになるか。

ただし，支点からそれぞれの風船までの距離は等しく，糸と棒の質量は考えないものとする。

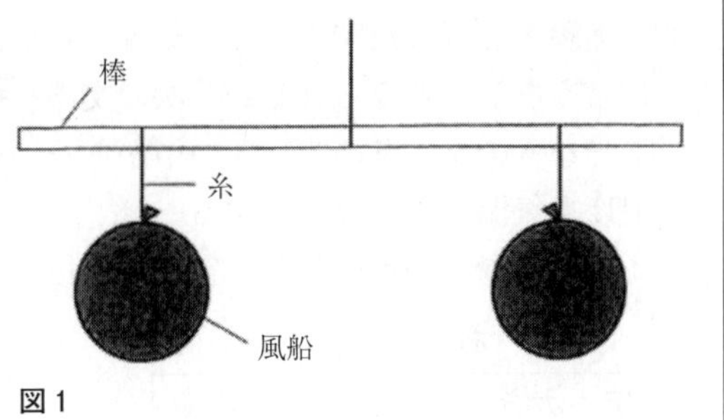

図1

先生：では，問題の答えを実験で確かめてみましょう。

花子：左側の風船が下がりました。このことから，空気には質量があるということがいえるのではないでしょうか。実際に空気の質量を測る方法はないのですか。

先生：それでは，スプレー缶を使った実験(**実験1**)をしてみましょう。

実験1

【方法】

❶　空のスプレー缶の質量を測定する。

❷　このスプレー缶に空気入れで空気を入れる。ある程度入ったところで空気が抜けないようにして空気入れを外して，缶の質量を測定する。

❸　**図2**のように水槽に水を入れ，メスシリンダーに500mLの空気を移す。

❹　再び缶の質量を測定する。

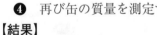

図2

【結果】

表

空の缶の質量〔g〕	空気を入れた後の缶の質量〔g〕	空気を移した後の缶の質量〔g〕
166.31	169.24	168.63

(1)　**方法❸**での気体の集め方の名称とその集め方で集められる気体の一般的な性質の組み合わせとして最も適当なものを，次の**ア**～**エ**の中から一つ選んで，その記号を書きなさい。

	気体の集め方	集められる気体の一般的な性質
ア	上方置換法	水に溶けやすく，空気よりも密度が小さい。
イ	上方置換法	水に溶けにくい。
ウ	水上置換法	水に溶けやすく，空気よりも密度が小さい。
エ	水上置換法	水に溶けにくい。

(2) **実験1**の結果から，このときの空気の密度が何 kg/m^3 か求めなさい。ただし，$1\,mL = 1\,cm^3$ であり，答えは小数第2位まで求めること。

(3) **実験1**を行った時よりも，気温だけが高い条件で実験を行った場合，求められる空気の密度はどうなると考えられるか。次の文の［あ］と［い］に当てはまる語句の組み合わせとして最も適当なものを，下の**ア**～**オ**の中から一つ選んで，その記号を書きなさい。ただし，器具や水の温度も気温と同じ温度とする。

空気の温度が上がると，空気の体積が［あ］ため，求められる空気の密度は［い］。

	あ	い
ア	大きくなる	大きくなる
イ	小さくなる	大きくなる
ウ	変わらない	変わらない
エ	大きくなる	小さくなる
オ	小さくなる	小さくなる

花子：空気に重さがあるということは，地球をとりまく大気にも重さがあるということですね。

先生：そうですね。その大気による圧力を大気圧，または気圧と言います。

花子：先週，登山をしたのですが，頂上でペットボトルの水を飲み干した後，ふたを閉め，下山したところ，ペットボトルがへこんでいました。これは気圧と関係があるのですか。

先生：そうですね。それも気圧と関係があります。実際にその現象を，しょう油容器を使った実験（**実験2**）で再現してみましょう。

実験2

【目的】

ペットボトルがへこむようすを実験で再現する。

【準備するもの】（**図3**）

A：※ガラス瓶（びん）　※圧力に耐えられるもの

B：ふたをしたしょう油容器　　C：空気を入れる装置

D：空気を抜く装置　　E：温度計

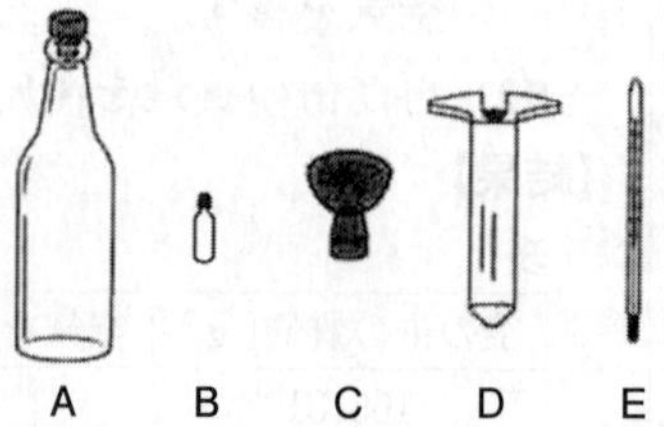

A　B　C　D　E

図3

【方法】

ガラス瓶の中に，ふたをしたしょう油容器と温度計を入れる。次に，［あ］。

【結果】

ガラス瓶の中のしょう油容器は，へこんだ。ガラス瓶の中の温度は［い］。

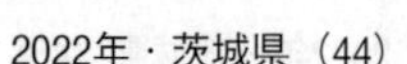

(4)　**実験 2** の文中の あ と い に当てはまる語句の組み合わせとして，最も適当なものを，次の**ア**～**エ**の中から一つ選んで，その記号を書きなさい。

	あ	い
ア	空気を入れる装置を使って，ガラス瓶の中の空気を増やす	上昇した
イ	空気を入れる装置を使って，ガラス瓶の中の空気を増やす	低下した
ウ	空気を抜く装置を使って，ガラス瓶の中の空気を減らす	上昇した
エ	空気を抜く装置を使って，ガラス瓶の中の空気を減らす	低下した

四

（一）～（四）の問いに答えなさい。

（一）次の【手紙】の［　　］に入る表現として、最も適切なものを、後のア～エの中から選んで、その記号を書きなさい。

【手紙】

> 拝啓
>
> すがすがしい秋晴れが続いていますが、皆様にはいかがお過ごしでしょうか。私たちは今、月末の文化祭に向けて準備を進めているところです。
>
> さて、先日は、職場体験をさせていただき、ありがとうございました。消防士の仕事について、想像以上に大変だということが分かったと同時に、さらにあこがれの思いが強くなりました。最も印象に残っているのは、［　　］
>
> （中略）
>
> これから季節の変わり目となりますが、風邪などひかれませんように、お体を大切になさってください。
>
> 敬具
>
> 九月十五日
>
> もみじ市立北中学校二年一組　坂本　正
>
> もみじ中央消防署長
>
> 安田　哲郎　様

ア　皆様が訓練に対して真剣にお取り組みする姿です。

イ　皆様が訓練に対して真剣に取り組まれる姿です。

ウ　皆様が訓練に対して真剣にお取り組みする姿が印象的です。

エ　皆様が訓練に対して真剣に取り組まれる姿が印象的です。

（二）次の送り状【Ⅰ】・【Ⅱ】について述べたものとして、最も適切なものを、後のア～エの中から選んで、その記号を書きなさい。

【Ⅰ】

お届け先	郵便番号	300-＊＊＊＊
	電話番号	029(＊＊＊)1234
	住所	ひまわり市中央町
		1−23−4
	氏名	青空保育園　御中 ~~様~~
~~ご~~依頼主	郵便番号	300-＊＊＊＊
	電話番号	029(＊＊＊)4321
	住所	みずうみ市白鳥町
		5−678−9
	氏名	白鳥中学校 生徒会 ~~様~~

【Ⅱ】

~~お~~届け先	郵便番号	300-＊＊＊＊
	電話番号	029(＊＊＊)1234
	住所	ひまわり市中央
		町1−23−4
	氏名	青空保育園　~~様~~
~~ご~~依頼主	郵便番号	300-＊＊＊＊
	電話番号	029(＊＊＊)4321
	住所	みずうみ市白
		鳥町5−678−9
	氏名	白鳥中学校 生徒会 ~~様~~

ア　【Ⅰ】は【Ⅱ】と異なり、住所を読みやすくする工夫をしている。

イ　【Ⅱ】は【Ⅰ】と異なり、相手に対する敬意を適切に表している。

ウ　【Ⅰ】は【Ⅱ】と同様に、相手に対する敬意を適切に表している。

エ　【Ⅱ】は【Ⅰ】と同様に、住所を読みやすくする工夫をしている。

（三）次の(1)・(2)の――部の片仮名の部分を漢字に直したものとして、最も適切なものを、それぞれ後のア～エの中から一つ選んで、その記号を書きなさい。

(1)　遠足が雨でエンキになる。

ア　季　　イ　期　　ウ　起　　エ　機

(2)　卒業式でシュクジを述べる。

ア　字　　イ　事　　ウ　時　　エ　辞

（四）次の(1)～(3)の――部の漢字の部分の読みを平仮名で書きなさい。

(1)　険しい山道。

(2)　凡庸な性格。

(3)　時の流れを遡る。

(五)【Ⅱ】の［B］に入る言葉として、最も適切なものを、次のア〜エの中から選んで、その記号を書きなさい。

ア　指標　イ　弊害　ウ　代案　エ　犠牲

(六)　小川さんが発表原稿を作成するときに、【Ⅱ】を用いることで、どのような効果が得られるか。最も適切なものを、次のア〜エの中から選んで、その記号を書きなさい。

ア　【Ⅰ】に書かれている内容を同じ視点から繰り返すことで、発表者の考えをより明確に示す効果。
イ　【Ⅰ】に書かれている内容とは反対の主張を示すことで、聞き手と議論をできるようにする効果。
ウ　【Ⅰ】に書かれている内容と異なる視点を示すことで、聞き手が考えを広げたり深めたりする効果。
エ　【Ⅰ】に書かれている内容を簡潔に整理することで、聞き手が想像しやすくなる効果。

(七)　次は、小川さんが発表で示すために作成したスライドの一部です。［C］、［D］に入る内容として、最も適切なものを、それぞれ下のア〜エの中から選んで、その記号を書きなさい。

【スライドの一部】

【Ⅰ】の文章
◇　筆者が考える「生物多様性」
生物の種数の多さ
＋
［C］

【Ⅱ】の文章
◇　筆者が考える「生物多様性保全」
×　絶滅危惧種を生き残らせればいい。
○　［D］が必要である。

［C］
ア　多くの生物種が絶滅してきたこと
イ　生物学・生態学の専門的な知識をもつこと
ウ　「生態系サービス」について理解すること
エ　同じ生物種でも少しずつ変化があること

［D］
ア　絶滅危惧種のリストを作成すること
イ　絶滅危惧種を施設で増やすこと
ウ　絶滅危惧種が生息できる環境を整えること
エ　国産の絶滅危惧種を保護すること

(一)【Ⅰ】に それでは、私たちに役に立たない生物種であれば、絶滅しても問題はないのだろうか とあるが、このことについて筆者はどのように考えているか。最も適切なものを、次のア〜エの中から選んで、その記号を書きなさい。

ア 人類に役立つ生物種の絶滅さえ回避すればよい。
イ 多様な生物種の絶滅を回避しなくてはならない。
ウ 多くの生物種を絶滅させたのだからやむを得ない。
エ すべての生物種を条約で保護する必要がある。

(二)【Ⅰ】の A に入る言葉として、最も適切なものを、次のア〜エの中から選んで、その記号を書きなさい。

ア しかし　イ すなわち　ウ つまり　エ たとえば

(三) 次の一文は、【Ⅰ】の〈ア〉〜〈カ〉のどこに入るか。最も適切な箇所の記号を書きなさい。

これは、食べ物を通してエネルギーが循環する、エネルギーが不滅だということでもある。

(四)【Ⅰ】の文章の展開の説明として、最も適切なものを、次のア〜エの中から選んで、その記号を書きなさい。

ア 「生態系サービス」について、意見と意見を対比して考察を述べている。
イ 生物多様性保全の必要性について、疑問を想定して主張を述べている。
ウ 生物多様性の機能・価値について、客観的な事実を示して反論を述べている。
エ 生物種絶滅の回避について、研究者の著作を引用して疑問を述べている。

【Ⅱ】(【Ⅰ】を読んだ後に見つけた文章の一部)

環境省が編纂(へんさん)する『レッドデータブック』や市販の『レッドデータアニマルズ』など、絶滅に瀕(ひん)する生物たちのリストを見て、これらの生物たちを守らなくてはならないと多くの人が感じるはずです。

ただ、希少種、危惧種を守ること自体は目的ではなく、自然環境を保全するためのプロセスにすぎないことは理解しておく必要があります。絶滅に瀕する生物が生き残れさえすればいいという話ではないのです。絶滅危惧種を施設で増やすことが生物多様性保全ではありません。その動物を守るためにはどういう生息環境が必要かを考え、環境を復元する、修復するということが結果的に生物多様性と生態系を保全することにつながります。

絶滅の危機にあるトキでいうと、トキが生息することができる環境を整えることができれば、かつての日本の自然を取り戻すことができたことになります。中国産のトキを守ることが目的ではなく、トキという生物が環境修復の B となるわけです。トキが住める、多様性豊かな自然を取り戻すことが目的となるのです。

(五箇公一「これからの時代を生き抜くための生物学入門」による。)

三

小川さんは、国語の授業で、調べたことをまとめて発表する学習活動を行うことになりました。地域の図書館で動物図鑑の絶滅危惧種に目がとまり、「生物多様性」をテーマに発表しようと考えました。発表原稿を作成するために見つけた文章【Ⅰ】・【Ⅱ】について、後の(一)〜(七)の問いに答えなさい。

【Ⅰ】

生物多様性が私たち人類にとって重要なことは、多くの人が漠然とは理解できるに違いない。生物多様性が私たちにもたらす機能・価値は「生態系サービス」として、①供給サービス（食料、医薬品、その他遺伝資源などの提供）、②調整サービス（気候、水資源、汚染などの除去・調整）、③文化的サービス（精神、宗教、教育など非物質的なもの）、④基盤サービス（土壌形成、栄養循環など）に分類され、私たちの生活にとって欠くことのできないものだ。〈　ア　〉

それでは、私たちに役に立たない生物種であれば、絶滅しても問題はないのだろうか。また、これまでにも地球の歴史上では、恐竜を始め多くの種が絶滅してきたことも知られている。リョコウバトなど多くの生物を私たち人類が絶滅に追いやったのも事実だ。最近一〇〇年間の生物絶滅の速度は、地球の歴史の中で類をみない速度だという。

［　A　］、現代にいたるまで地球上の生物たちは、何事もなかったかのように生き永らえている。種の絶滅の回避は、それほど重要な課題なのだろうか。仮に種の絶滅を防がなくてはいけないとしても、人類に役立つ種の絶滅だけを回避すればよいのではないだろうか。象牙や漢方薬、※1鼈甲の材料のために絶滅の危機にあるアフリカゾウやサイ、※2タイマイは、その取引を規制して保護しようとするワシントン条約があり、それによって保護されているのではないか。〈　イ　〉

これらの生物多様性保全の必要性や生物種絶滅の回避への疑問点に対して、説得力のある説明をし、それを理解するためには、ある程度の生物学・生態学の専門的な知識も必要になる。実際、生物学・生態学分野の研究者による生物多様性に関する著作も多く出版されている。〈　ウ　〉

これらの説明の中で、多くの人が知っているものに「食物連鎖」がある。大型動物も、その餌となる動植物が必要であり、またその餌の生物もさらに他の生物を必要とし、食物が鎖の輪のように連なっているというものだ。〈　エ　〉

あるいは、命というものが次々と受け継がれていく、仏教でいうところの「※3輪廻」にも通ずるものだ。そして、多様な生物がいたからこそ、地球上での生命の誕生から四〇億年の悠久の時を環境の変化にも耐えてきた。この連綿と続いてきた生物の営みを、生物学者の岩槻邦男は「生命系」と表現している（『生命系　生物多様性の新しい考え』岩波書店）。

「生物多様性」というと、単に生物の種数が多いことと考えがちだ。もちろんこれも含まれるが、たとえば生物学的には一種類の私たち人間（ホモ・サピエンス）でも顔つきや毛髪などに個性があるように、同じ生物種でも少しずつ変化があることも生物多様性だ。〈　オ　〉

イギリスの生物学者チャールズ・ダーウィンは、ガラパゴス諸島の野鳥フィンチの口ばしの形状が島ごとに異なることを発見した。その形状は島の環境とそれに伴う餌となる植物の実（種）などの形質に合わせたように変化したものと推論した。これを『種の起源』（一八五九年）として発表した。これがいわゆる進化論（ダーウィン自身は、自然淘汰説として発表）だ。この進化を支えるものが、遺伝子の変異でもある。〈　カ　〉

このように、私たち人類を含む多くの生物の存在を支え、進化を保証するためにも多様な生物の存続が不可欠なのである。

（高橋　進「生物多様性を問いなおす——世界・自然・未来との共生とSDGs」による。）

※1　鼈甲＝タイマイの甲。櫛や眼鏡の縁などに多く用いる。
※2　タイマイ＝ウミガメ科のカメ。
※3　輪廻＝仏教の考え方で、生物が生まれては死に、また他の世界に生まれ迷うことを、いつまでも繰り返すこと。

㈠　【Ⅰ】の　1ひとしく・　2おぼさば・　3やがて・　4いひて　のうち、現代仮名遣いで書いた場合と表記が異なるものを一つ選んで、その番号を書きなさい。

㈡　【Ⅰ】の　①足下　と同じ人物を、　ア一弟・イ其兄・ウ人・エ或人　から一つ選んで、その記号を書きなさい。

㈢　【Ⅱ】に　②兄に勝つ方法　とあるが、【Ⅰ】ではどのように示しているか。その具体的内容として、最も適切なものを、次のア～エの中から選んで、その記号を書きなさい。

ア　詩文を作ること　　イ　手かきに励むこと　　ウ　徳行を修めること　　エ　名望を得ること

㈣　【Ⅱ】に　③或人の伝え方　とあるが、【Ⅰ】で或人はどのような伝え方をしているか。その具体的説明として、最も適切なものを、次のア～エの中から選んで、その記号を書きなさい。

ア　まず、弟にも十分な能力があることを伝え、次に、必ず目標を達成できる具体的な方法を示している。
イ　まず、全体的に兄と比べ劣っていることを分からせ、次に、特に劣っている能力を詳しく説明している。
ウ　まず、兄の名声の高さと人望の大きさを確認し、次に、心を入れ替えて奮起することを促している。
エ　まず、兄の役割と弟の役割を説明し、次に、必ず兄を敬わなければならないことを具体例で示している。

㈤　【Ⅱ】に　④人生を変えるほどの大きな影響　とあるが、【Ⅰ】における弟への影響はどのようなものであったか。最も適切なものを、次のア～エの中から選んで、その記号を書きなさい。

ア　兄に劣等感を抱いていたが、兄と比べて徳行が足りないと書物を読んで悟り、兄に勝つことができた。
イ　兄に劣等感を抱いていたが、兄に勝つため熱心に学問に励んだことで、兄を乗り越えることができた。
ウ　兄の悪口を言っていたが、兄の名声と優れた人望を後から知って驚き、兄を敬い仕えるようになった。
エ　兄の悪口を言っていたが、兄と優劣つけがたい評価を得るようになり、兄を敬い仕えるようになった。

二 田中さんたちは、「昔の人の考え方を知ろう」という国語の授業で、【Ⅰ】の古典の文章を読み、【Ⅱ】のように内容についてグループで話し合いました。後の㈠～㈤の問いに答えなさい。

【Ⅰ】 古典の文章

ア一弟（一人の弟）ありて、イ其兄と同じく学問をなして、名望（名声と人望が）の兄にしかざるを恥て、ややもすればウ人に対して兄の短（短所）を云ふ。エ或人これを教ていふ、「①足下と令兄（あなたと兄上と）と、博学1ひとしく詩文ひとしく、手かきすること（巧みに字を書く）まで、何一つも令兄に劣たる事なくて、名望令兄にしかざるは、徳行（道徳にかなった行い）のおよばざる故（理由）なり。若足下、令兄にかたんと（勝とうとするなら）2おぼさば、今より心を改めて徳行を脩めなば、3やがて令兄よりも上に立なんこと必せり」と4いひて、弟大に悦び、日夜言行を慎み、二年許も経て、二難の誉（優劣つけがたい兄弟となったので）あるに至りしかば、弟の驕慢（わがままなふるまい）いつのまにかやみて、兄をそしる（非難する）事なきのみならず、兄を敬ひつかへて、人の耳目を驚せし事あり。

【Ⅱ】 話し合いの一部

田中　「弟大に悦び」とありますが、どうして或人の教えに、弟は大いに喜んだのだと思いますか。

佐藤　②兄に勝つ方法が分かったからだと思います。また、③或人の伝え方が、弟の意欲をかき立てるものだったのではないでしょうか。

鈴木　結局、或人の教えを聞き入れ改心して言行を慎んだため、弟は人として成長できたのですね。

田中　適切なアドバイスは、④人生を変えるほどの大きな影響を与えるのですね。

(二) 【Ⅰ】・【Ⅱ】の中に ①急いで二階に上がり、風呂の道具をそろえて、また階段を駆け下りる とあるが、このときの怜の気持ちとして、最も適切なものを、次のア〜エの中から選んで、その記号を書きなさい。

ア いつもより明るい様子の丸山と風呂へ行くことができるのを楽しみにする気持ち。

イ 浮かない表情を見せたり明るくふるまったりする丸山を心配する気持ち。

ウ 曖昧な返事をしたり風呂に誘ったりする丸山の身勝手さにいらだつ気持ち。

エ 博物館へ行けずに沈んでいた丸山がすっかり気を取りなおしたことに安心する気持ち。

(三) 【Ⅰ】・【Ⅱ】の中に ②不安やあせり とあるが、丸山がそれを感じた理由として、最も適切なものを、次のア〜エの中から選んで、その記号を書きなさい。

ア 丸山の誘いで美大を受験することになった心平が、美術の先生に特訓をお願いしたから。

イ 丸山が紹介した絵画教室でデッサン力が上達したため、心平が美大を目指すようになったから。

ウ これまで美大への進学を目指してきた丸山が、心平のせいでデッサンの練習時間が減ったから。

エ 真剣に絵を描いて美大を目指してきた丸山が、心平の優れた才能を知ってしまったから。

(四) 【Ⅱ】の「言動から主人公の人物像を考える」の □ にはそれぞれ本文中の根拠となる部分が入るが、そこに入るものとして、**適切でないもの**を、次のア〜エの中から一つ選んで、その記号を書きなさい。

ア 「どした?　なんかあった?」

イ 会話が途切れ、怜は隣にいる丸山をさりげなくうかがった。

ウ 怜はびっくりし、湯のなかで丸山のほうに体を向けた。

エ そうか、マルちゃんは心平に嫉妬して、でもそんな自分がたまらなくいやなんだ。

(五) 【Ⅰ】の表現の特徴として、最も適切なものを、次のア〜エの中から選んで、その記号を書きなさい。

ア 短い会話を重ねることで、少しずつ互いに不信感を募らせる怜と丸山の関係を描いている。

イ 人物や情景について詳細に描写することで、怜と丸山を取り巻く状況を想像しやすくしている。

ウ 丸山から見た怜についての描写を多く用いることで、怜が内面に抱える苦悩を巧みに表現している。

エ 直喩を多用することで、心平、怜、丸山の複雑な心情や人間関係を印象づけている。

【Ⅱ】 佐藤さんのノート

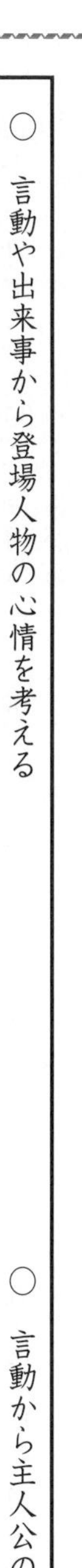

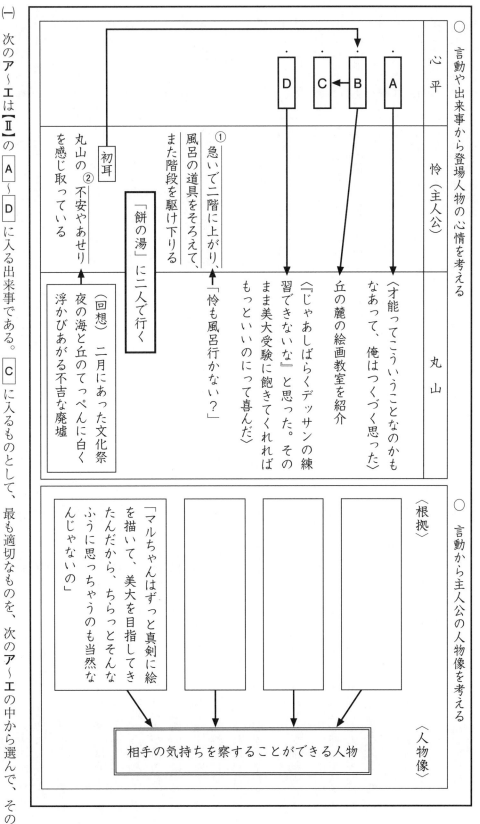

○ 言動や出来事から登場人物の心情を考える

心平	怜（主人公）	丸山
A		〈才能ってこういうことなのかもなあって、俺はつくづく思った〉
B	初耳（→B）	丘の麓の絵画教室を紹介
C（B→C）		
D		〈『じゃあしばらくデッサンの練習できないな』と思った。そのまま美大受験に飽きてくれればもっといいのにって喜んだ〉
	①急いで二階に上がり、風呂の道具をそろえて、また階段を駆け下りる	「怜も風呂行かない？」
	「餅の湯」に二人で行く	「餅の湯」に二人で行く
	丸山の②不安やあせりを感じ取っている	（回想） 二月にあった文化祭 夜の海と丘のてっぺんに白く浮かびあがる不吉な廃墟

○ 言動から主人公の人物像を考える

〈根拠〉

- （空欄）
- （空欄）
- （空欄）
- 「マルちゃんはずっと真剣に絵を描いて、美大を目指してきたんだから、ちらっとそんなふうに思っちゃうのも当然なんじゃないの」

〈人物像〉

相手の気持ちを察することができる人物

㈠ 次の**ア**〜**エ**は【Ⅱ】の A 〜 D に入る出来事である。 C に入るものとして、最も適切なものを、次の**ア**〜**エ**の中から選んで、その記号を書きなさい。

ア 指を骨折する　**イ** 粘土で馬の埴輪を作る　**ウ** 絵画教室に通い始める　**エ** 美大受験を決める

ときがある」
と、怜は洗い場に立ちこめる湯気を見ながら言った。
「俺もある。血行がよくなるからかな」
「見た目はふつうのお湯と変わらないのに、温泉って不思議だね」
会話が途切れ、怜は隣にいる丸山をさりげなくうかがった。丸山は電灯を映して揺れる湯面を眺めている。ふくふくとした耳たぶが熱気のせいで少し赤くなっている。
「俺さ、自分がいやになったよ」
しばしの沈黙ののち、丸山が静かに話しだした。
「どうして」
「心平が美大受けることにしたの、知ってる？」
「いや、初耳」
怜はびっくりし、湯のなかで丸山のほうに体を向けた。「いまからやってまにあうもんなの？　デッサンとか大変なんだろ」
「※3山本先生も驚いたみたいで、俺や美術の林先生にいろいろ聞いてきたよ」
山本先生の慌てぶりを思い出したのか、丸山はちょっと笑った。
「俺が通ってる丘の麓の絵画教室を紹介してあげた。心平は部活があるから土日しか来られないし、まだ初級者コースだけど、デッサンはどんどんうまくなってる」
「学科だってあるのに、あいつなに考えてんだ」
「そっちはまた俺たちが特訓してあげればいいんじゃない」
丸山はあくまでも※4鷹揚である。「怜もこのあいだ、心平が粘土で作った馬の埴輪を見たでしょ。才能ってこういうことなのかもなあって、俺はつくづく思った」
「もしかして心平、土器づくりが楽しかったことを思い出して、美大を受けるなんて言いだしたの？」
「詳しくは聞いてないけど、そうなんじゃないかな。絵画よりは陶芸とか彫刻とか、立体物に興味があるみたいだったし」
お湯から出した手で顔をぬぐった丸山は、ついでに表面張力を楽しむように、掌で二度ほど湯を叩いた。その行為に、丸山にしてはめずらしいいらだちを感じて、
「だけどどうして、マルちゃんが自分をいやになるんだよ」
と、怜はおずおずと尋ねた。
「心平が指を骨折したって聞いたとき」
丸山は低くかすれた声で言った。「俺はまっさきに、『じゃあしばらくデッサンの練習できないな』と思った。そのまま美大受験に飽きてくれればもっといいのにって喜んだ」
怜は咄嗟に言葉が出なかった。そうか、マルちゃんは心平に嫉妬して、でもそんな自分がたまらなくいやなんだ。
二月にあった文化祭で、丸山が出品した絵が思い浮かんだ。ずっと取り組んでいたその油絵は、※5餅湯城と青い海が描かれているはずだったが、怜がしばらく部活をさぼっているあいだに、夜の海と丘のてっぺんに白く浮かびあがる不吉な廃墟に変じていた。キャンバスのうえで、闇からにじむ暗紫の※6波濤が逆巻く。マルちゃん、新境地だな、と怜は呑気に思ったものだが、あれは自身に対する②不安やあせりを感じた丸山の、荒々しい※7心象風景だったのかもしれない。
怜はといえば画用紙に適当に絵の具を塗りたくり、抽象画だと言い張ってお茶を濁した。
「マルちゃんはずっと真剣に絵を描いて、美大を目指してきたんだから、ちらっとそんなふうに思っちゃうのも当然なんじゃないの」

（三浦しをん「エレジーは流れない」による。）

※1　吹聴する＝広く言い広める。
※2　格天井＝角材を広い間隔で格子形に組んで上に板を張った天井。
※3　山本先生＝心平の担任の先生。
※4　鷹揚＝ゆったりと落ち着いていること。
※5　餅湯城＝温泉街の海辺の丘の上に建てられた観光用の城。
※6　波濤＝大波。
※7　心象＝意識に浮かんだ姿や像。

国語

●満点100点　●時間50分

注意　字数の指定がある場合は、句読点や符号なども一字として数えなさい。

一　佐藤さんは、国語の授業で【Ⅰ】の文章を読み、登場人物の心情や主人公の人物像を【Ⅱ】のようにノートにまとめました。後の㈠～㈤の問いに答えなさい。（【Ⅰ】はページごとに上段から下段に続いている。）

【Ⅰ】　授業で読んだ文章

高校三年生の怜は、海と山に囲まれたのどかな温泉街に暮らしている。進路選択が迫る中だが、友人の心平や竜人、丸山と騒がしい毎日を過ごしていた。そんなある日、心平が指を骨折してしまう。

「おう、マルちゃん。心平のこと聞いた？」

「聞いた」

丸山はなぜか浮かない表情でうなずいた。「竜人に博物館へ誘われたけど、断ったよ」

「俺も。ほっときゃいいんだ、あいつらのことは」

「うん……」

「どした？　なんかあった？」

「ううん……」

力なく首を振った丸山は、気を取りなおしたようにあえて明るく、

「怜も風呂行かない？」

と持ちかけてきた。怜はすでに夕飯まえ、家の風呂に入っていたが、もちろん、

「いいね。ちょっと待ってて」

と答えた。①急いで二階に上がり、風呂の道具をそろえて、また階段を駆け下りる。

丸山は洗面器を抱え、店のまえでうつむきかげんに立っていた。怜はシャッターを半分だけ下ろし、丸山と連れだって、商店街のなかほどへと歩きだした。

「餅の湯」は、五、六人も入ればみちみちの浴槽しかない、古くてこぢんまりした公衆浴場だ。商店街の住民が当番制で清掃や管理をすることで、ほそぼそとつづいてきた。地元住民は木札を見せれば一回百円で入れるし、観光客も三百円を払えば利用できる。

源泉かけ流しで泉質がいいので、「この湯に浸からないと一日が終わらない」と言う近所の高齢者は多かった。長年「餅の湯」を利用してきたおばあさんたちは、たしかに年齢のわりに肌がつやつやしている。そんな彼女たちが、観光客に※1吹聴するのだから、説得力がある。最近では、旅館やホテルをチェックアウトしたあと、帰りがけに「餅の湯」へ立ち寄る観光客もちらほらいた。タイル貼りの浴槽や、旧式の蛇口がついた狭い洗い場、二階にある畳敷きの休憩所と檜の※2格天井など、レトロなつくりが「かわいい」と人気なのだそうだ。

とはいえ、怜と丸山が「餅の湯」を訪れたときには、あと三十分ほどで営業時間が終わる頃合いだったからか、男湯にほかに客はいなかった。出入り口の引き戸を開けてすぐ右手にある、二畳ほどの事務スペースで暇そうにテレビを見ていた金物屋のおじさんに代金を渡し、下駄箱に靴を収める。

手早く髪と体を洗い、二人そろって湯船に浸かると、自然と「ふぃー」と声が出た。ここの湯は無色透明だが、ほのかに海の香りがし、舐めると少ししょっぱい。

「『餅の湯』に来た夜って、布団に入るとなんか足がむずむずする

Memo

2021年度
茨城県公立高校 入試問題

英語

●満点 100点　●時間 50分

新型コロナウイルス感染症対策のため、学校が臨時休校したことを受けて、出題範囲に配慮がありました。

1　次の⑴～⑷は，放送による問題です。それぞれの放送の指示にしたがって答えなさい。

⑴　これから，**No. 1** から **No. 5** まで，五つの英文を放送します。放送される英文を聞いて，その内容に合うものを選ぶ問題です。それぞれの英文の内容に最もよく合うものを，**ア**，**イ**，**ウ**，**エ**の中から一つ選んで，その記号を書きなさい。

No. 1

No. 2

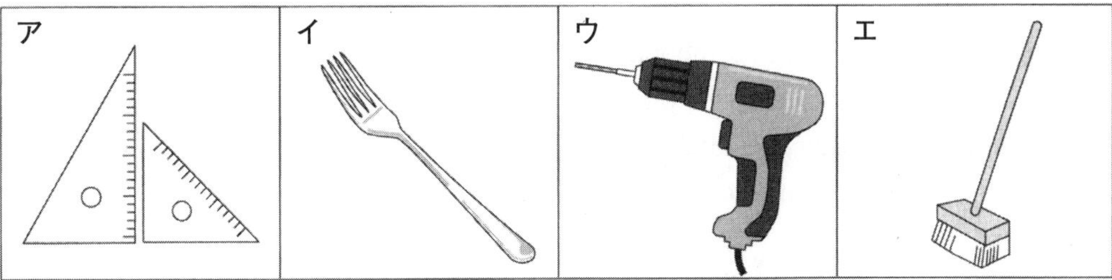

No. 3

No. 4

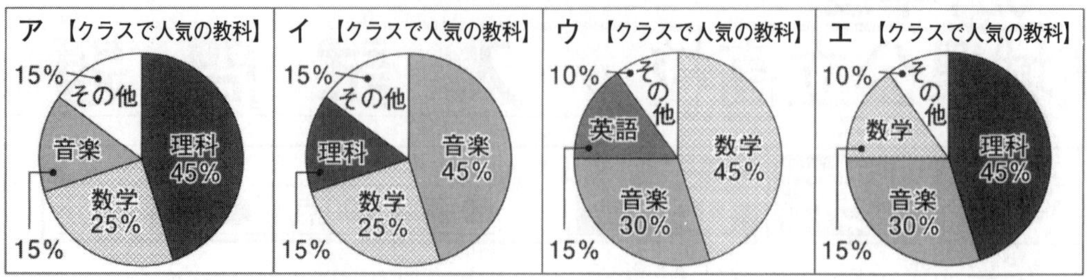

No. 5

ア【10月 新潟にいた期間】

日	月	火	水	木	金	土
				1	2	3
4	5	**6**	**7**	**8**	**9**	10
11	12	13	14	15	16	17
18	19	20	21	22	23	24
25	26	27	28	29	30	31

イ【10月 新潟にいた期間】

日	月	火	水	木	金	土
				1	2	3
4	5	6	7	**8**	**9**	**10**
11	12	13	14	15	16	17
18	19	20	21	22	23	24
25	26	27	28	29	30	31

ウ【10月 新潟にいた期間】

日	月	火	水	木	金	土
				1	2	3
4	5	6	7	8	9	10
11	12	**13**	**14**	**15**	**16**	17
18	19	20	21	22	23	24
25	26	27	28	29	30	31

エ【10月 新潟にいた期間】

日	月	火	水	木	金	土
				1	2	3
4	5	6	7	8	9	10
11	12	13	14	**15**	**16**	**17**
18	19	20	21	22	23	24
25	26	27	28	29	30	31

(2) これから，**No. 1** から **No. 4** まで，四つの対話を放送します。それぞれの対話のあとで，その対話について一つずつ質問します。それぞれの質問に対して，最も適切な答えを，**ア**，**イ**，**ウ**，**エ**の中から一つ選んで，その記号を書きなさい。

No. 1

ア Becky is.　イ Bob is.　ウ Kate is.　エ Becky and Bob are.

No. 2

ア Because she wanted to go shopping.
イ Because her family went shopping.
ウ Because the weather was bad.
エ Because she didn't want to go to the mountain.

No. 3

ア She can't ask where her dictionary is.
イ She can't tell where the table is.
ウ She can't find Kevin.
エ She can't find her dictionary.

No. 4

ア He will play in the tennis tournament next weekend.
イ He won all the games in the tennis tournament yesterday.
ウ He played tennis with Maki in the tournament.
エ He talked about tennis with Maki yesterday.

(3) これから，客室乗務員のジュディー（Judy）と乗客のリク（Riku）との飛行機内での対話を放送します。そのあとで，その内容について，**Question No. 1** と **Question No. 2** の二つの質問をします。それぞれの質問に対して，最も適切な答えを，**ア**，**イ**，**ウ**，**エ**の中から一つ選んで，その記号を書きなさい。

No. 1

ア　Because he wants to be a singer in the future.

イ　Because he wants to know about high school life in America.

ウ　Because he wants to sing both Japanese songs and English songs.

エ　Because he wants to make a high school student happy.

No. 2

ア　At four o'clock.　　　イ　At four twenty.

ウ　At four thirty-five.　　エ　At four fifty-five.

(4)　ユイ(Yui)の中学校の授業で，ウッド先生(Ms. Wood)が生徒たちに話をしています。これからその内容を放送します。ウッド先生の話の内容について正しいものはどれですか。下の**ア**，**イ**，**ウ**，**エ**の中から一つ選んで，その記号を①に書きなさい。

また，あなたがユイの立場なら，ウッド先生の質問に対して何と答えますか。英語１文で②に書きなさい。

①　ウッド先生の話の内容について正しいもの

ア　The students from the elementary school will visit Yui's junior high school.

イ　The students from Yui's junior high school will take the train to the elementary school.

ウ　The students from Yui's junior high school will arrive at the elementary school before ten o'clock.

エ　The students from the elementary school will play sports outside in the afternoon.

②　ウッド先生の質問に対する答え

(　　　　　　　　　　　　　　　　　　　　　　　　　　　　　　　　　　)

これで，放送による聞き取りテストを終わります。続いて，問題 **2** に進みなさい。

※<**聞き取りテスト放送原稿**>は英語の問題の終わりに付けてあります。

2　次の**A**と**B**の英文は，茨城県に住む高校生のサチコ(Sachiko)と，ニューヨーク市に住むマーサ(Martha)がやり取りしたメールです。それぞれの英文を読んで，下の(1)，(2)の問いに答えなさい。

A

Hello, Sachiko.
How are you？ I'm happy that I can visit you this summer. I have never ①(be) to Japan. Everything will be new to me. I'm very interested in Japanese culture. I'd like to go to famous places and talk with you a lot. I'm sure that I can have a lot of good ②(memory). Now I have one question. Is Ibaraki ③(hot) than New York in summer？

B

Hi, Martha.
Thank you for your e-mail. I don't know about the summer in New York, but Ibaraki is very hot in summer. There is a festival in my town on ④(A　　) 10. My friends and I will

⑤(t　　) you to the festival.　Last year, my father ⑥(b　　) a *yukata for me as a present at a ***kimono*** shop.　This summer you can wear my ***yukata*** in the festival.　I hope you will enjoy staying in Ibaraki.　See you soon.

*　*yukata*　浴衣(ゆかた)

(1)　Aの英文が完成するように，文中の①～③の（　）の中の語を，それぞれ1語で適切な形に直して書きなさい。

(2)　Bの英文が完成するように，文中の④～⑥の（　）内に，最も適切な英語を，それぞれ1語ずつ書きなさい。なお，答えはすべて（　）内に示されている文字で書き始めるものとします。

3　次の(1)，(2)の問いに答えなさい。

(1)　次の英文は，新聞記事の一部です。この記事が伝えている内容として最も適切なものを，下のア～エの中から一つ選んで，その記号を書きなさい。

How many colors do you see in a *rainbow?　Most Japanese people think it has seven colors.　They are red, orange, yellow, green, blue, *indigo blue and *purple.　Some American people may say it has six colors.　In other cultures, there are people who think it has five.　All of these ideas are right because we are all different.　If you understand differences, you will see the world in a different way.

*　rainbow　虹　　indigo blue　藍(あい)色　　purple　紫色

ア　It is important to see a lot of colors in a rainbow.

イ　People from different cultures always see the same number of colors in a rainbow.

ウ　Japanese people don't know how many cultures there are in the world.

エ　We can learn different ways of thinking by understanding differences.

(2)　次の英文中の［　　］には，下のア～ウの三つの文が入ります。意味の通る英文になるように，ア～ウの文を並べかえて，記号で答えなさい。

I went to Hokkaido with my family during winter vacation for the first time.　At first, I thought that I couldn't enjoy the trip because it was very cold there.　［　　　　］　The ***sushi*** I ate on the third day was great.　I want to go there again.

ア　I also ate many kinds of dishes.

イ　For example, I enjoyed skiing and other winter sports.

ウ　However, I had a lot of fun.

4　高校生のタクヤ(Takuya)とニュージーランドからの留学生のクリス(Chris)が，次のページのウェブサイトを見ながら話をしています。下の対話文を読んで，(1)，(2)の問いに答えなさい。

Takuya :　Hi, Chris.　What are you doing on your computer?

Chris :　I'm just looking for a place to play basketball.

Takuya :　There are some *courts at Asahi Sports Park.

Chris :　Really?　I'll see its website.　Oh, the park has (　①　), so we can play at the park.

Takuya :　Are you going to play with your classmates?

Chris : Yes, but we only have nine people now. We need another person. Can you join us ?

Takuya : Sure. It will be fun.

Chris : Thank you, Takuya. Oh, look here. (②). Do you have any balls ?

Takuya : I have some balls, so we can use mine.

Chris : Really ? That's nice.

Takuya : When are we going to play ?

Chris : I want to play next Sunday.

Takuya : I'm so sorry. I have a swimming lesson on that day. How about next Monday ?

Chris : I'm free, but look at this website again. [   ] because it is *closed.

Takuya : Well, then let's go there on Saturday morning.

Chris : That's a great idea. I think the other members can come on Saturday.

Takuya : What time shall we meet ?

Chris : Let's meet in front of the park entrance when the park opens.

Takuya : Do you mean at (③) ?

Chris : Yes.

Takuya : I see. How long will we play ? I have to meet my sister at the station at one o'clock.

Chris : Are you going to take the bus to the station ?

Takuya : Yes.

Chris : (④).

Takuya : All right. I can arrive there before she comes.

Chris : Then we can play for three hours. We need money to use a court. We will use just one court, so each of us needs (⑤) yen.

Takuya : OK. See you on Saturday.

* court(s) （テニスなどの）コート　　closed　閉まっている

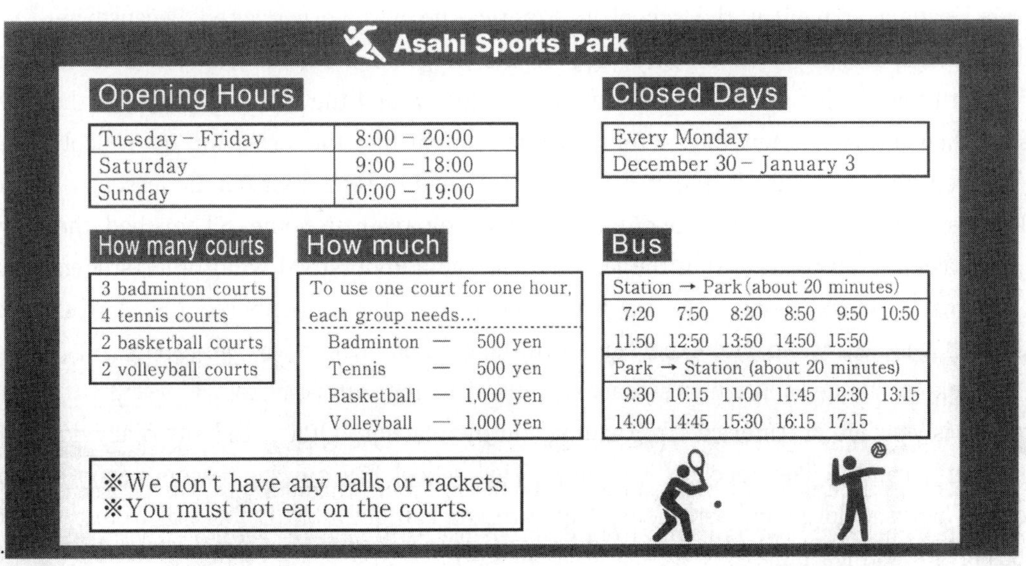

Asahi Sports Park

Opening Hours

Tuesday – Friday	8:00 – 20:00
Saturday	9:00 – 18:00
Sunday	10:00 – 19:00

Closed Days

Every Monday
December 30 – January 3

How many courts

3 badminton courts
4 tennis courts
2 basketball courts
2 volleyball courts

How much

To use one court for one hour, each group needs…

Badminton	— 500 yen
Tennis	— 500 yen
Basketball	— 1,000 yen
Volleyball	— 1,000 yen

Bus

Station → Park (about 20 minutes)					
7:20	7:50	8:20	8:50	9:50	10:50
11:50	12:50	13:50	14:50	15:50	

Park → Station (about 20 minutes)					
9:30	10:15	11:00	11:45	12:30	13:15
14:00	14:45	15:30	16:15	17:15	

※We don't have any balls or rackets.
※You must not eat on the courts.

(1) 対話中の(①)～(⑤)に入る最も適切なものを，**ア**～**エ**の中から一つ選んで，その記号を書きなさい。

① **ア** three badminton courts
イ four tennis courts
ウ two basketball courts
エ two volleyball courts

② **ア** We can't borrow basketballs from the park
イ We need money to use basketballs at the park
ウ We can only borrow tennis balls from the park
エ Someone has already borrowed basketballs from the park

③ **ア** seven **イ** eight **ウ** nine **エ** ten

④ **ア** You should leave the park at eleven fifty
イ You should leave the park at twelve forty
ウ You should take the bus at eleven forty-five
エ You should take the bus at twelve thirty

⑤ **ア** 100 **イ** 300 **ウ** 1,000 **エ** 3,000

(2) 対話の流れに合うように，文中の［　］に入る適切な英語を，4語以上，8語以内で書き，英文を完成させなさい。

5 次の英文を読んで，次のページの(1)～(4)の問いに答えなさい。

Kazuma is a high school student and studies English very hard. Last year, his teacher, Ms. Aoki, said, "Kazuma, you study English very hard. You can join a special English learning program in a high school in America this summer. I am sure that it will be a wonderful experience. You can learn English with students from other parts of the world." Kazuma *became interested in the program. He thought, "This will be a good chance to learn English in America. It will be exciting." ［ 1 ］ Then, he decided to join the program.

When Kazuma arrived at the school in America, he was very excited because he *was confident in his English. On the first day of the program, Kazuma joined five lessons and studied with twenty-five students from different places around the world. They had their own goals for their future. A few days later, Kazuma thought that the lessons in the school *were very different from the ones in Japan. The students had to read a lot for the lessons. During the lessons, they needed to talk about the books they read at home. They had their own *opinions and shared them during the lessons. Kazuma understood what other students said. ［ 2 ］ He felt alone. He lost his *confidence. He remembered Ms. Aoki's words. She said, "It will be a wonderful experience," but he did not think it was wonderful.

One week later, one of Kazuma's teachers talked to him after school. ［ 3 ］ He said, "How is your life in America ?" Kazuma told the teacher, "Other students really do well in lessons but I can't." The teacher told him, "This school has special teachers who support students. You should go and ask them. I'm sure you can get a lot of *advice from them and find better ways of learning."

The next day, Kazuma went to the special teachers' room. He met one of the teachers, Ms. Smith. [4] He told her about his problems and she listened to him carefully. Then she asked some questions about his lessons. He answered the questions *honestly. When he talked with Ms. Smith, Kazuma thought he should change his ways of learning. After that, he tried to read books more carefully to have his own opinions when he was doing his homework. Then he started doing better in lessons because he *became able to share his opinions in English. He became confident again and his English improved. The program was a wonderful experience for him.

＊ become interested in ～　～に興味をもつ　　be confident in ～　～に自信のある
be different from ～　～とは異なる　　opinion(s)　意見　　confidence　自信
advice　助言，アドバイス　　honestly　正直に　　become able to ～　～できるようになる

(1) 本文の内容に合う文を，次の**ア**～**ク**の中から三つ選んで，その記号を書きなさい。

ア Ms. Aoki showed Kazuma the English program in Australia.

イ Kazuma was not interested in joining the program Ms. Aoki talked about.

ウ Kazuma joined the lessons with the students from different parts of the world in an American school.

エ Kazuma told his opinions to other students on the first day of the English program.

オ One of Kazuma's teachers told Kazuma that he should ask the special teachers about his problems.

カ Kazuma didn't visit the special teacher because he did well in lessons.

キ Ms. Smith asked a lot of questions when she talked with Kazuma's teacher.

ク Kazuma thought his experience became wonderful after he talked with Ms. Smith.

(2) 次の文は，文中の [1] ～ [4] のどこに入るのが最も適切か，番号で答えなさい。

However, he couldn't have his own opinions and didn't say anything.

(3) 次の①，②の質問に，それぞれ指定された語数の英文で答えなさい。ただし，符号(, . ? ! など)は，語数には含まないものとします。

① How many lessons did Kazuma join on the first day in a high school in America?
（4語）

② What did Kazuma think when he talked with Ms. Smith?　（9語以上）

(4) 次は，本文を読んだ高校生のアツシ(Atsushi)と留学生のケリー(Kelly)の対話文です。①，②に入る英文をあなたの立場で，それぞれ15語程度で書きなさい。ただし，符号(, . ? ! など)は，語数には含まないものとします。

Kelly : I think Kazuma's experience in America was good. Tell me your opinion about his experience, Atsushi.

Atsushi : (　①　)

Kelly : I understand. What do you usually do to improve your English?

Atsushi : (　②　)

Kelly : Oh, that's different from Kazuma's ways of learning.

6 以下の英文は，あなたが友人のマイク(Mike)からもらったメールの一部です。マイクの質問に対するあなたの答えを英語30語以上で書きなさい。なお，記入例にならい，符号(, . ? ! など)は，その前の語につけて書き，語数には含まないものとします。

【あなたがマイクからもらったメールの一部】

I am doing my homework and I have to write about "the most important thing in my life." For example, my father said that friendship is the most important in his life because he and one of his friends often helped each other when they *were in trouble. The most important thing in my life is my watch. My grandfather gave it to me when I entered junior high school. Now, I am more interested in this *topic and I want to know about other people's important things. What is the most important thing in your life ? Why do you think so ?

* be in trouble 困っている　topic 話題，トピック

記入例	Are	you	Ms.	Brown ?
	No,	I'm	not.	

<聞き取りテスト放送原稿>

ただいまから1の，放送による聞き取りテストを行います。問題は(1)から(4)までの四つです。放送中メモを取ってもかまいません。

それでは(1)の問題から始めます。

(1) これから，**No. 1** から **No. 5** まで，五つの英文を放送します。放送される英文を聞いて，その内容に合うものを選ぶ問題です。それぞれの英文の内容に最もよく合うものを，**ア**，**イ**，**ウ**，**エ**の中から一つ選んで，その記号を書きなさい。

それぞれの英文は，２回放送します。

では，はじめます。

No. 1　My mother is riding a bike.

繰り返します。

No. 2　We use this when we eat food.

繰り返します。

No. 3　There is a dog under the desk and there are two bags on the chair.

繰り返します。

No. 4　In my class, science is the most popular subject.　Math is not as popular as music.

繰り返します。

No. 5　Today is October twentieth.　Last Thursday, I went to Niigata with my family and we stayed there for four days.

繰り返します。

これで(1)の問題を終わります。

次に，(2)の問題に移ります。

(2) これから，**No. 1** から **No. 4** まで，四つの対話を放送します。それぞれの対話のあとで，その対話について一つずつ質問します。それぞれの質問に対して，最も適切な答えを，**ア**，**イ**，**ウ**，**エ**の中から一つ選んで，その記号を書きなさい。

対話と質問は，２回放送します。

では，はじめます。

No. 1

A：What are you reading, Becky?

B：Hi, Bob.　This is a book about Japanese history.

A：I'm interested in it.　Can I borrow the book after you finish?

B：I borrowed this from Kate.　So please ask her.

Question：Who is reading a book?

繰り返します。(対話と質問を繰り返す。)

No. 2

A：I went shopping with my family last weekend.　How about you, Risa?

B：I wanted to go to the mountain with my family, but we couldn't because it was raining.

A：Uh . . . then, what did you do?

B：We stayed home during the weekend.

Question : Why did Risa stay home ?
繰り返します。(対話と質問を繰り返す。)

No. 3

A : Kevin, do you know where my dictionary is ? I can't find it.

B : Well . . . I think it's under the table, Amy.

A : I have already checked there.

B : Then you can ask Mom.

Question : What is Amy's problem ?
繰り返します。(対話と質問を繰り返す。)

No. 4

A : Hi, Tom, you look so happy.

B : Hi, Maki. I have great news. I got first prize in the tennis tournament yesterday.

A : Really ? I didn't know you were a good tennis player.

B : I have played tennis for ten years. Shall we play tennis next weekend ?

Question : What is Tom's good news ?
繰り返します。(対話と質問を繰り返す。)
これで(2)の問題を終わります。
次に,(3)の問題に移ります。

(3) これから,客室乗務員のジュディー(Judy)と乗客のリク(Riku)との飛行機内での対話を放送します。そのあとで,その内容について,**Question No. 1** と **Question No. 2** の二つの質問をします。それぞれの質問に対して,最も適切な答えを,**ア**,**イ**,**ウ**,**エ**の中から一つ選んで,その記号を書きなさい。
対話と質問は,2回放送します。
では,はじめます。

Judy : Can I help you ?

Riku : Yes. I have a question. Can we watch any movies on this plane ?

Judy : Yes. Today we will show you two movies, a Japanese movie and an American movie.

Riku : Thank you. What is the story of the American movie about ?

Judy : It is about a high school student. His dream is to be a famous singer.

Riku : That's interesting. I would like to watch the American movie because I am interested in American high school life. I can also practice listening to English. What time will the movie start ?

Judy : It will start at two forty-five. You have twenty minutes before it starts.

Riku : How long is the movie ?

Judy : It is one hour and fifteen minutes long.

Riku : OK. Thank you.

Questions :

No. 1 Why does Riku want to watch the American movie ?

No. 2 What time will the American movie finish ?

繰り返します。（対話と質問を繰り返す。）

これで(3)の問題を終わります。

次に，(4)の問題に移ります。

(4) ユイ（Yui）の中学校の授業で，ウッド先生（Ms. Wood）が生徒たちに話をしています。これからその内容を放送します。ウッド先生の話の内容について正しいものはどれですか。下の**ア**，**イ**，**ウ**，**エ**の中から一つ選んで，その記号を①に書きなさい。

また，あなたがユイの立場なら，ウッド先生の質問に対して何と答えますか。

英語１文で②に書きなさい。

英文は，２回放送します。

では，はじめます。

Next Monday, we are going to visit an elementary school as volunteers. You have to come to Wakaba Station at nine thirty, and then we will walk to the school. It takes fifteen minutes to get there. At the school, we will first say hello and tell our names to the students. Then, we will play sports outside with them. After lunch, we will do something for them in the classroom, but we haven't decided what to do yet. What would you like to do for the elementary school students in the classroom ?

繰り返します。（英文を繰り返す。）

これで，放送による聞き取りテストを終わります。続いて，問題 **2** に進みなさい。

数学

●満点 100点　●時間 50分

1　次の各問に答えなさい。

(1)　A，B，C，Dの4つのチームが自分のチーム以外のすべてのチームと試合を行った。下の**表**は，その結果をまとめたものである。得失点差とは，得点合計から失点合計をひいた値である。

このとき，下の ア に当てはまる数を求めなさい。

表

チーム	試合数	勝った試合数	引き分けた試合数	負けた試合数	得点合計	失点合計	得失点差
A	3	2	1	0	8	1	+7
B	3	1	1	1	3	7	ア
C	3	1	1	1	4	4	0
D	3	0	1	2	1	4	−3

(2)　右の**図**のように，長方形ABCDの中に1辺の長さが$\sqrt{5}$ mと$\sqrt{10}$ mの正方形がある。

このとき，斜線部分の長方形の周の長さを求めなさい。

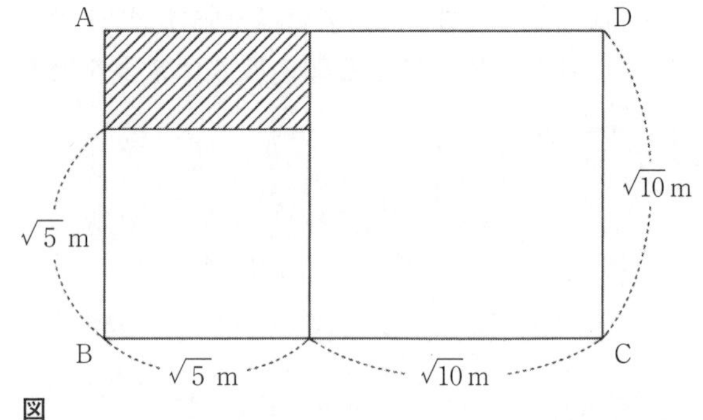

図

(3)　1000円で，1個a円のクリームパン5個と1個b円のジャムパン3個を買うことができる。ただし，消費税は考えないものとする。

この数量の関係を表した不等式としてもっとも適切なものを，次の**ア**〜**エ**の中から一つ選んで，その記号を書きなさい。

ア　$1000-(5a+3b)<0$

イ　$5a+3b<1000$

ウ　$1000-(5a+3b)\geqq 0$

エ　$5a+3b\geqq 1000$

(4)　花子さんは，右の**図**の平行四辺形ABCDの面積を求めるために，辺BCを底辺とみて，高さを測ろうと考えた。

点Pを右の**図**のようにとるとき，線分PHが高さとなるような点Hを作図によって求めなさい。

ただし，作図に用いた線は消さずに残しておくこと。

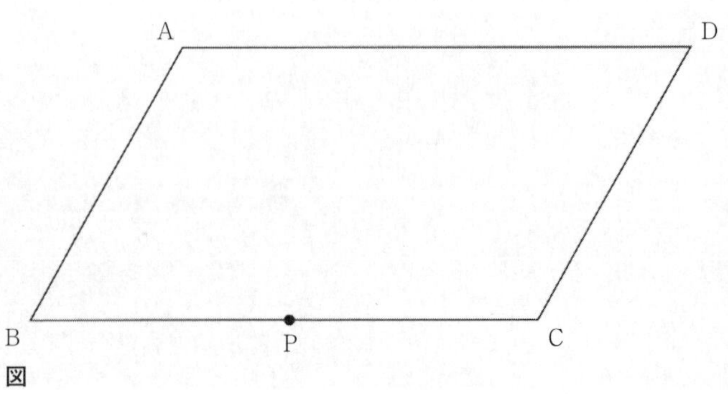

図

2 次の各問に答えなさい。

(1) 「連続する３つの整数の和は，３の倍数である」

このことを次のように説明した。

> **(説明)**
>
> 連続する３つの整数のうち，もっとも小さい整数を n とすると，連続する３つの整数は小さい順に n，［ア］，［イ］と表すことができる。
>
> ここで，
>
> $n+($［ア］$)+($［イ］$)=3($［ウ］$)$
>
> ［ウ］は整数だから，3(［ウ］)は３の倍数である。
>
> したがって，連続する３つの整数の和は，３の倍数である。

このとき，上の［ア］～［ウ］に当てはまる式を，それぞれ書きなさい。

(2) 太郎さんは庭に，次の２つの条件［1］，［2］を満たすような長方形の花だんを作ることにした。

> **(条件)**
>
> ［1］ 横の長さは，縦の長さより５m長い。
>
> ［2］ 花だんの面積は，24m^2である。

縦の長さを x mとして方程式をつくると，次のようになる。

［ア］$=24$

したがって，この方程式を解くと，$x=$［イ］，［ウ］となる。

$x=$［イ］は，縦の長さとしては適していないから，縦の長さは［ウ］mである。

このとき，上の［ア］には当てはまる式を，［イ］，［ウ］には当てはまる数を，それぞれ書きなさい。

(3) 右の**図**で，点Ａは関数 $y=\dfrac{2}{x}$ と関数 $y=ax^2$ のグラフの交点である。点Ｂは点Ａを y 軸を対称の軸として対称移動させたものであり，x 座標は -1 である。

このことから，a の値は［ア］であり，関数 $y=ax^2$ について，x の値が１から３まで増加するときの変化の割合は［イ］であることがわかる。

このとき，上の［ア］，［イ］に当てはまる数を，それぞれ書きなさい。

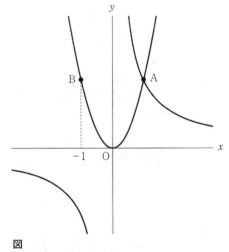

図

(4) 陸上競技部のＡさんとＢさんは100m競走の選手である。下の**図１**，**図２**は，２人が最近１週間の練習でそれぞれ100mを18回走った記録をヒストグラムに表したものである。これらのヒストグラムをもとに，次の１回でより速く走れそうな選手を１人選ぶとする。

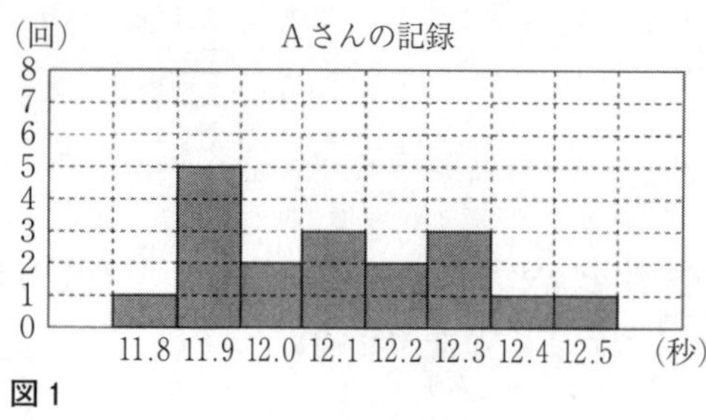

図1

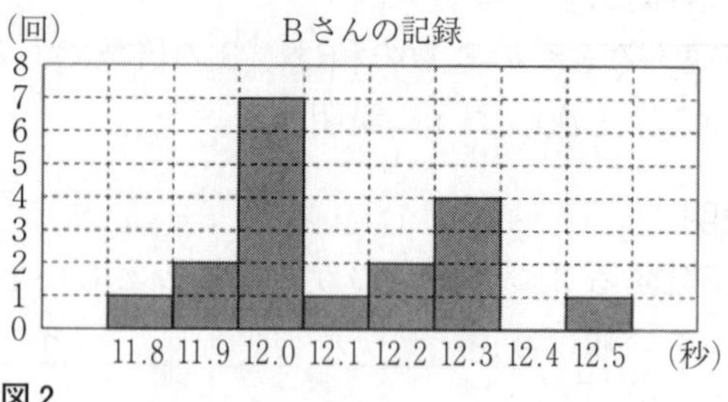

図2

このとき，あなたならどちらの選手を選びますか。Aさん，Bさんのどちらか一方を選び，その理由を，2人の中央値(メジアン)または最頻値(モード)を比較して説明しなさい。

3 先生と太郎さんと花子さんの次の会話を読んで，あとの(1)〜(3)の問いに答えなさい。

(先生と太郎さんと花子さんの会話)

先生：下の**図1**の△ABCは，∠ABC＝66°，∠BAC＝90°の直角三角形です。

△ABCを直線lにそってすべらないように転がしていくことを考えましょう。

下の**図2**のように，点Aを中心に回転させたとき，もとの位置の三角形を△AB′C′とすると，△ABCの頂点Bが，△AB′C′の辺B′C′上にくるときがあります。

太郎：先生，このときの∠BAB′の大きさは［ア］なので，**図2**の△ABCは点Aを中心に時計回りに［ア］だけ回転移動させたことになります。

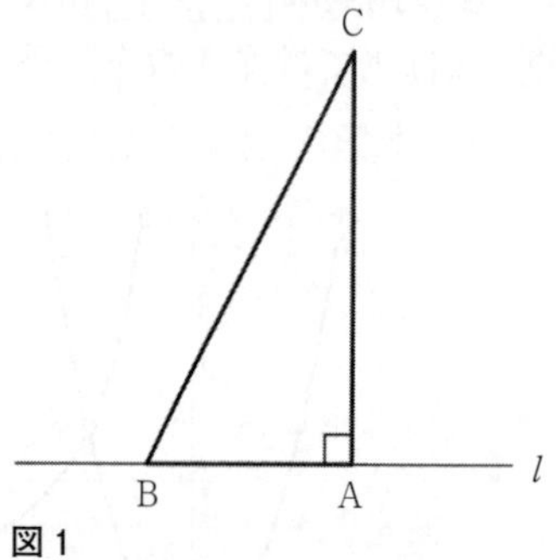

図1

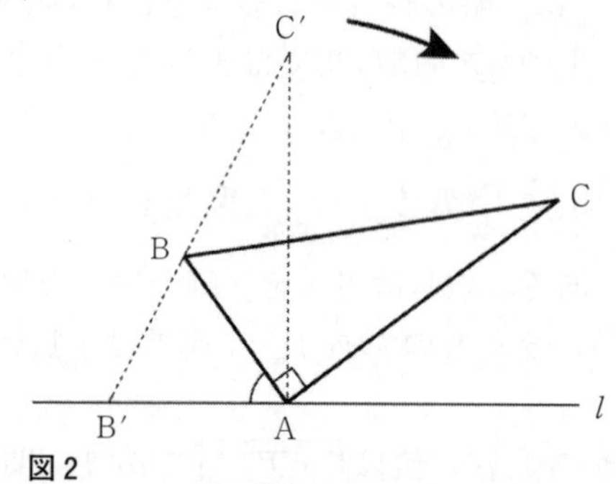

図2

先生：よく気がつきましたね。では次に，下の**図3**のように△ABCをAB＝ACの直角二等辺三角形にして，同じように転がしていくことを考えましょう。

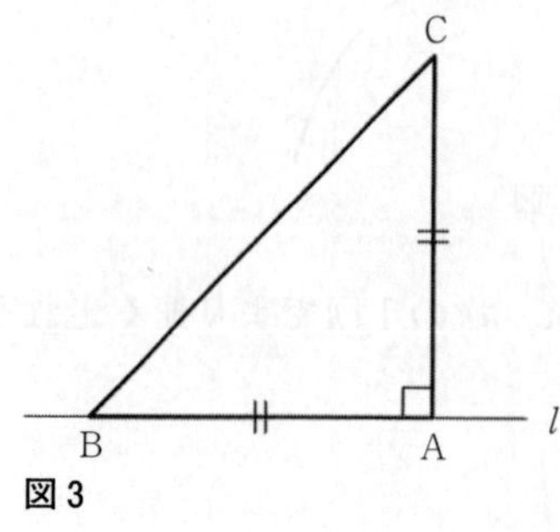

図3

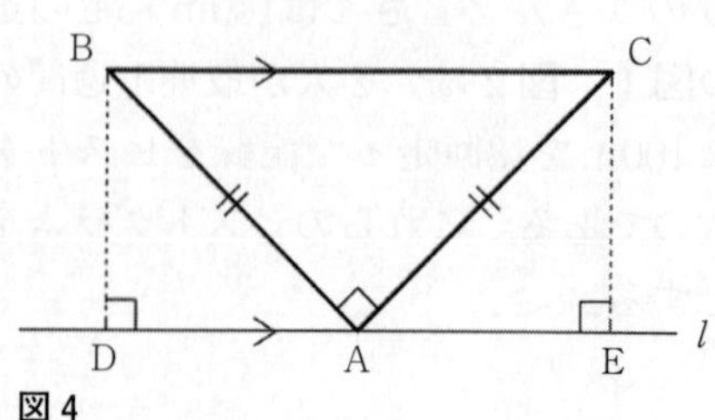

図4

太郎：上の**図4**のように，直線 l と辺BCが平行になるときがあります。

花子：このとき，点B，Cから直線 l に垂線をひき，直線 l との交点をそれぞれD，Eとすると，△ADB≡△AECが成り立ちそうね。

先生：では，花子さん，黒板に証明を書いてください。

花子：はい。次のように証明できます。

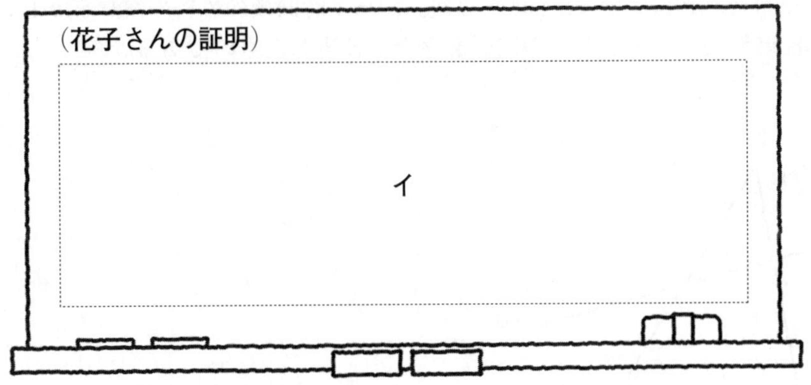

先生：そのとおりです。よくできましたね。

さらに，**図3**の直角二等辺三角形ABCを，下の**図5**のように，直線 l にそってすべらないように，点Bが再び直線 l 上にくる斜線の図形の位置まで転がしていくことを考えましょう。

太郎：点Bが動いた跡にできる線と直線 l とで囲まれた部分の面積はどうなるかな。

先生：では，AB＝AC＝3cmとして，面積を求めてみましょう。

太郎：はい。面積を求めると［ウ］cm^2 になりました。

先生：そのとおりです。よくできましたね。

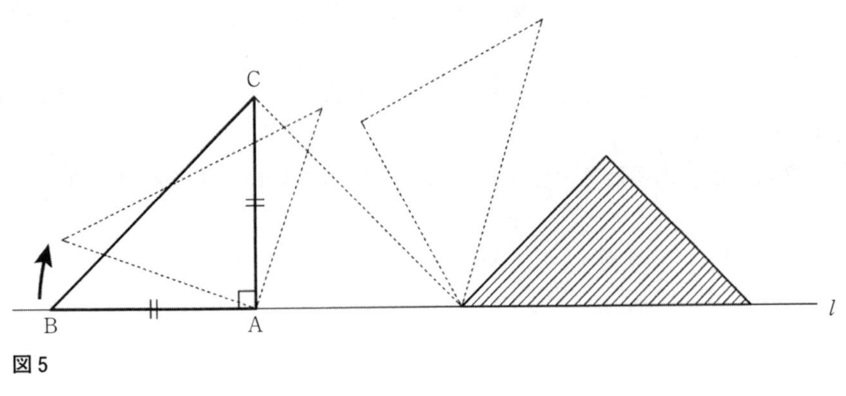

図5

(1) 会話中の［ア］に当てはまる角の大きさを求めなさい。

(2) 会話中の［イ］に当てはまる証明を書きなさい。

(3) 会話中の［ウ］に当てはまる数を求めなさい。ただし，円周率は π とする。

4 H市の工場では，2種類の燃料A，Bを同時に使って，ある製品を作っている。燃料A，Bはそれぞれ一定の割合で消費され，燃料Aについては，1時間あたり30L消費される。また，この工場では，燃料自動補給装置を導入して，無人で長時間の自動運転を可能にしている。この装置は，燃料A，Bの残量がそれぞれ200Lになると，ただちに，15時間一定の割合で燃料を補給するように設定されている。

下の**図**は，燃料A，Bについて，「ある時刻」からx時間後の燃料の残量をyLとして，「ある時刻」から80時間後までのxとyの関係をグラフに表したものである。

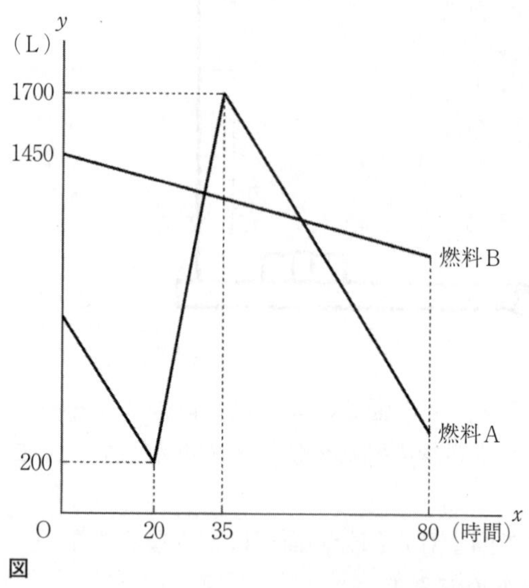

図

このとき，次の(1)～(3)の問いに答えなさい。

(1) 「ある時刻」の燃料Aの残量は何Lであったか求めなさい。

(2) 「ある時刻」の20時間後から35時間後までの間に，燃料Aは1時間あたり何L補給されていたか求めなさい。

(3) 「ある時刻」から80時間後に燃料A，Bの残量を確認したところ，燃料Aの残量は燃料Bの残量より700L少なかった。

このとき，燃料Bが「ある時刻」から初めて補給されるのは「ある時刻」から何時間後か求めなさい。

5 下の**図**のようなA～Eのマスがあり，次の手順[1]～[3]にしたがってコマを動かす。

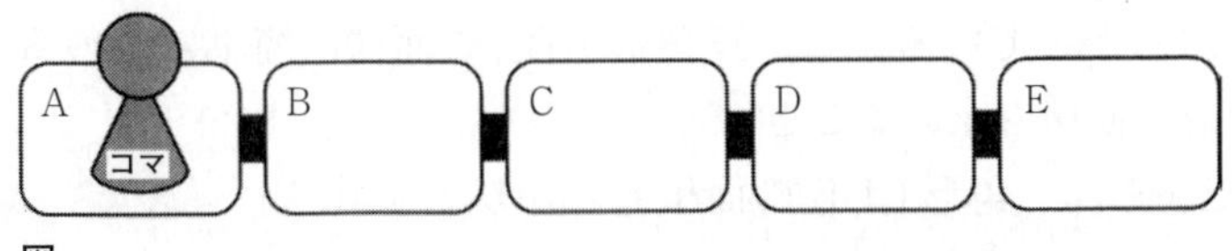

図

（**手順**）
[1] はじめにコマをAのマスに置く。
[2] 1つのさいころを2回投げる。
[3] 1回目に出た目の数をa，2回目に出た目の数をbとし，「**条件X**」だけAから1マスずつコマを動かす。

ただし，コマの動かし方は，A→B→C→D→E→D→C→B→A→B→C→……の順にAとEの間をくり返し往復させることとする。

例えば，5だけAから1マスずつコマを動かすとDのマスに止まる。

また，さいころは1から6までの目が1つずつかかれており，どの目が出ることも同様に確からしいとする。

このとき，次の(1)，(2)の問いに答えなさい。

(1) 手順[3]の「**条件X**」を，「**aとbの和**」とする。

① Eのマスに止まる確率を求めなさい。

② コマが止まる確率がもっとも大きくなるマスを，A～Eの中から一つ選んで，その記号を書きなさい。また，その確率を求めなさい。

(2) 手順[3]の「**条件X**」を，「**aのb乗**」とする。

1回目に4の目が出て，2回目に5の目が出たとき，コマが止まるマスを，A～Eの中から一つ選んで，その記号を書きなさい。

6 下の**図1**は，三角すいの展開図であり，AB＝12cm，AC＝9cm，ED＝5cmである。

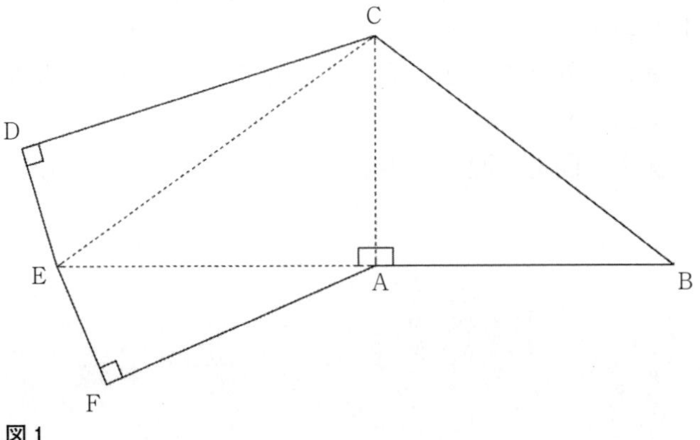

図1

太郎さんと花子さんの次の会話を読んで，あとの(1)～(3)の問いに答えなさい。

（**太郎さんと花子さんの会話**）

太郎：辺 AB と辺 AC の長さがわかっているから，三角形 ABC の面積は簡単に求めることができるよ。他の三角形の面積も求めることができるかな。

花子：辺 ED の長さが 5 cm だから，三角形 CDE の面積もわかりそうね。

太郎：確かにそうだね。三角形 CDE の面積は［ア］cm^2 になるよ。

花子：次は，この展開図を組み立てて体積について考えてみましょう。

太郎：どの面を底面としてみると体積が求めやすいかな。

花子：組み立てたときに頂点が重なるところがあるので，**図 2** のように展開図に**面㋐**，**面㋑**，**面㋒**，**面㋓**と名前をつけて考えてみると，**面㋓**を三角すいの底面とするといいかもしれないね。

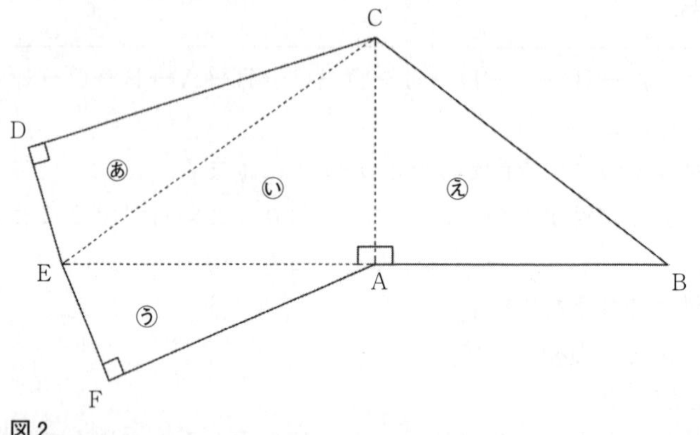

図 2

太郎：なるほど。そうすると，**面㋓**と垂直になるのは［イ］だよ。

花子：これで体積を求めることができそうね。

太郎：計算してみたら，三角すいの体積は［ウ］cm^3 になるよ。

花子：ところで，底面とする面を変えてみると，三角すいの高さが変わるわね。

太郎：なるほど。そうすると，三角すいの高さが，一番高くなるのは［エ］を底面にしたときで，一番低くなるのは［オ］を底面にしたときだよ。

(1) 会話中の［ア］に当てはまる数を求めなさい。

(2) 会話中の［イ］に当てはまる面を，**面㋐**～**面㋒**の中からすべて選んで，その記号を書きなさい。また，［ウ］に当てはまる数を求めなさい。

(3) 会話中の［エ］，［オ］に当てはまる面を，**面㋐**～**面㋓**の中から一つ選んで，その記号をそれぞれ書きなさい。

社会

●満点 100点　●時間 50分

1　ある中学校の社会科の授業で，「北海道地方にはどのような特色があるのだろうか」という課題で，班ごとにテーマを設定し，学習しました。次の**1**～**3**に答えなさい。

1　A班では，北海道の自然環境に興味をもち，「北海道の気候の特色」というテーマを設定し，**資料1**～**資料3**を集めました。下の(1)～(3)の問いに答えなさい。

資料1　札幌と東京の気温と降水量

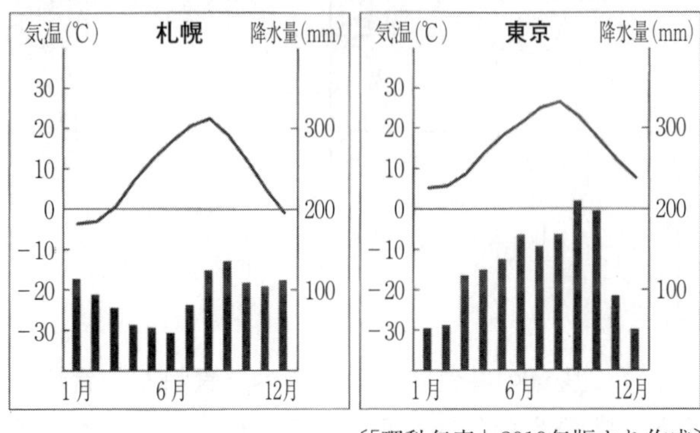

〔「理科年表」2019年版より作成〕

資料2　札幌，釧路(くしろ)の8月の平均気温と日照時間

	気温(℃)	日照時間(時間)
札幌	22.3	171.0
釧路	18.0	127.1

〔「理科年表」2019年版より作成〕

資料3　北海道地方の地図

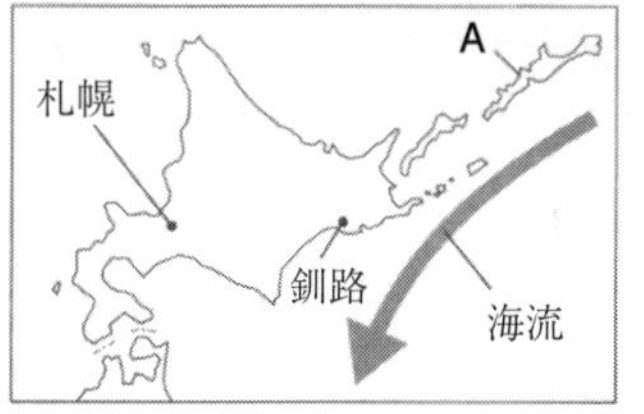

(1)　A班は，**資料1**から読み取ったことをもとに，北海道の気候について調べ，次のような**＜メモ＞**を作成しました。**＜メモ＞**の［あ］，［い］に当てはまる語の組み合わせとして最も適切なものを，下の**ア**～**エ**の中から一つ選んで，その記号を書きなさい。

＜メモ＞
資料1から，札幌は，東京と比較して，1年を通して気温が［　あ　］ことがわかります。また，札幌は，冬に湿った［　い　］からの季節風が吹くため，冬の降水量が多くなっています。

ア　［あ　低い　い　北東］
イ　［あ　高い　い　北東］
ウ　［あ　低い　い　北西］
エ　［あ　高い　い　北西］

(2)　A班は，**資料2**から，同じ北海道の中でも，札幌と比較して釧路の夏の日照時間が短いことを知り，その要因を調べ，次の**＜メモ＞**を作成しました。**＜メモ＞**の［う］に当てはまる内容を，**資料3**の海流の名称にふれながら書きなさい。

＜メモ＞
釧路の夏の日照時間が短い要因として，濃霧の発生があげられます。夏，釧路で濃霧が発生しやすいのは，釧路付近に向けて吹く南東からの湿った季節風が，**資料3**にある［　　う　　］ためであると考えられます。

(3)　**資料 3** 中の日本最北端の島 **A** の名称を書きなさい。

2　B班では，「北海道と同じ緯度や経度にある国の様子」というテーマを設定し，話し合いました。あとの(1)，(2)の問いに答えなさい。

次郎：**資料 4** の地図に示された，札幌を通る北緯43度の緯線 **X**，東経141度の経線 **Y** は様々な国を通っているね。緯線 **X** はアメリカを通っているよ。

洋子：アメリカでは，広大な国土と豊かな自然のもと ${}_{a}$<u>農業が発達</u>し，豊富な資源を利用して工業化も進んでいるわ。

次郎：経線 **Y** は ${}_{b}$<u>オーストラリア</u>を通っているね。オーストラリアの特色についても調べてみよう。

資料 4　北緯43度の緯線，東経141度の経線を示した世界地図

X

Y

(1)　下線部 **a** について，洋子さんは，アメリカの農業の特色について調べ，**資料 5**，**資料 6** を集め，下の **<メモ>** を作成しました。**資料 5**，**資料 6** から読み取ったことをもとに，**<メモ>** の［え］に当てはまる内容を，「一人当たり」という語を用いて書きなさい。

資料 5　アメリカの農業の様子

たくさんのスプリンクラーがついたかんがい装置が散水しながら動くので，畑は円形になっています。

小麦地帯などでは，大型機械を利用して収穫が行われます。

資料 6　アメリカと日本の農業比較（2016年）

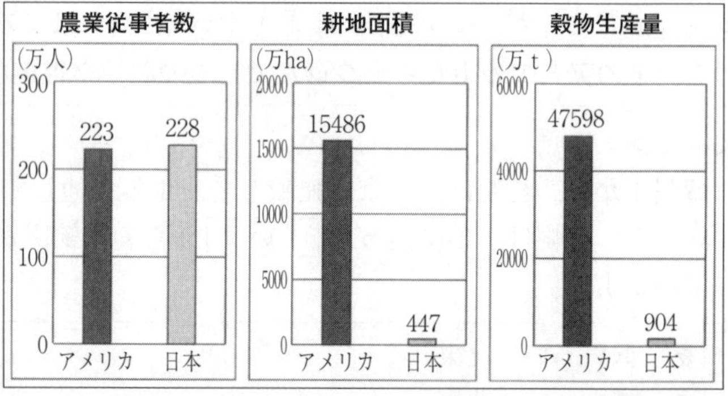

〔「世界国勢図会」2018/19，「データブック オブ・ザ・ワールド」2020より作成〕

<メモ>

資料 5，**資料 6** から，アメリカの農業は，日本と比較して［　え　］ということがわかりました。

(2) 下線部**b**について，次郎さんは，オーストラリア大陸の気候について調べ，**資料７**を見つけました。**資料７**は，世界を五つの気候帯に分けたときの，大陸別気候帯面積の割合を示したものです。**資料７**のうちオーストラリア大陸に当てはまるものを，**ア**～**エ**の中から一つ選んで，その記号を書きなさい。

資料７　世界の大陸別気候帯面積の割合　　単位（%）

	北アメリカ	アフリカ	ア	イ	ウ	エ
熱帯	5.2	38.6	7.4	16.9	63.4	—
乾燥帯	14.4	46.7	26.1	57.2	14.0	—
温帯	13.5	14.7	17.5	25.9	21.0	—
冷帯（亜寒帯）	43.4	—	39.2	—	—	—
寒帯	23.5	—	9.8	—	1.6	100.0

〔「データブック オブ・ザ・ワールド」2020より作成〕

3　C班では，「北海道の産業の歴史」というテーマを設定し，調べたことをもとに**＜発表原稿＞**を作成しています。下の(1)～(4)の問いに答えなさい。

＜発表原稿＞

- 明治(めいじ)時代になると，政府は北海道に開拓使(かいたくし)という役所を置き，大規模な開拓を行いました。そのような中，c札幌は開拓の拠点として発展しました。
- その後，自然環境を生かしたり，d自然環境に働きかけたりしながら，農業や水産業などのe産業を発展させました。
- 現在は，豊かな自然や歴史を生かした観光業が発達し，f多くの観光客が訪れています。

(1) 下線部**c**について，C班では，**資料８**の札幌の地形図を見つけました。**資料８**の地形図について述べた文として最も適切なものを，次の**ア**～**エ**の中から一つ選んで，その記号を書きなさい。

資料８

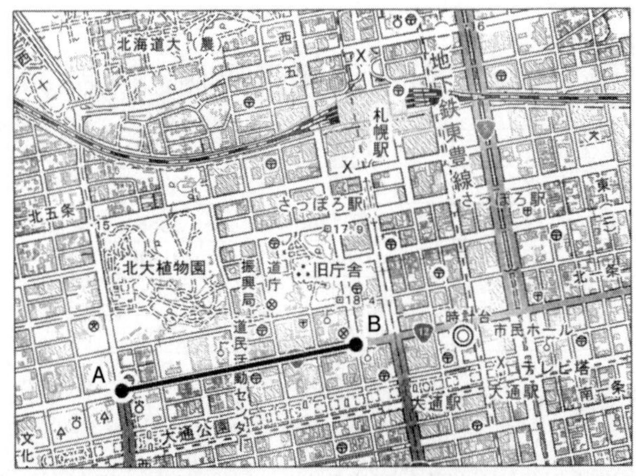

〔国土地理院発行２万５千分の１地形図「札幌」より作成〕

ア　JR札幌駅の北には，消防署と警察署がある。

イ　地形図上の**A**地点から**B**地点までの長さを約３cmとすると，実際の距離は約1500mである。

ウ　北大植物園の西側の道路沿いに高等学校がある。

エ　市役所は旧庁舎から見て南西にある。

(2)　下線部dについて，三郎さんは，北海道で一番長い川である石狩川に興味をもち，**資料9**を見つけ，下の**<メモ>**を作成しました。**資料9**を参考に，土地利用の変化について，**<メモ>**の［お］に当てはまる内容を書きなさい。

資料9　石狩川流域の変遷

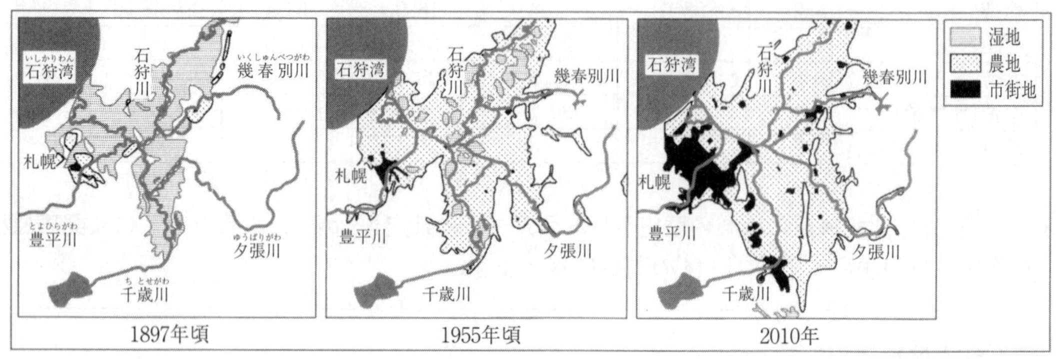

〔石狩川振興財団資料より作成〕

> **<メモ>**
> **資料9**の石狩川流域は，もともと泥炭地とよばれる湿地が広がっていました。そこで，水はけをよくするために大規模な排水路を整備したり，ほかの場所から土を運びこんだりしたことなどで，［　お　］。

(3)　下線部eについて，良子さんは，2016年に北海道新幹線が開業したことを知り，北海道と東北地方の産業を比較するため，**資料10**を見つけました。**資料10**のうち宮城県に当てはまるものを**ア**～**エ**の中から一つ選んで，その記号を書きなさい。また，宮城県の県庁所在地名を書きなさい。

資料10　北海道と東北地方の各県の人口と産業の比較（2016年）

道県名	人口（千人）	農業産出額（億円）	漁業産出額（億円）	製造品出荷額等（億円）	年間商品販売額（十億円）
北海道	5352	12115	3000	61414	18892
青森	1293	3221	682	18318	3380
山形	1113	2391	29	26875	2588
ア	2330	1843	760	41389	12151
イ	1268	2609	361	23897	3501
ウ	1010	1745	31	12497	2396
エ	1901	2077	79	48692	4901

（注）　製造品出荷額等とは，製造品出荷額，加工賃収入額，その他の収入額等の合計である。

〔「データでみる県勢」2018・2019ほかより作成〕

(4)　下線部fについて，三郎さんは，北海道を訪れる外国人観光客について調べ，**資料11**を見つけ，その中の三つの資料を使い，次のようにまとめました。**資料11**の**A**～**E**の中から三郎さんが使った資料として適切なものを三つ選んで，その記号を書きなさい。

＜まとめ＞

　北海道を訪れる外国人観光客は，主に東アジアから航空機を使って訪れます。また，北海道を訪れる外国人観光客の宿泊者数は，ほかの時期に比べて冬の時期に多いことがわかります。

資料11

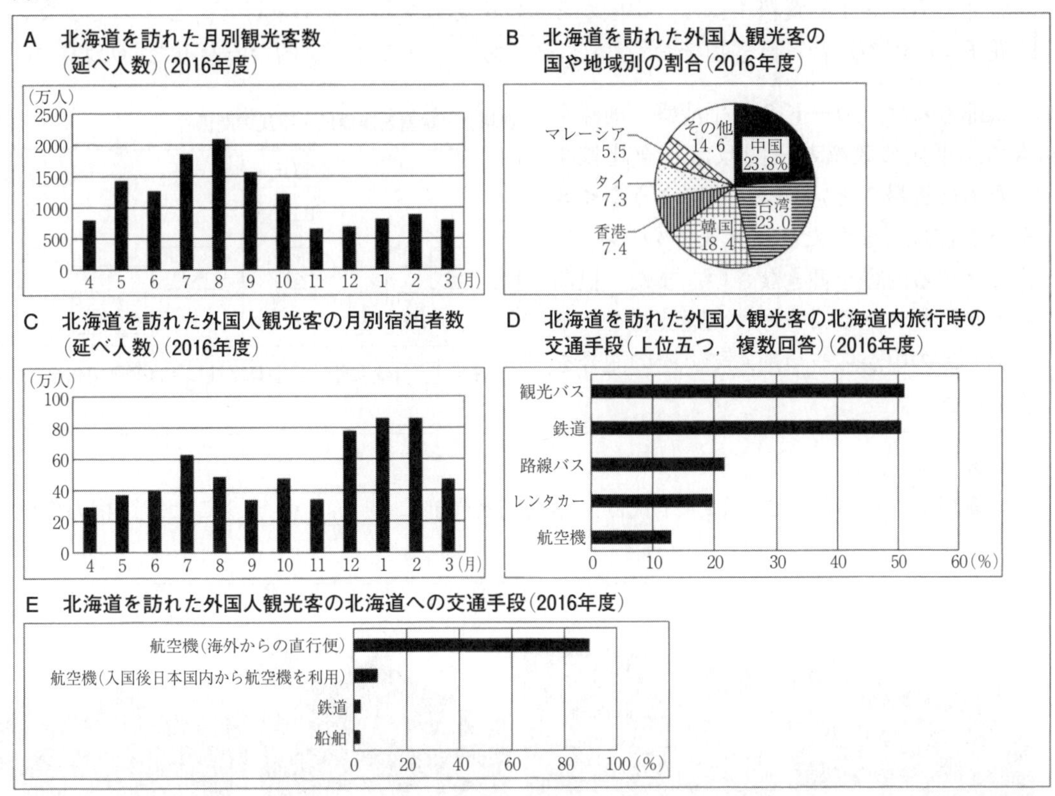

〔A～Eは北海道経済部観光局資料より作成〕

2　ある中学校の社会科の授業で，「それぞれの時代にはどのような特色があるのだろうか」という課題で，班ごとにテーマを設定し，学習しました。次の**1**，**2**に答えなさい。

1　A班は，「政治や経済の動きに注目する」というテーマを設定し，資料を見つけ，**カード1～カード4**を作成しました。下の(1)～(4)の問いに答えなさい。

カード1　倭（日本）の国々と中国との関係	**カード2　武士の政権の誕生**
江戸時代に志賀島で発見された「漢委(倭)奴国王」と刻まれた金印は，漢（後漢）の皇帝から授けられたと考えられている。	保元の乱・平治の乱ののち，武士が大きな力をもつようになり，平清盛が武士としてはじめて太政大臣となった。
カード3　全国的な貨幣制度・交通網の整備	**カード4　大日本帝国憲法の制定**
江戸幕府は，新たに金貨・銀貨・銅貨（銭貨）を流通させ，全国的な陸上や水上の交通網を整備した。	伊藤博文らにより大日本帝国憲法が制定され，議会政治が始まり，日本はアジアで最初の近代的な立憲（制）国家となった。

(1) 太郎さんは，**カード1**の倭の国々と中国との関係を調べていく中で，**資料1**を見つけ，花子さんと話し合いました。［あ］に当てはまる内容を書きなさい。

資料1　中国の歴史書に記されている内容

> 3世紀に，邪馬台国の女王卑弥呼が，魏に朝貢して，「親魏倭王」の称号などを受けたことが記されている。

> 太郎：**カード1**や**資料1**には，中国から金印や称号を得たとあるけど，どうしてかな。
> 花子：中国の皇帝に貢ぎ物をおくり，［　　あ　　］ことが目的だったみたいだね。

(2) 太郎さんは，**カード2**の平清盛に興味をもち，平氏の政権と摂関政治とを比較するために**資料2**を見つけ，次のような**＜メモ＞**を作成しました。**＜メモ＞**の［い］に当てはまる内容を書きなさい。また，摂関政治が行われた頃に造られた建築物を，下の**ア**～**エ**の中から一つ選んで，その記号を書きなさい。

資料2　皇室と藤原氏・平氏の関係

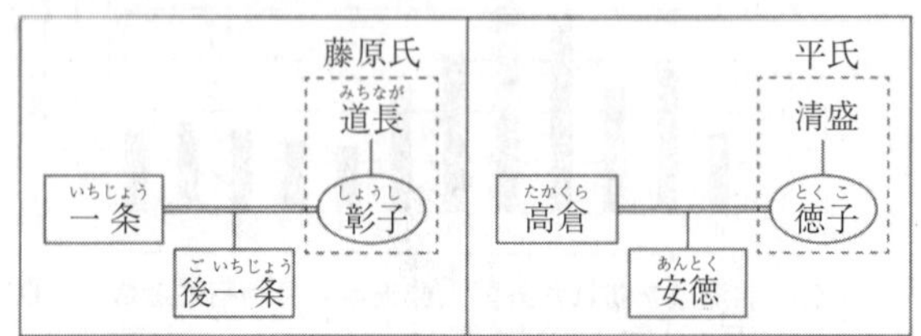

（注）［　］は天皇，◯は女性，＝は婚姻関係を示す。

> **＜メモ＞**
> **資料2**に見られるように，平氏は，藤原氏と同様に［　　い　　］ことで，権力を強めた。

ア

イ

ウ

エ

(3) 花子さんは，**カード3**の江戸時代の物流について調べ，**資料3**，**資料4**を見つけました。「天下の台所」とよばれた**資料3**の港のあった都市の場所を，**資料4**の**A**～**D**の中から一つ選んで，その記号を書きなさい。

資料3　にぎわう港

資料4

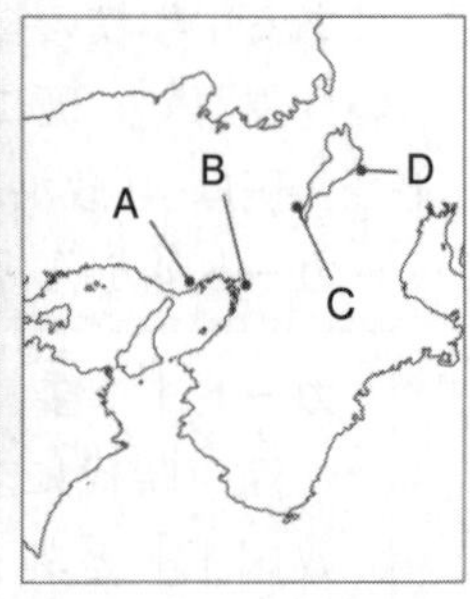

(4) 太郎さんは，**カード4**の大日本帝国憲法について調べていく中で，**資料5**を見つけ，次のような**＜メモ＞**を作成しました。［う］に当てはまる内容を，下の**ア**～**エ**の中から一つ選んで，その記号を書きなさい。また，**資料5**を参考にして，**＜メモ＞**の［え］に当てはまる内容を，「主権」の語を用いて書き

資料5　大日本帝国憲法(一部)

> 第1条　大日本帝国ハ万世一系ノ天皇之ヲ統治ス
> 第3条　天皇ハ神聖ニシテ侵スベカラズ
> 第4条　天皇ハ国ノ元首ニシテ統治権ヲ総攬シ此ノ憲法ノ条規ニ依リ之ヲ行ウ

なさい。

<メモ>
伊藤博文が憲法を学んだ頃のドイツでは，［　う　］。伊藤らが中心になって作成した大日本帝国憲法には，**資料5**から，［　え　］という特徴が見られます。

ア　統一を果たしたビスマルクが，富国強兵を進めていました
イ　皇帝ナポレオンの支配に対する抵抗運動が高まっていました
ウ　レーニンらが臨時政府を倒し，革命政府（ソビエト政府）を樹立しました
エ　ワイマール憲法が定められ，労働者の基本的権利が保障されました

2　B班は，「土地制度の変化に注目する」というテーマを設定し，作成した年表をもとに話し合いました。次の(1)～(3)の問いに答えなさい。

西暦	できごと
1582	a 太閤検地
1873	b 地租改正
1946	c 農地改革

（注）年表中の西暦は，それぞれのできごとが始まった年を示す。

(1)　次郎さんは，下線部**a**について洋子さんと話し合いました。［お］に当てはまる内容を，「身分」の語を用いて書きなさい。

次郎：豊臣秀吉は，全国統一を進めながら，太閤検地や刀狩を行ったんだよね。
洋子：そうだね。これらの政策によって，［　お　］，近世社会のしくみが築かれたんだね。

(2)　次郎さんは，下線部**b**に興味をもち，**資料6**を見つけ，洋子さんと話し合いました。［か］に当てはまる内容を，地租の具体的な税率にふれながら書きなさい。

次郎：地租改正のときに，茨城県では，地租改正反対の一揆がおきていたね。
洋子：各地で一揆がおきた結果，政府は明治10年（1877年）に［　か　］ことが，**資料6**から読み取れるわね。

資料6　地券

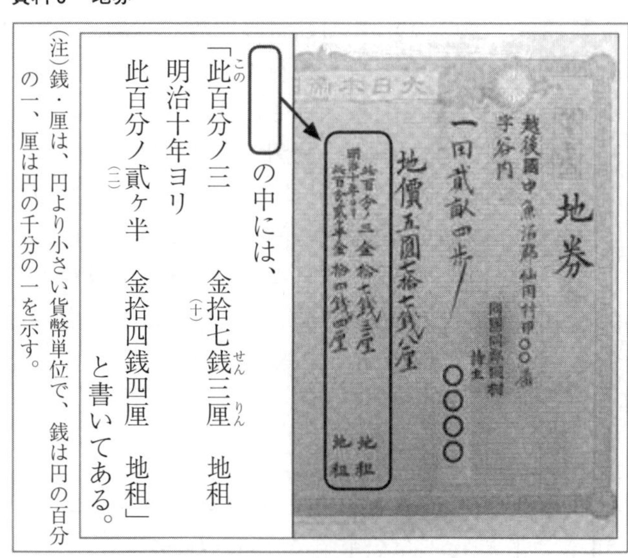

［　］の中には，
「此百分ノ三　金拾(十)七銭三厘　地租
明治十年ヨリ
此百分ノ貳(二)ヶ半　金拾四銭四厘　地租」
と書いてある。

（注）銭・厘は，円より小さい貨幣単位で，銭は円の百分の一，厘は円の千分の一を示す。

(3)　年表中の下線部**c**と最も関係の深いできごとを，次の**ア**～**エ**の中から一つ選んで，その記号を書きなさい。

ア　日本が独立を回復した　　**イ**　GHQによる占領政策が始まった
ウ　太陽暦が採用された　　**エ**　55年体制が終了した

3　ある中学校の社会科の授業で，「私たちの社会のしくみはどのようになっているのだろうか」という課題で，班ごとにテーマを設定し，学習しました。次の**1**，**2**に答えなさい。

1　A班は，職場体験で学んだことを生かして，「地域と経済」というテーマを設定し，**レポート**にまとめました。次の(1)～(3)の問いに答えなさい。

レポート

> **△△スーパー□□店について**
>
> ①店について
> - 雑貨，日用品，$_a$<u>食料品</u>を扱う。
> - 平日の客数は約1900人で，昼と夕方に客が多い。
> - 最近，近くに$_b$<u>コンビニエンスストア</u>ができ，競合している。
>
> ②経営上の工夫
> - チラシやSNSを利用した広告
> - $_c$<u>消費税</u>増税に合わせて，店内の価格表示を切り替えた。

(1)　下線部**a**について，太郎さんと花子さんの会話を読んで，文中の［あ］，［い］に当てはまる語の組み合わせとして最も適切なものを，下の**ア**～**エ**の中から一つ選んで，その記号を書きなさい。

> 太郎：最近，小麦粉や果物など，輸入品の値段が上がっているのはなぜだろう。
> 花子：その原因の一つに，為替相場(為替レート)があるみたいだわ。例えば，「1ドル＝100円」から「1ドル＝［　あ　］円」になり，ドルなどの外国の通貨に対して円の価値が下がることを円安といい，一般的に輸入品の価格が上がるのよ。
> 太郎：でも一方で，円安により日本からの［　い　］などは増えそうだね。

ア　［あ　90　い　海外旅行の件数］　**イ**　［あ　90　い　自動車の輸出］
ウ　［あ　110　い　海外旅行の件数］　**エ**　［あ　110　い　自動車の輸出］

(2)　下線部**b**について，太郎さんは，コンビニエンスストアについて調べ，**資料1**を見つけ，次のような**＜ノート＞**を作成しました。**＜ノート＞**の［う］に当てはまる語を，下の**ア**～**エ**の中から一つ選んで，その記号を書きなさい。また，**資料1**を参考に，**＜ノート＞**の［え］に当てはまる内容を，「本部」の語を用いて書きなさい。

資料1　売場面積1m²当たりの年間商品販売額(2014年)

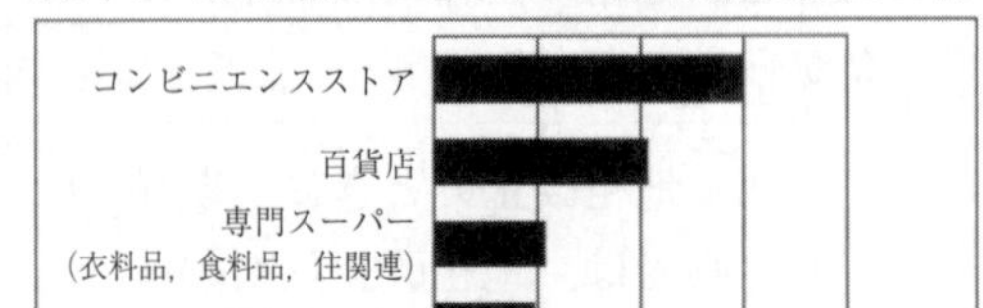

〔経済産業省資料より作成〕

> **＜ノート＞**
>
> **○企業の種類**
> - 企業には，私企業と公企業があり，コンビニエンスストアは私企業に分類され，［　う　］は公企業に分類される。
>
> **○コンビニエンスストアの特徴**
> - 売り場面積が比較的狭い店舗が多い。
> - 本部と契約して加盟店になる形式の店舗が多く，商品は本部からの指示で配送される。
> - POS(販売時点情報管理)システムにより，販売時に商品のバーコードを読み取り，いつ，どこで，何がどれだけ売れたのかをデータとして把握している。
>
> **○コンビニエンスストアが販売額を伸ばす工夫**
> - POSシステムを用いて，［　え　］している。

ア 造幣局　**イ** 農家　**ウ** 個人商店　**エ** 株式会社

(3) 花子さんは，下線部**c**について調べていく中で，**資料2**を見つけ，次のような**<メモ>**を作成しました。消費税のように，税金を納める人と税金を負担する人が一致しない税金を何というか書きなさい。また，**資料2**をもとに**<メモ>**の［お］に当てはまる内容を書きなさい。

資料2　2人以上の世帯における年収別消費税負担額と負担割合(2018年)

年収(万円)	税率8％の場合の1か月当たりの消費税負担額(円)	月収に占める消費税負担額の割合(％)
200～250	13214	5.8
700～750	21174	4.0
1500～	35098	2.7

(注)　2018年当時のデータのため，消費税は8％となっている。
(注)　収入から，収入を得るために必要な費用を差し引いたものが所得になる。
〔総務省資料ほかより作成〕

> **<メモ>**
> 消費税は，国民の収入(所得)に関係なく，一定の税率が課されるが，**資料2**で消費税負担額の割合に着目すると，［　お　］という傾向がある。

2　B班は「身近にあるきまり(ルール)」というテーマを設定し，話し合いました。下の(1)～(3)の問いに答えなさい。

> 次郎：私たちの生活を考えると，学校生活のきまりや会社の規則，スポーツのルールなどのように，d身近なところにきまりがあるね。
> 洋子：そうね，きまりは対立を調整してトラブルを解決したり，未然に防いだりすることに役立っているわ。きまりには慣習として行われるもののほかに，法律や条例などで定められているものもあるわね。
> 次郎：法律は，e選挙によって選ばれた国会議員で構成される国会で制定されるんだね。
> 洋子：万一，争いや犯罪が起きた場合には，法にもとづいてf裁判が行われ，私たちの権利が守られるとともに，社会の秩序が保たれているのよ。

(1) 下線部**d**について，きまりについて話し合うときに，民主主義の原理にもとづいて多数決により集団の意思を決定することがあります。このとき多数決で結論を出すに当たって配慮すべきことについて，「少数」という語を用いて書きなさい。

(2) 次郎さんは，下線部**e**について調べていく中で，**資料3**，**資料4**を見つけ，選挙制度の変遷と課題について，次のような**<メモ>**を作成しました。**<メモ>**の［か］に当てはまる数字を書きなさい。また，［き］に当てはまる内容を書きなさい。

資料3　衆議院議員総選挙における有権者数と全人口に占める有権者の割合の推移

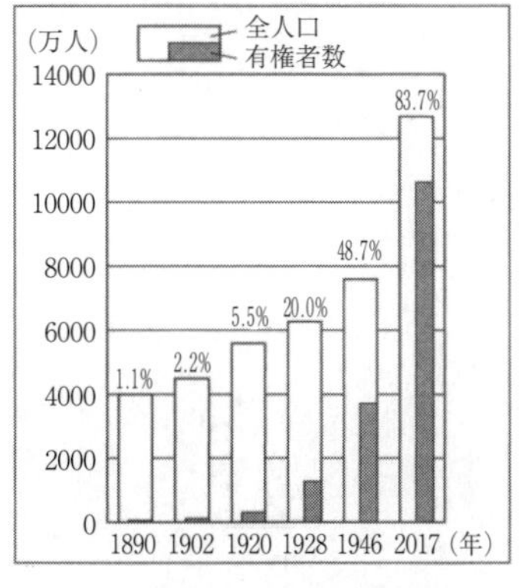

(注)　％の数値は，全人口に占める有権者の割合を示す。
〔総務省資料より作成〕

資料4　衆議院議員総選挙・小選挙区の議員一人当たりの有権者数(2019年9月1日現在)

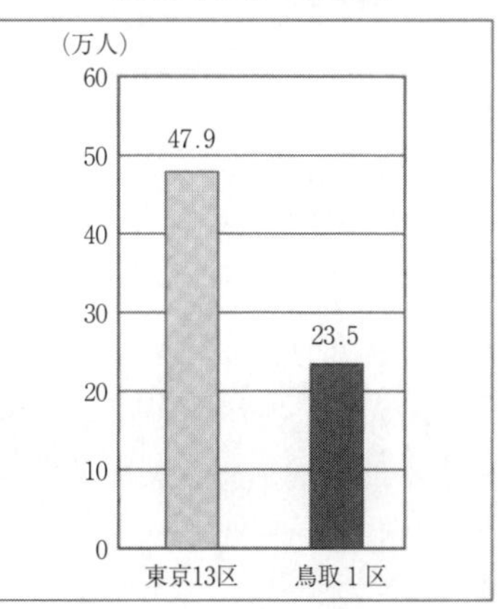

〔総務省資料より作成〕

<メモ>

資料3について，かつては性別や納税額などで選挙権が制限されていたが，1946年に実施された選挙では，満［　か　］歳以上のすべての国民に選挙権が与えられ，全人口に占める有権者の割合は2倍以上に増えた。さらに，2016年から選挙権年齢が引き下げられ，幅広い年齢層の意見が国政に反映されることが期待されている。一方，**資料4**から，課題として［　き　］があることがわかる。

(3) 下線部 f について，洋子さんは裁判員制度に興味をもち，調べていく中で**資料5**～**資料7**を見つけ，**<まとめ>**を作成しました。**<まとめ>**の［く］に当てはまる内容を「司法」という語を用いて書きなさい。

資料5　裁判員候補者の辞退率

2009年	53.1%
2014年	64.4%
2019年	66.7%

資料6　裁判員として裁判に参加した感想(2019年)

非常によい経験と感じた	63.4%
よい経験と感じた	33.6%
その他	3.1%

（注）割合は四捨五入しているため，合計が100%にならない場合もある。

資料7　資料6で「非常によい経験，よい経験」と回答した理由の主なもの

- 裁判のしくみや事件に関することがらを学び，証拠にもとづき公平な判断を下すプロセスや考え方について理解できた。
- 被告人に対してこれだけの人が関わり審議していること，裁判官がどの意見も尊重して話し合いを進める様子がよかった。

〔**資料5**～**資料7**は最高裁判所資料より作成〕

<まとめ>

裁判員制度は開始から10年以上経過し，**資料5**から裁判員候補者に選ばれても辞退する人が増えていることがわかる。一方で，国民が刑事裁判に参加することで，裁判の内容や進め方に国民の視点や感覚が反映されるようになることが期待されている。また，**資料6**，**資料7**からは，［　く　］ことも期待されていることがわかる。

4　ある中学校の社会科の授業で，「どのように持続可能な社会をつくっていけばよいのだろうか」という課題で，班ごとにテーマを設定し，学習しました。次の**1**～**3**に答えなさい。

1　A班では，「安全な水の供給」というテーマを設定して調べ，**資料1**～**資料3**を見つけ，これらの資料をもとに話し合いました。下の(1)～(3)の問いに答えなさい。

資料1　日本の水道普及率

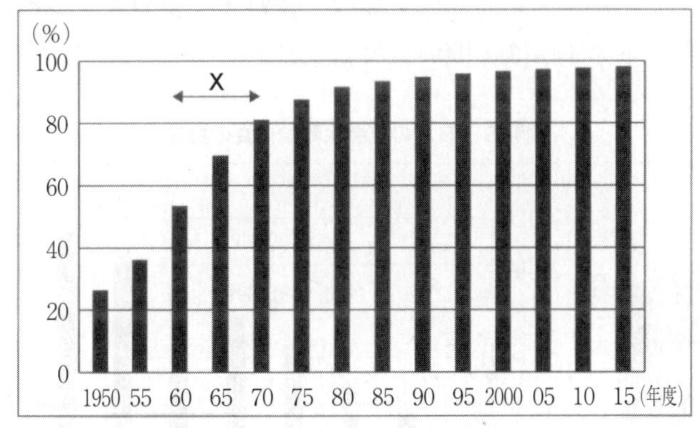

〔厚生労働省資料より作成〕

資料2　世界の人口と水需要量の変化

	世界の人口（億人）	世界の水需要量（km^3）
1950年	25.36	1382
2000年	61.43	3565
2050年（予測）	97.35	5467

〔国際連合資料，内閣官房資料ほかより作成〕

資料3　安全な飲み水を確保できる人の割合（2015年）

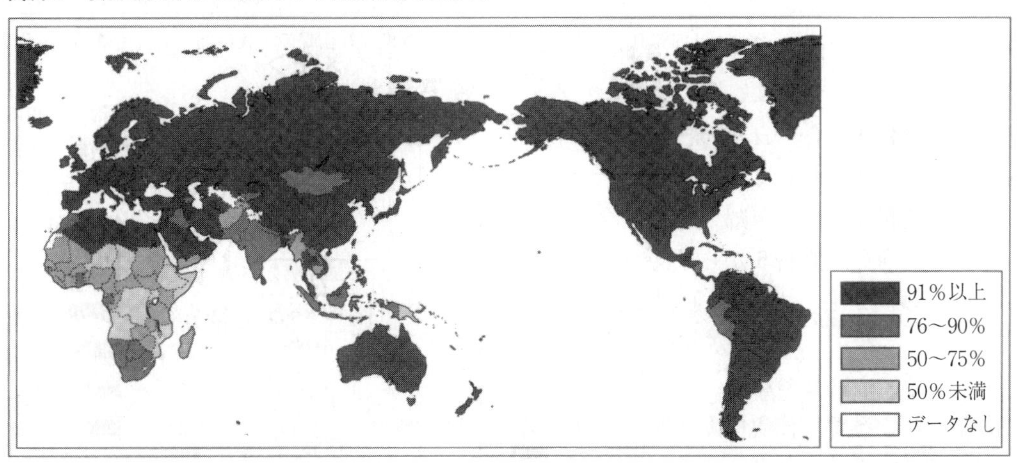

〔国際連合資料より作成〕

太郎：**資料1**を見ると，日本の水道普及率が急激に伸びている時期があるね。
花子：**資料1**の**X**の時期は，［　あ　］と一致しているね。
太郎：一方，**資料2**を見ると，［　い　］という予測から，水不足の問題がおこると考えられるね。
花子：また，**資料3**の情報から，［　う　］という問題が見えてくるね。
太郎：子どもたちが，長い時間をかけて川などに水をくみに行く話を聞いたことがあるよ。
花子：水の確保は当たり前のようにできるわけではないのね。

(1)　文中の［あ］に当てはまる内容を，次の**ア**～**エ**の中から一つ選んで，その記号を書きなさい。

ア　株式と土地の価格が異常に高くなるバブル景気（けいき）の時期

イ　第四次中東戦争（だいよじちゅうとうせんそう）がおこり，石油価格が大幅に上昇した時期

ウ　朝鮮戦争が始まり，軍需物資が調達されることによりおこった特需景気の時期

エ　年平均で10％程度の経済成長率が続く高度経済成長の時期

(2)　文中の［い］に当てはまる内容を書きなさい。

(3)　文中の［う］に当てはまる内容を，解答用紙の書き出し「他地域に比べてアフリカでは，」に続けて書きなさい。

2　B班では，「日本の少子高齢化」というテーマを設定して調べ，**資料4**～**資料6**を見つけ，これらの資料をもとに話し合いました。下の(1)～(3)の問いに答えなさい。

資料4　日本の人口構造の推移と見通し

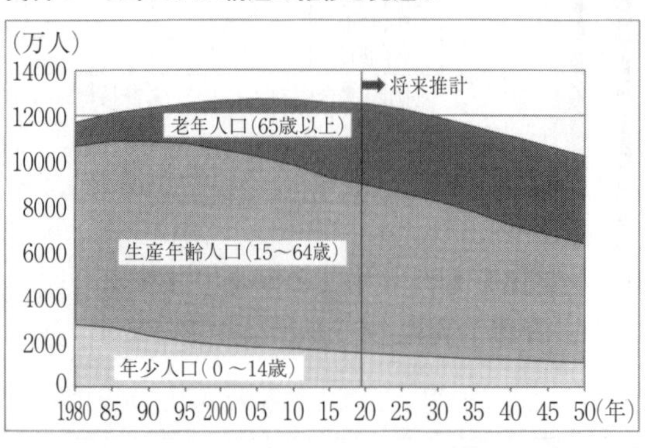

〔内閣府資料より作成〕

資料5　日本の社会保障給付費の推移

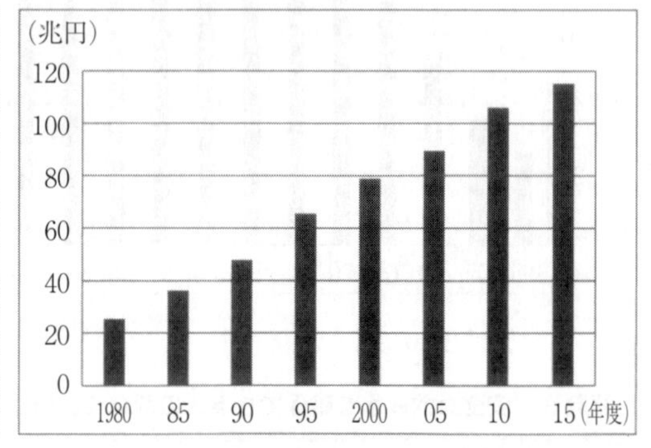

〔国立社会保障・人口問題研究所資料より作成〕

次郎：**資料4**から，日本の a <u>少子高齢化の状況</u>がよくわかるね。

洋子：**資料4**の生産年齢人口の割合の推移と見通し，**資料5**から予想される今後の傾向から，少子高齢化が進むと，［　え　］ことが将来の課題として考えられるわね。

次郎：ところで，社会保障と財政の在り方については，どのような考え方があるのかな。

洋子：**資料6**を見ると，フランスやスウェーデンは，［　お　］という考え方をとっているようね。すべての人が安心して生活できるような社会保障制度はどのようなものか，考えてみようよ。

資料6　国民負担と社会保障支出の国際比較（2015年度）

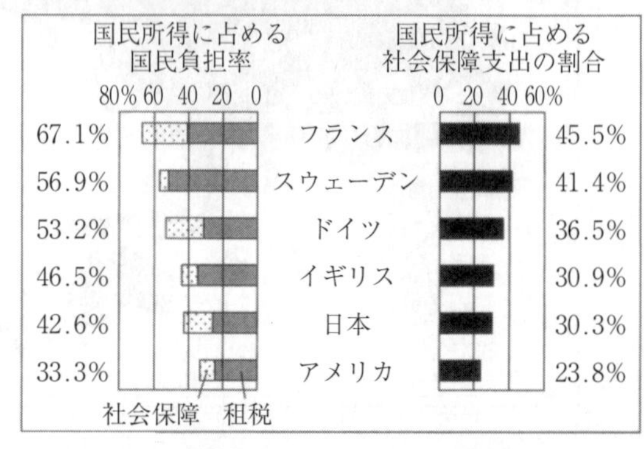

（注）　国民所得とは，国民全体が一定期間に得る所得の総額である。

（注）　国民負担率とは，国民の租税負担や社会保障負担が国民所得に占める割合を示すものである。

〔国立社会保障・人口問題研究所資料より作成〕

(1)　下線部aについて，**資料4**から読み取れる日本の人口に関する内容として**当てはまらないもの**を，次の**ア**～**エ**の中から一つ選んで，その記号を書きなさい。

ア　年ごとの人口の変化がわかる。　　**イ**　将来人口が予想できる。

ウ　人口密度がわかる。　　**エ**　世代別のおおよその人口割合がわかる。

(2)　文中の［え］に当てはまる内容を，「生産年齢人口」，「社会保障給付費」の語を用いて書きなさい。

(3)　文中の［お］に当てはまる内容を，「国民負担」，「社会保障」の語を用いて書きなさい。

3　Ｃ班では，「日本の交通」をテーマに設定し，調べたことをもとに**＜発表原稿＞**を作成しています。下の(1)〜(3)の問いに答えなさい。

> **＜発表原稿＞**
>
> 日本では1872年に $_{b}$<u>初めて鉄道が開通</u>し，その後，官営に加えて民間による鉄道建設が進み，全国に鉄道網が広がりました。戦後は，経済が急速に発展する中で，1964年の東京オリンピックに合わせて，東海道新幹線が開通しました。各地に高速道路も整備されていきました。日本は，国内の交通網の発達によって $_{c}$<u>人やものの移動</u>が活発となり，産業も活性化しました。
>
> 一方で，交通の変化は，日本各地で様々な変化をもたらすことがあります。$_{d}$<u>交通をどのように整備し持続可能な社会をつくるか</u>，今後の課題の一つとなっています。

(1)　下線部**b**について，当時の鉄道開通区間として適切なものを，次の**ア**〜**エ**の中から一つ選んで，その記号を書きなさい。

ア　新橋（しんばし）・上野（うえの）間　　**イ**　新橋・横浜間　　**ウ**　大阪・京都間　　**エ**　大阪・神戸間

(2)　下線部**c**について，三郎さんは，**資料７**が自分の住む市のホームページに掲載されていることを知り，関連する**資料８**を見つけ，**＜メモ＞**を作成しました。**＜メモ＞**の［か］に当てはまる内容を書きなさい。

資料７　ある市のホームページ

> **ノーマイカーデー**
>
> 市では，毎年ノーマイカーデーを実施しています。実施期間は，５月から８月までの４か月間，毎月第２週目の１週間，期間中に２日以上，ノーマイカー通勤を実施していただくものです。

（注）　ノーマイカー通勤とは，自転車，徒歩，バス，鉄道等での通勤を心がけ，自家用乗用車で通勤する場合は，相乗りを心がける通勤のことである。　〔ある市のホームページより作成〕

資料８　輸送量当たりの二酸化炭素の排出量（旅客）（2018年度）

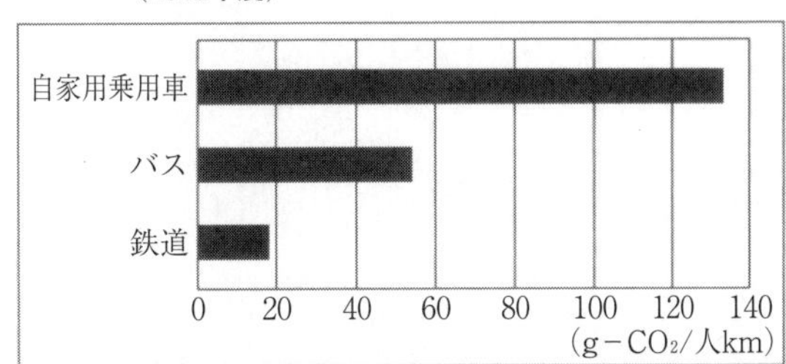

（注）　g－CO_2/人kmとは，二酸化炭素の排出量を輸送量（輸送した人数×輸送した距離）で割ったものである。
〔国土交通省資料より作成〕

> **＜メモ＞**
>
> 私の市の**資料７**のノーマイカーデーは，様々な目的で行われています。環境対策の一つとして，**資料８**から，通勤に自家用乗用車を使わないことにより，［　か　］ことができると考えられます。

(3)　下線部**d**について，良子さんは，乗客と宅配の荷物をいっしょに運ぶ貨客混載（かきゃくこんさい）のバスの運行が，過疎化の進む地域と最寄りの都市を結ぶバス路線で行われていることを知り，**資料９**，**資料10**を見つけ，下のようにまとめました。**＜まとめ＞**の［き］，［く］に当てはまる内容を書きなさい。

資料9　貨客混載のバス

・貨客混載のバスは，路線バスに一定量の宅配便の荷物を積載できるようになっています。
・一例として，車両中央部の座席を一部減らし，荷台スペースとして宅配会社に有料で貸し出しています。

〔環境省資料ほかより作成〕

資料10　過疎地域のバス路線

過疎地域では，利用者の少ないバス路線が廃止されたり，便数が減らされたりして，病院や買い物に行くのが不便になっているところもあります。

<まとめ>

貨客混載のバスは，**資料9**から，バス会社にとって［　き　］ことが利点としてあげられます。このような取り組みが行われることで，［　く　］ことができれば，**資料10**のような過疎地域の課題の解決につながると考えられます。私も，持続可能な社会をつくるために，どのような工夫ができるか考えていきたいです。

理科

●満点 100点　●時間 50分

1　次の(1)～(4)の問いに答えなさい。

(1) 掃除機や扇風機などにはモーターが使用され，モーターの回転には電磁石が使われている。電磁石のしくみを調べるために，**図**のようにコイルと乾電池を用いて実験を行った。スイッチを入れて電流を流したところ，方位磁針が一定の向きを指して静止した。このとき，方位磁針が指した向きとコイルのまわりの磁力線を模式的に表した図として正しいものを，次の**ア**～**エ**の中から一つ選んで，その記号を書きなさい。ただし，方位磁針の黒く塗(ぬ)られている側がN極である。

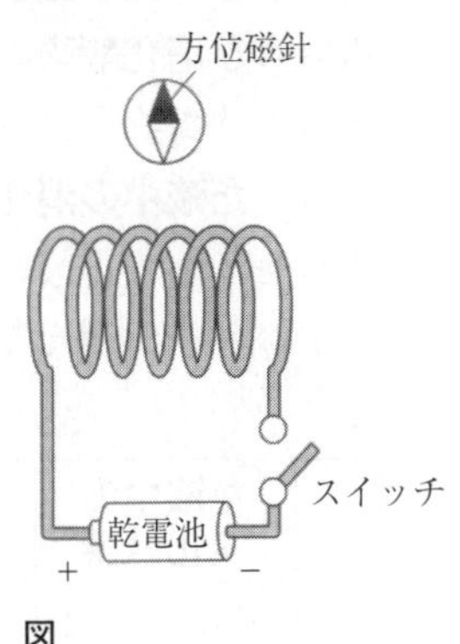

図

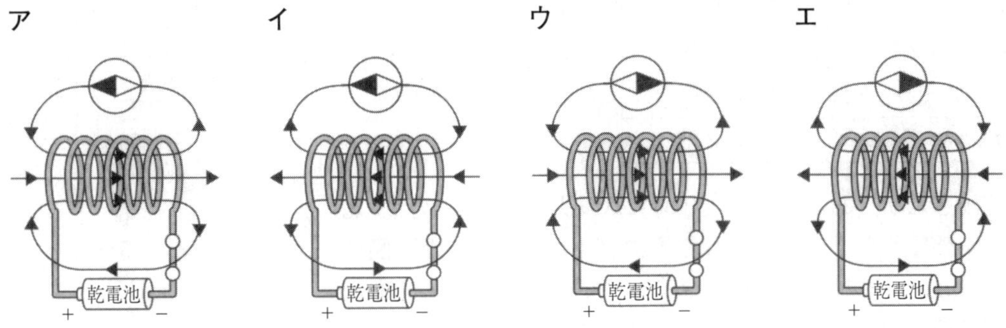

(2) 物質の表面に金属をめっきするときなど，電気分解の技術を用いて，さまざまな製品が作られている。水酸化ナトリウムを溶かした水を装置上部まで満たして電気分解し，**図**のように気体が集まったところで実験を終了した。陰極で発生した気体の性質として正しいものを，次の**ア**～**エ**の中から一つ選んで，その記号を書きなさい。

ア　発生した気体に，赤インクをつけたろ紙を近づけるとインクの色が消える。

イ　発生した気体に，マッチの火を近づけると音を立てて気体が燃える。

ウ　発生した気体に，水でぬらした青色リトマス紙をかざすと赤色になる。

エ　発生した気体に，火のついた線香を入れると線香が激しく燃える。

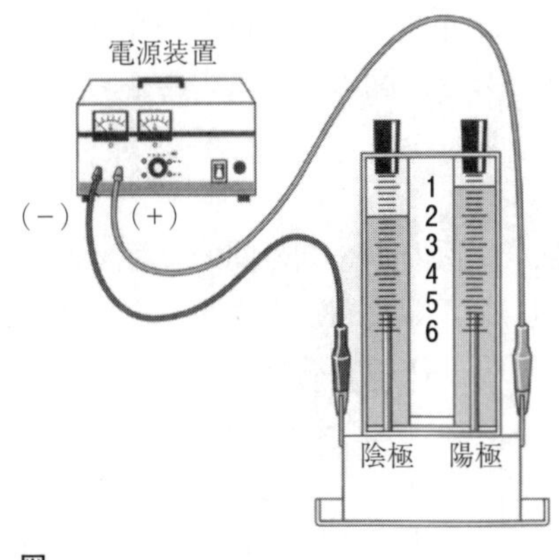

図

(3) 太郎さんは家庭科の授業で，食物に含まれている栄養について学び，ヒトがどのように養分を消化しているかについて興味をもった。**図**はさまざまな養分がいろいろな消化酵素のはたらきによって，どのような物質に分解されるかを表している。**だ液中の消化酵素**と**物質B**の組み合わせとして正しいものを，次の**ア**～**カ**の中から一つ選んで，その記号を書きなさい。

	だ液中の消化酵素	**物質B**
ア	アミラーゼ	モノグリセリド
イ	ペプシン	モノグリセリド
ウ	アミラーゼ	ブドウ糖
エ	ペプシン	ブドウ糖
オ	アミラーゼ	アミノ酸
カ	ペプシン	アミノ酸

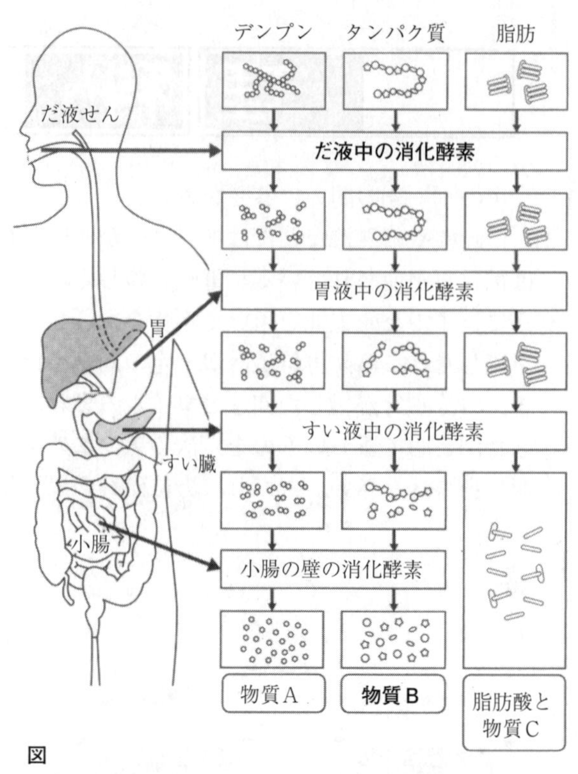

図

(4) 花子さんが，ある日の午後10時に茨城県内のある地点で北の空を観察したところ，**A**の位置に北斗七星が見えた。**図**は，北極星と北斗七星との位置関係を模式的に表したものである。

同じ地点で，3か月後の午後7時に北の空を観察したとき，北斗七星はどの位置に見えると考えられるか。最も適当なものを，**図**の**ア**～**エ**の中から一つ選んで，その記号を書きなさい。

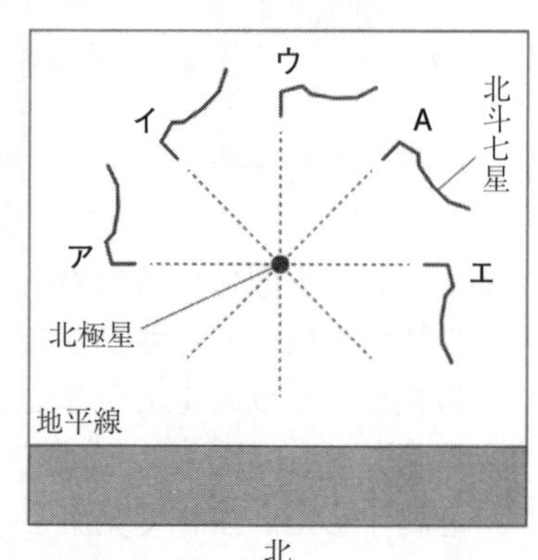

図

2 次の(1)～(3)の問いに答えなさい。

(1) 太郎さんと先生が，タマネギの根の成長について話している。次の会話を読んで，下の①～③の問いに答えなさい。

太郎：先生，タマネギの根はどのようにしてのびるのでしょうか。
先生：よい質問ですね。それでは顕微鏡を用いて，実際に根の先端部分(**図1**の**A**)の細胞を観察してみましょう。

太郎：細胞が重なり合ってしまってよく見えません。
先生：根をうすい塩酸にひたして，あたためましたか。そうすることで，観察しやすくなりますよ。
太郎：あ，忘れていました。
先生：では正しい手順でもう一度観察してみてください。

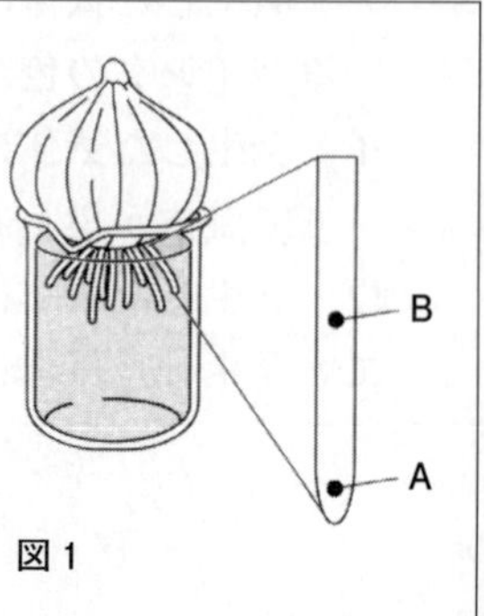

図1

太郎：よく見えました。うすい塩酸にひたしてあたためる理由は，［あ］，細胞を見やすくするためなのですね。ところで，塩酸はどのような液体なのですか。

先生：塩酸は，塩化水素の水溶液で，胃液にも含まれています。塩化水素は水に［い］，空気より密度が［う］という性質があります。このような性質をもつ気体の集め方は何が適当でしょうか。

太郎：［え］法で集めるとよいと思います。

先生：その通りですね。さて，細胞のようすのスケッチはできましたか。

太郎：はい。核が変化した細胞がたくさん観察できました(**図2**)。いろいろな状態の細胞が見られますね。

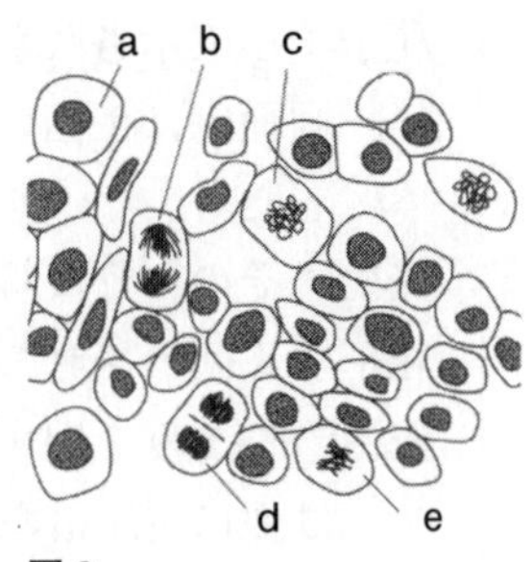

図 2

先生：植物の細胞も動物の細胞も，体全体が成長するときには細胞分裂が起きています。太郎さんのスケッチにある，特徴的な細胞に記号を付けました(**図2**)。細胞は，どのような順番で分裂しますか。

太郎：a→［お］です。ということは，細胞分裂で細胞の数がふえることによって根が成長するのですね。

先生：それも一つの要因です。それ以外にも要因がありますので，次は根の先端から離れた部分(**図1のB**)を観察してみましょう。

太郎：先端部分の細胞に比べ，大きい細胞が観察できました。細胞の数がふえることと，細胞が大きくなることで根が成長するのですね。

① 文中の［あ］に当てはまる内容を書きなさい。

② 文中の［い］，［う］に当てはまる語の組み合わせとして正しいものを，次の**ア**～**エ**の中から一つ選んで，その記号を書きなさい。また，［え］に当てはまる気体の集め方の名称を書きなさい。

	い	う
ア	溶けやすく	大きい
イ	溶けやすく	小さい
ウ	溶けにくく	大きい
エ	溶けにくく	小さい

③ **図2**のaの細胞は細胞分裂が起きていない状態で，b～eの細胞は細胞分裂中の状態である。文中の［お］に当てはまる正しい細胞分裂の順番を，aに続いて記号で書きなさい。

(2) 花子さんと先生が，実験で用いる測定機器の操作について話している。次の会話を読んで，下の①～③の問いに答えなさい。

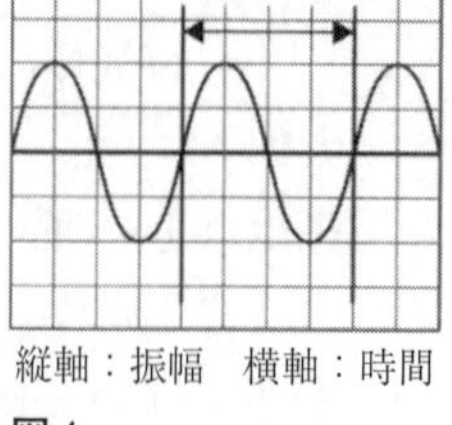

図1

花子：モノコードの弦をはじいたときに出た音の波形をオシロスコープに表示させたら，**図1**のようになりました。

先生：もっと強くはじいたらどうなるでしょう。

花子：a<u>表示された波形が変化しました</u>。さらに強くはじいたら，画面内に1回の振動の波形全体が表示されなくなってしまいました。

先生：そのような時は，オシロスコープのつまみを回します。

花子：1回の振動の波形全体が表示されました。

先生：つまみを回すことで測定範囲を変えています。測定範囲を変更できるものについては他に電圧計などがありました。

花子：はい。b<u>測定する電圧が予想できないときは，電圧計の－(マイナス)端子のつなぎ方に注意して回路をつくり測定しました</u>。

先生：つなぎ方を間違えると，電圧計が壊れてしまう可能性があります。

花子：以前，多くの電池を直列につないだら豆電球のフィラメントが切れて，光らなくなったことがありました。

先生：それを防ぐために，豆電球は決められた電流と電圧の範囲内で使用することが大切です。一つの方法として，抵抗を用いると豆電球にかかる電圧を調整することができます。

花子：抵抗を用いるのですか。

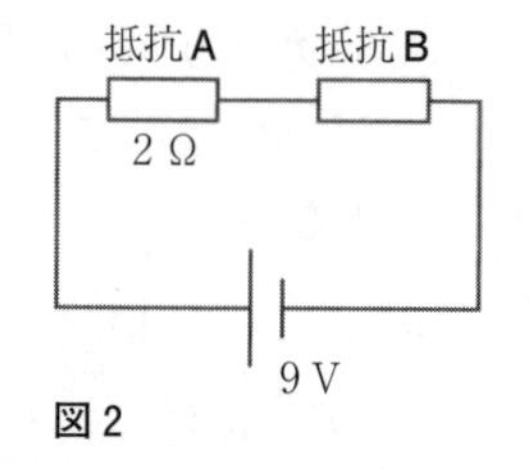

図2

先生：考えやすくするために，**図2**のように2個の抵抗で考えてみましょう。抵抗**A**は2Ωで，電源の電圧が9Vのとき，抵抗**A**にかかる電圧を3Vにするには，抵抗**B**の抵抗の大きさは何Ωにすればよいでしょうか。

花子：［　　　］Ωですね。直列に抵抗をつなげることで，抵抗**A**にかかる電圧を小さくすることができるのですね。

① 下線部**a**の結果として最も適当なものを，次の**ア**～**エ**の中から一つ選んで，その記号を書きなさい。ただし，縦軸は振幅を，横軸は時間を表しており，はじく強さ以外の条件は変わらないものとする。

ア 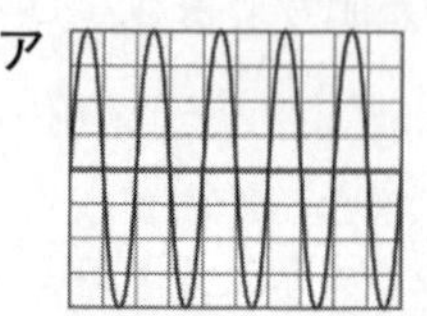
イ 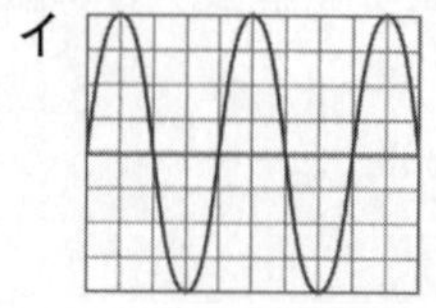
ウ 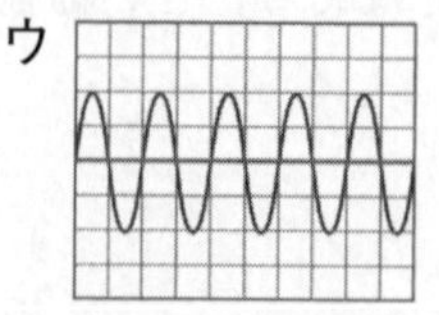
エ 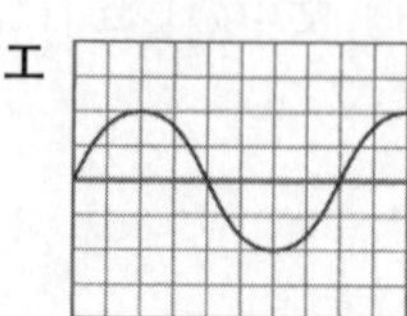

② 下線部**b**で花子さんは，電熱線にかかる電圧を測定するために電源装置，電圧計，電熱線，導線を使って回路をつくった。**図3**の黒い点(●)どうしをつないで導線を実線でかき加え，回路を完成させなさい。また，導線を最初につなぐ電圧計の－端子として最も適当なものを，

図4の**ア**～**ウ**の中から一つ選んで，その記号を書きなさい。ただし，**図4**は**図3**の電圧計の端子部分を拡大し，詳細に示した図である。

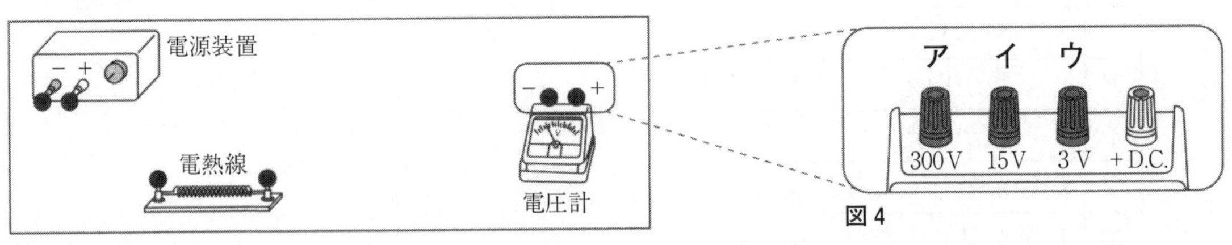

図3　**図4**

③　文中の［　　］に当てはまる数値を求めなさい。

(3)　太郎さんと先生が，雲のでき方について話している。次の会話を読んで，下の①～④の問いに答えなさい。

太郎：先生，雲はどのようにしてできるのでしょうか。

先生：雲の発生には，水の状態変化がかかわっています。まず，液体が気体になるようすを観察しましょう。観察しやすいように，水の代わりにエタノールを使って実験してみます。エタノールを15mL はかりとって，質量を計測してください。

太郎：11.9 g でした。

先生：そこから，エタノールの密度が計算できますね。

太郎：［　あ　］g/cm^{3}です。

先生：では，ポリエチレンの袋にエタノールを入れ，袋の空気をぬいた後，袋の口を輪ゴムでしばって密閉し，袋に熱湯をかけてみましょう。

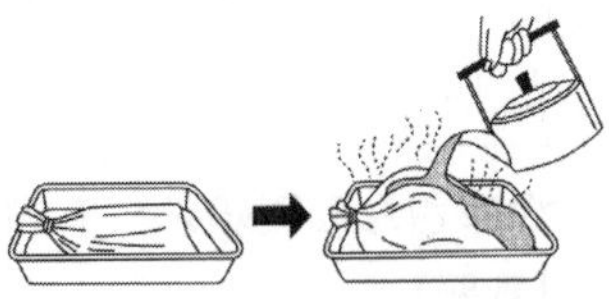

図1

太郎：袋がふくらみました(**図1**)。

先生：このことから，ポリエチレンの袋の中にある液体のエタノールが気体になると，エタノールの粒子のようすや，密度はどのように変化すると考えられますか。

太郎：粒子の［　い　］，密度は［　う　］なります。

先生：そうですね。次に気体である水蒸気が液体に変わる現象を観察してみましょう。フラスコの内側を少量の水でぬらし，線香のけむりを少し入れ，大型注射器をつないでください(**図2**)。そしてピストンをすばやく押したり引いたりしてフラスコ内のようすを観察してみましょう。

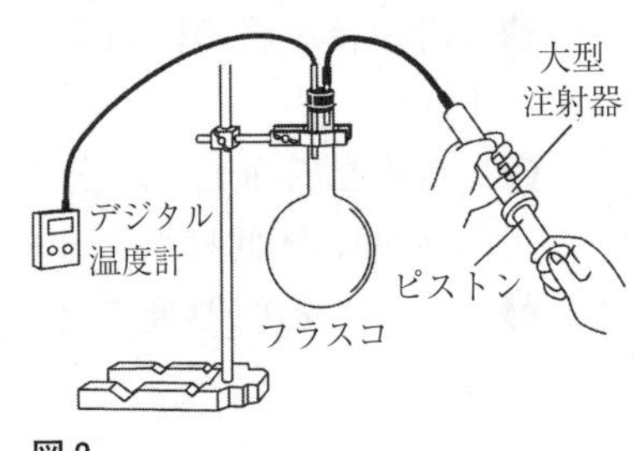

図2

太郎：ピストンをすばやく引くと，フラスコ内の空気が膨張するため，フラスコ内の温度が［　え　］ので，フラスコ内が白くくもりました。

先生：では，この実験から，雲はどのように発生すると考えられますか。

太郎：［　お　］，この実験(**図2**)のような変化が生じ，雲が発生すると考えられます。温度や圧力の変化によって，水が状態変化することにより雲が発生するのですね。

①　文中の［あ］に当てはまる数値を求めなさい。答えは小数第3位を四捨五入し，小数第2位まで求めること。ただし，1 mL = 1 cm^{3}とする。

② 文中の[い]，[う]に当てはまる語の組み合わせとして正しいものを，次の**ア**〜**エ**の中から一つ選んで，その記号を書きなさい。

	い	う
ア	数が増え	大きく
イ	数が増え	小さく
ウ	運動が激しくなり	大きく
エ	運動が激しくなり	小さく

③ 文中の[え]に当てはまる語を書きなさい。

④ 文中の[お]に当てはまる説明を，次の**ア**〜**エ**の中から一つ選んで，その記号を書きなさい。

ア 水蒸気を含む空気が上昇すると，まわりの気圧が低くなり
イ 水蒸気を含む空気が上昇すると，まわりの気圧が高くなり
ウ 水蒸気を含む空気が下降すると，まわりの気圧が低くなり
エ 水蒸気を含む空気が下降すると，まわりの気圧が高くなり

3 太郎さんは，斜面を下る台車の速さを調べる実験を行い，ノートにまとめた。下の(1)〜(4)の問いに答えなさい。ただし，実験において斜面と台車の間の摩擦や空気の抵抗は考えないものとする。

太郎さんの実験ノートの一部

【課題】

斜面を下る台車は，どのように速さが変化するのだろうか。

【手順】

❶ 滑走台を斜めに固定する(**図1**)。

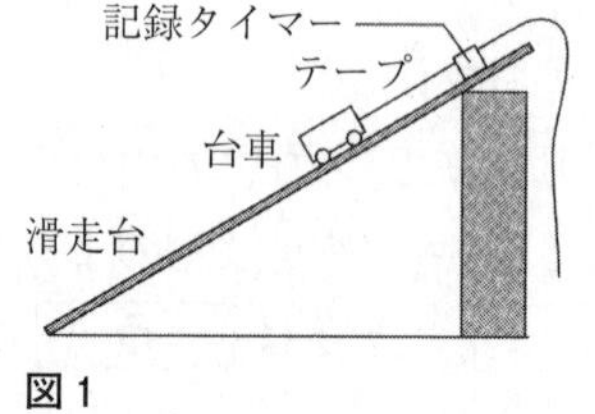

図1

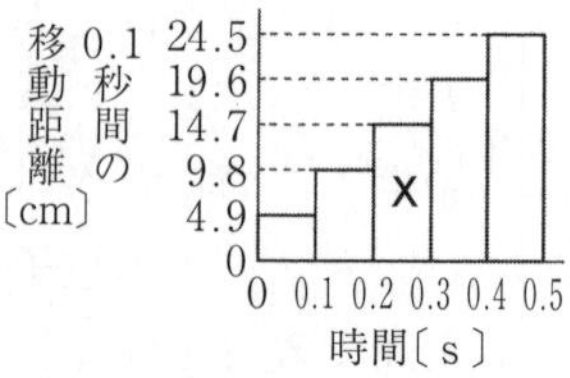

移動距離〔cm〕（0.1秒間の移動距離〔cm〕）
24.5
19.6
14.7
9.8
4.9
0
X
0 0.1 0.2 0.3 0.4 0.5
時間〔s〕

図2

❷ 台車を斜面上に静止させ，そっと手を離す。このときの台車の運動を記録タイマー（1秒間に50回打点するもの）で記録する。

❸ テープを0.1秒間ごとにハサミで切り取り，**図2**のように，左から順に紙へ貼りつける。

(1) **図3**において，斜面上の台車にはたらく重力Wを，斜面にそう力Aと斜面に垂直な力Bに分解し，力Aと力Bを矢印でかきなさい。ただし，作図した矢印が力Aと力Bのどちらかがわかるように，A，Bの記号をそれぞれ書きなさい。

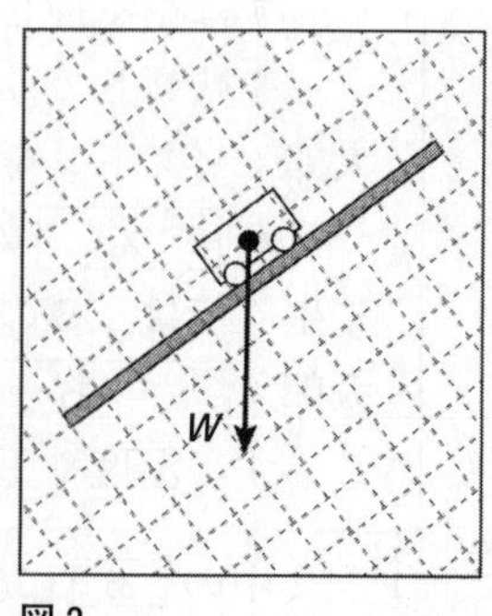

図3

(2) 下線部について，テープの切り方として最も適当なものを，次の**ア**〜**エ**の中から一つ選んで，その記号を書きなさい。

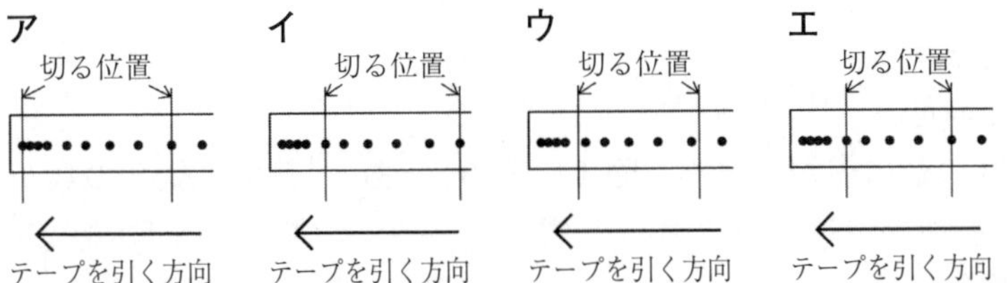

(3) **図2**において，**X**のテープに打点が記録された間の台車の平均の速さは何cm/sか，求めなさい。

(4) 実験をもとに，太郎さんは自転車で坂道を下るときの速さの変化について考えた。**図4**のように，自転車が斜面上の点**P**で静止していたとする。自転車が斜面を下り始めたところ，速さは一定の割合で増えた。5秒後から，ブレーキをかけることで，自転車は一定の速さで斜面を下った。この運動のようすを表したグラフとして最も適当なものを，次の**ア**～**エ**の中から一つ選んで，その記号を書きなさい。ただし，自転車が点**P**から斜面を下り始めるときを0秒とする。

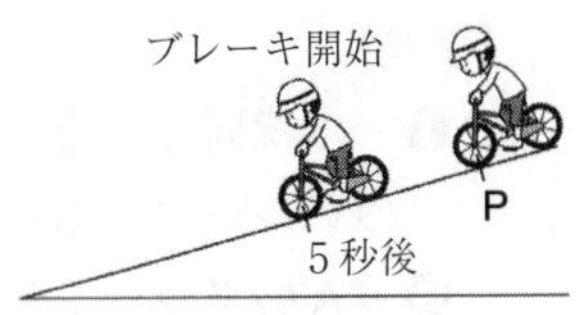

図4

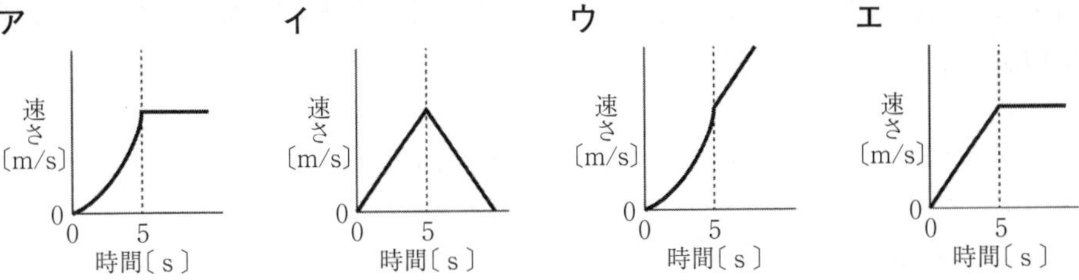

4 花子さんは，植物の葉のつくりとはたらきについて観察と実験を行い，ノートにまとめた。あとの(1)～(6)の問いに答えなさい。

花子さんの実験ノートの一部

≪ムラサキツユクサの葉の表皮の観察≫

【手順】

❶ 顕微鏡を用いて，接眼レンズ10倍，対物レンズ4倍で観察する。次に対物レンズを10倍に変えて観察する。

❷ 葉の表皮について，視野の中で，最も気孔が多い部分をスケッチする。(**図1**，**図2**は葉の表側と裏側の表皮どちらかのスケッチである。)

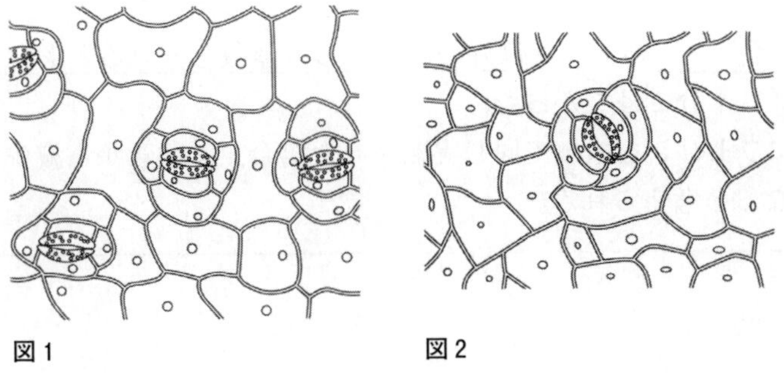

図1 **図2**

【結果】

・細胞の中に葉緑体が見えた。

・表皮には気孔が存在していた。

・葉の表側と裏側では気孔の数に差があった。**図1**は葉の［　あ　］側で，気孔の数が多かった。

≪アジサイの葉の蒸散の実験≫

【課題】

気孔の数と蒸散の量との間にはどのような関係があるか。

【手順】

❶　ほぼ同じ大きさの葉で，枚数がそろっているアジサイの枝を9本用意し，3本ずつAのグループ，Bのグループ，Cのグループとする。

❷　Aのグループは何も塗らない。Bのグループは葉の表側にワセリンを塗る。Cのグループは葉の裏側にワセリンを塗る。

❸　それぞれの試験管に同じ量の水を入れ，水中で切った枝をそれぞれ1本ずつさす。

❹　試験管に油を注ぐ。

❺　1時間後に試験管の中の水の量をはかり，減少した水の量を調べて，それぞれのグループの平均値を求める。

【予想】

①　ムラサキツユクサの観察結果から，アジサイの葉も同じつくりであるとすると，アジサイの葉の蒸散の量は葉の［　い　］側からのほうが多いと考えられる。

②　Bのグループは葉の表側にワセリンを塗るので，試験管から減少した水の量は，葉の裏側から蒸散した量である。

③　Cのグループは葉の裏側にワセリンを塗るので，試験管から減少した水の量は，葉の表側から蒸散した量である。

【結果】

試験管から減少した水の量（3本の試験管の平均の値）

表

Aのグループ	Bのグループ	Cのグループ
2.8mL	2.4mL	0.7mL

実験条件　気温25℃，湿度46％

【考察】

・実験の**結果**から，Cのグループと比べてBのグループのほうが減少した水の量が多いので，**予想**①は適切であった。

・実験の**結果**から，［　う　］ので，葉以外の部分からも蒸散していると考えられる。つまり，**予想**②と**予想**③は十分ではなかった。

・仮に，葉の表側と裏側にワセリンを塗って同じ実験をした場合，試験管から減少する水の量は［　え　］mLになると考えられる。

(1) **ムラサキツユクサの葉の表皮の観察**において，対物レンズを**手順❶**のように変えたとき，観察できる範囲と視野の明るさはどう変化するか。最も適当なものを，それぞれ次の**ア**～**ウ**の中から一つ選んで，その記号を書きなさい。

〔観察できる範囲〕

ア 広くなる　**イ** 変わらない　**ウ** 狭くなる

〔視野の明るさ〕

ア 暗くなる　**イ** 変わらない　**ウ** 明るくなる

(2) **図2**で，気孔はどこか。解答用紙の図の気孔を黒く塗りつぶしなさい。

(3) 文中の［あ］，［い］に当てはまる語を書きなさい。

(4) 下線部のように考えた理由を，実験の**結果**をもとに，［う］に当てはまるように書きなさい。

(5) 文中の［え］に当てはまる数値を求めなさい。

(6) 花子さんは，**アジサイの葉の蒸散の実験**において，**手順❹**で油を注ぐ理由が気になり，油を注がない試験管も用意して同じように実験した。その結果，油を注がずに実験した試験管は，この実験結果よりも多くの水が減少した。このような結果となった理由を「試験管に油を注がないことで,」という書き出しに続けて説明しなさい。

5 太郎さんは科学部の先生と地質調査に向かい，露頭(ろとう)(地層が地表面に現れているところ)を観察し，赤褐色(せきかっしょく)の層に着目した。先生から，この層にはある時代に噴火した火山**A**の火山灰が含まれていると教えてもらった。そこで，この赤褐色の層を少し採取し，理科室で観察を行った。次の，観測地での先生の説明と太郎さんの観察ノートを読んで，あとの(1)～(5)の問いに答えなさい。

観測地での先生の説明

この $_a$火山灰が含まれる層は，遠くに見える火山**A**から噴出した火山灰が，主に西から東へ吹く上空の強い風の影響を受けて堆積してできたと考えられています。また，私たちの中学校の近くにも，この火山灰が含まれる層が見られます。中学校の近くで見られる層は，今私たちがいる観測地と同じ時期に堆積したもので，その厚さはこの観測地より薄いことがわかっています。

図を見てください。これは，火山**A**の噴火による火山灰の広がりを推定したものです。数値は，降り積もった火山灰のおよその厚さを表しています。

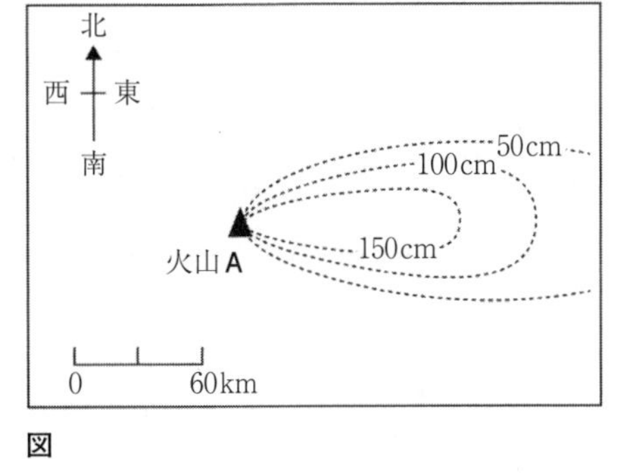

図

太郎さんの観察ノートの一部

【手順】

❶ 採取した火山灰を蒸発皿にとり，［　あ　］。これを何度も繰り返し，残った粒を乾燥させる。

❷ 乾燥させた粒をペトリ皿に広げ，双眼実体顕微鏡を用いて観察する。

【結果】

・観察できた粒の特徴とそこから推定される鉱物は，**表**のとおりであった。

表

主な特徴	特徴から推定される鉱物
・不規則な形　・無色や白色　→	い
・柱状，短冊(ざく)状の形　・無色や白色，うす桃色　→	チョウ石
・長い柱状，針状の形　・こい緑色や黒色　→	う
・短い柱状，短冊状の形　・緑色や褐色　→	キ石
・不規則な形　・黒色　・磁石に引きつけられる　→	磁鉄鉱

・観察した火山灰は$_{b}$ い やチョウ石が多く見られたのに比べて， う やキ石や磁鉄鉱の数はとても少なかった。

(1) 下線部**a**の火山灰や，火山の噴火によって火口から出た火山ガス，溶岩などをまとめて何というか，書きなさい。

(2) 太郎さんと先生がいる観測地と火山**A**，中学校の位置関係を表している図として最も適当なものを，次の**ア**～**エ**の中から一つ選んで，その記号を書きなさい。

ア

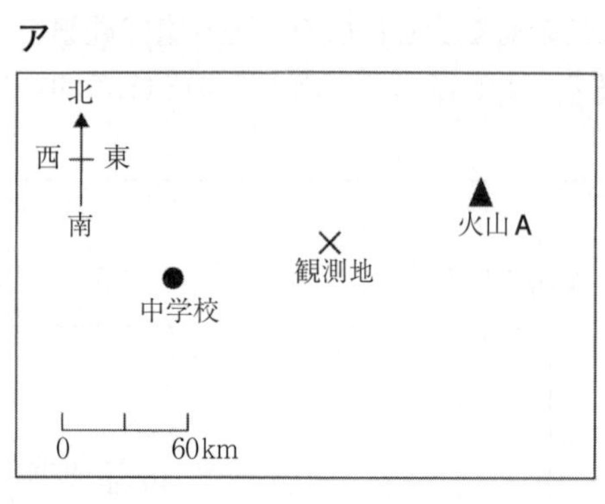

イ

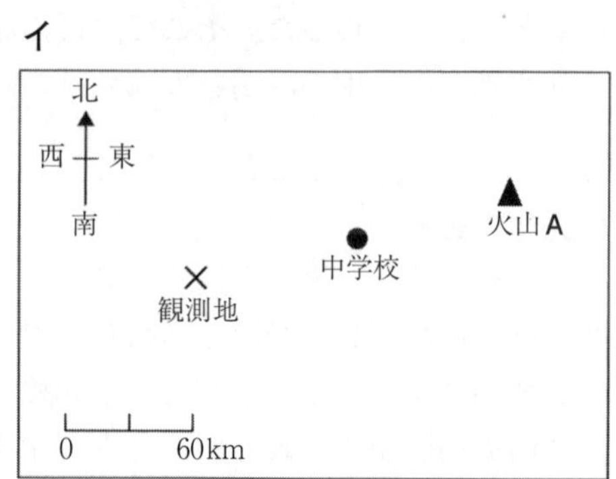

ウ

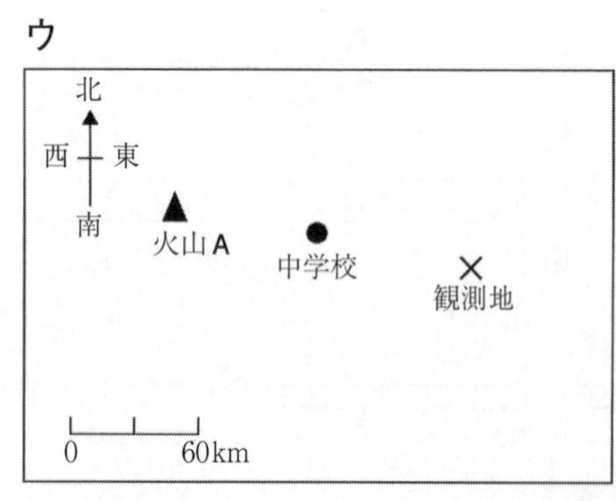

エ

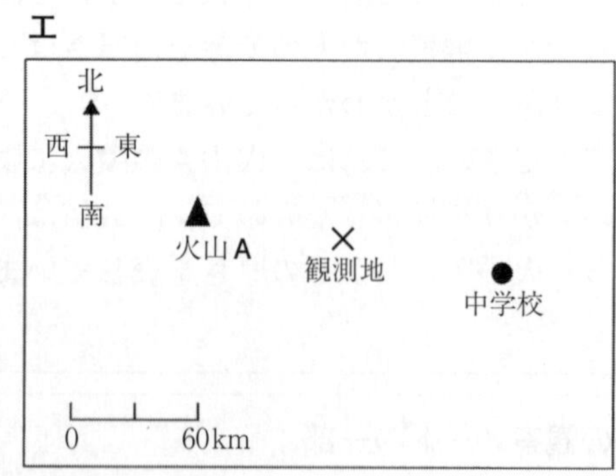

(3) 文中の あ に当てはまる具体的な操作を書きなさい。

(4) 太郎さんは，観察できた粒の特徴をもとに，火山灰に含まれる鉱物は何か考えた。**表**中の， い ， う に当てはまる鉱物として最も適当なものを，次の**ア**～**エ**の中からそれぞれ一つ選んで，その記号を書きなさい。

ア　セキエイ　　イ　クロウンモ　　ウ　カクセン石　　エ　カンラン石

(5)　下線部bから考えられる，この火山の噴火のようすを，「マグマのねばりけが」という書き出しに続けて説明しなさい。

6　花子さんは，ホットケーキがふくらむ理由について調べるために先生と実験を行い，ノートにまとめた。下の(1)～(4)の問いに答えなさい。

花子さんの実験ノートの一部

≪実験1≫

小麦粉，水，炭酸水素ナトリウムを混ぜて生地を作り，ホットプレートで加熱したところ，生地がふくらんだ。

≪実験2≫

炭酸水素ナトリウムを試験管Aに入れて加熱し，出てきた気体を試験管Bに集める。**図**のように装置を組み立て，実験しようとしたところ，先生から，次のような指示があったので，正しく装置を組み立てて実験した。

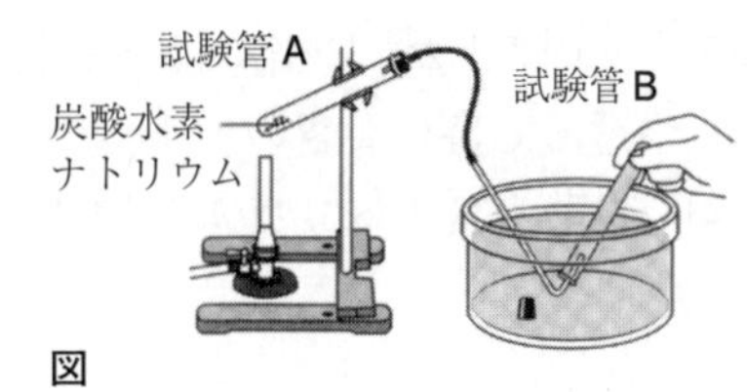

図

「**図**のように組み立てると，［　あ　］ことで試験管Aが割れることがあるので［　い　］ことが必要です。」

【結果】　・加熱すると，気体が発生した。
・反応後，試験管A内に白い固体が残っていた。
・試験管Aに生じた液体に青色の塩化コバルト紙をつけると赤色に変化した。

花子さんと先生は実験後に次のような会話をした。

花子：加熱すると，気体が発生してきました。この気体は何ですか。
先生：では，考えてみましょう。原子は，化学変化において，なくなったり，新しくできたり，別の原子に変わったりしないということを覚えていますか。ということは，発生する可能性がある気体を塩素，酸素，窒素，二酸化炭素の中から選ぶならば，何と何が考えられますか。
花子：炭酸水素ナトリウムが分解したので，［　う　］と［　え　］が考えられます。
先生：そうですね。実際には［　う　］が発生しています。どのような実験を行い，どのような結果になると，［　う　］が発生したと言えるでしょうか。
花子：集めた気体が入った試験管Bに［　お　］という結果になると，［　う　］が発生したと言えます。
先生：では，実験してみましょう。
花子：実験の結果，［　う　］が発生したことが確認できました。これがホットケーキがふくらむ理由ですか。でも，水を加熱して生じる水蒸気はホットケーキをふくらませる理由にはならないのですか。
先生：では，［　か　］を混ぜて加熱して，確認してみましょう。

≪実験3≫

［ か ］を混ぜて生地を作り，ホットプレートで加熱した。

【結果】 生地がふくらまなかった。

【まとめ】 ホットケーキがふくらむ理由は，炭酸水素ナトリウムを加熱することによって［ う ］が生じたからである。

(1) 文中の［あ］，［い］に当てはまる内容を書きなさい。ただし，［あ］には**図**のように組み立てて実験することで生じる現象を，［い］には正しく組み立てる方法を書きなさい。

(2) 文中の［う］，［え］に当てはまる語を，下線部の塩素，酸素，窒素，二酸化炭素から選んで書きなさい。また，［う］が発生したことを確かめる実験方法とその結果を，［お］に当てはまるように書きなさい。

(3) 文中の［か］に当てはまる物質を，**実験1**で用いた小麦粉，水，炭酸水素ナトリウムから二つ選んで書きなさい。

(4) 炭酸水素ナトリウムが加熱により分解するときの化学反応式を書きなさい。

四 次の㈠～㈢の問いに答えなさい。

㈠ 次の⑴～⑹の――線部について、片仮名の部分を漢字で、漢字の部分の読みを平仮名で書きなさい。

⑴ 公園をサンサクする。
⑵ 田畑をタガヤす。
⑶ 月は地球のエイセイだ。
⑷ 新しい事業を企てる。
⑸ 頻繁に訪問する。
⑹ 難関に挑む。

㈡ 次の行書で書かれた漢字を楷書で書くときの総画数と同じ総画数である漢字を、1～4の中から選んで、その番号を書きなさい。

橋

1 額
2 幕
3 選
4 鋼

㈢ 次の【会話】の□に入る言葉として、最も適切なものを、1～4の中から選んで、その番号を書きなさい。

【会話】

山田　昨日のテレビドラマの最終回、すごくおもしろかったね。
大野　そうだね。でも、最後のシーンがなければ、もっと想像が膨らんでよかったと思うな。
山田　たしかに、あのシーンは□だったね。

1 圧巻
2 余地
3 蛇足
4 推敲（すいこう）

林　図書委員の私からよろしいですか。【Ⅰ】③で、読みたい本が分からないから、という人が二十四人もいたのですが、なぜ読みたい本が分からないのでしょうか。

司会　林さんからの質問について皆さんはどう思いますか。

鈴木　自分が面白いと思える本がどのような本か分からないから、読む気になれないということではないでしょうか。図書館に行っても、本が書棚に並んでいるだけだと、手に取ろうという気持ちになりません。

佐藤　私は、本の帯や紹介文などを参考に本を選びますよ。

林　なるほど。まず、その本に興味をもってもらえるような活動を図書委員会で話し合ってみますね。

㈣　本文と【Ⅰ】から読み取れることとして、最も適切なものを、次の1～4の中から選んで、その番号を書きなさい。

1　本文では、読書を通して関心が広がると述べられているが、A中学校の生徒は、本を読むことが嫌いだから知識や情報が得られていない。

2　本文では、興味のない本こそたくさん読むべきだと述べられているが、A中学校の生徒は、学校の勉強などで時間がないから本を読まない。

3　本文では、読書が総合的知を感じる唯一無二の道だと述べられているが、A中学校の生徒は、楽しく時間を過ごすために読書する人が最も多い。

4　本文では、特定の専門知を極めることが重要だと述べられているが、A中学校の生徒は、テレビやマンガで想像力や空想力を養っている。

㈤　【Ⅱ】の　A　に入る最も適切な言葉を、本文中から十字以内で抜き出して書きなさい。

㈥　【Ⅱ】の　では、アンケートの結果で何か気になることはありますか　という司会の発言は、どのような役割を果たしているか。その説明として最も適切なものを、次の1～4の中から選んで、その番号を書きなさい。

1　これからの話し合いの視点を示し、ねらいに即した意見を引き出す役割。

2　これまでの話し合いから生じた疑問を投げかけ、確認する役割。

3　これからの話し合いの仕方で気をつけるべき点について考えさせる役割。

4　これまでの話し合いをまとめ、話し合う意義を再確認させる役割。

㈦　本文と【Ⅰ】・【Ⅱ】を参考にして、A中学校の生徒の読書生活を充実させるためのあなたの意見を書きなさい。ただし、以下の条件に従うこと。

1　百字以上、百五十字以内で書くこと。（句読点を含む。）

2　二段落構成とし、第一段落には、A中学校の読書の現状とその理由についてまとめ、第二段落には、読書生活を充実させるためにどのような取り組みができるかを具体的に書くこと。

3　正しい原稿用紙の使い方をすること。ただし、題名と氏名は書かないこと。また、〜〜や══等の記号（符号）を用いた訂正もしないこと。

4　文体は、常体「だ・である」で書くこと。

【Ⅰ】図書委員会が行ったA中学校の生徒対象のアンケートの結果

① どのくらい本を読むのか

対象：佐藤さんの通うＡ中学校の生徒202人

② なぜ本を読むのか

対象：「２～３か月に１冊程度」以上本を読む生徒（複数回答）

③ なぜ本を読まないのか

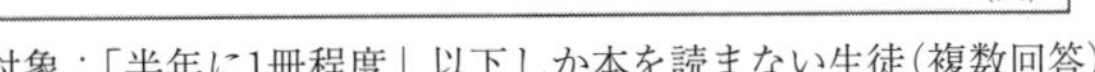

対象：「半年に1冊程度」以下しか本を読まない生徒（複数回答）

【Ⅱ】グループでの話し合いの一部

司会　それでは、読書についての話し合いをします。みなさんは、どのくらい本を読みますか。

佐藤　私は、週に一冊ぐらい読みます。

鈴木　私は、ほとんど読まないです。勉強や部活動が忙しくて読む時間がないんです。

司会　そうですか。では、図書館の貸し出し状況を図書委員の林さんから話してください。

林　【Ⅰ】①からも想像できると思いますが、本をよく借りに来る人とそうでない人がいます。本をよく借りに来る人の中には、ジャンルが決まっている人もいれば、いろいろな内容の本を借りていく人もいます。

佐藤　私は、いろいろな本を借りる方だと思います。私たちが読んだ文章には、読書は「自分の関心の思わぬ広がりをもたらす」と書いてありましたが、確かにそうだと感じます。

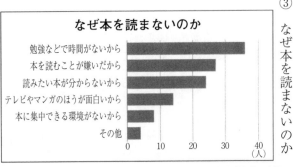

鈴木　なるほど。本の内容はそれだけで完結しているわけではないのですね。結局、私たちが勉強する多くのことで［　A　］なんて存在しないということですよね。

司会　そうですね。皆さん、納得したようですね。では、アンケートの結果で何か気になることはありますか。

㈠　佐藤さんは、授業で、読書のよい点についてノートにまとめた。［ア］と［イ］に入る最も適切な語句を、本文中から［ア］は三字、［イ］は四字で抜き出して書きなさい。

> 読書のよい点
> 　視点の広がりと関心の深まり
> 　　↓
> 異なる学問分野がいろいろなところでつながる
> ㊞
> ・自動車の製造　―　認知科学・脳科学・［ア］
> ・医療　―　［イ］・医学・薬学　＊文系的視点も必要

㈡　次の一文は、本文中の〈1〉～〈4〉のどこに入るか。最も適切な箇所の番号を書きなさい。

> 要するに、すべての分野は広い視野で見れば、どこかでつながっているということです。

㈢　本文の特徴として、最も適切なものを、次の1～4の中から選んで、その番号を書きなさい。

1　漢語をあまり使わないことで、読者に対する語り口が優しい文章になっている。
2　筆者の主張が効果的に伝わるように、説明や具体例を加えた文章になっている。
3　論理の展開を工夫し、資料を適切に引用して、説得力のある文章になっている。
4　推測ではなく事実だけを述べることで、読者が理解しやすい文章になっている。

三　佐藤さんは、国語の授業で、読書について書かれた文章や、図書委員会が行ったアンケートの結果をもとに、グループでの話し合いを行い、意見文を書くことになりました。次の文章と【Ⅰ】・【Ⅱ】について、後の(一)～(七)の問いに答えなさい。

読書のよい点は、いざ読み始めて、それが面白いと思ったら、そこからさらに次々(つぎつぎ)と別の本を読んでゆくという視点の広がりと関心の深まりがもたらされることでしょう。多くの本はその一冊では自己完結せず、他の本の引用であったり、言及・紹介であったりというように、外への窓が開いています。その導きに従えば、芋づる式に自分が次に読むべき本、読みたい本が目の前に現れるでしょう。同じ分野の複数の本を読み込むことで自分の考えや関心をより深めることもできるし、あるいはジャンルを横断するように興味や知識を他の分野にまで広げてゆくこともできるわけです。その結果、自分が手にとった最初の一冊は物理の宇宙論であったのに、結局、本当に追求したいこととしてたどり着いたのは哲学の時間論であったということも起こりうるかも知れません。〈　1　〉

このように自分なりの興味を深く追求する読書は同時に自分の関心の思わぬ広がりをもたらすものですが、一つの分野に限定されない読書によって培(つちか)われる広大で深遠な関心領域こそは、あなたが大学で手にすることのできる大きな実りの一つです。〈　2　〉

異なる学問分野がいろいろなところでつながっている様は、実際に仕事をしてゆく過程で見えてくるでしょう。例えば、(先ほど例に挙げましたが)物理学における時間と空間の問題を考え詰めれば、哲学との接点が出てきます。あるいは法学にしても教育学にしても経済学にしても、人間の心理への視点・※1洞察が最終的には仕事の決め手になる。そしてまた工学の分野もしかり。例えば自動車の製造を考えてみてください。ハンドル、ブレーキ、ミラーなどの自動車のメカニズムは、結局、人間がそれをどう操作すれば、事故を起こさず安全に運転できるかという認知科学や脳科学さらには心理学の視点なしには成り立ちえません。また建築学でも、建物は人間が住むものですから、人間の志向や美的感覚など美学・芸術学の視点が必要になるのです。サービス業ももちろん経済学と並んで、人間の心理への洞察抜きでは成果も挙げられないでしょう。また医療においても、医療機器といった機械工学の分野や身体に関する知識と治療の技術・処方という医学・薬学の分野の知見に加え、患者のケアという面では心理学をはじめとする文系的視点も必要になってくるはずです。〈　3　〉

このように世の中にある仕事の多くは、分野ごとに※2截然(せつぜん)と切り分けられるわけではなく、多くの要素や視点が複雑に絡(から)まっているのです。その多くは人間個人や人間が集団として暮らす社会を対象とするものですから、人間の心や行動・生態への洞察と理解がなくてはなりませんが、それを考える道筋も実に多様です。例えば文学作品を読むこと、歴史を知ること。文化人類学、宗教学、民俗学などの諸分野も、すべて人間の(社会)行動を考察するものです。一方、生物学・動物行動学から人間を考えるアプローチもありうるでしょう。〈　4　〉

もちろん、こうした広大無辺の学問領域を一人の人間が※3渉猟(しょうりょう)・踏破(とうは)することは不可能です。重要なのは、個人個人はある特定の分野の専門知を極めようとしながら、それでも外に広がる様々(さまざま)な分野が、今自分が取り組んでいることとは無関係であるとして切り捨てるのではなく、どこかで結びついていることを視野の内におさめて、尊重すること。そのような認識の段階に至ったとき、初めて、(たとえ即効性や分かりやすい効用が今は見えなくても)この世の学びのうち、役に立たないことなどないということが実感できるわけです。ですから皆さんも、まずは自分が興味を感じることを追求しながら、徐々(じょじょ)にでも、そのようなつながりの糸を発見し、外に広がる総合的知の領域を感じ取ってゆければよいでしょう。読書はその認識に通じる唯一無二の道なのです。

(上田紀行 編著「新・大学でなにを学ぶか」による。)

※1　洞察＝物事をよく観察して、その本質を見抜くこと。
※2　截然＝物事の区別がはっきりとしているさま。
※3　渉猟・踏破＝あちこちを歩き回って、さがし求め、困難な道や長い行程を歩き通すこと。

㈠　【Ⅱ】の四コマめに入る絵として、最も適切なものを、次の1～4の中から選んで、その番号を書きなさい。

1

家の子
舅
聟

2

3

4

㈡　【Ⅲ】の大地さんの質問に対する答えとして、最も適切なものを、次の1～4の中から選んで、その番号を書きなさい。

1　店で買った鴈を運びやすくするため。
2　縁起の良い物だという印にするため。
3　借りていた矢を鴈と一緒に返すため。
4　鴈を仕とめたように見せかけるため。

㈢　【Ⅲ】の雪菜さんの感想にある、<u>だまされているとも知らずに大喜びする舅の行動</u>について、その行動を具体的に表している部分を、【Ⅰ】から十五字以上、二十字以内で抜き出して書きなさい。（句読点を含む。）

㈣　【Ⅲ】の月子さんの感想の□に入る内容として、最も適切なものを、次の1～4の中から選んで、その番号を書きなさい。

1　家の子がとった予想外の行動から、うそをついていた聟が慌てふためく表情の描写
2　結末で舅がどう反応したのかを描かないことで、後の展開を読者に想像させる手法
3　聟を誇りに思っていた舅のだまされやすい性格が、感動的な結末を導く意外な展開
4　鴈を何としてでも手に入れようとする家の子の誠実さと、読者の予想を裏切る行動

【Ⅱ】雄一さんが【Ⅰ】の古典を紹介する際に作った四コマ漫画

聟
家の子

聟
舅
一族
一族

舅
聟

【Ⅲ】雄一さんが紹介した古典について、グループで出された質問や感想の一部

大地
聟が鴈に矢を刺したのはなぜですか。

雪菜
だまされているとも知らずに大喜びする舅の行動が印象的ですね。

月子
私は，［　　　　］が気に入りました。

二　雄一さんは、「自分の選んだ古典を紹介しよう」という国語の授業で、自作の四コマ漫画を使ってグループの友達に紹介し、その後で質問や感想をもらいました。次の【Ⅰ】〜【Ⅲ】について、後の㈠〜㈣の問いに答えなさい。

【Ⅰ】　雄一さんが選んだ古典

聟(むこ)あり。舅(しうと)(妻の父親)のかたへみまふとて(あいさつしようとして)、ある町をとほりしが、新しき鴈(がん)を棚に出し置(おき)たり。二百にて買い、矢をとほしもたせ行(ゆく)。舅出あひ鴈をみて、「是(これ)は」ととふに、「我等(ら)の道にて仕(つかまつり)たる(仕とめました)」とあれば、大(おほい)に悦喜(えつき)し、一族皆よせて披露し、振舞(ふるまひ)わめきけり。聟かつにのり(調子に乗り)、「今一度もたせまゐらせん」と家の子(家来)に示合(しめしあはせ)、「われはさきへゆかん。跡より(あとから)調来(ととのへきた)れ(買ってこい)」といひすて、先(まづ)舅にあふと同じく、「いな仕合(しあはせ)にて(いやおどろいたことにわたしはしあわせもので)、又鴈を仕て候(さうらふ)」といふ。舅いさみほこれり。彼内(かのうち)の者、塩鯛(しほたひ)に矢をつらぬき持(もち)きたれり。「して今の矢はあたらなんだか」。「されば、鴈にははづれて、塩鯛にあたりまゐらせた(当たりました)」と。

【Ⅱ】春香さんの読書記録

○　タイトルと著者名
　『ぼくのまつり縫い』神戸遥真

○　読み始め・読み終わり　　5/2 ～ 5/4

○　選んだ理由
・授業で読んだ場面が印象に残り，結末が気になったから。

○　授業で読んだ中で気になったところ
・ユートがサッカー部に入った理由
・ユートがカイトにうそをついた理由
・カイトの人物像

○　読んで思ったこと・印象的だったこと
・友達っていいなと思った。ユートが勇気を出せてよかった！
・被服部の先輩たちがユートの家に来てくれて，とても優しい人たちだと思った。
・ファッションショーでカイトがユートの服を着て出てくれた。カイト，かっこいい！
・私も裁縫がしたくなった。
・被服部に入部届を出すという結末に安心した。

⇩

【Ⅲ】読書記録をもとにした本の紹介文

『ぼくのまつり縫い』という小説が，私が皆さんに紹介したい小説です。

授業で読んだときに，ユートとカイトのやりとりがとても印象的だったので，小説を全部読んでみました。

ユートは中学校に入学してから，知り合いもなく，寂しさを感じていました。そのような時に，同じクラスのサッカー部のカイトが声をかけてくれたのです。ユートは，人気者のカイトと仲よくなりたくて，得意ではないのにサッカー部に入部しました。ところが，ケガをして休部しているとき，同じクラスでいつも小物を作っている糸井(いとい)さんに声をかけられ，被服部での活動も始めます。ユートは夏休み中，サッカーではなく，大好きな裁縫に熱中して過ごしました。

ある日，ケガが治っても練習に来ないユートを心配して，カイトが声をかけます。ユートは「被服部なんて興味ない！」と大声で言ってしまったのを近くにいた糸井さんに聞かれ，被服部にも行きにくくなります。さらに，ウソをついたことで，カイトとも気まずくなってしまいます。落ち込み悩んでいるユートの家に，なんと，訪ねてきた人たちが……。そして，ユートは，自分の好きなことに向かって動き出します。

「本当の友達」について，深く考えることができる作品です。みなさんも，ぜひ読んでみてください。

(四)　春香さんは、【Ⅱ】の読書記録をもとにして、【Ⅲ】のように本の紹介文を書いた。書く際に気をつけた点として適切でないものを、次の1～4の中から一つ選んで、その番号を書きなさい。

1　紹介文を読む人が、本の内容を理解しやすいように、出来事を時系列で紹介した。
2　登場人物それぞれの言動について自分の考えを書き、最後に、読後の感想を述べた。
3　読みやすい紹介文になるように、段落に分けて自分の伝えたいことを整理した。
4　気になった点や読後の感想を、すべては書かずに、興味を引くような表現にした。

(五)　春香さんは、【Ⅲ】の紹介文の最初の一文を分かりやすく書き直すことにした。『ぼくのまつり縫い』という小説が、私が皆さんに紹介したい小説です。という箇所を、「私が」という書き出しに続けて、同じ言葉を繰り返さないように、二十五字以上、三十字以内で書きなさい。(句読点を含む。)

【Ⅰ】「文章の表現と登場人物の言動に着目して読む」という学習課題に取り組む春香さんのグループでの話し合い

春香　この文章には、今まで授業で学習した表現技法がたくさん出てきたよね。「くしゃっとして笑った」とか、「パシッと軽くうでをたたかれた」には、擬態語や擬音語が使われているよね。

正志　そうだね。「バシバシぼくのうでをたたく」もそうじゃないかな。それに直喩もあったね。

健　あ、「針みたいに」ってところだね。僕は、カイトがシャツを手にとったときの表現が気になっているんだ。どうして「観察すると。」で、一回文章が区切られているのかな。普通なら次の「顔をくしゃっとして笑った」とつながるはずだよね。

みさき　カイトがどんな反応をするのか、ユートも読んでいる私たちも気になっているから、間(ま)をとって緊張感を高めているんじゃないかな。

春香　みさきさんの意見、いいね。文章の表現と内容には深い関係があるんだね。次に、気になった言動について話し合ってみようよ。

優里　この場面では、カイトの返事がなかったときのユートの気持ちが気になるね。「ア小さく深呼吸して言葉をつづける」というところでは、ユートはどんな気持ちだったのかな。

正志　ユートは決意を固めてこの場所に来ているよね。その後に、カイトがあいづちをうってくれて話も進んでいったね。

春香　二人が和解できそうな流れになったけれど、その後、カイトは「イおまえみたいなヤツは、サッカー部やめちまえ」と言っているでしょう。この言葉は、厳しいよね。カイトはどんな気持ちでこの言葉を言ったのかな。

1　優里　自分に合わせて好きでもないサッカーをやるよりも、好きな裁縫を頑張ってほしいと応援する気持ちだったんじゃないかな。

2　正志　でも、仲のよい自分に隠れて、こっそり被服室に行っていたから、どうしても許せずに責めてしまう気持ちの方が強そうだよ。

3　健　もともと運動神経がよくないのに、無理してサッカーを続けてけがをしたことにあきれる気持ちの表れじゃないかな。

4　みさき　それよりも、サッカーをやめるという言葉に落胆し、もう自分には関係ないと突き放す気持ちだったんじゃないかな。心配した分だけ腹も立つしね。

春香　なるほど、みんないろいろ考えているね。ユートとカイトはこの後どうなっていくのかな。今度、好きな本の紹介文を書くよね。私、この本で書こうと思う。全部読んで、いつものように読書記録をつけて、紹介文を書いてみるね。

(一)　【Ⅰ】に文章の表現と内容には深い関係があるとあるが、本文の表現と内容の説明として、最も適切なものを、次の1～4の中から選んで、その番号を書きなさい。

1　場面の展開に沿った情景描写を繰り返すことで、ユートとカイトの心理的な隔たりを淡々(たんたん)と表現している。
2　文頭に「……」を入れることで、ユートとカイトそれぞれの希望や高揚感を効果的に表現している。
3　カタカナ表記や口語表現を多用することで、ユートとカイトの友情を生き生きと表現している。
4　心の中の思いを実際の会話のように書くことで、ユートとカイトの不安を暗示的に表現している。

(二)　ア小さく深呼吸して言葉をつづけるとあるが、この時のユートの気持ちを、本文中の言葉を使って、四十五字以上、五十字以内で書きなさい。（句読点を含む。）

(三)　イおまえみたいなヤツは、サッカー部やめちまえとあるが、【Ⅰ】の[　]の中で、この言葉に込められたカイトの気持ちとして、最も適切な発言をしている人物は誰か。次の1～4の中から選んで、その番号を書きなさい。

1　優里　2　正志　3　健　4　みさき

国語

●満点100点　●時間50分

一　次の文章と【Ⅰ】～【Ⅲ】について、後の㈠～㈤の問いに答えなさい。

「話ってなに？」

その声は、ちょっと気まずい空気をまとって空っぽの教室にひびいた。前はこんなふうじゃなかったのにって悲しくなったけど、それもこれもぼくのせいだからしょうがない。

自分でどうにかするしかないのだ。

ぼくは席を立ち、ロッカーに押しこんでた大きな紙袋を持ってカイトの席にむかう。

「これ、カイトに見せたくて。」

ぼくが紙袋の中身を机の上にだすと、カイトはおずおずとそれを手にしてひろげた。

「……シャツ？」

土曜日に父さんにも見せた白いシャツで、すでに完成してる。つぎに、ぼくはまだ※1仮縫い状態の黒い布のかたまりを見せた。

「こっちはベストとズボンになる予定。」

「作りかけ？」

「そう。おれが作ってる。」

カイトと目があった。けど、見てられなくなったぼくはすぐに視線をさげて、仮縫いのベストを机の上において頭をさげる。

「このあいだは、ごめん。おれ、カイトにウソついた。」

カイトの返事はない。ぼくは自分の上ばきを見つめたまま、ア小さく深呼吸して言葉をつづける。

「ホントは、興味、なくなんてない。夏休みから、ずっと被服室に行ってた。」

やっぱりカイトの反応(はんのう)はなく、もうぼくがなにをいってもしょうがないのかもって気持ちになりかけた。

けど、カイトにだけは本当のことを伝えるって決めたのだ。ウソをついたのがなかったことにはならないけど、だからこそ、こんどはちゃんと本当のことだけ伝えたいって。

「おれ、もともと運動神経よくないしさ。※2ジンタイソンショーもしちゃって、サッカー、だんだんツラくなってきて。そんなときに被服室に行くようになって、それで……。」

「それで？」

カイトがはじめてあいづちをうってくれて、ぼくは顔をあげた。

「やっぱり裁縫するの、楽しくて。じつは昔から好きだったんだ、縫いものするの。」

カイトは机の上のシャツをもう一度手にとった。そうして、じっくり観察すると。

顔をくしゃっとして笑った。

「ユートさ、こういうのは早くいえよ。」

ぼくが反応できないでいると、正面からパシッと軽くうでをたたかれた。

「ムリしておれにあわせて、好きでもないサッカーやることないじゃん。」

「で、でもおれ、中学でこっちにひっこしてきて友だちいなかったから、カイトが声かけてくれて、うれしかったんだ。だから、カイトといっしょに部活やったら、友だちになれるかなって――。」

するとカイトはあきれた顔になって、こんどはバシバシぼくのうでをたたく。

「なんか、ムカついてきた。」

「ごめん……。」

「もういい。イおまえみたいなヤツは、サッカー部やめちまえ。」

針みたいに鋭いその言葉に、なぐられたようなショックを受けて息をのむ。

……やっぱり、いまさらだったのかもしれない。

ウソついたし、かくしごともしてた。あやまったって、そういうのがなかったことになるわけじゃない。

もう友だちでいられなくなっても、しょうがないのかもしれない。

「それで、好きな服作れよ。」

しめっぽくなりかけた目をあげると、カイトはいたずらをたくらむように笑ってた。

「服作れるとか、すげーじゃん。」

（神戸遥真「ぼくのまつり縫い　手芸男子は好きっていえない」による。）

※1　仮縫い＝洋服で、本仕立ての前に仮に縫って体にあわせて形を整えること。下縫い。

※2　ジンタイソンショー＝じん帯損傷。関節の運動を安全にしたり制限したりする、強い丈夫な繊維性の組織が傷つくこと。

Memo

2020年度 茨城県公立高校 入試問題

英語

●満点 100点 ●時間 50分

1 次の(1)〜(4)は，放送による問題です。それぞれの放送の指示にしたがって答えなさい。

(1) これから，**No. 1** から **No. 5** まで，五つの英文を放送します。放送される英文を聞いて，その内容に合うものを選ぶ問題です。それぞれの英文の内容に最もよく合うものを，**ア**，**イ**，**ウ**，**エ**の中から一つ選んで，その記号を書きなさい。

No. 1

No. 2

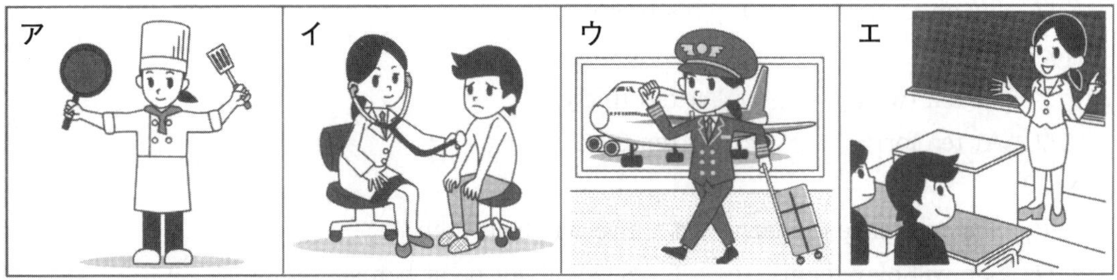

No. 3

No. 4

ア【人気の習い事】	イ【人気の習い事】	ウ【人気の習い事】	エ【人気の習い事】
1位　ピアノ	1位　ピアノ	1位　英語	1位　英語
2位　水泳	2位　英語	2位　ピアノ	2位　水泳
3位　英語	3位　水泳	3位　水泳	3位　ピアノ

No. 5

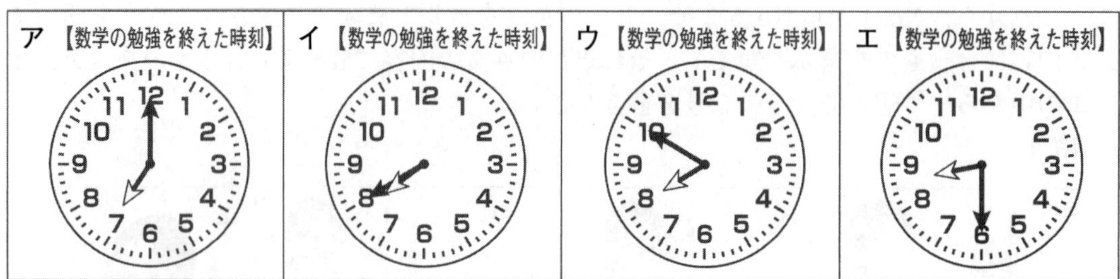

(2)　これから，**No. 1** から **No. 4** まで，四つの対話を放送します。それぞれの対話のあとで，その対話について一つずつ質問します。それぞれの質問に対して，最も適切な答えを，**ア**，**イ**，**ウ**，**エ**の中から一つ選んで，その記号を書きなさい。

No. 1

ア　It's on the table.　　**イ**　It's near the table.
ウ　It's on the bed.　　**エ**　It's by the bed.

No. 2

ア　At ten twenty.　　**イ**　At ten thirty.
ウ　At ten forty.　　**エ**　At ten fifty.

No. 3

ア　She will make dinner.　　**イ**　She will help John.
ウ　She will play tennis.　　**エ**　She will not be at home.

No. 4

ア　Because he met Jack in Australia.
イ　Because he will meet Jack again.
ウ　Because he got a letter from Jenny.
エ　Because he will visit Australia.

(3)　これから，メアリー(Mary)と弟のサム(Sam)との対話を放送します。そのあとで，その内容について，**Question No. 1** と **Question No. 2** の二つの質問をします。それぞれの質問に対して，最も適切な答えを，**ア**，**イ**，**ウ**，**エ**の中から一つ選んで，その記号を書きなさい。

No. 1

ア　A small bag.　　**イ**　A tennis racket.
ウ　A small bag and a tennis racket.　　**エ**　A bag for tennis rackets.

No. 2

ア　To the shop near the station.　　　イ　To their school.

ウ　To the shop near the post office.　　エ　To the park to play tennis.

(4)　サクラ(Sakura)のクラスの授業で，ブラウン先生(Ms. Brown)が生徒たちに話をしています。これからその内容を放送します。ブラウン先生が生徒たちに伝えた内容について正しいものはどれですか。下のア，イ，ウ，エの中から一つ選んで，その記号を①に書きなさい。

また，あなたがサクラの立場なら，ブラウン先生の質問に対して何と答えますか。英語1文で②に書きなさい。

① ブラウン先生が生徒たちに伝えた内容について正しいもの

ア　Next Friday, the students of Sakura's school will visit America.

イ　The students from America have never learned Japanese.

ウ　Next Friday, the students from America will visit Sakura's school in the afternoon.

エ　The students of Sakura's school will sing American songs in the music class.

② ブラウン先生の質問に対する答え

(　　　　　　　　　　　　　　　　　　　　　　　　　　　　　　　　　　　)

これで，放送による聞き取りテストを終わります。続いて，問題**2**に進みなさい。

※<**聞き取りテスト放送原稿**>は英語の問題の終わりに付けてあります。

2　次のAとBの英文は，アメリカに留学しているユミ(Yumi)と，日本の高校のスミス先生(Ms. Smith)がやり取りしたメールです。それぞれの英文を読んで，下の(1)，(2)の問いに答えなさい。

A

> Hello, Ms. Smith.
> I am having a great time here. I think that my English is ①(good) than before. My host family is very kind. There are three ②(child) in the family. I enjoy ③(run) with them in the park every morning. Next Sunday their cousins will visit us. What should I talk about with them? Do you have any ideas?

B

> Hi, Yumi.
> How are you? I am glad to ④(k　　) that you are enjoying your time. I have a good idea. I hear that Japanese food is popular all over the world. You can ⑤(s　　) them how to cook your favorite dish. I am sure that they will be ⑥(i　　) in Japanese food.

(1)　Aの英文が完成するように，文中の①～③の(　)の中の語を，それぞれ1語で適切な形に直して書きなさい。

(2)　Bの英文が完成するように，文中の④～⑥の(　)内に，最も適切な英語を，それぞれ1語ずつ書きなさい。なお，答えはすべて(　)内に示されている文字で書き始めるものとします。

3 次の(1), (2)の問いに答えなさい。

(1) 次の英文は，新聞記事の一部です。この記事が伝えている内容として最も適切なものを，下のア～エの中から一つ選んで，その記号を書きなさい。

Today, many people have *smartphones. We think that they are very useful because we can use them to call friends, send e-mails, and use the Internet at any time or any place. However, some people play games on their smartphones when they are walking. This is not a good way of using smartphones. Let's think about the right way to use them.

* smartphone(s) スマートフォン

ア It is good to play games on smartphones when we are walking.

イ Smartphones are so useful that everyone has to have one.

ウ It is important for us to think about how to use smartphones.

エ Using the Internet for a long time is bad for our eyes.

(2) 次の英文中の□には，下のア～ウの三つの文が入ります。意味の通る英文になるように，ア～ウの文を並べかえて，記号で答えなさい。

I'm going to talk about my weekend. On Saturday, I went to the stadium to watch a soccer game with my family. It was raining during the game. □ Now it is my favorite T-shirt. I will wear it when I go to the stadium next time.

ア One of them is this red T-shirt.

イ However, watching the game was very exciting because it was my first time.

ウ After the game, I bought many things at the stadium.

4 高校生のハルカ(Haruka)がアメリカからの留学生のリサ(Lisa)と，次のページの市立図書館のウェブサイトを見ながら話をしています。次の対話文を読んで，(1), (2)の問いに答えなさい。

Haruka : Hi, Lisa. What are you doing ?

Lisa : Hi, Haruka. I'm looking at the website of Aoba City Library.

Haruka : It is the biggest library in our city.

Lisa : Oh, really ? Do you often go there ?

Haruka : Yes, I sometimes go there on weekends.

Lisa : Is it *open on Sunday, too ?

Haruka : (①).

Lisa : I see.

Haruka : I'll go to the library next Sunday. I want to borrow some books to do my homework. I have to write about the history of our city. I'm sure you can also enjoy reading books there. (②).

Lisa : That's good because it's difficult for me to read Japanese books.

Haruka : □

Lisa : Sure. I'll go with you. I want to read books about this city. How many books can we borrow ? And how long can we borrow the books for ?

Haruka : We can borrow (③). Look. They show *short films every Sunday. One of them is "The History and Culture of Aoba City."

Lisa : That's nice. I want to watch it.

Haruka : Let's meet in front of the station at ten. It takes about twenty minutes from the station to the library. First, let's look for the books we need. After that, we can watch the short film.

Lisa : OK. What time will we finish watching it ?

Haruka : We will finish watching it (④).

Lisa : What will we do after that ?

Haruka : We will (⑤).

Lisa : That's a good idea ! Let's bring our lunch.

* open 開いている short film(s) 短編映画

About Aoba City Library

Opening Hours

Tuesday – Friday	9:00 a.m. – 7:00 p.m.
Saturday – Sunday	9:30 a.m. – 5:00 p.m.

Closed Days

Every Monday
Winter holidays (December 28th – January 4th)

Books We have many kinds of books.
For foreign people, we have…
- English books to learn about this city.
- English books about Japanese history.
- English comic books.

Rooms

Room A	For studying
Room B	For watching short films
Room C	For using computers

- Do not eat or drink in these rooms.
- If you want to eat or drink in the library, please use the tables and chairs in front of Room A.

Borrowing

	How many?	How long?
Books	Ten books	Two weeks
CDs	Five CDs	One week

Short Film Showing Times : Every Sunday

Name of the film	Time	
"The History and Culture of Aoba City"	10:00 a.m. – 10:20 a.m.	11:20 a.m. – 11:40 a.m.
"The Beautiful Mountains of Japan"	10:40 a.m. – 11:00 a.m.	1:00 p.m. – 1:20 p.m.

(1) 対話中の(①)～(⑤)に入る最も適切なものを，ア～エの中から一つ選んで，その記号を書きなさい。

① ア Yes, and it opens at eight thirty on weekends
イ Yes, and it is also open during winter holidays
ウ Yes, but we cannot use it in the afternoon
エ Yes, but it is closed at five

② ア There are comic books written in Japanese
イ There are textbooks for foreign people who want to learn Japanese
ウ There are books about this city written in English
エ There are textbooks about world history written in English

③ ア ten books for one week イ ten books for two weeks
ウ five books for one week エ five books for two weeks

④ ア at ten twenty イ at eleven ウ at eleven forty エ at one twenty

⑤ ア eat lunch in front of Room A
イ go to a restaurant near the library
ウ use the Internet in Room C and eat lunch there
エ watch another short film in Room A

(2) 対話の流れに合うように，文中の[ ]に入る適切な英文を，4語以上，8語以内で書きなさい。なお，符号（, . ? ! など）は，その前の語につけて書き，語数には含まないものとします。

5 次の英文を読んで，次のページの(1)～(4)の問いに答えなさい。

"All our dreams can come true, if we have the *courage to *pursue them." This is one of my favorite words by *Walt Disney.

Walt was born in 1901. He liked drawing and art. He started drawing when he was little. When Walt was a high school student, he made *cartoons for the school newspaper. He also *took classes at an art school at night. In 1919, Walt found a job at an art *studio. During this time, he learned about *animation. He wanted to make his own animations, so he started his first *company and made short movies there. [1] The animations were popular, but his company had some problems. He had to close his company.

In 1923, Walt started another studio with his brother. Walt *created a popular *character. [2] However, there was a big problem. Another company took his character and his *co-workers away from him. But Walt never *gave up. He created a new character again. He created an animation movie of this character with sound, and many people loved it. Then Walt created many new characters. They moved and talked in the movies. All of them were cute and became popular.

After that, Walt decided to make a long animation movie. Some people around him said it was difficult, but he believed that he and his co-workers could do it. [3] They finally finished making the movie in 1937. The movie became very popular. Walt got a lot of money. He used the money to build another movie studio and to make more animation movies.

Walt also had the idea to create a large park because he wanted to make many people happy. In 1955, he opened his first park in America. [4] The park became famous and popular, and it is still one of the world's most popular places to visit on vacation. Later, Walt had the idea to build a larger park in another American city. He worked on the plans but died before the park opened in 1971.

Walt Disney died on December 15, 1966, but his dreams still *live on. His movies and parks are loved by many people around the world. His company *has been creating wonderful movies.

* courage 勇気　pursue ～ ～を追い求める　Walt Disney ウォルト・ディズニー
cartoon(s) 漫画　took classes 授業を受けた　studio スタジオ
animation アニメーション　company 会社　created ～ ～を作った
character キャラクター　co-worker(s) 仕事仲間　gave up あきらめた
live on 続いている　has been creating ～ ～を作り続けている

(1) 本文の内容に合う文を，次の**ア**～**ク**の中から三つ選んで，その記号を書きなさい。

ア Walt started drawing pictures when he went to high school.
イ Walt went to art school and took pictures for the school newspaper.
ウ Walt had to close his first company because there were some problems.
エ Walt started his second company with his friend.
オ Walt created the characters, and he used them for his animation movies.
カ Walt believed that he and his co-workers could make a long animation movie.
キ Walt opened his first park in America, and he built the second one in Japan.
ク When Walt died in 1966, his company stopped making movies.

(2) 次の文は，文中の［1］～［4］のどこに入るのが最も適切か，番号で答えなさい。

Because of this character, his studio did well.

(3) 次の①，②の質問に，それぞれ指定された語数の英文で答えなさい。ただし，符号(, . ? ! など)は，語数には含まないものとします。

① When was Walt born?　(５語)
② Why did Walt have the idea to create a large park?　(５語以上)

(4) 次の対話文は，本文を読んだ先生と生徒とのものです。①，②に入る英文をあなたの立場で，それぞれ15語程度で書きなさい。ただし，符号(, . ? ! など)は，語数には含まないものとします。

Teacher : What do you think about Walt Disney?
Student : (　①　)
Teacher : Oh, I see. *By the way, what's your dream? What do you do for your dream?
Student : (　②　)
Teacher : Oh, that's good. I hope your dream will come true.

* By the way　ところで

6 あなたは，ローラ先生(Ms. Laura)から次のようなメールをもらいました。ローラ先生からの宿題について，英語30語以上で書きなさい。なお，記入例にならい，符号(, . ? ! など)は，その前の語につけて書き，語数には含まないものとします。

【あなたがローラ先生からもらったメール】

> Hello, I'm writing to tell you the homework for the next class. In the next class, you are going to give a speech. The *topic is "Working together with other people."
> Have you ever worked with other people? Doing some things alone is sometimes very difficult. However, if you have someone to support you, you may feel they are not difficult to do. Please write about the topic and bring the *script to the next class.

* topic　話題，トピック　　script　原稿

記入例	Are	you	Ms.	Brown?
	No,	I'm	not.	

＜聞き取りテスト放送原稿＞

ただいまから 1 の，放送による聞き取りテストを行います。問題は(1)から(4)までの四つです。放送中メモを取ってもかまいません。

それでは(1)の問題から始めます。

(1) これから，**No. 1** から **No. 5** まで，五つの英文を放送します。放送される英文を聞いて，その内容に合うものを選ぶ問題です。それぞれの英文の内容に最もよく合うものを，**ア**，**イ**，**ウ**，**エ**の中から一つ選んで，その記号を書きなさい。

それぞれの英文は，２回放送します。

では，はじめます。

No. 1　I am taking a picture of flowers.

繰り返します。

No. 2　My work is to take care of sick people.

繰り返します。

No. 3　Look at the boy listening to music between Mary and Emi.　He is Bob.

繰り返します。

No. 4　Learning to play the piano is more popular than learning to swim.　Learning English is the most popular of the three.

繰り返します。

No. 5　I started studying at seven o'clock.　I studied English for fifty minutes, and after that I studied math for forty minutes.

繰り返します。

これで(1)の問題を終わります。

次に，(2)の問題に移ります。

(2) これから，**No. 1** から **No. 4** まで，四つの対話を放送します。それぞれの対話のあとで，その対話について一つずつ質問します。それぞれの質問に対して，最も適切な答えを，**ア**，**イ**，**ウ**，**エ**の中から一つ選んで，その記号を書きなさい。

対話と質問は，２回放送します。

では，はじめます。

No. 1

A： Bill, do you know where my bag is ?

B： I saw a red one on the table, Mom.

A： Well, I'm looking for a blue one.

B： Oh, I saw it by the bed.

Question： Where is the bag Bill's mother is looking for ?

繰り返します。(対話と質問を繰り返す。)

No. 2

A： Excuse me, what time is it ?

B： It's ten thirty.

A： What time will the next bus come ?

B： Ten minutes from now.

Question： What time will the next bus come ?

繰り返します。(対話と質問を繰り返す。)

No. 3

A： Hi, Chika. Rina and I will play tennis after school. Do you want to play with us ?

B： Sorry, John. I can't.

A： Are you busy ?

B： Yes. My mother is not at home. I have to cook dinner.

Question： What will Chika do after going home ?

繰り返します。(対話と質問を繰り返す。)

No. 4

A： Hi, Takeshi. What are you doing ?

B： Hi, Jenny. I'm reading a letter from my friend, Jack. I met him when I was in Australia. I'm happy because he is coming to Japan to meet me.

A： Can I meet him, too ?

B： Of course.

Question： Why does Takeshi feel happy ?

繰り返します。(対話と質問を繰り返す。)

これで(2)の問題を終わります。

次に，(3)の問題に移ります。

(3) これから，メアリー(Mary)と弟のサム(Sam)との対話を放送します。そのあとで，その内容について，**Question No. 1** と **Question No. 2** の二つの質問をします。それぞれの質問に対して，最も適切な答えを，**ア**，**イ**，**ウ**，**エ**の中から一つ選んで，その記号を書きなさい。

対話と質問は，２回放送します。

では，はじめます。

Mary： Mom's birthday is coming soon.

Sam： That's right！ What should we give her as a birthday present？

Mary： I was thinking about that. Do you have any ideas, Sam？

Sam： How about a bag？

Mary： Again？ We gave her a small bag last year.

Sam： No, I mean a bag for carrying tennis rackets. She started playing tennis last month, right？

Mary： Oh, that's nice. I think she'll like it.

Sam： Shall we go to the shop near the post office next Saturday？

Mary： I don't think that's a good idea. It takes thirty minutes by bus. How about the new shop near the station？ We can walk there.

Sam： You are right！ Let's go there next Saturday！

Questions：

No. 1 What will Mary and Sam give their mother？

No. 2 Where will Mary and Sam go next Saturday？

繰り返します。(対話と質問を繰り返す。)

これで**(3)**の問題を終わります。

次に，**(4)**の問題に移ります。

(4) サクラ(Sakura)のクラスの授業で，ブラウン先生(Ms. Brown)が生徒たちに話をしています。これからその内容を放送します。ブラウン先生が生徒たちに伝えた内容について正しいものはどれですか。下の**ア**，**イ**，**ウ**，**エ**の中から一つ選んで，その記号を①に書きなさい。

また，あなたがサクラの立場なら，ブラウン先生の質問に対して何と答えますか。英語１文で②に書きなさい。

では，はじめます。

Today I have something to tell you. High school students from America will visit our school next Friday. They have studied Japanese for one year at their school.

In the morning of that day, they are going to visit famous places in our city. In the afternoon, they will come to our school and join the music class. They will sing Japanese songs for us. Then, after school, we are going to talk about each other's schools. For homework, please answer this question. What do you like to do at our school？

繰り返します。(英文を繰り返す。)

これで，放送による聞き取りテストを終わります。続いて，問題**2**に進みなさい。

数学

●満点 100点　●時間 50分

1　次の各問に答えなさい。

(1)　下の**図**は，ある都市のある日の天気と気温であり，表示の気温は，最高気温と最低気温を表している。また，［　］の中の数は，ある日の最高気温と最低気温が，前日の最高気温と最低気温に比べて何℃高いかを表している。

このとき，この都市の前日の最低気温を求めなさい。

ある日の天気

最高気温　8℃［+1］

最低気温　−3℃［+2］

くもり

図

(2)　右の**図**の正方形の面積は50cm^{2}である。

このとき，正方形の1辺の長さを求めなさい。

ただし，根号の中の数はできるだけ小さい自然数にすること。

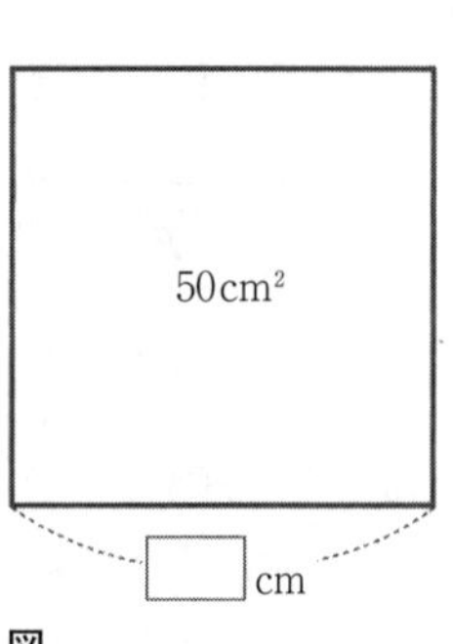

図

(3)　1枚agの封筒に，1枚bgの便せんを5枚入れて重さをはかったところ，60gより重かった。

この数量の関係を表した不等式として正しいものを，次の**ア**～**エ**の中から一つ選んで，その記号を書きなさい。

ア　$a+5b>60$

イ　$a+5b<60$

ウ　$5a+b<60$

エ　$5(a+b)>60$

(4)　下の**図**のような△ABCの紙を，頂点Bが頂点Cに重なるように折る。

このとき，折り目となる線分を作図によって求めなさい。

ただし，作図に用いた線は消さずに残しておくこと。

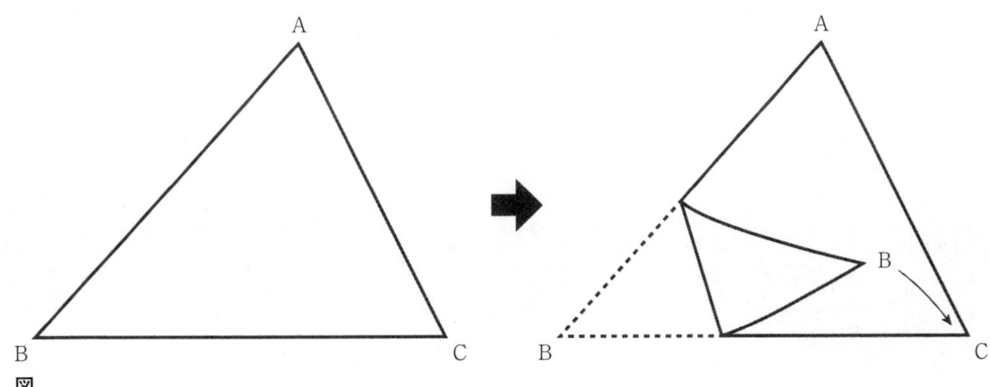

図

2 次の各問に答えなさい。

(1) **「一の位の数が5である3けたの自然数は，5の倍数である」**

このことを次のように説明した。

> **（説明）**
>
> 一の位の数が5である3けたの自然数の百の位の数を a，十の位の数を b とすると，
>
> この3けたの自然数は [ア] と表すことができる。
>
> ここで，
>
> 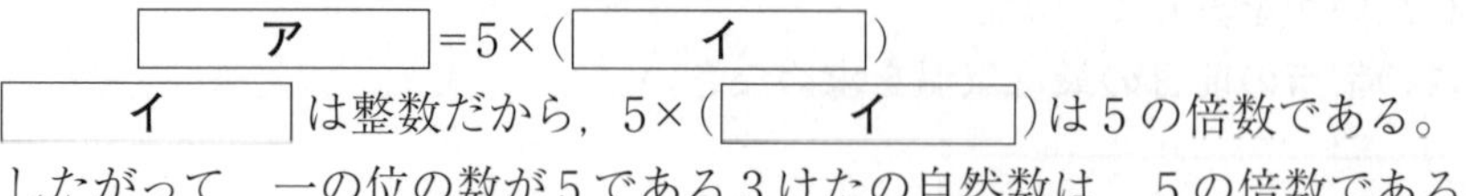
>
> [ア] $=5\times($[イ]$)$
>
> [イ] は整数だから，$5\times($[イ]$)$ は5の倍数である。
>
> したがって，一の位の数が5である3けたの自然数は，5の倍数である。

このとき，上の [ア]，[イ] に当てはまる式を，それぞれ書きなさい。

(2) ある店で，ポロシャツとトレーナーを1着ずつ定価で買うと，代金の合計は6300円である。

今日はポロシャツが定価の2割引き，トレーナーが定価より800円安くなっていたため，それぞれ1着ずつ買うと，代金の合計は5000円になるという。ただし，消費税は考えないものとする。

ポロシャツとトレーナーの定価を求めるために，ポロシャツ1着の定価を x 円，トレーナー1着の定価を y 円として連立方程式をつくると，次のようになる。

$$\begin{cases} \boxed{\text{ア}} = 6300 \\ \boxed{\text{イ}} = 5000 \end{cases}$$

このとき，上の [ア]，[イ] に当てはまる式を，それぞれ書きなさい。

(3) 下の**図**で，2点A，Bは関数 $y=x^2$ のグラフ上の点であり，点Aの x 座標は -3，点Bの x 座標は2である。直線ABと x 軸との交点をCとする。

このとき，点Cの座標を求めなさい。

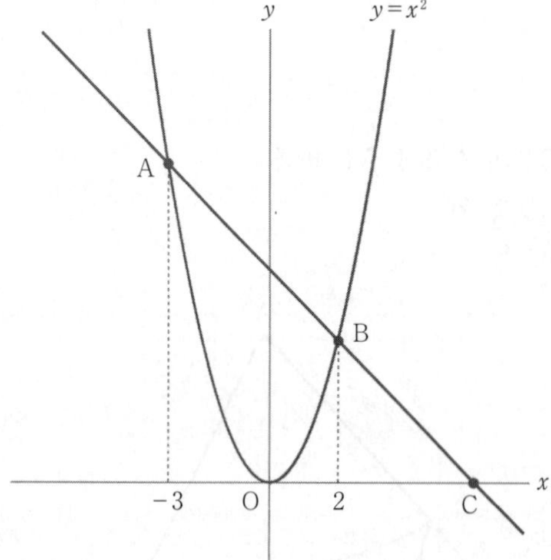

図

(4)　右の**図**のように，正五角形ABCDEがあり，点Pは，はじめに頂点Aの位置にある。1から6までの目のある2個のさいころを同時に1回投げて，出た目の数の和だけ，点Pは左回りに頂点を順に1つずつ移動する。例えば，2個のさいころの出た目の数の和が3のときは，点Pは頂点Dの位置に移動する。

2個のさいころを同時に1回投げるとき，点Pが頂点Eの位置に移動する確率を求めなさい。

ただし，それぞれのさいころにおいて，1から6までのどの目が出ることも同様に確からしいとする。

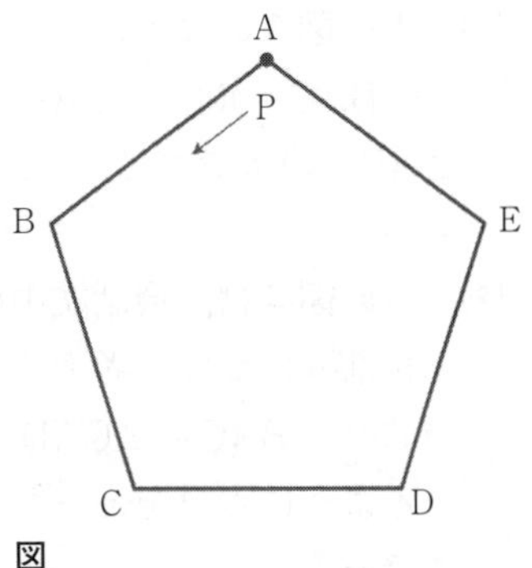

図

3　円の周上に3点A，B，Cがあり，△ABCはAB＝ACの二等辺三角形である。点Bをふくまない方の$\overset{\frown}{AC}$上に点Dをとり，点Aと点D，点Bと点D，点Cと点Dを結び，線分ACと線分BDの交点をEとする。

下の**図1**，**図2**は，点Dを$\overset{\frown}{AC}$上のいろいろな位置に動かして調べたときのようすがわかるコンピュータの画面である。ただし，点Dは2点A，C上にはないものとする。

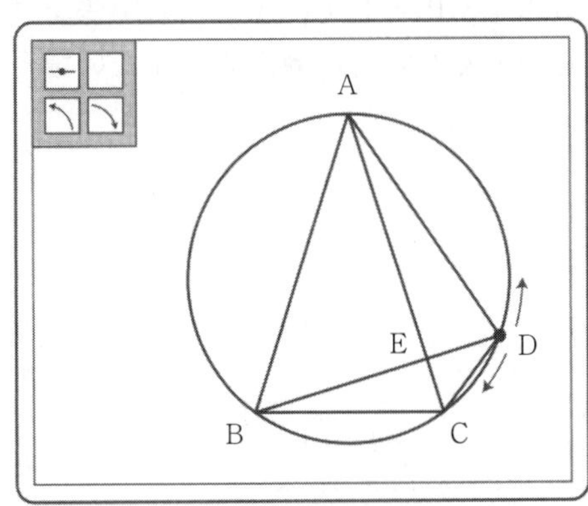

図1

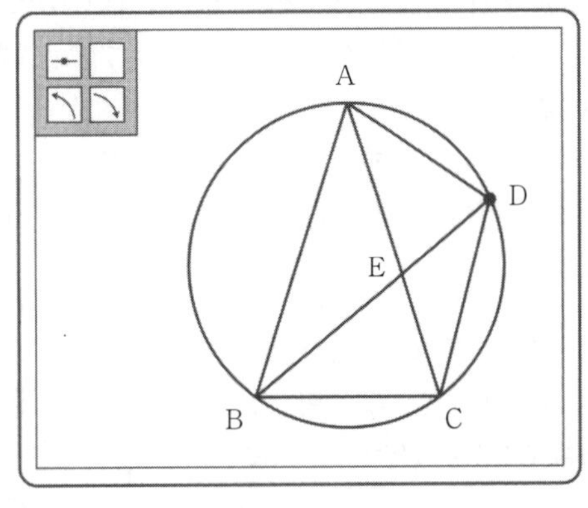

図2

太郎さんと花子さんの次の会話を読んで，あとの(1)，(2)の問いに答えなさい。

（**太郎さんと花子さんの会話**）

太郎：**図1**，**図2**の中には等しい角がいくつかあるよね。
　　　△ABCは二等辺三角形だから，底角が等しくなるよ。

花子：その他にも等しい角が見つかりそうね。

太郎：**図1**，**図2**の中に合同な三角形はないかな。
　　　図2だと，△ABEと△ACDは合同になっているように見えるね。

花子：確かに合同になっているように見えるけど，等しい角とか，何か条件がないと合同とは言えないと思うな。

太郎：(a)<u>∠BAEと∠CADが等しいとき</u>に，△ABE≡△ACDになると思うよ。

(1) 下の**図3**のように，
$\angle BAC=40^\circ$，$\angle CAD=20^\circ$のとき，
$\angle ABE$の大きさを求めなさい。

(2) 右の**図4**は，会話文中の下線部(a)について考えるために，$\angle BAC=\angle CAD$となるように点Dをとったものである。

① $\triangle ABE\equiv\triangle ACD$であることを証明しなさい。

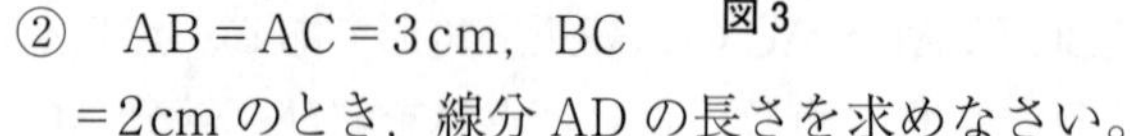

② $AB=AC=3\,cm$，$BC=2\,cm$のとき，線分ADの長さを求めなさい。

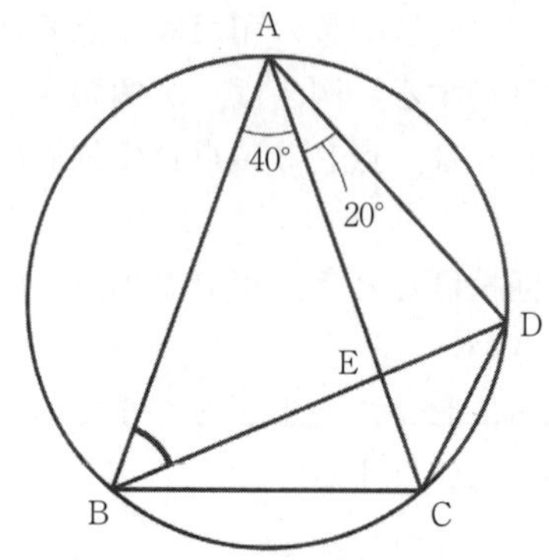

図3

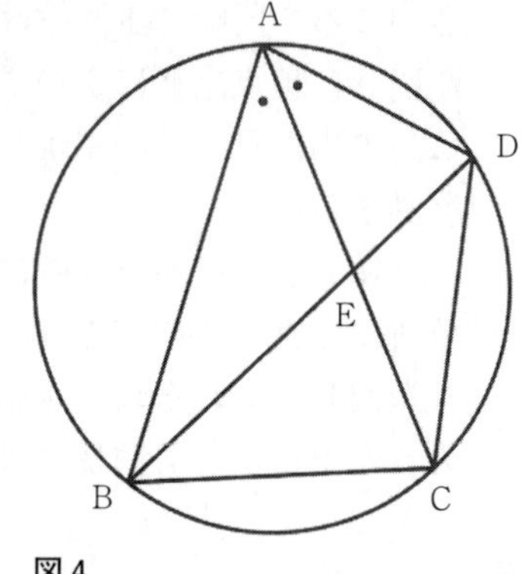

図4

4 太郎さんが所属するサッカー部で，オリジナルタオルを作ることになり，かかる費用を調べたところ，A店とB店の料金は，それぞれ**表1**，**表2**のようになっていた。また，下の**図**は，A店でタオルを作る枚数をx枚としたときのかかる費用をy円として，xとyの関係をグラフに表したものである。ただし，このグラフで，端の点をふくむ場合は●，ふくまない場合は○で表している。

このとき，下の(1)～(3)の問いに答えなさい。ただし，消費税は考えないものとする。

表1　A店の料金

枚数によって，金額は次の通りです。 ・20枚までは何枚でも，3500円 ・21枚から50枚までは何枚でも，6500円 ・51枚から80枚までは何枚でも，9000円

表2　B店の料金

注文のとき，初期費用として3000円かかり，それに加えて，タオル1枚につき100円かかります。

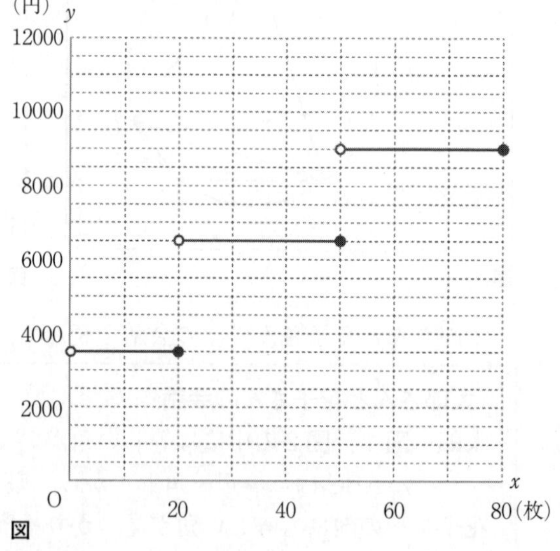

図

(1) B店でタオルを作る枚数をx枚としたときのかかる費用をy円として，yをxの式で表しなさい。

(2) A店，B店でそれぞれタオルを30枚作るとき，かかる費用はどちらの店がいくら安いか求めなさい。

(3) タオルを作る枚数を40枚から80枚までとしたとき，B店で作るときにかかる費用がA店で作るときにかかる費用よりも安くなるのは，作る枚数が何枚以上何枚以下のときか求めなさい。

5　ある中学校の３年生の生徒は50人おり，全員でハンドボール投げを行った。下の**図**は，その記録をヒストグラムに表したものであり，平均値は22.8mであることがわかっている。

この**図**から，例えば記録が14m以上16m未満の生徒は３人いたことがわかる。

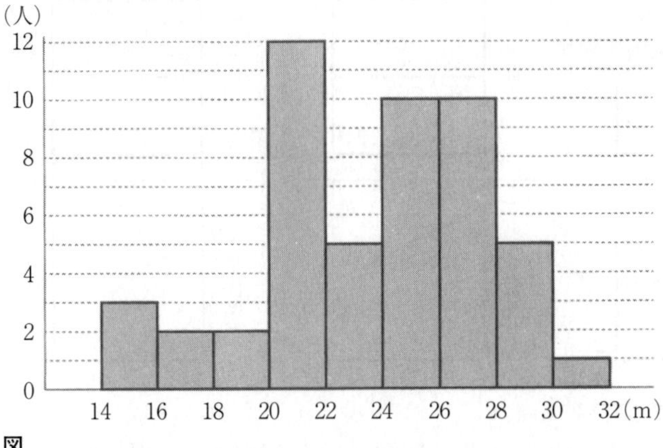

図

このとき，次の(1)～(3)の問いに答えなさい。

(1)　最頻値(モード)を求めなさい。

(2)　記録が20m未満の生徒の人数は，全体の何%か求めなさい。

(3)　この中学校の３年生である太郎さんは，自分の記録について次のように話している。

> **(太郎さんの話)**
> ぼくの記録は，23.5mです。
> これは平均値より大きいので，50人の記録の中では，ぼくの記録は高い方から25番目以内に入ります。

太郎さんが話していることは正しくありません。その理由を，中央値(メジアン)がふくまれる階級と太郎さんの記録を使って説明しなさい。

6　下の**図１**のように，１辺の長さが２cmの立方体ABCDEFGHがある。辺BF，CGの中点をそれぞれM，Nとする。この立方体を，４点A，D，M，Nを通る平面で切ったとき，点Eをふくむ立体を**立体P**とする。

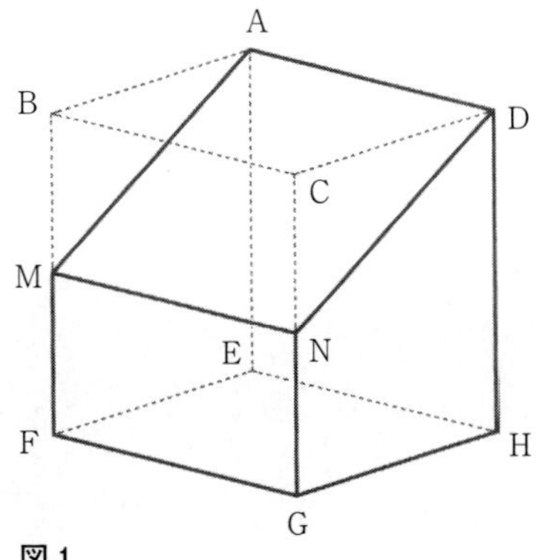

図１

このとき，次の(1)～(3)の問いに答えなさい。

(1) **立体P**の投影図をかくとき，どの方向から見るかによって異なる投影図ができる。**立体P**の投影図として正しいものを，次の**ア**～**エ**の中から二つ選んで，その記号を書きなさい。

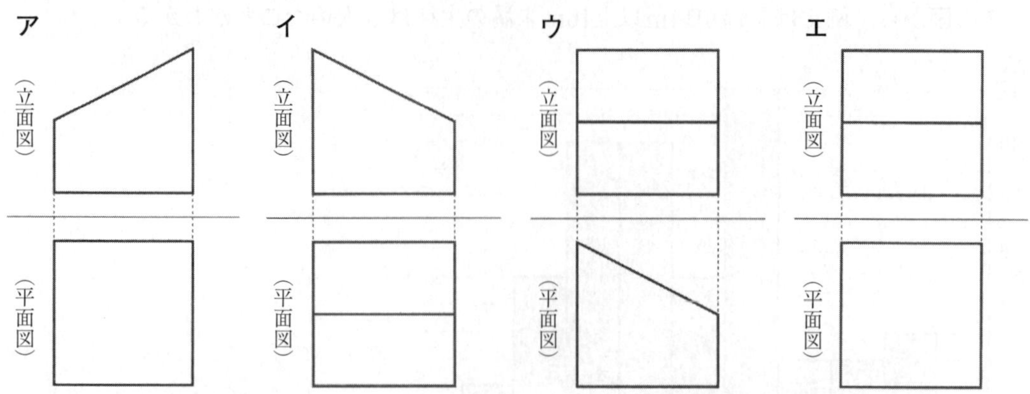

(2) **図1**の四角形AMNDの面積を求めなさい。

(3) **立体P**において，点E，A，M，N，Dを頂点とする四角すいEAMNDの体積を求めなさい。

なお，下の**図2**，**図3**は，空間における四角すいEAMNDの辺や面の位置関係を考えるために，**立体P**をそれぞれ面DNGH，面AMNDが下になるように置きかえたものである。

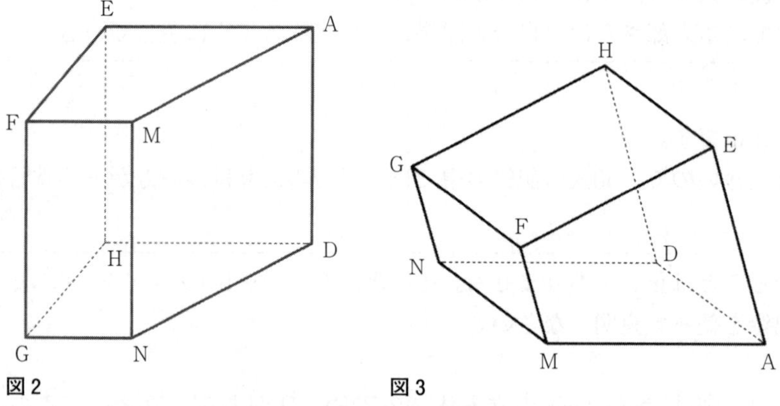

図2　**図3**

社会

●満点 100点　●時間 50分

1　ある中学校の社会科の授業で，「中部地方の産業」というテーマで，班ごとに課題を設定し，学習しました。次の**1**～**3**に答えなさい。

1　A班では，「自然環境を生かした農業は，どのように行われているだろう」という課題を設定し，中部地方の農業に関連する**資料1**～**資料4**を集めました。下の(1)～(3)の問いに答えなさい。

資料1

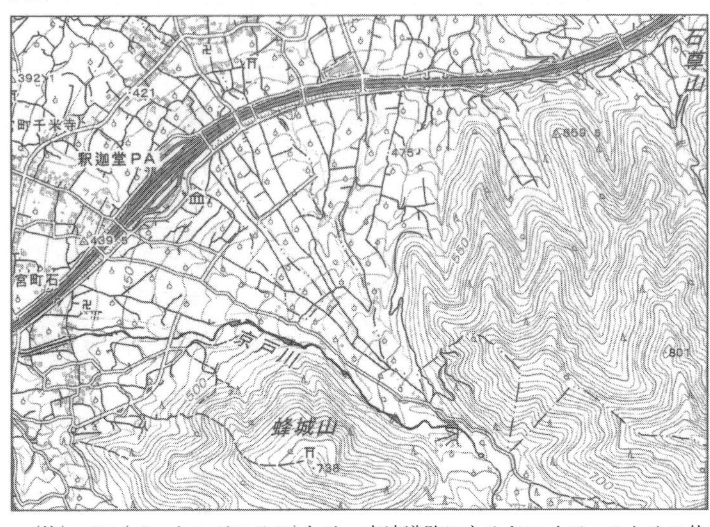

(注)　PA(パーキングエリア)とは，高速道路にあるドライバーのための休憩施設である。(NEXCO東日本ホームページより)

〔国土地理院発行2万5千分の1地形図「石和」より作成〕

資料2　ぶどうの主な生産国
(2016年)

生産国名	生産量(万t)
中国	1476
イタリア	820
アメリカ	710
フランス	625
スペイン	593

〔「世界国勢図会」2018/19年版より作成〕

資料3　菊の電照栽培のようす
(愛知県渥美半島)

資料4　東京都中央卸売市場へのなすの出荷量と平均価格

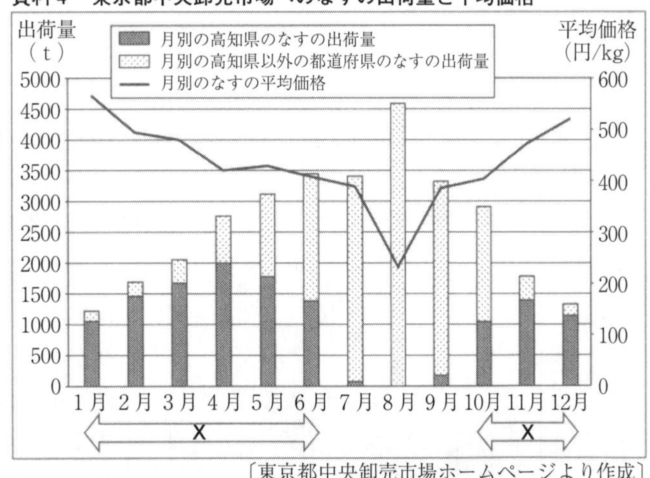

〔東京都中央卸売市場ホームページより作成〕

(1)　**資料1**の地形図について述べた文として最も適切なものを，次の**ア**～**エ**の中から一つ選んで，その記号を書きなさい。

ア　釈迦堂(しゃかどう)PAの近くには，図書館がある。

イ　京戸川(きょうどがわ)が山地から平地に流れ出る所に，扇状地が見られる。

ウ　釈迦堂PAは，蜂城山の頂上付近にある神社から見ると北東の方角にある。

エ　高速道路の北側には，神社や寺院は見られない。

(2)　A班では，甲府盆地でさかんな果樹栽培に注目しました。太郎さんは，世界のぶどう栽培に興味をもち，**資料2**を見つけて，次のような**＜メモ＞**を作成しました。**＜メモ＞**の［あ］に当てはまる内容を，下の**ア**～**エ**の中から一つ選んで，その記号を書きなさい。

> **＜メモ＞**
> イタリアやフランス，スペインの地中海沿岸では，［　　あ　　］，ぶどうやオリーブ，オレンジなどの栽培が行われている。

ア　乾燥する夏の気候を利用して　　**イ**　水の得られるオアシスの周辺で

ウ　熱帯のプランテーションで　　**エ**　古くから続く焼畑農業により

(3)　A班では，東海地方の農業と，関連するほかの地方の農業について，**資料3**，**資料4**をもとに**＜メモ＞**にまとめました。**＜メモ＞**の［い］に当てはまる内容を，「出荷量」と「価格」の語を用いて，解答用紙の書き出しに続けて書きなさい。

> **＜メモ＞**
> **○資料3から**
> ・愛知県渥美半島では，菊に光を当てることで開花時期を遅らせ，出荷時期を調整する電照栽培が行われている。
> ・出荷時期を調整する農業は，ほかにも高知平野で，温暖な気候を生かし，ビニールハウスを利用した，なすの促成栽培が行われている。
> **○資料4から**
> ・**資料4**の**X**の時期に高知県のなすの出荷量が多いのは，［　　い　　］，多くの収入を得ることができるようにするためであると考えられる。
> **○さらに調べてみたいこと**
> ・愛知県渥美半島で電照栽培されている菊でも，高知平野で促成栽培されているなすと同じことが言えるのか。

2　B班では，「なぜ北陸地方には地場産業が発達したのだろう」という課題を設定し，**資料5**，**資料6**をもとに話し合いました。あとの(1)～(3)の問いに答えなさい。

資料5　北陸地方の伝統的工芸品

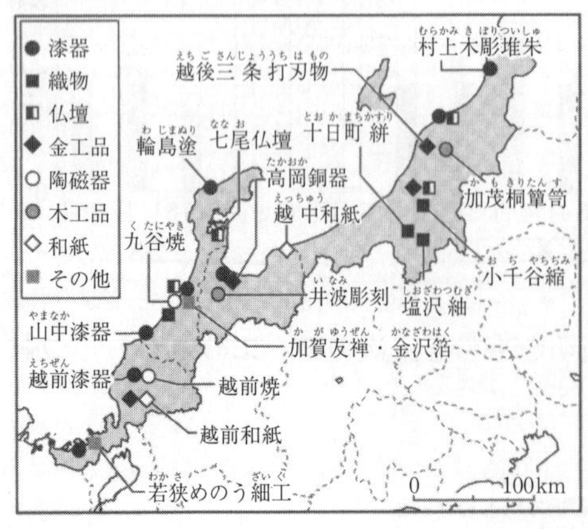

〔伝統的工芸品産業振興協会資料より作成〕

資料6　鯖江市の眼鏡産業

> 福井県鯖江市では，今から100年あまり前の1905年，農家の副業として眼鏡のフレームづくりが始まった。現在では，国内生産量の約9割，世界生産量の約2割にあたる眼鏡フレームが鯖江で生産されている。

〔鯖江市ホームページより作成〕

太郎：**資料5**を見ると，北陸地方では多くの伝統的工芸品がつくられていることがわかるね。

花子：そうね。輪島塗や加賀友禅などが見られる［ う ］をはじめ，多くの県で伝統産業が見られるのね。

太郎：伝統産業以外にも，様々(さまざま)な地場産業が発達しているようだよ。**資料6**にある鯖江市の a 眼鏡産業もその一つだね。

花子：鯖江市の眼鏡産業は，農家の副業として始まったのね。北陸地方で地場産業が発達したのは，b 農作業の都合と関係があるんじゃないかしら。

(1) 文中の［ う ］に当てはまる県名を書きなさい。

(2) 下線部**a**について，太郎さんは鯖江市を中心とする日本の眼鏡産業について調べていく中で，**資料7**を見つけ，次のようにまとめました。**<まとめ>**の［ え ］に当てはまる内容を，下の**ア**～**エ**の中から一つ選んで，その記号を書きなさい。

<まとめ>

資料7を見て，眼鏡フレームの国内製品の出荷額と海外製品の輸入額について，2010年と2013年を比較すると，［ え ］ことがわかる。このことから，日本の眼鏡産業は，海外製品との激しい競争にさらされているのではないかと推測できる。

資料7　眼鏡フレームの国内製品の出荷額と海外製品の輸入額

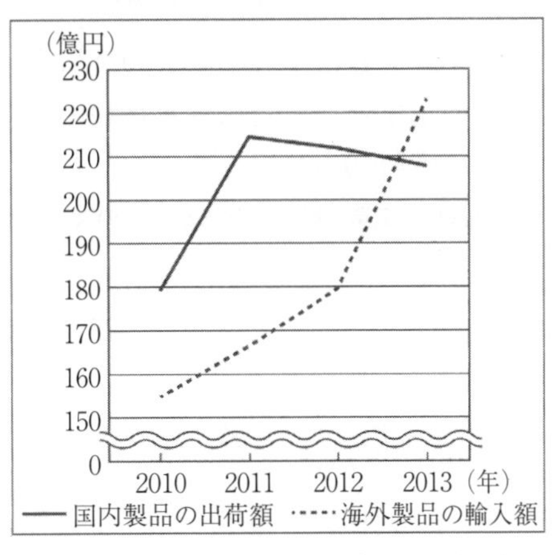

(注) 国内製品の出荷額は，国内向けのみの額である。

〔「眼鏡データベース 2018」より作成〕

ア 国内製品の出荷額は，減少しており，海外製品の輸入額は増加している

イ 国内製品の出荷額は，減少しており，海外製品の輸入額も減少している

ウ 国内製品の出荷額は，海外製品の輸入額を下回っていたが，上回るようになった

エ 国内製品の出荷額は，海外製品の輸入額を上回っていたが，下回るようになった

(3) 下線部**b**について，花子さんは北陸地方の気候に関する**資料8**，**資料9**を見つけ，次のようにまとめました。**<まとめ>**の［ お ］に当てはまる内容を，**資料8**，**資料9**の両方から読み取ったことをもとに書きなさい。

資料8　福井市の気温と降水量

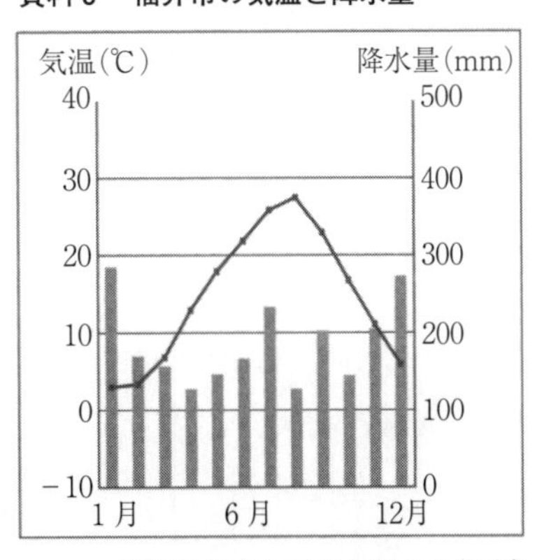

〔「理科年表」2018年版より作成〕

資料9　日本の季節風

<まとめ>

北陸地方では，冬には［　お　］ため，農作業ができないことから，家の中でできる副業が発達した。これらが地場産業として今日に受け継がれている。

3　C班では，「愛知県の自動車産業はどのようになっているのだろう」という課題を設定し，調べたことをまとめました。あとの(1)～(3)の問いに答えなさい。

<まとめ>

c 愛知県豊田市周辺では，繊維工業の技術を応用して，d 自動車の生産が行われるようになり，日本の自動車産業の中心地として発展しました。この地域で生産された自動車は，主に名古屋港から輸出され，日本の主要な輸出品の一つとなっています。

(1)　下線部**c**について，この地域をふくむ工業地帯または工業地域の名称を書きなさい。また，この工業地帯または工業地域の製造品出荷額の内訳を示したグラフとして最も適切なものを，下の**資料10**中の**ア**～**エ**の中から一つ選んで，その記号を書きなさい。

資料10　工業地帯または工業地域の製造品出荷額の内訳

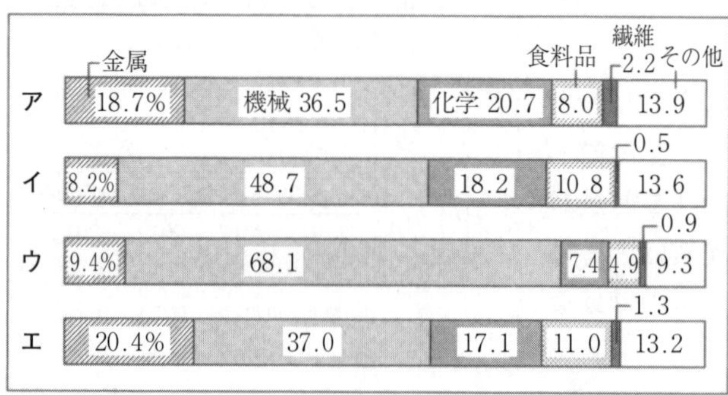

〔「日本国勢図会」2018/19年版より作成〕

(2)　下線部**d**について，C班では，世界の自動車工業についても調べ，学習をひろげていくと，**資料11**を見つけました。**資料11**の内容について述べた文として最も適切なものを，下の**ア**～**エ**の中から一つ選んで，その記号を書きなさい。

資料11　主な国の自動車の生産台数

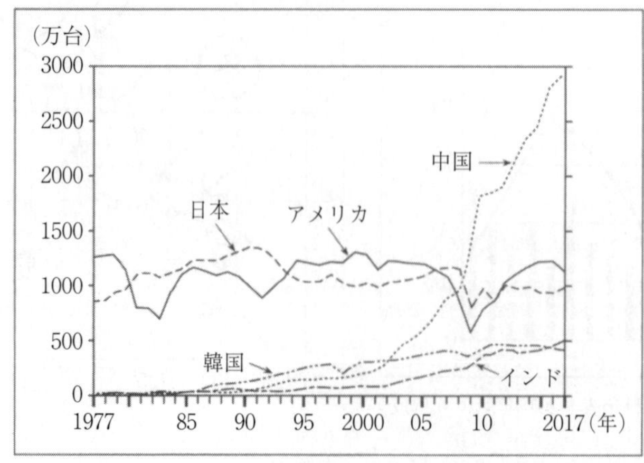

〔「日本国勢図会」2018/19年版より作成〕

ア　2017年の日本とアメリカの自動車の生産台数を合わせると，中国の自動車の生産台数を上回る。

イ　中国の2017年の自動車の生産台数は，2000年の５倍を超えている。

ウ　日本の自動車の生産台数は1990年代前半に減少しているが，これは石油危機（せきゆきき）による影響と考えられる。

エ　2008年から翌年にかけて，アメリカや中国の自動車の生産台数が減少しているが，これは世界金融危機（せかいきんゆうきき）の影響と考えられる。

(3)　Ｃ班でさらに調べていくと，中国は，日本企業をはじめ外国企業を招き入れることで1980年代以降急速に工業化を進めたことと，近年ではその動向に変化が生じていることがわかりました。Ｃ班では，**資料12**を参考にして，下のような**<追加のまとめ>**を作成しました。**<追加のまとめ>**の［か］に当てはまる内容を，「平均賃金」，「東南アジア」の語を用いて書きなさい。

資料12　日本企業の進出数と平均賃金の指数

国名	日本企業の進出数			平均賃金の指数（2017年）
	2015年	2016年	2017年	
インドネシア	1163	1218	1269	13.5
中国	6825	6774	6744	31.0
タイ	2318	2412	2482	15.7
ベトナム	889	972	1062	8.5
マレーシア	926	965	973	14.8

（注）　平均賃金の指数は，日本（東京）を100とした場合の値。首都における製造業の賃金を基準としている。

〔日本貿易振興機構資料，「データブック オブ・ザ・ワールド」2017・2018・2019より作成〕

<追加のまとめ>

中国では，多くの外国企業を経済特区などへ招き入れ，工業化を進めてきました。**資料12**を見ると，日本企業の海外への進出数は，中国が多いことがわかります。しかし，日本企業の海外への進出数の変化に着目すると，近年では，［　か　］への進出数が増えていることがわかります。

2　ある中学校の社会科の授業で，「政治の歴史」というテーマにもとづき，時代の特色を考える学習をしました。次の**1**，**2**に答えなさい。

1　花子さんは，様々な時代の法（きまり）について調べ，**カード１**～**カード３**を作成しました。下の(1)～(3)の問いに答えなさい。

カード１　a大化の改新（たいかのかいしん）により，政治改革が始められた。律令制（りつりょうせい）のもとで，班田収授（はんでんしゅうじゅ）（の）法（ほう）により，戸籍（こせき）に登録された６歳以上のすべての人々（ひとびと）に，性別や身分などに応じて［　あ　］があたえられた。

カード２　領地の質入れや売買は，御家人（ごけにん）の生活が苦しくなるもとなので，禁止された。御家人以外の武士や庶民が御家人から買った土地については，売買後の年数に関わりなく，返さなければならないことが示された。

カード３　どこの海辺の村においても，外国船が乗り寄せてきたことを発見したならば，その場に居合わせた人々で，有無を言わさずただちに打ち払うことが示された。

⑴　**カード１**の〔あ〕に当てはまる語を書きなさい。また，次の文は，下線部**a**に関係する人物について説明したものである。この人物の天皇即位前の名前を書きなさい。

> 蘇我氏をたおしたのち，土地と人々を国家が直接支配する新しいしくみをつくる改革を始めた。その後即位して天智天皇となった。

⑵　花子さんは，**カード２**の法が出された背景について調べ，下のようにまとめました。**資料１**を参考に，**<まとめ>**の〔い〕に当てはまる内容を書きなさい。また，**資料２**と**<まとめ>**の〔う〕に共通して当てはまる中国の王朝名を，下の**ア**～**エ**の中から一つ選んで，その記号を書きなさい。

資料１　**鎌倉時代の御家人の土地相続の例**

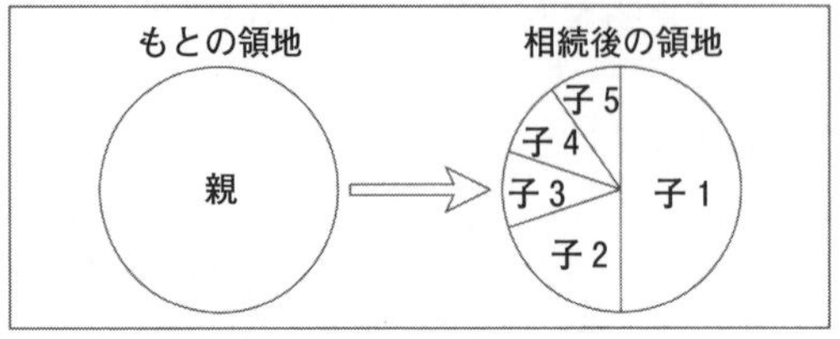

（注）円グラフの例は，実際の相続の割合と異なる場合もある。

資料２　〔う〕**との戦いの様子**

> **<まとめ>**
> 御家人の領地は，複数の子どもが〔　い　〕。さらに，２度にわたる〔　う　〕との戦いがあり，御家人の生活は苦しくなった。

ア　隋　　**イ**　宋　　**ウ**　元　　**エ**　明

⑶　花子さんは，**カード３**の法が出された17年後の1842年に**資料３**の法が出されたことを知り，その理由について友だちの意見を聞きました。文中の〔え〕に当てはまる内容を，下の**ア**～**エ**の中から一つ選んで，その記号を書きなさい。

資料３

> 日本に来航する外国船には，燃料や水，食料をあたえて帰すこと。

> 太郎：この時期には，多くの外国船が日本の近海に現れていたね。
> 花子：外国船への対応のしかたが，わずか十数年で変わっているのはどうしてかしら。
> 太郎：〔　え　〕ことが，幕府にも影響をあたえたんじゃないかな。

ア　辛亥革命で中華民国が誕生した　　**イ**　フランス革命で人権宣言が出された
ウ　ルターが宗教改革を始めた　　**エ**　アヘン戦争で清がイギリスに敗れた

２　太郎さんは，右の年表をもとに近現代の政治について調べました。次の⑴～⑶の問いに答えなさい。

⑴　年表中の[A]～[D]と，その時期におこったできごとの組み合わせとして最も適切なものを，次の**ア**～**エ**の中から一つ選んで，その記号を書きなさい。

ア　[A]—日本は遼東半島を清に返還した。
イ　[B]—富山県で米の安売りを求める騒動がおきた。
ウ　[C]—犬養毅首相が海軍軍人に暗殺された。
エ　[D]—日本国憲法が公布された。

西暦	できごと
	[A]
b 1889	大日本帝国憲法を発布する
	[B]
1914	第一次世界大戦が始まる
	[C]
1951	c サンフランシスコ平和条約を結ぶ
	[D]

(2)　太郎さんは，下線部bの年の翌年に，最初の衆議院議員選挙が行われたことを知り，有権者数の移り変わりについて調べ，**資料4**を見つけました。**資料4**の中で有権者数が最も増加しているのは1928年ですが，その理由を書きなさい。

資料4　有権者数の移り変わり

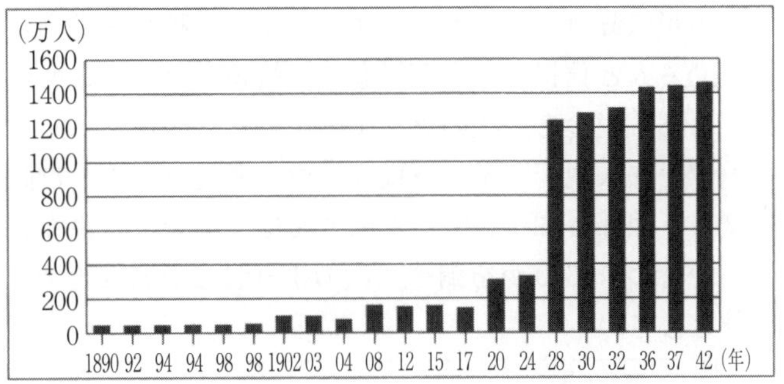

〔「日本長期統計総覧」より作成〕

(3)　太郎さんが調べていくと，下線部cの条約の翌年に日本が独立を回復した後，国際連合への加盟を認められるまでに4年かかっていることがわかりました。このことについて，太郎さんは下のようにまとめました。**資料5**，**資料6**をもとに，**<まとめ>**の［お］に当てはまる内容を書きなさい。また，下線部dの国が第二次世界大戦末期に占拠し，日本が返還を求めている島々を，**資料7**の**ア**～**エ**の中から一つ選んで，その記号を書きなさい。

資料5　日ソ共同宣言

> 日本と d<u>ソビエト社会主義共和国連邦</u>との間の戦争状態は，この宣言が効力を生ずる日に終了し，両国の間に平和及び友好善隣関係が回復される。

資料6　日本の国際連合加盟申請に対する安全保障理事会常任理事国の賛否

年	アメリカ	イギリス	フランス	ソ連	中華民国
1952	賛成	賛成	賛成	反対	賛成
1956	賛成	賛成	賛成	賛成	賛成

資料7

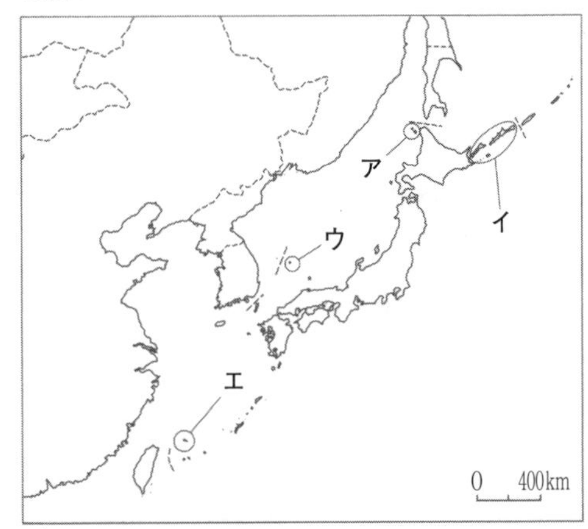

> **<まとめ>**
> 1956年に日ソ共同宣言が調印され，日本とソ連の国交が回復し，［　お　］ため，日本の国際連合への加盟が実現した。

3　ある中学校の社会科の授業で，「私たちの暮らしと税金」というテーマで，課題を設定し，学習しました。次の**1**，**2**に答えなさい。

1　太郎さんたちは，「税金の役割」について話し合いました。下の(1)～(3)の問いに答えなさい。

> 太郎：a<u>税金にはいろいろな種類があるけれど</u>，b<u>消費税</u>のように僕たち中学生も支払う税金があるね。
> 花子：大人になって働くようになったら，c<u>所得税</u>も納めることになるよね。
> 太郎：集められた税金は，社会保障や公共事業などに使われると聞いたよ。
> 花子：私たちの税金は何に使われているのかな。

(1)　下線部aについて，税金は，国が集め財源とする国税と，地方公共団体が集め財源とする地方税に分けることができます。また，税金を納める人と負担する人が同じである直接税と，納める人と負担する人が異なる間接税に分けることができます。このうち，国税であり直接税でもある税金を，次の**ア**～**エ**の中から一つ選んで，その記号を書きなさい。

ア　法人税　　**イ**　酒税　　**ウ**　関税　　**エ**　自動車税

(2)　下線部bについて，太郎さんは，消費税の税率を引き上げる場合，国会でどのような手続きが行われるのかを調べ，次のようにまとめました。**＜まとめ＞**の［あ］に当てはまる内容を書きなさい。

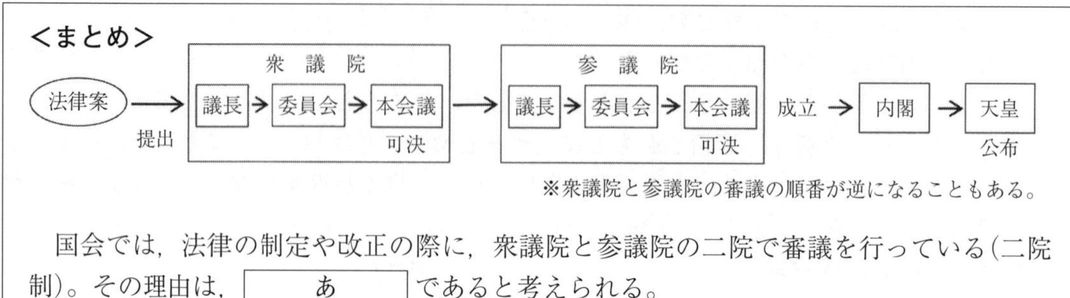

国会では，法律の制定や改正の際に，衆議院と参議院の二院で審議を行っている(二院制)。その理由は，［　あ　］であると考えられる。

(3)　下線部cについて，太郎さんが調べると，所得税の課税方法に特徴があることがわかりました。これについて，太郎さんは下のような**＜まとめ＞**を作成し，クラスで発表することにしました。**資料1**，**資料2**をもとに，**＜まとめ＞**の［い］に当てはまる語を書きなさい。また，［う］に当てはまる内容を書きなさい。

資料1　所得税の税率(2014年)

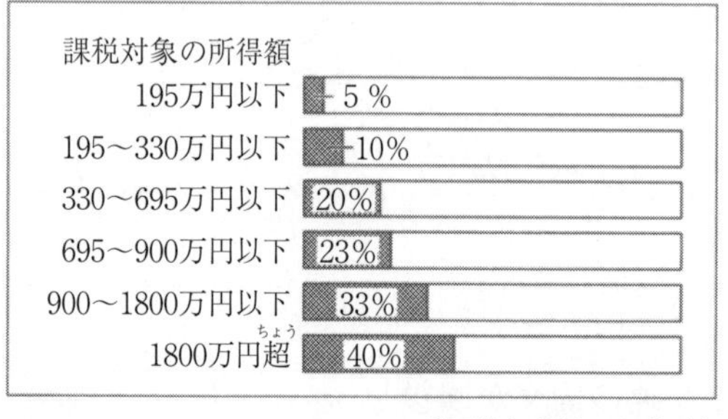

〔国税庁資料より作成〕

資料2　社会保障給付額(2014年)

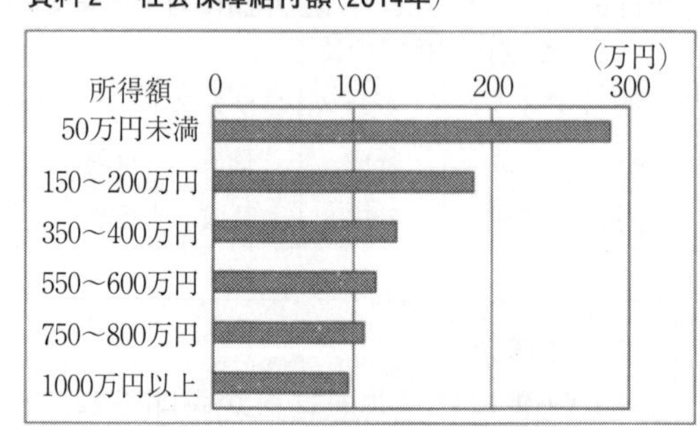

〔「厚生労働省調査報告書」より作成〕

＜まとめ＞

所得税では，**資料1**のような［　い　］が導入されている。これは所得が高い人ほど税率が高くなるしくみである。また，**資料2**から，所得の低い人ほど社会保障給付額が高いことがわかる。この財源が税金である場合，［　い　］には，［　う　］という役割があると言えるのではないだろうか。

2　花子さんは，「労働者が安心して働ける社会」という課題を設定し，学習しました。次の(1)～(3)の問いに答えなさい。

(1) **資料3**の下線部**d**について，花子さんは，日本国憲法で保障された基本的人権と関連付けて調べ，次のような**<メモ>**を作成しました。下線部**e**の権利に含まれるものを，下の**ア**～**エ**の中から一つ選んで，その記号を書きなさい。また，第一次世界大戦後にドイツで制定され，下線部**e**の権利を世界で初めて取り入れた憲法を何というか書きなさい。

資料3　労働者と企業の関係

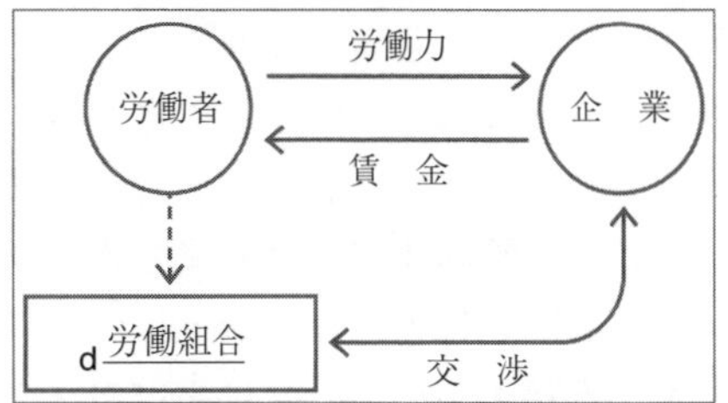

<メモ>
労働者は，使用者である企業よりも立場が弱いため，労働組合をつくる。
→労働基本権(団結権，団体交渉権，団体行動権)は，e社会権として日本国憲法で保障されている。

ア　選挙権　**イ**　請願権　**ウ**　知る権利　**エ**　生存権

(2) 太郎さんと意見交流した花子さんは，労働者の生活にも社会保障が大きく関わっていることに気づき，話し合いました。文中の［え］に当てはまる語を書きなさい。

花子：不景気になると，企業の業績が下がるので，失業する人も増えるわ。
太郎：そうだね。企業などで働く労働者には，毎月掛け金を積み立てて，失業したときは給付金を受け取ることができる雇用保険があるね。
花子：それは，社会保障制度の4つの柱のうち，［え］のしくみね。［え］にはほかに，医療保険(健康保険)や年金保険などがあるわ。

(3) 花子さんが調べていくと，近年，仕事と私生活のどちらも充実させて両立することを目指す考え方が重視されていることがわかりました。花子さんは，2000年と2018年のおもな国の一人当たりの平均年間労働時間について，**資料4**を見つけ，次のような**<まとめ>**を作成し，クラスで発表しました。**<まとめ>**の［お］に当てはまる内容を書きなさい。また，［か］に当てはまる語を書きなさい。

<まとめ>
資料4を見ると，2000年の日本の一人当たりの平均年間労働時間は，他国と比べて長いことがわかる。しかし，2000年と2018年の日本の一人当たりの平均年間労働時間を比較すると，［お］ことがわかる。
これは，仕事と家庭生活との両立，つまり［か］の実現にむけた取り組みが関係していると考えられる。

資料4　一人当たりの平均年間労働時間

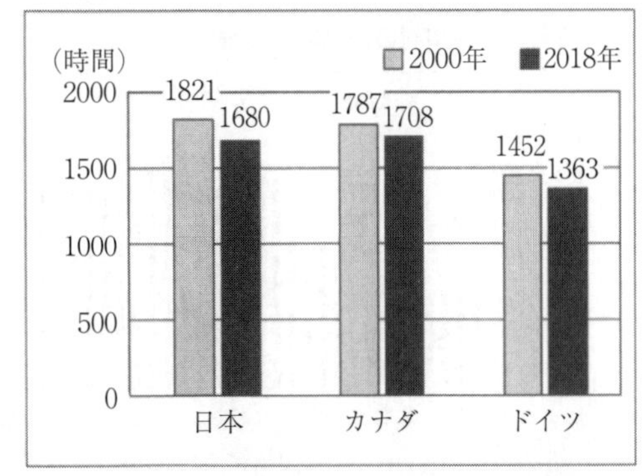

〔「OECDデータベース」より作成〕

4　ある中学校の社会科の授業で，「持続可能な未来のために」というテーマで，班ごとに課題を設定し，学習しました。次の**1**～**3**に答えなさい。

1　Ａ班では，「多様な文化や自然と世界遺産」という課題を設定し，調べたことを**資料1**にまとめました。次の(1)，(2)の問いに答えなさい。

資料1　日本の世界遺産（一部）

Y　白川郷　X

(1)　**資料1**中の**X**，**Y**に当てはまる世界遺産について説明した文を，次の①～④の中からそれぞれ選び，その組み合わせとして最も適切なものを，下の**ア**～**エ**の中から一つ選んで，その記号を書きなさい。

①　この地域を支配していた豪族が拠点とした場所で，金箔で装飾された中尊寺金色堂などが残る。

②　最盛期には世界有数の産出量をあげた，戦国時代から開発された銀山の遺跡が残る。

③　年間降水量が多く標高差も大きいため，樹齢数千年の「縄文杉」をはじめ多様な動植物が見られる。

④　人の手の入らない広大な森林や流氷の流れ着く海が広がり，自然を生かした観光が盛んである。

ア　［**X**―①　**Y**―③］　　**イ**　［**X**―①　**Y**―④］

ウ　［**X**―②　**Y**―③］　　**エ**　［**X**―②　**Y**―④］

(2)　Ａ班では，「世界遺産と観光」について興味をひろげ，**資料1**の白川郷のある白川村の観光について，**資料2**，**資料3**をもとに話し合いました。文中の［あ］に当てはまる内容を書きなさい。また，**資料3**を参考に，［い］に当てはまる内容を書きなさい。

資料2　白川村の観光客数の推移

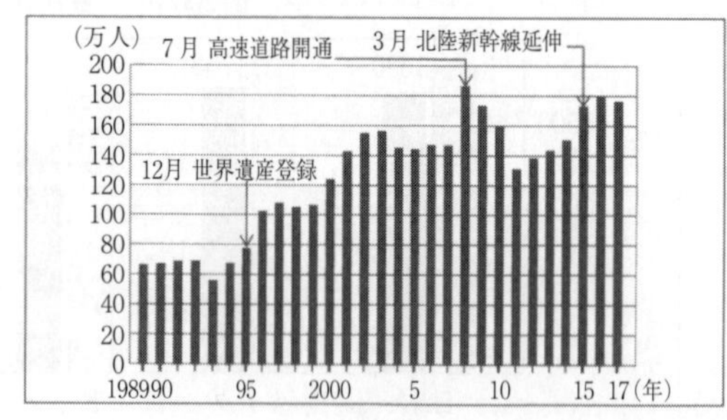

〔白川村ホームページより作成〕

資料3　白川村の景観政策（一部）

・建物や屋外広告物の高さや形を制限する。
・観光車両の流入を防ぐため，公共駐車場へ誘導するなどの交通対策を実施する。

〔白川村資料より作成〕

花子：**資料2**の，1995年の観光客数と2017年の観光客数を比較すると，大きく増えているのがわかるわね。増えているのは，世界遺産への登録があったからね。

太郎：そうだね。でも，**資料2**の観光客数の推移を見ると［　あ　］から，理由はそれだけじゃないと思うよ。
花子：そうね。他にあるかもしれないから，調べてみるわ。ところで，これだけ観光客が増えると様々な問題が出てきそうね。**資料 3** や「持続可能な未来のために」という私たちのテーマから，［　い　］という視点も忘れてはいけないわね。

2　B班では，「国際協調による課題の解決」という課題を設定し，**資料 4**，**資料 5** を見つけ，**資料**をもとに話し合いました。下の(1)〜(3)の問いに答えなさい。

資料 4　国内総生産（GDP）の多い国上位10か国の世界計に占める割合（2016年）

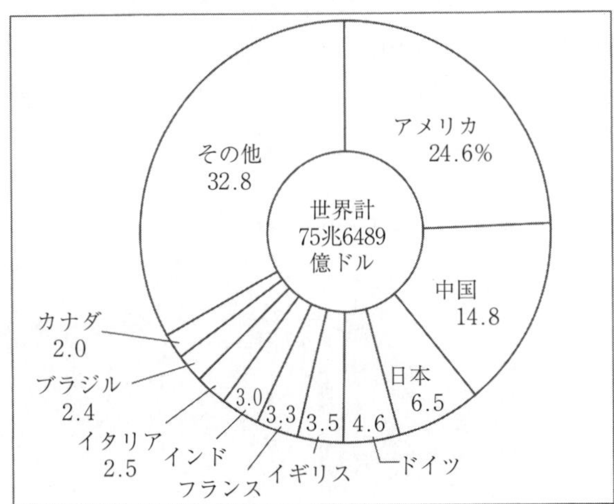

〔「世界国勢図会」2018/19年版より作成〕

資料 5　ODA の実績（2016年）

国名	支出額（100万ドル）
アメリカ	34412
ドイツ	24736
イギリス	18053
日本	10417
フランス	9622
イタリア	5087
オランダ	4966
スウェーデン	4894

〔「世界国勢図会」2018/19年版より作成〕

太郎：世界には190か国以上の国があるのに，**資料 4** を見ると，［　う　］ことから，世界の経済格差は大きいことがわかるね。
花子：そうだね。例えば，南北問題を学習したね。
太郎：経済的に豊かな先進国が北半球に多く，発展途上国が南半球に多かったことから，南北問題とよばれたんだね。
花子：このような問題の解決のためには，国際連合による活動など，国際社会が協力して取り組むことが大切ね。
太郎：**資料 5** を見ると，ODA の各国の支出額がわかるね。
花子：これは［　え　］という目的で行われるのよね。日本も国際貢献をしていることがわかるわね。

(1)　世界の六つの州の中で，**資料 4** 中の上位10か国のいずれの国も属していない州を，アフリカ州のほかにもう一つ書きなさい。

(2)　文中の［う］に当てはまる内容を，解答用紙の書き出し「上位10か国で，」に続けて書きなさい。

(3)　文中の［え］に当てはまる内容を，「発展途上国」という語を用いて書きなさい。

3　C班では，「環境問題」という課題を設定し，調べました。次の(1)～(3)の問いに答えなさい。

(1)　C班では，身近な地域の環境問題について調べ，**資料6**を作成しました。下線部**a**について，有権者が条例の改正を請求する場合，集める必要のある署名の数として最も適切なものを，次の**ア**～**エ**の中から一つ選んで，その記号を書きなさい。ただし，茨城県の有権者数を240万人とします。

資料6

> 茨城県の霞ヶ浦は，高度経済成長期に水質の悪化が進み，1970年代にはアオコの発生などが見られるようになりました。
> そのため，茨城県は1981年に水質悪化の原因となる物質を削減する$_{a}$<u>条例</u>を制定し，市民や企業などと協力して水質改善を進めてきました。

ア　12000人　　**イ**　24000人　　**ウ**　36000人　　**エ**　48000人

(2)　A班と意見交流したC班は，世界遺産はどのような環境問題に直面しているか調べ，**資料7**をもとに次のような**＜メモ＞**を作成しました。**＜メモ＞**の［お］に当てはまる環境問題の名称を書きなさい。

> ＜メモ＞
> ・二酸化炭素などの温室効果ガスの濃度が高くなることが原因の一つとなって［　お　］が進み，世界各地で海面上昇がみられる。
> ・イタリアのベネチアでは，高潮などの際に町が浸水することが増え，将来的な水没の恐れも指摘されている。

資料7　ベネチアの浸水被害

(3)　C班では，海洋プラスチックごみが，近年世界的な環境問題になっていることを知りました。

この問題について，C班では**資料8**，**資料9**をもとに，下のようにまとめました。**＜まとめ＞**の［か］に当てはまる内容を書きなさい。また，下線部**b**の具体的な例を一つ書きなさい。

> ＜まとめ＞
> 現在，海洋汚染は地球規模で広がっており，生態系を含めた海洋環境への影響が懸念されている。
> **資料8**，**資料9**を見てみると，とくに海洋プラスチックごみは，［　か　］ことからも，大きな環境問題であることがわかる。このような状況を改善するためには，$_{b}$<u>プラスチックごみを減らす取り組み</u>が有効である。

資料8　海洋プラスチックごみが自然分解するまでにかかる年数

レジ袋	1～20年
発泡スチロール製カップ	50年
ペットボトル	400年
釣り糸	600年

（注）海洋プラスチックごみとは，海洋に流出したプラスチックのごみである。

〔WWF ジャパン資料より作成〕

資料9　海洋プラスチックごみの量と魚の量の関係

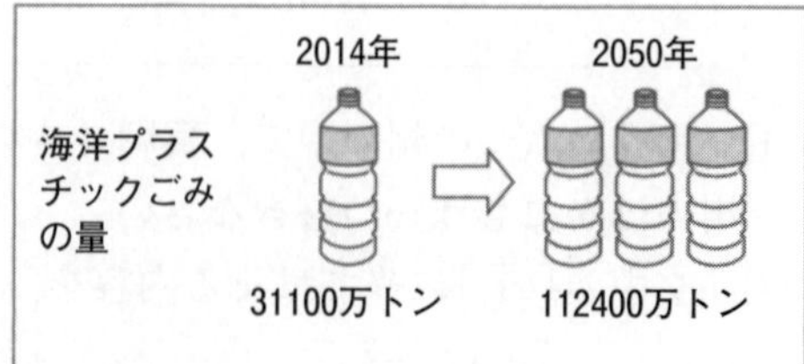

2050年までに，海洋プラスチックごみの量が魚の量を上回るとの試算が報告された。

〔環境省資料ほかより作成〕

理科　●満点 100点　●時間 50分

1　次の(1)～(4)の問いに答えなさい。

(1) **図**は，いろいろな物質の溶解度曲線である。硝酸カリウム，硫酸銅，ミョウバン，塩化ナトリウムを35ｇずつはかりとり，それぞれを60℃の水100ｇが入った４個のビーカーに別々に入れて，すべて溶かした。これらのビーカーを冷やして，水溶液の温度が10℃になるようにしたとき，溶けきれなくなって出てくる結晶の質量が最も多い物質として正しいものを，次の**ア**～**エ**の中から一つ選んで，その記号を書きなさい。

ア　硝酸カリウム　　**イ**　硫酸銅
ウ　ミョウバン　　**エ**　塩化ナトリウム

100ｇの水に溶ける質量〔ｇ〕
0
20
40
60
80
温度〔℃〕
0
20
40
60
80
硝酸カリウム
硫酸銅
ミョウバン
塩化ナトリウム

図

(2) **図１**に示すような物体**A**～**D**，軽い板**a**～**d**を用意した。**図２**のように，スポンジの上に板**a**を水平にのせ，その上に物体**A**を置き，ものさしでスポンジのへこみをはかった。

スポンジのへこみが**図２**のときと同じ値になる物体と板の組み合わせとして正しいものを，下の**ア**～**エ**の中から一つ選んで，その記号を書きなさい。ただし，いずれの場合も板の重さは無視でき，板はスポンジの上からはみ出たり，傾いたりすることはなく，スポンジのへこみは，圧力の大きさに比例するものとする。

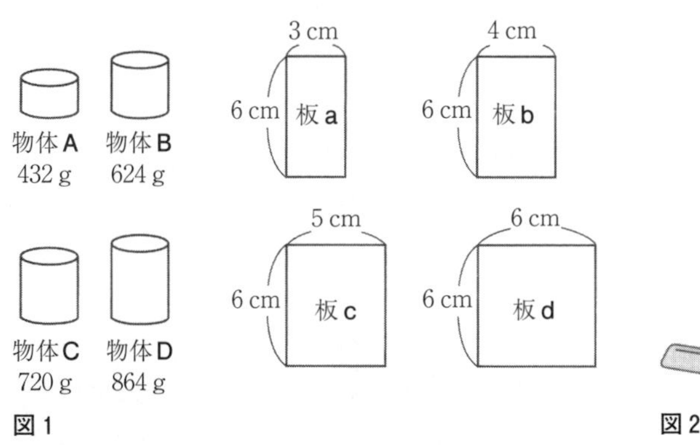

図１

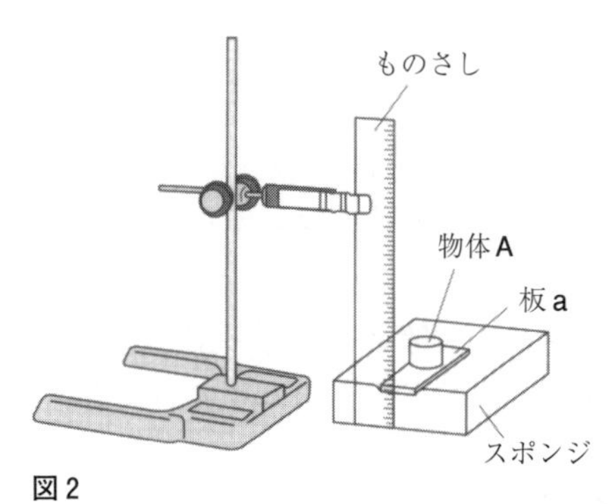

図２

ア　物体**B**と板**b**　　**イ**　物体**B**と板**c**
ウ　物体**C**と板**d**　　**エ**　物体**D**と板**d**

(3) 着色した水を吸わせた植物の茎をうすく輪切りにし，プレパラートをつくって，顕微鏡で観察した。**図**はそのスケッチである。スケッチを見ると，この植物は，維管束が輪状に並んでいることがわかった。このような茎のつくりをもつ植物のなかまとその特徴について書かれた文として正しいものを，次の**ア**～**エ**の中から一つ選んで，その記号

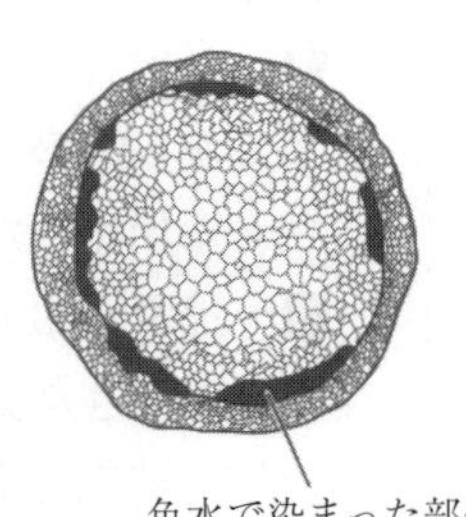

図

を書きなさい。

ア　ツユクサやユリなどが同じなかまであり，葉脈は平行で，根は主根と側根からなる。

イ　アブラナやエンドウなどが同じなかまであり，葉脈は網目状で，根は主根と側根からなる。

ウ　アブラナやエンドウなどが同じなかまであり，葉脈は平行で，根はひげ根からなる。

エ　ツユクサやユリなどが同じなかまであり，葉脈は網目状で，根はひげ根からなる。

(4)　**図**は，茨城県内のある場所で，３時間ごとの気温，湿度を２日間測定し，天気を記録したものである。この観測記録から考察したこととして正しいものを，次の**ア**～**エ**の中から一つ選んで，その記号を書きなさい。ただし，図中の**A**，**B**は気温，湿度のいずれかを表している。

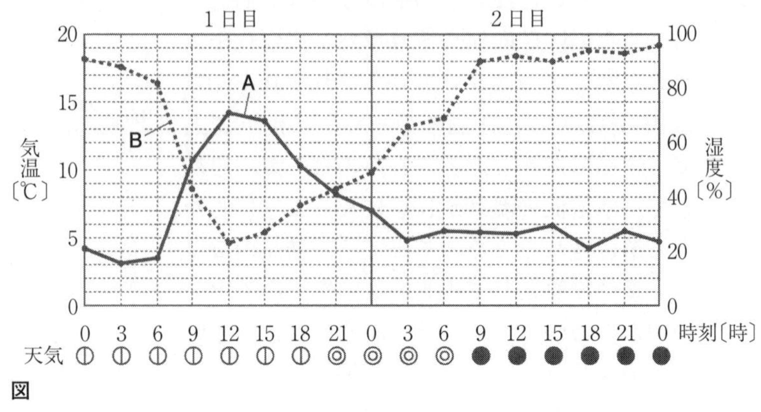

図

ア　晴れた日の日中は気温が上がると湿度が下がることが多いことから，**A**が気温，**B**が湿度を表す。

イ　くもりや雨の日の日中は気温が上がると湿度が下がることが多いことから，**A**が気温，**B**が湿度を表す。

ウ　くもりや雨の日の日中は，気温・湿度とも変化が小さいことから，**A**が湿度，**B**が気温を表す。

エ　晴れた日の日中は，気温・湿度とも変化が小さいことから，**A**が湿度，**B**が気温を表す。

2　次の(1)～(3)の問いに答えなさい。

(1)　花子さんは，赤ワインから，その成分の一つであるエタノールをとり出せないかという疑問をもち，実験を行い，ノートにまとめた。下の①～③の問いに答えなさい。

花子さんの実験ノートの一部

【課題】　赤ワインからエタノールをとり出せるだろうか。

【実験】

❶　試験管**A**に赤ワイン約10mLを入れてから**図**のような装置を組み立て，弱火で加熱した。

❷　沸騰し始めたとき，ガラス管の先から出てきた気体を水で冷やして液体にし，試験管**B**～**D**の順に約1mLずつ集めた。

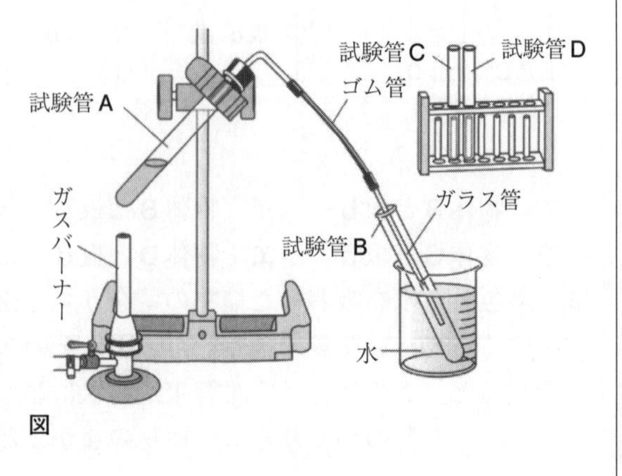

図

❸ 試験管B～Dに集めた液体と試験管Aに残った液体の性質を次の方法で調べた。
・においをかぐ。
・脱脂綿につけ，火をつける。

【結果】

試験管B～Dに集めた液体と試験管Aに残った液体のうちで，エタノールのにおいが最も強く，長く燃えたのは［あ］であった。

① 文中の［あ］に当てはまる試験管はどれか。試験管A～Dのうち最も適当なものを，一つ選んでその記号を書きなさい。
ただし，水とエタノールの融点・沸点は**表**のとおりである。

表

	融点〔℃〕	沸点〔℃〕
水	0	100
エタノール	−115	78

② 花子さんは，実験の結果から，次のように考察した。次の文中の［い］に当てはまる語を書きなさい。

液体を沸騰させて気体にし，それをまた冷やして液体にして集めることを［い］という。［い］を利用すると，沸点のちがいから液体の混合物をそれぞれの物質に分けてとり出すことができる。

③ この実験を行う場合の器具の操作や動作として正しいものを，次の**ア**～**エ**の中から二つ選んで，その記号を書きなさい。

ア 急に沸騰するのを防ぐために，試験管Aに沸騰石を入れる。
イ ガスバーナーに点火したら，空気調節ねじを回して炎が赤色になるようにする。
ウ ガラス管の先が試験管に集めた液体の中やビーカー内の水の中に入っていないことを確かめ，ガスバーナーの火を止める。
エ 試験管内の液体のにおいを調べるときは，鼻を試験管の口にできるだけ近づけてかぐ。

(2) 太陽光パネルの設置について，次の①，②の問いに答えなさい。

① 次の文中の［あ］，［い］に当てはまる数値をそれぞれ書きなさい。ただし，100 gの物体にはたらく重力の大きさを1 Nとし，滑車，ロープ，板，ひも，ばねばかりの質量や摩擦は考えないものとする。

太郎さんの家では，太陽光パネルを設置して自家発電を行うことになった。太郎さんは，作業員が**図1**のような引き上げ機をつかって容易に引き上げているのを見て，そのしくみに興味をもった。**図2**は，引き上げ機のしくみを簡単に表した図である。

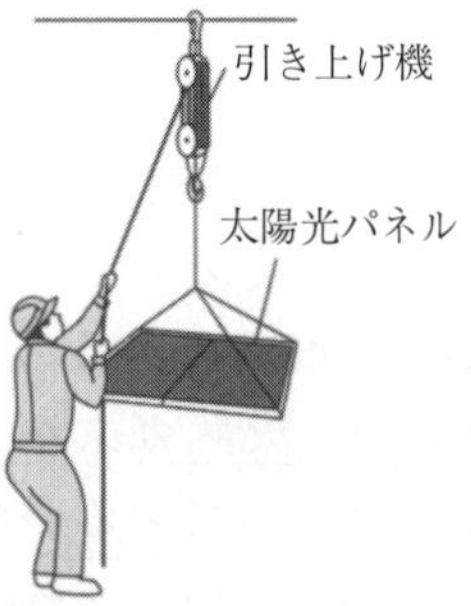

図1

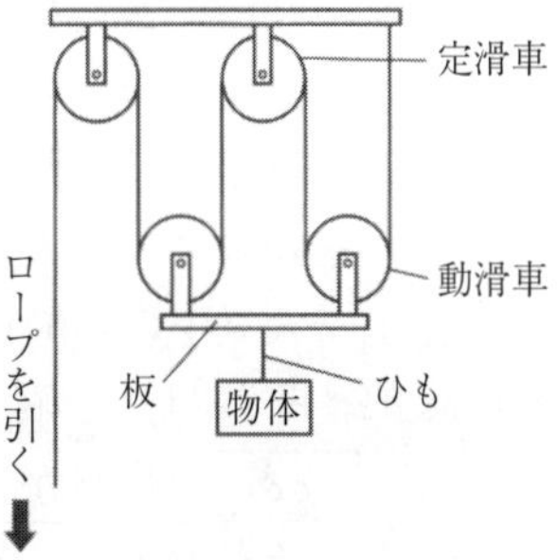

図2

さらに，太郎さんは滑車のはたらきをくわしく知りたいと思い，先生と相談し，次のような実験を行った。**図3**，**図4**

のように，定滑車や動滑車を使い，10kg の物体をばねばかりでゆっくりと引き上げた。

図3と**図4**で，10kg の物体を60cm の高さまでゆっくりと引き上げたときの仕事の大きさは，どちらの場合も60 J であった。このように，道具を使っても仕事の大きさが変わらないことを，仕事の原理という。

このことから，**図2**の装置で10kg の太陽光パネルを60cm の高さまでゆっくりと引き上げるとき，ロープを引く力は［　あ　］N となり，**図3**と比べて小さくなることがわかる。一方，ロープを引いた距離は［　い　］cm となり，**図3**と比べて長くなる。

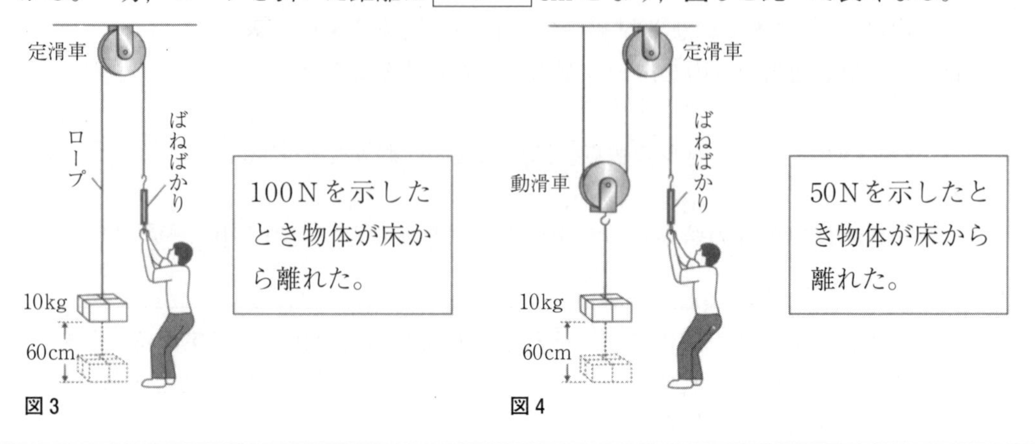

② 太陽光パネルは太陽の光が当たる角度が垂直に近いほど，より多く発電することができる。日本では太陽の南中高度が季節によって変化することから，太陽光パネルに効率よく太陽の光を当てるため，**図5**のように傾けて設置されていることが多い。

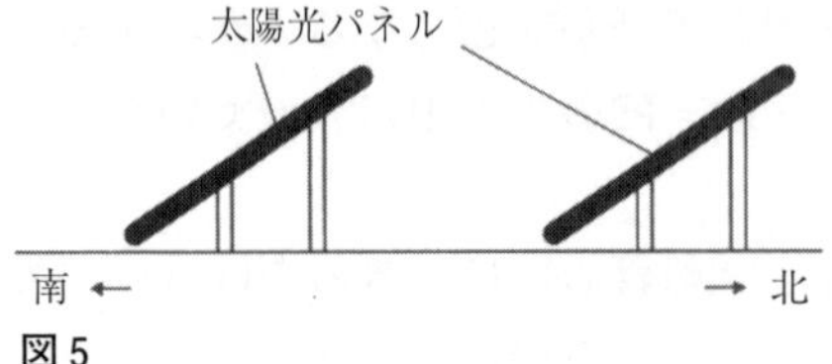

図5

日本で太陽の南中高度が季節によって変化する原因として適当なものを，次の**ア**～**エ**の中から二つ選んで，その記号を書きなさい。

ア 地軸の傾き　　**イ** 地球の公転　　**ウ** 太陽の自転　　**エ** 地球の自転

(3) 科学部の太郎さんと顧問の先生が，地球環境について話している。次の会話を読んで，下の①～⑤の問いに答えなさい。

太郎：近年，「地球温暖化」という言葉をよく聞きます。その原因は二酸化炭素などの温室効果ガスが大気中に増えてきているからだといわれています。

先生：大気中の二酸化炭素の濃度はなぜ高くなってきているのでしょうか。

太郎：それは，a <u>石炭や石油，天然ガスなど太古の生物の死がいが変化してできた［　あ　］燃料</u>が大量に燃やされているからだと思います。

先生：そうですね，それも原因の一つと考えられていますね。実は，地球温暖化によって環境が変わると，b <u>生態系ピラミッド</u>のつり合いがもとに戻らないことがあるともいわれています。他に何か原因は考えられますか。

太郎：社会科の授業では，大規模な開発によって，熱帯雨林が伐採されていることを学びました。c 植物には二酸化炭素を吸収して使うしくみがあるので，伐採量が多くなると，二酸化炭素の吸収が少なくなり，更に二酸化炭素が増加し，ますます地球温暖化が進むのではないでしょうか。一方で，熱帯雨林では雨量が多く，植物の体は大量の雨風にさらされます。しかし，d 植物の体には雨風に耐えるしくみが備わっていて，簡単には倒れたりしません。そうして，熱帯雨林の環境が保たれているのだと思います。

① 下線部 a の［あ］に当てはまる語を書きなさい。

② 次の化学反応式は，下線部 a の［あ］燃料にふくまれる炭素が完全燃焼する反応を表したものである。化学反応式中の［い］，［う］に当てはまる化学式を書きなさい。

C ＋ ［い］ → ［う］

③ 下線部 b について，適当でないものはどれか。次の**ア**～**エ**の中から一つ選んで，その記号を書きなさい。

ア 無機物から有機物を作り出す生物を生産者といい，水中では，植物プランクトンがおもな生産者であり，通常，数量が最も多い。

イ 生態系の生物は，食べる・食べられるという関係でつながっている。このような関係を食物連鎖といい，通常，食べる生物よりも食べられる生物の方の数量が多い。

ウ 一つの生態系に着目したとき，上位の消費者は下位の消費者が取り込んだ有機物のすべてを利用している。

エ 土の中の生態系では，モグラは上位の消費者で，ミミズは下位の消費者であり分解者でもある。

④ 下線部 c について，二酸化炭素を使って光合成が行われる部分として正しいものを**図**の**ア**～**エ**の中から一つ選んで，その記号を書きなさい。

⑤ 下線部 d について，体を支えるのに役立っている部分として正しいものを**図**の**ア**～**エ**の中から一つ選んで，その記号を書きなさい。

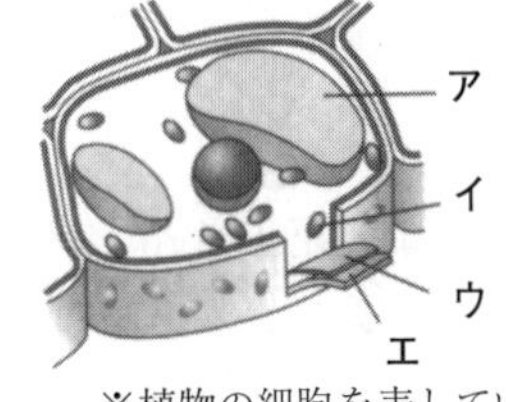

※植物の細胞を表している。
図

3 花子さんは，水溶液から電流をとり出すために実験を行い，ノートにまとめた。下の(1)～(3)の問いに答えなさい。

花子さんの実験ノートの一部

【課題】 どのような水溶液と金属の組み合わせにすると電流がとり出せるか。

【実験】 水溶液に２枚の金属を入れて，**図**のような回路をつくり，電子オルゴールが鳴るかどうかを調べる。

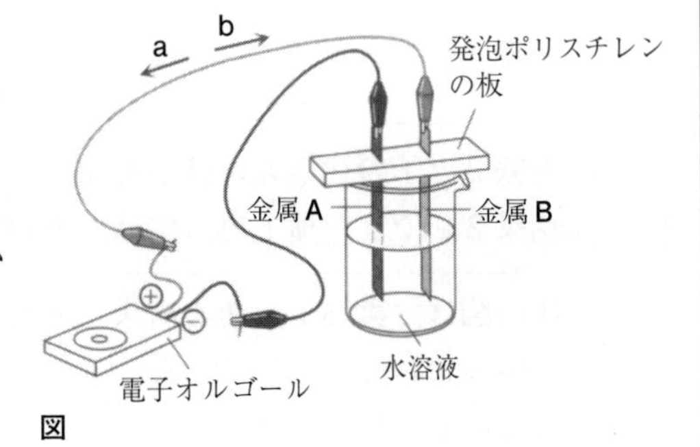

図

【結果】

表

	調べた水溶液	金属A	金属B	電子オルゴールが鳴ったか
実験1	うすい塩酸	亜鉛	銅	鳴った
実験2	うすい塩酸	銅	銅	鳴らなかった
実験3	エタノール水溶液	亜鉛	銅	鳴らなかった
実験4	エタノール水溶液	銅	銅	鳴らなかった

(1) **実験1**の金属で起こる現象として最も適当なものを，次の**ア**～**エ**の中から一つ選んで，その記号を書きなさい。また，そのときに電流の流れる向きはどちらか。**図**の**a**，**b**から選んで，その記号を書きなさい。

ア 亜鉛が電子を放出して，亜鉛イオンになる。

イ 亜鉛が電子を受けとって，亜鉛イオンになる。

ウ 銅が電子を放出して，銅イオンになる。

エ 銅が電子を受けとって，銅イオンになる。

(2) **実験1**～**4**の結果から，うすい塩酸と亜鉛，銅を使うと電子オルゴールが鳴ることがわかった。「水溶液」と「金属」という語を用いて，電流をとり出すために必要な条件を書きなさい。

(3) 次の文は，化学電池について説明したものである。文中の［**あ**］，［**い**］に当てはまる語を書きなさい。また，下線部の化学変化を化学反応式で書きなさい。

> 物質がもつ［　**あ**　］エネルギーを［　**い**　］エネルギーに変換して電流をとり出すしくみを化学電池という。身の回りでは様々な化学電池が使われている。近年，水素と酸素が化合すると，水が生成する化学変化を利用した燃料電池の研究・開発が進んでいる。

4 次は，花子さんがメンデルの実験と生物のふえ方について図書館で調べ，まとめたノートの一部である。あとの(1)～(5)の問いに答えなさい。

花子さんのノートの一部

〈メンデルの実験〉

メンデルは，自分で行った実験の結果にもとづいて，遺伝の規則性を発見した。

> **実験1** 丸い種子をつくる純系のエンドウのめしべに，しわのある種子をつくる純系のエンドウの花粉をつけた。
>
> **結果1** できた種子(子)はすべて丸い種子であった。

> **実験2** 子の代の丸い種子をまいて育て，自家受粉させた。
>
> **結果2** できた種子(孫)には，丸い種子としわのある種子があった。

次の**図**は，**実験1**，**2**の結果を表したもので，(　)内はエンドウの細胞の染色体と遺伝子の組み合わせを示している。丸い形質を表す遺伝子をA，しわの形質を表す遺伝子をaとしている。

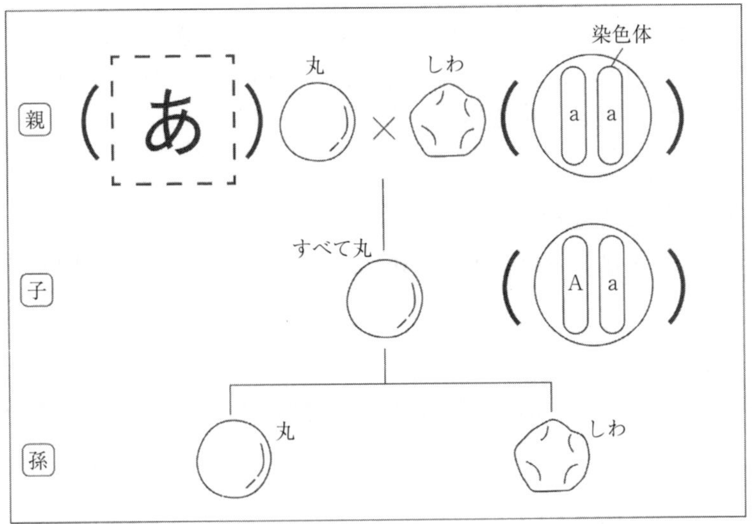

図

〈生物のふえ方〉

エンドウのような有性生殖によって新しい個体をつくる生物のほかに，無性生殖によってふえる生物がいる。

有性生殖では，子に，両親のどちらとも異なる形質が現れることがある。これは，生殖細胞ができるとき，対になっている親の代の遺伝子がそれぞれ別の生殖細胞に入り，受精によって新たな遺伝子の組み合わせができるからである。

無性生殖では，子の形質は親の形質と同じになる。これは，［い］からである。

(1) **実験 1** で，親の代の丸い種子をつくる純系のエンドウの細胞について，**図**の［あ］に当てはまる染色体と遺伝子の組み合わせとして，最も適当なものを次の**ア**～**エ**の中から一つ選んで，その記号を書きなさい。

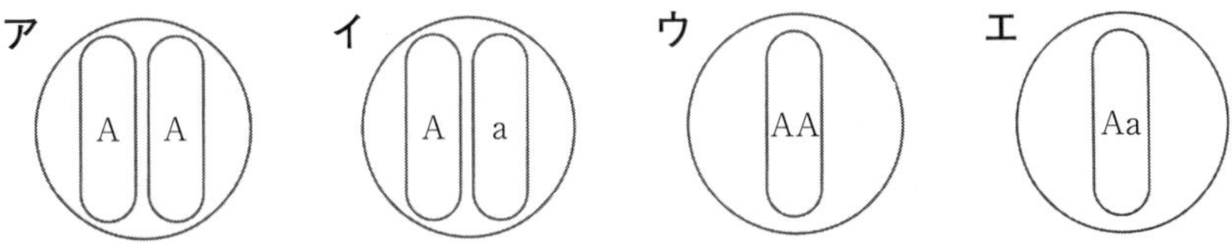

(2) **実験 1** で得られた子のエンドウの種子をまいて育て，成長した個体のめしべに，**実験 2** で得られた孫のしわのある種子をまいて育てたエンドウの花粉をつけて他家受粉させた。このとき，得られる丸い種子としわのある種子の数の割合はどうなると考えられるか。最も適当なものを，次の**ア**～**エ**の中から一つ選んで，その記号を書きなさい。

ア　丸い種子：しわのある種子＝3：1

イ　丸い種子：しわのある種子＝1：1

ウ　すべて丸い種子

エ　すべてしわのある種子

(3) 下線部のような法則を何というか，書きなさい。

(4) 文中の［い］に当てはまる内容を，「体細胞分裂」と「遺伝子」という語を用いて書きなさい。

(5) 次の文中の［う］，［え］に当てはまる語を書きなさい。

植物の細胞では，[う]の中に染色体があり，染色体には，遺伝子の本体である[え]という物質がふくまれている。染色体は普段は観察できないが，細胞分裂の準備に入ると，[う]に変化が起き，染色体が見えるようになる。

5 太郎さんと花子さんは電流による発熱について調べる実験を次のように計画した。その後，実験結果について予想し，先生と話し合いながら実験を行った。あとの(1)～(4)の問いに答えなさい。

実験の計画

【課題】 一定時間，電流を流したとき，電熱線に加える電圧の大きさを変えると，水の上昇温度はどのように変化するだろうか。

【手順】

❶ 発泡ポリスチレンのコップＡ～Ｄに水を100ｇずつ入れしばらく置き，水の温度をはかる。

❷ コップＡに電熱線を入れて**図１**のような装置を組み立て，電圧計が3.0Ｖを示すように電圧を調整し，電流を流す。

❸ 電流と電圧の大きさが変化しないことを確認し，ガラス棒で水をゆっくりかき混ぜながら，電圧を加え，電流を流し始めてから５分後の水の温度をはかる。

❹ コップＢに電熱線を入れ，電圧計が6.0Ｖを示すように電圧を加えて，❸と同様の操作を行う。

❺ コップＣに電熱線を入れ，電圧計が9.0Ｖを示すように電圧を加えて，❸と同様の操作を行う。

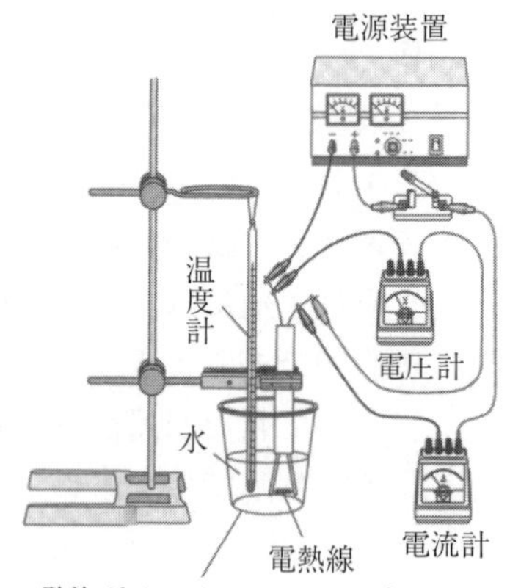

図１

太郎さんと花子さんは，先生と実験前に次のような会話をした。

先生：発泡ポリスチレンのコップをしばらく置くと水温はどうなりますか。
太郎：水温は室温と同じになると思います。
先生：なぜ，水温を室温と同じにする必要があるのでしょうか。
太郎：それは，[あ]ためです。
先生：そのとおりですね。では，水温の測定までの間に，この実験結果を予想してみましょう。電熱線に加える電圧の大きさを２倍にすると，５分間電流を流したときの水の上昇温度はどうなると思いますか。
花子：水の上昇温度も２倍になり，５分後の水の上昇温度は電熱線に加える電圧の大きさに比例すると思います。
先生：本当にそうなるでしょうか。実験をして確かめてみる必要がありますね。
　　　さて，太郎さん，実験前の水温は何℃になりましたか。
太郎：水温は17.0℃で室温と同じになっています。
先生：準備はできましたね。では，実験を開始しましょう。

太郎さんと花子さんは，実験後に先生と次のような会話をした。

花子：実験結果は表(**表1**)のようになりました。

表1

	コップ**A**	コップ**B**	コップ**C**
電圧計が示した値〔V〕	3.0	6.0	9.0
電流計が示した値〔A〕	0.50	1.00	1.50
5分後の水の上昇温度〔℃〕	0.9	3.6	8.1

太郎：結果を見ると，5分後の水の上昇温度は電熱線に加える電圧の大きさに比例していませんね。予想は外れました。

先生：それでは，5分後の水の上昇温度は何に比例していると思いますか。

花子：もしかしたら電力かもしれませんね。5分後の水の上昇温度と電力の大きさを表(**表2**)にまとめ，その関係をグラフにかいてみましょうよ(**図2**)。

表2

	コップ**A**	コップ**B**	コップ**C**
電力〔W〕	1.5	6.0	13.5
5分後の水の上昇温度〔℃〕	0.9	3.6	8.1

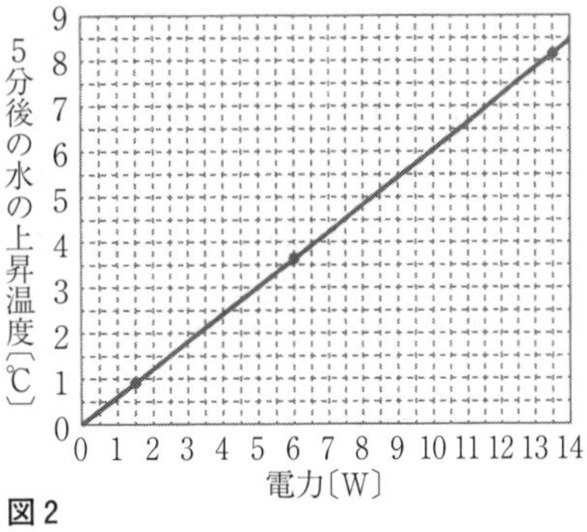

図2

太郎：グラフを見ると，5分後の水の上昇温度は電力の大きさに比例していることがわかりますね。

先生：そのとおりですね。では，コップ**D**を使って，電圧を12.0Vにして同様の実験を行うと，5分後の水の温度は何℃になるでしょう。

太郎：5分後の水の上昇温度は電力の大きさに比例し，電熱線から発生する熱が他へ逃げないことを考えると，5分後の水の温度は［い］℃になると思います。

先生：そのとおりですね。では，さらに実験をして確かめてみましょう。

太郎さんと花子さんは，先生と今後の実験について次のような会話をした。

先生：ここまでの実験と話し合いを振り返って，新たな疑問はありませんか。

花子：電熱線を2本つなぐと水の上昇温度はどうなるのかな。

太郎：2本の電熱線を，直列につなぐ(**図3**)か，並列につなぐ(**図4**)かによって，水の上昇温度はちがうと思います。

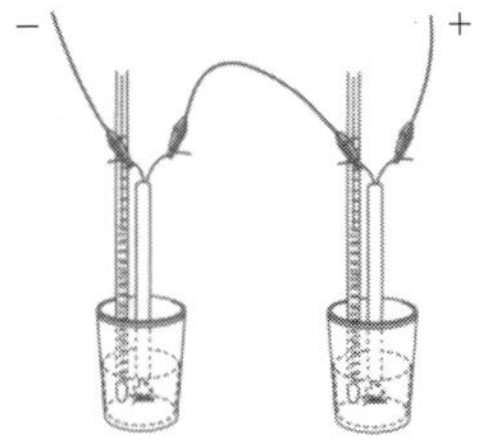

図3 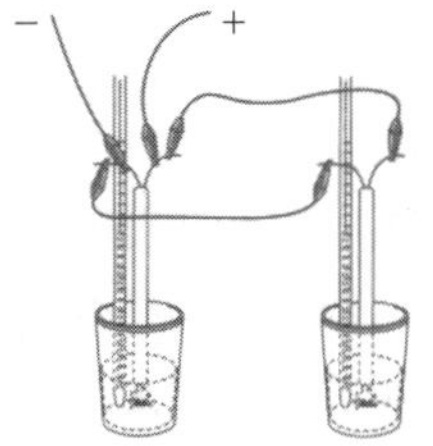　**図4**

先生：なぜ，そう思うのですか。

太郎：つなぎ方によって，電熱線1本あたりにかかる電圧や流れる電流の大きさがちがうと思うからです。

先生：では，また実験して確かめてみましょう。

(1)　文中の［あ］に当てはまる内容を書きなさい。

(2)　この実験で用いた電熱線の抵抗は何Ωか，求めなさい。

(3)　文中の［い］に当てはまる数値を求めなさい。

(4)　回路全体に加わる電圧が3.0Vのとき，**図1**，**図3**，**図4**の電熱線1本あたりの発熱量について述べた文として，正しいものを次の**ア**～**エ**の中から一つ選んで，その記号を書きなさい。

ただし，用いた電熱線はすべて同じものとする。

ア　**図1**の電熱線よりも，直列につないだ**図3**の電熱線の方が大きくなる。
イ　**図1**の電熱線よりも，直列につないだ**図3**の電熱線の方が小さくなる。
ウ　**図1**の電熱線よりも，並列につないだ**図4**の電熱線の方が大きくなる。
エ　**図1**の電熱線よりも，並列につないだ**図4**の電熱線の方が小さくなる。

6　太郎さんがある日，テレビを見ていたとき，次のニュース速報が表示された。

> **ニュース速報**
> 10時24分ごろ，地震がありました。震源地は○○県南部で，震源の深さは約15km，地震の規模を表す［ あ ］(M)は4.2と推定されます。この地震による津波の心配はありません。この地震により観測された最大震度は3です。

次は，太郎さんが気象庁のホームページなどで，この地震の震度分布や観測記録を調べ，まとめたノートの一部である。下の(1)～(5)の問いに答えなさい。ただし，この地域の地下のつくりは均質で，地震の伝わる速さは一定であるものとする。

太郎さんのノートの一部

この地震による各地の震度分布は，**図1**のとおりであった。

図1の地点**A**，**B**の地震の観測記録は，**表**のとおりであった。

表

地点	震源からの距離	ゆれ始めた時刻	初期微動継続時間
A	42km	10時24分12秒	5秒
B	84km	10時24分18秒	10秒

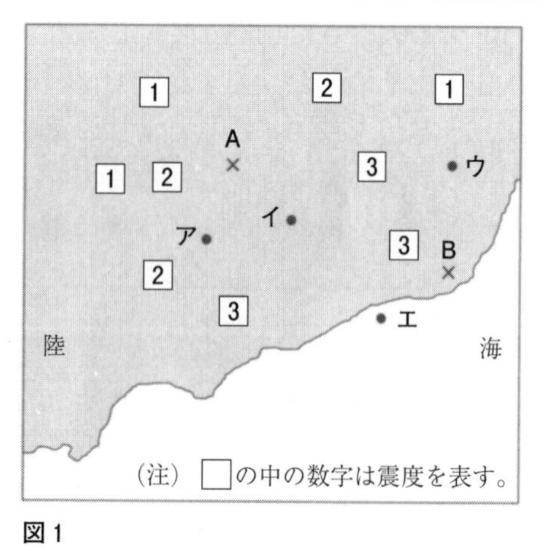

図1

(1)　文中の［ あ ］に当てはまる語を書きなさい。

(2)　この地震で，P波の伝わる速さは何km/sか，求めなさい。

(3)　この地震の震央の位置として考えられる地点を，**図1**の**ア**～**エ**の中から一つ選んで，その記号を書きなさい。

(4)　2地点**A**，**B**では，初期微動継続時間が異なっていた。震源からの距離と初期微動継続時間の関係について説明しなさい。「S波の伝わる速さの方がP波の伝わる速さよりも遅いので，」という書き出しに続けて説明しなさい。

(5)　地震が多く発生する日本では，地震災害から身を守るためのさまざまな工夫がされている。例えば**図2**では，変形したゴムがもとに戻ろうとするゴムの弾性という性質を利用して，地震による建物の揺れを軽減する工夫がされている。このような工夫で地震の揺れを軽減することができる理由を，「運動エネルギー」，「弾性エネルギー」の語を用いて説明しなさい。

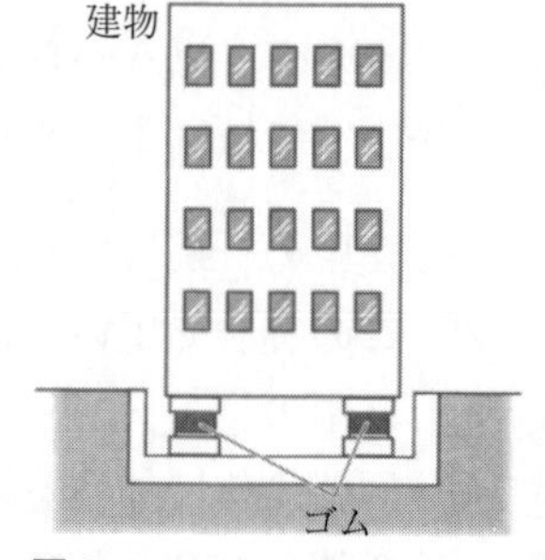

図2

（一郎）相手を説得するためには、筋道の通った話をすることが大切なのですね。

（花子）以前、国語の授業で、どういう順序で話すのかということを考えることが重要だと学びました。それに加えて、異なる立場からの反対意見も想定して、イ反論を考えていくことも必要だと思います。

（次郎）今の意見は、学級会で文化祭のクラス企画について意見を発表するときに生かすことができそうです。

（明子）そうですね。自分の意見に賛成してもらえるように発表するときに役に立ちそうです。

（中略……この後も話し合いは続いた。）

（一郎）いろいろな意見が出ましたね。では、話し合いで出た意見を参考にして、学級会で発表するための意見文を書いてみましょう。

【Ⅲ】 文化祭のクラス企画について、一回目の学級会で出た案

文化祭のクラス企画について

・文化祭のテーマ
「心を一つに」

・クラス企画の発表日時
10月31日(土)　10:00〜14:00

◯クラス企画の案

1　お化けやしき
場所：教室
内容：昔話を元にしたお化けやしきにする。お化けの姿に仮装して驚かす。

2　ミュージカル
場所：体育館ステージ
内容：地域に伝わる伝説をテーマにしたミュージカルを演じる。

3　学習成果の発表
場所：教室
内容：地域の伝統文化について各班で調べた内容をまとめて展示する。

4　美術作品の展示
場所：1階多目的室
内容：文化祭のテーマに基づいた大きな美術作品を制作して展示する。

は、希望するクラス企画について、それぞれが意見を発表した後、話し合いによって企画を決定する。あなたが希望するクラス企画を【Ⅲ】の中から一つ選び、【Ⅰ】と【Ⅱ】を参考にして、あなたの考えを書きなさい。ただし、以下の条件に従うこと。

1　百六十字以上、二百字以内で書くこと。（句読点を含む。）
2　二段落構成とし、第一段落には、あなたが希望するクラス企画とその理由を書くこと。第二段落には、自分の希望するクラス企画に賛成を得られるような内容を、他のクラス企画一つと比較して書くこと。
3　題名と氏名は書かないこと。
4　正しい原稿用紙の使い方をすること。
5　〜〜や＝＝の記号（符号）を用いた訂正はしないこと。
6　文体は、「です・ます」体で書くこと。

四 国語の授業で、次の古典の文章を読んで、論理的で分かりやすい話し方について話し合い、そこで出た意見を参考にして、文化祭のクラス企画について意見文を書くことになりました。次の【Ⅰ】～【Ⅲ】について、下の㈠～㈤の問いに答えなさい。

【Ⅰ】 古典の文章

昔、孔子車に駕(が)（乗って）して其の道に行く。三人(みたり)の七才なる童(わらは)有り。土の城(じやう)（土をこねて作った城の模型）を作りて遊戯(ゆげ)（楽しく遊んでいた）す。時に孔子来(きた)りて小児に告げて云(い)はく（言うには）、「小児、汝等(なむだち)（お前たち）、道を逃(さ)けて（空けて）吾(わ)が車を過ぐせ（通せ）」と。小児等(ら)嘆きてア曰(い)はく（言うには）、「未(いま)だ車を逃くる城をば聞かず。城を逃くる車をば聆(き)く（聞いたことがある）」と。仍(よ)りて（そこで）孔子、車を却(さ)けて（よけて）城の外(ほか)より過ぐ。敢(あ)へて理(ことわり)を横(よこさま)にせず（決して道理を曲げることはしなかった）。

【Ⅱ】 グループでの話し合い

（一郎） 今日は、古典の文章をもとに、相手を説得する方法について話し合います。

（花子） 古典の文章には孔子と子どもの会話が書かれていますね。孔子は、子どもに道を空けるように言っています。

（次郎） 子どもは、城は車をよけることはできない、と孔子に言っていますね。孔子を説得するために効果的なのは、どういう点だったのでしょうか。

（明子） 孔子は、子どもの理屈を聞いて、本物の城でも、子どもが作った土の城でも同じことだと思ったのですね。文章にも「□」と書いてあります。

㈠ ア曰はく の読み方を現代仮名遣(づか)いに直して、全て平仮名で書きなさい。

㈡ イ反論 とあるが、この熟語と同じ構成のものを、次の1～4の中から一つ選んで、その番号を書きなさい。

1 入口　2 登校
3 建築　4 着脱

㈢ 上の【Ⅰ】の文章で述べられている内容に合っているものとして、最も適切なものを、次の1～4の中から一つ選んで、その番号を書きなさい。

1 子どもは、城を恐れて走り去った車を見たことがあると言った。
2 子どもは、遊びをじゃまするのはよくないと言って孔子を怒った。
3 孔子は、三人の子どもたちに向かって、城に案内するよう命じた。
4 孔子は、子どもの言うことを聞いて納得し、城をよけて通った。

㈣ 【Ⅱ】の文章中の□に入る最も適切な語句を、【Ⅰ】の文章中から十字以内で抜き出して書きなさい。（句読点を含む。）

㈤ 上の授業の後、文化祭のクラス企画を一つ決める二回目の学級会が開かれることになっている。学級会でた「人間の世紀」の悔しさが託されているからでしょう。人間の一人として心が痛みます。それは作者も同じです。

そしてこの歌のすぐれた点は、結句を「水仙の白」とうたい収めたところです。水仙の白い花は小さくて、一見まことに無力です。でも寒風に負けずにきっぱりと花を咲かせる水仙は、驚くほど強靱(きょうじん)です。人間が痛めつけた［B］を見捨てることなく咲いてくれる水仙。ありがとう、と言いたくなります。

この一首をもう一度、初句から結句までじっくりと味わうと、鯨の世紀や恐竜の世紀といった、とてつもなく長い時間が、「水仙の白」という一滴の時間の中に、すっと回収されてゆくことに気付きます。水仙の花は地球の歴史をすべて知っているのかもしれません。大きな時間と小さな時間が、一首の中でダイナミックに溶け合っているのがわかって、思わずため息が出ます。

ひょっとすると、短歌という宇宙の中には独特の重力が働いているのかもしれません。長い時間を押し縮めたり、逆に短い時間を膨張させたり。時間とたわむれながら短歌を詠んでゆくうちに、時間の偉大さや時間の掛け替えのなさに気付くことができれば、すばらしいことだと思います。

(栗木京子「短歌をつくろう」による。)

【感想の交流の一部】

(一郎) この文章を読むと、二つの短歌には時間を意識させる表現があることが分かりますね。私は、［Ⅰ］の短歌にある「千年くらゐ」という表現が気に入りました。春子さんはどうですか。

(春子) 私は［Ⅱ］の短歌の「水仙の白」という表現が、特に気に入りました。

(一郎) どういうところがよいと思ったのですか。

(春子) 「水仙の白」という短い時間を表す言葉に［　　］させて、うたい収めたところです。

書きなさい。

1 まちぼうけ　2 はやとちり
3 ゆめごこち　4 やせがまん

(四) ［B］に入る最も適切な言葉を、上の文章中から漢字二字で抜き出しなさい。

(五) 上の文章の内容に合っているものとして、最も適切なものを、次の1〜4の中から選んで、その番号を書きなさい。

1 ［Ⅰ］の短歌は、複数の解釈をすることができるため、［Ⅱ］の短歌に比べて作者の思いが分かりにくい。
2 ［Ⅱ］の短歌は、人類誕生以前の時代がうたわれており、［Ⅰ］の短歌よりも長い時間が強調されている。
3 ［Ⅰ］の短歌は、想定される複数の状況において、未来へ向かう作者の時間を感じ取ることができる。
4 ［Ⅱ］の短歌は、最後に小さくて無力な「水仙」を加えることで、より寂しさを感じることができる。

(六) 【感想の交流の一部】の［　　］に入る最も適切な内容を、上の文章中の言葉を使って、十字以上、十五字以内で書きなさい。(句読点を含む。)

三 次の文章と【感想の交流の一部】を読んで、下の(一)～(六)の問いに答えなさい。

Ⅰ　空のまほらかがやきわたる雲の群千年くらゐ(い)は待つてみせるさ

（山田富士郎『アビー・ロードを夢みて』）

こういう宣言も楽しいと思いませんか。「まほら」は「奥」という意味。「くらゐ」は現代仮名遣いにすると「くらい」になります。空の奥に**ア**光る雲を見ながら、作者は「千年くらいは待ってみせる」と言い切っています。

この歌、いろいろな状況が想定できますね。**イ**好きな人と待ち合わせしたけれど、三十分たっても一時間たっても来ない。不安な気持ちを立て直そうとしているところかもしれません。すると、[**A**]の「千年くらゐは待つてみせるさ」になります。あるいは、作者は大きな目標に向かって第一歩を踏み出したばかり、と考えることもできます。目先のことに一喜一憂せず堂々と行くぞ！　という決意表明の歌と解してもすてきです。雲は形を変えてしまいますが、そこから導き出される作者の時間は、未来へ向かう確かな輪郭を持っています。

では次に、とびきり雄大なこの歌を読んでみましょう。

Ⅱ　鯨の世紀恐竜の世紀いづ(ず)れにも戻れぬ地球の水仙の白

（馬場あき子『世紀』）

恐竜が栄えていたのは、二億二〇〇〇万年ほど前。その後一億六〇〇〇万年近くの間、地球の王者でしたが、今から約六五〇〇万年前に突然に絶滅してしまいます。「恐竜の世紀」が終了したのです。鯨が現れたのは、それから一二〇〇万年ばかり経(た)ってから。数字の上ではすらすらと表せますが、あらためて考えると目のくらむような長大な歳月です。

そして人類が地球に誕生したのは、約四〇〇万年前（わずか四〇〇万年前！）と言われていますから、鯨は私たちの大先輩ということになります。鯨は現在も親しまれている動物ですが、二十年ほど前までは日常生活にもっと密接に関わっていました。鯨の肉を食べたり、脂を利用したり、骨や歯を加工したり。縄文時代や弥生(やよい)時代の遺跡から鯨の骨が見つかるということですから、私たちの祖先は一万年近く前から鯨の恩恵を受けていたことがわかります。『万葉集』の和歌にも、鯨は「鯨魚(いさな)」、捕鯨は「鯨魚取(いさなとり)」という表現で詠(よ)まれています。

作者は恐竜がのし歩いていた二億年前の地球を思い、鯨が海を泳ぎ回っていた五〇〇〇万年前の地球を思い、そして最後に人間が登場してからの地球のことを思っています。「いづれにも戻れぬ」には、どこか寂しそうな印象が漂います。それは、地球をすっかり汚して弱らせてしまっ

(一) 次の文字は、上の文章中の**ア**光る雲を行書で書いたものである。この文字の◯で囲んだ①から④の部分に表れている行書の特徴の説明に合っているものとして、最も適切なものを、後の**1**～**4**の中から選んで、その番号を書きなさい。

1 ①の部分は横画から左払いへ連続して書かれている。
2 ②の部分は左払いから縦画へ点画を省略して書かれている。
3 ③の部分は点画を省略せずに筆脈を意識して書かれている。
4 ④の部分は横画から右払いへ連続して書かれている。

(二) **イ**好きなと品詞が異なる言葉を、次の**1**～**4**の中から選んで、その番号を書きなさい。

1 立派な家を建てる。
2 おかしな話をする。
3 はるかな時を思う。
4 大切な人と会う。

(三) [**A**]に入る最も適切な言葉を、次の**1**～**4**から選んで、その番号を

情報に振り回されて右往左往する群衆の一人になってしまうということです。

だからこそ、情報あっての自分であり、同時に、自分あっての情報なのです。

情報の問題に関連して、ここには、ある共通の問題が潜んでいることが多いものです。

一つは、知らないことを知りたい、わかりたい、だから調べたい、というものです。

もう一つは、自分の知っていることをみんなに教えてあげたい、というものです。

まず、「知りたい、わかりたい、調べたい」という意欲そのものは、人間の好奇心の(2)一端としてとても重要です。ただ、そうした情報を得たいと思うだけではイ対話は成り立たないのです。もう一歩踏み込んで、「なぜ自分は〇〇が知りたいのか」というところまで突き(3)詰めないと、あなた自身の立場が見えてこないからです。ここでいう立場というのは、テーマについて自分がどう考えているかというあなた自身の※4スタンスというものです。

次に、「教えてあげたい、知らせたい」というのも、ほぼ同じ構造を持っています。これも、自分の知っている知識や情報を、知らない人に与えようとする発想から出ているわけで、「知りたい、わかりたい、調べたい」とは反対の※5ベクトルではありますが、やはり知識・情報のやりとりのレベルにとどまっているからです。単なる知識・情報のやりとりだけでは、自分の固有の主張にはなりにくいため、展開される議論そのものが表面的で薄っぺらなものになってしまうのです。

B、知識・情報を求めることが悪いといっているのではありません。前述のように、そのこと自体は、人間の好奇心を満たすものであり、前向きに考えるための重要なきっかけではあります。

しかし、自分の「考えていること」を相手に示し、それについて相手から意見をもらいつつ、また、さらに考えていくという活動のためには、情報を集め、それを提供するという姿勢そのものが相手とのやりとりにおいて壁をつくってしまうことに、気づかなければなりません。対話という行為は、後にもくわしく述べるように、とてもインターラクティブ(相互関係的)な活動です。相手あっての自分であり、自分あっての相手です。こうした関係性の中で、情報を提供する／受けとるだけという、表層的なやりとりでは、そうした相互作用がきわめて起こりにくくなるのです。

(細川英雄「対話をデザインする——伝わるとはどういうことか」による。)

※1　概念＝大まかな意味内容。　※2　余儀なくされる＝しないわけにはいかなくなる。

※3　言説資料＝言葉で説明した資料。　※4　スタンス＝事に当たる姿勢。立場。

※5　ベクトル＝物事の動いていく方向。方向性。

五十四字で抜き出して、その初めと終わりの五字を書きなさい。

(五)　国語の授業で上の文章を読み、「ある共通の問題」について考えることになった。次はある生徒の【ノートの一部】である。□に入る言葉として最も適切なものを、上の文章中から四字で抜き出して書きなさい。

【ノートの一部】

○「ある共通の問題」について

・「知りたい、わかりたい、調べたい」

・「教えてあげたい、知らせたい」

→単なる知識・情報のやりとり

←

表面的で薄っぺらな議論

←

対話において□が生じにくい

二 次の文章を読んで、下の(一)～(五)の問いに答えなさい。

「何が言いたいのかがわからない」対話は、テーマが明らかでないのと同様、「何を話しているのかわからない」ということになりますね。その「テーマ」についてア「何が言いたいのか」がはっきりと相手に見えなければなりません。

ところが、その「言いたいこと」がなかなか見出(みいだ)せないあなたには、どのような課題があるのでしょうか。

「言いたいこと」を見出すために、あなたは、おそらくまず「情報の収集を」と考えていませんか。情報がなければ、構想が立てられない、だから、まず情報を、というのがあなたの立場かもしれません。

しかし、この発想をまず疑ってみてください。

情報といえば、まずテレビでしょうか。それから、もちろんのこと、インターネットの存在は、日々(ひび)の生活や仕事の中で不可欠なものです。インターネットの普及は、情報の※1概念を大きく変えたといっても(1)過言ではないでしょう。インターネットの力によって、世界中のさまざまな情報が瞬時にして地球上のあらゆるところまで伝わるようになりました。その他、ラジオ、新聞、雑誌等を含めた、各種のメディアの力による情報収集の方法を、わたしたちは無視するわけにはいきません。しかも、こうしたメディアが、あなた自身の自覚・無自覚にかかわらず、いつの間にかわたしたちの仕事や生活のための情報源になっているということはもはや否定できない事実でしょう。

しかし、よく考えてみてください。それらの情報の速さと量は、決して情報の質そのものを高めるわけではないのです。たとえば、インターネットが一般化するようになってから、世界のどこかで起きた一つの事件について、地球上のすべての人々(ひとびと)がほぼ同時に知ることが可能になりました。しかし、その情報の質は実にさまざまであり、決して同じではないのです。［A］、その情報をもとにしたそれぞれの人の立場・考え方は、これまた千差万別です。

こう考えると、一つの現象をめぐり、さまざまな情報が蝶(ちょう)のようにあなたの周囲を飛び回っていることがわかるはずです。大切なことは、そうした諸情報をどのようにあなたが自分の目と耳で切り取り、それについて、どのように自分のことばで語ることができるか、ということではないでしょうか。

もし、自分の固有の立場を持たなかったら、さまざまな情報を追い求めることによって、あなたの思考はいつの間にか停止を※2余儀なくされるでしょう。※3言説資料による、さまざまな

(一) 上の文章中の(1)――～(3)――の漢字の読みを平仮名で書きなさい。

(二) 上の文章中の［A］と［B］に入る言葉の組み合わせとして、最も適切なものを、次の1～4の中から選んで、その番号を書きなさい。

1 A そして　B なぜなら
2 A しかも　B もちろん
3 A ただ　B たしかに
4 A もし　B たとえば

(三) ア「何が言いたいのか」がはっきりと相手に見えなければなりませんとあるが、言いたいことがはっきりと相手に見えるようにするために、何をすることが必要だと筆者は述べているか。それについて述べた次の文中の［　］に入る内容を、四十字以上、四十五字以内で書きなさい。(句読点を含む。)

ただし、「情報」「立場」「語る」という三つの言葉を用いること。

まず「情報の収集を」と考える自身の発想を疑って、［　　　　］こと。

(四) イ対話 とあるが、対話とは何かを具体的に説明している部分を、上の文章中から句読点や符号を含めて

だ。ほぼ半年にわたって、兵吾と主税はオーストラリアについて調べに調べ、天気図にも毎日アクセスしてきた。特に楽しみにしていたのは、モートン島行きだった。この島では「客一人にイルカ一頭を(1)ホショウします」と案内にあった。毎朝晩、〝自分のイルカ〟に餌(えさ)をやれるのだ！
だが、お父さんが無菌性髄膜炎というこわい病気にかかって、最低でも一か月は入院することになってしまった。結局、お母さんだけが、(とんでもなく痛い)予防注射を何本も打ったあげく看病に行くことになったのである。

そんな騒動の最中に大叔父さんからたまたま連絡があって、事情を話したら、兄弟を引き受けようと(2)モウし出てくれたのだ。大叔父さんは北鎌倉の古い屋敷(やしき)に独りで住んでいる。

都合のいいことに、北鎌倉の手前の駅にはありとあらゆる塾があるらしい。主税が通っている塾の支部もちゃんとある。しかも鎌倉からなら東京にも通える。ちょっと早起きすれば学校の夏期行事や部活にも出られるということだ。

渡りに船と、お母さんは息子たちの北鎌倉行きをすぐに決めてしまった。「この際、お父さんに余計な心配をかける必要はないわね」と言って相談さえしなかったのだ。もっとも、相談されたらお父さんは反対したかもしれない。兄弟のあずかり知らぬ理由でお父さんは北鎌倉の実家には、ほとんど帰ろうとしないからだ。

それはさておき、主税はもう五年生だ。この夏を逃したら、中学受験がすむまでオーストラリアには行けないだろうということで企画した旅行でもあった。

〈もう、ぜんぜん、無理じゃないか〉

主税は足もとの(3)ムギわら帽子をおもいきりけっとばすと、お母さんにつかまる前にすばやく逃げ出した。

お母さんは**ア**やれやれという顔をしたが、何も言わなかった。

兵吾は主税がうらやましかった。自分もあんなふうに帽子をけっとばして出ていけたら、どんなにラクだろうと思ったのだ。

楽しみにしていた旅行がふいになり、大好きなお父さんとも当分会えず、ほとんどなじみのない大叔父さんと一夏いっしょに暮らすのだ。――しかもあの弟を連れて。

表には出さないが、兵吾は四歳下の弟がちょっと負担になることがあった。主税は元気の塊なのだ。いつだって我が道を行く。なんにでも反応(はんのう)が早くて、得意科目は体育と算数だ。図形の問題なんかパズルを解くみたいにあっという間に解いてしまう。どこにでも行きたがり、何でもやりたがる。

〈※3ＹＭＣＡのキャンプなんて、幼稚園の年長さんから一人で行ってたし〉

家族で駅まで送っていったのだが、主税はキャンプのグループに加わるや否(いな)や、後ろを一度も振りかえらずに、いそいそと行ってしまった。

イ兵吾はお母さんがそこにいるのも忘れて、大きなため息をついた。

（朽木　祥「月白青船山」による。）

※1　大叔父＝祖父母の兄弟。ここでは、兵吾と主税の祖父の弟にあたる人。
※2　鶴岡八幡宮＝鎌倉市にある神社。
※3　ＹＭＣＡ＝キリスト教青年会。青少年の生活指導、教育、福祉に関する活動を行っている。

4　主税の態度にあきれながらも、オーストラリアに行けないことに同情している。

(四)　**イ**兵吾はお母さんがそこにいるのも忘れて、大きなため息をついたとあるが、兵吾がため息をついた理由を、四十五字以上、五十字以内で書きなさい。(句読点を含む。)

(五)　国語の授業で上の文章を読み、「兵吾」の人物像について考えることになった。グループで話し合う前に、まず、自分の考えをノートにまとめた。次はある生徒の【ノートの一部】である。□に入る「兵吾」の人物像の根拠となる部分が、上の文章には何箇所かある。そのうちの一つを、上の文章中から一文で抜き出して、その初めの五字を書きなさい。

【ノートの一部】

〈「兵吾」の人物像〉
自分の本心をあまり言葉や態度に表さない人物だと思った。

○根拠となる表現
・□

国語

●満点100点　●時間50分

一 次の文章を読んで、下の㈠〜㈤の問いに答えなさい。

兵吾(ひょうご)と主税(ちから)の兄弟は、夏休みを利用して、父親が赴任しているオーストラリアに遊びに行く予定だった。しかし、父親が病気になってしまい、看病をするために母親が一人で行くことになった。母親の留守中、兵吾と主税は鎌倉に住む※1大叔父の家で過ごすことになり、そのための荷造りをしている。

「鎌倉ってさ、お母さんたちが行けば、きっと、ものすごく楽しいところだよね」と言って、主税はほっぺたをふくらませた。「それとか、老後の楽しみってやつで、おじいさんやおばあさんが行くんだ」

「たしかにね」とお母さんは荷造りしながら軽く受け流した。「でも、修学旅行でも行くでしょ。遠足でもね」

「大仏さんとか、※2鶴岡八幡宮(つるがおかはちまんぐう)とか」とバックパックに荷物をつめていた兄の兵吾も言った。

「どっちも、もう行ったし」と主税はさらにふくれっつらになった。

すると兵吾は、ちょうど手に持っていた鎌倉案内の冒頭ページを開いて読み上げた。

「鎌倉には、一年かかっても回りきれないほどの神社仏閣があります」

主税は、サラダの中にピーマンを発見した時みたいなしかめっつらをしてみせた。

「それに、海が近いよ」

主税は聞こえないふりをした。実をいえばそれだけが楽しみなのだが、ここはとにかく、〃いやいや行ってあげる〃という態度をつらぬくつもりでいたからだ。

「だって、家は山ん中なんでしょ」

「リスもくるし、クワガタもいるし、朝は鳥の鳴き声で目が覚めるわよ」

主税はさらに口をとがらせた。

「知らないの？　オーストラリアはコアラより鳥で有名なんだよ。ハデハデな鳥がいっぱいいるんだから。一日じゅう、鳴き声だらけさ。イルカだっているし」

主税はさらに突っかかった。

「だいいち、オーストラリアなら、そこいらじゅう海じゃないか」

ついにお母さんが笑い出した。お母さんは、オーストラリア行きをあきらめなければならなかった主税のことをかわいそうだと思っている。だからまだ笑っているのだ。

主税は内心、お母さんが「もうわかったから、早く荷造りしなさい」とこわい声で言ってくれればいいのにと思っていた。そしたら、思い切りあかんべして逃げ出せるからだ。

兵吾のほうは淡々と荷造りをしていた。主税はこれもおもしろくなかった。

〈お兄ちゃんだって、ほんとは鎌倉なんか行きたくないくせに。「日本にいれば部活にも、合宿にも行けるし」なんて言ってさ〉

本当なら、この夏はオーストラリアに単身赴任しているお父さんのところに行く予定だったの

㈠ 上の文章中の(1)――〜(3)――の片仮名の部分を漢字で書きなさい。

㈡ さらに という言葉を繰り返すことにより表現している主税の心情として、最も適切なものを、次の1〜4の中から選んで、その番号を書きなさい。

1 母がオーストラリアの鳥について詳しく知らないのでいらだっている。
2 兄が荷造りに夢中で全く自分の話を聞いてくれないため焦っている。
3 オーストラリアに行けなくなったことに対し不満をもち続けている。
4 鎌倉行きを納得しているかのように振る舞う兄を不安に思っている。

㈢ アやれやれという顔をしたが、何も言わなかった とあるが、この時の「お母さん」の心情として、最も適切なものを、次の1〜4の中から選んで、その番号を書きなさい。

1 主税の態度は頼もしいが、鎌倉の大叔父の所へ行かせることは心配でもある。
2 主税の態度に怒りを感じたが、荷造りが終わってから叱ろうと我慢している。
3 主税の態度に困り果て、五年生なのに聞き分けのないことにがっかりしている。

Memo

2019年度 茨城県公立高校 入試問題

英語

●満点 100点　●時間 50分

1　次の(1)～(4)は，放送による問題です。それぞれ放送の指示にしたがって答えなさい。

(1)　これから，**No. 1** から **No. 5** まで，五つの英文を放送します。放送される英文を聞いて，その内容に合うものを選ぶ問題です。それぞれの英文の内容に最もよく合うものを，**ア**，**イ**，**ウ**，**エ**の中から一つ選んで，その記号を書きなさい。

No. 1

No. 2

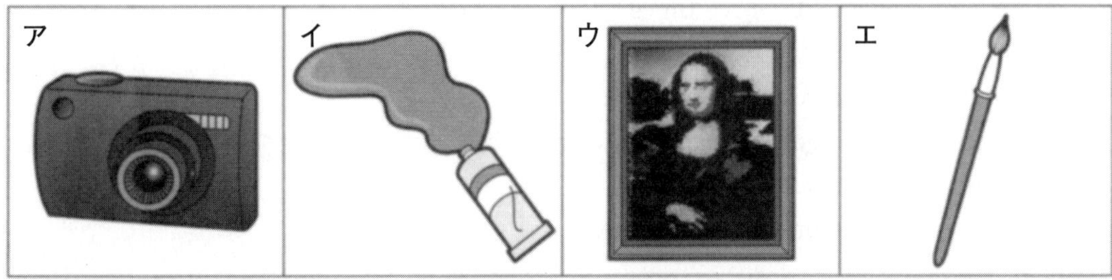

No. 3

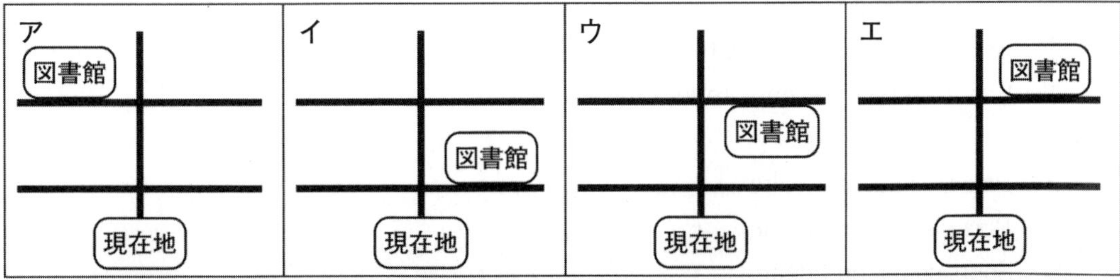

No. 4

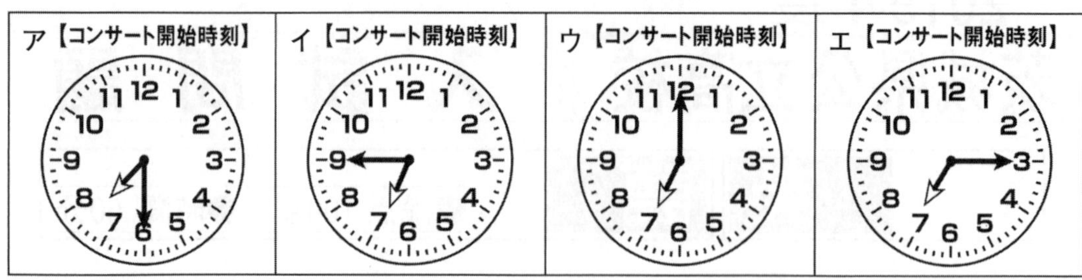

No. 5

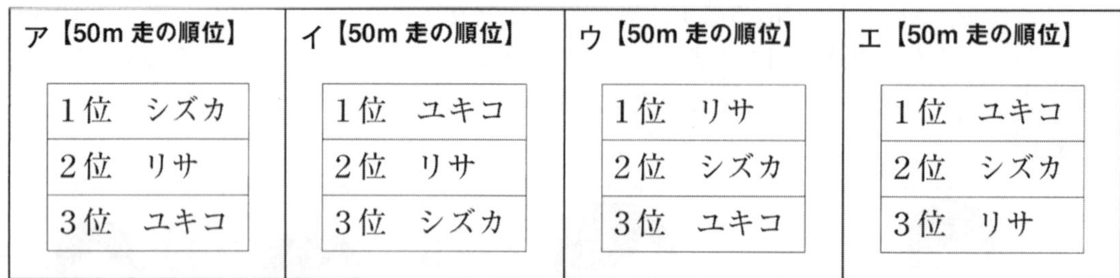

ア【50m 走の順位】	イ【50m 走の順位】	ウ【50m 走の順位】	エ【50m 走の順位】
1位　シズカ	1位　ユキコ	1位　リサ	1位　ユキコ
2位　リサ	2位　リサ	2位　シズカ	2位　シズカ
3位　ユキコ	3位　シズカ	3位　ユキコ	3位　リサ

(2)　これから，**No. 1** から **No. 4** まで，四つの対話を放送します。それぞれの対話のあとで，その対話について一つずつ質問します。それぞれの質問に対して，最も適切な答えを，**ア**，**イ**，**ウ**，**エ**の中から一つ選んで，その記号を書きなさい。

No. 1

ア　Twice.　　イ　Three times.
ウ　Four times.　　エ　Five times.

No. 2

ア　She is going to go to the hospital.
イ　She is going to go to the movies with Tom.
ウ　She is going to study English.
エ　She is going to practice the piano.

No. 3

ア　She will join the speech contest.
イ　She will practice her speech every day.
ウ　She won the speech contest.
エ　She asked her teacher to join the contest.

No. 4

ア　Pizza, salad, and cake.
イ　Pizza, soup, and cake.
ウ　Soup, salad, and cake.
エ　Soup, salad, and pizza.

(3)　これからヒロシ(Hiroshi)とグリーン先生(Ms. Green)の二人の対話を放送します。そのあとで，その内容について **Question No. 1** と **Question No. 2** の二つの質問をします。それぞれの質問に対して，最も適切な答えを，**ア**，**イ**，**ウ**，**エ**の中から一つ選んで，その記号を書きなさい。

No. 1

ア Because she has seen snow in her country.

イ Because she will be able to see snow tonight.

ウ Because she will leave Japan tonight.

エ Because she can enjoy two seasons in her country.

No. 2

ア Summer and fall.　　イ Spring and winter.

ウ Spring and fall.　　エ Summer and winter.

(4) 高校生のカズヤ(Kazuya)はアメリカへの旅行で動物園を訪れ，動物園のガイドから話を聞いています。これからその内容を放送します。カズヤが参加するツアーの自由時間は何分間ですか。その時間を①に書きなさい。

また，この動物園の説明として正しいものはどれですか。下の**ア**，**イ**，**ウ**，**エ**の中から一つ選んで，その記号を②に書きなさい。

「カズヤが参加するツアーの自由時間」： ①(　　分間)

「この動物園の説明として正しいもの」： ②(　　　)

	動物に触れること	動物にエサを与えること	パンダの赤ちゃんを見ること	パンダの赤ちゃんの写真を買うこと
ア	×	○	×	○
イ	○	○	○	×
ウ	×	×	×	×
エ	×	×	×	○

○：できる　　×：できない

これで，放送による聞き取りテストを終わります。続いて，問題**2**に進みなさい。

※<**聞き取りテスト放送原稿**>は英語の問題の終わりに付けてあります。

2 次の**A**と**B**の英文は，日本に留学しているトム(Tom)が，オーストラリアにいる家族に送ったメールの一部です。それぞれの英文を読んで，下の(1)，(2)の問いに答えなさい。

A

I have just arrived at my host family's house in Japan. My room here is ①(big) than my room in Australia. I can see a beautiful mountain ②(call) Mt. Wakaba from my window. Many children come to *climb this mountain on their school trips. My host father likes fishing, so he often ③(go) to the lake near Mt. Wakaba. He will take me to the mountain tomorrow. I'm very excited.

＊ climb ～に登る

B

> Yesterday, my host father and I went to Mt. Wakaba. I saw many young people there. Climbing Mt. Wakaba is very ④(p　　) among them. It was very difficult for me to climb the mountain and it ⑤(t　　) three hours. I was so ⑥(t　　) that I went to bed early.

(1) Aの英文が完成するように，文中の①～③の(　)の中の語を，それぞれ１語で適切な形に直して書きなさい。

(2) Bの英文が完成するように，文中の④～⑥の(　)内に，最も適切な英語を，それぞれ１語ずつ書きなさい。なお，答えはすべて(　)内に示されている文字で書き始めるものとします。

3 次の英文は，高校生のカズミ(Kazumi)とブラウン先生(Mr. Brown)との対話です。この対話文を読んで，下の(1)～(3)の問いに答えなさい。

Kazumi : Hi, Mr. Brown. I heard you went to Kyoto. How was your trip?

Mr. Brown : It was great.

Kazumi : Ⓐ<u>How many days did you stay in Kyoto?</u>

Mr. Brown : I spent three days there and enjoyed sightseeing. I like learning about Japanese history, so I visited many famous shrines and temples.

Kazumi : I'm sure that you had a good time there.

Mr. Brown : I did. But on the last day I *left my bag on the train.

Kazumi : Really? Did you find it?

Mr. Brown : Yes. A *station staff was so kind. He called many other stations, and he looked for my bag with me for an hour. Finally, I found it.

Kazumi : Oh, that's good.

Mr. Brown : A kind person picked up my bag and brought it to the station office. I'm Ⓑ<u>(ア so kind　イ to　ウ are　エ know　オ that　カ Japanese people　キ very happy).</u>

* left ～　～を置き忘れた　　station staff　駅員

(1) 下線部Ⓐを次の英文のように言いかえたとき，(　)に入る適切な英語１語を書きなさい。
How (　　) did you stay in Kyoto?

(2) 下線部Ⓑの(　)の中の語句を正しく並べかえて，記号で書きなさい。

(3) 次の英文はブラウン先生が旅行から帰った日に，アメリカの家族に送ったメールの一部です。上の対話文の内容に合うように(①)～(③)に入る適切な英語をそれぞれ１語ずつ書きなさい。

> I stayed in Kyoto from Friday to (①). I visited many famous shrines and temples (②) I am interested in Japanese history. On the last day, I left my bag on the train. A station staff helped me a (③). Finally, I got my bag. I really understood that Japan is a wonderful country.

4 留学中の高校生のユカ(Yuka)は，メアリー(Mary)と下のちらしを見ながら話をしています。次の対話文を読んで，(1)，(2)の問いに答えなさい。

Yuka： Hi, Mary. What *flyer are you reading？

Mary： This is about (①) of this summer. I'm going to join one of them. How about you？

Yuka： I want to join too. Let's choose the same program. Which one do you like？

Mary： I have a club activity in the morning, so I want to join a program that is in the afternoon.

Yuka： How about "Singing Songs"？

Mary： Sorry, (②). Let's think about another program.

Yuka： OK. I want to be a teacher in the future, so I want to try (③) with you. You can also go to your club activity in the morning.

Mary： That's good. So, we have to bring bottles of water.

Yuka： OK. *By the way, I'm worried about one thing. [　　　　　]？

Mary： No, I haven't. This is my first time. How about you？

Yuka： This is also my first time.

Mary： Don't worry about that because the flyer says (④).

Yuka： Thank you. How can we *apply for the program？

Mary： (⑤).

Yuka： I hope we can make new friends through this program.

* flyer　ちらし　By the way　ところで　apply for ～　～に申し込む

Our City Needs Help from Students!

What?	Where?	When?	
Cleaning the Station	Station	August 1, 8, 22, 29	9:00 a.m. - 11:00 a.m.
Teaching Children	School	August 2, 9, 23, 30	9:00 a.m. - 11:30 a.m.
Reading Books to Children	Library	August 3, 10, 24, 31	1:00 p.m. - 2:30 p.m.
Playing with Children	Park	August 4, 11, 25	1:00 p.m. - 2:30 p.m.
Singing Songs	Hospital	August 7, 14, 28	2:00 p.m. - 4:00 p.m.

You have to ...

1) come on all of the dates.
2) bring something to drink if you join "Cleaning the Station" or "Playing with Children."

You don't have to...

1) worry about joining alone. You can make friends easily.
2) have experience of these activities. We will show you how to do the activities.

・If you have a question, please call us. Our phone number is □□□ー△△△ー○○○○.
・You can also get more information on our website. www.□□□□□□.△△△△.com
・Please tell your teachers when you decide to join an activity. They will apply for it.

(1) 対話文中の(①)～(⑤)に入る最も適切なものを，**ア**～**エ**の中から一つ選んで，その記号を書きなさい。

① ア club activities　イ programs to study abroad
ウ volunteer activities　エ sports tournaments

② ア I must go to a piano lesson on August 4
イ I don't have any plan on August 7
ウ I must go home before 3:30 p.m. on August 14
エ I don't know how to get to the library

③ ア "Playing with Children"　イ "Cleaning the Station"
ウ "Reading Books to Children"　エ "Teaching Children"

④ ア we can't join with our friends
イ we can learn how to do the activities
ウ we can get more information in the library
エ we can send an e-mail if we have a question

⑤ ア We can do it on the phone
イ We can do it on the Internet
ウ We can do it by telling our friends
エ We can do it by telling our teacher

(2) 対話の流れに合うように，文中の［　］に入る適切な英語を，4語以上，8語以内で書きなさい。

5 次の英文を読んで，下の(1)～(4)の問いに答えなさい。

One day in June, Ms. Yoshida, Ken's English teacher, said to him, "Why don't you join an international *meeting during the summer vacation? High school students from foreign countries will *get together in Tokyo and talk about the problems in their countries. It will be a good experience." He thought the meeting was interesting, so he decided to join it.

The meeting was held in August. About 100 students got together. In the morning, three students from developing countries gave speeches. After that, all the students talked about their countries in groups. Ken learned about the problems in other countries. ［ 1 ］

During lunch time, Ken met a girl. Her name was Evelyn. She was 17 years old. He asked about her first *impression of Japan. She looked at his *shoes and answered, "I am glad to see that many students wear clean shoes." Then she asked, "Do you throw away your old shoes?" He answered, "Yes, I throw them away." He wanted to talk with her more, but they didn't have much time. ［ 2 ］ He said goodbye and *promised to send her an e-mail.

In the afternoon, Ken and other students talked about the problems in their countries in different groups. They also sang English songs and danced together. ［ 3 ］ They had a good time. Then the meeting ended.

After Ken got home, he thought, "Why did Evelyn ask me about my old shoes?" He *looked up her country on the Internet. He saw pictures of children of her country. ［ 4 ］ Many of the children on the street didn't wear shoes. He was very surprised to learn that. He wanted to help them. "What can I do for them?" he thought. Then he found a website that had a message: *Your shoes will save our lives. Please send us shoes you no longer wear. Many* *children don't have any shoes, and often *get seriously injured.*

The next day Ken sent an e-mail to Evelyn and asked about the website. She wrote, "It is my website. I am collecting shoes for children in developing countries. Many people saw my website and sent their shoes, but we still need more." He wrote, "I want to work with you." Then he told his classmates about her website. They decided to collect shoes in their school, so they made a *poster. It said, "Let's help the children in developing countries by sending our shoes." After two weeks, they were able to collect a lot of shoes and to send them to Evelyn.

A few days later, Ken got an e-mail from Evelyn. "Thank you very much for your help. Let's help more people in the future."

Through this experience, Ken learned that it is important to understand problems in the world. He also learned that it is important to [　　　　].

* meeting 会議　get together 集まる　impression 印象
shoes 靴　promised 約束した　looked up 調べた
get seriously injured ひどいけがをする　poster ポスター

(1) 本文の内容に合う文を，次の**ア**～**ク**の中から三つ選んで，その記号を書きなさい。

ア Ken found information about the international meeting on the Internet.
イ At the meeting, Ken gave a speech about the problems in developing countries.
ウ Ken and Evelyn met at the international meeting in June.
エ Evelyn asked Ken about his shoes during lunch time.
オ Ken learned that many children in developing countries don't have shoes.
カ Evelyn asked Ken in her e-mail about the problems in his country.
キ Ken collected shoes to help his classmates.
ク Evelyn thanked Ken because he helped her to collect more shoes.

(2) 次の①，②の質問に，それぞれ指定された語数の英文で答えなさい。ただし，符号(，. ? ! など)は，語数には含まないものとします。

① How many students from developing countries gave speeches？（3語以上）
② After sending an e-mail to Evelyn, what did Ken tell his classmates about？（6語以上）

(3) 次の文は，文中の[1]～[4]のどこに入るのが最も適切か，番号で答えなさい。

He got the answer to his question.

(4) 本文の内容から考えて，本文中の[　　]に入る最も適切なものを，次の**ア**～**エ**の中から一つ選んで，その記号を書きなさい。

ア go to foreign countries to sell shoes
イ make his website to join the international meeting
ウ work together to help others
エ throw his shoes away

6 あなたは，アメリカに住んでいる高校生のジョン(John)から次のようなメールをもらいました。ジョンの質問に対するあなたの意見とその理由について，メールの書き出しに続けて英語30語以上，40語以内で書きなさい。なお，記入例にならい，符号(，．？！など)は，その前の語につけて書き，語数には含まないものとします。

【あなたがジョンからもらったメール】

> Hi, how are you？ I want to know your *opinion about something. I'm going to start a new life in Japan next month. And I will study with you in your school. Yesterday I got an e-mail from my host father. He says the school is about five kilometers from his house. I can go to school by bus, or borrow a bike from my host family and go to school by bike. How should I go to school？ What is your opinion？

＊ opinion 意見

記入例	Are	you	Ms.	Brown？
	No,	I'm	not.	

Hello, John.
Thank you for your e-mail.

	30		
			40

See you soon.

<聞き取りテスト放送原稿>

ただいまから 1 の，放送による聞き取りテストを行います。問題は(1)から(4)までの四つです。放送中メモを取ってもかまいません。

それでは(1)の問題からはじめます。

(1) これから，**No. 1** から **No. 5** まで，五つの英文を放送します。放送される英文を聞いて，その内容に合うものを選ぶ問題です。それぞれの英文の内容に最もよく合うものを，**ア**，**イ**，**ウ**，**エ**の中から一つ選んで，その記号を書きなさい。

それぞれの英文は，２回放送します。

では，はじめます。

No. 1 I am talking on the phone.

繰り返します。

No. 2 I got this from my father. I will take many pictures with it.

繰り返します。

No. 3 Go straight and turn right at the second corner. You will find the library on your left.

繰り返します。

No. 4 It is six forty-five. We have 15 minutes before the concert.

繰り返します。

No. 5 Yukiko runs faster than Shizuka. Risa does not run as fast as Shizuka.

繰り返します。

これで(1)の問題を終わります。

次に，(2)の問題に移ります。

(2) これから，**No. 1** から **No. 4** まで，四つの対話を放送します。それぞれの対話のあとで，その対話について一つずつ質問します。それぞれの質問に対して，最も適切な答えを，**ア**，**イ**，**ウ**，**エ**の中から一つ選んで，その記号を書きなさい。

対話と質問は，２回放送します。

では，はじめます。

No. 1

A： Junko, have you ever been to a foreign country?

B： Yes, Mark. I've been to Canada three times and China twice.

A： Wow, that's great. Which country do you like better?

B： I like Canada better.

Question： How many times has Junko been to Canada?

繰り返します。（対話と質問を繰り返す。）

No. 2

A： Hi, Keiko. Do you want to watch a movie tomorrow?

B： Sure, Tom. I'll practice the piano in the morning, so let's go in the afternoon.

A： OK. I'll study in the morning then. Do you think Jack wants to come with us?

B： No, I don't think so. He has been sick since yesterday.

Question： What will Keiko do tomorrow morning?

繰り返します。（対話と質問を繰り返す。）

No. 3

A： You look happy, Mika.

B： Yes, Ted.　Mr. Yamada asked me to join the English speech contest.

A： That's good news.

B： I'm going to practice every day to win the contest.

Question： What's the good news for Mika ?

繰り返します。（対話と質問を繰り返す。）

No. 4

A： What are you going to eat, Kumi ?

B： I think I'll have soup and salad.　How about you ?

A： I'll have pizza, salad, and cake.

B： I'll have cake, too.

Question： What will Kumi eat ?

繰り返します。（対話と質問を繰り返す。）

これで(2)の問題を終わります。

次に，(3)の問題に移ります。

(3)　これからヒロシ（Hiroshi）とグリーン先生（Ms. Green）の二人の対話を放送します。そのあとで，その内容について **Question No. 1** と **Question No. 2** の二つの質問をします。それぞれの質問に対して，最も適切な答えを，**ア**，**イ**，**ウ**，**エ**の中から一つ選んで，その記号を書きなさい。

対話と質問は２回放送します。

では，はじめます。

Ms. Green： Hi, Hiroshi.　It's very cold this morning.

Hiroshi： We're going to see snow tonight.

Ms. Green： I'm so excited.

Hiroshi： Do you have snow in your country ?

Ms. Green： No.　I have never seen it in my country because we don't have winter.

Hiroshi： Really ?　How many seasons do you have in your country ?

Ms. Green： We have only two seasons.　I like Japan because I can enjoy four different seasons.　Which season do you like ?

Hiroshi： Well, I like summer because I can swim in the sea.　How about you ?

Ms. Green： I like spring the best because we can enjoy beautiful flowers.

Hiroshi： Some flowers are very beautiful in fall too.　I like to see them.　So fall is also one of my favorite seasons.

Questions：

No. 1　Why is Ms. Green excited ?

No. 2　Which seasons does Hiroshi like ?

繰り返します。（対話と質問を繰り返す。）

これで(3)の問題を終わります。

次に，(4)の問題に移ります。

(4) 高校生のカズヤ(Kazuya)はアメリカへの旅行で動物園を訪れ，動物園のガイドから話を聞いています。これからその内容を放送します。カズヤが参加するツアーの自由時間は何分間ですか。その時間を①に書きなさい。

また，この動物園の説明として正しいものはどれですか。下の**ア**，**イ**，**ウ**，**エ**の中から一つ選んで，その記号を②に書きなさい。

では，はじめます。

Hello, everyone. It is ten o'clock. Let's start the tour. I will show you around this zoo for one hour. Then you will have free time for shopping. After the free time, at eleven thirty, we will take a picture here together.

Now, I will tell you very important things about this zoo. First, you cannot touch any animals. It is dangerous to touch them. Second, do not give them any food. They may become sick. Third, we have big news. A baby panda was born three months ago. You cannot see it yet, but you can buy its pictures at the shop. Do you have any questions? I hope you will enjoy the tour.

繰り返します。(英文を繰り返す。)

これで，放送による聞き取りテストを終わります。続いて，問題**2**に進みなさい。

数 学

●満点 100点 ●時間 50分

1 次の計算をしなさい。

(1) $-7+5$

(2) $(-3)\times4-(-6)\times4$

(3) $\frac{2}{3}\div\left(-\frac{8}{3}\right)+\frac{1}{2}$

(4) $4(-x+3y)-5(x+2y)$

(5) $\frac{14}{\sqrt{7}}+\sqrt{3}\times\sqrt{21}$

2 次の各問に答えなさい。

(1) $x^2+5x-36$ を因数分解しなさい。

(2) x についての方程式 $3x-4=x-2a$ の解が5であるとき，a の値を求めなさい。

(3) 2次方程式 $3x^2+3x-1=0$ を解きなさい。

(4) n を自然数とするとき，$4<\sqrt{n}<10$ をみたす n の値は何個あるか求めなさい。

(5) 右の図のように，△ABC がある。

このとき，△ABC を点Oを中心として点対称移動させた図形をかきなさい。

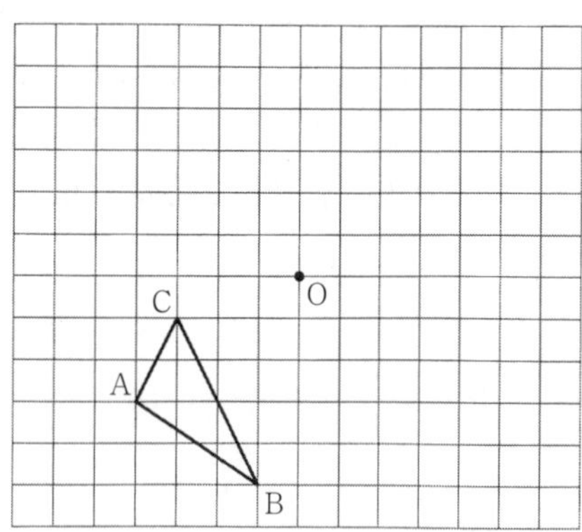

3 次の各問に答えなさい。

(1) 次の図で，△ABC≡△ADE，AE∥BC である。

このとき，∠ACB の大きさを求めなさい。

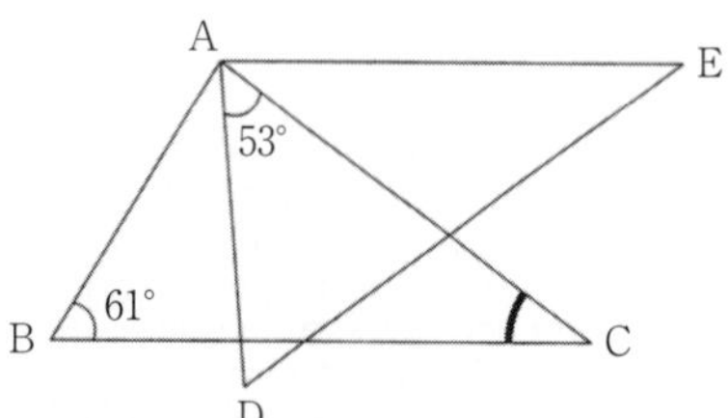

(2) 次の**問題**について考える。

問題

兄と弟が，40段ある階段の一番下にいる。兄と弟がじゃんけんをして，勝負がつくごとに，兄が勝ったら兄だけが2段上がり，弟が勝ったら弟だけが3段上がる。勝負が10回ついたとき，兄が弟より5段下にいた。

このとき，兄と弟の勝った回数をそれぞれ求めなさい。

この**問題**を解くために，兄が勝った回数を x 回，弟が勝った回数を y 回として，次のような連立方程式をつくった。[ア] には当てはまる数を，[イ] には当てはまる式をそれぞれ書きなさい。

$$\begin{cases} x+y=\boxed{\quad ア \quad} \\ \boxed{\quad イ \quad}=-5 \end{cases}$$

(3) 袋の中に，赤玉3個，白玉2個が入っている。袋から玉を1個取り出し，それを袋にもどして，また1個取り出すとき，少なくとも1回は赤玉が出る確率を求めなさい。
ただし，袋からどの玉が取り出されることも同様に確からしいとする。

4 下の図において，曲線**ア**は関数 $y=\dfrac{1}{2}x^2$ のグラフである。曲線**ア**上の点で x 座標が4である点をA，y 軸上の点で y 座標が10，6である点をそれぞれB，Cとし，線分OBの中点をDとする。また，線分OA上に点Eをとる。

このとき，次の(1)，(2)の問いに答えなさい。ただし，Oは原点とする。

(1) 2点A，Dを通る直線の式を求めなさい。

(2) 四角形ABCEの面積が△OABの面積の $\dfrac{1}{2}$ であるとき，点Eの座標を求めなさい。

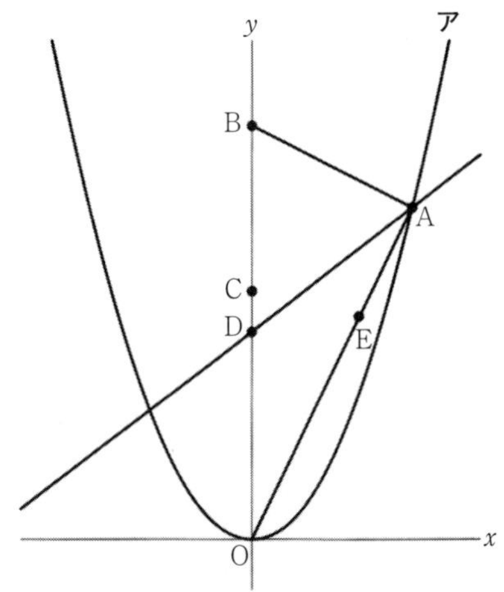

5 右の図のように，半径5cmの円Oがあり，線分ABは円Oの直径である。線分AB上でAC：CB＝3：2となる点をCとする。円Oの周上に2点A，Bと異なる点Dをとり，円Oと直線CDとの交点のうち，点Dと異なる点をEとする。

このとき，次の(1)，(2)の問いに答えなさい。

(1) △ACD∽△ECBであることを証明しなさい。

(2) AB⊥DEのとき，線分ADの長さを求めなさい。

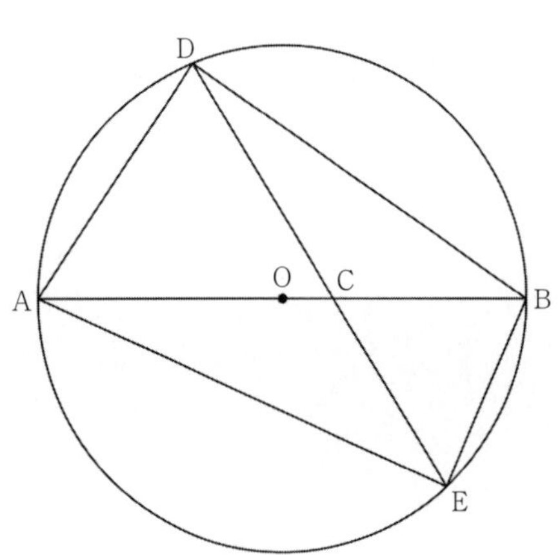

6　１辺が40cm の立方体の水そうと，１つの面だけが赤色に塗られている直方体のおもりＰがある。

図１は，おもりＰを２つ縦に積み上げたものを水そうの底面に固定したものである。**図２**は，**図１**の水そうに一定の割合で水を入れたとき，水を入れ始めてから x 分後の水そうの底面から水面までの高さを y cm として，x と y の関係をグラフに表したものである。**図３**は，おもりＰを２つ横に並べたものを水そうの底面に固定したものである。

ただし，直方体のおもりＰは，赤色に塗られた面が上になるように用いるものとする。水そうの底面と水面は常に平行になっているものとし，水そうの厚さは考えないものとする。

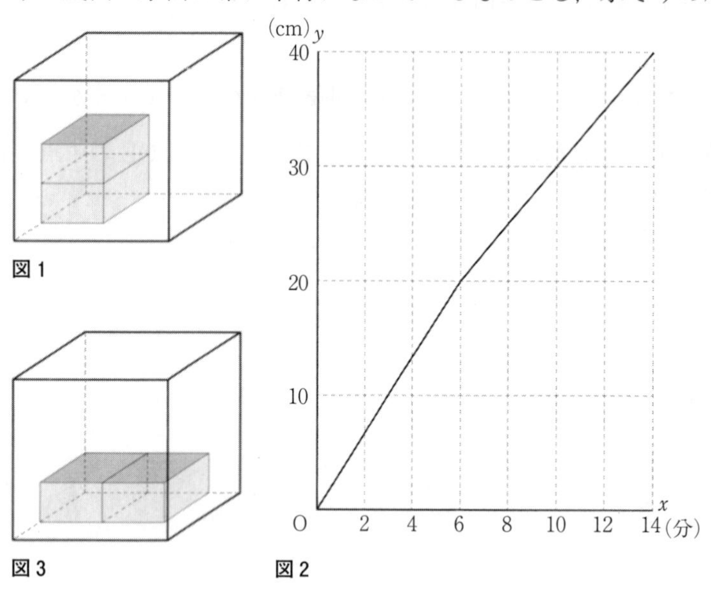

図１　**図３**　**図２**

このとき，次の(1)，(2)の問いに答えなさい。

(1)　下の文中の［ア］，［イ］に当てはまる数をそれぞれ書きなさい。

> **図２**のグラフにおいて，水を入れ始めて６分後から満水になるまでの間に，水そうの底面から水面までの高さは［　ア　］cm 上がっているので，水そうには，毎分［　イ　］cm^3 で水を入れていたことがわかる。

(2)　**図３**の水そうにおいて，一定の割合で水を入れたところ，水を入れ始めてから14分後に満水になった。このとき，水そうの底面から水面までの高さが８cm になるのは，水を入れ始めてから何分後か求めなさい。

7 ある中学校のバスケットボール部の１年生11人と２年生15人が，フリースローを10回ずつ行った。右の**表１**は，１年生11人のボールの入った回数とその人数を表したものであり，**表２**は，１年生と２年生をあわせた26人のボールの入った回数とその人数を表したものである。ただし，x，yにはそれぞれ人数が入る。

このとき，次の(1)，(2)の問いに答えなさい。

表１

ボールの入った回数(回)	人数(人)
0	0
1	1
2	1
3	1
4	3
5	0
6	2
7	2
8	0
9	1
10	0
合計	11

表２

ボールの入った回数(回)	人数(人)
0	0
1	1
2	1
3	2
4	4
5	x
6	6
7	3
8	y
9	3
10	0
合計	26

(1) **表１**において，ボールの入った回数の平均値を，小数第２位を四捨五入して求めなさい。また，ボールの入った回数の最頻値(モード)を求めなさい。

(2) ２年生15人について，ボールの入った回数の中央値(メジアン)が６回であるとき，**表２**のxに当てはまる値をすべて求めなさい。

8 下の図のように，１辺の長さが４cmの立方体ABCDEFGHがある。辺BF上に点Pをとり，辺EF，FGの中点をそれぞれQ，Rとする。

このとき，次の(1)，(2)の問いに答えなさい。

(1) AP＋PGの長さを最も短くしたとき，AP＋PGの長さを求めなさい。

(2) ３点A，Q，Rを通る平面でこの立方体を切ったとき，切り口の図形の面積を求めなさい。

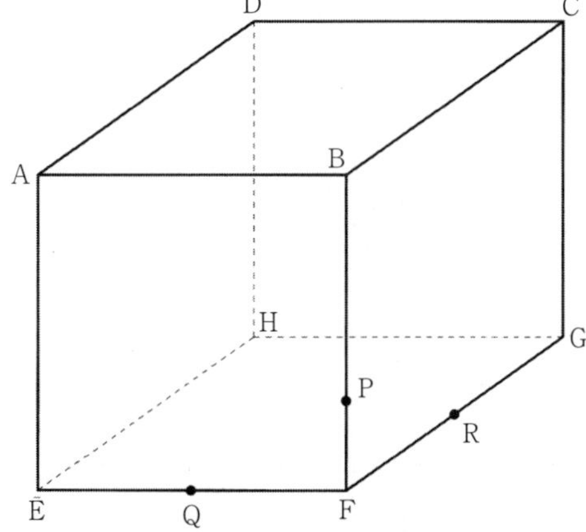

社会　●満点 100点　●時間 50分

1　次に示すのは，あるクラスで生徒が興味をもった国について調べ学習を行い，まとめたものの一部である。これらに関連した(1)～(7)の問いに答えなさい。

A　イギリス	産業革命(さんぎょうかくめい)が最初に始まった国であり，工場で大量に生産された工業製品を世界中に輸出し，東アジアにも進出した。
B　フランス	ルイ14世の命令でベルサイユ宮殿が建設された。その後のフランス革命の頃には，財政が悪化し，身分による貧富の差も大きくなっていた。
C　モンゴル	13世紀の初めに，分かれていた遊牧民の諸部族が統一され，モンゴル帝国が成立した。その後，ユーラシア大陸の東西にまたがる広大な地域を支配した。
D　オーストラリア	多くの鉱産資源や農産物が輸出されているが，1960年代と比較すると輸出品や相手国に変化が見られる。
E　ブラジル	工業化が進み，自動車や航空機などの製造がさかんで，輸出をしている。南アメリカでの経済関係を密接にし，協力を強めるために，地域機構(まとまり)に加盟している。

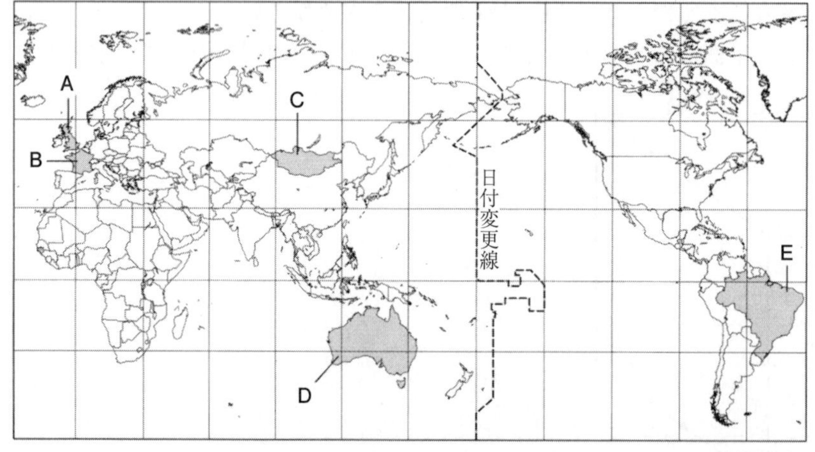

(注)　経線と緯線は30度間隔である。なお，緯線は，北緯90度まで，南緯60度までえがかれている。

(1)　**A**～**E**の国は，それぞれ主権をもつ国家である。主権が及ぶ範囲を領域という。領域に関して，次の[　　]の文中の[a]，[b]に当てはまる数字の組み合わせを，下の**ア**～**エ**の中から一つ選んで，その記号を書きなさい。また，[　　]に当てはまる語を書きなさい。

> 領域は，領土，領海，領空からなっている。領海の範囲は，[a]海里である。また，領土の沿岸から[b]海里までを[　　]といい，魚や石油などの資源は，沿岸国のものとすることができる。領空は，一般的に領土，領海の上空で，大気圏内とされている。

ア［a　12　b　100］　**イ**［a　12　b　200］
ウ［a　24　b　100］　**エ**［a　24　b　200］

(2) Aの国イギリスについて，日本との関係に関する次のア～エのできごとを，年代の古い順に左から並べて，その記号を書きなさい。

ア 薩英戦争(さつえいせんそう)がおこった。

イ イギリスが平戸(ひらど)(長崎県)に商館(しょうかん)をつくり，貿易を始めた。

ウ 日英同盟(にちえいどうめい)が結ばれた。

エ イギリスの領事裁判権(りょうじさいばんけん)(治外法権(ちがいほうけん))が撤廃された。

(3) Bの国フランスについて，フランス革命で国民議会(こくみんぎかい)が発表したものを何というか，次のア～エの中から一つ選んで，その記号を書きなさい。

ア 人権宣言(じんけんせんげん)　　イ 法(ほう)の精神(せいしん)

ウ 権利(けんり)(の)章典(しょうてん)　　エ 独立宣言(どくりつせんげん)

(4) Cの国モンゴルについて，13世紀の初めに成立したモンゴル帝国に関する次の［　］の文中の［a］，［b］に当てはまる語を書きなさい。

> 皇帝となった［a］は都を大都(だいと)(現在の北京(ペキン))に移し，国号を元(げん)と定めた。［a］は，日本を従えようと使者を送ったが，鎌倉幕府(かまくらばくふ)の執権(しっけん)の［b］が要求を拒否したため，1274(文永11)年に文永(ぶんえい)の役(えき)がおこった。

(5) Dの国オーストラリアについて，オーストラリアの貿易に関して示した**表1**のX，**表2**のYに当てはまる語の組み合わせを，下のア～エの中から一つ選んで，その記号を書きなさい。

表1　オーストラリアの主な輸出品の金額とその割合(2015年)

品目	金額(百万ドル)	割合(%)
X	36735	19.6
石炭	28476	15.2
液化天然ガス	12429	6.6
金(非貨幣用)	10936	5.8
肉類	9891	5.3
その他	89325	47.6

表2　オーストラリアの主な輸出国別の金額とその割合(2015年)

国名	金額(百万ドル)	割合(%)
Y	60774	32.2
日本	29976	15.9
韓国	13369	7.1
アメリカ	10242	5.4
インド	7954	4.2
その他	66316	35.2

(注)　割合は四捨五入しているため，合計が100%にならない場合もある。

〔**表1**，**表2**は「世界国勢図会 2017/18」より作成〕

ア ［X 原油　Y 中国］　イ ［X 原油　Y イギリス］

ウ ［X 鉄鉱石　Y 中国］　エ ［X 鉄鉱石　Y イギリス］

(6) Eの国ブラジルについて，地域主義(地域統合)の例として，ブラジルが加盟している地域機構(まとまり)の略称を，次のア～エの中から一つ選んで，その記号を書きなさい。

ア NAFTA　イ EU　ウ ASEAN　エ MERCOSUR

(7) 日本が1月30日午前10時のとき，A～Eの国の中で1月30日**ではない**国はどこか，A～Eの中から一つ選んで，その記号を書きなさい。なお，サマータイムについては考えないものとする。

2 次の(1)～(5)の問いに答えなさい。

(1) ある中学生が，2016年に行われた参議院議員選挙における茨城県の有権者数，投票者数，年齢別投票率について調べた。下の［　］は生徒のノートの一部である。ノートの［　］に当てはまる内容を，「有権者数」，「投票率」という語を用いて書きなさい。

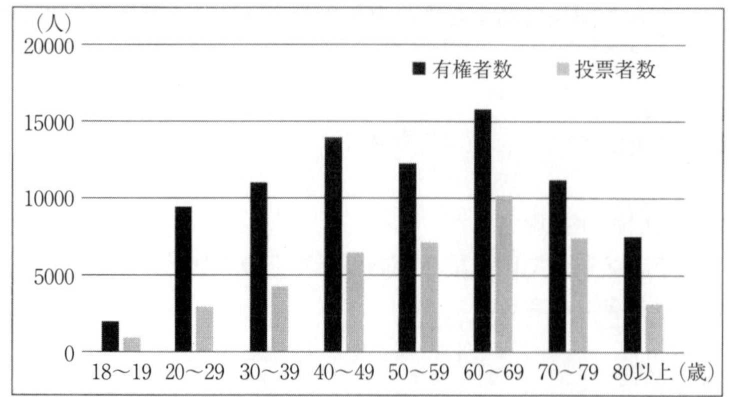

図1　2016年参議院議員選挙における茨城県の有権者数と投票者数（抽出投票区）

表1　2016年参議院議員選挙茨城県の年齢別投票率（抽出投票区）

年齢	投票率（%）
18～19歳	44.71
20～29歳	31.25
30～39歳	38.96
40～49歳	46.25
50～59歳	57.61
60～69歳	64.26
70～79歳	66.18
80歳以上	41.69

〔**図1**，**表1**は茨城県選挙管理委員会資料より作成〕

図1から，20～29歳の投票者数は，60～69歳と比較すると，3分の1程度であることがわかった。さらに詳しく調べたところ，**図1**，**表1**から，20～29歳の人々（ひとびと）は，60～69歳の人々と比較すると，［　　　　］ということがわかった。

(2)　日本では，日本国憲法において自由権が保障されている。自由権に当てはまる権利を，次の**ア**～**エ**の中から一つ選んで，その記号を書きなさい。また，地方公共団体は，憲法や法律に基づき，議会の議決を経て，右の**資料**のような，自らの地方公共団体だけに適用される独自の法（きまり）を制定することができる。このような法を何というか書きなさい。

資料

第1条　郷土の歴史を知り，自治の意識をたかめ，県民のより豊かな生活と県の躍進を期する日として，県民の日を設ける。

ア　財産権　　**イ**　生存権　　**ウ**　教育を受ける権利　　**エ**　団結権

(3)　**図2**は，日本の三権分立のしくみを示している。**図2**の［　　］に当てはまる語を書きなさい。また，**図2**のようなしくみをとる目的を，「権力」という語を用いて書きなさい。

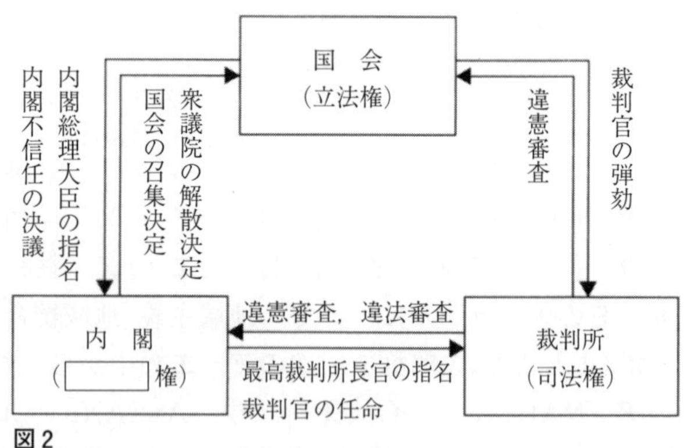

図2

(4)　次の［　　］の文中の［　　］に当てはまる人物の名前を書きなさい。また，［ a ］，［ b ］に当てはまる語の組み合わせを，下の**ア**～**エ**の中から一つ選んで，その記号を書きなさい。

1962年，アメリカの［　　　　］大統領は，消費者の四つの権利を宣言し，各国の消費者行政に影響を与えた。その後，日本では消費者の権利を守るため，様々（さまざま）な法律や制度が作られてきた。たとえば，商品の欠陥によって，消費者が被害や損害を受けた場合の賠償について定めた［　a　］が1994年に制定（1995年施行）された。また，消費者が商品の重要な項目について，事実と異なることを説明された場合に，売買の約束の取り消しができることなどを定めた［　b　］が2000年に制定（2001年施行）された。

ア ［a　消費者保護基本法　　b　消費者契約法］
イ ［a　消費者保護基本法　　b　消費者基本法］
ウ ［a　製造物責任法(PL法)　b　消費者契約法］
エ ［a　製造物責任法(PL法)　b　消費者基本法］

(5) 日本銀行の役割を学習する授業で，太郎さんは次のようなノートを作成した。調べたことをお互いに意見交換する際，あなたは太郎さんのノートの間違いに気がついた。**ア**～**エ**の中から間違いのある記述を一つ選んで，その記号を書きなさい。また，正しい記述に直しなさい。

> 日本銀行は中央銀行として特別な役割をもっている。
> ・発券銀行　……………　ア日本銀行券を発行する。
> ・銀行の銀行　……………　イ家計や企業にお金の貸し出しを行う。
> ・政府の銀行　……………　ウ政府のお金を出し入れする。
> ・景気を安定させるために，エ公開市場操作などの金融政策を行う。

3　次の(1)～(8)の問いに答えなさい。

(1) **図1**，**図2**を見て，次の［　　］の文中の［a］に当てはまる記号と［b］，［c］に当てはまる語の組み合わせを，下の**ア**～**エ**の中から一つ選んで，その記号を書きなさい。また，文中の［　　］に当てはまる語を書きなさい。

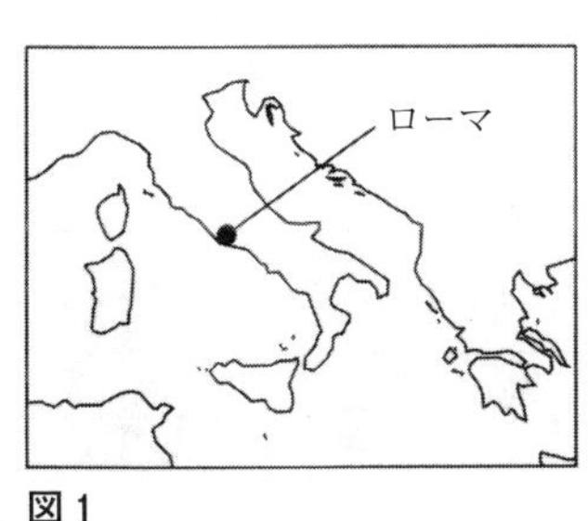

図1

Ⅰ
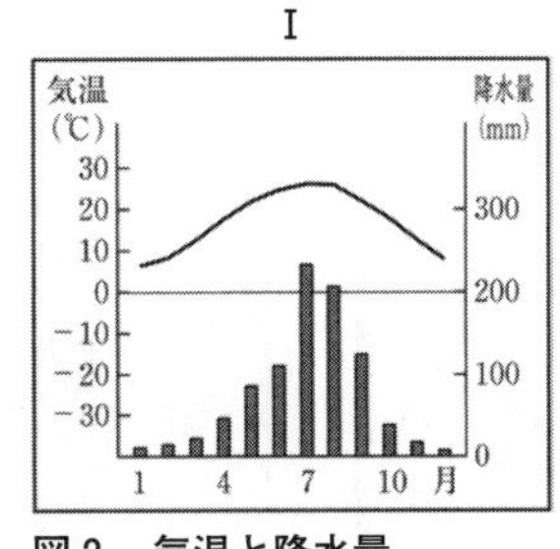

Ⅱ
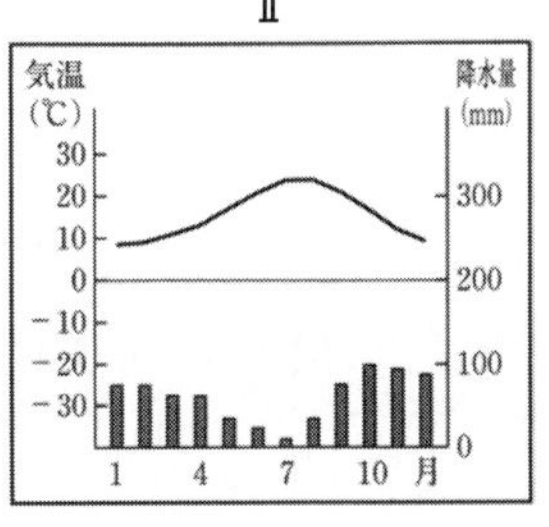

図2　気温と降水量
〔「理科年表平成23年版」より作成〕

> **図1**のローマの気温と降水量を示したものは，**図2**のⅠとⅡのうち，［a］である。ヨーロッパ南部の［　　］沿岸では，［b］には乾燥に強いオリーブやオレンジを栽培し，［c］には小麦や牧草などを栽培する［　　］式農業が行われてきた。

ア ［a　Ⅰ　b　夏　c　冬］
イ ［a　Ⅰ　b　冬　c　夏］
ウ ［a　Ⅱ　b　夏　c　冬］
エ ［a　Ⅱ　b　冬　c　夏］

(2) **図3**を見て，近畿地方で最も65歳以上人口の割合が低い府または県の，府庁または県庁所在地名を書きなさい。また，次の**ア**～**エ**の人口ピラミッドは，愛知県，大阪府，広島県，高知県のいずれかを示している。高知県の人口ピラミッドを示したものを，次の**ア**～**エ**の中から一つ選んで，その記号を書きなさい。

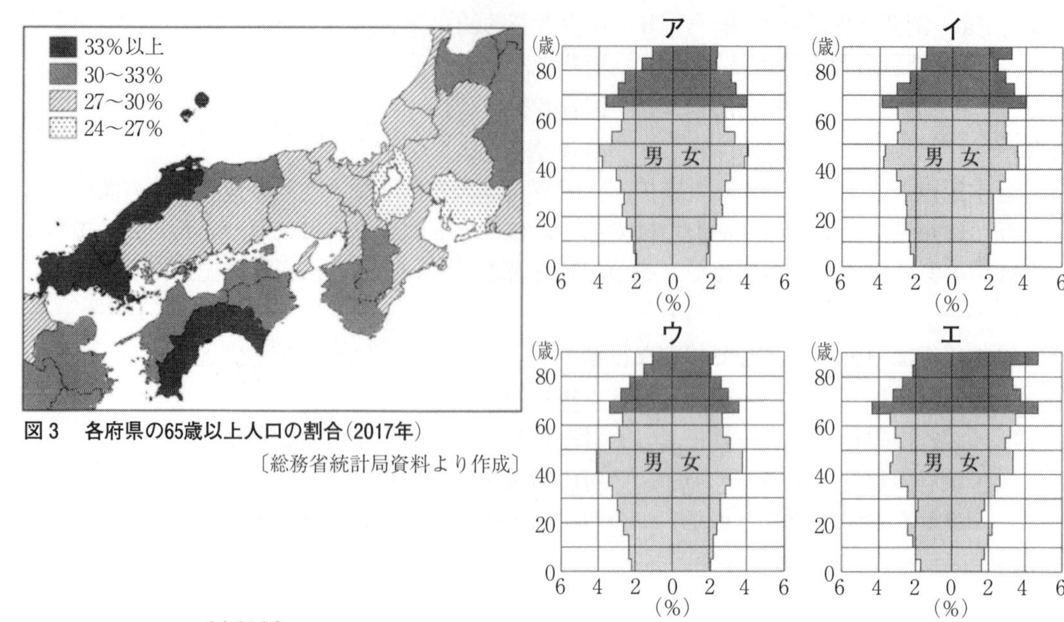

図3　各府県の65歳以上人口の割合（2017年）
〔総務省統計局資料より作成〕

(3)　**図4**を見て，択捉島（えとろふとう）を**ア～エ**の中から一つ選んで，その記号を書きなさい。また，**図4**中の ➡ で示した海流名を書きなさい。

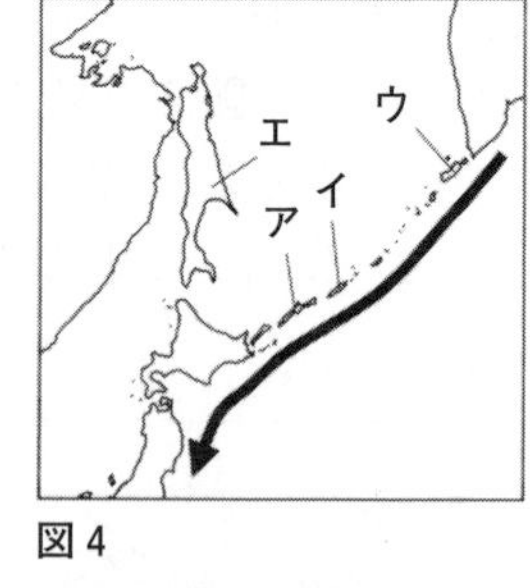

図4

(4)　**図5**は，昭和46年発行，**図6**は，平成26年発行の同じ地域を示した地形図である。実際の距離が500mであったとき，この地形図上では何cmになるか書きなさい。また，これらを見て，下の**ア～エ**の中から正しいものを一つ選んで，その記号を書きなさい。

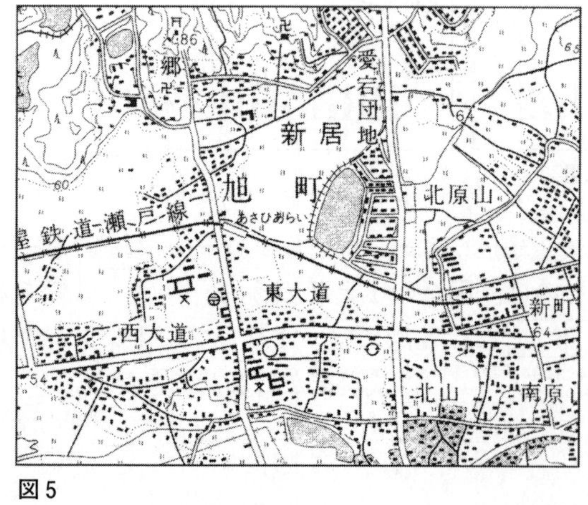

図5

図6

〔**図5**，**図6**は国土地理院発行2万5千分の1地形図「瀬戸」より作成〕

ア　かつて町役場の南に学校があったが，その場所に文化会館と博物館が建てられた。
イ　平成26年発行の地形図では，かつて町役場があった場所よりも北側に市役所がある。
ウ　尾張旭（おわりあさひ）駅は，かつてのあさひあらい駅よりも，西側にある。
エ　かつて水田が広く見られたが，現在では都市化が進み，まったく見られない。

(5) **図7**は，東北地方の主な半導体工場の分布を示し，**図8**は，東北地方の高速道路網を示している。**図7**の半導体工場は，高速道路沿いに分布しているが，その理由を「輸送」の語を用いて書きなさい。

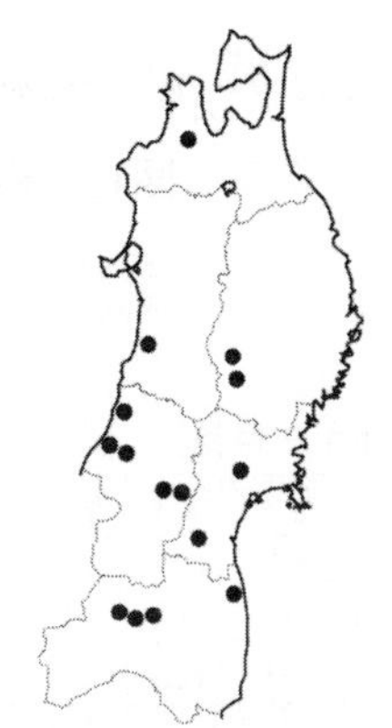

図7　主な半導体工場の分布
〔「データでみる県勢2018」より作成〕

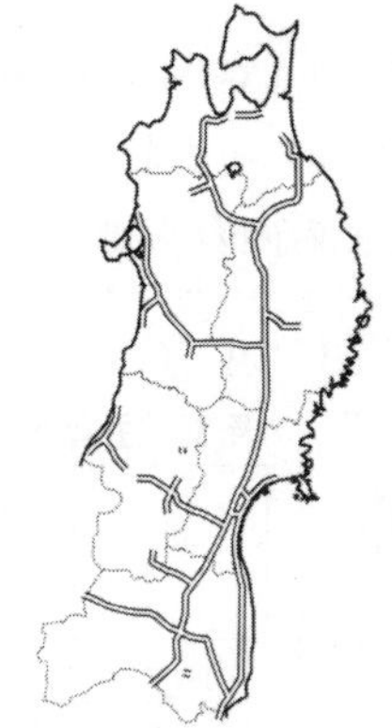

図8　高速道路網
〔NEXCO東日本資料より作成〕

(6) アメリカの工業について述べた次の**ア**～**エ**の文の中から正しいものを一つ選んで，その記号を書きなさい。また，**図9**に示したサンフランシスコ郊外にある，先端技術産業が集中する地域**X**を何というか，書きなさい。

X

図9

ア　アメリカの工業は，石炭や鉄鉱石などの豊富な鉱産資源をもとに，まず太平洋沿岸で始まり，重工業が発展した。

イ　デトロイトは鉄鋼業，ピッツバーグは大量生産方式を取り入れた自動車工業の中心地として成長した。

ウ　20世紀後半になると，アメリカの鉄鋼業や航空宇宙産業は，日本などから輸入された工業製品により大きな打撃を受けた。

エ　現在のアメリカは，エレクトロニクス，バイオテクノロジーなど，新しい工業分野で世界をリードしている。

(7) **表1**，**表2**を見て，下の**ア**～**エ**の中から正しいものを一つ選んで，その記号を書きなさい。

表1　各国の技術貿易額

	日本		アメリカ		ドイツ	
	輸出額(億円)	輸入額(億円)	輸出額(億円)	輸入額(億円)	輸出額(億円)	輸入額(億円)
1990年	3394	3719	24084	4539	4690	5140
2015年	39498	6026	158367	107597	103955	77759

(注)　技術貿易とは，諸外国との特許権や技術情報などの取引。

表2　日本の地域別技術貿易額(2015年)

	輸出額(億円)	輸入額(億円)
アジア	14579	319
北アメリカ	17935	4278
南アメリカ	581	1
ヨーロッパ	5942	1414
アフリカ	188	0
オセアニア	274	15
合計	39498	6026

(注)　地域別技術貿易額は，四捨五入しているため，合計と一致しない場合もある。

〔**表1**，**表2**は「科学技術要覧平成29年版」より作成〕

ア　各国の中で，1990年と2015年ともに，技術輸出額が最も多いのはアメリカで，最も少ないのはドイツである。

イ　日本とドイツの技術貿易額について，1990年ではともに輸入額が輸出額を上回っていたが，2015年ではともに輸出額が輸入額を上回っている。

ウ　2015年における日本の技術輸出額は，北アメリカ向けが最も多く，次いでヨーロッパ向けが多い。

エ　2015年における日本のアジアからの技術輸入額は，北アメリカからの輸入額の20分の１未満である。

(8)　ある中学生が，「資源・エネルギーと産業」というテーマで調べ学習をする際，「発電」という視点からレポートをまとめた。次に示すのは，そのレポートの一部である。**図10**，**表３**，**表４**を見て，レポートの X ， Y に当てはまる内容を書きなさい。

＜日本の発電について＞

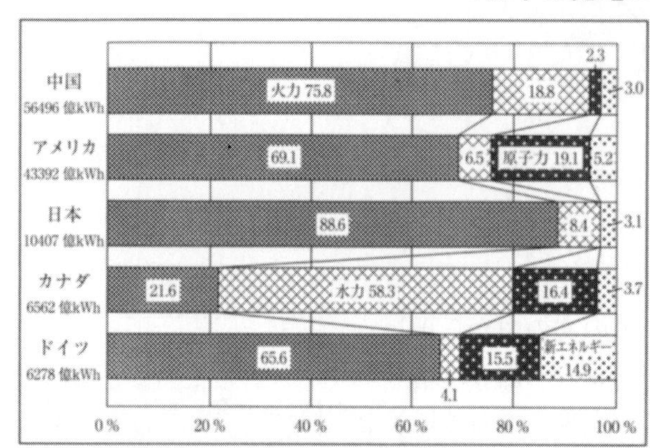

図10　主な国の発電量の割合（2014年）

（注）　割合は四捨五入しているため，合計が100％にならない場合もある。

〔「データブック オブ・ザ・ワールド2018」より作成〕

表３　主な国の新エネルギー供給

	風力（万kW）		太陽光（万kW）		地熱（万kW）	
	2009年	2014年	2009年	2014年	2009年	2014年
中国	2585	11461	31	2820	2	3
アメリカ	3516	6615	165	1828	309	353
日本	221	284	363	2330	54	54
カナダ	332	968	10	171	0	0
ドイツ	2581	4050	968	3820	1	3

（注）　新エネルギーとは，再生可能エネルギーのうち水力発電を除いたものである。

〔「データブック オブ・ザ・ワールド2012・2017」より作成〕

表４　日本のエネルギー源別の発電量１kWhあたりのコスト　　単位（円/kWh）

発電方法等 発電コストの項目	火力発電		新エネルギー		
	石炭	天然ガス	太陽光	風力	地熱
設備費	2.1	1.0	17.9	12.1	5.8
運転維持費	1.7	0.6	3.0	3.4	5.1
燃料費	5.5	10.8	−	−	−
二酸化炭素対策費	3.0	1.3	−	−	−
政策経費	0.0	0.0	3.3	6.0	6.0

（注）　設備費とは，建設や土地の利用などにかかる費用。
（注）　政策経費とは，固定価格買取制度などにかかる費用。ただし「0.0」は0.1未満。

〔資源エネルギー庁資料より作成〕

○わかったこと

図10を見ると，日本では発電量に占める火力発電の割合が，主な国の中では最も高い。

表３を見て，主な国の風力，太陽光，地熱の新エネルギーの供給について，2009年と2014年を比較すると，地熱発電の供給の値には大きな変化がないが， X ということがわかる。

表４を発電コストの項目別に見て，新エネルギーによる発電と火力発電を比較すると，新エネルギーの特徴は， Y ということがわかる。

4 次の(1)～(8)の問いに答えなさい。

(1) 次の[　　]の文は，年表中の**A**の時期についての先生と生徒との会話である。文中の[a]，[b]に当てはまる語を書きなさい。

> 先生：3世紀になると，中国では漢がほろび，魏・蜀・呉の三国に分かれて争っていました。
> 生徒：このころ倭には[a]という国があり，魏に使いを送っていたんですよね。
> 先生：はい。その国の女王は卑弥呼といい，魏の皇帝から「[b]」の称号と金印を授けられました。

西暦	できごと
57	倭の奴国の王が後漢に使いを送る
	A
478	倭王武が中国の南朝に使いを送る
630	第1回遣唐使を送る
	B
801	坂上田村麻呂が蝦夷を平定する
1404	日明貿易(勘合貿易)が始まる
	C
1582	天正遣欧使節を派遣する

(2) **資料**の歌をよんだのは，年表中の**B**の時期に唐や新羅からの攻撃に備えて九州北部に送られた兵士である。このような兵士を何というか，書きなさい。

資料

> 水鳥の立ちの急ぎに父母に
> 物言ず来にて今ぞ悔しき
> (水鳥が飛び立つような旅立ちのあわただしさにまぎれ，父さん母さんにろくに物を言わないで来てしまって，今となって悔しくてたまらない。)
> (「万葉集」)

(3) 年表中の**C**の時期には，各地の港や寺社の門前で都市が発達したが，中には有力者を中心に自治組織をつくった都市もあった。このような自治都市として知られる堺の位置を，**図1**の**ア**～**エ**の中から一つ選んで，その記号を書きなさい。また，京都で自治を行った裕福な商工業者を何というか，書きなさい。

図1

(4) 次の[　　]の文は，17世紀末から18世紀初めにかけて，京都や大阪などの上方の町人がにない手になった文化について述べたものである。文中の[　　]に当てはまる語を答えなさい。また，文中の[a]，[b]に当てはまる語の組み合わせを，下の**ア**～**エ**の中から一つ選んで，その記号を書きなさい。

> [　　　]文化では，[a]が浮世草子に町人の生活を生き生きとえがき，[b]は人形浄瑠璃の脚本家として主に現実に起こった事件をもとに，義理と人情の板ばさみのなかで懸命に生きる男女をえがいた。

ア [a 井原西鶴　b 近松門左衛門]
イ [a 井原西鶴　b 十返舎一九]
ウ [a 松尾芭蕉　b 近松門左衛門]
エ [a 松尾芭蕉　b 十返舎一九]

(5) **図2**は，1867年に将軍が政権を朝廷に返すことを宣言しているところをえがいたものである。この将軍の名前を書きなさい。また，その後の政治や社会の様子について当てはまるもの

図2

を，次のア～エの中から一つ選んで，その記号を書きなさい。

ア 吉田松陰が，安政の大獄によって処罰された。

イ 函館・横浜・長崎で，外国人との貿易が始まった。

ウ 岩倉具視を全権大使とする使節団が，欧米諸国に派遣された。

エ 土佐藩出身の坂本龍馬らが，薩摩藩と長州藩の間を仲介し，薩長同盟を結ばせた。

(6) **図3**は江戸幕府の直接の支配地からの年貢収入量を，**図4**は明治政府の収入のうち地租の額を示したものである。**図3**，**図4**を比較して，明治政府が地租改正を行った理由について，「地価」という語を用いて，解答用紙の書き出しに続いて書きなさい。また，地租改正を実施したとき，土地の所有者に対して発行した証券を何というか，書きなさい。

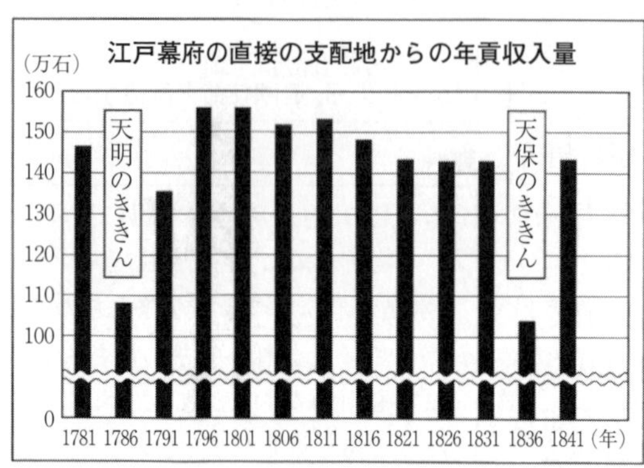

図3 〔「角川日本史辞典第二版」より作成〕

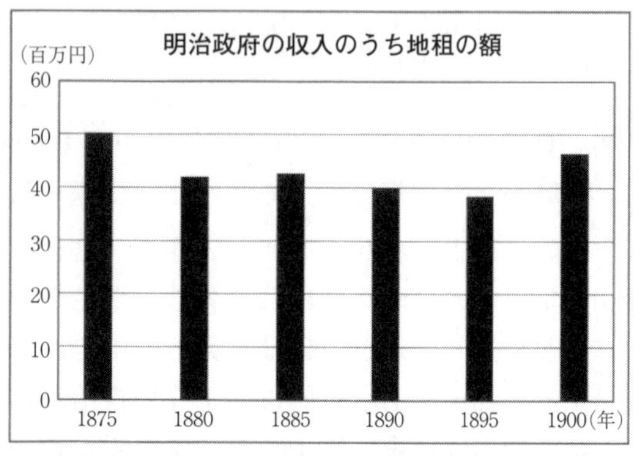

図4 〔「数字でみる日本の100年改訂第6版」より作成〕

(7) 次のⅠ～Ⅲは，第二次世界大戦をめぐるできごとについて述べたものである。それらを年代の古い順に並べたものを，下の**ア**～**カ**の中から一つ選んで，その記号を書きなさい。また，1941年に日本が北方の安全を確保するためにソ連と結んだ条約は何か，書きなさい。

Ⅰ 連合国が日本に対して，ポツダム宣言を出した。

Ⅱ アメリカのルーズベルト(ローズベルト)大統領とイギリスのチャーチル首相が，大西洋憲章を出した。

Ⅲ ドイツが，独ソ不可侵条約を結んだうえで，ポーランドに侵攻した。

ア Ⅰ－Ⅱ－Ⅲ　**イ** Ⅰ－Ⅲ－Ⅱ　**ウ** Ⅱ－Ⅰ－Ⅲ

エ Ⅱ－Ⅲ－Ⅰ　**オ** Ⅲ－Ⅰ－Ⅱ　**カ** Ⅲ－Ⅱ－Ⅰ

(8) 次の［　］の文は，ある中学生が「戦後の茨城」というテーマで調べ学習をして，まとめたレポートの一部である。レポートに示されている1969年から1974年の間におきた日本のできごととして当てはまるものを，下の**ア**～**エ**の中から一つ選んで，その記号を書きなさい。

> 1969年には鹿島港の開港記念式が行われ，筑波研究学園都市の建設が始まった。1974年には茨城県で国民体育大会が開催され，茨城県が天皇杯，皇后杯を獲得した。右の**図5**は，その国民体育大会の開会式の様子である。

図5

ア　沖縄の日本復帰が実現した。

イ　民主主義教育の基本を示した教育基本法が制定された。

ウ　自由民主党・日本共産党を除く連立内閣が成立し，55年体制が崩壊した。

エ　サンフランシスコ平和条約が結ばれた。

理科

●満点 100点　●時間 50分

1　次の(1)～(4)の問いに答えなさい。

(1)　**図**のように，蛍光板付きクルックス管に誘導コイルを接続して大きな電圧を加えると，蛍光板に光るすじが見えた。さらに，別の電源を用意し，電極板**A**が＋極，電極板**B**が－極となるようにつないで電圧を加えると，光るすじに変化が見られた。光るすじの変化として，最も適当なものを，次の**ア**～**エ**の中から一つ選んで，その記号を書きなさい。

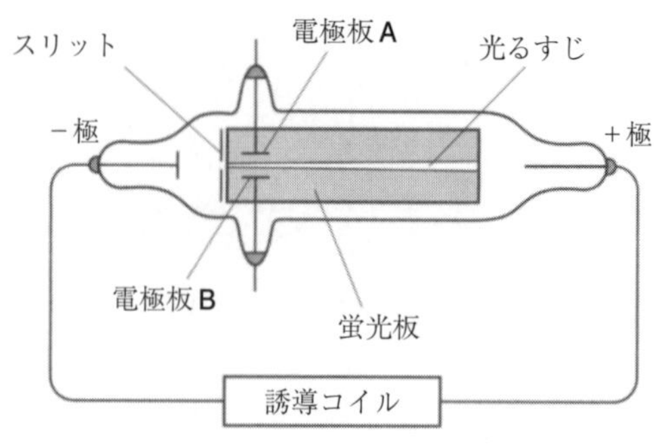

図

ア　電極板**A**のほうに曲がった。

イ　電極板**B**のほうに曲がった。

ウ　明るくなった。

エ　暗くなった。

(2)　化学変化の前後で質量が変化するかどうかを調べる実験をしたところ，化学変化の前後で全体の質量は変化しないことがわかった。その理由として正しいものを，次の**ア**～**エ**の中から一つ選んで，その記号を書きなさい。

ア　物質をつくる原子の組み合わせは変わらないが，原子の種類や数が変わるから。

イ　物質をつくる原子の組み合わせが変わらず，原子の種類や数も変わらないから。

ウ　物質をつくる原子の組み合わせが変わり，原子の種類や数も変わるから。

エ　物質をつくる原子の組み合わせは変わるが，原子の種類や数が変わらないから。

(3)　花のつくりを調べると，植物の種類によって共通する点やちがう点が見られる。**図1**のアブラナの花のつくりを調べるために，花の外側から順にはずして並べたところ，**図2**のようになった。

アブラナと同じように花弁がたがいに離れている植物を，下の**ア**～**エ**の中から一つ選んで，その記号を書きなさい。

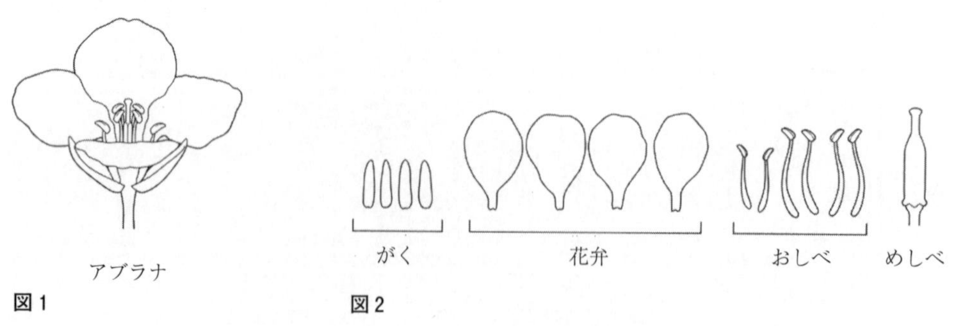

図1　　**図2**

ア　ツツジ　　**イ**　サクラ

ウ　タンポポ　　**エ**　アサガオ

(4)　3月のある日，茨城県のある場所で，西の空に月が見えたので**図**のようにスケッチした。このときの時刻として正しいものを，下の**ア**～**エ**の中から一つ選んで，その記号を書きなさい。

図

ア　午前0時ごろ　　**イ**　午前6時ごろ　　**ウ**　午後6時ごろ　　**エ**　午後8時ごろ

2　次の(1)～(6)の問いに答えなさい。

(1)　質量のわからない物体を軽くて細い糸でしばり，**図1**～**3**のように状態を変化させ，電子てんびんの示す値を読みとったところ，**図1**の状態で282 g，**図2**の状態で320 g，**図3**の状態で365 gであった。下の文中の［あ］，［い］に当てはまる数値を書きなさい。ただし，100 gの物体にはたらく重力の大きさを1 Nとする。

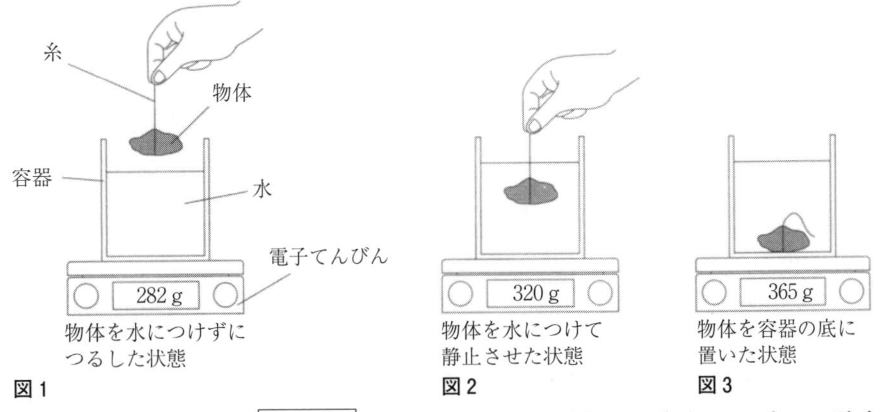

物体を水につけずにつるした状態
図1

物体を水につけて静止させた状態
図2

物体を容器の底に置いた状態
図3

この物体の質量は［　あ　］gである。また，**図2**で電子てんびんの示す値が**図1**での値より大きくなるのは，「物体にはたらく浮力と逆向きの力」が加わるためである。よって，この物体にはたらく浮力は［　い　］Nである。

(2)　**図**は，ヘリウム原子のつくりを模式的に表したものである。次の①，②の問いに答えなさい。

① 次の文中の［あ］，［い］に当てはまる語を書きなさい。

原子の中心には，［　あ　］がある。そのまわりに－の電気をもった電子が存在している。［　あ　］は，＋の電気をもつ陽子と電気をもたない［　い　］でできている。

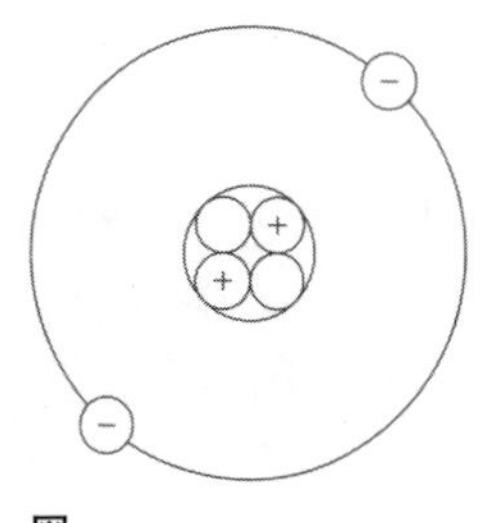

図

② 原子や原子をつくっている粒子について書かれた文として誤っているものを，次の**ア**～**エ**の中から一つ選んで，その記号を書きなさい。

ア　電子の質量は陽子に比べて大きい。

イ　原子全体では電気をもたない。

ウ　陽子と電子がもつ電気の量は同じで，電気の＋，－の符号が反対である。

エ　原子の種類は原子中の陽子の数で決まる。

(3)　生物は自らと同じ種類の新しい個体をつくることで子孫を残している。**図**はヒキガエルの精子と卵が受精して受精卵となり，受精卵が分裂して成長していくようすを示している。下の①，②の問いに答えなさい。

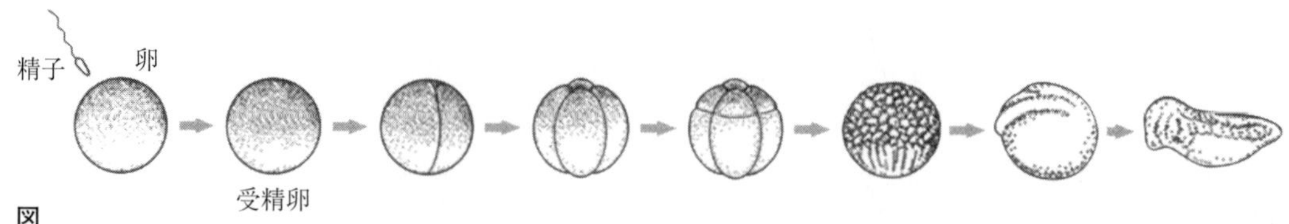

図

①　受精卵が分裂をくり返して親と同じような形へ成長する過程を何というか，書きなさい。

②　精子や卵は生殖細胞とよばれる特別な細胞である。生殖細胞と染色体の数について書かれた文として正しいものを，次の**ア**～**エ**の中から一つ選んで，その記号を書きなさい。

ア　生殖細胞は体細胞分裂によってつくられるので，染色体の数はもとの細胞の半分になる。

イ　生殖細胞は減数分裂によってつくられるので，染色体の数はもとの細胞と同じである。

ウ　生殖細胞が受精してできる受精卵の染色体の数は，親の体をつくっている細胞の中にある染色体の数と同じになる。

エ　生殖細胞が受精してできる受精卵の染色体の数は，親の体をつくっている細胞の中にある染色体の数の２倍になる。

酸化銀

図

(4)　**図**のように黒色の酸化銀を加熱すると白くなった。この化学変化を，化学反応式で書きなさい。

(5)　次の文中の あ ， い に当てはまる語を書きなさい。

生物は，まわりの水や空気，土などの自然環境や動物や植物などとの間にさまざまな関連をもって生きている。ある環境とそこにすむ生物とを一つのまとまりと見たとき，これを あ という。

人間が生きるための活動により， あ が大きな影響を受けるようになってきた。その例の一つとして，ある地域に本来いなかった生物がほかの地域から持ちこまれ，そこに定着することがある。そのような生物を い という。 い が増えると，本来その場所にすんでいた生物の生存をおびやかす場合もある。わたしたち人間も自然の一部であることを自覚し，自然環境の保全に努めることが必要である。

(6)　**図**は，日本付近の天気図である。次の①，②の問いに答えなさい。

①　**図**の１日後の天気図として最も適当なものを，次の**ア**～**エ**の中から一つ選んで，その記号を書きなさい。

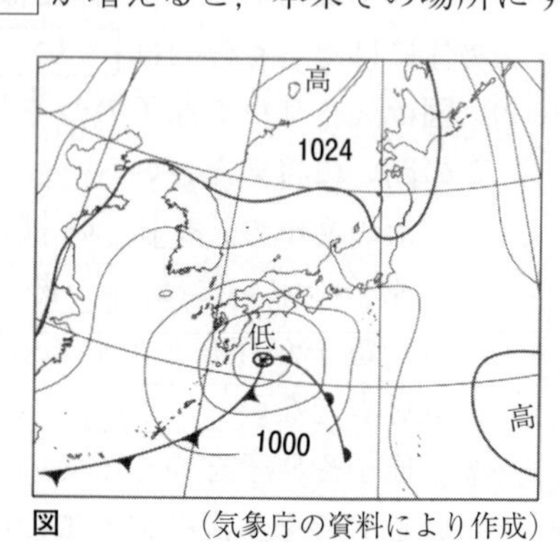

図　（気象庁の資料により作成）

ア

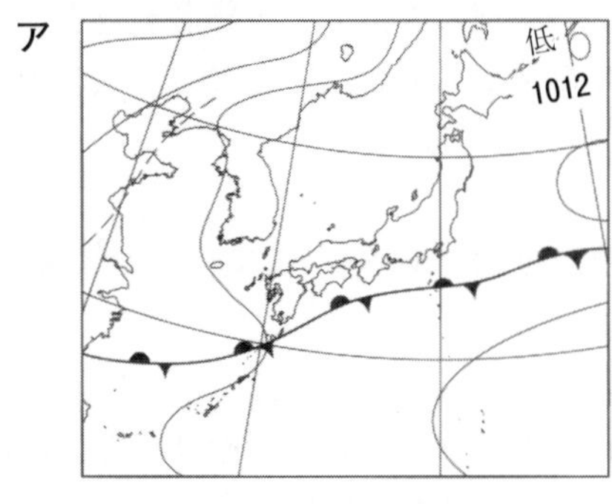

イ

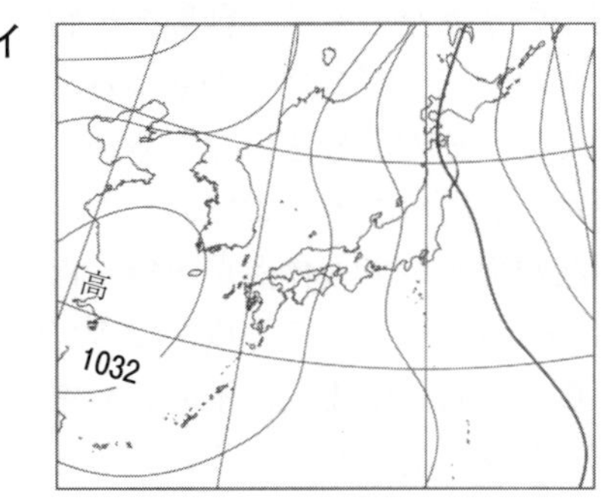

ウ

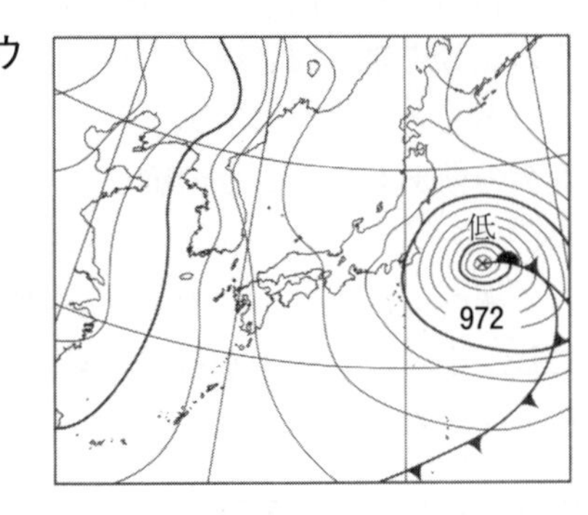

エ

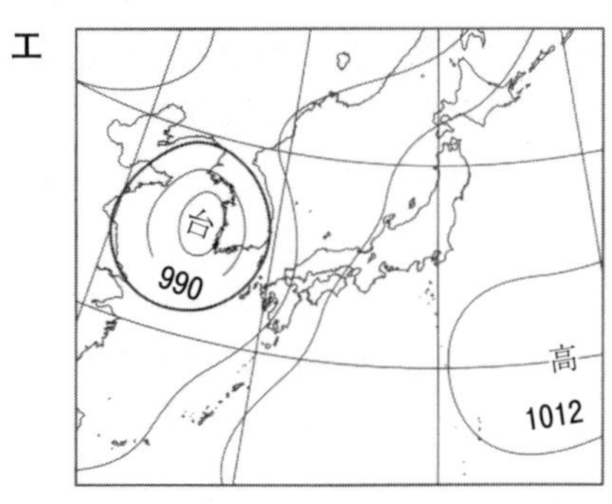

② 低気圧や高気圧，前線について説明した文として正しいものを，次の**ア**～**エ**の中から一つ選んで，その記号を書きなさい。

ア 低気圧の中心部では，下降気流となっている。

イ 高気圧はまわりよりも気圧が高いところである。

ウ 寒冷前線の近くでは，乱層雲ができることが多い。

エ 温暖前線の近くでは，寒気が暖気の上をはい上がっていく。

3 **図1**の6種類の生物について，下の(1)～(5)の問いに答えなさい。

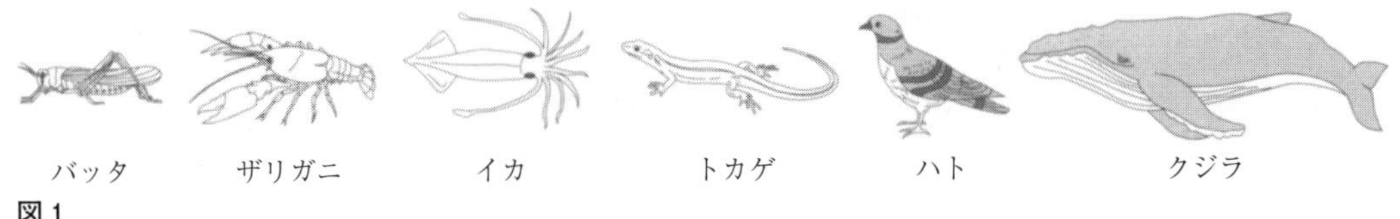

図1

(1) バッタやザリガニ，イカのように背骨をもたない動物を何というか，書きなさい。

(2) バッタとザリガニの体の外側は，外骨格という殻でおおわれている。外骨格のはたらきについて説明しなさい。

(3) **図2**は解剖したイカの体の中のつくりを示したものである。次の①，②の問いに答えなさい。

① イカの体には，内臓とそれを包みこむやわらかい膜がある。このやわらかい膜を何というか，書きなさい。

② イカの呼吸器官を**図2**の**ア**～**エ**の中から一つ選び，その記号を書きなさい。また，イカと同じ呼吸器官をもつ

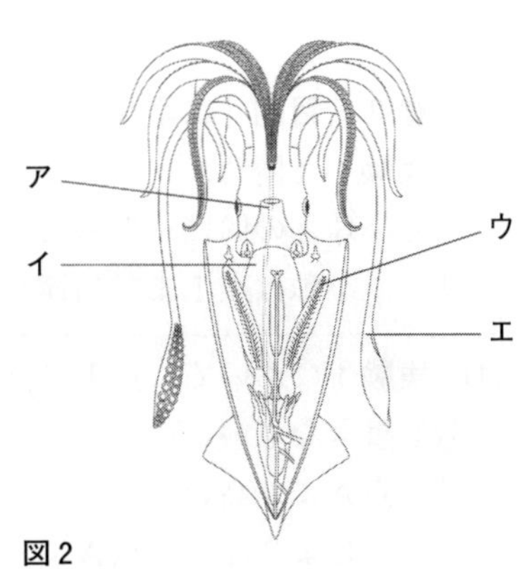

図2

生物を，**図1**のイカをのぞく5種類の生物の中から一つ選んで，その生物名を書きなさい。

(4) **図1**の生物の中で，クジラだけがもつ特徴を説明した文として正しいものを，次の**ア**～**エ**の中から一つ選んで，その記号を書きなさい。

ア 体の表面は，しめったうろこでおおわれている。

イ 外界の温度が変わっても体温が一定に保たれる恒温動物である。

ウ 雌の体内(子宮)で子としての体ができてから生まれる。

エ 親はしばらくの間，生まれた子のせわをする。

(5) ハトの翼とクジラの胸びれのように，もとは同じものがそれぞれの生活やはたらきに適した形に変化したと考えられる体の部分を相同器官という。相同器官の関係にある組み合わせとして正しいものを，次の**ア**～**エ**の中から一つ選んで，その記号を書きなさい。

ア ザリガニのはさみとクジラの胸びれ　　**イ** イカのあしとトカゲの前あし

ウ バッタのはねとハトの翼　　**エ** トカゲの前あしとクジラの胸びれ

4 力学的エネルギーとエネルギーの移り変わりについて調べるために，次のような**実験1**，**実験2**を行った。下の(1)～(5)の問いに答えなさい。ただし，小球はレールから離れることなく運動し，レールと小球との間の摩擦と，空気の抵抗は考えないものとする。

実験1　目的「運動エネルギーと位置エネルギーの移り変わりについて調べる」

図1のように，レールをなめらかに曲げて円形にした。このレールと直線のレールをなめらかにつなぎ，ループコースターをつくった。**図2**は，このループコースターを模式的に表したものである。レール上に**図2**のように順番に点**A**から点**H**を決め，点**A**で静かに小球をはなすと小球は点**B**を通り円形にしたレールにそって進んだ。その後，点**F**，**G**，**H**を通り小球が到達した最も高い位置を点Ⅰとした。ただし，点**B**，**F**，**G**を含む水平面を位置エネルギーの基準とし，各点の高さはこの面からはかったものとする。また，点**C**，**E**の高さは円形にしたレールの最高点である点**D**の高さの半分であるものとする。

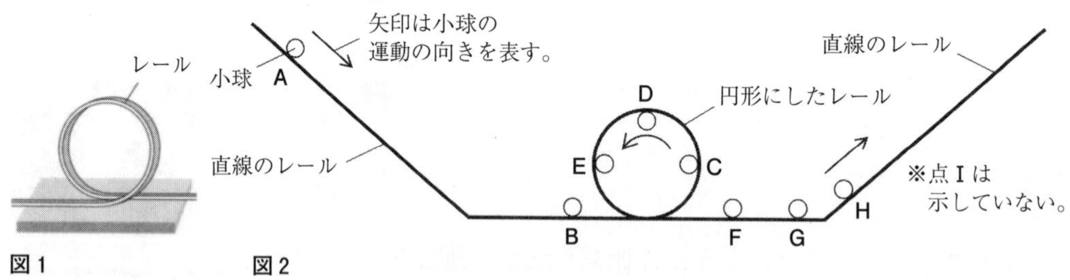

図1　図2

実験2　目的「エネルギーの移り変わりについて調べる」

実験1と同じループコースターの点**F**と点**G**の間にうすい布をはり，この区間だけうすい布と小球との間に一定の大きさの摩擦力がはたらくようにした。点**A**から静かに小球をはなすと，小球は点Ⅰまで到達しなかった。

(1) **実験1**において，点Ⅰの高さとして正しいものを，次の**ア**～**エ**の中から一つ選んで，その記号を書きなさい。

ア 点**A**より高い　　**イ** 点**A**と同じ

ウ 点**D**より高く，点**A**より低い　　**エ** 点**D**と同じ

(2) **実験1**において，小球がはじめて点**H**を通過したとき，小球にはたらく力と小球の運動について説明した文として正しいものを，次の**ア**～**エ**の中から一つ選んで，その記号を書きなさい。

ア　小球は，進む向きの力と斜面にそう下向きの力がつり合っているため，しだいに遅くなっている。

イ　小球は，進む向きの力をもっているため，斜面を上昇している。

ウ　小球には，斜面にそう下向きの力がはたらいているため，しだいに遅くなっている。

エ　小球には，力がはたらいていないため，斜面を上昇している。

(3) **実験1**の点**A**，**B**，**C**，**E**，**F**，**H**の中で，小球のもつ運動エネルギーの大きさが等しくなる点の組み合わせとして正しいものを，次の**ア**～**エ**の中から一つ選んで，その記号を書きなさい。

ア　点**A**と点**C**

イ　点**E**と点**F**

ウ　点**B**と点**F**

エ　点**A**と点**H**

(4) **図3**は，**実験1**における点**C**から点**E**までの小球の運動のようすを表したものと，それぞれの位置における小球のもつ位置エネルギーの変化のようすを破線で表したものである。点**C**から点**E**までの小球のもつ運動エネルギーの変化のようすを，実線でかき入れなさい。なお，点**A**での小球のもつ力学的エネルギーの大きさをUとし，**図3**に示している。

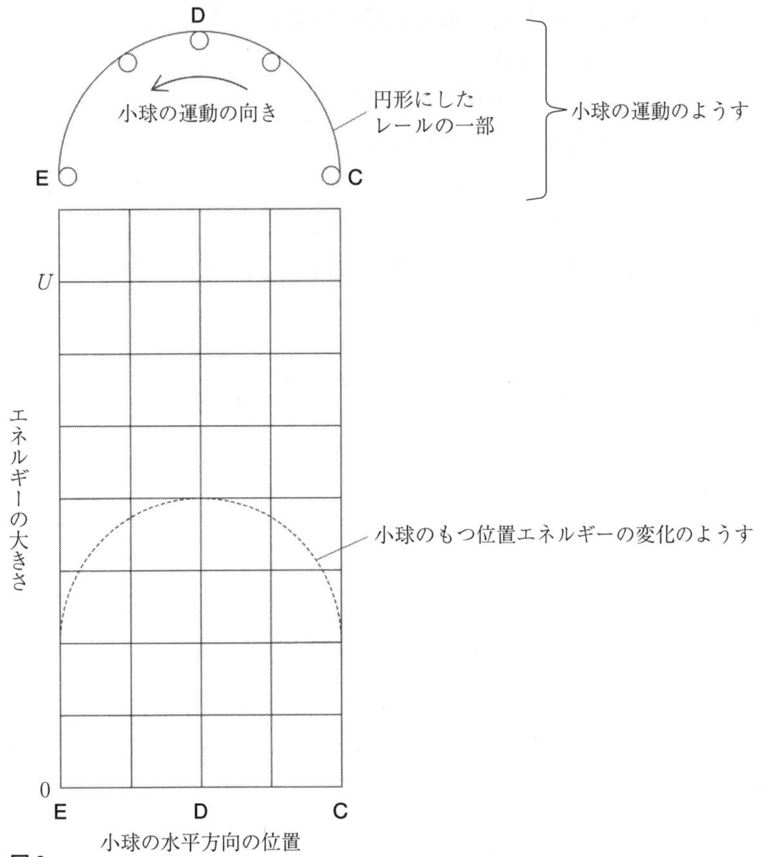

図3

(5) **実験2**において，小球が点Ｉまで到達しなかった理由を書きなさい。

5　科学部の太郎さんと花子さんが先生と一緒に，6個のビーカーに入った水溶液を区別する実験の計画を立てている。次の会話を読んで，(1)～(5)の問いに答えなさい。

先生：6個のビーカーに入った水溶液**A**～**F**は，うすい塩酸，炭酸水，食塩水，砂糖水，うすい水酸化ナトリウム水溶液，石灰水のいずれかです。二人は，どのような実験方法や順序で調べますか。
花子：水溶液の性質を調べればわかると思います。

太郎：電流が流れるかどうか調べたり，水溶液を加熱したりするとわかるかもしれませんね。

【太郎さんと花子さんは，計画を立て終わり，先生に確認してもらった。】

先生：水溶液の性質を調べるときは，実験を行うたびにもとのビーカーから水溶液を取り分けてください。それでは，安全に気をつけて実験しましょう。

太郎：まずは，水溶液**A**～**F**をビーカーに取り分けて電流が流れるかどうか確認してみます(**図1**)。

花子：同じ電極を使って調べるので，水溶液をかえるときは，a 電極を精製水でよく洗ってくださいね。

太郎：わかりました。水溶液**C**だけ電流が流れなかったので，この水溶液は［　　　］ですね。

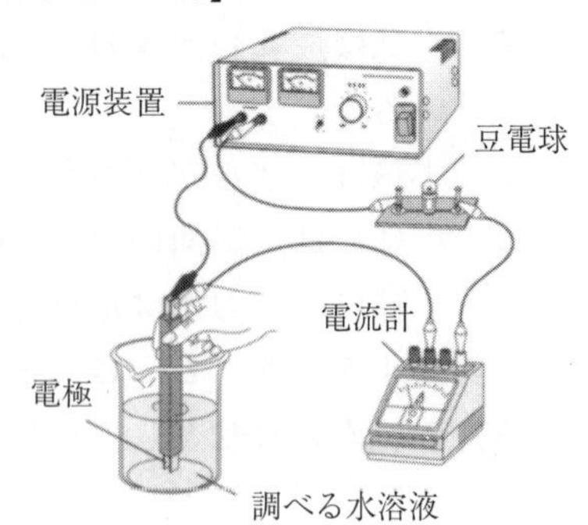

図1

花子：次に，水溶液**A**，**B**，**D**，**E**，**F**を試験管に取り分けて，フェノールフタレイン液を2，3滴加えてみましょう。

太郎：水溶液**B**と水溶液**E**は赤くなりました。これらの水溶液はアルカリ性ですね。次に水溶液**A**，**D**，**F**を調べてみましょう。

花子：それぞれ蒸発皿に少量の水溶液を取って加熱してみます。

太郎：水溶液**A**だけ白い固体がでてきました。これで水溶液**A**がわかりました。まだわかっていないものは，水溶液**B**，**D**，**E**，**F**です。

花子：この中に石灰水があるから，混ぜると白くにごる組み合わせが一つありますね。水溶液**B**と水溶液**E**を試験管に2本ずつ取り，水溶液**D**と水溶液**F**をそれぞれ1滴ずつ加えてみましょう(**図2**)。

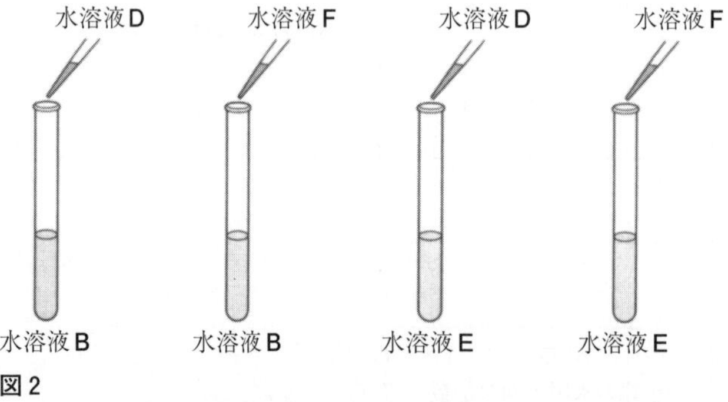

図2

太郎：水溶液**D**を水溶液**B**に混ぜたときだけ白くにごりました。これで水溶液**B**と水溶液**D**が何かわかりましたね。

花子：残りの水溶液**E**と水溶液**F**もわかりますね。

先生：これで水溶液の区別ができましたね。他にも水溶液を区別できる b 別の実験方法があるか考えてみましょう。

(1)　下線部**a**の理由を書きなさい。

(2)　6種類の水溶液**A**～**F**のうち，文中の［　　］に当てはまる水溶液は何か，その名称を書きなさい。

(3)　水溶液**F**の溶質は何か，化学式で書きなさい。

(4) 実験のために準備した食塩水の質量パーセント濃度は10％であった。この食塩水100ｇに水を加えて質量パーセント濃度が２％の食塩水をつくるとき，加える水は何ｇか，求めなさい。

(5) 下線部**b**について，別の実験方法では，６種類の水溶液**Ａ**～**Ｆ**を４種類の水溶液と２種類の水溶液に区別できる。この実験方法として最も適当なものを，次の**ア**～**エ**の中から一つ選んで，その記号を書きなさい。

ア ろ過し，ろ紙に残ったものを観察する。

イ 水溶液を青色リトマス紙につけ，色の変化を観察する。

ウ 水溶液を青色の塩化コバルト紙につけ，色の変化を観察する。

エ 緑色のBTB液を数滴加え，色の変化を観察する。

6 **図**は，ある地域の四つの地点Ⅰ，Ⅱ，Ⅲ，Ⅳにおけるボーリング調査をしたときの結果を表した柱状図である。縦軸の目もりは地表からの深さを表している。また，地点Ⅰ～Ⅳは標高がすべて同じであり，一直線上に等間隔で，地点Ⅰ，地点Ⅱ，地点Ⅲ，地点Ⅳの順に並んでいるものとする。次の(1)～(5)の問いに答えなさい。ただし，この地域には，断層やしゅう曲，地層の上下の逆転はなく，地層が一定の方向に傾いて広がっている。

(1) **図**の凝灰岩のように，遠く離れた地層が同時代にできたことを調べる際のよい目印となる地層を何というか，書きなさい。

図

(2) 地点Ⅰ～Ⅳをふくむ地域の地層が堆積した環境について，次の①，②の問いに答えなさい。

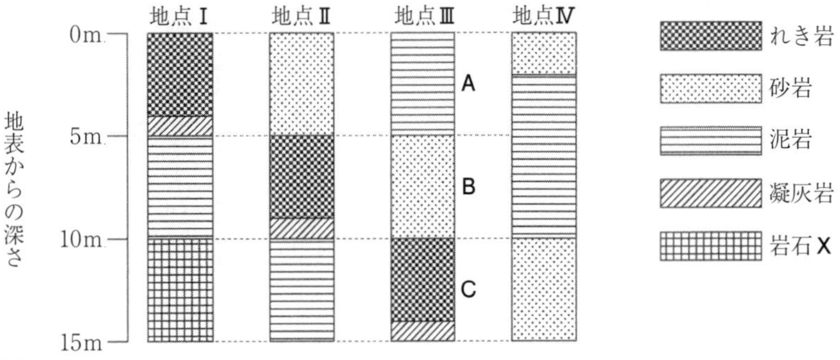

① れき，砂，泥のうち，河口から最も離れた海底に堆積するものはどれか，書きなさい。

② 地点Ⅲの**Ａ**，**Ｂ**，**Ｃ**が堆積した期間に，この地域の海の深さはどのように変化したと考えられるか。**図**の地層の重なり方に注目して書きなさい。なお，**Ａ**～**Ｃ**は海底でつくられたことがわかっている。

(3) 地点Ⅳを調べたとき，凝灰岩がある深さとして最も適当なものを，次の**ア**～**エ**の中から一つ選んで，その記号を書きなさい。

ア 19～20m　**イ** 24～25m　**ウ** 29～30m　**エ** 34～35m

(4) 岩石**Ｘ**のかけらを採取し，蒸発皿に入れ，うすい塩酸を数滴かけたところ，泡が発生してとけた。岩石**Ｘ**の名称として正しいものを，次の**ア**～**エ**の中から一つ選んで，その記号を書きなさい。

ア 斑れい岩　**イ** 安山岩　**ウ** チャート　**エ** 石灰岩

(5) 次の文中の［　　］に当てはまる地質年代を書きなさい。

この地域の砂岩層からビカリアの化石が発見されたことから，この地層は［　　　］代に堆積したと考えられる。

をして失敗したことがあります。

（次郎）そうすると、この文章には自分の力の限界を知って行動するのが賢い生き方だ、という考えが書かれているということですよね。

（太郎）なるほど。そのように考えたのですね。他に意見のある人はいますか。

（文雄）僕の部活動の顧問の先生は、「自分の力の限界は、自分では分からないのだから、自分で力の限界を決めるな」と申していたけれど……。

（雪子）そうですね。私は合唱部で夏のコンクールに向けての練習を始めたとき、最初はうまく歌えませんでしたが、先輩の助言をもとに考えながら練習を工夫して、本番ではうまく歌うことができました。コンクールで金賞を取ったときには、本当にうれしかったです。

（恵子）私も努力することは大事だと思います。でも、そのことと自分の実力をわきまえないで理想を追うこととは違うと思います。

（次郎）そもそも「貧しき者は財をもて礼とし、老いたる者は力をもて礼とす」というのも、自分が置かれている状況が分かっていない、ということですよね。

（花子）文章中にもあるように、人は自分が置かれている状況を理解せずに無理をすると、かえって事態を悪化させるのかも知れませんね。

（中略……この後も話し合いは続いた。）

（太郎）いろいろな意見が出ましたね。では、話し合いで出た意見を参考にして、筆者の考えに対して意見文を書いてみましょう。

---

1 百六十字以上、二百字以内で書くこと。（句読点を含む。）
2 二段落構成とし、第一段落には、自分の力の限界を知って行動するのが賢い生き方だという考えに賛成か反対か、あなたの立場とその理由を書くこと。第二段落には、第一段落の内容を踏まえて、この古典を読んで考えたことをこれからの生活にどのように生かしていくかについて書くこと。
3 題名と氏名は書かないこと。
4 正しい原稿用紙の使い方をすること。
5 〜〜や＝＝の記号（符号）を用いた訂正はしないこと。
6 文体は、常体「だ・である」で書くこと。

四

国語の授業で、昔の人の生き方の知恵について書かれた古典の文章を読んで話し合い、意見文を書くことになりました。次の【Ⅰ】と【Ⅱ】について、下の(一)～(五)の問いに答えなさい。

【Ⅰ】 古典の文章

貧しき者は財(たから)(財貨をもってするのを礼儀と心得)をもて礼とし、老いたる者は力(体力をもってするのを礼儀と心得ている)をもて礼とす。おのが分を知りて、及ばざる(できない)時は、速やかに止む(や)(やめる)を智(ち)(知恵のある生き方)といふべし。ア許さざらんは、人の誤りなり。分を知らずして、イしひて励むは、おのれが誤りなり。

貧しくて分を知らざれば盗み、力おとろへて分を知らざれば病を受く。

【Ⅱ】 グループでの話し合い

(太郎) この古典の文章を読んで、「生き方の知恵」というテーマで話し合います。皆さんの考えを発表してください。

(次郎) 「生き方の知恵」ということですが、この文章は現在とは違う言葉で書かれているから、僕にはよく分かりませんでした。

(花子) 確かに分かりにくいところがありますね。でも、文章にある「　　　　」の部分は、自分の立場や能力を分かって、という意味ではないでしょうか。

(恵子) 私もそう思います。それに、「及ばざる時は、速やかに止む」とありますが、私は無理

(一) ア許さざらん とあるがどのようなことを許さないのか。最も適切なものを、次の1～4から選んで、その番号を書きなさい。

1 貧しい人が、お礼の気持ちをお金で表すこと。
2 年老いた人が、無理をして力仕事をすること。
3 どうやってもできない場合は、すぐにやめること。
4 他人が間違えたときでも、自分が責任を取ること。

(二) イしひて の読み方を現代仮名遣(づか)いに直して、平仮名で書きなさい。

(三) 【Ⅱ】の文章中には、不適切な敬語が含まれている。その敬語を適切な表現に直して、平仮名六字で書きなさい。

(四) 【Ⅱ】の文章中の□に入る最も適切な語句を、【Ⅰ】の文章中から八字で抜き出して書きなさい。

(五) あなたも、このグループの一員として筆者の考えに対する意見をまとめることになりました。【Ⅰ】と【Ⅱ】を参考にして、あなたの考えをまとめ、意見文を書きなさい。

ただし、以下の条件に従うこと。

不可解さにもつながります。
それにしてもこの歌の調子には強い張りがあり、とても美しい。美しさにうっとりとなって、気分だけでわかった気になる危険もある一首です。

（坂井修一「ここからはじめる短歌入門」による。）

※　茫漠＝広くてとりとめのない様子。

【感想の交流の一部】

（一郎）　この歌は何でも自由に想像して読んでもよいのですよね。
（夏子）　それは違うと思います。そのような読み方をすると、文章にあるように「気分だけでわかった気になる危険もある」と思います。
（一郎）　それでは、この歌をどのように読んだらよいのでしょうか。
（夏子）　文章によれば、何でも自由に想像してよいのではなく、［　　］という読み方をしてもよいということなのだと思います。

㈣　［B］に入る最も適切な言葉を、次の1～4の中から選んで、その番号を書きなさい。

1　読みきれない
2　描ききれない
3　絞りきれない
4　割りきれない

㈤　上の文章の内容に合っているものとして、最も適切なものを、次の1～4の中から選んで、その番号を書きなさい。

1　この歌は、読者に唯一の正解を与えない点で難しいが、そこにおもしろさもある。
2　この歌は、現実にない空想の世界を描いているので、読者の解釈に任されている。
3　この歌は、短歌を含む文芸の行く方や日本の歴史を、読者に問いかけている。
4　この歌は、読者に対して命令する言葉を畳みかけており、調子に強い張りがある。

㈥　【感想の交流の一部】の［　　］に入る最も適切な内容を、上の文章中の言葉を使って、十五字以上、二十字以内で書きなさい。（句読点を含む。）

三　次の文章と【感想の交流の一部】を読んで、下の㈠～㈥の問いに答えなさい。

青空の井戸よわが汲（く）む夕あかり行く方を思へただ思へとや　『みずかありなむ』山中智恵子（やまなかちえこ）

読者がこの歌を読むときの流れを再現してみましょう。まず初句の「青空の」。これは誰でもわかります。次の「井戸よ」。これは単独のことばとしてはわかりますが、初句から「青空の井戸よ」とくるともうわかりにくくなります。「青空の（下の）井戸よ」なのか、「青空の（中の）井戸よ」なのか、「青空（＝）井戸よ」なのか。青空の下の井戸を思うのが現実世界に近い解釈でしょうが、この表現の短**ア**絡的なまでの勢いからみて、どうもそれではない気がする。青空の**イ**中に深い井戸（のようなもの）があると解するほうが、この歌の勢い**1**にマッチしているようです。ただし、この点の解釈は、やはり読者**2**に任されています。

作者の山中は、さらにその井戸から、水ではなく「夕あかり」を汲むという。これは何となく想像がつきます。夕方になって青空に夕あかりがきざす。この夕暮れの予兆を汲んでいる。これは、井戸が実在のものであっても、空**3**に空想で描いているものであっても、理解できることではないでしょうか。

下句は、「行く方を思へただ思へとや」という。井戸から夕あかりを汲む動作の中で、作者は物思いをするわけですが、「夕あかり」そのものからか、「青空」からか、もっと別のものからか、「行く方を思へ」と命じられたよう**4**に感じたということでしょう。最後の「ただ思へとや」の畳みかけで、「ただ思うだけしかない。追いかけたり捕まえようとしたりすることはできないし、そうしてはならない」ということが暗示されます。

この歌でむずかしいのは、「［A］」という特殊な表現もありますが、それよりも、いったい誰の（あるいは何の）「行く方を思へ」と言っているのかがわからない点でしょう。この点、唯一の正解を求めると読みは挫折します。作者が明示していないことは、想像して読めばよい。そういう読みかたが許されている歌と思います。

「行く方を思」う対象は、作者が大切に思う男性であってもよいし、短歌を含む日本の文芸そのものであってもいいし、日本の歴史というような大きなものであってもいいでしょう。どれも許されていると思います。そこがこの歌の※茫漠（ぼうばく）としたおもしろさであり、焦点が［B］

㈠　次の文字は、上の文章中の**ア**絡を行書で書いたものである。この文字の◯で囲んだ①と②の部分に表れている行書の特徴の組み合わせとして、最も適切なものを、後の**1**～**4**の中から選んで、その番号を書きなさい。

1　①筆順の変化　②左払いからの連続
2　①点画の省略　②右払いの方向の変化
3　①縦画からの連続　②筆順の変化
4　①右払いの方向の変化　②点画の省略

㈡　**イ**中にの「に」と異なるはたらきをしているものを、上の文章中の**1**～**4**の中から一つ選んで、その番号を書きなさい。

㈢　［A］に入る言葉として最も適切な言葉を、上の短歌の中から五字で抜き出しなさい。

ある雑音に価値を見いだしたのです。

5 大陸から渡来した楽器もわざわざ雑音を出すように(3)改造されました。三味線には「サワリ」といって弦が触れるたびに雑音を出す仕組みがあります。笛類は風のような音を出したり、あるいは異物を入れることでわざわざ澄んだ正確な音程を出せないように作られたりしました。 **B** 、ハーモニーがない代わりに、雑音をまとめさせることで表現力を生み出したのです。

6 そんな音の美意識は、やはり雑音の入った声に I を見いだしました。天井が低く響かない住居で人の耳目を集めるには、声を一段と高く張り上げるか雑音を際立たせる(きわだ)かしかありません。張り上げた声は、その喉の状態が相手にも伝わるので不快感を与えます。そこで雑音をほどよく混ぜた声が説得力を持ったのです。その一例として、※3辻弁士(つじべんし)やバナナの※4たたき売り、※5がまの油売りなど、街角で人々を集める※6口上(こうじょう)には独特のリズムと多くの雑音が入っています。

（山崎広子「声のサイエンス　あの人の声は、なぜ心を揺さぶるのか」による。）

※1　声の価値観＝右の文章では、「声の美意識」と同じ意味で使われている。
※2　ピッチ＝音の高さ。
※3　辻弁士＝道ばたで演説などをする人。
※4　たたき売り＝道ばたで、商品を置いた台などをたたき、大声で呼びかけ次第に値を安くして商品を売ること。
※5　がまの油売り＝ヒキガエルの皮膚からでる分泌物からつくったという民間薬を売る人。
※6　口上＝あいさつや商売などで言う、一定の形式に従った、ひとまとまりの言葉。

[ ]に入る答えの根拠となる一文を、上の文章中から抜き出して、そのはじめの五字を書きなさい。（句読点を含む。）

【ノートの一部】

西洋の声の美意識について

段落	話題	分かること
1	発声	石によって作られた声
2	声の美意識	「低く深く響く」こと
3	街の音	必要最小限の音（楽器…澄んだ音　正確なピッチ）

Q＆Aによるまとめ

Q1　声が「石によって作られた」とは、どのようなことか。

A1　声が石造りの住居から影響を受けたということ。

Q2　街の中にも「必要最小限の音」しか存在しないのは、なぜか。

A2　[ ]

二

次の文章を読んで、下の㈠～㈤の問いに答えなさい。なお、1～6は段落の番号を表している。

1 アジアの街では、藁(わら)や木でできたこぢんまりとした家が長屋のように並んでいます。一般的にアジアの人種はヨーロッパや中東の人々(ひとびと)に比べて身長が低く、胸も薄く体格全般が小柄です。そんな体格に合わせるかのように住居も小さめです。アジアの極東にある日本の伝統(1)家屋も天井は低く、木と草(畳)と紙(障子、襖(ふすま))で作られています。こうした建物では声はまったく響きません。響かないと喉に力が入り、胸ではなく喉の上方で響きを作る発声になります。ヨーロッパの人々の声が石によって作られた声なら、日本人の声は木と紙によって作られた声だといえるでしょう。

2 ところで先に「※1声の価値観」という言葉を何気なく使いましたが、どの国、どの地域にも、それぞれの場所に根差した「声の美意識」というべきものがあります。ヨーロッパの声の美意識は「低く深く響く」ことにあり、中東では「甲高く情熱的」であることにあります。その中で、日本人の伝統的な声の美意識はというと、面白いことに「雑音」にあるのです。

3 西洋から東洋に向かうほど街がうるさくなる、とはよくいわれることです。西洋の建物では音が響くので、一つ一つの音を研ぎ澄ませ、雑音を排してきました。街の中にも必要最小限の音しかありません。そんな音に対する意識は楽器にも反映され、一つ一つの音が澄んで正確な※2ピッチで出るように設計されています。だから和声や合唱、合奏のハーモニーを生み出せたのです。

4 A、東洋の街にはさまざまな音が溢(あふ)れ、澄んだ正確な音が作られないために、ハーモニーは生まれませんでした。中国も韓国も日本も、ハーモニーのある合唱や合奏を行うようになったのは西洋の音楽が入り込んでからのことです(日本では西洋音楽が正式に導入された明治以降から。雅楽など伝統的な合奏は複数の楽器が一緒に奏でているだけで、ハーモニーではない)。住居も防音効果のある石ではなく、紙と木という家の外でも中でも音が(2)筒抜けになる素材で作られてきたので、雑音はどこにでも入り込みます。日本人が虫の音を愛するのも、外と内が隔絶されておらず、自然の音や空気が簡単に家の中に入り込む環境だったからでしょう。ヨーロッパの人々が雑音として排したものが、日本人にとっては風情(ふぜい)として好ましく受け入れられました。日本人は静まりかえったところにポーンと響く澄んだ音よりも、そこここに

㈠ 上の文章中の(1)——～(3)——の漢字の読みを平仮名で書きなさい。

㈡ 上の文章中の A と B に入る言葉の組み合わせとして、最も適切なものを、次の1～4の中から選んで、その番号を書きなさい。

1 A 例えば　B しかも
2 A 確かに　B むしろ
3 A 結局　B よって
4 A 一方　B つまり

㈢ 日本人の伝統的な声の美意識はというと、面白いことに「雑音」にあるのです とあるが、日本人が「雑音」に美意識を感じるようになった事情を四十五字以上、五十字以内で説明しなさい。(句読点を含む。)
ただし、「紙と木」「環境」「価値」の三つの言葉を用いて書くこと。

㈣ 上の文章中の I に入る最も適切な言葉を、上の文章中から三字で抜き出して書きなさい。

㈤ 国語の授業で上の文章を読み、まず、西洋の声の美意識について考えることになった。そこで、各自が1～3段落の内容を表にまとめ、更に理解を深めるためにQ&A(問いとその答え)を作成した。次は、ある生徒の【ノートの一部】である。

翌朝、響音が目をさますと、トーストの(1)ヤけるにおいがしていた。

夜おそく目がさめたとき、お父さんとお母さんが、夜にしては少し大きな声で話をしていた。お父さんの「響音をちゃんと見ているか」という言葉だけ、みょうにはっきりきこえたけれど、お父さんったらへんなこと言うなあ、と思ってまた寝てしまった。

着がえているうちに、夜中のことが(2)ユメなのか現実なのか、わからなくなってくる。

まあ、いっか。

白いシャツに紺色のセーター、グレーのプリーツスカートに紺のハイソックスを選ぶ。鏡に向かって、まるで飛行機の客室乗務員のお姉さんのように、すましておじぎした。

洗面所へ行くと、千弦が髪をとかしているところだった。響音は思わず立ちすくむ。

「あ、響音、おはよう。きょうは制服みたいなかっこうだ。中学生みたい」

いつもの千弦だ。響音の緊張がほどける。

「きょうは終業式だから、制服っぽくしてみたの」

「でも、ちょっと地味だなあ。よし、わたしが髪結わえてあげる」

千弦は、「靴は、赤のスニーカーにして」と言いながら、髪に赤いリボンを器用に編みこむ。見ちがえるように、はなやかになった。

あらためて鏡をのぞくと、響音にはじぶんの姿がいつもの三倍くらいかわいく見えた。

「ねえ、四月からは、千弦ちゃんが響音の髪結ってよう」

「毎朝、あと十分はやく起きてくれば、やってあげないこともない」

「うえぇ、五分でもむずかしいのに」

千弦にからかわれながらダイニングに入った。お父さんはもう仕事へ行ったあとだ。

「おはようございます！　お母さん、見て見て！」

響音はスカートのすそをつまみ、うきうきとお母さんにまとわりついた。

「ああ、髪、千弦にやってもらったのね。手は洗ってきた？　ジャムはイチゴとマーマレード、どっち」

「……うん、イチゴ」

ウきゅうに、お父さんの「響音をちゃんと見ているか」が思いだされて、響音はしおしおと席にすわった。千弦はなにか言いたそうに、けれどだまってテーブルにつく。

なんとなく、気まずい。

トーストをかじりながら、グランドピアノが占拠しているリビングに目をやる。このピアノのおかげでリビングはテレビも置けないくらいせまいけれど、響音は自宅にグランドピアノがある、ということが自慢で誇らしい。

小さいころは、千弦といっしょにピアノで遊んでいた。幼稚園で習った歌を弾いてもらったり、行進曲にあわせてぐるぐる歩きまわったり。けれどいまは、千弦の練習のじゃまになるようなことは、してはいけない。

響音のために弾いてもらうことのなくなったピアノ。

ピアノの置いてあるリビングが、(3)トオく感じる。

（小俣麦穂「ピアノをきかせて」による。）

※1　弟子入り＝ここでは、陶芸が趣味の祖父に、最近響音が茶わん作りを教えてもらうようになったこと。　※2　燈子＝響音の父の妹で、響音にはおばに当たる。

4　千弦はピアノの練習で毎日忙しいのに、自分は好きなことをしてのんびり過ごしていても誰にも責められないから。

(四)　ウきゅうに、お父さんの「響音をちゃんと見ているか」が思いだされて、響音はしおしおと席にすわったとあるが、この時の響音の気持ちを四十五字以上、五十字以内で書きなさい。（句読点を含む。）

(五)　国語の授業で上の文章を読み、「響音」の人物像について考えることになった。グループで話し合う前に、まず、ノートに各自の考えをまとめた。次は、ある生徒の【ノートの一部】である。□に入る「響音」の言葉や行動が、上のＡの場面の文章中には何箇所かある。そのうちの一つを、一文で抜き出して書きなさい。

【ノートの一部】

〈「響音」の人物像〉
自分の本心をあまり言わない人物だと思った。
○根拠となる「響音」の言葉や行動
・□

国語

●満点100点　●時間50分

一

次の文章を読んで、下の㈠～㈤の問いに答えなさい。

小学校五年生の響音(ひびね)には、仲の良い中学校一年生の姉千弦(ちづる)がいる。母親は、ピアニストを目指す千弦の練習を支えることに熱心で自宅に不在がちであり、響音は祖父の家に立ち寄ることが多くなっていく。千弦はピアノの練習を続けるうちに、徐々(じょじょ)に音楽の楽しさを感じなくなっていった。小中合同の卒業式でピアノ伴奏者となったが、当日の千弦のピアノの音色は以前とは大きく変わっていて、響音はショックを受ける。卒業式を終え、下校する途中に祖父の家に立ち寄った響音を、夜になって父親が迎えに来た。

（Aの場面）

お父さんがむかえに来たとき、響音は二階の部屋でベッドに寝ころがっていた。

「響音、入るよ」

お父さんは、声をかけてから少し間をおいて、ドアを開けた。響音はのろのろと起きあがり、お父さんは、ベッドのはしにすわる。

「千弦のピアノ……ショックだったんだな」

響音は、くちびるを引きむすんで下を向いた。

「お父さんも、じつは気になってたんだ。最近の千弦のピアノは、いきいきした音色がしないなあって。でも、練習中だからかなあって、深く考えないようにしていた」

響音も、そうだった。家できくピアノは、いつも練習曲でつまらない。つまらないのは、練習曲だから。でも、むかしは千弦が指ならしに音階を弾いただけでも、わくわくしたものだ。

気のせい、気のせい、気のせい。

そうじぶんに言いきかせて、千弦の音の変化に気づかないふりをしていたのかもしれない。

お父さんは、**ア**響音の頭をなでた。

「お姉ちゃんが、心配になっちゃったんだな」

響音はこくんとうなずく。

「でもな。お父さんは、響音のことも、ずっと心配だったんだ。おまえは、あまりじぶんの気持ちを出さないから。おじいちゃんに※1弟子入りしたり、※2燈子(とうこ)といっしょに音楽ではしゃいだりしてる響音を見て、お父さんはほんとうに安心してるんだ。だけど……」

そのさきを、お父さんははっきり言おうとはしなかった。

「帰るか。……それとも、あした学校は終業式だけだろう。持ちものに困らなければ、ここに泊まっていってもいいし」

少し考えて、響音は「うちに帰る」と答えた。

自宅のマンションに帰っても、お母さんと千弦はまだだった。

「千弦ちゃん、たいへんだよね。お母さんも」

言いながら、**イ**響音は少しほっとする。いそいでお風呂(ふろ)に入って、いつもよりかなりはやめにベッドに入ると、千弦が帰ってくるころにはもう眠っていた。

㈠ 上の文章中の⑴——～⑶——の片仮名の部分を漢字で書きなさい。

㈡ **ア**響音の頭をなでた　とあるが、この時のお父さんの気持ちとして、最も適切なものを、次の**1**～**4**の中から選んで、その番号を書きなさい。

1　千弦の音が以前と変わったのは思い過ごしだと分かってもらいたい気持ち。

2　妹でありながらも千弦の音の変化に胸を痛めている響音を思いやる気持ち。

3　はっきりものを言わない響音に自分の考えを主張するよう促したい気持ち。

4　自分自身も辛い状況なのに千弦の心配もできる響音を誇らしく思う気持ち。

㈢ **イ**響音は少しほっとする　とあるが、その理由として、最も適切なものを、次の**1**～**4**の中から選んで、その番号を書きなさい。

1　生き生きしたピアノの音色が出なくなった千弦と会うことに緊張を感じていたが、顔を合わせずにすんだから。

2　考えなければならないことが多く疲れていたが、早く帰宅したことによって十分に体を休めることができるから。

3　千弦に会ったら悩みについて相談に乗らなければいけないと思っていたが、今日のところは会わずにすんだから。

Memo

Memo

Memo

5年度用 茨城県公立高校

6年間スーパー過去問

水準と傾向をさぐり、合格への展望をひらく！

公立高校過去問シリーズ

■編集者 （株）声の教育社 編集部

■発行所 （株）声 の 教 育 社

〒162−0814 東京都新宿区新小川町8−15

☎03−5261−5061㈹

御不明な点は直接本社にお問い合わせ下さい。

2024年6月 第1刷発行

2025 年度用

別冊

茨城県公立高校

書き込み式

解答用紙集

※**お客様へ**
解答用紙は別冊になっていますので本体からていねいに抜き取ってご使用ください。

㈱声の教育社

●2024年度

●誰にもよくわかる

解説と解答

英語解答

1 (1) No.1　ア　No.2　ウ　No.3　イ
No.4　エ　No.5　ウ
(2) No.1　ウ　No.2　イ　No.3　ウ
No.4　エ
(3) No.1　ウ　No.2　エ
(4) ①　イ→ア→エ　②　three

2 ①　イ　②　キ　③　ア　④　ク
⑤　ケ　⑥　カ

3 (1) イ　(2) ウ→イ→ア

4 (1) ①…ア　②…イ　③…ウ　④…エ
⑤…ウ
(2) Why do you

5 (1) イ，カ，ク　(2) エ
(3) ①…ウ　②…イ
(4) ①　express his true feelings
②　began to miss
(5) a good way to show that we think about that person

6 ①　カ→オ→ア→イ→エ
②　ア→オ→カ→ウ→エ
③　ウ→ア→エ→イ→カ
④　エ→カ→オ→ウ→ア

1〔放送問題〕

(1)No.1．「私の兄〔弟〕は電話で話している」―ア

No.2．「私たちは絵を描くときにこれを使う」―ウ

No.3．「ケンは火曜日と金曜日に卓球の練習をする予定だ。彼は木曜日に犬の散歩をする」―イ

No.4．「黒いバッグが最も高い。白いバッグと花が描かれたバッグは同じ値段だ」―エ

No.5．「ワカバ駅に行きたいのなら，ヒバリザカ駅までキタ線に乗って，そこでミナミ線に乗りかえてください。ワカバ駅はヒバリザカから３つ目の駅です」―ウ

(2)No.1≪全訳≫A：ケン，お昼ご飯の後，お皿を洗ってくれる？／B：いいよ，お母さん。でも，最初に宿題を終わらせたいんだ。／A：どのくらいかかりそう？／B：20分だけちょうだい。その後洗い物をするよ。

Q：「ケンは昼食の後，最初に何をするつもりか」―ウ．「彼は宿題をするつもりだ」

No.2≪全訳≫A：こんにちは，ショウタ。ここであなたに会うなんてびっくりよ。どこに行くの？／B：ショッピングモールだよ。そこにある新しい本屋がすごくいいらしいんだ。／A：本当？　私もショッピングモールに行くところよ。新しい靴が必要なの。あなたと一緒に行ってもいい？／B：もちろんさ！　あっ，ほら！　列車が来るよ。

Q：「彼らは今どこにいるか」―イ．「駅に」

No.3≪全訳≫A：お姉ちゃん〔妹〕と私は今晩，夜ご飯を食べにレストランに行くつもりなの。あなたも私たちと一緒に来たい？／B：もちろん！　楽しそうだね！／A：実は，メグとボブも一緒なの。それでもいい？／B：もちろん。２人に会えるのはうれしいよ。

Q：「今晩，何人の人がレストランで一緒に夕食をとることになるか」―ウ．「５人」

No.4≪全訳≫A：あら，ジョージ，外は雨よ。傘を取りに教室に戻らなくちゃ。あなたも傘を取りに行かないといけない？／B：いや，でも僕は教室に数学の教科書を忘れてきちゃったんだ。一緒に行こう，カレン。／A：いいわ。教室がまだ開いていることを願うわ。／B：僕もだよ。急いだ方がいいね。

Q：「なぜジョージは教室に戻るつもりなのか」―エ．「彼は教科書を取りに行きたいから」

(3)≪全訳≫カズ(K)：やあ，ジュディ。僕の英語のテスト勉強を手伝ってくれる？／ジュディ(J)：いいわよ，カズ。いつ会うのがいい？　明日はどう？／K：ダンスのレッスンがあるから明日は会え

ないんだ。水曜日は会える？／J：その日はサリーに会う予定なの。／K：そうなんだ。／J：サリーと私は数学のテスト勉強をする予定なの。私たちは数学がすごく難しいって思ってるから，不安で…。／K：そうだ，いい考えがあるよ！　僕が君たちに合流するよ。僕は数学が得意だから，君とサリーを手伝える。／J：あっ，それはすばらしい考えね！　数学の勉強が終わったら，一緒に英語のテスト勉強ができるわ。

No.1.「カズは水曜日に誰に会う予定か」―ウ.「ジュディとサリー」

No.2.「カズは水曜日に何をするか」―エ.「彼はジュディとサリーと一緒に数学と英語の勉強をする」

(4)≪全訳≫昨日，私はピアノのコンサートで演奏しました。それは私にとって3回目でしたが，やはりとても緊張しました。そして，ステージの上にいたとき，観客の中に祖父が見えました。私は驚きました。数日前に彼を怒らせてしまったため，彼が来てくれるとは思っていなかったのです。演奏の後，私は彼に話しかけました。彼は泣いていて，私の演奏は本当によかったと言ってくれました。私はそれを聞いてとてもうれしかったです。彼が次のコンサートに来てくれたらいいなと思っています。

①イ.「緊張した」(第2文)／→ア.「驚いた」(第4文)／→エ.「うれしい」(最後から2文目)

②「ハナは何回ピアノのコンサートで演奏したことがあるか」―「3回演奏したことがある」

2〔会話文完成―適語選択〕

≪全訳≫❶コウジ(K)：僕たちは修学旅行の間にどこに行ったらいいかな？　何かアイデアはあるかい，マイク？

❷マイク(M)：僕は日本に来て2年目だから，日本の歴史と伝統文化についてもっと学びたいな。特に，古いお寺に興味があるんだ。

❸K：いいね。よく，百聞は一見にしかずっていうから。最初にヒバリ寺に行こう。そのお寺は500年前にヒバリ湖の近くに建てられたんだ。美しい花園でも有名なんだよ。

❹ハル(H)：そのお寺では茶道を体験できるのよ。私は学校の茶道部に入ってるから，そこでやってみたいな。歴史上の偉大な人物と茶道を楽しめたらいいのに。

❺M：僕もさ。しかも，日本の茶道は今，世界中ですごく人気があるんだ。僕は，着物と織物がすごく興味深いとも思ってる。

❻K：このウェブサイトによると，それらについて学べる場所がいくつかあるみたいだ。織物のアクセサリーを織ってみない？　お母さんへのすてきなプレゼントになりそうだよ。

❼M：すごい！　僕はこの旅行で日本の歴史と伝統文化についてたくさんのことが学べるね。

❽H：経験を通じて学ぶことが必要よ！　じゃあ，次にどこに行くか決めましょう！

<解説>①主語の It は，直前で出てきた Hibari Temple「ヒバリ寺」を指す。直前に be動詞の was があり，「500年前にヒバリ湖の近くに」という内容が続くので，‘be動詞＋過去分詞’の受け身形で「建てられた」とする。　build－built－<u>built</u>　②be famous for ～「～で有名である」　③belong to ～「～に所属する」　④この文が I wish で始まっていることに着目する。‘現在実現困難な願望’を表す‘I wish＋主語＋(助)動詞の過去形～’「～だったらいいのに，～だったらなあ」の形(仮定法過去)である。直後に動詞の原形の enjoy があるので，空所には助動詞の過去形が入る。　⑤この後，マイクが茶道について新しい情報を追加している。besides は「そのうえ，さらに」という意味。　⑥learn through experience で「経験を通じて学ぶ」という意味を表す。主語となる部分なので「～すること」を表す動名詞(～ing)になる。

3〔長文読解総合〕

(1)<要旨把握―スピーチ>≪全訳≫青い物を見ると，皆さんはどう感じますか？　青という色が気分を落ち着かせてくれるという人もいます。また，それを見ると悲しくなるという人もいます。そのことについて友人に話すと，彼らも似たような印象を持っていました。でも，青は多くの場合，僕をわくわくさせてくれ，それは僕の大好きなサッカーチームのメンバーが青いユニフォームを着ているからです。選手たちのパフォーマンスは，いつも僕にやる気と元気をくれます。このように，同じ色について人によって印象がさまざまである可能性があるのです。さて，皆さんはどう思いますか？

＜解説＞色が与える印象について青を具体例に挙げて述べた内容。最後から2文目の，同じ色でも人によって印象が異なるというのが主旨で，イ．「何人かの人がある色を見たとき，それぞれの人がそれについてさまざまな感情を抱くかもしれない」が，この内容を表している。

(2)**＜文整序─説明文＞≪全訳≫**「朝活」という言葉を聞いたことがあるだろうか。「朝」は早朝，「活」は活動を意味している。朝活のため，人々は早く起きて朝の時間を活用する。／**→ウ**．仕事に行く前に勉強する人もいる。／**→イ**．毎朝ウォーキングやランニングを楽しむ人もいる。／**→ア**．毎日早起きしてこうした活動をするのは大変だと思うかもしれない。／しかし，このことを心配する必要はない。週に1回だけで朝活を始めてもよいのだ。朝活をして1日をよい形で始めてはどうだろうか。

＜解説＞イとウはどちらも朝活の具体例を表す内容で，ウに also「～も(また)」があるのでウが後になる。また，空所直後にある However「しかしながら」に着目し，However の直後の「このことを心配する必要はない」という内容と対立する内容になっているアが最後にくるとわかる。

4〔**対話文完成─グラフを見て答える問題**〕

≪全訳≫1エリオット(E)：やあ，ユウキ。君は会うときいつも本を読んでいるね。

2ユウキ(Y)：やあ，エリオット。うん，僕は本当に読書が好きでね。本を借りに学校の図書館に行ってきたんだ。

3E：それはいいね。今回はどんな種類の本を借りたの？

4Y：えっと，このグラフによると，うちの学校では歴史の本が一番人気なんだ。だから，この種類の本を選んだよ。この本を家に持って帰りたいんだけど，ちょっとした問題があって…。

5E：それは何？

6Y：高校では教科書がたくさんあるよね。それがすごく重たいから，図書館で借りた他の本と一緒に持ち運ぶのが大変なんだ。

7E：ああ，なるほど。電子書籍を読んでみたことはあるかい？

8Y：スマートフォンで読むってことかい？

9E：うん，でも，例えばタブレット型コンピュータとか，どんな種類の端末でも読めるよ。紙の本にも電子書籍にも利点がある。実際，うちの学校の生徒の約40パーセントが紙の本と電子書籍の両方を読んでいる。

10Y：僕は端末で本を読むなんて考えたこともなかったな。

11E：僕は電車での通学中にスマートフォンで本を読むことがあるよ。別のグラフによると，僕たちの学校の生徒の約30パーセントが，電車かバスに乗っているときに読書を楽しんでいる。彼らにとっては電子書籍がより便利なんだろうね。

12Y：なるほど…。

13E：このグラフも興味深いよ。多くの生徒が，電子書籍を利用することでどこでも本が読めると考えている。僕もそれが電子書籍の最もいいところだと思う。電子書籍を読むのは便利なんだよね。

14Y：たくさんの重い本を運ばなくていいのなら，うれしいな。今はタブレット型コンピュータで本を読むことに興味があるけど，やっぱり僕は紙の本の方が好きだな。

15E：どうして紙の本が好きなんだい？

⓰Y：本を集めて自分の本棚に置いておくのが好きなんだ。実は，僕は将来図書館で働きたいんだ。
⓱E：本当かい？　夢がかなうといいね。

図書館便り　どんな種類の本が好きですか？(複数回答可)／(生徒数)／歴史／科学／漫画／音楽／その他／紙の本と電子書籍，どちらを読みますか？(単一回答)／紙の本だけ　51%／両方　39%／電子書籍だけ　7%／本を読まない　3%／ふだんはいつ本を読みますか？(単一回答)／夕食後／電車かバスで／昼休みの間／朝食前／その他／電子書籍の最も良いところは何でしょうか？(単一回答)／どこでも本が読める　71%／本棚がいらない　18%／高くない　8%／その他　3%

(1)＜適語(句)・適文選択＞①学校で人気の本がわかるのは左上のグラフ。最も人気があるのは歴史の本である。　②空所に続く内容より「紙の本と電子書籍の両方を読んでいる」人の割合が入るとわかる。右上のグラフより，その割合は39%である。　③直前の文でエリオットは，電車で通学する間にスマートフォンで読書をすると言っている。これはいつ読書をするかという話題である。左下のグラフでは，約30%の生徒が「電車かバスで」と回答している。　④続く2文から，電子書籍の利点について話しているとわかる。右下のグラフでは，多くの生徒がどこでも読めることを電子書籍の利点として挙げたことを示している。　⑤この言葉を聞いたエリオットが「夢がかなうといいね」と言っていることから，ユウキは将来の希望を語ったのだと判断できる。

(2)＜適語補充＞この問いかけに対し，ユウキは紙の本が好きな理由を答えているので，紙の本を好きな理由を尋ねる疑問文をつくる。

5〔長文読解総合―物語〕

≪全訳≫❶「ブライアン，一緒に歩いて帰ろう」とシンジが言った。ブライアンとシンジは同じ中学校に通っている。ブライアンはおよそ2年前にカナダから日本に来た。彼らは授業や野球部の活動を通じてすぐに親友になった。
❷午前中，ブライアンとシンジは国語の授業を受けていた。彼らの先生であるヨシダ先生が生徒たちに言った。「次の授業では，誰かに手紙を書いてもらうわ。みんなはそれを誰に送りたいかしら？　そのときまでに決めておいてね」
❸帰り道で，シンジはブライアンに「誰に手紙を送るか決めたかい？」と尋ねた。ブライアンは「カナダに住んでいるおばあちゃんに手紙を書くつもりだよ。彼女は先月から病気で入院しているんだ。僕はどうにかして彼女と連絡をとりたいと思っていたから，彼女を元気づけるために手紙を送ることにしたんだ」と答えた。
❹次の日の授業で，ブライアンはヨシダ先生に「僕はカナダの祖母に手紙を書くつもりです。彼女は英語も日本語も両方理解できますが，僕はそれを英語で書きたいと思います。僕は日本語では自分の本当の気持ちを表現することができないので」と言った。ヨシダ先生は彼に「問題ないわ。英語で手紙を書いてもいいわよ。おばあさまが手紙を喜んでくれるといいわね」と言った。
❺書き始めてみて，ブライアンは自分の気持ちを手紙で表現するのが難しいと気づいた。彼は手紙を書くことはソーシャルネットワーキングサービスなどを通じてコミュニケーションをとることとは全く異なると感じた。祖母が手紙を読んでどう感じるかを彼は想像した。彼は自分の手紙で彼女を元気にしてあげたかった。
❻手紙を送ってから数週間後，ブライアンは祖母から返信を受け取った。その中で，彼女は手紙を受け取ってとても驚いたといっていた。彼女はまた「あなたのお手紙のおかげで調子がよくなったわ，お手紙，一生大切にするわね」ともいった。ブライアンはとてもうれしかった。彼はとても感動したので彼女が恋しくなってきた。<u>同時に，彼は手紙の力を認識した。</u>
❼次の日，ブライアンは祖母と手紙をやり取りしたことについてシンジに話した。シンジもそれを聞い

てうれしかった。彼は「誰かに手紙を書くのってすごく時間がかかるけど，それはその人のことを考えているっていうことを示すいい方法だよね」と言った。ブライアンも同じように感じた。

8 2か月後，ブライアンは祖母からもう1通手紙を受け取った。その手紙で，彼女は回復し退院して家に戻ったといっていた。ブライアンは彼女が毎日彼の手紙を読んでいることを知った。彼女の手紙を読み終えたとき，最後の単語が少しにじんでいるのに気づいた。「ひょっとして，おばあちゃんの涙…」と彼は思った。

⑴<**内容真偽**>ア.「ブライアンとシンジは違う学校に通っているが，彼らは同じ野球チームに入っている」…× 第1段落第2文参照。彼らは同じ中学校に通っている。 イ.「ブライアンはカナダから来て以来，約2年間日本にいる」…○ 第1段落第3文に一致する。 ウ.「ヨシダ先生はブライアンとシンジが日本語で手紙を書くのを手伝った」…× このような記述はない。 エ.「ブライアンの祖母は英語だけを理解できる」…× 第4段落第2文参照。日本語も理解できる。 'both *A* and *B*'「*A*と*B*の両方」 オ.「ブライアンは手紙を書いたとき，自分の気持ちを表現することは簡単だと思った」…× 第5段落第1文参照。難しかった。 カ.「ブライアンの手紙に彼の祖母は驚き，それを読んで調子がよくなった」…○ 第6段落第2，3文に一致する。 キ.「ブライアンは祖母との手紙のやり取りのことを決してシンジに話さなかった」…× 第7段落第1文参照。祖母からの返信を受け取った翌日に話した。 ク.「ブライアンの祖母は再び元気になり，退院した」…○ 最終段落第2文に一致する。

⑵<**適所選択**>補う文は「同時に，彼は手紙の力を認識した」という意味。第6段落にブライアンの手紙が彼の祖母によい効果をもたらしたという内容が書かれており，これが「手紙の力」と考えられる。

⑶<**内容一致**>①「ヨシダ先生は生徒たちに(　　)ように言った」―ウ.「誰に手紙を送るかを決める」 第2段落第2～最終文参照。 ②「ブライアンは(　　)と理解した」―イ.「手紙を書くことはソーシャルネットワーキングサービスなどでメッセージを送るのとは違う」 第5段落第2段落参照。

⑷<**英問英答―適語補充**>①「なぜブライアンは彼の祖母に手紙を書くために英語を使いたかったのか」―「英語で彼の本当の気持ちを表現したかったから」 第4段落第2，3文参照。「日本語では自分の本当の気持ちを表現できない」は，「英語で自分の本当の気持ちを表現したい」と言い換えられる。本文では express my true feelings となっているものを，ここでは主語の he に合わせて express his true feelings とする。 ②「ブライアンは祖母から最初の手紙を受け取ったとき，どのように感じたか」―「彼はとてもうれしく感じて，彼女が恋しくなってきた」 第6段落第4，5文参照。本文の表現がそのまま使える。

⑸<**内容一致**>≪**全訳**≫やあ，シンジ！ 元気にしてる？ この手紙を書き始めたとき，僕は授業で手紙を書いたことを思い出したよ。僕は君の言葉も思い出した。誰かに手紙を書くことはその人のことを考えているということを示すいい方法だって，僕は強く思うよ。

<**解説**>空所には，ブライアンが誰かに手紙を書くことをどのように思っているかが入る。直前で「君(シンジ)の言葉も思い出した」といっていることから，シンジが手紙を書くことについて述べた部分を探す。第7段落第3文にある表現がそのまま使える。

6 〔**会話文完成―整序結合**〕

≪**全訳**≫**1**マサト(M)：僕のお父さんは水戸でレストランをやっていて，①レストランをよりよくするために何をするべきかを僕にきいてきたんだ。

2シオリ(S)：うーん，このウェブサイトにあるお客さんからのこれらの投稿を見てみたら？

❸レイラ(L)：3つの投稿は全部，料理がおいしいっていってるね。
❹M：それを聞いてうれしいけど，この地域の他のレストランよりも②値段が高いって，AさんとBさんの投稿にあるね。それはそうかもしれないな…。えっと，他に何かコメントはある？
❺S：ちょっと待ってね。Cさんの投稿が役に立つかもしれないわ。彼女は「私にとっては③各皿の料理の量が多すぎた」っていってる。
❻M：じゃあ，お客さんがもっと少ない量の料理を選べるようなサービスについてお父さんに話してみよう。
❼L：いいじゃない！　あと，彼女はメニュー表にも問題があるっていってる。④日本語だけじゃなくていろんな外国の言葉で書かれたメニュー表をもう1つつくってみたらどうかな？
❽S：それはいいアイデアね！
❾M：本当にありがとう。お父さんがすごく喜ぶよ。

<解説>①疑問詞の what が文中にあることから，'疑問詞＋主語＋(助)動詞...' の語順の間接疑問になると判断し，what の後を he should do とまとめる。残りは文末の better に着目し，'make＋目的語＋形容詞'「～を…(の状態)にする」の形を使い，to make the restaurant better とする。この to make 以下は「～するために」という '目的' を表す to不定詞の副詞的用法。不要語は how。… he asked me what he should do to make the restaurant better.　②値段が話題になっている部分。Ms. C の投稿では値段が話題になっていないので，直前の Mr. A and に続くのは Mr. B。the posts by Mr. A and Mr. B「AさんとBさんの投稿」が主語となり，これに対応する動詞となる say を含む say that を続ける。残りは the prices are higher「値段がより高い」とまとまる。'比較級＋than ～'「～より…」の比較級の文。不要語は Ms. C。　… the posts by Mr. A and Mr. B say that the prices are higher than the prices at other restaurants in this area.　③Cさんの投稿について説明した部分。語群と直後のマサトの発言に amount(s)「量」が含まれていることから，投稿の「1人分の量が多くて」に当たる部分だと判断できる。まず The amount was too large「量が多すぎた」という文の骨組みをつくる。残りは The amount を修飾する語として of food in each dish とまとめ amount の直後に置き，「各皿の料理の量」とする。不要語句は so small。　The amount of food in each dish was too large for me.　④メニュー表が話題になっている部分。Cさんの投稿の「外国語のメニューもあると助かります」というコメントを読んで，レイラは外国語のメニューをつくってみたらどうかと提案したと考えられる。another「別の」に続くのは menu なので another menu written となる。残りは 'not only *A* but also *B*'「*A*だけでなく*B*も」の形で「日本語だけでなくさまざまな外国語で」というまとまりをつくる。written 以下は前の名詞 another menu を修飾する過去分詞の形容詞的用法。また，ここでの in は「～語で」の意味。不要語は are。　How about making another menu written not only in Japanese but also in various foreign languages？

数学解答

1 (1) ① -6 ② $-2x-9y$
③ $2ab$ ④ $2\sqrt{3}+3\sqrt{2}$
(2) エ

2 (1) イ (2) ウ (3) ア (4) エ

3 (1) ア，オ (2) $\dfrac{50}{3}$cm^2
(3) Ⅰ…ウ Ⅱ…CB＝CF
Ⅲ…２組の辺とその間の角

4 (1) イ (2) ① $\dfrac{1}{6}$ ② $\dfrac{5}{18}$

5 (1) 10cm (2) ① イ ② (36，16)

6 (1) オ
(2) ① $32+4\sqrt{2}$cm^2 ② $\dfrac{20\sqrt{2}}{9}$cm^3

1 〔独立小問集合題〕

(1)＜数の計算，式の計算＞①$3-9=-6$ ②与式＝$-3x-6y+x-3y=-2x-9y$ ③与式＝$\dfrac{3a^2b\times4b}{6ab}=2ab$ ④与式＝$\sqrt{6\times2}+\sqrt{6\times3}=\sqrt{2^2\times3}+\sqrt{3^2\times2}=2\sqrt{3}+3\sqrt{2}$

(2)＜式の計算―因数分解＞和が７，積が-8となる２数は-1と８だから，与式＝$x^2+\{(-1)+8\}x+(-1)\times8=(x-1)(x+8)$となる。

2 〔独立小問集合題〕

(1)＜平面図形―角度＞右図において，△DCEで内角と外角の関係より，∠ECD＝∠AED－∠CDE＝74°－39°＝35°である。△ABCは正三角形より，∠ACB＝60°だから，∠BCD＝∠ACB－∠ECD＝60°－35°＝25°となる。

(2)＜データの活用―箱ひげ図＞生徒は10人より，中央値は小さい方から５番目と６番目のデータの平均値である。５番目は３回，６番目は４回だから，中央値は，$(3+4)\div2=3.5$(回)である。また，第１四分位数は，小さい方５個のデータの中央値だから，小さい方から３番目のデータであり，３回である。第３四分位数は，大きい方５個のデータの中央値だから，大きい方から３番目のデータであり，６回である。最小値は１回，最大値は９回なので，正しい箱ひげ図はウとなる。

(3)＜文字式の利用―不等式＞入園料は，大人１人x円，子ども１人y円だから，500円の割引券を１枚使って，大人２人，子ども３人が入園するとき，入園料の合計は，$x\times2+y\times3-500=2x+3y-500$円と表せる。これが4000円より安くなったから，$2x+3y-500<4000$が成り立つ。

(4)＜関数―変域＞関数$y=2x^2$は，xの絶対値が大きくなると，yの値も大きくなる。xの変域を$-1\leqq x\leqq a$，yの変域を$b\leqq y\leqq18$とする。yが最大の$y=18$になるとき，$18=2x^2$，$x^2=9$，$x=\pm3$となり，xの変域で，絶対値が最大のxの値は，$x=-3$か$x=3$である。xの変域が$-1\leqq x\leqq a$と表されていることより，絶対値が最大のxの値は$x=3$だから，$a=3$であり，xの変域は$-1\leqq x\leqq3$となる。絶対値が最小の$x=0$のとき，yは最小で$y=0$となるから，$b=0$であり，yの変域は$0\leqq y\leqq18$となる。

3 〔平面図形―平行線〕

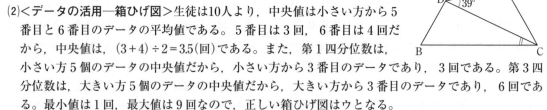

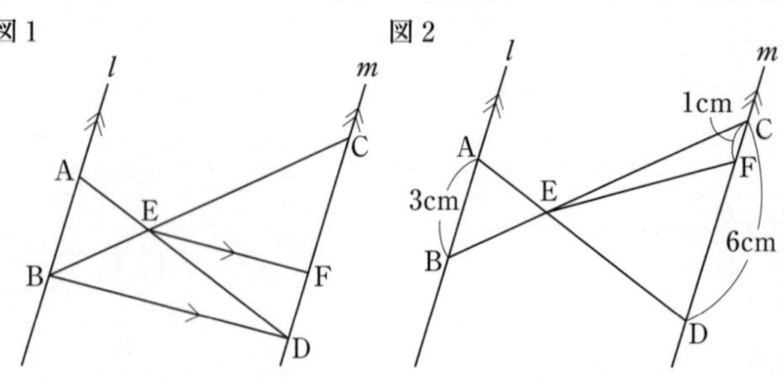

(1)＜等しい角の組＞右図１で，EF∥BDのとき，平行線の同位角は等しいから，∠EBD＝∠CEFとなる。また，錯角は等しいから，∠BDE＝∠FEDとなる。

(2)＜面積＞右図２で，∠AEB＝∠DECであり，l∥mより，∠ABE＝∠DCEだから，△ABE∽△DCEである。AB＝3，CD＝6より，相似比はAB：DC＝3：6＝1：2だから，面積の比は相似比の２乗より，△ABE：△DCE＝$1^2:2^2$＝1：4となる。△ABE＝

5だから，△DCE＝4△ABE＝4×5＝20となる。また，△DEFと△DCEの底辺をそれぞれFD，CDと見ると，高さは共通で等しいから，面積の比は底辺の比に等しく，△DEF：△DCE＝FD：CDとなる。CF＝1より，FD＝CD－CF＝6－1＝5だから，△DEF：△DCE＝FD：CD＝5：6である。よって，△DEF＝$\frac{5}{6}$△DCE＝$\frac{5}{6}$×20＝$\frac{50}{3}$(cm²)である。

〔編集部注：$l /\!/ m$，AB＝3cm，CD＝CE＝6cmの条件のもとで，△ABEの面積が5cm²になることはない。ただし(2)は，県発表の解答に合わせて解説した。〕

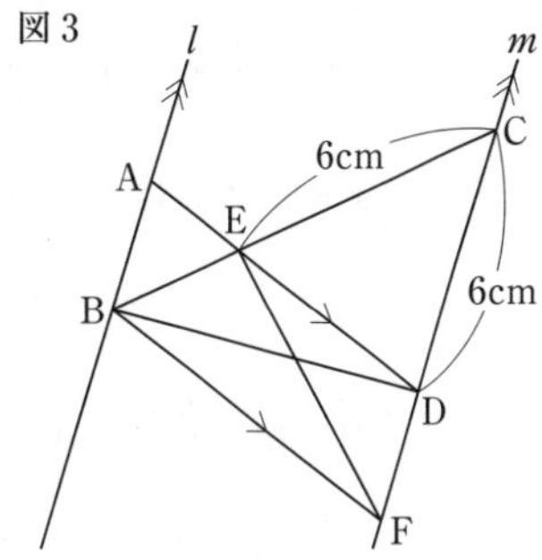

(3)＜**証明**＞右図3で，△DCB≡△ECFを示すので，②は，対応する角か対応する辺が等しいものとなる。よって，Ⅰは，「共通な角だから，∠DCB＝∠ECF」となる。CE：CB＝CD：CF，CD＝CEだから，③は，CB＝CFとなる。よって，①のCD＝CE，②の∠DCB＝∠ECF，③のCB＝CFより，2組の辺とその間の角がそれぞれ等しいので，△DCB≡△ECFである。

4 〔データの活用―確率―カード〕

(1)＜**確率**＞赤色のカード6枚と青色のカード6枚からそれぞれ1枚引くので，引き方は，全部で6×6＝36(通り)あり，a，bの組も36通りある。このうち，$a+b$が3の倍数となるa，bの組は，$(a,\ b)$＝(1，8)，(1，11)，(2，7)，(2，10)，(3，9)，(3，12)，(4，8)，(4，11)，(5，7)，(5，10)，(6，9)，(6，12)の12通りあるから，求める確率は$\frac{12}{36}=\frac{1}{3}$である。

(2)＜**確率**＞①(1)の36通りのうち，コマを置いた2つの点が，円の直径の両端となるa，bの組は，$(a,\ b)$＝(1，7)，(2，8)，(3，9)，(4，10)，(5，11)，(6，12)の6通りあるから，求める確率は$\frac{6}{36}=\frac{1}{6}$である。　②番号1の点とコマを置いた2つの点を結ぶと直角三角形になるとき，直角三角形の斜辺は円の直径となる。斜辺がコマを置いた2つの点を結ぶ線分のとき，$(a,\ b)$＝(2，8)，(3，9)，(4，10)，(5，11)，(6，12)の5通りある。また，斜辺が番号1と番号7を結ぶ線分のとき，b＝7となり，$(a,\ b)$＝(2，7)，(3，7)，(4，7)，(5，7)，(6，7)の5通りある。よって，直角三角形の3つの頂点となるのは5＋5＝10(通り)だから，求める確率は$\frac{10}{36}=\frac{5}{18}$である。

5 〔関数―関数の利用〕

(1)＜**長さ―水面の高さ**＞給水口から入る水の量は毎秒100cm³だから，水を入れ始めてから60秒後までに水そうに入る水の量は100×60＝6000(cm³)である。水そうの底面積は20×30＝600(cm²)だから，このときの水面の高さは6000÷600＝10(cm)である。

(2)＜**グラフ，交点の座標**＞①水面の高さが直方体のおもりの高さの15cmになるとき，水が入っている部分は，縦20cm，横30－20＝10(cm)，高さ15cmの直方体である。この部分の体積は20×10×15＝3000(cm³)だから，水面の高さが15cmになるのは，水を入れ始めてから3000÷100＝30(秒)後である。よって，$0 \leqq x \leqq 30$におけるグラフは，点(0，0)と点(30，15)を結ぶ線分となる。水面の高さが15cmを超えると，水が入る部分は底面積が600cm²の直方体である。水面の高さが15cmのときから，満水(水面の高さが25cm)になるまでに入る水の量は600×(25－15)＝6000(cm³)だから，水面の高さが15cmのときから満水になるまでにかかる時間は6000÷100＝60(秒)であり，満水になるのは，水を入れ始めてから30＋60＝90(秒)後となる。これより，$30 \leqq x \leqq 90$におけるグラフは，点(30，15)と点(90，25)を結ぶ線分となる。以上より，グラフとして正しいものは，イとなる。　②満水の状態から水面の高さが15cmになるまでに抜く水の量は6000cm³である。毎秒150cm³の割合で抜くので，水面の高さが15cmになるのは，水を抜き始めてから6000÷150＝40(秒)後である。よって，$0 \leqq x \leqq 40$におけるグラフは，点(0，25)と点(40，15)を結ぶ線分となる。水面の高さが15cmのときから水そうが空になるまでに抜く水の量は3000cm³だから，この水を抜くの

にかかる時間は $3000\div150=20$(秒)であり，空になるのは，水を抜き始めてから $40+20=60$(秒)後となる。これより，$40\leqq x\leqq60$ におけるグラフは，点(40, 15)と点(60, 0)を結ぶ線分となる。したがって，実験Ⅱのグラフに実験Ⅲのグラフをかき込むと，右図のようになる。右図のように4点A，B，C，Dを定めると，交点は，線分 AB と線分 CD の交点となる。A(30, 15)，B(90, 25)より，直線 AB の傾きは $\frac{25-15}{90-30}=\frac{1}{6}$ だから，その式は $y=\frac{1}{6}x+m$ とおけ，点Aを通ることより，$15=\frac{1}{6}\times30+m$，$m=10$ となり，直線 AB の式は $y=\frac{1}{6}x+10$ である。また，C(0, 25)，D(40, 15)より，直線 CD の傾きは $\frac{15-25}{40-0}=-\frac{1}{4}$，切片は25だから，直線 CD の式は $y=-\frac{1}{4}x+25$ である。この2式より，$\frac{1}{6}x+10=-\frac{1}{4}x+25$，$2x+120=-3x+300$，$5x=180$，$x=36$ となり，$y=\frac{1}{6}\times36+10$，$y=16$ となるから，交点の座標は(36, 16)となる。

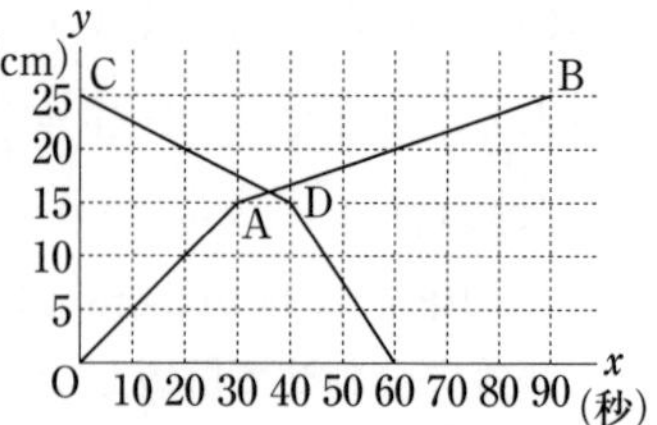

6 〔空間図形―三角柱〕

(1)＜直線の位置関係＞右図の三角柱 ABCDEF で，直線 AB と直線 BC は，交わるので，ねじれの位置にある直線ではない。直線 AB と直線 CF は，交わらず，平行でもないから，ねじれの位置にある直線である。直線 AB と直線 DE は平行なので，ねじれの位置にある直線ではない。

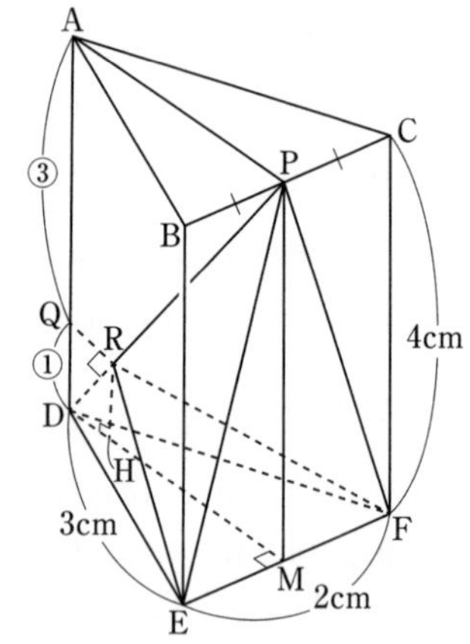

(2)＜表面積，体積＞①右図で，点Dから辺 EF に垂線 DM を引くと，△DEF は DE＝DF＝3の二等辺三角形だから，点Mは辺 EF の中点となり，$\mathrm{EM}=\frac{1}{2}\mathrm{EF}=\frac{1}{2}\times2=1$ である。△DEM で三平方の定理より，$\mathrm{DM}=\sqrt{\mathrm{DE}^2-\mathrm{EM}^2}=\sqrt{3^2-1^2}=\sqrt{8}=2\sqrt{2}$ となるから，$\triangle\mathrm{DEF}=\frac{1}{2}\times\mathrm{EF}\times\mathrm{DM}=\frac{1}{2}\times2\times2\sqrt{2}=2\sqrt{2}$ となり，$\triangle\mathrm{ABC}=\triangle\mathrm{DEF}=2\sqrt{2}$ である。〔長方形 ADEB〕＝〔長方形 ADFC〕＝AD×DE＝4×3＝12，〔長方形 BEFC〕＝BE×EF＝4×2＝8 だから，求める表面積は，〔長方形 ADEB〕＋〔長方形 ADFC〕＋〔長方形 BEFC〕＋△ABC＋△DEF＝$12+12+8+2\sqrt{2}+2\sqrt{2}=32+4\sqrt{2}$ (cm²)となる。　②上図で，点Pは辺 BC の中点だから，2点A，Pを結ぶと，①より，$\mathrm{AP}=\mathrm{DM}=2\sqrt{2}$ となる。AD⊥〔面 ABC〕より，∠PAD＝90°だから，△ADP で三平方の定理より，$\mathrm{PD}=\sqrt{\mathrm{AD}^2+\mathrm{AP}^2}=\sqrt{4^2+(2\sqrt{2})^2}=\sqrt{24}=2\sqrt{6}$ となる。また，AQ：QD＝3：1 より，$\mathrm{QD}=\frac{1}{3+1}\mathrm{AD}=\frac{1}{4}\times4=1$ である。∠RDQ＝∠ADP，∠QRD＝∠PAD＝90°より，△RDQ∽△ADP だから，RD：AD＝QD：PD であり，RD：4＝1：$2\sqrt{6}$ が成り立つ。これより，$\mathrm{RD}\times2\sqrt{6}=4\times1$，$\mathrm{RD}=\frac{\sqrt{6}}{3}$ となる。次に，点Rから面 DEF に垂線 RH を引く。2点P，Mを結ぶと，PM⊥〔面 DEF〕となるから，∠PMD＝90°である。点Hは線分 DM 上の点となるから，∠RHD＝∠PMD＝90°，∠RDH＝∠PDM より，△RDH∽△PDM である。よって，RH：PM＝RD：PD＝$\frac{\sqrt{6}}{3}$：$2\sqrt{6}$＝1：6 である。PM＝AD＝4 なので，$\mathrm{RH}=\frac{1}{6}\mathrm{PM}=\frac{1}{6}\times4=\frac{2}{3}$ となる。したがって，〔三角錐 P-DEF〕＝$\frac{1}{3}\times\triangle\mathrm{DEF}\times\mathrm{PM}=\frac{1}{3}\times2\sqrt{2}\times4=\frac{8\sqrt{2}}{3}$，〔三角錐 R-DEF〕＝$\frac{1}{3}\times\triangle\mathrm{DEF}\times\mathrm{RH}=\frac{1}{3}\times2\sqrt{2}\times\frac{2}{3}=\frac{4\sqrt{2}}{9}$ となるので，〔三角錐 RPEF〕＝〔三角錐 P-DEF〕－〔三角錐 R-DEF〕＝$\frac{8\sqrt{2}}{3}-\frac{4\sqrt{2}}{9}=\frac{20\sqrt{2}}{9}$ (cm³)である。

社会解答

1 (1) エ　(2) ウ　(3) ア　(4) エ
(5) 松山
(6) ア…×　イ…○　ウ…×　エ…○
(7) エ
(8) ア…○　イ…×　ウ…○　エ…×

2 (1) ウ　(2) 時期…C　資料…ア
(3) イ　(4) ア　(5) ウ
(6) (例)多いにもかかわらず，賠償金を得られなかった(21字)
(7) ア　(8) ウ

3 (1) イ　(2) 政府開発援助　(3) ウ
(4) イ　(5) オ　(6) ウ

4 (1) ウ　(2) ア
(3) ウ→イ→エ→ア　(4) エ
(5) イ　(6) ア

1〔地理―世界の姿と諸地域，日本の特色と諸地域〕

(1)＜世界の姿＞①はロンドン(イギリス)，②はシャンハイ(中国)，③はシドニー(オーストラリア)，④はニューヨーク(アメリカ合衆国)を示している。日付変更線は太平洋上のおおむね経度180度の経線に沿って設けられていることから，太郎さんの目的地は④のニューヨークだと仮定して考える。経度差15度で1時間の時差が生じることから，標準時子午線が東経135度の東京と西経75度のニューヨークの時差は，0度の経線である本初子午線をまたいだ経度差が135＋75＝210度なので，210÷15＝14時間となる。日付変更線の西側に近い東京の方が時刻は進んでいるため，ニューヨーク到着時の東京の時刻は，ニューヨークの時刻の12月25日9時50分より14時間進んだ12月25日23時50分である。太郎さんの乗った飛行機は12月25日11時5分に出発したことから，飛行時間は12時間45分となる。実際の東京―ニューヨークの飛行時間は13時間程度であることから，太郎さんの訪れた都市は④のニューヨークとわかる。また，花子さんの到着地は，12月に夏であることから，南半球の都市である③のシドニーである。

(2)＜白夜＞夜になっても太陽が沈まなかったり，沈んでも暗くならなかったりする白夜は，地球の自転の軸である地軸が，太陽の周りを回る公転面に対して傾いていることから起こる現象である。南極や北極などの極地に近い，緯度の高い地域で夏季に見られる。

(3)＜緯線と経線＞地球の中心に対して，ある地点の反対側にあたる地点を，対せき点と呼ぶ。対せき点の緯度は，もとの地点と赤道を挟んで対称となることから，もとの地点と同じ数値で北緯と南緯を入れかえたものとなる。また，対せき点の経度は，もとの地点の経度から180度移動したものとなる。したがって，日本の中部地方(資料2の北緯35度～45度，東経135度～150度の範囲)の対せき点については，緯度が南緯30度～45度の範囲となり，経度は東経135度～150度から180度移動した，西経30度～45度の範囲となる。資料2では，緯線は赤道を基準に15度ずつ，経線は本初子午線を基準に15度ずつ示されているため，赤道は南極点から数えて6本目の緯線である。中部地方の対せき点の範囲は，赤道から南へ2本目と3本目の緯線の間で，本初子午線から西へ2本目と3本目の経線の間となる。

(4)＜資料の読み取り＞フランスは自動車の輸出額が4886億×0.087＝425.0…億より約425億ドル，自動車の輸入額が5828億×0.109＝635.2…億より約635億ドルであり，アメリカ合衆国は自動車の輸出額が14303億×0.071＝1015.5…億より約1016億ドル，自動車の輸入額が24054億×0.104＝2501.6…億より約2502億ドルであるため，両国とも自動車の輸出額が自動車の輸入額を下回っている(エ…○)。なお，輸入総額に占める割合のうち，原油が10％以上を占めているのはインドのみである(ア…×)。インドでは，医薬品の輸出額は2755億×0.073＝201.1…億より約201億ドルであり，これは金の輸入額である3680億×0.06＝220.8億より約221億ドルを下回る(イ…×)。6か国のうち，輸出総額が輸入総額を上回るのは中国，ニュージーランド，日本の3か国である(ウ…×)。

(5)＜県庁所在地名＞資料4より，B県のみかんの収穫量は12.78万tであり，資料5の統計地図では，

「10以上13未満」万tの２番目の大きさの円が該当する。この大きさの円が示しているのは愛媛県で，愛媛県の県庁所在地は松山市である。なお，Ａは和歌山県，Ｃは静岡県，Ｄは熊本県である。

(6)＜**資料の読み取り**＞米の産出額は，茨城県が4263億×0.14＝596.8…億より約597億円，宮崎県が3478億×0.046＝159.9…億より約160億円であり，茨城県の方が多い(**ア**…×)。県面積のうち，田と畑の面積を合わせた耕地面積の占める割合は，茨城県が(953＋670)÷6097×100＝26.6…より約27%，宮崎県が(346＋301)÷7735×100＝8.3…より約８%であり，茨城県の方が大きい(**イ**…○)。耕地面積のうち，畑の占める割合は，茨城県が670÷(953＋670)×100＝41.2…より約41%，宮崎県が301÷(346＋301)×100＝46.5…より約47%であり，宮崎県の方が大きい(**ウ**…×)。宮崎県の畜産の産出額は，3478億×0.664＝2309.3…億より約2309億円で，これは茨城県の野菜の産出額である4263億×0.359＝1530.4…億より約1530億円よりも多い(**エ**…○)。

(7)＜**日本の領土，海流**＞①が示す日本最北端の島は択捉島である。択捉島と国後島，歯舞群島，色丹島は北方領土と呼ばれ，日本固有の領土であるが，ロシアによる不法占拠が続いている。②の海流は，千島列島沿いに南下し，東北の三陸地方沿岸まで達することから，寒流の親潮〔千島海流〕を表している。なお，国後島は①の択捉島の南西にある北方領土のうち２番目に大きい島，黒潮〔日本海流〕は太平洋側を日本列島の南岸に沿って南から北へ流れる暖流である。

(8)＜**地形図の読み取り**＞地図上の長さの実際の距離は，(地図上の長さ)×(縮尺の分母)で求められる。資料９の地形図の縮尺は２万５千分の１であることから，Ａ地点からＢ地点までの長さを約４cmとすると，実際の距離は４cm×25000＝100000cm＝1000m＝１kmより，約１kmである(**ア**…○)。地形図では，特にことわりがなければ上が北を表すため，Ａの「蔵王駅」の右下にあるＣの「山形上山IC」は，「蔵王駅」から見て南東の方角にある(**イ**…×)。Ｄの神社(⛩)は，標高150mの計曲線の付近に位置している(**ウ**…○)。Ｅの血は博物館を表しており，図書館の地図記号は🕮である(**エ**…×)。

2 〔歴史―古代～近代の日本と世界〕

(1)＜**大仙古墳**＞大仙古墳は，大阪府堺市にある日本最大の前方後円墳である。仁徳天皇の墓とされており，５世紀における国力と天皇の権力の強さを示している。

(2)＜**国風文化**＞菅原道真の進言により遣唐使が停止されたのは平安時代の894年のことであり，年表中のＣに当てはまる。また，国風文化は，日本の風土や生活に合った，貴族中心の優雅な文化であり，アの邸宅(東三条殿の復元模型)に用いられた寝殿造は，国風文化を代表する住宅様式である。なお，イは龍安寺にある，わび・さびの精神を重んじる枯山水の庭園で，室町時代の東山文化を代表している。ウは狩野永徳の『唐獅子図屛風』で，安土・桃山時代の桃山文化の作品，エは尾形光琳の『八橋蒔絵螺鈿硯箱』で，江戸時代の元禄文化の作品である。

(3)＜**鎌倉幕府の政治の仕組み**＞鎌倉幕府は，将軍の補佐をする役職として執権を置いた。また，1221年に起こった承久の乱の後には，朝廷や公家，西国の監視・統率のため，鎌倉幕府は京都に六波羅探題を設置した。したがって，執権と六波羅探題が見られるイが，鎌倉幕府の政治の仕組みを表している。なお，アは中央に管領が置かれていることから室町幕府，ウは二官八省で構成されている古代の律令制，エは老中や大老などが置かれていることから江戸幕府の仕組みであることがわかる。

(4)＜**桃山文化**＞桃山文化は16世紀の終わり，豊臣秀吉が天下統一を成し遂げた頃の文化であり，新しく勢力をのばした大名や海外との貿易で活躍した豪商の気風を反映した，豪華で力強い文化であった(ア…○)。なお，イは奈良時代の天平文化，ウは鎌倉時代の鎌倉文化，エは江戸時代の元禄文化の特徴である。

(5)＜**武家諸法度**＞江戸時代，原則として将軍の代替わりごとに幕府が大名に向けて出した法令は，武家諸法度である。1615年に出された武家諸法度では，大名が居城を修理・修復する場合には事前に幕府に届け出ることが義務づけられるとともに，城の新築も禁止された。このような規制は，大名が強大化するのを防ぎ，大名を幕府の統制下に置くことを目的とするものであった。なお，アは室町時代に近畿地方で発達した惣と呼ばれる自治組織が定めた村のおきて，イは鎌倉時代に執権北条泰時が出した御成敗式目〔貞永式目〕，エは飛鳥時代に聖徳太子が定めた十七条の憲法の内容である。

(6)<**日清戦争と日露戦争の比較**>資料４より，日露戦争は戦費，死者数において日清戦争を大きく上回り，国民に大きな負担がかかる戦争であった一方で，日本は賠償金が得られなかった。そのため，国内で強い不満の声が上がった。

(7)<**明治時代の社会**>日本は明治時代初期に「殖産興業」をスローガンとして産業の育成による近代化を目指し，富岡製糸場などの官営模範工場の設立を進めた。明治時代中期になると，急速な機械化が進み，主に製糸業や紡績業などの軽工業を中心に産業革命が進んだ(ア…○)。なお，イの小作争議の発生や日本農民組合の結成は大正時代，ウのイタイイタイ病などの公害問題の発生は1960～70年代，エの配給制や切符制の実施は日中戦争，太平洋戦争の戦時下にあった1930年代の終わり～1940年代の初めの出来事である。

(8)<**大西洋憲章**>1941年，アメリカのローズベルト大統領とイギリスのチャーチル首相によって発表された大西洋憲章は，領土の不拡大や，恐怖および欠乏からの解放，海洋の自由など，第二次世界大戦後の平和構想，国際協調のあり方を示したものであり，後に国際連合憲章の基本理念となった(ウ…○)。なお，アの二十一か条の要求は，第一次世界大戦中の1915年に日本が中華民国政府に対してつきつけた要求，イの非核三原則は第二次世界大戦後に日本政府が表明した，核兵器を持たず，つくらず，持ち込ませず，という原則，エのポツダム宣言は1945年にアメリカ，イギリス，中国(中華民国)の３か国の名で出された日本の無条件降伏を求めた宣言である。

3 〔公民―総合〕

(1)<**内閣，国際連合**>内閣総理大臣が政府の方針などに関する物事を決めるために開く会議は，閣議である。閣議には，内閣総理大臣とともに内閣を組織する国務大臣が出席する。また，国際連合〔国連〕において全ての加盟国が平等に１票を持って参加するのは総会である。なお，国連の安全保障理事会は，５か国の常任理事国と10か国の非常任理事国で構成されている。

(2)<**政府開発援助**>ODAは，Official Development Assistanceの略称であり，日本語では政府開発援助と呼ばれる。政府や政府関係機関が途上国の発展のために資金や技術を提供することを指し，日本はODAでこれまで数多くの発展途上国を支援している。

(3)<**法律案の議決**>日本国憲法第59条２項の規定により，衆議院が可決し，参議院で否決された法律案は，衆議院が出席議員の３分の２以上の賛成で再可決した場合に法律として成立する。資料４より，全ての衆議院議員が出席した場合における出席議員の３分の２以上とは，465人の３分の２以上であり，310人以上となる。したがって，参議院で否決後，衆議院で全ての議員が出席した状況において与党議員が賛成した場合，賛成は294人であり，これでは310人に満たない(ウ…○，ア…×)。また，憲法第60条２項，第61条の規定により，予算の議決や条約の承認については，衆議院での可決後，30日以内に参議院が議決しないときは，衆議院の議決が国会の議決となるが，法律案の議決について同様の規定はない(イ…×)。また，法律案が国会で議決された後，国民投票にかけられることはない。国会の発議を経て国民投票で過半数の賛成を得なければ成立しないのは，憲法の改正である(エ…×)。

(4)<**消費者保護**>製造物責任法〔PL法〕は，製造物の欠陥によって消費者が損害を被った場合，メーカーに対して損害賠償を求めることができることを定めている。また，2009年に設置された，政府の消費者政策をまとめて担当している機関は消費者庁である。消費者庁の発足により，それまで別々の省庁で管轄していたさまざまな消費者問題を，一括して管理できるようになった。

(5)<**独占禁止法**>独占禁止法は，1947年，企業の健全な競争を促進し，消費者の利益を守ることを目的に制定された法律で，カルテルなどの不当な取引制限や，不公正な取引方法を禁止している。独占禁止法を運用し，自由な経済活動が公正に行われるよう，企業の監視や指導を行うのは，内閣府の外局として設置されている，公正取引委員会である。

(6)**＜社会保障＞**「大きな政府」とは，一般に，政府が市場の経済活動に積極的に介入し，社会保障の整備など，福祉政策を手厚くすることで国民生活の安定をはかることを指す。「大きな政府」では，政府による社会保障や公共サービスが充実する一方，その財源確保のため，国民の税負担は重くなる。資料５より，このような特徴を持つ国は，「国民所得に占める社会支出の割合」および「国民所得に占める国民負担の割合」がともに高いスウェーデンである。

4〔**三分野総合―「人の移動」をテーマとする問題**〕

(1)**＜世界各地の移民＞**20世紀初頭，日本では不況により農村部で労働力が余るようになり，海外への移住を積極的に奨励する政策がとられていた。当時の日本からの移民を積極的に受け入れたのは，奴隷制度廃止後にコーヒー農園などで労働力不足を抱えていたブラジルであった。また，アメリカ合衆国の南西部やフロリダ半島には，メキシコや南アメリカ州の国々から，仕事を求めて移住してきたスペイン語を話す人々が多く暮らしている。彼らはヒスパニックと呼ばれ，アメリカ合衆国の総人口に占める割合は増加傾向にある。オーストラリアは，かつてイギリス人により開拓が進められたことから，現在もヨーロッパ風の文化が建造物などに残っているが，1970年代以降はアジアからの移民の受け入れが増加し，アジアとのつながりを強めている。

(2)**＜EU＞**EU〔ヨーロッパ連合〕では，加盟国間の人や物の移動が自由化され，多くの国で共通通貨ユーロが導入されている。21世紀に入り，賃金の低い東ヨーロッパ諸国が相次いでEUに加盟すると，東ヨーロッパから高い賃金を求めて西ヨーロッパへ移住する人が増加した。一方で，西ヨーロッパの企業には，安価な労働力を求めて，東ヨーロッパに進出して経営の効率化をはかる企業も現れ始めた。EUでは，このような経済格差の解消を目指して，経済的な豊かさに応じた額を加盟国がEUに拠出し，全加盟国が豊かになるようEUから補助金が分配される仕組みがとられている。

(3)**＜年代整序＞**年代の古い順に，ウ(正倉院―８世紀)，イ(日宋貿易，厳島神社の整備―12世紀)，エ(大航海時代―15～16世紀)，ア(世界初の蒸気機関車の開通―19世紀)となる。

(4)**＜一票の格差＞**「一票の格差」とは，選挙において有権者１人が持つ１票の価値が選挙区ごとに異なる状況を指す。「一票の格差」は，選挙区における議員１人当たりの有権者数の差によって生じるため，有権者数の少ないＢ選挙区から有権者数の多いＡ選挙区へ有権者が移動すると，「一票の格差」はさらに広がる。また，「一票の格差」を解消するためには，選挙区間の議員１人当たりの有権者数を近づける必要がある。そのため，有権者数の多いＡ選挙区を分割し，選挙区内の議員１人当たりの有権者数を減らすなどの取り組みが必要となる。

(5)**＜岩倉使節団＞**岩倉使節団の主要メンバーは岩倉具視，大久保利通，伊藤博文，木戸孝允などであり，西郷隆盛や板垣退助は参加していない。また，岩倉使節団が派遣された1871年は，アメリカ合衆国では南北戦争(1861～65年)が終結した後の時期にあたる。なお，ピューリタン革命(1640～60年)と名誉革命(1688年)はいずれも17世紀にイギリスで起きた革命であり，第一次世界大戦(1914～18年)は20世紀の出来事である。

(6)**＜資料の読み取り＞**資料１から，日本の青年海外協力隊員が1000人以上派遣された国を示す円は，アフリカ州に多く集まっていることがわかる。また，資料２から，日本の青年海外協力隊による支援は，分野別では人的資源，保健・医療に次いで，農林水産に関する支援の規模が大きくなっている。なお，平和維持活動は国連，多国籍企業の進出は民間企業が主体となって行われている。

理科解答

1	(1) ウ (2) エ (3) ア (4) エ (5) ウ (6) イ (7) イ (8) エ		
2	(1) ウ (2) 19.6Ω (3) ア…○ イ…○ ウ…× (4) 誘導電流		
3	(1) イ (2) ケ (3) ア…× イ…○ ウ…× (4) 3.36g		
4	(1) ア (2) イ (3) ウ (4) オ		
5	(1) あ…西 い…東 う…自転 え…日周運動 (2) ウ (3) 77.4°		
6	(1) あ…0.3 い…180 (2) 9.16kg (3) オ (4) カ		

1〔小問集合〕

(1)＜**浮力**＞水中の物体は水から上向きに浮力を受ける。物体が受ける浮力の大きさは，水中に沈んでいる部分の体積が大きいほど大きくなる。また，ばねばかりが示す値は，物体に加わる重力と物体が受ける浮力の差なので，物体が受ける浮力が大きいほど，ばねばかりが示す値は小さくなる。よって，図２のａとｂでは，金属球が受ける浮力の大きさはｂの方が大きいため，ｂの方がばねばかりは小さい値を示す。物体が全て水中に沈んでいるとき，物体が受ける浮力の大きさは，物体の水面からの深さに関係なく一定になるため，ｂとｃでは，ばねばかりの値は等しい。よって，ばねばかりの値の大小関係は，ａ>ｂ，ｂ＝ｃとなる。

(2)＜**非電解質**＞物質を精製水に溶かしたとき，その水溶液に電流が流れる物質を電解質，流れない物質を非電解質という。ア～エのうち，電解質は水酸化ナトリウムと塩化水素，食塩(塩化ナトリウム)であり，非電解質は砂糖である。よって，水溶液に電流が流れない物質は砂糖である。

(3)＜**細胞のつくり**＞オオカナダモは被子植物の単子葉類に分類される植物で，葉に葉緑体を持ち，光合成を行う。なお，液胞は成長した植物の細胞に見られ，中に不要物などが入っているが，核は液胞の中にはない。酢酸オルセイン液(酢酸オルセイン)は，核を赤く染める染色液で，細胞質は染まらない。また，細胞壁は動物の細胞には見られない。

(4)＜**石灰岩**＞石灰岩はサンゴなどの生物の死がいが押し固められてできた堆積岩で，主成分は炭酸カルシウムであり，うすい塩酸をかけると二酸化炭素が発生する。なお，粒の直径が２mm以上の岩石のかけらが固まってできるのはれき岩，火山灰が固まってできるのは凝灰岩で，これらは堆積岩である。また，等粒状組織を持つのは，マグマが冷え固まってできた火成岩のうちの深成岩で，無色鉱物と有色鉱物の割合が同程度である深成岩は，斑れい岩である。

(5)＜**等速直線運動**＞物体が一定の速さで一直線上を進む運動を等速直線運動という。等速直線運動をする物体には，重力と垂直抗力がはたらいていて，物体の進行方向に力ははたらいていない。また，重力と垂直抗力は大きさが等しく向きが逆であるため，物体にはたらく力はつり合っている。

(6)＜**体細胞分裂**＞タマネギの根の細胞が分裂するとき，図のａの状態から，核の中に染色体が現れる(ｅ)。染色体が細胞の中央付近に並び(ｃ)，それぞれの染色体が２つに分かれ，細胞の両端に移動する(ｄ)。その後，細胞の中央にしきりができ始め(ｂ)，染色体が見えなくなって核が現れ，細胞質が２つに分かれて，２つの細胞ができる。

(7)＜**化学反応式**＞化学反応式は，矢印の左右で原子の種類と数が等しくなるように化学式の前に係数をつける。イは矢印の右側にAgが４個，Oが２個あるので，左側もAgが４個，Oが２個になるように，(　)に２を当てはめる。なお，ア，ウ，エの(　)にはそれぞれ１が入るが，化学式では係数の１は省略する。

(8)＜**気象観測**＞図の乾湿計は，球部が水で湿らせたガーゼに包まれている方が湿球，球部がむき出しになっている方が乾球である。図より，乾球の示す目盛りは15℃，湿球の示す目盛りは10℃なので，乾球と湿球との目盛りの読みの差は，15－10＝5(℃)である。よって，表より，乾球の読みが15℃で，乾球と湿球との目盛りの読みの差が5℃のときの値が湿度となるから，測定を行ったときの湿度は48%である。また，天気は，降水がなく，空全体を10としたときの雲が空を覆っている割合(雲量)が0～1のときは快晴，2～8のときは晴れ，9～10のときはくもりである。したがって，測定を行ったときの雲量は6なので，天気は晴れである。なお，乾球の示す値は気温を表す。

2〔電流とその利用〕

(1)**<磁界の向き>**右ねじが進む向きを電流が流れる向きに合わせたとき，ねじを回す向きが磁界の向きになる。つまり，電流の周りにできる磁界の向きは，電流の流れる向きに対して右回り(時計回り)である。図1で，電流はコイルのaからbの向きに流れる。よって，コイルの周りにできる磁界の向きは，電流の流れる向きに対して右回りのウのようになる。

(2)**<電気抵抗>**図2で，電圧計は15Vの－端子が使われているため，電圧計の示す値は4.50Vである。また，電流計は500mAの－端子が使われているため，電流計の示す値は230mA，つまり，0.230Aである。よって，電熱線の電気抵抗の大きさは，オームの法則〔抵抗〕=〔電圧〕÷〔電流〕より，4.50÷0.230＝19.56…となるから，19.6Ωである。

(3)**<電流が磁界の中で受ける力>ア**…○。オームの法則より，電源装置の電圧が大きいほど，電熱線に加わる電圧は大きくなるから，回路に流れる電流は大きくなり，コイルに流れる電流も大きくなる。　**イ**…○。コイルに流れる電流が大きいほど，コイルの周りにできる磁界は強くなるため，コイルが磁界から受ける力は大きくなり，コイルは大きく動く。　**ウ**…×。電流の向きを逆にすると，電流の周りにできる磁界の向きも逆になる。また，磁石のN極とS極を逆にすると，磁石による磁界の向きが逆になる。電流が磁界から受ける力の向きは，電流の向きと磁石による磁界の向きによって決まり，どちらか一方を逆にするとコイルが受ける力の向きも逆になる。よって，電流の向きと磁石のN極とS極の向きを両方とも逆にすると，コイルが受ける力の向きは実験のときと同じになるため，コイルが動く向きも変わらない。

(4)**<誘導電流>**磁界の中でコイルを動かすと，コイルに電圧が生じ，電流が流れる。この現象を電磁誘導といい，このとき流れる電流を誘導電流という。

3〔物質のすがた〕

(1)**<状態変化>**図2のように熱湯を注ぐと，液体のエタノールは温度が上がって気体になり，体積が大きくなって袋がふくらむ。このとき，エタノールの粒子の数や大きさは変化しないが，エタノールの粒子の運動が激しくなり，粒子が自由に空間を飛び回るようになる。そのため，粒子が袋を内側から押して袋がふくらむ。

(2)**<状態変化>**物質が液体として存在するのは，温度が融点より高く，沸点より低いときであり，気体として存在するのは，温度が沸点よりも高いときである。よって，温度が20℃のとき液体，90℃のとき気体として存在するのは，融点が20℃より低く，沸点が20℃より高く90℃より低い物質である。表1で，この条件に当てはまる物質は，物質Cと物質Eである。

(3)**<蒸留>ア**…×。試験管Cに集められた液体は火をつけたら燃えたので，エタノールが多く含まれている。しかし，蒸留によって純粋なエタノールを得ることはできないため，水もわずかに含まれている。　**イ**…○。結果より，それぞれの試験管に集まった液体の密度は，〔密度(g/cm³)〕=〔質量(g)〕÷〔体積(cm³)〕より，試験管Aでは1.9÷2.3＝0.826…より0.83g/cm³，試験管Bでは4.2÷5.0＝0.84(g/cm³)，試験管Cでは5.0÷5.6＝0.892…より0.89g/cm³，試験管D，Eでは3.7÷3.7＝1.0(g/cm³)となる。水の密度は1.0g/cm³，エタノールの密度は約0.79g/cm³なので，密度が0.79g/cm³に近い液体ほどエタノールを多く含む。よって，試験管A，B，C，Dの順に液体の密度が大きくなるため，蒸留を開始してから時間がたつほど，液体に含まれるエタノールの割合は小さくなっている。　ウ…×。試験管に集まった液体の量は，試験管Cが最も多いから，蒸留を開始してから時間が経過しているものほど，集まった液体の量が多いわけではない。

(4)<**エタノールの質量**>試験管Bに集まった液体の密度は，(3)より$0.84g/cm^3$である。表2より，20℃における密度が$0.84g/cm^3$のエタノール水溶液の質量パーセント濃度は80%なので，試験管Bに集まった液体の80%がエタノールである。よって，試験管Bに集まった液体には，$4.2\times\frac{80}{100}=3.36$(g)のエタノールが含まれている。

4〔**生物の体のつくりとはたらき**〕

(1)<**血液の成分**>赤血球にはヘモグロビンという赤い物質が含まれている。ヘモグロビンには，酸素の多い所で酸素と結びつき，酸素の少ない所で酸素を放す性質がある。この性質により，赤血球は全身に酸素を運んでいる。なお，血しょうは，細胞呼吸に必要な養分や細胞で不要となった二酸化炭素などを運び，白血球は，体内に入った細菌などをとらえる。また，血小板は，出血したときに傷口の血液を固める。

(2)<**動脈血**>動脈血は，肺で酸素を取り込んだ，酸素を多く含む血液である。そのため，図1で，動脈血が流れる血管は，肺から心臓に戻る血液が流れる血管w(肺静脈)と，心臓から全身に向かう血液が流れる血管y(大動脈)である。なお，血管x(肺動脈)と血管z(大静脈)には，二酸化炭素を多く含む静脈血が流れている。

(3)<**心臓の動き**>心臓に外から血液が流れ込むときは，まず，心房が広がる。次に，心房が収縮し，心室が広がって，血液が心房から心室に移動する。さらに，心室が収縮し，血液が心室から心臓の外に押し出され，肺や全身に向かう。

(4)<**肺の動き**>図2は，肺のモデルで，ストローは気管，ゴム風船Aは肺，ゴム風船Bは横隔膜，ペットボトルは胸腔を表している。ゴム風船Bに取りつけた糸を引くと，空気がストローを通って中に入り込み，ゴム風船Aはふくらむ。これは，息を吸い込んだときの様子を表していて，実際は，横隔膜が下がり，ろっ骨が上がって胸腔が広がることで，肺に空気が取り込まれる。

5〔**地球と宇宙**〕

(1)<**太陽の日周運動**>観察より，太陽は，朝に東の空から昇って，夕方に西の空に沈む。これは，地球が地軸を中心として西から東に自転しているため起こる見かけの動きである。この太陽の1日の見かけの動きを，太陽の日周運動という。

(2)<**太陽の動き**>春分の日の9か月後，北半球は冬至の日の頃である。冬至の日に，太陽は真東から南寄りの地点から昇り，真西から南寄りの地点に沈む。なお，北半球では，図1のように，春分の日と秋分の日には，太陽は真東から昇り，南の空を通って真西に沈む。また，夏至の日には，太陽は真東から北寄りの地点から昇り，真西から北寄りの地点に沈む。

(3)<**夏至の日の南中高度**>夏至の日の南中高度は，〔南中高度〕$=90°-$(〔観測地点の緯度〕$-23.4°$)で求めることができる。よって，観測地点の緯度は北緯36°なので，求める南中高度は，$90°-(36°-23.4°)=77.4°$となる。なお，右図のように，観測地点の緯度が北緯36°，地軸の傾きが23.4°のとき，太陽光と平行な直線における同位角の関係より，観測地点の南中高度は，90°から〔観測地点の緯度〕$-23.4°$の値をひくことで求められることがわかる。

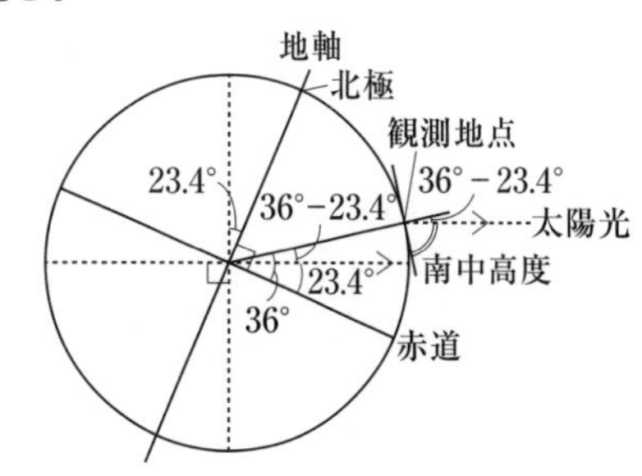

6〔**小問集合**〕

(1)**<重力と質量>**地球上で，質量180gの物体をばねばかりにつるすと，ばねばかりの目盛りは，地球上で物体にはたらく重力1.8Nを示す。月面上で物体にはたらく重力は，地球上の$\frac{1}{6}$だから，ばねばかりの目盛りは，$1.8\times\frac{1}{6}=0.3$(N)を示す。また，質量は測った場所に関係なく一定の値を示す，物質そのものの量なので，上皿天びんを使って物体の質量を月面上で測ると，地球上と同じ，質量180gの分銅とつり合う。

(2)**<空気中の水蒸気量>**図２より，気温22.5℃での空気１m³中の飽和水蒸気量は20gなので，気温22.5℃，湿度50％のときの空気１m³中に含まれる水蒸気の質量は，$20\times\frac{50}{100}=10$(g)である。また，ISS(国際宇宙ステーション)の容積は916m³なので，ISS内部の空気に含まれる水蒸気の質量は，$10\times916=9160$(g)より，9.16kgである。

(3)**<プレートの動き>**日本列島付近では，大陸側にある陸のプレートの下に，太平洋側にある海のプレートがもぐり込むように動いている。

(4)**<冬の天気>**日本列島付近では，冬は大陸側に高気圧，太平洋側に低気圧が発達する西高東低の気圧配置になることが多い。高気圧付近では雲ができにくく，低気圧付近には雲ができやすい。また，高気圧から低気圧に向けて風が吹くため，冬の日本には北西の季節風が吹く。この風は日本海側を中心に大雪を降らせるが，日本列島の中央の山脈を越えると乾いた風になるため，太平洋側では晴れることが多くなる。また，冬型の気圧配置のときに見られる雲の様子として最も適切なものは，日本列島の日本海側に雲の多いＢである。なお，Ａは太平洋上に雲が見られないため，太平洋上に高気圧が発達する夏頃，Ｃは日本列島の東西にかけて雲が連なっているため，梅雨前線が停滞する梅雨頃，Ｄは日本列島の南に台風が見られるため，晩夏から初秋頃の雲の様子である。

国語解答

一 (一) (1)…イ (2)…エ
(3) 山本様には，いかがお過ごしでしょうか[。]
(4)…ウ
(二) ウ
(三) (1) しんぎ (2) そむ (3) 救急 (4) 易
(四) エ
(五) (1)…ア (2)…イ (3)…ウ

二 (一) エ (二) イ
(三) 封印していたはずのコンプレックス
(四) ウ (五) ア

三 (一) エ (二) イ (三) エ
(四) A 物質としての建物そのもの
B ある価値を実現するために意図をもってつくられた建物
(五) イ (六) ア

四 (一) イ (二) ア (三) イ (四) ウ
(五) (1) 1…ア 2…エ 3…キ
(2) 雪は野原を

一〔国語の知識〕

(一)(1)<**表現技法**>手紙の頭語と結語の組み合わせは，「拝啓」と「敬具」，「前略」と「草々」である。一般に正式の文書では「拝啓」「敬具」を使う。「前略」「草々」は，時候の挨拶を省略するときに使うので，目上の人や正式の文書では使わない。　(2)<**表現技法**>「十月二十日」に書いた手紙であるため，秋にふさわしい挨拶文にする。　(3)<**表現技法**>「どのように過ごしているか」と相手の安否を尋ねる挨拶では，「過ごす」を尊敬語にした「お過ごし」と丁寧語の「でしょうか」「ですか」に，「どのように」という意味の「いかが」をつけて表現する。相手の名前をつけるときは，「○○様には」と「には」をつける。　(4)<**敬語**>「行く」の主語は書き手であるから，謙譲語を用いる。「行く」の謙譲語は，「うかがう」。「おいでになる」と「いらっしゃる」は，「行く」「来る」「いる」の尊敬語。「ご覧になる」は，「見る」の尊敬語。

(二)<**漢字の知識**>「福」は，十三画。「滋」と「棒」と「揮」は，十二画。

(三)<**漢字**>(1)「真偽」は，本当のことといつわりのこと。　(2)音読みは「背徳」などの「ハイ」。(3)「救急」は，急病人や負傷者の応急の手当てをすること。　(4)音読みは「容易」などの「イ」や，「貿易」などの「エキ」。

(四)<**語句**>(1)「発表会には不安があった」けれども，「予想以上にうまく」できた。　(2)「電車」か，それとも「バス」か，どちらで行くかを考える。　(3)「外国語から日本語に取り入れられた語」とは，言い換えると「外来語」のことである。

(五)<**慣用句**>(1)「骨だ」は，努力を要する，という意味。　(2)「見通しは明るい」は，将来に希望があるさま。　(3)「筆が立つ」は，文章が上手であるさま。

二〔小説の読解〕出典：濱野京子『シタマチ・レイクサイド・ロード』。

(一)<**文章内容**>希和子は，「ほかの部員たちが，物語を生み出そうとしている」ことに対して，「どこかでコンプレックスがあった」と自覚していた。詩を書いてみようと思ったこともあったが，できなかった自分には，創作することができないのだと希和子は思ったのである。

(二)<**心情**>莱月は，バレーボールが好きだから，「くやしさ」を感じてもバレーボールに夢中になっている。希和子は，自分には才能だけでなく，才能がないことをくやしく思う気持ちもないから「物語る」ことに夢中になれないのだと気づいたのである。

(三)<**表現**>希和子は，他の部員のように創作することができない自分には才能がないという劣等感を，自分自身にも隠して文芸部にとどまっていた。しかし，後輩の会話や真沙美との会話を機に，希和子は「封印」して隠していたはずの「コンプレックス」を自覚するようになった。

㈣<**表現**>最初，後輩の会話を聞いたときの希和子の気持ちについて話し合いが進んでいたのに，「一年生の言葉なんて気にすることない」「上級生らしく胸を張っていればいい」と，希和子と後輩との関係性が焦点になった。花子さんは，希和子の悩みは「人間関係」ではなく，「物語れない自分に引け目を感じている」ところにあると，話し合いの流れを希和子の気持ちに戻している。

㈤<**要旨**>希和子は，後輩の自分についての会話や真沙美の陸上に対する思いを聞き，これまでにあった出来事を振り返ったり，創作に対する気持ちを整理したりしている。そして，自分の才能や才能というものについての考えを深く分析しながら，文芸部に所属することの意味について考えを巡らせている希和子の様子が描かれている。

三〔**論説文の読解—芸術・文学・言語学的分野—芸術**〕出典：光嶋裕介『ここちよさの建築』。

≪**本文の概要**≫まず，建築に関する言葉の定義を整理する。「建物」が物質としての建物そのものであるのに対し，「建築」は，ある価値観を実現するために意図をもってつくられた建物で，人間の意図を伝達する媒体である。また，「場所」が単位として二次元で計測されたものであるのに対し，「空間」は，主体である人間の周りにあり，人間が知覚することで成立する。このような定義から，建築とは，「人間を主役とした器」といえる。では，建築は，どのような要素から成り立っているのだろうか。ウィトルウィウスによれば，建築には何をするための建築なのかという用途，その用途を成立するにはどうするのがよいかという構造や強度，そして見た目の美しさという「用・強・美」の三つの側面があるという。僕は，この三つの側面があることが，建築のおもしろさだと感じる。「用」「強」は，反復性や再現性が可能であるから科学に属している。一方，「美」は，美しさの基準が曖昧だから芸術に属しており，感覚的で自由な価値観の中にある。科学である「用」「強」と芸術である「美」の組み合わせ方に，設計者の考えが表れ，建築の使い手も，「用・強・美」の側面から建築を読み取ることができる。

㈠<**文章内容**>①空間は，「主体である人間」の周りを包み込んでいるもので，それを「人間が知覚する」ことで初めて成立する。　②「建築の美において中心的な役割を果たしているのは，自然の光の存在」である。

㈡<**表現**>物事を感覚的に判断するのが感性であるのに対し，正しい筋道かどうかで判断するのが「理性」である。正しい筋道によって結果を導き出し，反復しても同じであることを確認するのが「科学」である。

㈢<**文脈**>美しさの基準は人によって異なる一方で，誰にとっても「自然」は美しく感じられるため，人間は，何かをつくるときに「自然をお手本としたり模倣したり」するのである。

㈣<**文章内容**>A.「建物」は，人が住んだり物を入れたりするために建てられた物という「物質としての建物そのもの」のことである。　　B.「建築」は，建築家，職人，発注した人によって「ある価値を実現するために意図をもってつくられた建物」である。

㈤<**文章内容**>「美」は，「何を美しいと感じるかは，人によって」異なるが，一方で「自然のように誰にとっても美しいと感じられるもの」もある。

㈥<**表現**>本文は，冒頭で「建築は具体的にどのような要素から成り立っているのか」と話題を挙げ，次にその話題において前提として必要な「建築に関する言葉の定義」を説明した後，再び「人間を主役とした器である建築とは，どのような要素から成り立っているのでしょうか」と問いかけ，「用・強・美」という三つの要素について説明している。

四〔**古文の読解—物語**〕出典：『平家物語』巻第九「老馬」／韓非『韓非子　説林編　上』。

≪**現代語訳**≫【Ⅰ】また，武蔵の国に住んでいる別府小太郎といって，十八歳になる元服して間もない若者が進み出て申したことには，「父でありました義重法師が教えましたのは，『敵に襲われたにせよ，山越えの狩りをしたにせよ，深い山で迷ったようなときは，老馬に手綱をかけて，先に追い立てて行きなさい。必ず〈道〉に出るぞ』ということを教えました」。御曹司(＝義経)は，「立派なことを言うものだな。雪が野原を埋め尽くしても，年老いた馬は道を知っているという例もある」と言って，白葦毛の老馬に鏡鞍を置き，白く光るくつわをはめ，手綱を結んでかけて，先に追い立て，まだ知らない深い山へお入りになる。季節は二月初めのことなので，峰の雪はまばらに消えて，花のように見えるところもある。谷の鶯が訪れて，霞で迷うところもある。登れば白い雲が光り輝く(山が)そびえ，下れば青々とした山が険しく高い崖をなしている。松のこずえの雪さえ消えずに残り，苔むした細い道はわずかについている。嵐に吹かれたときには，(雪が)梅花かと疑われるほどだ。東に西にと馬に鞭をあて，足を速めていくうちに，山道で日が暮れたので，皆馬から降りて陣営を構える。

【Ⅱ】韓非子に書かれていることには，管仲と隰朋が斉の桓公に従って孤竹を征伐したことがあった。春出陣し冬になって引き上げてくるとき，まごついて道に迷った。管仲が言うことには，老馬の知恵を借り用いるべきである，と。すぐに老馬を放って後からついていくと，ついに道が見つかった。

㈠**<歴史的仮名遣い>**歴史的仮名遣いの「iu」は，現代仮名遣いでは「yu」となる。

㈡**<古文の内容理解>**嵐に吹かれて雪が舞っているさまが，梅の花が散るように見えたのである。

㈢**<古文の内容理解>**別府小太郎の父は，経験豊富な老馬は正しい道を知っているので，山奥で迷ったときは老馬を先に行かせればよいと教えたのである。

㈣**<漢文の訓読>**「乃」→「老馬」→「放」→「之」→「随」の順に読む。レ点は，下から上に一字返って読み，一二点は，下から上に二字以上返って読む。「而」は置き字。

㈤⑴ 1 **<文学史>**琵琶の演奏に合わせて語る語り物としての『平家物語』を，「平曲」という。「連歌」は，和歌の上の句と下の句を複数人が交互によむ詩歌の一種。「狂言」は，猿楽からうまれ，しぐさとせりふによって表現される喜劇のこと。　2 **<表現技法>**『平家物語』は，弾き語りで語られるため，曲の調子(リズム)が心地よく聞こえるようにつくられている。「句切れ」は，短歌や俳句における意味やリズムの切れ目のこと。　3 **<表現技法>**似たような表現を二つ並べることでリズムをよくしたり，印象的にしたりする技法を，「対句」という。「体言止め」は，文末を名詞で止める技法。「比喩」は，あることを別のことになぞらえる技法。「呼応」は，ある言葉に対して必ず決まった言葉で受ける技法。

⑵**<古文の内容理解>**別府小太郎の父の話を聞き感心した義経は，雪が野原を埋め尽くしていても，年老いた馬は道がわかるという例があると言って，小太郎の父を立派だと褒めた。

Memo

●2023年度

●誰にもよくわかる

解説と解答

※2023年度の正答率は非公表のため，
掲載していません。

英語解答

1 (1) No.1 エ No.2 イ No.3 ウ No.4 エ No.5 ア
(2) No.1 ア No.2 エ No.3 イ No.4 ウ
(3) No.1 イ No.2 ア
(4) ① ア→エ→イ→ウ ② eight

2 (1) ① wish ② both ③ practice
(2) ④ written ⑤ easier ⑥ children

3 (1) ウ (2) イ→ウ→ア

4 (1) ①…ア ②…エ ③…ウ ④…イ ⑤…エ
(2) How many times

5 (1) ウ，キ，ク (2) ウ
(3) ①…イ ②…ア
(4) became a little lighter
(5) ① what her mother's
② they would become

6 ① オ→カ→ア→イ→エ
② ウ→オ→イ→カ→エ
③ エ→オ→ア→カ→ウ
④ エ→ウ→カ→ア→オ

1 〔放送問題〕

(1)No.1．「私の姉〔妹〕は歯を磨いている」―エ

No.2．「病気のときには，この場所に行くべきだ」―イ

No.3．「私たちは今，茨城上空を飛んでいる。私たちは15分後に空港に到着する」―ウ

No.4．「あおい博物館はわかば公園よりも人気があるが，この博物館はひばり城ほど人気がない」―エ

No.5．「その店に行きたいのなら，この道をまっすぐ行って，3つ目の角を左に曲がってください。右側にそれが見つかりますよ」―ア

(2)No.1≪全訳≫A：ボブ，私は明日，文化祭のために早く登校しないといけないの。／B：僕もだよ。僕は7時30分までに学校に着かないといけないんだ。／A：学校に行くのにどのくらい時間がかかるの？／B：1時間かかるんだ。

Q：「ボブは明日何時に学校に出発するか」―ア．「6時30分」

No.2≪全訳≫A：ユカ，明日の午後は何をするつもりだい？／B：図書館に行くつもりよ。自分の本は読み終わっちゃったから，別のを読みたいの。／A：そうか。ジョンと僕は明日の午後映画に行くつもりなんだ。君も一緒に来たい？／B：まあ，行きたいわ。楽しそうね。図書館は代わりに今日の午後行くことにするわね。

Q：「ユカは明日の午後何をするつもりか」―エ．「映画を見るつもりだ」

No.3≪全訳≫A：ああ，どうしよう！ 宿題のこと忘れてた。／B：木曜日までに先生に提出しないといけないんだよ。／A：今日と明日と木曜日しかないね。何をしないといけないんだっけ？／B：冬休み中に読んだ本についてレポートを書かないといけないんだよ。

Q：「『今日』は何曜日か」―イ．「火曜日」

No.4≪全訳≫A：やあ，ユリ。とてもうれしそうだね。／B：そうなの，フレッド。姉〔妹〕からEメールをもらったのよ。彼女はカナダに留学してるの。／A：お姉さん〔妹さん〕はどのくらいの間そこにいるの？／B：2年間よ。今年の夏に戻ってくる予定で，私たちは姉〔妹〕のために誕生日パーティーを開くつもりなの。

Q：「ユリはなぜうれしそうなのか」―ウ．「ユリは今年の夏，姉〔妹〕と一緒に過ごせるから」

(3)≪全訳≫ケンジ(K)：やあ，アン，どうかしたの？／アン(A)：こんにちは，ケンジ，これを拾ったの。あの男の子のものだと思うんだけど。／K：それは困ったね。それがないとあの子は家に入れないよ。／A：そうだよね。彼を追いかけたいんだけど，でも…。／K：わあ，ずいぶんたくさん本を持ってるね。／A：図書館に行ってきたところなの。レポート用にたくさんの本がいるのよ。／K：す

ごく重そうだね…。わかった，僕が彼を追いかけるよ！／A：ありがとう！／K：犬を連れたあの男の子だよね？／A：ううん。その子の前を歩いている背の高い男の子を追いかけて！／K：わかった。

No.1.「アンは何を拾ったか」―イ.「鍵」

No.2.「なぜケンジはアンの代わりに背の高い少年を追いかけるのか」―ア.「アンは本をたくさん運んでいるから」

(4)≪全訳≫当市の市内観光へようこそ。本日はバスでいくつかの有名な場所を訪れます。現在の時刻は9時です。まず，20分後に市立美術館に到着します。そちらで1時間半，数々の有名な絵画を鑑賞します。午後は，市立庭園に向かいます。この季節の間は，美しい花を見ることができます。あっ，お伝えし忘れていました。庭園を訪れる前に，アオイレストランで昼食をとります。最後に，音楽堂に行ってすばらしい音楽を楽しみます。本日の観光は，午後5時に終了いたします。

①ア.「美術館」／→エ.「レストラン」／→イ.「庭園」／→ウ.「音楽堂」　②「この市内観光にはどのくらい時間がかかるか」―「8時間かかる」

2 〔会話文完成〕

≪全訳≫❶モリ先生(M)：ティナ，日本語がとても上手ですね。どのくらいの間，日本語を勉強しているんですか？

❷ティナ：ありがとうございます。3年間です。ホストファミリーと日本語でたくさん話すのですが，日本語，特に漢字を読むのは難しいです。全ての漢字を読めたらいいのにと思っています。

❸M：なるほど。漢字は日本語をよりよく理解するのに役立ちますよ。ジム，あなたはティナよりも長く日本で暮らしています。あなたは日本語を話すのも読むのも両方とも得意ですよね。あなたはふだんどうやって日本語を読む練習をしているんですか？

❹ジム：簡単な日本語で書かれた本をたくさん読んでいます。たくさんの日本語を少しずつ学べます。今は，マンガをよく読んでいます。他の種類の本を読むよりも，マンガを読む方が楽なんです。

❺M：それは子どもにとってだけでなく，大人にとってもいいことですね。楽しく勉強するのはとても大切なことです。

(1)＜適語補充＞①後ろの could に着目する。‘現在実現困難な願望’を表す‘I wish＋主語＋(助)動詞の過去形～’「～だったらいいのに，～だったらなあ」の形(仮定法過去)である。　②‘both *A* and *B*’「*A*も*B*も両方」　③この後ジムは，自分の日本語の勉強法を紹介している。モリ先生は日本語の「練習」方法を尋ねたのである。　practice ～ing「～する練習をする」

(2)＜語形変化＞④「簡単な日本語で書かれた本」という意味になると考えられるので，「～された」という受け身の意味を持つ形容詞的用法の過去分詞にする。　write－wrote－written　⑤後ろに than「～よりも」があるので，比較級にする。　easy－easier－easiest　⑥‘not only *A* but also *B*’「*A*だけでなく*B*も」の形。後ろの adults に合わせて複数形の children にする。

3 〔長文読解総合〕

(1)＜要旨把握―説明文＞≪全訳≫日本では，30パーセント以上の人が犬や猫のようなペットを飼っている。動物と一緒に時を過ごすことは，人を幸せな気分にしてくれる。それは健康にも良い効果がある。例えば，飼い犬と一緒に歩くと健康的な気分になる人がいる。飼い猫と一緒にいるとくつろいだ気分になる人もいる。幸せで健康な生活を送りたいと本当に望むなら，ペットとともに暮らすことは良い選択かもしれない。

＜解説＞本文では，ペットを飼うことで心身ともに良い効果が得られると述べられている。ウ.「ペットと一緒にいると幸せを感じる人もいる」が，この内容を最もよくまとめている。

(2)＜文整序―スピーチ＞≪全訳≫私は英語の映画が好きだ。それを字幕なしで見たいと思っている。私が使ってみようと思っているステップを皆さんにご説明しよう。／→イ.ストーリーを楽しみたいので，最初は日本語の字幕つきで映画を見る。／→ウ.日本語でストーリーがわかったら，俳優たちが何を言っているかを理解するために，英語の字幕つきで映画を見る。／→ア.その後，字幕なしでその映画を見て，俳優たちが言っている言葉をいくつか繰り返してみる。／これらのステップを通じて自分の能力を向上させ，英語の映画を楽しめればいいと思う。

＜解説＞first「まず，最初に」を含むイが最初にくる。ストーリーを楽しむための手順であるイに続けて，「ストーリーがわかったら」と始まるウを置く。最後は，字幕なしで英語の映画を見るという目的に至るアとなる。

4〔対話文完成―メニューを見て答える問題〕

≪全訳≫❶サム(S)：このメニューを見てよ。君は何を食べる，ジュン？

❷ジュン(J)：うーん，どれもみんなすごくおいしそうだから選べないな。君はもう決めた，サム？

❸S：うん。このレストランに来たら，僕はいつも本日のランチを選ぶんだ。とても人気があるんだよ。今日はステーキを食べられるね。

❹J：ここには前に何回来たことがあるの？

❺S：友達と一緒に何回か来たことがあるよ。

❻J：だからこのレストランについてよく知ってるんだね。

❼S：そうさ。君はまだ何を食べるか考えてるのかい？

❽J：うん。正直なところ，ステーキはあまり好きじゃないんだ。だから，野菜を使った料理があれば，僕にはそれがいいかもしれないな。

❾S：じゃあ，カレーライスはどう？　野菜カレーを選べばいいよ。

❿J：そうなの？　それはよさそうだな！　それにしよう。

⓫S：飲み物はいる？

⓬J：オレンジジュースがいいな。

⓭S：ごめん，ジュン。オレンジジュースは「ドリンクセット」のリストには載ってないんだ。それを飲みたければ2ドル払わないといけないから，合計で10ドルになる。

⓮J：なるほどね。それでかまわないよ。君はどうする？

⓯S：僕はコーヒーにする。あと，デザートにチョコレートケーキが食べたい。だから僕が払うのは…。

⓰J：待って。君の誕生日は3月10日だったよね？　君は今日2ドルの値引きを受けられるよ。だから，12ドルだけ払えばいいんだ。

⓱S：わかった。教えてくれてありがとう。

⓲J：どういたしまして。来月時間があるときに，ここにもう一度来ることができるかな？　僕はこの「特製サンドイッチ」を試してみたいんだ。

⓳S：もちろんできるよ！　僕も食べてみたいな！

今月のメニュー　2023年3月／「ドリンクセット」つき料理／・本日のランチ[10ドル](ステーキ，スープ，ライスまたはパン)・ピザ[7ドル]・サンドイッチ[6ドル]・麺類[8ドル]・カレーライス[8ドル](ビーフ，チキン，野菜)／「ドリンクセット」：コーヒー，紅茶，コーラ(1つお選びください)／飲み物[2ドル]・コーヒー・紅茶・コーラ・りんごジュース・オレンジジュース・バナナミルク／デザート[4ドル]・チーズケーキ・チョコレートケーキ・アイスクリーム／・誕生月：2ドル値引き・新メニュー「特製サンドイッチ[9ドル]」4月1日より

(1)＜適語(句)適文選択＞①この後，今日はステーキが食べられると言っているので，メニュー中の「本日のランチ」を選ぶとわかる。　②何の料理を食べるか決められず迷っている場面。what to eat で「何を食べたらいいか」という意味を表せる。　what to ～「何を～したらよいか，するべきか」　③第9～12段落から，ジュンは野菜カレーとオレンジジュースを頼むとわかる。第13段落とメニューから，オレンジジュースはドリンクセットに含まれず，別に2ドル払う必要がある。カレーライスは8ドルなので，合わせて10ドルの支払いになる。　④直後の文とメニューから，誕生月には値引きが受けられるとわかる。メニューは3月のものなので，3月の日付である「3月10日」が当てはまる。　⑤直後で，4月1日からの新メニューである「特製サンドイッチ」を食べてみたいと言っているので，もう一度この店に来ようと提案したのだとわかる。

(2)＜適語補充＞この問いかけに対し，サムは several times「何度か」来たことがあると答えている

ので，‘回数’を尋ねる疑問詞が入る。3語で「何回」という‘回数’を尋ねるのは How many times。

5〔**長文読解総合―スピーチ**〕

≪全訳≫❶「ミキ，新しい家に引っ越す準備をしなさい！　本をたくさんは持っていけないわよ」　母はこう言い続けていました。私たちは2か月後に町を離れて外国に引っ越す予定でした。私が本棚に持っている本はあまりにも多すぎたのです。私は言いました。「でもね，お母さん，これは私の宝物なのよ。この本たちは手元に置いておきたいの」　幼い子どもだった頃，私はそれらの本を何度も読み，それらにはすてきな思い出がいっぱい詰まっていました。私は中学生でしたが，まだそれらの本が大好きでした。

❷母は言いました。「あなたがどんな気持ちかはわかってるわ。でもね，ミキ，あの本たちはきっと将来新しい人たちに出会うでしょうし，あなただってそうなのよ」　私は母に尋ねました。「私の本が新しい人に出会うって？」　私は考えました。「お母さんは何が言いたいんだろう？」　その本を全部新しい家に持っていくのは難しいだろうというのはわかっていました。でも，私は自分の宝物を全部手元に置いておきたかったのです。

❸ある土曜日，私は自分の大好きな場所と，そこで働いているおばあさんにお別れを言うために，市立図書館へ行きました。私は彼女にこう言いました。「ここに来るのはこれが最後になると思います」　彼女は驚いた様子でした。私は図書館でしばらく過ごし，彼女と話をしました。図書館を出るとき，そのおばあさんが私を追いかけてきました。彼女は私に1冊の古い本をくれました。

❹家に帰ってから，私はその本を読み始めました。すぐに，その本がとてもおもしろいと思いました。私はそれを2時間読み続け，とうとう読み終えました。その本は，引っ越さなければならないある少女の物語でした。彼女は私と似ていると思いました。彼女は新たな人々との出会いを通じて，より強くなっていったのです。彼女の物語は私に大きな勇気をくれました。私は母の言葉を思い出しました。

❺翌日，私は図書館に行き，そのおばあさんに「ありがとうございました」と言いました。彼女は笑顔になり，うれしそうでした。彼女はこう言いました。「私はあなたと同じ年の頃にこの町に引っ越してきてね。あの本を読んで，勇気をもらったの。新しい場所での幸運を祈ってるわ」

❻私は自分の大好きな本を手放そうと考えたことは一度もありませんでしたが，母の言葉を理解しました。おばあさんがしてくれたように，私は自分の本を他の人たちにあげることにしました。自分の本に誰かをわくわくさせたり励ましたりしてほしいと思ったのです。

❼数日後，母と一緒に古本屋に行きました。私は自分の宝物の一部を売ったのです。私の本は誰かに出会うでしょう。その本が誰か他の人の宝物になるといいなと思いました。

❽引っ越す前，私の部屋の本棚は少し軽くなりました。そして，私の心も軽くなっていました。

(1)<**内容真偽**>ア．「ミキと彼女の家族は同じ町の新しい家に引っ越した」…×　第1段落第4文参照。　イ．「ミキの母は宝物に関するたくさんの本を持っていた」…×　このような記述はない。　ウ．「ミキの本は彼女に良い思い出を与えてくれたので，それらは彼女の宝物だった」…○　第1段落後半の内容に一致する。　エ．「ミキは，自分の本を全て手放すという母の考えにすぐに同意した」…×　第2，6段落参照。最初は理解できなかったが，おばあさんとのやり取りを通じて理解できるようになった。　オ．「ある土曜日，ミキは本を探すために図書館へ行った」…×　第3段落第1文参照。　カ．「ミキは学校でおばあさんから本をもらった」…×　第3段落最後の3文参照。図書館で本をもらった。　キ．「ミキはおばあさんからもらった本を2時間で読み終えた」…○　第4段落第3文に一致する。　ク．「おばあさんは中学生のときに引っ越した」…○　第1段落最終文および第5段落第3文の内容に一致する。

(2)<**適所選択**>補う文は，「私は彼女が私と似ていると思った」という意味なので，ミキと共通点のある人物が登場した場面に入ると判断できる。ウの直前に，おばあさんからもらった本の主人公が引っ越さなければならないとあり，ミキはその少女が自分と似ていると思ったのである。

(3)<**内容一致**>①「老婦人からもらった古い本は(　　)」―イ．「ミキを勇気づけた」　第4段落最後から２文目参照。　②「日曜日に，ミキは(　　)行った」―ア．「おばあさんにお礼を言いに図書館へ」　第５段落第１文参照。第３，４段落は土曜日の話で，その翌日のことである。

⑷<**英文解釈**>「そして私の心も(　　)」―「少し軽くなった」　このdidは前に出てきた動詞(＋語句)を受けるはたらきをしており，ここでは直前の文のbecame a little lighterという部分を受けている。本を売ったことで本棚が軽くなったと同時に，これまで大切な本を手放したくなくて悩んでいたが，手放すことで別の誰かの役に立つとわかって気持ちが楽になったということを表している。

⑸<**英問英答―適語補充**>①「ミキが本の一部を手放すことを決めたとき，彼女は何を理解したか」―「母の言葉が何を意味するかを理解した」　第６段落第１文参照。my mother's wordsを，words meantを含む形で書き換える。meantはmean「～を意味する」の過去形なので(mean－meant－meant)，「母の言葉が何を意味していたのか」とすればよい。主語がSheなので「母の」はher mother'sとすることに注意。　②「ミキが本の一部を売ったとき，彼女は何を願ったか」―「その本が誰か他の人の宝物になることを願った」　第７段落最終文参照。本文の表現がそのまま使える。

6〔**会話文完成―整序結合**〕

≪**全訳**≫**1**エマ(Ｅ)：来週夏休みが始まるわね！　私は来週の水曜日に友達と一緒に日帰り旅行をするつもりなの。その旅行で，浴衣を着るのと風鈴の絵つけをするのと，どっちがいいかな？
2アズサ(Ａ)：もし私が①あなただったら，浴衣を着る方を選ぶな。伝統衣装を着て町を散策するなんて楽しそうじゃない！
3タケル(Ｔ)：風鈴の絵つけもよさそうだよ。
4Ｅ：どうしてそう思うの？
5Ｔ：それを家に持って帰れるからね。家で風鈴の音を楽しめる。スタッフの人たちが風鈴の②絵つけのやり方を教えてくれるんだよ。
6Ａ：そうだけど，浴衣を着て自分の写真を撮れば，後でその写真を楽しむこともできるわよ。
7Ｅ：それもそうね…。どっちの活動を選べばいいか決められないな。
8Ｔ：うーん…午前中に③風鈴の絵つけをしたらどう？　その後，午後に浴衣を着ればいいさ。
9Ｅ：それはいい考えね。そうするわ。④浴衣を汚したくないもの。

<**解説**>①'If＋主語＋動詞の過去形…，主語＋助動詞の過去形～'の形で「もし…なら，～なのに」という'現在の事実に反する仮定'を表す仮定法過去の文をつくる。If I were you「もし私があなただったら」で始め(仮定法過去でbe動詞を使う場合，主語の人称に関係なくwereを用いるのが原則)，次の文に，伝統衣装を着て町を歩くのはすばらしいとあるので，後半はI wouldの後にchoose wearing a *yukata*「浴衣を着ることを選ぶ」を続ける。不要語句はpainting on a wind chime。　If I were you, I would choose wearing a *yukata*.　②ウェブサイトの内容と語群から，「スタッフの人たちが絵つけのやり方を教えてくれる」という文になると推測できる。The staff members will showと始める。この後は'show＋人＋物事'「〈人〉に〈物事〉を教える」の形を使い，'物事'の部分にはhow to ～「～のやり方，方法」を当てはめてhow to paint on a wind chime「風鈴の絵つけのやり方」とする。不要語はwear。　The staff members will show you how to paint on a wind chime.　③語群と次のエマの返答から，why don't you ～？「～するのはどうですか」の形を使って提案する文をつくればよいとわかる。'～'の部分はpaint on a wind chime「風鈴に絵つけをする」とまとめる。不要語はdo。　why don't you paint on a wind chime in the morning？　④直前のI'll do that.は，午前中に風鈴の絵つけをし，その後で浴衣を着るというタケルの提案に従うことを意味している。その理由として，浴衣を汚したくないという内容になると考えられるので，I don't want to ～「私は～したくない」で始め，'～'の部分を'make＋目的語＋形容詞'「～を…(の状態)にする」の形でmake my *yukata* dirty「自分の浴衣を汚す」とする。不要語はclean。　I don't want to make my *yukata* dirty.

数学解答

1 (1) ① -5 ② $-3x+10y$ ③ $5a$
④ $\sqrt{3}$
(2) $(x-3)^2$

2 (1) イ，エ (2) 7
(3) $x=\dfrac{3\pm\sqrt{33}}{2}$ (4) 5個

3 (1) $\dfrac{1}{6}$ (2) $\dfrac{2}{9}$ (3) $\dfrac{1}{3}$

4 (1) ① 5 cm
② ア…半円の弧に対する円周角〔線分 AB は直径〕
イ…$\angle$ACB
ウ・エ…$\angle$ABC，$\angle$POA
オ…2組の角
(2) $\dfrac{49\sqrt{3}}{4}$cm²

5 (1) ① $\dfrac{1}{6}$ ② オ (2) $\dfrac{3}{5}<b\leqq\dfrac{2}{3}$

6 (1) ウ
(2) ① $2\sqrt{7}$ cm ② $\dfrac{50\sqrt{7}}{7}\pi$ cm³

1〔独立小問集合題〕

(1)＜数の計算，式の計算＞①$1-6=-5$　②与式$=2x+6y-5x+4y=-3x+10y$　③与式$=\dfrac{15a^2b\times b^2}{3ab^3}=5a$　④与式$=\dfrac{9\times\sqrt{3}}{\sqrt{3}\times\sqrt{3}}-\sqrt{2^2\times3}=\dfrac{9\sqrt{3}}{3}-2\sqrt{3}=3\sqrt{3}-2\sqrt{3}=\sqrt{3}$

(2)＜式の計算―因数分解＞与式$=x^2-2\times3\times x+3^2=(x-3)^2$

2〔独立小問集合題〕

(1)＜データの活用＞ア…誤。箱ひげ図から平均点については読み取れない。　イ…正。国語の最小値は30点より大きく，数学の最小値は20点であり，英語の最小値は20点より大きい。よって，$30+20+20=70$ より，3教科とも一番小さい得点としても，合計点は70点より大きくなるので，3教科の合計点が60点以下の生徒はいない。　ウ…誤。25人のテストの得点を箱ひげ図に表しているので，中央値は，得点を大きさの順に並べたときの大きい方から13番目の得点となる。国語は，中央値が60点より大きいので，大きい方から13番目の得点は60点より大きい。よって，国語は，60点以上の生徒が13人以上いる。　エ…正。$25=12+1+12$ より，第3四分位数は，得点の大きい方の12人の中央値であり，大きい方から6番目の得点と7番目の得点の平均となる。英語の第3四分位数は80点より大きいので，大きい方から6番目の得点は80点より大きい。よって，英語で80点以上の生徒は6人以上いる。

(2)＜数の性質＞$\dfrac{252}{n}=\dfrac{2^2\times3^2\times7}{n}$ だから，この値が自然数の2乗となる最も小さい自然数nは，$\dfrac{2^2\times3^2\times7}{n}=2^2\times3^2$ となるnである。よって，$n=7$ である。

(3)＜二次方程式＞$a=-1$ だから，二次方程式は，$x^2+3\times(-1)\times x+(-1)^2-7=0$ より，$x^2-3x-6=0$ となる。解の公式を用いて解くと，$x=\dfrac{-(-3)\pm\sqrt{(-3)^2-4\times1\times(-6)}}{2\times1}=\dfrac{3\pm\sqrt{33}}{2}$ である。

(4)＜一次方程式の応用＞箱の個数をx個とする。x個の箱にチョコレートを30個ずつ入れると22個余るので，チョコレートの個数は $30x+22$ 個と表せる。また，35個ずつ入れると，最後の箱は32個になるので，35個入った箱が$x-1$個であり，チョコレートの個数は $35(x-1)+32=35x-3$(個)と表せる。よって，$30x+22=35x-3$ が成り立ち，これを解くと，$-5x=-25$，$x=5$(個)となる。

3〔データの活用―確率―さいころ〕

(1)＜確率＞さいころの目の出方は6通りだから，太郎さん，花子さんがさいころを1回ずつ振るとき，目の出方は全部で $6\times6=36$(通り)ある。このうち，太郎さんと花子さんが同じ段にいる目の出方は，

(太郎さん，花子さん)＝(1，6)，(2，5)，(3，4)，(4，3)，(5，2)，(6，1)の6通りだから，求める確率は $\frac{6}{36}=\frac{1}{6}$ である。

(2)＜確率＞36通りのさいころの目の出方のうち，太郎さんと花子さんが2段離れている目の出方は，(太郎さん，花子さん)＝(1，4)，(2，3)，(3，2)，(3，6)，(4，1)，(4，5)，(5，4)，(6，3)の8通りだから，求める確率は $\frac{8}{36}=\frac{2}{9}$ である。

(3)＜確率＞36通りのさいころの目の出方のうち，太郎さんと花子さんが3段以上離れている目の出方は，(太郎さん，花子さん)＝(1，1)，(1，2)，(1，3)，(2，1)，(2，2)，(3，1)，(4，6)，(5，5)，(5，6)，(6，4)，(6，5)，(6，6)の12通りだから，求める確率は $\frac{12}{36}=\frac{1}{3}$ である。

≪別解≫太郎さんと花子さんが3段以上離れている場合は，全体の場合から，同じ段にいるときと，1段，2段離れているときを除いた場合である。(1)より，同じ段にいるのは6通り，(2)より，2段離れているのは8通りある。1段離れているさいころの目の出方は，(太郎さん，花子さん)＝(1，5)，(2，4)，(2，6)，(3，3)，(3，5)，(4，2)，(4，4)，(5，1)，(5，3)，(6，2)の10通りある。よって，3段以上離れている場合は $36-(6+10+8)=12$(通り)だから，求める確率は $\frac{12}{36}=\frac{1}{3}$ である。

4 〔平面図形―円と直線〕

(1)＜長さ，証明＞①右図1の△AODと△ABCで，∠OAD＝∠BACであり，OP∥BCより，∠AOD＝∠ABCである。よって，2組の角がそれぞれ等しいから，△AOD∽△ABCとなる。したがって，OD：BC＝AO：AB＝1：2であるから，BC＝10のとき，$\mathrm{OD}=\frac{1}{2}\mathrm{BC}=\frac{1}{2}\times10=5$(cm)である。　②図1の△ABCと△POAで，証明の②が∠PAO＝90°だから，①は△ABCの1つの内角が90°であることである。線分ABが円Oの直径だから，半円の弧に対する円周角より，①は∠ACB＝90°となる。①の∠ACB＝90°，②の∠PAO＝90°より，③は∠ACB＝∠PAOとなる。④は，平行線の同位角が等しいことから導いているので，OP∥BCより，∠ABC＝∠POAとなる。③の∠ACB＝∠PAO，④の∠ABC＝∠POAより，2組の角がそれぞれ等しいから，△ABC∽△POAとなる。

図1

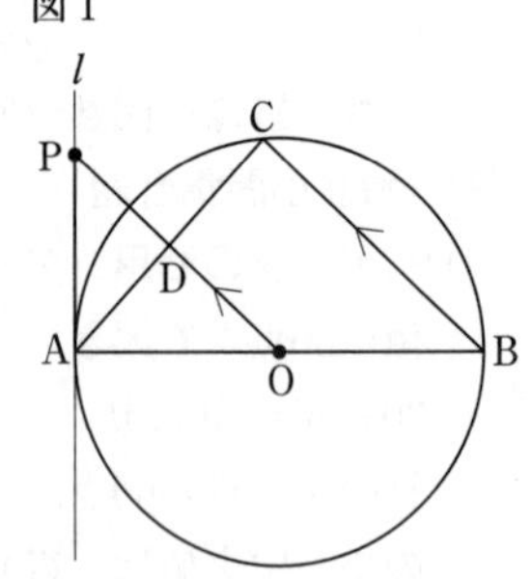

(2)＜面積―特別な直角三角形＞右図2で，直線 l は点Aにおける円Oの接線より，∠PAO＝90°であり，∠AOP＝60°だから，△POAは3辺の比が $1:2:\sqrt{3}$ の直角三角形である。$\mathrm{OE}=\mathrm{OA}=\mathrm{OB}=\frac{1}{2}\mathrm{AB}=\frac{1}{2}\times14=7$ だから，$\mathrm{AP}=\sqrt{3}\mathrm{OA}=\sqrt{3}\times7=7\sqrt{3}$，$\mathrm{OP}=2\mathrm{OA}=2\times7=14$ となり，$\mathrm{PE}=\mathrm{OP}-\mathrm{OE}=14-7=7$ となる。よって，PE＝OEだから，$\triangle\mathrm{APE}=\triangle\mathrm{OAE}=\frac{1}{2}\triangle\mathrm{POA}$ である。$\triangle\mathrm{POA}=\frac{1}{2}\times\mathrm{AP}\times\mathrm{OA}=\frac{1}{2}\times7\sqrt{3}\times7=\frac{49\sqrt{3}}{2}$ だから，$\triangle\mathrm{APE}=\frac{1}{2}\times\frac{49\sqrt{3}}{2}=\frac{49\sqrt{3}}{4}$(cm²)となる。

図2

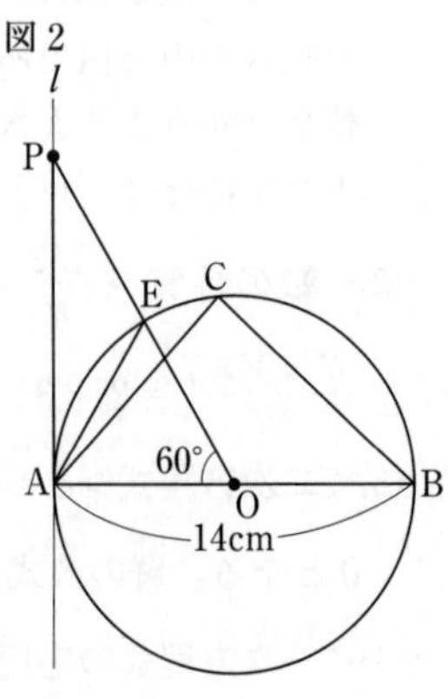

5 〔関数―関数 $y=ax^2$ と一次関数のグラフ〕

(1)＜比例定数，点の位置＞①関数 $y=ax^2$ のグラフがB(6，6)を通るとき，$y=ax^2$ に $x=6$，$y=6$ を代入して，$6=a\times6^2$ より，$a=\frac{1}{6}$ となる。　②関数 $y=ax^2$ $(a>0)$ で，a の値を大きくすると，同じ x の値のときの y の値は大きくなるので，次ページの図1で，a の値を大きくすると，関数 $y=ax^2$ のグラフは f のように開き方が小さくなり，点Pは点Cの方に動く(点 $\mathrm{P_1}$)。また，a の値を小さくすると，同じxの値のときのyの値は小さくなるので，グラフはgのように開き方が大きくなり，点Pは点Bの方に動く(点P_2)。次に，関数$y=ax^2$のグラフがC(2, 2)を通るとき，$2=a\times2^2$より，$a=\frac{1}{2}$であり，D(4, 4)を通るとき，$4=a\times4^2$より，$a=\frac{1}{4}$である。

図1

図2

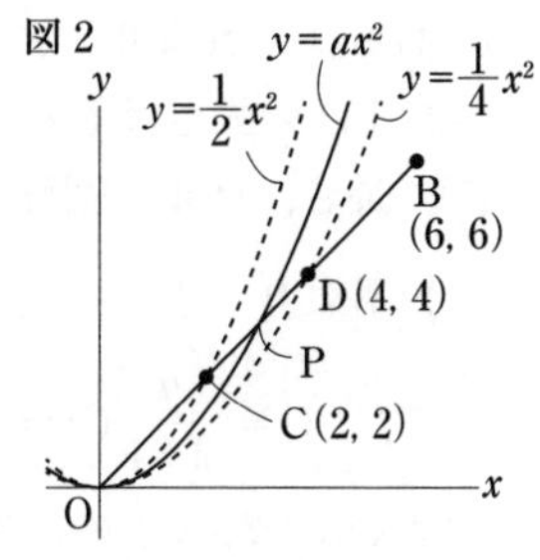

$\frac{1}{4}<\frac{1}{3}<\frac{1}{2}$であるから，右上図2で，$a=\frac{1}{3}$のとき，関数$y=ax^2$のグラフは，関数$y=\frac{1}{2}x^2$のグラフと関数$y=\frac{1}{4}x^2$のグラフの間にあり，点Pは線分CD上にある。

(2)＜傾きの範囲＞右図3で，直線$y=bx$が点(6, 4)を通るときを考えると，E(6, 4)であり，△OEBの辺上または内部でx座標，y座標がともに整数である条件を満たす点は，(0, 0)，(1, 1)，(2, 2)，(3, 2)，(3, 3)，(4, 3)，(4, 4)，(5, 4)，(5, 5)，(6, 4)，(6, 5)，(6, 6)の12個となる。このとき，$4=b\times6$より，$b=\frac{2}{3}$で，bの値を$\frac{2}{3}$より大きくすると，点(3, 2)，点(6, 4)が条件を満たさなくなるので，条件を満たす点の個数は12個より少なくなる。よって，条件を満たす点の個数が12個となるbの値の最大値は$b=\frac{2}{3}$である。次に，条件を満たす点の個数が13個以上になる最大のbの値を考える。このとき，条件を満たす点として新たに加わる点は，点(2, 1)，点(4, 2)，点(5, 3)，点(6, 3)のいずれかとなる。直線$y=bx$が点(2, 1)を通るとき，$1=b\times2$より，$b=\frac{1}{2}$となり，点(4, 2)を通るとき，$2=b\times4$より，$b=\frac{1}{2}$となり，点(5, 3)を通るとき，$3=b\times5$より，$b=\frac{3}{5}$となり，点(6, 3)を通るとき，$3=b\times6$より，$b=\frac{1}{2}$となる。$\frac{1}{2}<\frac{3}{5}$より，条件を満たす点の個数が13個以上となるbの最大値は，点(5, 3)を通るときの$b=\frac{3}{5}$である。bの値が$\frac{3}{5}$より大きくなると，点(5, 3)が条件を満たさなくなるので，条件を満たす点の個数が12個となるbのとりうる値の範囲は，$\frac{3}{5}<b\leqq\frac{2}{3}$である。

図3

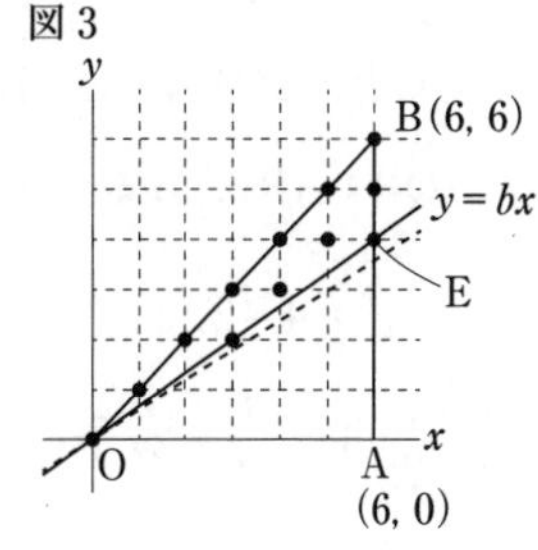

6 〔空間図形—正四面体〕

(1)＜三角形の形＞右図で，立体ABCDが正四面体より，BC＝CDであり，BP：PC＝CQ：QD＝2：1だから，BP＝CQとなる。よって，CQ：PC＝BP：PC＝2：1となる。また，△BCDは正三角形なので，∠PCQ＝60°である。以上より，△CPQは3辺の比が$1:2:\sqrt{3}$の直角三角形となる。

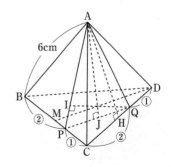

≪別解≫右図で，辺BCの中点をMとすると，$BM=MC=\frac{1}{2}BC=\frac{1}{2}\times6=3$となり，△BCDは正三角形だから，DM⊥BCとなる。また，BP：PC＝2：1より，$PC=\frac{1}{2+1}BC=\frac{1}{3}\times6=2$となり，PM＝MC－PC＝3－2＝1となる。よって，CP：PM＝2：1となる。CQ：QD＝2：1だから，CP：PM＝CQ：QDとなり，PQ∥MDで

ある。これより，$\angle QPC=\angle DMC=90^\circ$ となるので，△CPQ は直角三角形である。線分 PC と線分 PQ の長さは等しくならないので，直角二等辺三角形ではない。

(2)<**長さ，体積―回転体**>①前ページの図で，点Aから辺CDに垂線AHを引くと，△ACDが正三角形より，点Hは辺CDの中点となり，$CH=HD=\frac{1}{2}CD=\frac{1}{2}\times6=3$ となる。CQ：QD＝2：1だから，$CQ=\frac{2}{2+1}CD=\frac{2}{3}\times6=4$ となり，$HQ=CQ-CH=4-3=1$ となる。また，△ACH は3辺の比が $1:2:\sqrt{3}$ の直角三角形となるから，$AH=\sqrt{3}CH=\sqrt{3}\times3=3\sqrt{3}$ である。よって，△AHQ で三平方の定理より，$AQ=\sqrt{AH^2+HQ^2}=\sqrt{(3\sqrt{3})^2+1^2}=\sqrt{28}=2\sqrt{7}$ (cm)となる。　②前ページの図で，点QからAPに垂線QIを引くと，△APQを直線APを軸として1回転させてできる立体は，△AQIと△PQIを1回転させてできる2つの円錐を合わせた立体となる。①と同様にして，$AP=2\sqrt{7}$ となるので，△APQ は AP＝AQ の二等辺三角形である。また，点AからPQに垂線AJを引くと，$\angle QPI=\angle APJ$，$\angle QIP=\angle AJP=90^\circ$ より，△QPI∽△APJ となる。これより，QI：AJ＝QP：AP である。(1)より，△CPQ は3辺の比が $1:2:\sqrt{3}$ の直角三角形だから，$QP=\frac{\sqrt{3}}{2}CQ=\frac{\sqrt{3}}{2}\times4=2\sqrt{3}$ である。△APQ は二等辺三角形より，点Jは線分QPの中点となるから，$PJ=\frac{1}{2}QP=\frac{1}{2}\times2\sqrt{3}=\sqrt{3}$ となり，△APJ で三平方の定理より，$AJ=\sqrt{AP^2-PJ^2}=\sqrt{(2\sqrt{7})^2-(\sqrt{3})^2}=\sqrt{25}=5$ となる。よって，$QI:5=2\sqrt{3}:2\sqrt{7}$ が成り立ち，$QI\times2\sqrt{7}=5\times2\sqrt{3}$，$QI=\frac{5\sqrt{3}}{\sqrt{7}}$ となる。したがって，求める立体の体積は，$\frac{1}{3}\times\pi\times QI^2\times AI+\frac{1}{3}\times\pi\times QI^2\times PI=\frac{1}{3}\pi\times QI^2\times(AI+PI)=\frac{1}{3}\pi\times QI^2\times AP=\frac{1}{3}\pi\times\left(\frac{5\sqrt{3}}{\sqrt{7}}\right)^2\times2\sqrt{7}=\frac{50\sqrt{7}}{7}\pi$ (cm³)となる。

＝読者へのメッセージ＝

放物線は，英語でパラボラ(parabola)といいます。パラボラアンテナは放物線の形を利用してつくられています。

2023年度／茨城県公立高等学校

社会解答

1 1 ⑴ ア　⑵ キ
　⑶ 12月23日午前10時
　⑷ ①…ASEAN　②…イ
2 ⑴ エ　⑵ ア
　⑶ ア…×　イ…×　ウ…○　エ…×

2 1 ⑴ ウ　⑵ イ　⑶ ウ
　⑷ エ
2 ⑴ ①　(例)国会を開く　②…エ
　⑵ ア　⑶ イ

3 1 ⑴ 刑事　⑵ ア
2 ⑴ ア　⑵ エ　⑶ 地方債
3 ⑴ ウ　⑵ イ
　⑶ ア…○　イ…×　ウ…○　エ…×

4 1 ⑴ バリアフリー　⑵ イ
　⑶ ウ→ア→イ→エ　⑷ ア，オ
2 ⑴ ウ　⑵ エ

1〔地理―世界の姿と諸地域，日本の特色と諸地域〕

1⑴<**世界の気候**>アラビア半島に位置する②(サウジアラビアのリヤド)は，乾燥帯の砂漠気候に属する。したがって，年間を通して降水量が非常に少ないアが当てはまる。なお，イは，冬の気温が低いことから，冷帯〔亜寒帯〕に属する④(北海道の釧路)の雨温図である。ウは，一年中高温で降水量が多いことから，熱帯の熱帯雨林気候に属する③(シンガポール)の雨温図である。エは，温暖で年間を通して少しずつ降水があることから，温帯の西岸海洋性気候に属する①(フランスのオルリー)の雨温図である。

⑵<**地図上の最短距離**>資料2は，中心であるサンフランシスコからの距離と方位を正しく表しているので，サンフランシスコと東京の最短ルートは，資料2上でサンフランシスコと東京を結んだ直線となる。この直線が通る場所を資料1上に示すと，キのルートとなる。

⑶<**時差の計算**>東経135度と西経90度の経度差は，135＋90＝225度である。経度15度につき1時間の時差が生じるので，東京とニューオーリンズの時差は，225÷15＝15時間となる。日付変更線をまたがずに地球上の位置関係を見た場合，東へ行くほど時刻は進むため，ニューオーリンズが12月22日午後7時のとき，ニューオーリンズより東に位置する日本は，ニューオーリンズよりも15時間進んだ12月23日午前10時となる。

⑷<**ASEAN，資料の読み取り**>①ASEAN〔東南アジア諸国連合〕は，東南アジアの安定や発展を目指して1967年に結成された地域協力機構である。2023年4月現在は，東南アジアの10か国が加盟している。　②インドシナ半島に位置する5か国(ミャンマー，タイ，カンボジア，ベトナム，ラオス)の2019年の国内総生産の合計は926644百万ドルで，インドネシアの1119191百万ドルよりも少ない(イ…○)。なお，インドシナ半島に位置する5か国のうち，1967年に東南アジア諸国連合に加盟していたのはタイのみである(ア…×)。タイは，2019年の国内総生産がインドネシアに次いで2番目に大きい(ウ…×)。タイは，国内総生産の変化(倍)が大きい上位5か国に含まれていない(エ…×)。

2⑴<**日本の地形と資料の読み取り**>近畿地方の紀伊山地には活火山がなく(資料5)，地熱発電所も分布していない(資料6)(エ…×)。

⑵<**日本各地の火山と周辺地域の特徴**>カード1は阿蘇山である。熊本県に位置する阿蘇山は，世界最大級のカルデラを持つ。また，隣接する大分県には，温泉地として知られる別府や湯布院がある。カード2は桜島である。桜島は，鹿児島県の県庁所在地である鹿児島市に位置し，頻繁に噴火して市内に灰を降らせる。鹿児島県を中心とする九州南部には，火山噴出物が積もってできたシラス台

地が広がっている。カード３は有珠山である。有珠山は北海道南部に位置し，近くにはカルデラ湖である洞爺湖がある。洞爺湖畔は温泉地となっている。

(3)＜地図の読み取り＞資料７中のスケールバー(距離を表す目盛り)をもとにすると，上富良野駅から半径２km以内の地域は，「風下になった場合に，火山灰が10cm以上積もる可能性のある範囲」には含まれない(ア…×)。日新ダムやしろがねダムは，富良野川や美瑛川に沿って見られる「融雪型火山泥流予想到達範囲」から外れた場所にあるため，融雪型火山泥流をせき止めることはできない(イ…×)。「融雪型火山泥流発生からの予想到達時間」や各地点の標高を見ると，融雪型火山泥流は富良野川に沿って，上富良野駅方面から中富良野駅方面に向かって流れてくると考えられるため，中富良野駅から上富良野駅方面に避難するのは適切ではない(ウ…○)。ベベルイ川の流域は「融雪型火山泥流予想到達範囲」になっておらず，融雪型火山泥流がベベルイ川から流れてくることは想定されていない(エ…×)。

2〔歴史―古代～近代の日本と世界〕

１(1)＜弥生時代の道具＞カード１は，弥生時代の様子を表している。稲作が広まった弥生時代には，稲の穂先をつみ取る道具である石包丁が使われた。なお，アは，法隆寺の「玉虫厨子」で，飛鳥時代につくられた工芸品である。イは，大航海時代である16世紀のヨーロッパでつくられた地球儀である。エは，脱穀を行うための千歯こきで，江戸時代に使われるようになった。

(2)＜鎌倉時代の出来事＞カード２は，鎌倉時代の様子を表している。鎌倉幕府を開いた源頼朝の妻の北条政子の一族である北条氏は，将軍を補佐する執権の地位を代々引き継ぎ，幕府の実権を握る執権政治を行った。なお，アは飛鳥時代，ウは奈良時代，エは平安時代の出来事である。

(3)＜土一揆＞カード３は，室町時代の様子を表している。室町時代には，惣と呼ばれる自治組織を中心に団結を強めた農民が，借金の帳消しなどを求めて土倉や酒屋を襲う土一揆をしばしば起こした。資料１は，1428年に起きた正長の土一揆の成果を記録したとされる碑文である。碑文中の「負い目あるべからず」とは「負債(借金)はないものとする」という意味であり，正長元年以前の借金の帳消しを宣言する内容となっている。

(4)＜幕末の貿易＞カード４は，江戸時代の様子を表している。　い．江戸幕府は，1858年に資料２の日米修好通商条約を結び，函館，神奈川(横浜)，長崎，新潟，兵庫(神戸)の５港を開くことなどを取り決めて，貿易を開始した。また，イギリスなど４か国との間にも同様の条約を結んだ。なお，日米和親条約は，1854年に日本がアメリカと結んだ，下田と函館の２港を開いて開国することを取り決めた条約である。　う，え．選択肢にある綿織物と生糸のうち，資料３中で主要な輸出品となっているのは生糸，主要な輸入品となっているのは綿織物である。綿織物は日本国内でも生産されていたが，イギリスから安くて質のよい綿織物が輸入されるようになったため，国内の生産は打撃を受けた。

２(1)＜自由民権運動と国会開設，西南戦争＞①1874年，板垣退助らは民撰議院設立の建白書を政府に提出し，国会を開設することを要求した。これにより，国民が政治に参加する権利を求める自由民権運動が始まった。その後，自由民権運動が高まる中で，政府は1881年に国会開設の勅諭を出し，1890年に国会を開くことを約束した。　②自由民権運動が起こった時期には，明治維新によって武士の特権を失い，明治政府の施策に不満を持つ「不平士族」が，西日本の各地で反乱を起こした。1877年には，鹿児島の士族などが西郷隆盛を中心として西南戦争を起こし，最大で最後の士族反乱となったが，政府軍によって鎮圧された。なお，アは萩の乱(1876年)，イは秋月の乱(1876年)，ウは佐賀の乱(1874年)が起こった場所であり，これらの乱はいずれも士族の反乱である。

(2)＜三・一独立運動より前の出来事＞カード６は，1919年に起こった三・一独立運動の様子を表している。孫文は，民族の独立と近代国家の建設を目指す革命運動を指導し，1911年の辛亥革命によって清が倒れると，翌年に中華民国の臨時大総統に就任した。なお，第五福竜丸が被ばくした事件は1954年，ベトナム戦争は1960～75年，アジア・アフリカ会議が開催されたのは1955年のことである。

(3)＜**大戦景気とロシア革命**＞か．資料５を見ると，第一次世界大戦(1914～18年)が始まった1914年以降，物価が上昇し，賃金が少し遅れて上昇していることがわかる。これは，大戦中に日本が連合国やアメリカなどへの工業製品の輸出をのばし，国内では重化学工業が急成長して，大戦景気と呼ばれる好景気となったためである。しかし，戦争が長期化するにつれ，物価の上昇率が賃金の上昇率を大きく上回るようになっていることがわかる。そのため，民衆の生活は苦しくなった。　き．第一次世界大戦の長期化や皇帝の専制に不満が高まったロシアでは，1917年，民衆によるデモやストライキが起こり，レーニンの指導のもとで社会主義の新しい政府がつくられた。これをロシア革命という。その後，1922年にはソビエト社会主義共和国連邦〔ソ連〕が成立した。なお，世界恐慌は，1929年にアメリカのニューヨークで株価が暴落したことをきっかけに，世界中に広がった不景気である。

3〔**公民―総合**〕

1(1)＜**刑事裁判**＞刑事裁判は，罪を犯した疑いがあるため，起訴された被疑者を被告人として，その被告人が有罪か無罪かを決定する裁判である。2008年から一定の犯罪の被害者や遺族が刑事裁判に参加できる被害者参加制度が始まった。また，2009年からは，国民の中から選ばれた裁判員が，重大な犯罪に関する刑事裁判の第一審に参加する裁判員制度が始まった。なお，刑事裁判に対して，私人(個人や企業など)間の争いを解決する裁判を民事裁判という。

(2)＜**地方裁判所**＞資料１を見ると，検察官，被告人，弁護人がおり，犯罪の被害者が参加していることから，これは刑事裁判であるとわかる。また，刑事裁判，民事裁判とも，第一審の判決に不服があれば第二審の裁判所に控訴し，第二審の判決に不服があれば第三審の裁判所に上告することができる三審制がとられている。資料３中に「被告人は，その後，控訴したそうだ。」とあることから，この裁判は第一審であったことがわかる。刑事裁判の場合，第一審は地方裁判所，家庭裁判所，簡易裁判所のいずれかで行われ，第二審は高等裁判所，第三審は最高裁判所で行われる。したがって，選択肢のうち，第一審が行われる可能性があるのはアの地方裁判所である。なお，ウの弾劾裁判所は，問題がある裁判官を辞めさせるかどうか判断する機関であり，国会によって設置される。

2(1)＜**条例の制定請求**＞住民は，一定の署名を集めることによって地方公共団体に政治上の請求を行う直接請求権を認められている。このうち，条例の制定や改正を請求する場合には，有権者の50分の１以上(有権者の総数が40万人以下の場合)の署名を集め，首長に提出する。Ｂ市の有権者数が52500人の場合，$52500\times\frac{1}{50}$より，必要な署名数は1050人以上となる。

(2)＜**首長**＞地方公共団体の長である都道府県知事，市町村長，特別区の区長を，首長という。地方の政治は，住民が地方議会の議員と首長をそれぞれ直接選挙によって選ぶ二元代表制がとられている。

(3)＜**地方債**＞地方公共団体の財源のうち，地方公共団体が独自に集める地方税などを自主財源といい，自主財源ではまかなえない分を補う財源を依存財源という。地方債は依存財源の１つで，地方公共団体が資金を借り入れるために発行する公債である。依存財源にはこのほか，国から支給される地方交付税交付金や国庫支出金などがある。

3(1)＜**契約**＞契約は，当事者の間で互いの権利や義務を定めた合意(約束)である。商品を売買する場合，物を貸し借りする場合，労働者と雇い主の間で労働条件を取り決める場合などに契約が結ばれる。どのような契約をいつ誰と結ぶのかは，当事者が自由な意思のもとで決めることができる。これを契約自由の原則という。

⑵<**消費者基本法**>消費者基本法は，1968年に制定された消費者保護基本法を改正して2004年に制定された。消費者の権利を保護し，自立した消費活動を支援することを目的としており，国や地方公共団体，企業の責務についても定めている。なお，製造物責任法〔PL法〕は商品の欠陥によって消費者が被害を受けた場合の企業の責任について定めた法律，独占禁止法は市場での独占や不公正な取引を禁じた法律，環境基本法は環境保全についての基本理念などを定めた法律である。

⑶<**労働基準法**>労働基準法は，労働条件の最低基準を定めた法律である。労働者と使用者は対等の関係であること(ア…○)，男女同一賃金とすること(ウ…○)，労働時間を週40時間以内，1日8時間以内とすること，少なくとも週1日を休日とすること(エ…×)などを定めている。なお，イは労働組合法で定められている内容である(イ…×)。

4 **〔三分野総合―「住みよい町づくり」「わたしたちの地域と学校」をテーマとする問題〕**

1⑴<**バリアフリー**>バリアフリーは，障がいのある人や高齢者などが社会の中で不自由なく活動できるように，その妨げとなるような障壁(バリア)をなくそうという考え方である。公共の建物や交通機関を中心に，段差の解消やエレベーターの設置，音声案内や点字ブロックの整備といったバリアフリー化が進められている。

⑵<**オーストラリアの多文化社会**>い．オーストラリアでは，20世紀初めから1970年代まで，ヨーロッパ系以外の移民を制限する白豪主義と呼ばれる政策がとられた。現在は，アジアをはじめ世界各地からの移民を受け入れており，多様な文化を持つ人々を尊重する多文化社会が目指されている。なお，地域主義は，近い地域にあるいくつかの国がまとまって協力関係を強めようとする動きである。　　う．オーストラリアには，先住民であるアボリジニの人々が古くから暮らしていた。オーストラリアがイギリスの植民地となった18世紀以降，アボリジニの人々は土地を奪われるなどの迫害を受けたが，多文化主義がとられる現在では，アボリジニの伝統や文化も尊重されるようになっている。なお，マオリはニュージーランドの先住民である。

⑶<**年代整序**>年代の古い順に，ウ(モンゴル帝国・元の繁栄―13～14世紀)，ア(バスコ=ダ=ガマのカリカット到達―1498年)，イ(東廻り航路・西廻り航路の発展―17世紀)，エ(瀬戸大橋の開業―1988年)となる。

⑷<**公共料金**>市場経済では，ものの価格は原則として需要と供給の関係によって決まる。しかし，水道や電気などのように，価格の変動が国民生活に大きな影響を与えるものについては，市場の動きとは関係なく，国や地方公共団体が料金を決定したり認可したりする公共料金のしくみがとられている。公共料金には，国が決定するもの(介護報酬，社会保険診療報酬など)，国が認可や上限認可するもの(電気料金，都市ガス料金，鉄道運賃など)，国に届け出るもの(手紙・はがきなどの郵便料金，固定電話の通話料金など)，地方公共団体が決定するもの(公立学校授業料，公営水道料金など)がある。

2⑴<**19世紀の出来事**>長州藩の藩士であった吉田松陰は，江戸時代末期に松下村塾において人材の育成を行ったが，幕府の対外政策を批判したことなどにより，安政の大獄(1858～59年)で処刑された。なお，アは鎌倉時代，イは江戸時代の18世紀，エは昭和時代の20世紀の出来事である。

⑵<**人口ピラミッド**>1950年の人口ピラミッドは，年齢が低いほど割合が高い「富士山型」であり，人口が増加している状態である。1980年の人口ピラミッドは，子どもと高齢者の割合の差が富士山型よりも小さい「つりがね型」であり，子どもの数が減少しつつあり，人口の増加が緩やかになった状態である。2010年の人口ピラミッドは，高齢者の割合が高く子どもの割合が低い「つぼ型」であり，少子高齢化が進み，人口が減少に転じつつある状態である。

理科解答

1 (1) イ　(2) イ　(3) エ　(4) ウ
(5) ウ　(6) エ　(7) ア　(8) エ

2 (1) 実像　(2) ア
(3) (例) 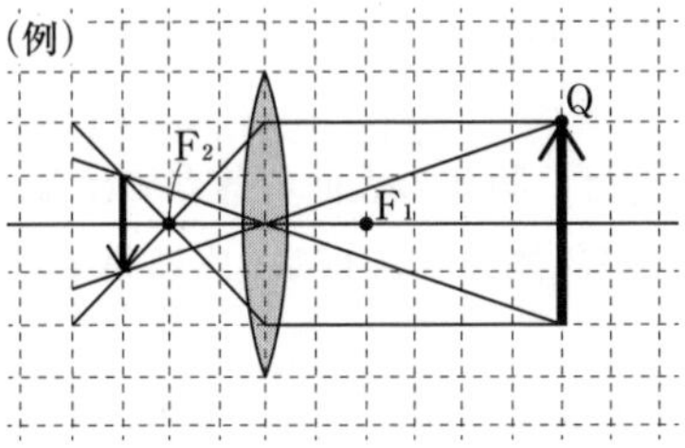
(4) ア

3 (1) 化学　(2) $Cu^{2+} + 2e^- \longrightarrow Cu$
(3) イ　(4) ア
(5) ア…×　イ…○　ウ…○　エ…×

4 (1) アミラーゼ　(2) ア
(3) う…ベネジクト液　え…ウ
(4) イ

5 (1) ウ　(2) う…G　え…イ
(3) エ
(4) (例)金星が地球よりも内側を公転しているから。

6 (1) ①…イ，ウ　②…キ
(2) ①…エ　②…ウ

1 〔小問集合〕

(1)＜**対流**＞図のように，ビーカーの底の中央部分を加熱すると，加熱された部分の水は体積が大きくなり，密度が小さくなるため上昇する。そのため，ビーカーの中央部分には上昇する水の流れができ，その周囲の冷たい水は下部に流れていって，ビーカーの底で温められて上昇する。このように，物質が移動することで熱が全体に伝わる現象を対流という。なお，沸騰は加熱された液体が沸点に達して，液体の表面からだけでなく内部からも激しく気化が起こる現象，放射は赤外線などとして放出された熱が空間を隔てた所に伝わる現象，伝導は直接触れている物体どうしの間で熱が高温の部分から低温の部分に伝わる現象である。

(2)＜**金属の性質**＞金属である銅は，電流が流れやすい。また，展性を持つため，ハンマーなどでたたくとうすく広がる。

(3)＜**裸子植物**＞スギ，イチョウ，ソテツはいずれも裸子植物であるため，子房がなく，胚珠がむき出しになっている。そのため，花粉が直接胚珠につく。なお，外側からがく，花弁，おしべ，めしべが順についている花を咲かせるのは被子植物である。また，被子植物の一部は，子房がある雌花とやくがある雄花を咲かせ，受粉すると雌花に果実と種子ができる。胞子のうの中にある胞子によってふえるのはシダ植物とコケ植物である。

(4)＜**天気図**＞図の日本の南の海上にある台風が北東へ進み，数日後には関東地方から近畿地方辺りを通過すると考えられる。そのため，関東地方から近畿地方では，台風が接近する数日間は大雨が降り，河川の増水などが起こるおそれがある。

(5)＜**静電気**＞静電気が利用されている装置はコピー機である。コピー機では，トナー(インク)を静電気の力を利用してコピー用紙に転写している。なお，手回し発電機は電磁誘導によって発電する装置であり，電子レンジは電磁波を利用して物体の温度を上げる装置である。スピーカーは，回路に流れる電流が磁石から受ける力を利用して振動板を動かし，音を出す装置である。

(6)＜**酸化銀の熱分解**＞酸化銀を加熱すると，銀と酸素に分解する。酸素にはものを燃やすはたらきがあり，空気よりも密度が大きい。なお，酸素は水に溶けにくいので，水上置換法で集める。また，アは水素，イは窒素の説明で，ウはアンモニアなどの水に溶けやすく，空気よりも密度が小さい気体の説明である。

(7)＜**生殖細胞**＞卵や精子などの生殖細胞は減数分裂という特別な細胞分裂によってつくられる。生殖細胞の中にある染色体の数は，体細胞の中にある染色体の数の半分になる。また，卵と精子の受精によってつくられた受精卵の中にある染色体の数は，体細胞と同じ数である。

⑻<**震度とマグニチュード**>震度はある地点における地震の揺れの程度を表し，日本では０～４，５弱，５強，６弱，６強，７の10段階に分けられている。一方，マグニチュードは地震の規模(エネルギーの大きさ)を表し，マグニチュードの数値が２大きくなるとエネルギーは1000倍になり，１大きくなるとエネルギーは$\sqrt{1000}=31.6\cdots$より，約32倍になる。

2〔**身近な物理現象**〕

⑴，⑵<**実像**>スクリーン上にはっきりと像が見える場合は，物体の表面の各点ではね返った(反射した)光が凸レンズを通過するときに屈折し，それぞれがスクリーン上で１点に集まって像をつくっている。この像を実像という。

⑶<**光の進み方**>図３で，花の上部の点Ｑではね返り，凸レンズの軸に平行に進み凸レンズに入った光は，焦点F_2を通るように屈折する。また，点Ｑではね返り，凸レンズの中心を通る光はそのまま直進する。この２つの光が交わる点が，点Ｑではね返った光が集まる点である。また，花の下端ではね返った光も，点Ｑではね返った光と同様に進む。よって，スクリーン上に見える像の矢印は，点Ｑではね返った光が集まった点と花の下端ではね返った光が集まった点を結ぶ下向きの矢印になる。解答参照。

⑷<**実像の向き**>実物と比べると，実像は上下左右の向きが逆になる。そのため，図４の太郎さんから見たスクリーンには，実際の花と上下左右が逆向きのアのような実像が見える。

3〔**化学変化とイオン**〕

⑴<**化学電池**>電池(化学電池)は，物質の持つ化学エネルギーを電気エネルギーに変えて取り出す装置である。

⑵<**ダニエル電池**>実験１の結果より，図１のダニエル電池では，電子オルゴールの＋極に銅板を，－極に亜鉛板をつないだときに音が鳴ったので，銅板が電池の＋極，亜鉛板が－極である。ダニエル電池の＋極では，硫酸銅水溶液中の銅イオン(Cu^{2+})が電子(e^-)を２個受け取り，銅原子(Cu)になる化学変化が起こっている。なお，－極では，亜鉛板から亜鉛原子(Zn)が電子(e^-)を２個放出して，水溶液中に亜鉛イオン(Zn^{2+})となって溶け出している。

⑶<**電子の流れと電流の流れ**>ダニエル電池では，－極である亜鉛板に放出された電子が＋極である銅板に向かって流れる。よって，電子の流れる向きは亜鉛板側からオルゴール側に向かう向きである。一方，電流の流れる向きは電子の流れる向きと逆なので，オルゴール側から亜鉛板側に向かう向きである。

⑷<**セロハン**>セロハンには水やイオンが通れるほどの小さな穴があいていて，硫酸亜鉛水溶液と硫酸銅水溶液がすぐには混ざらないようになっている。電子オルゴールに電流が流れると，セロハンを通って亜鉛イオンや硫酸イオンが移動し，硫酸亜鉛水溶液と硫酸銅水溶液に電気的な偏りが生じることを防いでいる。そのため，セロハンの代わりにイオンを通さない板を用いると，電流が流れるにつれて硫酸銅水溶液は陽イオンである銅イオンが減って－に偏り，硫酸亜鉛水溶液は陽イオンである亜鉛イオンが増えて＋に偏り，電流が流れなくなる。その結果，電子オルゴールの音は鳴らなくなる。

⑸<**イオン化傾向**>金属のイオンを含む水溶液に金属の板を入れたとき，水溶液中でイオンとなっている金属の方が，板の金属よりイオンになりやすい場合は変化が起こらないが，板の金属の方が，水溶液中でイオンとなっている金属よりイオンになりやすい場合は，板の金属が電子を放出して陽イオンになって水溶液中に溶け出し，イオンとなっている金属が電子を受け取って原子になり，金

属板に付着する。よって，実験２の結果より，金属Ａのイオンを含む水溶液に亜鉛板を入れたとき，亜鉛板に金属Ａが付着したことから，イオンへのなりやすさは，亜鉛＞金属Ａであり，硫酸銅水溶液に金属Ａの板を入れたとき，金属Ａの板に銅が付着したことから，イオンへのなりやすさは，金属Ａ＞銅である。つまり，イオンへのなりやすさは，亜鉛＞金属Ａ＞銅となる。電池では，イオンになりやすい金属が－極に，イオンになりにくい金属が＋極になるので，亜鉛と金属Ａの組み合わせでは金属Ａが＋極，金属Ａと銅の組み合わせでは銅が＋極になる。したがって，正しいのはイとウである。

4〔生物の体のつくりとはたらき〕

(1)＜**アミラーゼ**＞だ液に含まれ，デンプンを分解する消化酵素はアミラーゼである。

(2)＜**対照実験**＞ヨウ素液を加えたときに試験管Ａの溶液がうすい青紫色に変化したのは，溶液中にデンプンが残っているからである。試験管Ａと試験管Ｂでは，湯に入れる時間が10分間と20分間の違いがある。よって，試験管Ａは試験管Ｂに比べて湯に入れた時間が短かったため，デンプンが残っていたと考えられる。また，試験管Ａはだ液１mLと水１mLを入れているのに対して，試験管Ｃはだ液２mLを入れている。このため，試験管Ａは試験管Ｃと比べて加えただ液の量が少なかったため，デンプンが残っていたと考えられる。

(3)＜**ベネジクト液**＞溶液中に麦芽糖などの糖が含まれていることを調べるための溶液はベネジクト液である。麦芽糖などの糖が含まれている溶液にベネジクト液を加えて加熱すると，赤褐色の沈殿ができる。

(4)＜**消化酵素**＞デンプンは，だ液腺から出されるだ液に含まれるアミラーゼ，すい臓から出されるすい液に含まれる消化酵素，小腸の壁の消化酵素のはたらきにより，最終的にブドウ糖に分解されて，小腸の壁にある柔毛から体内に吸収される。図で，すい臓を表しているのはＦ，小腸を表しているのはＧである。なお，Ａは肝臓，Ｂは胆のう，Ｃは大腸，Ｄは食道，Ｅは胃を表している。

5〔地球と宇宙〕

(1)＜**月の大きさ**＞月の直径は約3500km，太陽の直径は約1400000kmである。よって，3500÷1400000 $=\frac{3500}{1400000}=\frac{1}{400}$(倍)より，月の直径は太陽の直径の約400分の１である。また，直径が太陽の約400分の１である月が地球から見て太陽とほぼ同じ大きさに見えるのは，地球から太陽までの距離が，地球から月までの距離の約400倍だからである。なお，実際には，地球から月までの距離は約380000km，地球から太陽までの距離は約150000000kmなので，地球から太陽までの距離は，地球から月までの距離の 150000000÷380000＝394.7…より，約400倍となる。

(2)＜**月食**＞月食は，太陽，地球，月が，この順に一直線上に並んだとき，月が地球の影に入り，月が欠けて見える現象である。よって，月が図１のＧの位置にあるとき，月食が起こることがある。また，このとき，月は地球から見て太陽の反対側に位置するため，満月である。

(3)＜**金星の見え方**＞図２で，金星がａの位置にあるとき，地球からは太陽の光が当たっている面が多く見えるため，満月に近い形に見える。金星がｂの位置にあるとき，太陽の光が当たっている面が地球からはあまり見えないため，三日月のような形に見える。また，地球から金星までの距離が遠いほど金星は小さく見えるので，ａの位置にあるときはｂの位置にあるときよりも小さく見える。

(4)＜**内惑星**＞図２のように，金星は地球よりも内側を公転する内惑星であるため，地球から見ると常に太陽の近くに見える。そのため，真夜中に観察することができない。

6〔科学技術と人間，生物の体のつくりとはたらき〕

(1)＜**バイオマス発電**＞①バイオマス発電では，動物の排泄物を発酵させたときに発生するメタンなどを使って発電する方法もある。また，間伐材などを燃料として安定して確保するためには，間伐材の確保，燃料として利用するために必要な作業，運搬作業やこれらにかかる費用の削減などの課題を解決する必要がある。よって，正しいのはイ，ウである。　②試験管Ａと試験管Ｂは，日光が当たっているかどうかが異なっているため，どちらか一方だけの石灰水がにごった場合，日光の有無が結果に影響を与えたと考えることができる。しかし，それが植物の葉のはたらきによるものかどうかを確かめるには，試験管Ａと植物の葉以外の条件を同じにした試験管を準備する必要がある。よって，試験管Ｃには，タンポポの葉を入れず，アルミニウムはくで覆わず，息を吹き込めばよい。

(2)＜**光合成量**＞①二酸化炭素は水に溶けると炭酸になり，炭酸は水酸化カルシウムと中和して，塩(えん)として炭酸カルシウムが生じる。試験管に石灰水を入れてふったとき，試験管の中に二酸化炭素が多く含まれているほど，炭酸と中和する水酸化カルシウムが多くなるため，ろ液に含まれる水酸化カルシウムは少なくなる。よって，方法❺で，ろ液を中性にするのに必要な塩酸の量は少なくなる。試験管Ｄと試験管Ｅにはどちらもタンポポの葉を入れていないので，LEDライトを当てても光合成は行われず，試験管の中の二酸化炭素は減らない。したがって，二酸化炭素を入れた試験管Ｅでは，二酸化炭素を入れない試験管Ｄより，炭酸と中和する水酸化カルシウムが多くなるから，ろ液に含まれる水酸化カルシウムは少なくなる。そのため，中性になるまでに必要な塩酸の量は少なくなる。　②試験管Ｅと試験管Ｆは，どちらも二酸化炭素を入れ，試験管Ｅにはタンポポの葉を入れず，試験管Ｆにはタンポポの葉を入れたから，試験管Ｅでは光合成が行われないが，試験管Ｆでは光合成が行われ，二酸化炭素が吸収される。そのため，試験管Ｅに比べて，試験管Ｆの方が炭酸と中和する水酸化カルシウムは少なく，ろ液に含まれる水酸化カルシウムは多いので，中性になるまでに必要な塩酸の量は多くなる。よって，使用する塩酸の量は，試験管Ｆ＞試験管Ｅである。また，試験管Ｆと試験管Ｇではどちらも二酸化炭素とタンポポの葉を入れているので，LEDライトの光を当てるとタンポポの葉が光合成を行い，試験管の中の二酸化炭素が吸収される。このとき，LEDライトの数が多いほど強い光が当たるため光合成が活発になり，吸収される二酸化炭素の量は多くなる。これより，試験管Ｆと試験管Ｇを比べると，LEDライトを２灯用いた試験管Ｇの方が光合成が活発になるため，吸収される二酸化炭素の量は多くなる。したがって，試験管Ｇの方が炭酸と中和する水酸化カルシウムは少なく，ろ液に含まれる水酸化カルシウムは多いので，中性になるまでに必要な塩酸の量は，試験管Ｇ＞試験管Ｆとなる。以上より，中性になるまでに必要な塩酸の量の大小関係は，試験管Ｇ＞試験管Ｆ＞試験管Ｅである。

国語解答

一 ㈠ ウ　㈡ 宝石み～いる。
㈢ エ　㈣ ア　㈤ ア

二 ㈠ ア　㈡ たとい　㈢ イ
㈣ ウ
㈤ 昔の人と，今の人の笑いの感覚は似ている［ことが分かった。］

三 ㈠ エ　㈡ イ
㈢ メリットに気づいていない
㈣ 仕事のやりがいを生んでいる
㈤ ア　㈥ オ→ウ→エ→イ→ア
㈦ F 高い　G 低い

四 ㈠ (1)…ウ　(2)…イ
㈡ (1) すんか　(2) つくろ　(3) 報
(4) 増減
㈢ エ

一〔**小説の読解**〕出典；佐藤いつ子『ソノリティ　はじまりのうた』。

㈠＜**心情**＞岳は，いつもは「自信たっぷり」な晴美が「出来ないよ」と弱気なのは，自分に歌が下手だと言われたせいで晴美が自信をなくしてしまったからだと，つらい気持ちになったのである。

㈡＜**表現**＞岳は，晴美に好意を持っていたので，思い出した晴美の泣き顔の涙は，「宝石」みたいに光って「綺麗」だったのである。

㈢＜**文章内容**＞岳は，涼万の励ましで晴美が勇気づけられたことがわかり，晴美が前向きな気持ちになったうれしさと，自分が言いたかった言葉を言った涼万に対する嫉妬が混じった「複雑な気持ち」にとらわれ，ぼんやりしていたが，鳥肌が立つほど見事な歌声が聞こえてきて，我に返ったのである。

㈣＜**心情**＞晴美のことが気になって合唱の練習を見にきた岳だったが，クラスメイトたちが「合唱でひとつになりつつある」のに自分は仲間に入れず，孤独を感じ，かといってけがのせいで「バスケの練習」にも参加していない自分を，嘆かわしく思ったのである。

㈤＜**表現**＞「握りつぶされたみたいに，胸がギュッと苦しくなった」「冷たい空気がすうすうと体に入ってくるみたいだった」などの比喩を用いた心情を表す表現や，「キンタ，やれよ」「出来るよ，キンタがやれよ！」などの直接的な心のつぶやきによって，読者は，岳の気持ちを明確に理解することができる。

二〔**古文の読解―物語**〕出典；『沙石集』巻第八ノ二。

≪**現代語訳**≫ある世を離れた学僧の上人の部屋に，修行者がいつも来ていた。その中のある修行者が，「法師(である私)は生まれてからこの方，一切，怒ったことがありません」と言うのを，上人が，「人は，『貪瞋痴』という(三つの悪い)ものを備えている。たとえ程度の差があっても，お怒りにならないことはないでしょう。怒る機会に出会わなければ腹は立たないが，さもなければ腹は立つもの，それとも怒ったことを覚えておられないのか。聖人でいらっしゃれば，そういうこともあるでしょう。(悟りの境地に至っていない)人なのにそのようにおっしゃるのは，うそだと思われる」と言うと，(修行者は)「私が怒らないと言うのなら，怒らないとお思いになっておけばよいじゃないですか。人をうそつき者になさるとは，どのようなお考えか」と，顔を赤くし，首をねじって怒鳴ったので，(上人は)「それでは，そういうことにしておこう」と，けりをつけた。愚かなやりとりです。人の常として，自分の誤りは記憶にないのだろう。無言聖(の話)に似ている。

㈠＜**古文の内容理解**＞上人のところへ来た修行者が，法師である自分は生まれてからこの方，一切，怒ったことがないと言ったところ，上人は，修行者は「凡夫」なのに，一切怒ったことがないのはおかしいと言った。それに対し修行者は，人(＝自分)をうそつき者にしたと怒った(ア…×)。

㈡＜**歴史的仮名遣い**＞歴史的仮名遣いの語頭以外のハ行は，現代仮名遣いでは原則として「わいうえお」となる。

㈢＜**古文の内容理解**＞「さ」は，そう，そのように，という意味。上人は，悟りの境地に至っていない普通の人は，機会があれば怒るものであるが，聖人ならば「生まれてより後，すべて腹を立て候はぬ」ことがあるかもしれないと言った。

㈣＜**古文の内容理解**＞「我が非」は，自分の誤りのこと。修行者は，今まで怒ったことはないと発言した直後，上人にその発言を否定されて怒っている。自分の言動がくい違っていることに気づいていないのが，修行者の愚かなところである。

㈤＜**文の組み立て**＞「昔の人の笑いの感覚は」に対応する述部は「似ている」だから，「笑っている」が不要で，「昔の人の笑いの感覚は，今の人の笑いの感覚に似ている」となるが，「笑いの感覚」が重複しているので，「昔の人と，今の人の笑いの感覚」とまとめると，すっきりした表現になる。

三〔**論説文の読解―哲学的分野―哲学**〕出典；小川仁志『中高生のための哲学入門―「大人」になる君へ―』／戸田智弘『ものの見方が変わる　座右の寓話』。

≪本文の概要≫【Ⅰ】視点を変えることは，複数の思考回路を持つ複雑な作業であるうえに，日頃やらないため，難しい。それにしても，なぜ私たちは視点を変えることをしないのか。その理由は，難しい作業であることや人間が怠け者であることもあるだろうが，それだけでなく，多くの人が，視点を変えることのメリットに気づいていないからである。哲学は，視点を変える思考法を教えてくれる学問である。視点を変えることは繰り返しが必要な作業であるが，長い時間をかけてさまざまな視点でものを見る経験を積み重ねることによって，無数の視点が浮かび上がり，神様のような知に達することができ，どんな問題でも解決の糸口を見つけることができるはずである。

【Ⅱ】江州の商人が，大変であることを理由にやめる人が出ると自分の利益が上がるから，山は高い方がいいと言ったように，めんどくさいことは，デメリットであると同時に参入障壁にもなる。宮崎駿ですらめんどくさいという気持ちと戦いながら仕事をしているが，めんどくさいことは，仕事のやりがいを生むと考えることもできる。

㈠＜**接続語**＞A．「複雑な作業だからやりたくない」ということだけが視点を変えない理由だとは思えないのは，複雑なことよりも「視点を変えるメリット」が上回れば，人間はやるはずだからである。　B．哲学で教えられているのは「歴史上の哲学者の言葉の分析」であるため，哲学が視点を変える思考法を教えることに「気づかない」のは当然だが，「皆さん」は「哲学には視点を変えるというプロセスがあること」を知ったのである。　C．入口がふさがっていても，「裏口」や，他にも，「塀をよじのぼれること」や「塀の下に穴を掘って入る」ことに気づけば，先に進むことができる。

㈡＜**要旨**＞日本でも西洋でも，哲学で教えられているのは「視点を変える思考法ではなく，歴史上の哲学者の言葉の分析」で，そのため人々は視点を変える「メリット」に気づかず，視点を変えようとしない(ア・ウ…×)。視点を変えることは「何度か繰り返さなければならない」複雑な作業であるが，「私」は，「色んな視点で物事を見る経験を積み重ね」ることで無数の視点を想像し，「視点をうまく変えることができれば，どんな問題でも解決の糸口が見つかるはず」だと考えている(イ…○)。ヘーゲルの考えでは，人間はさまざまな視点でものを見る経験を積み重ねて，神様レベルに達することができるという(エ…×)。

㈢＜**文章内容**＞私たちが日頃，視点を変えようとしないのは，まず「複雑な作業だからやりたくない」というのがある。その他に人間が「怠け者」だということも「多少あるかもしれ」ないが，「私」は「視点を変えれば，必ずメリットがある」のに，「多くの人がそのメリットに気づいていない」ことも，理由の一つだと推測している。

㈣<文章内容>「大事なものは，たいていめんどくさい」「めんどくさくないとこで生きてると，めんどくさいのはうらやましい」などの宮崎駿の言葉から，「私」は，めんどくさいことによって，逆に「めんどくさいが仕事のやりがいを生んでいる」と思った。

㈤<表現>「難しさ」を一番目のスライドにすることのデメリットを述べた明子さんの発言をふまえ，次郎さんが「視点を変える良い点」を最初にし，「難しさ」を次にすることを提案し，一郎さんも同意した。花子さんは「良い点」を先にし，その後に「難しさ」を述べる順番にすると，全員の発言内容をまとめている。

㈥<文章内容>明子さんの二，三番目の発言から，「宮崎駿さん」のセリフが一番初めに(…オ)，その次に「良い点」がきて(…ウ)，その具体例として「商人の視点の違い」がくることがわかる(…エ)。そして，花子さんの三番目の発言から，「難しさ」が続き(…イ)，次郎さんの三番目の発言から，最後に「視点を変える経験の積み重ね」がくることがわかる(…ア)。

㈦<文章内容>他国の商人が，険しい坂が苦しいので，「この山がもう少し低いといい」と言ったのに対し(…G)，江州の商人は，自分一人が「山の彼方へ行って，思うさま商売」できるから，この山が「高くなってくれれば有難い」と言った(…F)。

四〔国語の知識〕

㈠⑴<漢文の訓読>「忠言」→「耳」→「逆」の順に読む。返り点がなければ上から順に読むので，まず「忠言は」を読む。次に，一二点は二字以上返って読む返り点なので「耳に」を読んだ後，「逆ふも」を読む。「於」は，置き字なので読まない。　⑵<漢字の知識>「へん」は，漢字の左側部分。「利」の部首は「禾(のぎへん)」。アは「ネ(しめすへん)」または「衤(ころもへん)」，ウは「木(きへん)」，エは「米(こめへん)」の行書体。

㈡<漢字>⑴「寸暇」は，わずかな空き時間のこと。　⑵音読みは「修繕」などの「ゼン」。　⑶音読みは「報告」などの「ホウ」。　⑷「増減」は，数量が増えたり減ったりすること。

㈢<熟語の構成>「握手」は，手と手を握り合う，という意味で，下の漢字が上の漢字の目的語になっている熟語。

Memo

誰にもよくわかる 解説と解答 2022年度

茨城県 正答率

英語

大問	小問		正答率
1	(1)	No.1	70.9%
		No.2	93.6%
		No.3	70.5%
		No.4	54.5%
		No.5	28.6%
	(2)	No.1	69.5%
		No.2	46.8%
		No.3	58.2%
		No.4	44.5%
	(3)	No.1	42.7%
		No.2	75.0%
	(4)	①	59.1%
		②	22.3%
		③	65.9%
2	(1)	①	27.7%
		②	50.5%
		③	35.4%
	(2)	④	49.5%
		⑤	55.5%
		⑥	66.8%
3	(1)		52.7%
	(2)		26.8%
4	(1)	①	75.5%
		②	19.1%
		③	48.6%
		④	37.7%
		⑤	44.1%
	(2)		53.2%
5	(1)		19.5%
	(2)		41.4%
	(3)	①	67.7%
		②	54.5%
	(4)	①	45.5%
		②	43.2%
		③	39.5%
	(5)		42.3%

社会

大問		小問		正答率
1	1	(1)		100.0%
		(2)	イギリス	50.0%
			中国	65.9%
		(3)	a	75.2%
			bとc	71.0%
	2	(1)		67.3%
		(2)		57.0%
		(3)	三重県	48.6%
			県庁所在地名	70.6%
		(4)		71.5%
		(5)		40.7%
2	1	(1)		25.7%
		(2)		50.9%
		(3)	位置	45.8%
			あとい	54.2%
		(4)		85.0%
	2	(1)		85.5%
		(2)		36.9%
		(3)		36.4%
3		(1)		58.9%
		(2)		63.6%
		(3)		71.0%
		(4)		58.4%
		(5)		64.5%
		(6)	a	77.6%
			b～d	45.8%
		(7)		78.5%
4	1	(1)		76.6%
		(2)		69.6%
	2	(1)		78.9%
		(2)		52.4%
		(3)		28.1%
		(4)	お	52.8%
			か	51.0%
			き	51.4%
	3	(1)		51.4%
		(2)		44.9%

数学

大問	小問		正答率
1	(1)	①	88.2%
		②	78.6%
		③	69.1%
		④	65.5%
	(2)		40.9%
2	(1)		64.1%
	(2)		43.6%
	(3)		40.5%
	(4)		43.2%
3	(1)		66.8%
	(2)		30.9%
	(3)		15.0%
4	(1)	①	76.4%
		②	54.5%
	(2)		7.3%
5	(1)	①	50.5%
		②	64.5%
	(2)		13.2%
6	(1)		45.9%
	(2)		31.4%
	(3)		0.5%

国語

大問	小問		正答率
一	(一)		55.0%
	(二)		88.2%
	(三)		82.3%
	(四)		76.4%
	(五)		58.6%
二	(一)		78.2%
	(二)		84.1%
	(三)		96.8%
	(四)		70.9%
	(五)		74.1%
三	(一)		60.9%
	(二)		84.5%
	(三)		88.2%
	(四)		53.2%
	(五)		79.1%
	(六)		63.2%
	(七)	C	67.3%
		D	91.8%
四	(一)		74.5%
	(二)		78.6%
	(三)	(1)	97.3%
		(2)	85.9%
	(四)	(1)	99.5%
		(2)	71.8%
		(3)	79.1%

理科

大問	小問	正答率
1	(1)	75.2%
	(2)	91.1%
	(3)	65.0%
	(4)	52.3%
	(5)	82.2%
	(6)	30.4%
	(7)	79.0%
	(8)	55.6%
2	(1)	63.6%
	(2)	27.6%
	(3)	23.8%
	(4)	21.5%
3	(1)	15.4%
	(2)	63.1%
	(3)	38.8%
	(4)	51.9%
4	(1)	54.7%
	(2)	57.0%
	(3)	50.9%
	(4)	38.3%
5	(1)	58.4%
	(2)	69.2%
	(3)	30.8%
	(4)	57.0%
	(5)	8.4%
6	(1)	81.3%
	(2)	4.7%
	(3)	33.2%
	(4)	23.8%

英語解答

1 (1) No.1 イ　No.2 ウ　No.3 ア
No.4 ウ　No.5 ア
(2) No.1 エ　No.2 ア　No.3 ウ
No.4 ア
(3) No.1 エ　No.2 ウ
(4) ① 82 ② health ③ clean

2 (1) ① seasons ② December
③ such
(2) ④ heard ⑤ our ⑥ harder

3 (1) エ　(2) イ→ア→ウ

4 (1) ①…イ ②…エ ③…ウ ④…イ
⑤…ア
(2) student card

5 (1) ア，エ，カ　(2) ア
(3) ① a member of the soccer team
② giving other people a hand is easier
(4) ①…ア ②…エ ③…ウ　(5) エ

6 ① エ→オ→ウ→イ→カ
② オ→ウ→カ→エ→ア
③ エ→ア→カ→イ→オ
④ ウ→ア→エ→イ→カ

1〔放送問題〕

(1)No.1．「私の妹〔姉〕は犬を追いかけています」―イ

No.2．「植物に水をやるときにこれを使います」―ウ

No.3．「1本の木の下に2つのベンチがあり，それらの間でネコが1匹眠っています」―ア

No.4．「明日は曇りで，今日より寒くなるでしょう」―ウ

No.5．「今，10時です。これまでに2時間英語を勉強し，今から1時間数学を勉強します」―ア

(2)No.1．A：メアリー，君は外国に行ったことはある？／B：ないわ。あなたはどう，ジョン？／A：僕は日本に3回行ったことがあるよ。／B：日本は私がいつか行ってみたい国なの。あなたの旅行のことを教えてよ。

Q：「メアリーは日本へ行ったことがあるか」―エ．「行ったことはない」

No.2．A：マイ，和食のつくり方を教えてくれる？／B：もちろんよ，ボブ。もし暇なら，次の日曜日に私の家においでよ。お母さんと私であなたに教えてあげる。／A：うれしいな。そうすればアメリカに帰った後，友達に和食をつくってあげられるよ。みんなびっくりするだろうな。／B：それはいいわね。

Q：「ボブは次の日曜日に何をするか」―ア．「和食のつくり方を習う」

No.3．A：さあ，着いたぞ。野球の試合がもうすぐ始まるね。／B：喉が渇いたよ。飲み物を買いに行ってもいいかな？／A：いいけど，今1時だから，試合が始まるまでにあと15分しかないよ。／B：わかった。すぐ戻るよ。

Q：「野球の試合は何時に始まるか」―ウ．「1時15分」

No.4．A：リサ，文化祭は金曜日から日曜日まで開催されるんだよね？／B：ええ。うちのブラスバンドは初日に体育館でコンサートをするの。／A：それはいいね！　ぜひ行きたいな。何時に始まるの？／B：午後2時開演よ。

Q：「文化祭について正しいことは何か」―ア．「文化祭は3日間開催される」

(3)≪全訳≫店員(C)：何かお探しですか？／ジム(J)：祖母の誕生日にあげる物を探してるんですが，2000円しかなくて。／C：わかりました。では，この帽子はいかがですか？　当店で一番人気なんですよ。お値段は1500円です。／J：うーん，うちの祖母はあまり外出しないので，帽子を買うつもりはないんです。／C：では，おうちで使える物の方がよろしいですよね？／J：はい。花をあげるの

もいい考えだと思ったんですが，妹〔姉〕が花をあげる予定なので。／C：では，こちらはいかがですか？　この中にそのお花を入れられますよ。／J：それはいい考えですね！　おいくらですか？／C：あっ，申し訳ありません。実はこちらは2500円なんですが…2000円でけっこうです。／J：どうもありがとうございます。

No.1.「ジムは祖母の誕生日に何を買うつもりか」―エ

No.2.「ジムはいくら支払うか」―ウ.「2000円」

(4)≪全訳≫アンダーソンさんは82歳で，私の家の近くに住んでいます。彼は毎朝30分，散歩をします。彼に会うと，散歩が自分の健康にとっていかに良いかをいつも私に話してくれます。彼は20年前に朝の散歩を始めて以来，一度も病気になったことがないそうです。彼は散歩をするとき，私たちの町をきれいに保つために，よくゴミを拾っています。私は彼をとても尊敬していて，彼のようになりたいと思っています。

メモ　アンダーソンさん：①82歳／・毎朝散歩をする→②健康に良い／・自分の町を③きれいに保っている／メイは彼をとても尊敬している！

2〔長文読解総合―Eメール〕

≪全訳≫A．こんにちは，モモコ。／私の名前はソフィア，15歳です。マレーシアはいつも暑いですが，日本には四季があると習いました。私が今度の12月に日本に行ったら，日本の冬を楽しめるんですよね？　あなたと一緒にスキーができるといいなと思っています。／学校で，私はテニスやネットボールなどのスポーツをしています。ネットボールは日本では盛んではないと思います。あなたは何かスポーツをしていますか？　あなたに会うのが待ちきれません。

B．こんにちは，ソフィア。／あなたと一緒に今度の冬を過ごすのは楽しいだろうと思います。一緒にスキーに行きましょう。私はネットボールについて聞いたことがないので，日本に来たら競技の仕方を教えてください。私もスポーツをするのが好きですよ。私はバスケットボールチームに入って5年になります。先月，私たちのチームは大会で優勝して，今は前よりももっと練習をがんばっています。一緒にスポーツをするのが楽しみです。

(1)<適語補充>①気候を話題にした部分で，日本には4つあると述べているのだから，season「季節」の複数形である seasons が適する。　four seasons「四季」　②冬にあり，Dで始まる月の名前なので，December「12月」が適する。　③前の語の具体例をその後に示す表現として，such as ～「～など(の)」が適する。

(2)<語形変化>④直前に have never があるので，現在完了の‘経験’用法の否定文である‘have/has＋never＋過去分詞’「一度も～したことがない」の形にする。　hear－heard－heard　⑤後ろに team「チーム」という名詞があるので，所有格の our「私たちの」を用いて「私たちのチーム」とする。　we－our－us－ours　⑥後ろに than「～よりも」があるので，比較級にする。hard－harder－hardest

3〔長文読解総合〕

(1)<要旨把握―記事>≪全訳≫ふたば市は来春，貸し出し自転車サービスを開始します！　市内にある30か所の駐輪場からいつでも自転車を借りることができます。借りたのと同じ駐輪場に返却する必要はなく，24時間の自転車のレンタル料はたったの100円です。スマートフォン，または現金でお支払いできます。この貸し出し自転車サービスは，ふたば市の皆様にさらなる暮らしやすさを提供いたします。

<解説>第1，2文から，ふたば市で始まる自転車の貸し出しサービスではいつでも自転車を借りられるとわかるので，エ．「ふたば市で，人々は好きなときに自転車を借りることができる」が適

する。第２文に使われている肯定文中の any は「どんな～でも」といった意味で，at any time は「いつでも」という意味になる。

⑵＜**文整序―説明文**＞≪**全訳**≫人間は，生活をより良くするために新たな物を創造しようと試みてきた。同時に，人間は自然界に関心を持ち，多くの科学者が自然界を注意深く観察してきた。／**→イ**．その結果，彼らはそこからたくさんの新たなアイデアを得てきた。／**→ア**．鳥のような動物から役に立つアイデアを得ることもある。／**→ウ**．ある種の鳥は静かな動きで水中に入っていく。／科学者はこのアイデアを利用して，新幹線がそういう鳥のようにトンネルに入っていくようにしたのである。

＜**解説**＞As a result「その結果」で始まり，「彼らはそこからたくさんの新たなアイデアを得てきた」とあるイは，科学者が自然界を注意深く観察した結果，彼らがそこから新たなアイデアを得たということなので，空所の直後に置く。they は many scientists，it は the natural world を指している。アの they も「アイデアを得る」と続くことから科学者を指すと判断でき，彼らが鳥のような動物からアイデアを得ることもあると述べたうえで，その具体例をウ以降で示すという流れになっている。

4〔**長文読解総合―表を見て答える問題―対話文**〕

≪**全訳**≫**1**アナ(A)：こんにちは，シホ。何してるの？

2シホ(S)：ひばり動物園のウェブサイトを見てるの。家族とそこへ行くつもりなのよ。アナも私たちと一緒に来たい？

3A：うん！　いつ行くの？

4S：①今度の土曜日はどう？

5A：ごめん，今度の土曜日は午後３時まで市民ホールでピアノのレッスンがあるんだ。

6S：大丈夫。私たちは夜，そこへ行くの。夜のチケットの方が安くなるのよ。ウェブサイトを見て。

7A：ほんとだ。じゃあ，１人②300円お得なんだね。

8S：そう。それに，学生証を持ってきた方がいいわ。チケットを買うときにそれを見せないと，学生割引を受けられないから。

9A：わかった。ねえ，③その動物園へはどうやって行けばいいのかな？

10S：うちの家族と私は車でそこへ行くつもりよ。一緒に乗っていく？

11A：ありがとう，でも私，市民ホールから直接行くわ。それはあなたの家から遠いよね？

12S：それならバスで行くといいよ…このページを見て。時刻表があるわよ。

13A：２つの路線があるんだね。どっちの路線に乗ればいいかな？

14S：えっと…ブルーラインに乗ると，動物園まで25分かかるわ。レッドラインだと35分ね。

15A：わかった。入口で待ち合わせればいいかな？

16S：そうね。４時に集合でどう？

17A：じゃあ，私は④３時25分のバスに乗るね。

18S：アナ，あなたはどのイベントに行ってみたい？　４種類のイベントがあるの。

19A：そうなの？　私は大きな動物が好きだけど，お金はたくさん払えないな。今週は3000円しか使えないんだ。

20S：それなら⑤「ゾウと写真撮影」はどう？

21A：それがいいな！　きっと楽しいよ。

ひばり動物園

チケット

	8:30～16:00	16:00～21:00
大人	2000円	1700円
中高生※	1200円	900円
小学生	1000円	700円
子ども(4～6歳)	600円	300円

※学生割引を受けるには，チケット購入時に学生証の提示をお願いします。

イベント開催時間　◆いくつかのイベントは有料となります。

ゾウと写真撮影	9:30　13:30　15:30　16:30	無料
ウサギと遊ぶ	11:00　14:30　16:00　17:30	無料
パンダのエサやり	10:00　12:00　14:00　16:30	3000円
子馬と散歩	13:00　15:00	500円

(1)＜適語(句)・適文選択＞①動物園にいつ行くのかと尋ねたところ，シホから①のように言われ，これに対してアナは土曜日は都合が悪いと言っている。ここから，シホは土曜日を提案したのだとわかる。　②シホが夜に動物園に行くと言って料金表を見せた場面。料金表より，夜に行くと300円安くなる。 save「～を節約する」　③シホが by car「車で」と言っているので，アナは how で交通手段を尋ねたのだとわかる。　④待ち合わせ時間である4時に動物園に着くバスに乗ることになる。第14段落より，ブルーラインを使うと25分かかるので，3時25分のバスに乗ると3時50分に着ける。なお，第5段落より，アナは午後3時までピアノのレッスンがあるので，2時台のバスには乗れない。また，35分かかるレッドラインでは，3時台のどちらのバスに乗っても4時に着けない。　⑤「大きな動物が好き」「お金はたくさん払えない」という条件と「イベント開催時間」の表から，無料でできる「ゾウと写真撮影」が当てはまる。

(2)＜適語句補充＞ウェブサイトの料金表の下の※に，チケットを買う際に学生割引を受けるためには student card「学生証」を提示するようにとある。

5〔長文読解総合―スピーチ〕

≪全訳≫**1**皆さん，こんにちは。僕の名前はミズキです。今日は僕がブラインドサッカーを通じて学んだことについてお話ししたいと思います。

2中学生の頃，自分の市が大きなスポーツイベントを開催することを知りました。母はこう言いました。「そのイベントに参加したら？　おもしろそうじゃない？」　僕もそう思いました。そのイベントでは，レッスンを受けてさまざまなスポーツを体験することになっていました。僕は中学ではサッカー部の部員だったので，ブラインドサッカーをやりたいと思いました。僕は友達のジュンに一緒に来てくれるよう頼みました。

3次の週末，ジュンと僕はそのイベントに行きました。有名な選手を何人か見かけました。僕たちは彼らを見てとても興奮しました。僕たちがサッカー場に着くと，タナカさんというブラインドサッカーの選手がそこにいました。前にテレビでよく彼女の試合を見ていたので，僕は驚きました。レッスンが始まると，ジュンと僕はとても緊張してしまい，どうしていいかわかりませんでした。しかし，タナカさんは親しみやすい方で，こう言ってくれました。「心配ないわよ。きっと楽しくなるから」

4両目を覆われると，とても怖くなりました。フィールド上で動いたり走ったりなどできないという気がしました。ボールの音は聞こえましたが，そのボールがどこにあるのかを知るのは難しすぎました。

5レッスンが終わると，タナカさんは僕たちに両目を覆ったままでサッカー場の外を歩き回ってみるといいと言いました。彼女はこう言いました。「もっとたくさんのことがわかるわよ」　僕は食べ物を買いたかったので，ジュンが自分の目隠しを外して，僕を店へ連れていってくれました。階段を降り，人でいっぱいの通路を通って歩かなければなりませんでした。疲れましたが，多くのことを発見しました。

6もし目がよく見えなかったら，人生は困難だろうと思いました。そこで僕はタナカさんに，目のよく見えない人たちをどうやって手助けすればいいか尋ねました。彼女は，その人たちが助けを必要としているときに手を貸してあげるだけでいいと言いました。彼女はほほ笑んでこう言いました。「考えすぎなくていいのよ。助けを必要としている人は私たちだけじゃないの。あなただって困ったときには他の人に助けを求めるでしょ？　例えば，あなたが道に迷ったら，誰かに助けてくださいって頼むかもしれない。私たちはみんな他の人の助けを必要としているのよ」

7彼女の言葉のおかげで，他の人に手を貸すことが楽になったと感じています。僕たちは１人では生きられませんし，日常生活の中で自然に助け合っています。僕はこのことをブラインドサッカーの体験から学びました。

8ご清聴ありがとうございました。

(1)＜**内容真偽**＞ア.「そのスポーツイベントはミズキにとって興味深く思えたので，彼は友人と一緒にそのイベントに参加した」…○　第２段落～第３段落第１文に一致する。　イ.「ジュンはミズキにそのスポーツイベントに参加するように言った」…×　第２段落最終文参照。　ウ.「ミズキはそのイベントに行く前，タナカさんのことを何も知らなかった」…×　第３段落第４，５文参照。　エ.「ミズキとジュンは緊張していたが，タナカさんは彼らに親切な言葉をかけた」…○　第３段落後半に一致する。　オ.「ミズキは音が聞こえたので，ボールがどこにあるのかわかった」…×　第４段落最終文参照。　カ.「ミズキが店に行ったとき，彼の両目は覆われていた」…○　第５段落第１，３文に一致する。　キ.「タナカさんはミズキに，人々はよく迷子になってしまうので彼らを助けてほしいと頼んだ」…×　第６段落参照。　ク.「ミズキはタナカさんのような有名な選手になろうと決意した」…×　このような記述はない。

(2)＜**適所選択**＞補う文は「彼らを見てとても興奮した」という内容。第３段落第２文でミズキたちは famous players「有名な選手」を見かけており，彼らを見て興奮したのである。補う文の them は some famous players を指している。

(3)＜**英問英答—適語句補充**＞①「ミズキがスポーツイベントでブラインドサッカーをしたかったのはなぜか」—「彼は中学でサッカー部の部員だったからだ」　第２段落最後から２文目参照。　②「タナカさんの言葉を聞いた後，ミズキはどう感じているか」—「彼は他の人たちに手を貸すことが楽になったと感じている」　第７段落第１文参照。

(4)＜**要約文完成**＞《**全訳**》ミズキはすばらしい経験をしたと思う。私はブラインドサッカーをしたことはない。しかし，もし①自分の両目が覆われていたら，サッカーをするのは難しいだろうということは想像できる。ミズキはスポーツイベントでタナカさんと出会い，大切なことを学んだ。この経験の後，彼は②困っている人たちを助けたいと考えた。私はタナカさんの考えに賛成だ。彼女は，③誰もが誰かの助けを必要としていると言う，だから私たちは日常生活の中で助け合うべきなのだ。

＜**解説**＞①第４段落参照。ブラインドサッカーは両目を目隠しで覆って行うサッカーで，ミズキはそうされることで恐怖を感じ，行動するのがとても難しかったとある。なお空所①を含む文の it would 以下は仮定法過去の文である。　②第６段落第１，２文参照。目隠しをして行動することで目が不自由な人の気持ちを想像できるようになったミズキは，困難を抱えた人々を助けるにはどうしたらいいかとタナカさんに相談している。　③第６段落後半参照。体が不自由かどうかに関係なく，どんな人でも困ることはあり，他者の助けを必要としているとタナカさんは語っている。

(5)＜**表題選択**＞ミズキは，スポーツイベントでのブラインドサッカーの体験やタナカさんとの会話を通じて，困っている人に手を差し伸べることや，互いに助け合うことの大切さを学んだ。こうした内容にふさわしいタイトルは，エ.「私たちが他者のためにできることがある」である。

6〔会話文完成―整序結合〕

≪全訳≫❶サトル(S)：このポスターを見てよ。電車であおい駅まで行って，それから歩いてこのミュージアムのうちのどちらかに行こう。①どっちのミュージアムに行きたい？　アイシャ，君はあおい美術館がいいよね？

❷アイシャ(A)：うん，だってこの美術館には②有名な漫画家が描いた絵がたくさんあるからね。

❸フェイロン(F)：なるほど。実は僕の考えは違ってる。僕は科学博物館に興味があるんだ。

❹S：どうして？

❺F：③僕らが解決しなければならないエネルギー問題について，たくさんのことを学べるからだよ。

❻A：でも，美術館でもいろんなことを学べるよ。例えば，あおい町の歴史とか…あっ，それに，あおい駅④から美術館までは歩いて5分しかかからないんだよ。

❼S：うーん…決めるのがすごく難しいなあ。

<解説>①2つのミュージアムのうち1つに行こうとしているので，どちらに行きたいかを尋ねる文をつくる。Which museum「どちらのミュージアム」で始め，do you want to ～「あなたは～したいですか」という疑問文を続ける。want to ～ で「～したい」。'～' の部分には動詞の原形として visit「～を訪れる」を置く。不要語は how。　Which museum do you want to visit?　②あおい美術館のポスターに「有名漫画家の原画を展示」とあるので，there is/are ～「～がある〔いる〕」の形で，有名な漫画家の描いた絵がたくさんあるという意味の文をつくる。また，語群に，受け身の意味で使うことができる過去分詞の drawn があることから，「有名な漫画家によって描かれた絵」というまとまりをつくると判断できる。there are の後に many pictures を置き，これを修飾するまとまりを drawn by famous cartoonists「有名な漫画家によって描かれた」とまとめる。不要語は taken。　Yes, because there are many pictures drawn by famous cartoonists in this museum.　③語群より 'have to＋動詞の原形'「～しなければならない」の形で we have to solve「僕らが解決しなければならない」というまとまりがつくれる。また，about の後には名詞がくると考えられる。これらのことから，「僕らが解決しなければならないエネルギー問題」というまとまりをつくればよいとわかる。先行詞を energy problems「エネルギー問題」とし，これに関係代名詞として that を続け，その後に we have to solve を置く。不要語は the amazing ocean。　… energy problems that we have to solve.　④'It takes＋時間＋to ～'「～するのに(時間が)…かかる」の形にする。アイシャはあおい美術館に行きたがっており，美術館のポスターには歩いて5分とあるので，it takes の後に '時間' として only 5 minutes を置き，'to ～' の部分は to walk from Aoi Station to the museum「あおい駅から美術館まで歩く」とする。不要語は only 20 minutes。　Oh, also, it takes only 5 minutes to walk from Aoi Station to the museum.

数学解答

1 (1) ① 13 ② $\sqrt{2}$ ③ a^2b^2

④ $\frac{11}{6}x$

(2) $x=0,\ 4$

2 (1) $a=2,\ b=1$ (2) $\frac{1}{9}$

(3) 2000円 (4) 3 cm^2

3 (1) a…ア b…ウ c…エ

(2) 135° (3) $3\sqrt{5}$cm

4 (1) ① 午前10時27分

② 分速135m

(2) 1500m

5 (1) ① 4.8冊 ② イ

(2) ①…イ ②…ア ③…ア ④…ウ

6 (1) $\frac{16\sqrt{2}}{3}\pi cm^3$ (2) $16\pi cm^2$

(3) $2\sqrt{7}+\sqrt{3}$cm

1〔独立小問集合題〕

(1)＜数・式の計算＞①与式$=4+9=13$ ②与式$=\sqrt{6\times3}-\sqrt{2^2\times2}=\sqrt{3^2\times2}-2\sqrt{2}=3\sqrt{2}-2\sqrt{2}=\sqrt{2}$

③与式$=6a^3b\times\frac{b}{3}\times\frac{1}{2a}=\frac{6a^3b\times b\times1}{3\times2a}=a^2b^2$ ④与式$=\frac{2(x+6y)+3(3x-4y)}{6}=\frac{2x+12y+9x-12y}{6}$
$=\frac{11}{6}x$

(2)＜二次方程式＞$x^2-4x-21+21=0$, $x^2-4x=0$, $x(x-4)=0$ $\therefore x=0,\ 4$

2〔独立小問集合題〕

(1)＜連立方程式―解の利用＞$ax+by=-11$……①, $bx-ay=-8$……②とする。①, ②の連立方程式の解が$x=-6$, $y=1$だから，解を①に代入して，$a\times(-6)+b\times1=-11$, $-6a+b=-11$……③となり，②に代入して，$b\times(-6)-a\times1=-8$, $-a-6b=-8$……④となる。③, ④を連立方程式として解くと，③×6＋④より，$-36a+(-a)=-66+(-8)$, $-37a=-74$, $a=2$となり，これを③に代入して，$-6\times2+b=-11$, $-12+b=-11$, $b=1$となる。

(2)＜確率―カード＞6枚のカードの中から1枚を引き，もとに戻して，再びカードを1枚引くので，1回目，2回目のカードの引き方はともに6通りある。よって，2回のカードの引き方は全部で$6\times6=36$(通り)あり，a, bの組も36通りある。このうち，点$(a,\ b)$が関数$y=\frac{6}{x}$のグラフ上にあるのは，点$(a,\ b)$が$(-3,\ -2)$, $(-2,\ -3)$, $(2,\ 3)$, $(3,\ 2)$の4通りだから，求める確率は$\frac{4}{36}=\frac{1}{9}$である。

(3)＜一次方程式の応用＞ワイシャツ1着の定価をx円とする。割引券を使うと定価の3割引きとなるので，ワイシャツ1着の金額は$x\times\left(1-\frac{3}{10}\right)=\frac{7}{10}x$(円)となる。割引券が3枚より，5着のうちの3着が定価の3割引き，残りの$5-3=2$(着)は定価で買い，代金が8200円となるので，$\frac{7}{10}x\times3+x\times2=8200$が成り立つ。これを解くと，$\frac{41}{10}x=8200$, $x=2000$となるので，ワイシャツ1着の定価は2000円である。

(4)＜関数―面積＞右図で，2点A，Bは関数$y=-x^2$のグラフ上にあり，x座標がそれぞれ-1, 2だから，点Aのy座標は$y=-(-1)^2=-1$，点Bのy座標は$y=-2^2=-4$となり，$A(-1,\ -1)$, $B(2,\ -4)$である。2点A，Bからx軸に垂線AC，BDを引く。2点A，Bの座標より，$OC=1$, $AC=1$, $OD=2$, $BD=4$, $CD=2-(-1)=3$となるので，〔台

形 ABDC〕$=\frac{1}{2}\times$(AC+BD)×CD $=\frac{1}{2}\times(1+4)\times3=\frac{15}{2}$，△OAC $=\frac{1}{2}\times$OC×AC $=\frac{1}{2}\times1\times1=\frac{1}{2}$，△OBD $=\frac{1}{2}\times$OD×BD $=\frac{1}{2}\times2\times4=4$ となり，△OAB＝〔台形 ABDC〕－△OAC－△OBD $=\frac{15}{2}-\frac{1}{2}-4=3$(cm²)となる。

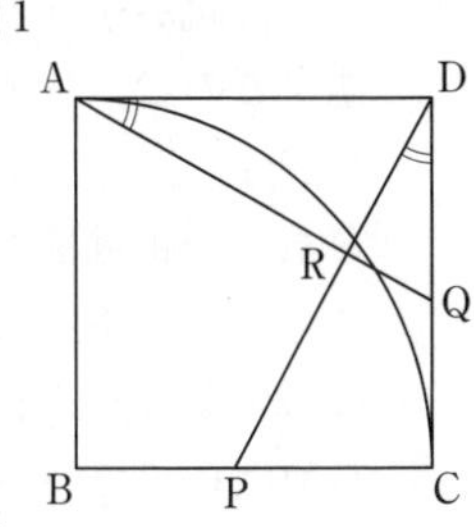
図 1

3 〔平面図形―正方形とおうぎ形〕

(1)<証明>右図 1 の△DPC と△DQR において，⑤は，④の△DPC≡△AQD から導いているので，∠DPC＝∠AQD より，∠DPC＝∠DQR となる。また，⑥は，共通な角より，∠PDC＝∠QDR である。⑤，⑥より，2 組の角がそれぞれ等しいので，△DPC∽△DQR となる。

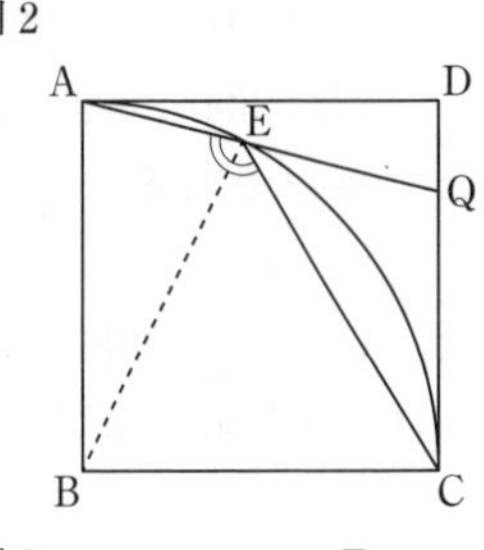
図 2

(2)<角度>右下図 2 で，点 B と点 E を結び，∠BEA＝a，∠BEC＝b とすると，∠AEC＝∠BEA＋∠BEC＝$a+b$ となる。おうぎ形 BAC の半径より，BA＝BE＝BC なので，△BAE，△BCE は二等辺三角形であり，∠BAE＝∠BEA＝a，∠BCE＝∠BEC＝b となる。よって，四角形 ABCE の内角の和が360°であることから，∠BAE＋∠ABC＋∠BCE＋∠AEC＝360°より，$a+90°+b+(a+b)=360°$ が成り立つ。これより，$2a+2b=270°$，$a+b=135°$ となるので，∠AEC＝135°である。

≪別解≫右下図 3 のように，$\overset{\frown}{AC}$ を延長して，点 B を中心とする半径 BA の円を考える。点 E を含まない $\overset{\frown}{AC}$ に対する中心角は 360°－∠ABC＝360°－90°＝270°だから，この弧に対する円周角と中心角の関係より，∠AEC $=\frac{1}{2}\times270°=135°$ となる。

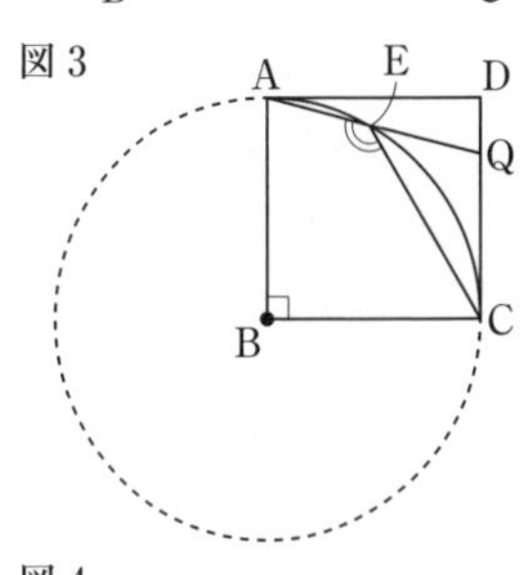
図 3

(3)<長さ―相似，三平方の定理>右下図 4 で，辺 AB の延長と線分 DP の延長の交点を G とすると，点 P が辺 BC の中点より，BP＝CP であり，∠BPG＝∠CPD，∠PBG＝∠PCD＝90°だから，△GPB≡△DPC である。これより，BG＝CD＝10，AG＝BA＋BG＝10＋10＝20 となる。△AGD で三平方の定理より，DG $=\sqrt{AG^2+AD^2}=\sqrt{20^2+10^2}=\sqrt{500}=10\sqrt{5}$ となり，GP＝DP $=\frac{1}{2}$DG $=\frac{1}{2}\times10\sqrt{5}=5\sqrt{5}$ である。次に，BA＝BC＝BG なので，$\overset{\frown}{AC}$ を延長すると，この弧は点 G を通る。よって，点 F は線分 AG を直径とする半円の $\overset{\frown}{AG}$ 上の点なので，点 A と点 F を結ぶと，∠AFG＝90°となる。∠AFG＝∠DAG＝90°，∠AGF＝∠DGA より，△FGA∽△AGD だから，FG：AG＝AG：DG であり，FG：20＝20：$10\sqrt{5}$ が成り立つ。これを解くと，FG×$10\sqrt{5}$＝20×20，FG＝$8\sqrt{5}$ となるので，PF＝FG－GP＝$8\sqrt{5}-5\sqrt{5}=3\sqrt{5}$(cm)である。

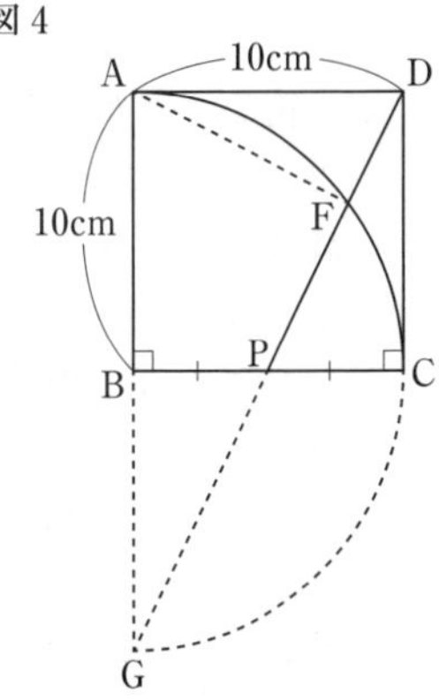

図 4

4 〔関数―関数の利用〕

(1)<時刻，速さ>①バス P が 2 回目に地点 B に到着するとき，バス P は，地点 A から地点 B，地点 B から地点 A，地点 A から地点 B と走行するので，2 地点 A，B 間を 3 回走行している。片道 9 分で走行するから，バス P が 2 回目に地点 B に到着するのは，午前10時に地点 A を出発してから，9×3＝27(分)後である。よって，2 回目に地点 B に到着するのは，午前10時27分である。　②バス Q は，地点 B に到着後 7 分間停車し，バス P と同時に地点 B を出発するので，①より，その出発する時刻は午前10時27分であり，27－7＝20 より，地点 B に到着する時刻は午前10時20分となる。バス Q は，午前10時に地点 A を出発しているから，地点 A から地点 B までの2700m を20分で走行している。よって，2700÷20＝135 より，バス Q の速さは分速135m である。

(2)＜道のり＞バスPは，2回目に地点Bを出発してから実験を終了するまで，2地点A，B間を3回走行するので，それにかかる時間は$9\times3=27$(分)である。バスQは，バスPが2回目に地点Bを出発するのと同時に地点Bを出発し，実験を終了するとき同時に地点Aに戻るので，バスQの地点Bから地点Aまでの走行する速さは，$2700\div27=100$より，分速100mである。午前10時a分に地点Aに向かうバスQが地点Cを通過するとする。その8分後に地点Aに向かうバスPが地点Cを通過するので，バスPが地点Cを通過する時刻は午前10時$a+8$分である。バスQは地点Bを午前10時27分に出発しているから，地点Bから地点Cまでかかる時間は$a-27$分であり，地点Bから地点Cまでの距離は$100(a-27)$mと表せる。また，バスPが3回目に地点Bを出発するとき，2回目に地点Bを出発してから，2地点A，B間を2回走行しているので，$27+9\times2=45$より，3回目に出発するのは午前10時45分である。これより，バスPが3回目に地点Bを出発した後，地点Bから地点Cまでかかる時間は$(a+8)-45=a-37$(分)である。バスPの速さは，$2700\div9=300$より，分速300mなので，地点Bから地点Cまでの距離は$300(a-37)$mとも表せる。以上より，$100(a-27)=300(a-37)$が成り立ち，これを解くと，$a-27=3(a-37)$，$a-27=3a-111$，$-2a=-84$，$a=42$となるので，$100(a-27)=100\times(42-27)=1500$より，地点Cは地点Bから1500mのところにある。

5〔データの活用〕

(1)＜平均値，箱ひげ図＞①A組は20人で，0冊が1人，1冊が2人，2冊が1人，3冊が2人，4冊が2人，5冊が4人，6冊が3人，7冊が1人，8冊が3人，9冊が1人だから，借りた本の冊数の平均値は，$(0\times1+1\times2+2\times1+3\times2+4\times2+5\times4+6\times3+7\times1+8\times3+9\times1)\div20=96\div20=4.8$(冊)となる。　②最大値は9冊だから，箱ひげ図はア，イ，エのいずれかとなる。20人なので，中央値(第2四分位数)は，冊数の小さい方から10番目と11番目の平均値となる。4冊以下が$1+2+1+2+2=8$(人)，5冊以下が$8+4=12$(人)より，10番目と11番目はともに5冊なので，中央値は5冊である。ア，イ，エのうち，中央値が5冊になっているのはア，イである。第1四分位数は，小さい方から10人の中央値だから，5番目と6番目の平均値となる。2冊以下が$1+2+1=4$(人)，3冊以下が$4+2=6$(人)より，5番目と6番目はともに3冊なので，第1四分位数は3冊である。ア，イのうち，第1四分位数が3冊となっているのはイである。

(2)＜箱ひげ図から読み取れること＞①…誤。B組の第1四分位数は3.5冊，第3四分位数は6.5冊だから，B組の四分位範囲は$6.5-3.5=3$(冊)である。また，C組の第1四分位数は3冊，第3四分位数は7冊だから，C組の四分位範囲は$7-3=4$(冊)である。よって，四分位範囲が大きいのはC組である。　②…正。B組とC組の中央値はともに5冊である。　③…正。B組の第1四分位数が3.5冊より，冊数の小さい方から5番目は3冊以下，6番目は4冊以上であるから，B組は3冊以下の生徒は5人である。C組の第1四分位数は3冊なので，冊数の小さい方から5番目が2冊以下とすると6番目は4冊以上であり，3冊以下は5人となる。5番目が3冊とすると6番目も3冊であるから，3冊以下は6人以上となる。以上より，B組，C組ともに3冊以下の生徒は5人以上いる。　④平均値が同じであるかは，これらの箱ひげ図からはわからない。

6〔空間図形―円錐〕

(1)＜体積＞円錐は，底面の半径が2cm，高さが$4\sqrt{2}$cmだから，円錐の体積は，$\frac{1}{3}\times\pi\times2^2\times4\sqrt{2}=\frac{16\sqrt{2}}{3}\pi$(cm³)である。

(2)＜面積＞円錐を展開すると，右図1のようになる。側面を展開したおうぎ形の中心角をxとすると，おうぎ形の弧の長さと底面の円の周の長さは等しいので，$2\pi\times6\times\frac{x}{360^\circ}=2\pi\times2$が成り立ち，$\frac{x}{360^\circ}=\frac{1}{3}$となる。

図1

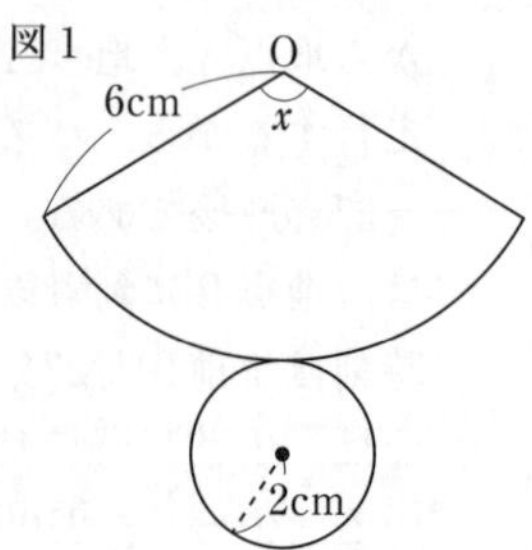

よって，おうぎ形の面積は$\pi\times6^2\times\dfrac{x}{360^\circ}=\pi\times6^2\times\dfrac{1}{3}=12\pi$である。また，底面の円の面積は$\pi\times2^2=4\pi$だから，円錐の表面積は，$12\pi+4\pi=16\pi$ (cm²)である。

(3)<**長さ―三平方の定理**>右図2の円錐の側面の展開図で，点Bから点Pを通り点Qまでかけたひもの長さが最短となるとき，そのひもは，点Bから点Pまでは線分BPとなり，点Pから点QまではPQ⊥OB′となる線分PQである。(2)より，$\dfrac{x}{360^\circ}=\dfrac{1}{3}$，$x=120^\circ$となるから，$\angle BOB'=120^\circ$であり，$\angle AOB=\angle AOB'=\dfrac{1}{2}\angle BOB'=\dfrac{1}{2}\times120^\circ=60^\circ$である。点Bから線分OAに垂線BHを引くと，△OBHは3辺の比が$1:2:\sqrt{3}$の直角三角形となるから，$OH=\dfrac{1}{2}OB=\dfrac{1}{2}\times6=3$，$BH=\sqrt{3}OH=\sqrt{3}\times3=3\sqrt{3}$となる。$PH=OH-OP=3-2=1$となるので，△BPHで三平方の定理より，$BP=\sqrt{PH^2+BH^2}=\sqrt{1^2+(3\sqrt{3})^2}=\sqrt{28}=2\sqrt{7}$である。また，△OPQも3辺の比が$1:2:\sqrt{3}$の直角三角形であるから，$PQ=\dfrac{\sqrt{3}}{2}OP=\dfrac{\sqrt{3}}{2}\times2=\sqrt{3}$である。以上より，求めるひもの長さは，$BP+PQ=2\sqrt{7}+\sqrt{3}$ (cm)となる。

図2

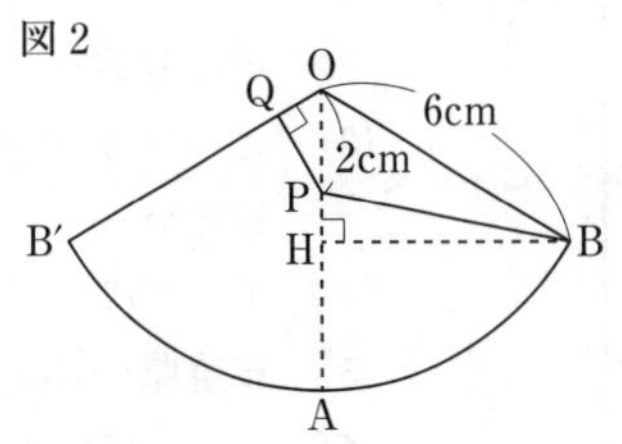

＝読者へのメッセージ＝

平方根の記号(√‾)は，ドイツの数学者ルドルフによる1525年の著書で使われたのが最初といわれています。ルドルフは，上の横線のない記号(√)を使っていました。後に，フランスの数学者デカルトによって，今のような形になりました。

社会解答

1 1 (1) イ
(2) イギリス…ア　中国…エ
(3) a…プランテーション
bとc…ウ
2 (1) ア　(2) カ
(3) 三重県…エ　県庁所在地名…キ
(4) イ　(5) ウ

2 1 (1) ウ　(2) エ
(3) 位置…ア　あとい…カ
(4) イ
2 (1) ア　(2) ウ　(3) イ

3 (1) ア　(2) ウ　(3) ウ
(4) ア，ウ，エ　(5) カ
(6) a…インフレーション〔インフレ〕
b～d…エ
(7) ウ

4 1 (1) ウ　(2) イ
2 (1) ア　(2) イ
(3) エ→イ→ウ→ア
(4) お…エ　か…ア　き…カ
3 (1) ア　(2) イ

1 〔地理―総合〕

1(1)＜世界の気候＞資料１の③と④は南半球に位置しているので，７月前後の気温が低く１月前後の気温が高いイかエのグラフが当てはまる。アフリカ大陸南端に位置する③の都市には，気温が高くなる夏の降水量が少ない地中海性気候の特徴が見られるエのグラフが，大陸東岸に位置する④の都市には夏と冬の気温の差が大きく，１年を通して降水量が多い温暖湿潤気候の特徴が見られるイのグラフが当てはまる。なお，①にはウのグラフが，②にはアのグラフが当てはまる。

(2)＜オーストラリアの貿易相手国＞20世紀前半までイギリスの植民地だったオーストラリアでは，かつてはイギリスが最大の貿易相手国だった。その後，日本が最大の貿易相手国となった時期を経て，現在では中国が最大の貿易相手国となっている。なお，イには日本，ウにはアメリカが当てはまる。

(3)＜モノカルチャー経済＞アフリカ，アジア，中南米などの地域は，かつてヨーロッパ諸国の植民地となり，ヨーロッパ人が自国へ輸出するための農産物を大農園で栽培した。この大農園を，プランテーションと呼ぶ。これらの植民地は，独立後も多くの国が，特定の農産物や鉱産資源の輸出に依存する経済体制となっている。このような経済体制を，モノカルチャー経済と呼ぶ。コートジボワールでは，カカオが主要な輸出品となっている。

2(1)＜日本の島＞AとBは，色丹島，歯舞群島とともに北方領土(北海道)に含まれる島で，面積が大きいAが択捉島，Bが国後島である。なお，Cは佐渡島(新潟県)，Dは淡路島(兵庫県)である。

(2)＜日本の人口構成＞高齢化が進んでいる東北地方，山陰地方，四国地方などが高くなっているaは老年人口の割合，東京都や大阪府を中心とした都市部が高くなっているbとcのうち，北海道も高くなっているbが第三次産業就業者の割合，北海道が低くなっているcが人口密度を表している。

(3)＜三重県＞三重県は，近畿地方の府県の中では，海面養殖業を中心とした漁業産出額が多く，四日市市などが愛知県とともに中京工業地帯に含まれるので製造業出荷額も多い。なお，人口密度が低く，果実を中心とした農業産出額が多いアは和歌山県，人口密度が最も高く，阪神工業地帯の中心として製造業出荷額も多いイは大阪府，重要文化財指定件数が最も多いウは京都府を表している。また，三重県の県庁所在地は津市である。大津市は滋賀県の県庁所在地，松山市は愛媛県の県庁所在地であり，四日市市は三重県の都市だが，県庁所在地ではない。

(4)＜地形図の読み取り＞等高線の間隔を比べると，C－D間の方が間隔が狭く，E－F間の方が間隔が広くなっているので，傾斜はC－D間の方が急である。

(5)＜資料の読み取り＞資料10から農家一戸あたりの耕地面積を求めると，北海道は1147000÷38086＝30.1…から約30haとなり，170900÷57239＝2.9…から約３haとなる茨城県の約10倍である。

2 〔歴史―総合〕

1(1)<**7世紀の世界と日本**>ムハンマドがアラビア半島でイスラム教をおこしたのは7世紀前半のことである。この時期の日本では，聖徳太子が小野妹子らを遣隋使として隋に派遣した(ウ…○)。なお，倭の奴国の王が後漢の皇帝から金印を授かったのは1世紀半ばのこと(ア…×)，平城京がつくられたのは8世紀初めのこと(イ…×)，大和政権が生まれたのは3世紀後半のこと(エ…×)である。

(2)<**年代整序**>年代の古い順に，飛鳥時代の645年に起こった大化の改新(Ⅱ)，平安時代末の1156年に起こった保元の乱(Ⅲ)，鎌倉幕府を滅ぼして1334年に始まった建武の新政(Ⅰ)となる。

(3)<**平安時代の仏教**>中尊寺金色堂は奥州藤原氏が現在の岩手県南部の平泉(資料2のア)に建てた。最澄と空海は，平安時代の初め，遣唐使とともに唐に渡り，新しい仏教を日本に伝えた。また，浄土信仰における「南無阿弥陀仏」は念仏と呼ばれる。なお，題目とは法華経を重視する日蓮宗で唱える「南無妙法蓮華経」のことである。

(4)<**江戸時代のキリスト教**>う．日本にキリスト教を伝えたフランシスコ=ザビエルが所属していたイエズス会は，宗教改革によって生まれたプロテスタントに対して，カトリック教会の修道会として設立されたもので，海外布教を進めた。　え．江戸幕府は，キリスト教の流入を防ぐために外国船の来航や貿易地を長崎・平戸に限るなどして貿易も制限した。　お．江戸幕府の鎖国体制が完成した後も，日本への来航を許されたヨーロッパの国は，布教を行わないオランダだけである。

2(1)<**馬借**>中世から近世にかけて活動した馬借は，馬の背に荷物を載せて運ぶ運送業者である。

(2)<**18世紀の出来事**>江戸幕府第8代将軍の徳川吉宗が享保の改革を行ったのは，18世紀前半(1716～45年)のことである。フランス革命が始まり，人権宣言が発表されたのは，18世紀末の1789年のことである(ウ…○)。なお，インドでガンディーらが独立運動を進めたのは第一次世界大戦後，20世紀前半のこと(ア…×)，アメリカで南北戦争が起こったのは19世紀後半(1861～65年)のこと(イ…×)，バスコ=ダ=ガマがインドに到達したのは，15世紀末(1498年)のこと(エ…×)である。

(3)<**日中国交正常化**>第二次世界大戦後の日本と連合国の講和会議であるサンフランシスコ講和会議が開かれたのは，中国で国民党軍に勝利した中国共産党が中華人民共和国を樹立した2年後の1951年のことで，講和会議には中華民国も中華人民共和国も招かれなかった。このため，日本と中華人民共和国との間に国交がない状態が続いていたが，1972年に日中共同声明が調印され，国交が正常化した。1978年には日中平和友好条約が締結された。

3〔公民―総合〕

(1)<**地方公共団体と国の政治のしくみ**>国の政治では，直接請求権は認められていない(ア…○)。なお，内閣総理大臣は国会議員の中から国会で指名されるため，国民は選挙で直接選ぶことができない(イ…×)。国会では二院制が採用されているが，地方議会は一院制である(ウ…×)。地方公共団体の首長にも，地方議会を解散する権限がある(エ…×)。

(2)<**人権と公共の福祉**>高速道路建設のために立ち退きを求められる場合に制限を受ける住民の権利は，土地や家屋に対する財産権である。

(3)<**効率と公正**>「効率」とは，時間や費用の無駄を省くことである。なお，アとイとエは，誰に対しても公平であるという「公正」の考え方に基づいている。

(4)<**育児・介護休業法**>資料3より，2015年度から2019年度にかけて，男性の育児休業取得率は低い水準ながら少しずつ増加しているが，同じ時期，女性の取得率は横ばいでほとんど変化がない(イ…×)。資料2より，育児休業等の取得の状況を年1回公表することが義務づけられたのは，従業員数1000人超の企業である(オ…×)。

(5)<**国民経済の循環**>政府は，家計や企業に対して，警察や消防，教育などの公共サービスを提供し，企業は家計に対して商品やサービスを提供するとともに，従業員に対しては賃金を支払う。また，家計や企業は政府に対して税金を納める。

(6)<**景気の変動**>物価が継続的に上昇し続け，貨幣価値が下がる現象を，インフレーション〔インフレ〕と呼ぶ。なお，逆に物価が継続的に下落し続ける現象を，デフレーション〔デフレ〕と呼ぶ。また，物価の変動を抑えて景気を安定させるために日本銀行が行う国債などの売買による公開市場操作のことを金融政策と呼ぶ。なお，政府が行う増減税や公共事業の増減などの政策は財政政策と呼ばれる。好景気に伴うインフレーションを抑えるためには，世の中に出回る通貨の量を減らす必要があるので，日本銀行は国債などを売ることで世の中の通貨量を減らそうとする。

⑺<**国際連合**>国際連合の安全保障理事会は常任理事国５か国(アメリカ，ロシア，中国，イギリス，フランス)と２年ごとに選出される非常任理事国10か国で構成されている。安全保障理事会の議決では，重要問題については常任理事国５か国が全て賛成する必要がある。つまり，常任理事国が１か国でも反対すれば重要問題は否決されてしまう。この常任理事国の権限を拒否権と呼ぶ。

４〔**三分野総合─「持続可能な開発目標」をテーマにした問題**〕

１⑴<**EU**>2000年代にEUに加盟した，東ヨーロッパのスロバキアやブルガリアの一人あたりの国民総所得は，西ヨーロッパのドイツやフランスの半分に達していない。このようにヨーロッパ州には，経済格差の問題がある。

⑵<**世界の州の特色**>メモ１の内容を資料１・２に照らし合わせると，資料１から，Ａ州の人口がＣ州の人口の約3.5倍(4601百万÷1308百万＝3.51…)となっているので，Ｃ州がアフリカ州である。また，資料２から，2019年のGDPが2009年の約1.7倍(32兆÷19.3兆＝1.65…)となっているのはＡ州なので，Ａ州がアジア州である。次に，2019年のGDPがＢ州より約１兆ドル多いのはＤ州なので，Ｄ州が北アメリカ州である。したがって，ヨーロッパ州に当てはまるのは，Ｂ州となる。

２⑴<**発電量の内訳**>フランスは，原子力発電の割合が突出して多い。また，日本は，2011年の東日本大震災のときに起きた福島第一原子力発電所の事故の影響により多くの原子力発電所が停止しているため原子力発電の割合が低下し，火力発電が中心となっている。

⑵<**メタンハイドレート**>天然ガスの主な成分であるメタンが低温，高圧の状態で海底に埋蔵されたものをメタンハイドレートと呼び，新たなエネルギー資源として注目されている。氷と似ているため，「燃える氷」とも呼ばれている。

⑶<**ドイツの歴史**>年代の古い順に，ドイツがオーストリアとイタリアとの間に三国同盟を結んだのは，第一次世界大戦前の1882年のこと(エ)，ワイマール憲法が制定されたのは，第一次世界大戦敗戦後の1919年のこと(イ)，日独伊三国同盟が結ばれたのは，第二次世界大戦開戦後の1940年のこと(ウ)，第二次世界大戦後の東西冷戦の象徴だったベルリンの壁が崩壊したのは1989年のこと(ア)である。

⑷<**地球環境問題**>**お**．1997年に地球温暖化防止のための国際会議が京都で開かれ，先進国の温室効果ガス削減目標を定めた京都議定書が採択された。　**か**．2015年，京都議定書に代わる新たな枠組みとして，途上国を含む各国が温室効果ガス削減目標を定めて取り組むことに合意するパリ協定が採択された。　**き**．資料５から，中国の二酸化炭素排出量はアメリカより約２倍(9528百万÷4921百万＝1.9…)多いが，中国の人口はアメリカの約４倍(141505万÷32677万＝4.3…)なので，二酸化炭素排出量を人口で割った一人あたりで比べると，アメリカの方が排出量が多くなる。

３⑴<**国際連盟**>1918年に，アメリカのウィルソン大統領は「十四か条の平和原則」を発表した。その中の「国際平和機構の設立」が国際連盟の創立につながった(ア…○)。なお，ポツダム宣言は，第二次世界大戦中の1945年に，連合国が日本に対して降伏を勧告した宣言(イ…×)，二十一か条の要求は，第一次世界大戦中の1915年に，日本が中国(中華民国)に対して行った要求(ウ…×)，大西洋憲章は，第二次世界大戦中の1941年に，イギリスとアメリカの首脳が発表した戦後の国際協調に関する宣言(エ…×)である。

⑵<**第一次世界大戦中の日本**>米騒動の責任を取って寺内内閣が総辞職した後，立憲政友会総裁の原敬が初めての本格的な政党内閣を組織したのは1918年のことである(イ…○)。なお，満州事変が起こったのは1931年のこと(ア…×)，大日本帝国憲法が発布されたのは1889年のこと(ウ…×)，日露戦争の講和条約であるポーツマス条約が結ばれたのは1905年のこと(エ…×)である。

理科解答

1	(1) ア	(2) エ	(3) ア	(4) イ	**4**	(1) エ	(2) オ	(3) ウ	(4) エ
	(5) ア	(6) イ，ウ	(7) ウ		**5**	(1) あ…2　い…イ	(2) ア		
	(8) イ					(3) エ	(4) イ		
2	(1) ア	(2) ア，エ	(3) ア			(5) ア，ウ，エ，オ			
	(4) ウ				**6**	(1) エ	(2) 1.22kg/m³	(3) エ	
3	(1) エ	(2) ウ	(3) エ	(4) イ		(4) ア			

1〔小問集合〕

(1)<**交流**>交流は，電流の流れる向きが周期的に入れかわる電流であり，家庭用のコンセントに供給されている。なお，乾電池につないだ回路に流れるのは直流であり，直流をDC，交流をACと表現することがある。また，日本で家庭用のコンセントに供給されている交流の電圧は100Vだが，電圧の大きさは変えることができる。

(2)<**気体の性質**>ア～エの中で，無色で特有の刺激臭があり，水に非常に溶けやすい気体はアンモニアである。

(3)<**双子葉類**>アサガオは被子植物の双子葉類に分類される。双子葉類の植物の茎の横断面では，維管束が輪状に並び，葉脈は網状脈である。

(4)<**気圧配置**>図は，日本列島の北に低気圧があり，日本列島が太平洋上にある高気圧に覆われた，夏によく見られる気圧配置である(南高北低)。この時期は太平洋上に高温多湿の気団である小笠原気団が発達するため，太平洋から日本に吹く南東の高温で湿度の高い季節風により，蒸し暑い晴天の日が続く。なお，幅の広い帯状の雲が東西に停滞し，長雨となるのは梅雨や８月後半から10月にかけての秋雨の時期であり，移動性高気圧が次々にやってきて４～６日くらいの周期で天気が変わるのは春や秋，太平洋側でかわいた晴天の日が続くのは冬である。

(5)<**仕事の原理**>動滑車を１個使うと，物体を動かすのに必要な力の大きさは$\frac{1}{2}$になるが，力を加える距離は２倍になるので，〔仕事(J)〕=〔力の大きさ(N)〕×〔力の向きに動かした距離(m)〕より，物体に対する仕事の大きさは変わらない。これを仕事の原理という。

(6)<**原子**>原子核は正(＋)の電気を持つ陽子と電気的に中性である中性子からできていて，原子核の周りには負(－)の電気を持つ電子がある。１個の原子が持つ陽子の数と電子の数は等しい。また，同じ元素でも中性子の数が異なる原子があり，これらは互いに同位体と呼ばれる。

(7)<**脊椎動物の体温**>鳥類であるスズメは恒温動物なので外界の温度によらず体温はほぼ一定に保たれる。一方，は虫類であるトカゲは変温動物なので，外界の温度の変化に伴い体温も変化する。よって，トカゲの体温と外界の温度の関係を示しているのは図のAであり，変温動物であるトカゲは体温を一定に保つことができないので，外界の温度が下がると，外部から得られる熱を使い，できるだけ体温を保とうとする。

(8)<**惑星**>火星は岩石でできていて，密度が大きいことから，地球型惑星に分けられる。また，大気のほとんどは二酸化炭素である。火星には液体の水があった形跡があるため，過去に生命がいた可能性があり，探査が進められている。

2〔身近な物理現象〕

(1)<**振動数**>振動数は音の高さに関係し，振動数が大きいほど音は高く，振動数が小さいほど音は低くなる。方法❷の表より，シンバルの音と人の声では，振動数はシンバルの音の方が大きいので，人の声よりシンバルの音の方が高い音になる。

(2)<**音の伝わる速さ**>速さは，〔速さ(m/s)〕=〔移動した距離(m)〕÷〔移動にかかった時間(s)〕で求めることができる。よって，音の伝わる速さは，到達距離を到達時間でわって求める。また，結果より，「私が観察していた場所では，太郎さんが旗をあげたようすが見えた後に，音が聞こえてきた」とあるので，音が空気中を伝わる速さは，光が伝わる速さと比べて遅いことがわかる。なお，結果の表より，いずれの音も伝わる速さは約340m/sである。

(3)<**音の伝わり方**>音源が振動すると，音源の周りの空気が押し縮められて濃くなる部分と，引かれて薄くなる部分ができる。音は，この空気の濃い部分と薄い部分が音源を中心に同心円状の波となって伝わる。これは，ばねを押したり引いたりしたときに密になる部分と疎になる部分が次々に進行方向に伝わっていく現象と似ている。よって，正しい組み合わせはアである。

(4)<**距離**>太郎さんは，音を出す係が出した音を，音が出た１秒後に聞き，その後，壁で反射した音を，音が出た２秒後に聞いた。このとき，音が出た場所をO，太郎さんがいた場所をP，音が壁にぶつかって反射した点をQとおくと，音が反射した場合の進み方は光の反射と同様に入射角と反射角が等しく，音が伝わる速さは340m/sで一定であることから，O点で出た音がP点に伝わった時間とQ点で反射するまでの時間，Q点で反射してからP点に伝わった時間は全て等しく１秒である。これより，O点からP点，O点からQ点，Q点からP点までの距離は全て等しくなるから，３点を結んでできる△OPQは正三角形となり，△OPQと壁との関係は右図のようになる。図のように，点Qから線分OPに垂線QHを引くと，△OQHは３辺の比が$1:2:\sqrt{3}$の直角三角形になるから，$QH=\frac{\sqrt{3}}{2}OP$である。よって，音の速さが340m/sより，$OP=340\times1=340$(m)だから，壁との距離QHは，$QH=\frac{\sqrt{3}}{2}\times340=170\sqrt{3}$(m)となる。

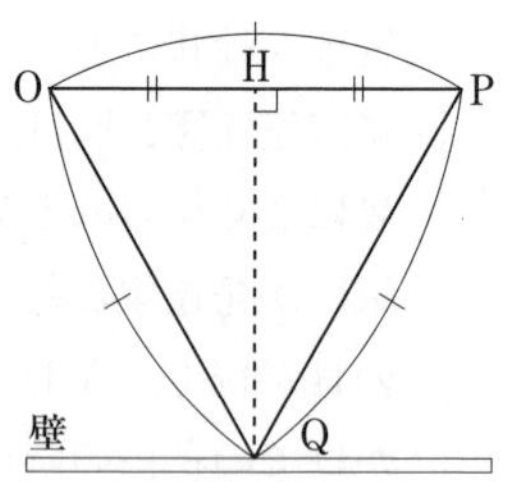

3　〔生命・自然界のつながり〕

(1)<**生態系**>生産者は，光合成を行い，無機物から有機物(養分)をつくり出す生物で，植物や葉緑体を持つ一部の植物プランクトンなどが当てはまる。消費者は，生産者のつくった有機物を食べる生物である。よって，ダンゴムシ，ミミズ，トビムシ，シイタケは，いずれも消費者である。

(2)<**生物の数量の変化**>図２のAのように，草食動物(Ⅱ)の数量が何らかの理由で減少すると，草食動物に食べられる植物(Ⅰ)は食べられる量が減るので増える。一方，肉食動物(Ⅲ)はえさである草食動物が減るので減る。よって，Bに当てはまる図はウである。なお，Bの後，Cのように，草食動物は肉食動物が減ったことで食べられる量が減り，えさである植物が増えるので増え，肉食動物はえさである草食動物が増えるので増える。さらに，Dのように，肉食動物はえさである草食動物が増えるので増え，植物は食べられる量が増えるので減る。このように増減を繰り返しながら，最終的に図１のつり合いがとれた状態に戻る。

(3)<**有機物の流れ**>図３の①～③には生産者，消費者，分解者のいずれかが入るから，①～③を直接つなぐ矢印e，f，gは，生産者がつくった有機物を消費者が取り込む流れや，生物の死がいやふんなどの有機物を分解者が取り込む流れのいずれかを表している。

(4)<**生産者**>図３の①～③から大気に向かう矢印a，c，dは，呼吸によって放出される二酸化炭素の流れを表し，逆に大気から①に向かう矢印bは，①に取り込まれる二酸化炭素の流れを表している。二酸化炭素は光合成によって生産者に取り込まれるので，矢印bは光合成による二酸化炭素の流れを表し，①には生産者が入る。なお，②には消費者，③には分解者が入る。

4 〔大地の変化〕

(1)＜**示準化石**＞地層の堆積した年代(地質年代)を推定できる化石を示準化石という。ビカリアは新生代に栄えた生物なので，ビカリアの化石を含む地層は新生代に堆積したと推定される。また，地層が新生代に堆積したことを示す示準化石には，他にナウマンゾウの化石がある。なお，示相化石は地層が堆積した当時の環境を推定できる化石で，アンモナイトは地層が中生代に堆積したことを示す示準化石である。

(2)＜**地層が堆積した時代**＞地点Ａ～Ｄの凝灰岩の層は全て同一のものなので，地点Ａ，Ｂ，Ｃの凝灰岩の層のすぐ下に堆積している砂岩の層は，同一の層である。この地域では断層やしゅう曲，地層の上下の逆転はないことから，上の層ほど堆積した時代が新しいので，地点Ｄの凝灰岩の層より上にあるオの砂岩の層が最も新しい時代のものである。

(3)＜**地層の傾き**＞図１，図２で，地点Ａの標高は294m，凝灰岩の層は地表からの深さ１～２mの地点にあるから，凝灰岩の層の標高は，294－1＝293，294－2＝292より，292～293mである。同様に，凝灰岩の層の標高は，地点Ｂでは291～292m，地点Ｃでは291～292m，地点Ｄでは292～293mである。これより，凝灰岩の層の標高は地点Ａと地点Ｄ，地点Ｂと地点Ｃでそれぞれ等しく，地点Ａと地点Ｄの標高は地点Ｂと地点Ｃの標高より１m高くなっているので，この地域の地層は東西方向の傾きはないが，南が低くなるように傾いていると予想できる。

(4)＜**海岸までの距離**＞堆積岩は含まれる粒の大きさで分けられ，れき岩は２mm以上，砂岩は約0.06～２mm，泥岩は約0.06mm以下の粒でできている。粒は大きいものほど早く沈むため，れきが最も海岸に近い位置に堆積し，泥は最も海岸から離れた位置に堆積する。よって，地点Ａから海岸までの距離は，図２で，イの砂岩の層の上に泥岩の層が堆積した前後ではしだいに長くなり，泥岩の上にアの砂岩の層が堆積した前後ではしだいに短くなったと考えられる。

5 〔化学変化と原子・分子〕

(1)＜**化学反応式**＞炭酸カルシウム($CaCO_3$)と塩酸(HCl)を反応させると，塩化カルシウム($CaCl_2$)と水(H_2O)，二酸化炭素(CO_2)が生じる。化学反応式は，矢印の左側に反応前の物質の化学式，右側に反応後の物質の化学式を書き，矢印の左右で原子の種類と数が等しくなるように化学式の前に係数をつける。

(2)＜**質量保存の法則**＞化学変化の前後で，物質を構成する原子の組み合わせは変わるが，原子の種類と数は変化しないため，反応に関わる物質全体の質量は変化しない。この法則を質量保存の法則という。これより，二酸化炭素の発生量は，反応前の炭酸カルシウムと塩酸の質量の合計から，結果の反応後の質量をひくことで求めることができる。

(3)＜**反応物質の質量**＞結果より，発生した二酸化炭素の質量を求めると，炭酸カルシウムの質量が2.00gのとき，20.00＋2.00－21.12＝0.88(g)である。同様に，炭酸カルシウムの質量が4.00g，6.00g，8.00g，10.00gのとき，発生した二酸化炭素の質量はそれぞれ1.76g，2.42g，2.42g，2.42gである。方眼紙の横軸に加えた炭酸カルシウムの質量(g)，縦軸に発生した二酸化炭素の質量(g)をとり，グラフをかくと，右図のようになる。右図より，この実験で用いたうすい塩酸20.00gと過不足なく反応する炭酸カルシウムの質量は，発生した二酸化炭素

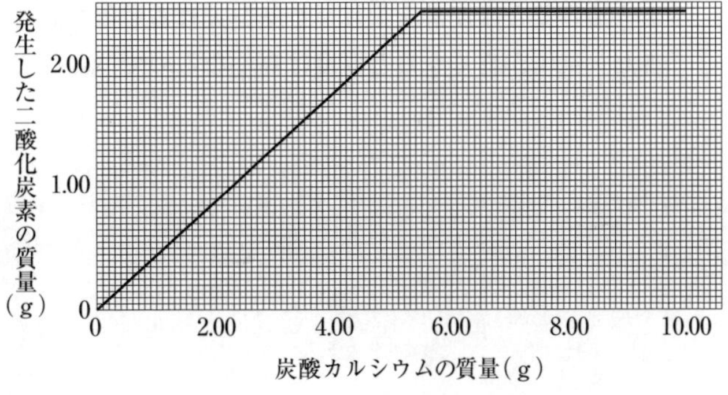

の質量が一定になるときの質量なので，5.50gである。

≪別解≫結果より，発生する二酸化炭素の質量は，炭酸カルシウム2.00gが全て反応したときが0.88g，うすい塩酸20.00gが全て反応したときが2.42gである。よって，この実験で用いたうすい塩酸20.00gと過不足なく反応する炭酸カルシウムの質量をx gとおくと，$2.00:0.88=x:2.42$が成り立つ。これを解くと，$0.88\times x=2.00\times 2.42$より，$x=5.50$(g)である。

(4)＜**反応物質の質量**＞(3)より，炭酸カルシウムの質量が5.50g以上になると二酸化炭素の発生量は変わらないから，うすい塩酸20.00gと反応する炭酸カルシウムの質量には上限があり，上限を超えると炭酸カルシウムが過剰になり，反応せずに残ると考えられる。このとき，炭酸カルシウムと反応する塩酸がないので，炭酸カルシウムを増加しても，発生する二酸化炭素の質量は変わらない。

(5)＜**二酸化炭素の発生**＞メタンを空気中で燃焼させると，二酸化炭素と水ができる。酸化銅に炭素を混ぜて加熱すると，酸化銅が還元されて銅になり，炭素は酸化されて二酸化炭素になる。炭酸水素ナトリウムを加熱すると，炭酸ナトリウムと水，二酸化炭素に分解する。炭酸水素ナトリウムにうすい塩酸を加えると，塩化ナトリウムと水，二酸化炭素ができる。よって，二酸化炭素が発生するのは，ア，ウ，エ，オである。なお，塩化銅水溶液を電気分解すると，陰極には銅が付着し，陽極からは塩素が発生する。炭酸ナトリウム水溶液に塩化カルシウム水溶液を加えると，炭酸カルシウムの沈殿と塩化ナトリウムができる。マグネシウムを空気中で燃焼させると，マグネシウムが空気中の酸素と結びついて酸化マグネシウムになる。

6〔**物質のすがた，気象と天気の変化**〕

(1)＜**気体の捕集法**＞図２のように，水と入れかえて気体を集める方法を水上置換法という。水に溶けにくい気体を集めるのに適した方法である。

(2)＜**密度**＞結果より，実験１の方法❸で，メスシリンダーに移した空気500mLの質量は，空気を入れた後の缶の質量から空気を移した後の缶の質量をひくことで求められるから，$169.24-168.63=0.61$(g)である。ここで，500mLは500cm^{3}で，$500\div(100\times100\times100)=0.0005$(m^3)，0.61gは，$0.61\div1000=0.00061$(kg)だから，空気の密度は，〔密度(kg/m^3)〕=〔質量(kg)〕÷〔体積(m^3)〕より，$0.00061\div0.0005=1.22$(kg/m^3)となる。

(3)＜**密度**＞空気は，温度が上がると膨張するため，体積が大きくなる。このとき，質量は変わらないので，密度は小さくなる。

(4)＜**気圧の変化**＞山頂で空になったペットボトルにふたをすると，ペットボトルの中の気圧は山頂の気圧と等しく，山のふもとの気圧よりも低いため，下山したときにペットボトルはへこむ。これを実験で再現するには，ふたをしたしょう油容器をペットボトルに見立てて，しょう油容器の中の気圧よりも，しょう油容器の外の気圧を大きくすればよい。よって，ガラス瓶の中に，ふたをしたしょう油容器と温度計を入れ，空気を入れる装置を使ってガラス瓶の中の空気を増やす実験を行う。また，気圧が高くなると温度は高くなるので，このとき，ガラス瓶の中の温度は上昇する。

国語解答

一 (一) ウ　(二) イ　(三) エ　(四) ウ
(五) イ

二 (一) 4　(二) ア　(三) ウ　(四) ア
(五) エ

三 (一) イ　(二) ア　(三) エ　(四) イ
(五) ア　(六) ウ
(七) C…エ　D…ウ

四 (一) イ　(二) ア
(三) (1)…イ　(2)…エ
(四) (1) けわ　(2) ぼんよう
(3) さかのぼ

一 〔**小説の読解**〕出典；三浦しをん『エレジーは流れない』。

(一)＜**文章内容**＞丸山が「才能ってこういうことなのかもなあって，俺はつくづく思った」と言ったのは，心平が粘土でつくった埴輪の馬を見たからである(A…イ)。丸山が心平に「丘の麓の絵画教室を紹介」したのは，心平が美大受験を決心したからである(B…エ)。心平は絵画教室の初級者コースに通い出した(C…ウ)。心平が指を骨折したと聞いた丸山は，心平が「そのまま美大受験に飽きてくれれば」いいと思った(D…ア)。

(二)＜**心情**＞「浮かない表情で」元気がなさそうだった丸山が，気を取り直したように風呂に行こうと「あえて明るく」誘ってきたので，怜は丸山のことを心配したのである。

(三)＜**心情**＞丸山は，「ずっと真剣に絵を描いて，美大を目指してきた」が，心平がつくった「馬の埴輪」を見て，心平の美術の才能に気づいてしまい，その才能に嫉妬してしまったのである。

(四)＜**文章内容**＞丸山の浮かない表情を見て，怜は「どした？　なんかあった？」ときいて，丸山のことを気にかけた(…ア)。風呂に入ってからも「会話が途切れ」ると，「怜は隣にいる丸山をさりげなく」うかがっていた(…イ)。丸山が，心平が指を骨折したと聞いて「美大受験に飽きてくれれば」いいと思ったと怜に告白したことに対して，怜は，「マルちゃんは心平に嫉妬して，でもそんな自分がたまらなくいやなんだ」と，丸山の気持ちを察した(…エ)。

(五)＜**表現**＞短い会話を重ねる中で，怜は丸山の気持ちを少しずつくみ取り，思いやっている(ア…×)。怜から見た丸山の言動が細かく描かれ，丸山が内面に抱える苦悩が表現されている(ウ…×)。「～のような」といった直喩が多用されているとはいえない(エ…×)。

二 〔**古文の読解―随筆**〕出典；菅茶山『筆のすさび』巻之二。

≪**現代語訳**≫一人の弟がいて，その兄と同じように学問をして，名声と人望が兄に及ばないことを恥じて，どうかすると他人に対して兄の短所を言う。ある人が弟に教えて言うことには，「あなたと兄上と，学問(の能力)は等しく漢詩文(の能力)も等しく，巧みに字を書くことまで，何一つも兄上に劣っていることはなくて，名声と人望が兄に及ばないのは，(あなたの)道徳にかなった行いが(兄上に)及ばないことが理由である。もしあなたが，兄上に勝とうとお思いになるなら，今から心を改めて徳行を修めたならば，すぐに兄上よりも上に必ず立つようになる」と言って，弟は大いに喜び，日夜言葉や行動を慎んで，二年ほども経過して，優劣つけがたい兄弟となったので，弟のわがままな振る舞いもいつの間にかなくなって，兄を非難することがないだけではなく，兄を敬い(兄に)仕えて，人の耳目を驚かせたことがある。

(一)＜**歴史的仮名遣い**＞歴史的仮名遣いの語中語尾のハ行は，現代仮名遣いでは原則として「わいうえお」となる。

(二)＜**古文の内容理解**＞「或人」があなたと呼びかけているのは，弟の方である。

(三)＜**古文の内容理解**＞弟は，学問や漢詩文や字を巧みに書くことは兄に少しも劣らないけれども，兄に勝てないのは「徳行のおよばざる故」であり，兄に勝とうとするなら「今より心を改めて徳行を」修めるようにと「或人」に忠告されたのである。

(四)＜**古文の内容理解**＞「或人」は，学問や詩文，字を書くことにおいては，弟も兄と同じ能力があると述べている。そのうえで，兄に及ばないのは徳行がないからだと理由を述べ，兄に勝つための具体的な方法として徳行を修めることを教えている。

(五)<**古文の内容理解**>徳行を積めばよいと教えられた弟は，二年経過すると兄と優劣つけがたくなり，しかも，わがままな振る舞いもせず，兄を非難することもなく，兄を敬うようになったのである。

三〔**論説文の読解―自然科学的分野―自然**〕出典；【Ⅰ】高橋進『生物多様性を問いなおす―世界・自然・未来との共生とSDGs』／【Ⅱ】五箇公一『これからの時代を生き抜くための生物学入門』。

≪**本文の概要**≫【Ⅰ】生物多様性が私たち人類にとって重要なことは，漠然と理解できる。しかし，人類の役に立たない生物種であれば絶滅してよいのかという疑問や，種の絶滅の回避はそれほど重要な課題なのかという疑問に対して答えていくためには，ある程度の生物学・生態学の専門的な知識も必要になる。たとえば「食物連鎖」という考え方がある。多様な生物がいたからこそ生命は環境の変化にも耐えられて，命が次々と受け継がれていく。また，「生物多様性」は，単に生物の種類が多いということではなく，同じ生物種でも少しずつ変化があることも指している。私たち人類を含む多くの生物を支え，進化を保証するためにも，多様な生物の存続が不可欠である。
【Ⅱ】希少種や絶滅危惧種を守ることは，目的ではなく自然環境を保全するためのプロセスにすぎない。ある動物を守るためには，どういう生息環境が必要かを考え，環境を復元したり，修復したりすることが，結果的に生物多様性と生態系を保全することにつながる。

(一)<**文章内容**>「食物連鎖」によって命が受け継がれ，生物が環境の変化に耐えるためには，人類を含む「多様な生物の存続が不可欠」である。だから，多様な生物種の絶滅は回避されなければならないのである。

(二)<**接続語**>「最近一〇〇年間の生物絶滅の速度」は，「地球の歴史の中で類を見ない速度だ」というけれども，地球上の生物たちの多くは，現在に至るまで「生き永らえて」いる。

(三)<**文脈**>大型動物も「餌となる動植物が必要」であり，その「餌の生物もさらに他の生物を必要」とするという「食物連鎖」は，「食べ物を通してエネルギーが循環する，エネルギーが不滅だということでもある」のである。

(四)<**表現**>「種の絶滅の回避は，それほど重要な課題なのだろうか」と疑問を提示し，それに答えていく形で「生物多様性保全の必要性」が主張されている(イ…○)。「生態系サービス」の分類とその内容について述べられているが，意見と意見の対比はされていない(ア…×)。筆者は，「多くの生物の存在を支え，進化を保証するためにも多様な生物の存続が不可欠」として，「生物多様性の機能・価値」を認める立場にある(ウ…×)。研究者の著作の引用は「生命系」という言葉の説明に使われていて，「生物種絶滅の回避」について疑問が述べられているわけではない(エ…×)。

(五)<**文章内容**>トキが生息できるかどうかで，「かつての日本の自然を取り戻す」ことができているかを判断できるので，トキが日本の環境修復の目安，すなわち「指標」になるのである。

(六)<**表現**>【Ⅰ】では「多様な生物の存続が不可欠なのである」と述べられているが，【Ⅱ】では多様な生物の存続のために希少種や絶滅危惧種を守ることは目的ではなく，自然環境を保全するためのプロセスだと述べられており，【Ⅰ】とは異なる視点が示されている(ウ…○)。

(七)<**文章内容**>C.【Ⅰ】の「生物多様性」とは，「単に生物の種数が多いこと」だけではなく「同じ生物種でも少しずつ変化があること」も含まれる。　D．絶滅危惧種の生物を守るためには，その生物の生息に必要な「環境を復元する，修復する」ことが必要である。

四〔**国語の知識**〕

(一)<**敬語**>「皆様」を敬うので，尊敬語「取り組まれる」を使う。また，「最も印象に残っているのは」が主部だから，述語は「姿です」となる。

(二)<**資料**>【Ⅰ】は，住所を町名で区切り，読みやすく表記している。また，送り主である自分に対する敬語を消し，「お届け先」に「御中」を用いることで，相手に対する敬意を示している。

(三)<**漢字**>(1)「延期」は，期日や期限を延ばすこと。　(2)「祝辞」は，祝いの言葉のこと。

(四)<**漢字**>(1)音読みは「危険」などの「ケン」。　(2)「凡庸」は，優れたこともなく平凡なこと。
(3)「遡る」は，物事の過去や根本に戻る，という意味。

誰にもよくわかる 解説と解答 2021年度

茨城県 正答率

英語

大問	小問		正答率
1	(1)	No.1	99.0%
		No.2	91.1%
		No.3	96.7%
		No.4	73.9%
		No.5	41.4%
	(2)	No.1	76.3%
		No.2	66.5%
		No.3	68.8%
		No.4	72.6%
	(3)	No.1	80.9%
		No.2	19.6%
	(4)	①	27.9%
		②	12.1%
2	(1)	①	89.8%
		②	70.6%
		③	69.6%
	(2)	④	48.4%
		⑤	31.3%
		⑥	56.7%
3	(1)		55.8%
	(2)		50.2%
4	(1)	①	90.7%
		②	60.9%
		③	77.4%
		④	60.9%
		⑤	9.2%
	(2)		18.0%
5	(1)		41.0%
	(2)		72.4%
	(3)	①	41.9%
		②	31.8%
	(4)	①	10.2%
		②	7.4%
6			4.2%

社会

大問		小問		正答率
1	1	(1)		70.3%
		(2)		25.9%
		(3)		67.5%
	2	(1)		23.6%
		(2)		61.3%
	3	(1)		83.0%
		(2)		75.0%
		(3)	記号	54.8%
			県庁所在地名	75.5%
		(4)		88.2%
2	1	(1)		30.2%
		(2)	内容	23.1%
			記号	66.1%
		(3)		82.1%
		(4)	記号	35.3%
			内容	65.6%
	2	(1)		55.7%
		(2)		20.3%
		(3)		60.4%
3	1	(1)		49.1%
		(2)	記号	56.6%
			内容	13.2%
		(3)	語	51.4%
			内容	48.6%
	2	(1)		84.0%
		(2)	数字	70.3%
			内容	59.5%
		(3)		39.6%
4	1	(1)		58.5%
		(2)		59.4%
		(3)		71.7%
	2	(1)		84.9%
		(2)		50.4%
		(3)		44.8%
	3	(1)		45.7%
		(2)		71.2%
		(3)	き内容	37.7%
			く内容	21.7%

数学

大問	小問		正答率
1	(1)		94.0%
	(2)		31.8%
	(3)		39.2%
	(4)		63.6%
2	(1)		65.0%
	(2)		47.5%
	(3)		48.4%
	(4)		40.6%
3	(1)		32.7%
	(2)		10.6%
	(3)		5.1%
4	(1)		41.9%
	(2)		6.9%
	(3)		18.0%
5	(1)	①	58.5%
		②	23.0%
	(2)		21.6%
6	(1)		18.9%
	(2)		15.7%
	(3)		23.0%

国語

大問	小問		正答率
一	(一)		35.0%
	(二)		12.0%
	(三)		83.4%
	(四)		67.7%
	(五)		28.6%
二	(一)		78.8%
	(二)		89.9%
	(三)		58.1%
	(四)		76.0%
三	(一)	ア	91.3%
		イ	63.1%
	(二)		36.9%
	(三)		83.4%
	(四)		79.3%
	(五)		50.2%
	(六)		57.6%
	(七)		15.2%
四	(一)	(1)	45.2%
		(2)	71.9%
		(3)	59.0%
		(4)	54.3%
		(5)	90.3%
		(6)	96.7%
	(二)		81.5%
	(三)		60.8%

理科

大問	小問		正答率
1	(1)		26.4%
	(2)		67.9%
	(3)		64.6%
	(4)		35.4%
2	(1)	①	55.7%
		②	18.9%
		③	71.2%
	(2)	①	74.5%
		②	25.0%
		③	35.8%
	(3)	①	54.7%
		②	46.2%
		③	60.4%
		④	66.0%
3	(1)		53.3%
	(2)		63.2%
	(3)		48.1%
	(4)		67.5%
4	(1)		71.2%
	(2)		63.2%
	(3)		70.3%
	(4)		46.7%
	(5)		54.7%
	(6)		68.4%
5	(1)		59.0%
	(2)		69.8%
	(3)		35.8%
	(4)		32.5%
	(5)		31.6%
6	(1)	あ	37.3%
		い	43.9%
	(2)	うえ	45.8%
		お	58.5%
	(3)		57.1%
	(4)		30.2%

英語解答

1 (1) No.1 ア No.2 イ No.3 ウ
No.4 エ No.5 エ
(2) No.1 ア No.2 ウ No.3 エ
No.4 イ
(3) No.1 イ No.2 ア
(4) ① ウ
② (例)I would like to read books for them.

2 (1) ① been ② memories
③ hotter
(2) ④ August ⑤ take
⑥ bought

3 (1) エ (2) ウ→イ→ア

4 (1) ①…ウ ②…ア ③…ウ ④…エ
⑤…イ
(2) (例)We can't play basketball on Monday(s)

5 (1) ウ，オ，ク (2) 2
(3) ① He joined five lessons.
② He thought he should change his ways of learning.
(4) ① (例)I think his experience is wonderful because he found better ways of learning English.
② (例)I usually listen to English songs every morning and I talk to my English teacher after school.

6 (例1)The most important thing in my life is the camera that my father gave me on my birthday last year. My father took wonderful pictures with it, so I want to take beautiful pictures like him. (36語)
(例2)The most important thing in my life is my family. We always help each other and talk a lot about many things. When I feel sad, they always talk to me and listen to me carefully. When they look busy, I try to help them and they thank me. That makes me happier. My family is very important to me. (60語)

1〔放送問題〕

(1)No.1.「私の母は自転車に乗っています」―ア

No.2.「私たちは食べ物を食べるときにこれを使います」―イ

No.3.「机の下に犬がいて，椅子の上にカバンが２つあります」―ウ

No.4.「私のクラスでは，理科が一番人気のある教科です。数学は音楽ほど人気がありません」―エ

No.5.「今日は10月20日です。先週の木曜日，私は家族と新潟に行き，そこに４日間滞在しました」―エ

(2)No.1. A：何を読んでるんだい，ベッキー？／B：こんにちは，ボブ。これは日本史に関する本よ。／A：僕は日本史に興味があるんだ。君が読み終わったら，その本を借りてもいいかな？／B：これはケイトから借りたものなの。だから，彼女に頼んでみて。

Q：「本を読んでいるのは誰か」―ア.「ベッキー」

No.2. A：先週末，家族と買い物に行ったんだ。君はどうしてた，リサ？／B：私は家族と山に行きたかったんだけど，雨が降ってたから行けなかったの。／A：そうなんだね…じゃあ，何をしたの？／B：週末の間，私たちは家で過ごしたわ。

Q：「なぜリサは家で過ごしたのか」―ウ.「天気が悪かったから」

No.3. A：ケビン，私の辞書がどこにあるか知ってる？ 見つからないの。／B：えっと…テーブ

ルの下にあるんじゃないかな，エイミー。／A：そこはもう見てみたわ。／B：じゃあ，お母さんにきいてみなよ。

Q：「エイミーが困っていることは何か」─エ．「彼女は自分の辞書を見つけられない」

No.4．A：こんにちは，トム，すごくうれしそうね。／B：やあ，マキ。すごいニュースがあるんだ。昨日テニスの大会で優勝したんだよ。／A：ほんと？　あなたがテニスが上手だなんて知らなかったわ。／B：僕は10年間テニスをやってるんだ。今度の週末に一緒にテニスをしない？

Q：「トムのいいニュースとは何か」─イ．「彼は昨日，テニスの大会で全試合に勝った」

(3)**≪全訳≫**ジュディー（J）：何かご用はございますか？／リク（R）：ええ。質問があるんですが。この飛行機では何か映画が見られますか？／J：はい。本日は日本映画とアメリカ映画の２本をご覧いただけます。／R：ありがとうございます。アメリカ映画はどんなお話ですか？／J：ある高校生の物語です。彼の夢は有名な歌手になることなんです。／R：それはおもしろそうですね。僕はアメリカの高校生活に興味があるので，アメリカ映画を見たいと思います。英語のリスニングの練習もできますしね。その映画は何時に始まりますか？／J：２時45分に始まります。始まるまでに20分ありますよ。／R：その映画はどのくらいの長さなんですか？／J：１時間15分です。／R：わかりました。ありがとうございます。

No.1．「なぜリクはアメリカ映画を見たいのか」─イ．「アメリカの高校生活について知りたいから」

No.2．「このアメリカ映画は何時に終わるか」─ア．「４時」

(4)**≪全訳≫**今度の月曜日，私たちはボランティアとしてある小学校へ行く予定です。９時30分にワカバ駅に来てください，それからその学校まで歩いていきます。そこに着くのに15分かかります。学校では，まず挨拶をして，自分たちの名前を生徒たちに伝えます。それから，彼らと一緒に外でスポーツをします。昼食後は教室の中で彼らのために何かすることになっていますが，何をするかはまだ決まっていません。皆さんは教室で小学生のためにどんなことをしたいですか？

①ウ．「ユイの中学校の生徒は10時前に学校に着くだろう」　第２，３文参照。　②What would you like to do ～？ときかれているので，この形を生かしてI would like to と始め，自分が小学生に教室でしてあげたいと思うことを書けばよい。解答例の訳は「私は彼らのために本を読んであげたい」。　would like to ～「～したい」

2〔長文読解総合─Eメール〕

≪全訳≫A．こんにちは，サチコ。／お元気ですか？　今年の夏にあなたを訪問できることになってうれしいです。私は日本には１度も行ったことがありません。全てのものが私にとっては新しいんだろうと思います。私は日本文化にとても興味があります。有名な場所に行って，あなたとたくさんお話ししたいです。きっと，たくさんのいい思い出ができると思います。ところで，１つ質問があります。夏，茨城はニューヨークよりも暑いですか？

B．こんにちは，マーサ。／Eメールをありがとう。ニューヨークの夏のことはわかりませんが，茨城は夏，すごく暑いです。８月10日には私の町でお祭りがあります。友達と私であなたをそのお祭りに連れていこうと思っています。去年，私の父が着物屋さんで私にプレゼントとして浴衣を買ってくれました。今年の夏は，そのお祭りであなたが私の浴衣を着られますよ。茨城での滞在を楽しんでくれることを願っています。じゃあまた，そのときに。

(1)**<語形変化>**①前に have があるので，‘have/has＋過去分詞’の現在完了にする。be の過去分詞は been。have/has been to ～で「～に行ったことがある」という意味（‘経験’用法）。ここでは never「１度も～ない」が用いられ，「～したことがない」という否定文になっている。　②直前に a lot of ～「たくさんの～」があるので，複数形にする。memory のように‘子音字＋y’で終わる語は y を i に変えて es をつける。　③直後に than「～よりも」があるので，比較級にする。hot のように‘短母音＋子音字’で終わる語の比較級・最上級は子音字を重ねてから er または est をつける。　hot－hotter－hottest

(2)＜**適語補充**＞④夏が話題になっている。前にある on と後ろにある10から空所にはAで始まる月の名前が入ると判断できる。Aで始まる夏の月は August「8月」。　⑤2文後に，マーサもお祭りでサチコの浴衣を着られるとあるので，サチコと友達はマーサをお祭りに連れていくつもりなのだとわかる。‘take＋人＋to＋場所’で「〈人〉を〈場所〉に連れていく」。助動詞の will の後なので，原形のまま用いる。　⑥「着物屋さんで父が私にプレゼントとして」につながる動詞として，buy「買う」が適する。　buy－bought－bought　‘buy＋物＋for＋人’「〈物〉を〈人〉に買ってあげる」

3〔**長文読解総合**〕

(1)＜**要旨把握―説明文**＞≪**全訳**≫あなたは虹にいくつの色が見えるだろうか。ほとんどの日本人は7色だと思っている。7色とは，赤，オレンジ，黄色，緑，青，藍色，紫である。アメリカ人の中には6色だという人もいるかもしれない。他の文化においては，5色だと思っている人もいる。これらの考え方は全て正しい，なぜなら私たちは皆違っているからである。違いを理解すれば，世界が違ったふうに見えてくるだろう。

＜**解説**＞虹の色の見え方を例にとりながら，違いを理解することで世界の見え方も違ってくるとまとめている。したがって，エ．「違いを理解することで，さまざまな考え方を学ぶことができる」が適切。　by ～ing「～することによって」

(2)＜**文整序―物語**＞≪**全訳**≫冬休みの間，私は家族と一緒に初めて北海道へ行った。はじめは，北海道はとても寒いので，この旅行を楽しめないだろうと思っていた。／→ウ．ところが，とても楽しかった。／→イ．例えば，スキーや他のウインタースポーツを楽しめた。／→ア．また，いろんな種類の料理を食べた。／3日目に食べたおすしはとてもおいしかった。また北海道に行きたいと思う。

＜**解説**＞空所の直前に，「楽しめないだろうと思っていた」とある。空所の直後の文などから，実際には楽しめたことが読み取れるので，‘逆接’の However「ところが」に続けて「とても楽しかった」とあるウを最初に置く。楽しんだことの例を挙げる導入部として，For example「例えば」で始まるイを続け，最後に食事も楽しんだというアを置くと，その例としておすしを挙げる直後の内容にうまくつながる。

4〔**長文読解総合―表を見て答える問題―対話文**〕

≪**全訳**≫❶**タクヤ(T)**：やあ，クリス。パソコンで何をしてるの？

❷**クリス(C)**：バスケットボールのできる場所を探してるところなんだ。

❸**T**：アサヒスポーツ公園にコートがいくつかあるよ。

❹**C**：ほんと？　そこのウェブサイトを見てみるよ。あっ，この公園には①バスケットボールのコートが2面あるから，この公園でならプレーできるね。

❺**T**：クラスメートとするつもりかい？

❻**C**：うん，でも，今のところ9人しかいないんだ。もう1人必要でさ。君も参加しない？

❼**T**：もちろんさ。楽しいだろうな。

❽**C**：ありがとう，タクヤ。あっ，ここを見て。②この公園ではバスケットボールのボールを借りることはできないよ。君，ボール持ってる？

❾**T**：いくつか持ってるから，僕のを使えばいいよ。

10C：ほんと？　それはありがたいね。

11T：いつするの？

12C：次の日曜日にしたいな。

13T：ごめん。その日は水泳のレッスンがあるんだ。次の月曜日はどう？

14C：僕は暇だけど，もう一度このウェブサイトを見てみてよ。(例)月曜日にはバスケットボールはできないんだ，だって閉まってるからね。

15T：そうか，じゃあ土曜日の午前中に行こうよ。

16C：それはいい考えだね。土曜日なら他のメンバーも来られると思うよ。

17T：何時に集合する？

18C：この公園が開園する時間に，公園の入り口で集まろう。

19T：つまり③9時ってこと？

20C：うん。

21T：わかった。どのくらいするつもりだい？　1時に駅で姉〔妹〕に会わなきゃいけないんだ。

22C：駅まではバスで行くつもりかい？

23T：うん。

24C：④12時30分のバスに乗ればいいよ。

25T：わかった。それなら姉〔妹〕が来る前にそこに着けるね。

26C：そうすると，3時間はできるね。コートを利用するのにお金がいるな。使うのは1面だけだから，各自⑤300円必要だね。

27T：わかった。じゃあ土曜日に会おう。

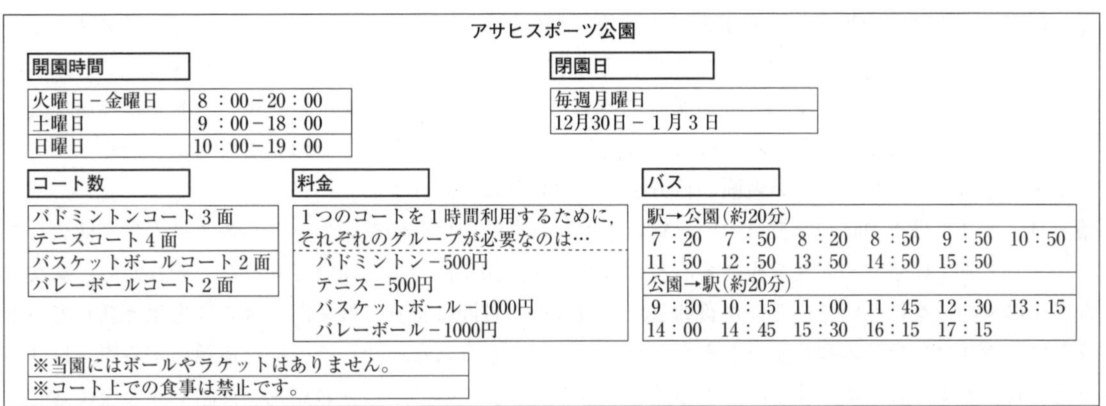

アサヒスポーツ公園

開園時間

火曜日－金曜日	8：00－20：00
土曜日	9：00－18：00
日曜日	10：00－19：00

閉園日

毎週月曜日
12月30日－1月3日

コート数

バドミントンコート3面
テニスコート4面
バスケットボールコート2面
バレーボールコート2面

料金

1つのコートを1時間利用するために，それぞれのグループが必要なのは…
バドミントン－500円
テニス－500円
バスケットボール－1000円
バレーボール－1000円

バス

駅→公園(約20分)					
7：20	7：50	8：20	8：50	9：50	10：50
11：50	12：50	13：50	14：50	15：50	
公園→駅(約20分)					
9：30	10：15	11：00	11：45	12：30	13：15
14：00	14：45	15：30	16：15	17：15	

※当園にはボールやラケットはありません。
※コート上での食事は禁止です。

(1)<**適語(句)・適文選択**>①第2段落から，クリスがバスケットボールをしたがっていることがわかる。表の「コート数」の欄より，バスケットボールのコートは2面ある。　②クリスは表を見て公園ではボールが借りられないとわかったので，直後でタクヤにボールを持っているかどうか尋ねたのである。　③第15段落と第18段落から，土曜日，公園の開園時間に待ち合わせることにしたとわかる。表より，土曜日の開園時間は午前9時である。　④第21～23段落より，タクヤは(午後)1時，つまり13時に駅に着くバスに乗らなくてはならない。表によると，公園から駅までは約20分かかるのだから，12時30分に公園を出るバスに乗る必要がある。　⑤表の「料金」の欄から，バスケットボールをする場合，1つのコートにつき1時間ごとに1000円かかる。また，第6，7段落と第26段落第1文から，10人で3時間コートを利用するとわかる。コートの利用料金は合計3000円で，10人が参加するのだから，1人につき300円が必要となる。

(2)<**適語句補充**>タクヤは月曜日にバスケットボールをしようと提案したが，表を見たクリスは，閉まっているから「　　　」と答えている。表の「閉園日」の欄からも，月曜日は公園が閉まっていることがわかるので，「月曜日はバスケットボールができない」といった内容にすればよい。主語は自分たちなのでWeとし，「バスケットボールができない」はcan't play basketballと表せる。'日付，曜日'の前に置く前置詞はon。

5〔長文読解総合―物語〕

≪全訳≫**1**カズマは高校生で，英語をとても熱心に勉強している。去年，彼の担任のアオキ先生がこう言った。「カズマ，あなたはすごくがんばって英語の勉強をしているわね。今年の夏にアメリカの高校で行われる，特別な英語学習プログラムに参加するといいわ。きっとすばらしい経験になるわよ。世界の他の地域から来た生徒たちと一緒に英語を学べるわ」　カズマはそのプログラムに興味を持った。彼はこう思った。「これはアメリカで英語を学ぶいい機会になる。おもしろいだろうな」　そこで，彼はそのプログラムに参加することにした。

2アメリカの学校に到着したとき，カズマは自分の英語に自信があったので，とてもわくわくしていた。プログラムの初日，カズマは5つの授業に参加し，世界中のさまざまな地域から来た25人の生徒と一緒に勉強した。彼らは将来に向けて自分自身の目標を持っていた。数日後，この学校の授業は日本での授業とはずいぶん違っているとカズマは思った。生徒は授業のためにたくさんの本を読まなければならなかった。授業中は，自分たちが家で読んできた本について話し合わなければならなかった。彼らは自分自身の意見を持っており，授業中にそれを披露し合った。カズマは他の生徒たちが言っていることは理解できた。だが，彼は自分自身の意見が持てなかったので，何も言わなかった。彼は孤独を感じた。彼は自信を失った。彼はアオキ先生の言葉を思い出した。彼女は「すばらしい経験になるわよ」と言ったが，これがすばらしいものだとは思えなかった。

31週間後，カズマの担当教師の1人が放課後，彼に話しかけてきた。彼はこう言った。「アメリカでの生活はどうだい？」　カズマはその先生にこう言った。「他の生徒たちは授業で本当にすごいですが，僕にはできないんです」　その先生は彼にこう言った。「この学校には生徒をサポートする特別な教員がいるんだ。その人たちのところへ行って質問してみるといい。きっとその先生たちからたくさんアドバイスをもらって，もっといい勉強の仕方を見つけられると思うよ」

4翌日，カズマはその特別な教員のいる職員室へ行った。彼はその教員の1人，スミス先生と面談した。彼がスミス先生に自分の問題を相談すると，彼女は注意深く彼の話を聞いてくれた。それから，彼女はカズマに彼の授業についていくつか質問した。彼はその質問に正直に答えた。スミス先生と話しているうちに，カズマは自分の勉強法を変えた方がいいと思うようになった。その後，宿題をする際，自分の意見を持てるように，より注意深く本を読むよう努めた。すると，自分の意見を英語でみんなに話せるようになったので，授業でうまくやれるようになってきた。彼は再び自信を取り戻し，彼の英語は上達した。このプログラムは彼にとってすばらしい経験となった。

(1)＜**内容真偽**＞ア.「アオキ先生はカズマにオーストラリアでの英語プログラムを紹介した」…×　第1段落第3文参照。オーストラリアではなくアメリカである。　イ.「カズマはアオキ先生が話したプログラムへの参加に興味がなかった」…×　第1段落第6文参照。　ウ.「カズマはアメリカの学校で世界中のさまざまな地域から来た生徒たちと一緒に授業に参加した」…○　第2段落第2文に一致する。　エ.「カズマは英語プログラムの初日に他の生徒たちに自分の意見を語った」…×　第2段落第1～3文に初日の様子が書かれているが，カズマが自分の意見を語ったという内容はない。また，これ以降の内容から，カズマはしばらくの間，自分の意見を授業で伝えられなかったことがわかる。　オ.「担当の先生の1人がカズマに，自分の問題について特別な先生に質問した方がいいと言った」…○　第3段落後半に一致する。　カ.「カズマは授業でうまくやっていたので，特別な先生を訪ねなかった」…×　第３段落第３文および第４段落第１文参照。キ.「スミス先生はカズマの先生と話しているときにたくさんの質問をした」…×　第４段落前半参照。スミス先生がカズマの先生と話したという記述はない。　ク.「スミス先生と話した後，カズマは自分の経験がすばらしいものになったと考えた」…○　第４段落に一致する。

(2)＜**適所選択**＞補う文は「だが，彼は自分の意見が持てなかったので，何も言わなかった」という内容。'逆接' の However「だが，しかし」があるので，これと相反する内容に続くはずである。空所２に入れると，「自分の意見を持っている他の生徒の言うことは理解できる」→「だが，自分の意見がなくて何も言わない」→「孤独を感じる」という自然な流れになる。

(3)＜**英問英答**＞①「カズマはアメリカの高校で初日にいくつの授業に参加したか」—「５つの授業に参加した」　第２段落第２文参照。　②「スミス先生と話した際，カズマはどんなことを考えたか」—「彼は自分の勉強の仕方を変えるべきだと考えた」　第４段落第６文参照。

(4)＜**条件作文**＞≪**全訳**≫**ケリー(K)**：カズマがアメリカでした経験はよかったと思うな。彼の経験についてあなたの意見を聞かせてよ，アツシ。／**アツシ(A)**：①(例)彼はよりよい英語の勉強方法を見つけたから，彼の経験はすばらしいと思うよ。／**K**：わかるわ。あなたは自分の英語を向上させるために，いつもどんなことをしてる？／**A**：②(例)僕はたいてい毎朝英語の歌を聴いて，放課後は英語の担当の先生に話しかけるようにしてるよ。／**K**：へえ，それはカズマの勉強の仕方とは違うわね。

＜**解説**＞①カズマの経験についてどう思うかを述べればよい。この後ケリーがI understand.「わかるわ」と同意しているので，ケリーと同様に肯定的な意見にする。　②自分自身の英語の勉強法を紹介する文を書けばよいが，この後ケリーが「カズマの勉強法とは違う」と述べているので，本文中のカズマのやり方と重複しないようにする。

6〔テーマ作文〕

≪**全訳**≫僕は今，宿題をしていて，「自分の人生で最も大切なもの」について書かなきゃならないんだ。例えば僕の父は，父と友人が困ったときにはよくお互いに助け合っていたから，友情が人生で一番大切だって言ってた。僕の人生で一番大事なものは時計なんだ。僕が中学校に入学したとき，祖父からもらったものさ。それでね，この話題にもっと興味が出てきて，他の人たちの大切なものが知りたいんだ。君の人生で一番大切なものは何だい？　どうしてそう思う？

＜**解説**＞自分の人生で最も大切なものを挙げ，それが大切な理由を説明すればよい。例１の訳は「僕の人生で最も大切なものは，父が去年の誕生日に僕にくれたカメラだ。父はそのカメラですてきな写真を撮っていたので，僕も彼のように美しい写真を撮りたいと思う」。例２の訳は「私の人生で最も大切なものは家族だ。私たちはいつもお互いに助け合い，たくさんのことについて話し合う。私が悲しいとき，彼らはいつも私に声をかけてくれるし，注意深く私の話を聞いてくれる。彼らが忙しそうなときには私が手伝うようにしているし，彼らは私に感謝してくれる。それは私を幸せな気持ちにしてくれる。家族は私にとってとても大切だ」。

数学解答

1 (1) -4　(2) $2\sqrt{10}$m

(3) ウ　(4) 下図

(例)

2 (1) ア…$n+1$　イ…$n+2$　ウ…$n+1$

(2) ア…$x(x+5)$　イ…-8　ウ…3

(3) ア…2　イ…8

(4) (例1)選んだ選手…A

理由…Aさんの最頻値11.9秒は，Bさんの最頻値12.0秒よりも小さいので，Aさんの方が次の1回でより速く走れそうな選手である。

(例2)選んだ選手…B

理由…Bさんの中央値12.0秒は，Aさんの中央値12.1秒よりも小さいので，Bさんの方が次の1回でより速く走れそうな選手である。

3 (1) 48°

(2) (例)△ADBと△AECで，

仮定から，AB＝AC……①，

∠CBA＝∠BCA……②，

∠BDA＝∠CEA＝90°……③

平行線の錯角だから，

∠CBA＝∠DAB……④，

∠BCA＝∠EAC……⑤

②，④，⑤から，

∠DAB＝∠EAC……⑥

①，③，⑥から，斜辺と1鋭角がそれぞれ等しい直角三角形なので，

△ADB≡△AEC

(3) $9\pi+\frac{9}{2}$

4 (1) 800L　(2) 130L

(3) 250時間後

5 (1) ① $\frac{1}{9}$

② 記号…B　確率…$\frac{5}{18}$

(2) A

6 (1) $\frac{75}{2}$

(2) イ…面(あ)，面(う)　ウ…90

(3) エ…面(う)　オ…面(い)

1〔独立小問集合題〕

(1)＜数の計算＞Bチームの得点合計が3点，失点合計が7点だから，得点合計から失点合計をひいた値は$3-7=-4$となる。よって，Bチームの得失点差は-4点である。

(2)＜図形―長さ＞右図1のように，3点E，F，Gを定める。四角形ABCDが長方形より，$AB=DC=\sqrt{10}$だから，$AE=AB-EB=\sqrt{10}-\sqrt{5}$である。また，$EG=\sqrt{5}$だから，長方形AEGFの周の長さは，$2(AE+EG)=2\times\{(\sqrt{10}-\sqrt{5})+\sqrt{5}\}=2\sqrt{10}$(m)となる。

図1

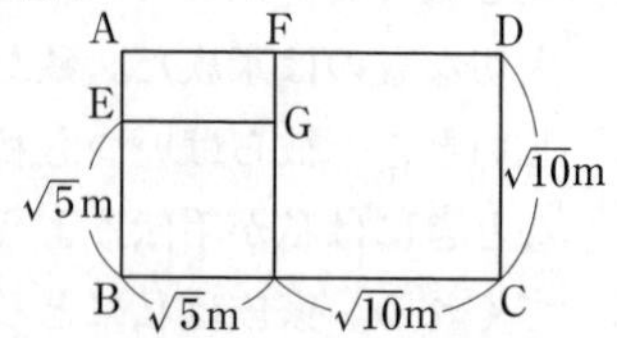

(3)＜文字式の利用―不等式＞1個a円のクリームパン5個と1個b円のジャムパン3個の代金は，$a\times5+b\times3=5a+3b$(円)である。1000円で買うことができるので，代金が1000円以下，もしくは，1000円出したときのお釣りが0円以上と考えることができる。よって，$5a+3b\leqq1000$，または，$1000-(5a+3b)\geqq0$が成り立つ。選択肢より，ウの$1000-(5a+3b)\geqq0$となる。

(4)＜図形―作図＞次ページの図2で，四角形ABCDは平行四辺形だから，辺BCを底辺と見たときの高さとなる線分PHは，辺BCに垂直になる。よって，点Pを通り辺BCに垂直な直線を引いて，辺ADとの交点をHとすればよい。作図は，

①点Pを中心として円の弧をかき(辺BCとの2つの交点をE，Fとする)，

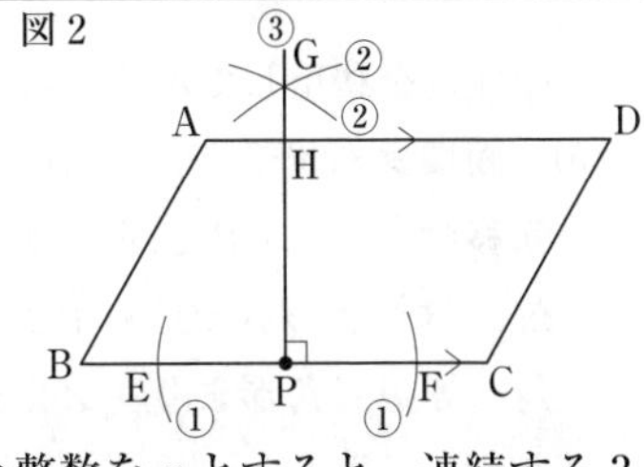

②2点E，Fを中心として半径の等しい円の弧をかき(交点をGとする)，

③2点P，Gを通る直線を引く。直線PGと辺ADの交点がHとなる。解答参照。

2〔独立小問集合題〕

(1)<**文字式の利用─論証**>連続する整数は差が1だから，最も小さい整数をnとすると，連続する3つの整数は，小さい順にn，$n+1$，$n+2$となる。この3つの整数の和は，$n+(n+1)+(n+2)=3n+3=3(n+1)$となる。$n+1$は整数だから，$3(n+1)$は3の倍数である。

(2)<**二次方程式の応用**>長方形の花だんは，縦の長さがxmで，横の長さは縦の長さより5m長いから，$x+5$mと表せる。面積が24m^{2}だから，面積について，$x(x+5)=24$が成り立つ。これを解くと，$x^2+5x-24=0$，$(x+8)(x-3)=0$より，$x=-8$，3となる。$x=-8$は縦の長さとして適さないから，$x=3$であり，縦の長さは3mとなる。

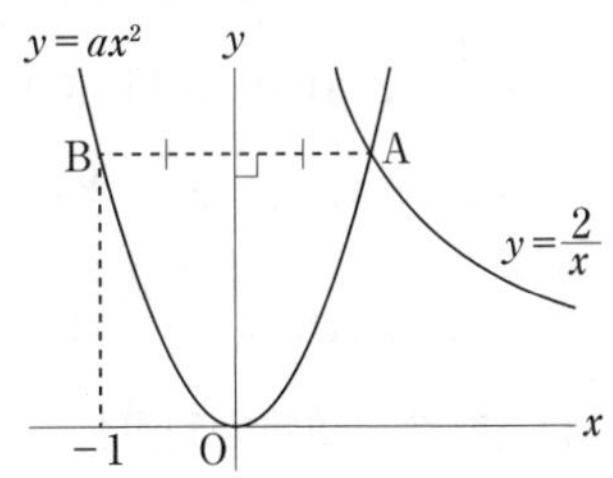

(3)<**関数─比例定数，変化の割合**>右図で，2点A，Bはy軸について対称だから，点Bのx座標が-1より，点Aのx座標は1となる。点Aは関数$y=\frac{2}{x}$のグラフ上にあるから，y座標は$y=\frac{2}{1}=2$となり，A(1，2)である。点Aは関数$y=ax^2$のグラフ上にもあるから，$2=a\times1^2$より，$a=2$となる。これより，関数$y=ax^2$は，$y=2x^2$となる。この関数において，$x=1$のとき$y=2$であり，$x=3$のとき$y=2\times3^2=18$だから，xの値が1から3まで増加するときの変化の割合は$\frac{〔y\text{の増加量}〕}{〔x\text{の増加量}〕}=\frac{18-2}{3-1}=8$となる。

(4)<**資料の活用**>Aさん，Bさんの記録の中央値(メジアン)か最頻値(モード)を比べ，値の小さい方が次の1回でより速く走れそうな選手と考える。18回走った記録なので，中央値は，小さい方から9番目と10番目の記録の平均となる。Aさんは12.0秒以下が1+5+2=8(回)，12.1秒以下が8+3=11(回)だから，9番目，10番目の記録はともに12.1秒であり，Aさんの中央値は12.1秒となる。Bさんは，11.9秒以下が1+2=3(回)，12.0秒以下が3+7=10(回)だから，9番目，10番目の記録はともに12.0秒であり，Bさんの中央値は12.0秒となる。よって，中央値はBさんの方が小さいので，次の1回でより速く走れそうな選手はBさんと考えることができる。また，Aさん，Bさんの記録で最も回数が多かったのは，Aさんが5回あった11.9秒，Bさんが7回あった12.0秒だから，Aさんの最頻値は11.9秒，Bさんの最頻値は12.0秒である。最頻値はAさんの方が小さいので，次の1回でより速く走れそうな選手はAさんと考えることができる。解答参照。

3〔平面図形─直角三角形〕

図1

(1)<**角度**>右図1で，△ABCを△AB′C′の位置から点Aを中心に回転させたから，AB=AB′である。よって，△ABB′は二等辺三角形だから，∠ABB′=∠AB′B=66°となり，∠BAB′=180°−∠ABB′−∠AB′B=180°−66°−66°=48°である。これより，△ABCは点Aを中心に時計回りに48°だけ回転移動させたことになる。

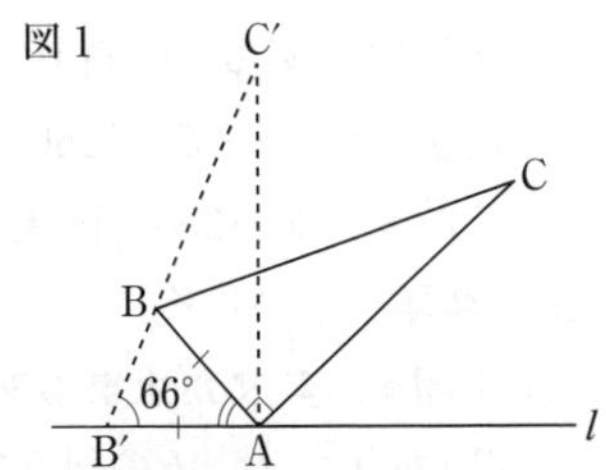

(2)<**論証─合同**>右図2で，△ABCが直角二等辺三角形より，AB=AC，∠CBA=∠BCAである。また，点B，点Cから直線lに垂線を引いているので，∠BDA=∠CEA=90°である。△ADBと△AECにおいて，AB=AC，∠BDA=∠CEA=90°より，直角三角形で斜辺が等しいことがいえるので，あと1鋭角が等しいことを，∠CBA=∠BCAと平行線

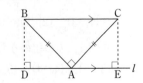

の性質を利用して示す。解答参照。

(3)<**面積**>右図3で，△ABCは，まず，点Aを中心として回転移動し，$\triangle AB_1C_1$の位置まで転がるので，点Bが動いた跡はおうぎ形ABB_1の$\overset{\frown}{BB_1}$となる。このとき，△ABCが直角二等辺三角形より，∠BAC＝90°だから，$\angle CAC_1=90°$であり，$\angle B_1AC_1=90°$，$AB_1=AC=3$だから，点B_1は点Cの位置にある。次に，点C_1を中心として回転移動し，$\triangle A_1B_2C_1$の位置まで転がるので，点Bが動いた跡はおうぎ形$C_1B_1B_2$の$\overset{\frown}{B_1B_2}$となる。よって，点Bが動いた跡にできる線と直線lとで囲まれた部分は，$\overset{\frown}{BB_1}$と$\overset{\frown}{B_1B_2}$と直線lで囲まれた部分であり，おうぎ形ABB_1，$\triangle AB_1C_1$，おうぎ形$C_1B_1B_2$に分けられる。$\angle BAB_1=\angle BAC=90°$より，〔おうぎ形$ABB_1$〕$=\pi\times3^2\times\frac{90°}{360°}=\frac{9}{4}\pi$であり，$\triangle AB_1C_1=\frac{1}{2}\times3\times3=\frac{9}{2}$である。また，$\triangle AB_1C_1$は直角二等辺三角形だから，$AC_1:C_1B_1=1:\sqrt{2}$，$\angle AC_1B_1=45°$より，$C_1B_1=\sqrt{2}AC_1=\sqrt{2}\times3=3\sqrt{2}$，$\angle B_1C_1B_2=180°-\angle AC_1B_1=180°-45°=135°$であり，〔おうぎ形$C_1B_1B_2$〕$=\pi\times(3\sqrt{2})^2\times\frac{135°}{360°}=\frac{27}{4}\pi$である。以上より，求める面積は，〔おうぎ形$ABB_1$〕＋$\triangle AB_1C_1$＋〔おうぎ形$C_1B_1B_2$〕$=\frac{9}{4}\pi+\frac{9}{2}+\frac{27}{4}\pi=9\pi+\frac{9}{2}$(cm²)となる。

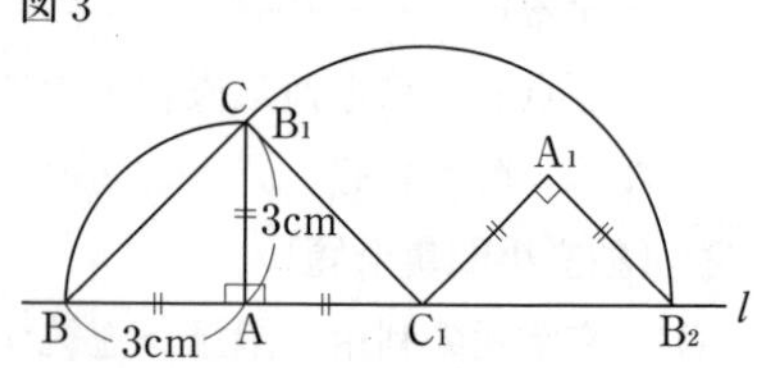

4 〔**関数—関数の利用**〕

(1)<**燃料の残量**>問題の図より，「ある時刻」から20時間後の燃料Aの残量は200Lである。燃料Aは1時間当たり30L消費されるので，20時間までに，30×20＝600(L)消費されている。よって，「ある時刻」の燃料Aの残量は200＋600＝800(L)である。

(2)<**1時間当たりの補給量**>問題の図より，燃料Aの残量は，「ある時刻」から20時間後は200L，35時間後は1700Lである。よって，20時間後から35時間後までの15時間で，燃料Aの残量は，1700－200＝1500(L)増えている。この間に燃料Aは1時間当たり30L消費されているので，この15時間に補給された燃料Aは，消費された分も含めて1500＋30×15＝1950(L)である。したがって，1時間当たりの燃料Aの補給量は1950÷15＝130(L)である。

(3)<**時間**>「ある時刻」の35時間後から80時間後までの80－35＝45(時間)で消費される燃料Aは，30×45＝1350(L)である。35時間後の燃料Aの残量は1700Lだから，80時間後の燃料Aの残量は1700－1350＝350(L)となる。この残量は燃料Bの残量より700L少ないから，80時間後の燃料Bの残量は，350＋700＝1050(L)である。「ある時刻」の燃料Bの残量は1450Lなので，1450－1050＝400より，燃料Bは80時間で400L消費される。これより，1時間当たりに消費される燃料Bは，400÷80＝5(L)である。燃料Bの残量が200Lになるとき，燃料Bは，「ある時刻」から1450－200＝1250(L)消費されるので，1250÷5＝250(時間)かかる。したがって，燃料Bが初めて補給されるのは，「ある時刻」から250時間後となる。

5 〔**確率—さいころ**〕

(1)<**確率，コマが止まるマス**>①1つのさいころを2回投げるとき，目の出方は全部で6×6＝36(通り)あり，a，bの組も36通りある。aとbの和は，最小で1＋1＝2，最大で6＋6＝12だから，コマがEのマスに止まるのは，$a+b=4$，12になるときである。このようになるa，bの組は(a, b)＝(1, 3)，(2, 2)，(3, 1)，(6, 6)の4通りあるから，求める確率は$\frac{4}{36}=\frac{1}{9}$となる。　②36通りのa，bの組のうち，コマがAのマスに止まるのは，$a+b=8$になるときだから，(a, b)＝(2, 6)，(3, 5)，(4, 4)，(5, 3)，(6, 2)の5通りある。コマがBのマスに止まるのは，$a+b=7$，9になるときだから，$(a,\ b)=(1,\ 6)$，$(2,\ 5)$，$(3,\ 4)$，$(3,\ 6)$，$(4,\ 3)$，$(4,\ 5)$，$(5,\ 2)$，$(5,\ 4)$，$(6,\ 1)$，$(6,\ 3)$の10通りある。コマがCのマスに止まるのは，$a+b=2,\ 6,\ 10$ になるときだから，$(a,\ b)=(1,\ 1)$，$(1,\ 5)$，$(2,\ 4)$，$(3,\ 3)$，$(4,\ 2)$，$(4,\ 6)$，$(5,\ 1)$，$(5,\ 5)$，$(6,\ 4)$の９通りある。コマがDのマスに止まるのは，$a+b=3,\ 5,\ 11$ になるときだから，$(a,\ b)=(1,\ 2)$，$(1,\ 4)$，$(2,\ 1)$，$(2,\ 3)$，$(3,\ 2)$，$(4,\ 1)$，$(5,\ 6)$，$(6,\ 5)$の８通りある。コマがEのマスに止まるのは，①より，４通りある。よって，コマがBのマスに止まる場合の a，b の組が10通りで最も多いから，確率が最も大きくなるのはコマがBのマスに止まる場合で，その確率は $\frac{10}{36}=\frac{5}{18}$ である。

(2)＜**コマが止まるマス**＞１回目が４，２回目が５より，$a=4$，$b=5$ だから，「条件X」は「４の５乗」つまり「4^5」となる。コマを4^5だけAから動かしたときに止まるマスを考えればよい。コマがAのマスに戻るのは，コマを８の倍数だけ動かしたときである。$4^5=4^2\times4^3=16\times4^3=8\times(2\times4^3)$より，$4^5$は８の倍数だから，コマを$4^5$だけAから動かして止まるマスは，Aのマスである。

6〔空間図形―三角錐〕

図 1

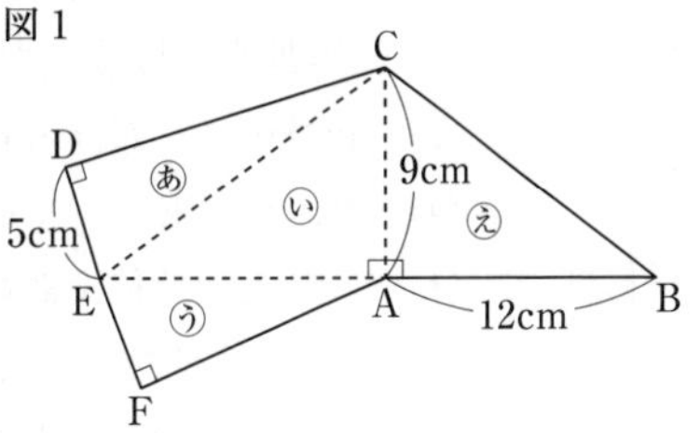

(1)＜**面積**＞右図１の展開図を組み立てて三角錐をつくるとき，辺CDと辺CBが重なる。△ABCは∠BAC＝90°の直角三角形だから，三平方の定理より，$CB=\sqrt{AB^2+AC^2}=\sqrt{12^2+9^2}=\sqrt{225}=15$ となり，CD＝CB＝15となる。∠CDE＝90°なので，$△CDE=\frac{1}{2}\times ED\times CD=\frac{1}{2}\times5\times15=\frac{75}{2}(cm^2)$である。

図 2

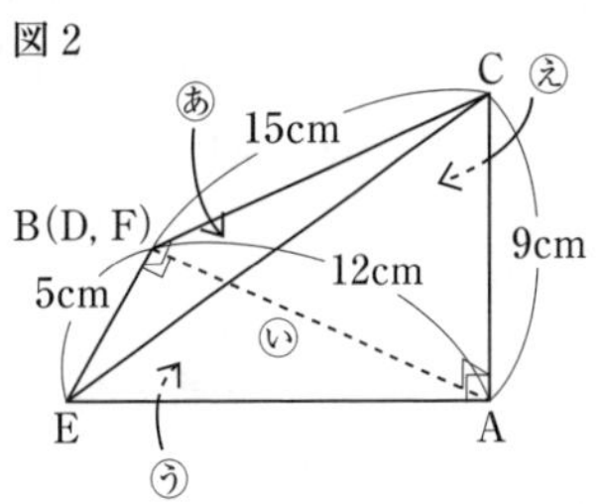

(2)＜**面，体積**＞右上図１の展開図を組み立てると，点Bと点Dと点Fが重なり，右図２のような三角錐ABCEができる。図１で，∠CDE＝∠AFE＝90°だから，図２で，∠CBE＝∠ABE＝90°である。これより，BE⊥〔面ABC〕，つまりBE⊥〔面㋓〕となる。よって，線分BEを含む面は面㋓に垂直となる。線分BEを含む面は面㋐と面㋒だから，面㋓に垂直な面は面㋐と面㋒である。また，△ABCを底面と見ると，高さはBE＝5となる。$△ABC=\frac{1}{2}\times AB\times AC=\frac{1}{2}\times12\times9=54$ だから，三角錐ABCEの体積は，$\frac{1}{3}\times△ABC\times BE=\frac{1}{3}\times54\times5=90(cm^3)$となる。

(3)＜**面**＞右上図２で，(2)より，三角錐ABCEの体積について，$\frac{1}{3}\times$〔底面積〕×〔高さ〕＝90が成り立ち，〔底面積〕×〔高さ〕＝270となるから，底面積と高さは反比例する。よって，高さが一番高くなるのは底面積を一番小さくしたときであり，高さが一番低くなるのは底面積を一番大きくしたときである。(1)より$△CBE=△CDE=\frac{75}{2}$，(2)より△ABC＝54であり，$△ABE=\frac{1}{2}\times BE\times AB=\frac{1}{2}\times5\times12=30$ である。また，△ABEで三平方の定理より，$AE=\sqrt{BE^2+AB^2}=\sqrt{5^2+12^2}=\sqrt{169}=13$ となるから，$△AEC=\frac{1}{2}\times AE\times AC=\frac{1}{2}\times13\times9=\frac{117}{2}$ である。よって，$30<\frac{75}{2}<54<\frac{117}{2}$ より，△ABE＜△CBE＜△ABC＜△AECとなる。したがって，三角錐ABCEの高さが一番高くなるのは，面積が一番小さい△ABE，つまり面㋒を底面としたときであり，三角錐ABCEの高さが一番低くなるのは，面積が一番大きい△AEC，つまり面㋑を底面としたときである。

社会解答

1 1 (1) ウ
(2) (例)千島海流〔親潮〕によって冷やされる
(3) 択捉島
2 (1) (例)大型の装置〔施設〕や機械を使い，農業従事者一人当たりの耕地面積が広く，穀物生産量が多い
(2) イ
3 (1) ウ
(2) (例)湿地を農地に変えました〔農地を広げました〕
(3) 記号…ア　県庁所在地名…仙台
(4) B，C，E

2 1 (1) (例)王の地位を認めてもらう〔王の地位を高める／中国の臣下として認めてもらう／中国の皇帝の権威を借りる〕
(2) 内容　(例)娘を天皇のきさきにして，その子を天皇にする
記号…エ
(3) B
(4) 記号…ア
内容　(例)天皇が主権を持つ
2 (1) (例)武士と農民の身分の区別が明確になって
(2) (例)地租を地価の３％から2.5％に引き下げた
(3) イ

3 1 (1) エ
(2) 記号…ア
内容　(例)よく売れる商品を把握し，その商品を本部からの指示で配送してもらい，狭い売り場面積でも効率的に販売
(3) 語…間接税
内容　(例)収入〔所得／年収／月収〕が少ない方が負担額の割合が高い〔収入が多い方が負担額の割合が低い〕
2 (1) (例)少数意見を十分に聞いて尊重する。
(2) 数字…20
内容　一票の格差〔議員一人当たりの有権者数に差がある〕
(3) (例)司法に対する理解が深まる〔司法が身近なものになる〕

4 1 (1) エ
(2) (例)世界の人口も，水需要量も増加する〔世界の人口が増加することにより，水需要量も増加する〕
(3) (例)安全な飲み水を確保できる人の割合が低い(国が多い)〔安全な飲み水を確保することが難しい〕
2 (1) ウ
(2) (例)生産年齢人口の割合が減少する一方で，社会保障給付費が増える〔生産年齢人口一人当たりの社会保障給付費の負担が重くなる〕
(3) (例)国民負担が大きいかわりに，社会保障を手厚くする
3 (1) イ
(2) (例)二酸化炭素の排出量を抑制する
(3) き　(例)乗客が少ないときでも，一定の収入を得られる
く　(例)利用者が少ないバス路線でも維持する

1〔地理―北海道地方，日本と世界の諸地域，地形図〕

1⑴<**北海道の気候**>資料１から，札幌の気温は東京と比較してどの月も低いことがわかる。また，北海道の日本海側に位置する札幌では冬になると，日本海で多くの水蒸気を含んだ北西の季節風が吹くため，冬の降水量が多くなる。

⑵<**日本付近の海流**>資料３に示されている海流は，寒流の千島海流〔親潮〕である。釧路付近の夏の濃霧は，湿気を含んだ夏の南東季節風が千島海流上で冷やされるために発生する。

⑶<**北方領土**>資料３に示されているAの島は，択捉島である。択捉島は北方領土の中で最大の面積を持つ島で，日本の領域の最北端に位置している。

2⑴<**アメリカの農業**>資料５からは，アメリカでは日本より大型の設備や機械を使っていること，資料６からは，アメリカの農業従事者数は日本とほぼ等しいのに，耕地面積は日本の約35倍，穀物生産量は日本の50倍以上であることが読み取れる。

⑵<**オーストラリア大陸**>オーストラリア大陸の気候は，赤道に近い北部は熱帯，中部と南部の沿岸地域は温帯，内陸部は乾燥帯となっている。なお，アはユーラシア大陸，ウは南アメリカ大陸，エは南極大陸を表している。

3⑴<**地形図の読み取り**>特にことわりのないかぎり，地形図上では北が上になる。北大植物園の西側の道路沿いには，高等学校(⊗)がある(ウ…○)。なお，JR札幌駅の北側には，交番(X)はあるが，消防署(Y)や警察署(⊗)はない(ア…×)。２万５千分の１の地形図では，地形図上の１cmが実際の距離の250mを表すので，地形図上の３cmが表す実際の距離は750mである(イ…×)。地形図上では，市役所(◎)は旧庁舎のおよそ南東に位置している(エ…×)。

⑵<**土地改良**>資料９から，1897年頃に多かった湿地が2010年にかけて農地や市街地に変わっている様子や河川の流路が変化していることが読み取れる。石狩川流域には農業に適さない泥炭地などの湿地が広がっていたが，排水施設の建設や農業に適した土を他の土地から運び入れる客土を行うなどして農地を拡大したことで，現在では稲作が盛んに行われている。

⑶<**北海道と東北地方**>宮城県の県庁所在地である仙台は東北地方の経済の中心となっており，商業や工業が盛んで，宮城県の人口，年間商品販売額は東北地方で最も多く，製造品出荷額等は福島県に次いで２番目に多い。また，宮城県には石巻や女川などの漁港があり，漁業産出額も多い。なお，イは岩手県，ウは秋田県，エは福島県である。

⑷<**資料の活用**>北海道を訪れる外国人観光客は，中国，台湾，韓国などの東アジアからが最も多いことはBの資料から，北海道を訪れる交通手段はほとんどが航空機であることはEの資料から，宿泊者数が冬の時期に多いことはCの資料から読み取ることができる。

2〔歴史―古代～現代の日本と世界〕

1⑴<**古代の日本と中国**>弥生時代には小さな国々ができ，人々を支配する者が現れた。そうした小国のうち，中国に使いを送り，中国の皇帝から王として称号を得たり金印を授けられたりすることによって，日本列島内における支配権を維持，強化しようとする国が現れた。

⑵<**摂関政治と平氏政権**>資料２から，藤原道長と平清盛は，天皇のきさきとなった娘が産んだ子が天皇となることで，天皇の祖父になっていることがわかる。また，摂関政治の全盛期に藤原頼通が建てた建築物は，エの平等院鳳凰堂である。なお，アは鎌倉時代に建てられた東大寺南大門，イは安土桃山時代に天守が建てられた姫路城，ウは室町時代に建てられた銀閣である。

⑶<**天下の台所**>資料３に見られるように，江戸などに商品を運ぶ船でにぎわっていたのは，江戸時代の商業の中心地として「天下の台所」と呼ばれた大阪にあった港である。なお，Aは現在の神戸，Cは琵琶湖南岸の大津，Dは琵琶湖東岸の彦根である。

(4)<**大日本帝国憲法**>伊藤博文が憲法を学んだ19世紀後半のドイツでは，1871年の統一後，ビスマルクが富国強兵政策を進めていた。なお，イは19世紀初めのフランス，ウは第一次世界大戦中のロシア，エは第一次世界大戦後のドイツの様子である。また，資料５から，大日本帝国憲法では，天皇が国を統治することが記されており，国の政治を最終的に決める権利である主権を天皇が持っていることがわかる。

2(1)<**兵農分離**>豊臣秀吉が，ものさしやますを統一して土地の面積などを調べ検地帳にまとめる太閤検地や，農民から刀などの武器を取りあげる刀狩を実施したことによって，武士と農民の身分を区別する兵農分離が進められた。

(2)<**地租改正**>資料６から，1873年に地租改正が実施されたときには，地租は地価の３％（資料６では「百分ノ三」）だったが，地租改正反対の一揆などによって，地価の2.5％（資料６では「百分ノ二ヶ半」）に引き下げられたことがわかる。

(3)<**農地改革**>地主が持つ小作地を政府が強制的に買いあげて，小作人に安く売り渡した農地改革は，第二次世界大戦後に日本を占領して統治したGHQ〔連合国軍最高司令官総司令部〕による民主化政策の１つだった(イ…○)。なお，日本が独立を回復したのは，1951年のサンフランシスコ平和条約によってである(ア…×)。太陽暦が採用されたのは，1872年のことである(ウ…×)。1955年から続いた，自由民主党が与党，日本社会党が野党第一党という55年体制が終了したのは，1993年に細川政権が誕生したときである(エ…×)。

3 〔公民―総合〕

1(1)<**為替相場**>「１ドル＝100円」から「１ドル＝110円」に為替相場が変動した場合，円に対するドルの価値が上がり，ドルに対する円の価値は「1100円＝11ドル」から「1100円＝10ドル」へと下がることになるので，このような変動を円安という。円安になると，円と交換できる外貨が少なくなるので海外旅行の件数は減少するが，日本で生産した自動車などを外国で安く売ることができるので，輸出は有利になる。

(2)<**企業**>造幣局や国立病院機構などの独立行政法人や，地方公共団体が運営する水道やバスなどの公共の目的のために活動する企業を，公企業という。また，POSシステムによって商品の販売状況を把握して，効率よく商品を配送して品ぞろえに無駄がないようにすることで，コンビニエンスストアは，狭い売り場でも，資料１に見られるように効率的に商品を販売している。

(3)<**税**>消費税などの税は，消費者は商品を購入するときに税金込みの金額を小売店などに支払い，小売店などがまとめて税として納めるので，税金を負担する人と税金を納める人が異なる。このような税を，間接税という。また，資料２を見ると，消費税の場合，年収が低い人ほど，月収に占める消費税負担額の割合が高くなっていることがわかる。

2(1)<**民主主義**>より多くの人が賛成する案を採用する多数決では，一定時間内で意思の決定ができるという長所がある一方で，少数の意見が反映されにくいという短所がある。したがって，多数決を採用する場合には，意思の決定の過程で，少数意見を尊重することが重要である。

(2)<**選挙**>1945年に改正された衆議院議員選挙法では，それまで25歳以上の男子だけに認められていた選挙権が，20歳以上の全ての国民に与えられた。また，資料４を見ると，選挙区によって，議員一人当たりの有権者数に大きな差があることがわかる。これを，一票の格差という。

(3)<**裁判員制度**>資料５を見ると裁判員を辞退する人の割合が増えている一方で，資料６と資料７では，裁判員を経験した人には，それをよい経験だったととらえている人の割合が高く，その理由として裁判についての理解が深まったことが挙げられている。このことから，裁判員制度の導入によって，国民が刑事裁判に参加することで，国民の感覚が裁判に生かされることとともに，国民の司法に対する理解が深まることが期待されていると判断できる。

4〔三分野総合―「持続可能な社会」をテーマにした問題〕

1(1)**<高度経済成長>**1950年代の後半から1973年まで，日本は年平均で10%程度の経済成長率が続いた。この時期を，高度経済成長期という(エ…○)。なお，バブル景気の時期は1990年前後(ア…×)，石油危機が起こったのは1973年のこと(イ…×)，朝鮮戦争が始まったのは1950年のことである(ウ…×)。

(2)**<人口の増加と水需要>**資料２によると，世界の人口は今後も増加を続けること，それに伴って世界の水需要量も増え続けると予想されていることがわかる。

(3)**<アフリカの水問題>**資料３から，アフリカの国々の多くは，他の地域と比較して，安全な飲み水を確保できる人の割合が低いことが読み取れる。

2(1)**<日本の人口>**人口密度は，人口÷面積で求められる。資料４には面積についてのデータが示されていないので，人口密度を求めることはできない。

(2)**<少子高齢化と社会保障>**資料４から日本では生産年齢人口の割合が低下し老齢人口の割合が増え続けると予想されていること，資料５から日本の社会保障給付費が増加し続けていることが読み取れる。資料４のとおり今後も高齢化が進んでいくと，医療費や年金などの給付が増加し続けるので，資料５にあるような社会保障給付費の増加傾向は今後も続いていくと予想できる。

(3)**<高負担高福祉>**資料６から，フランスやスウェーデンなどでは，国民所得に占める国民負担の割合が高く社会保障支出の割合も高いことから，国民の負担が大きくても社会保障を充実させようという考え方をとっていると判断できる。

3(1)**<日本の鉄道開通>**1872年に日本で初めて鉄道が開通した区間は，新橋と横浜の間である。

(2)**<二酸化炭素の排出量>**資料８から，自家用乗用車は，バスや鉄道と比較して，二酸化炭素の排出量が多いことがわかるので，ノーマイカーデーを実施することによって，二酸化炭素の排出量を少なくすることが期待できる。

(3)**<貨客混載>**貨客混載は，バス会社にとって，乗客が少ないときに有料で宅配会社にスペースを貸すことによって一定の収入が得られるという利点がある。また，貨客混載によって，過疎地域で利用客が少ないためにバス路線が廃止されたり，便数が減らされたりすることが避けられると考えられる。

理科解答

1 (1) エ　(2) イ　(3) オ　(4) ウ

2 (1) ① (例)細胞と細胞の結合を切って
② 記号…ア
集め方…下方置換〔下方置換法〕
③ c→e→b→d
(2) ① イ　② 右下図1　記号…ア
③ 4
(3) ① 0.79　②…エ　③ 下がる
④…ア

3 (1) 右下図2　(2) イ
(3) 147cm/s　(4) エ

4 (1) 観察できる範囲…ウ
視野の明るさ…ア
(2) 右下図3　(3) あ…裏　い…裏
(4) (例)BのグループとCのグループの蒸散の量を合わせた値がAのグループの蒸散の量の値になっていない
(5) 0.3
(6) (例)水面からの水の蒸発が起きたから。

5 (1) 火山噴出物　(2) エ
(3) (例)水を加え，親指の腹でよく洗い，にごった水を捨てる
(4) い…ア　う…ウ
(5) (例)強く，激しい爆発を伴うことが多い。

6 (1) あ…(例)生じた液体が加熱部へ流れる
い…(例)試験管Aの口を下げる
(2) う…二酸化炭素　え…酸素
お…(例)石灰水を入れることで，白くにごる
(3) 小麦粉と水
(4) $2NaHCO_3 \longrightarrow Na_2CO_3 + CO_2 + H_2O$

図1
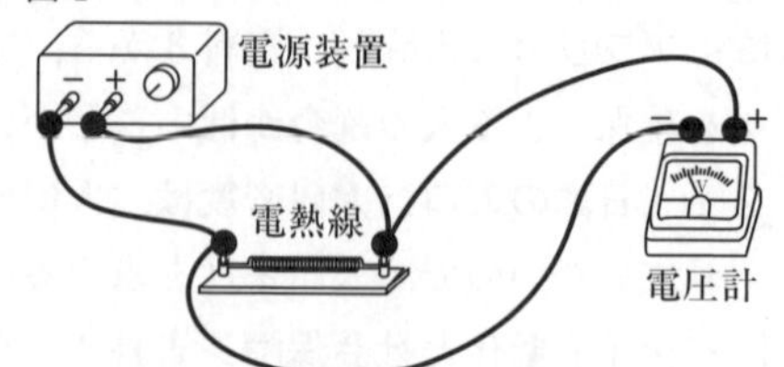

図2
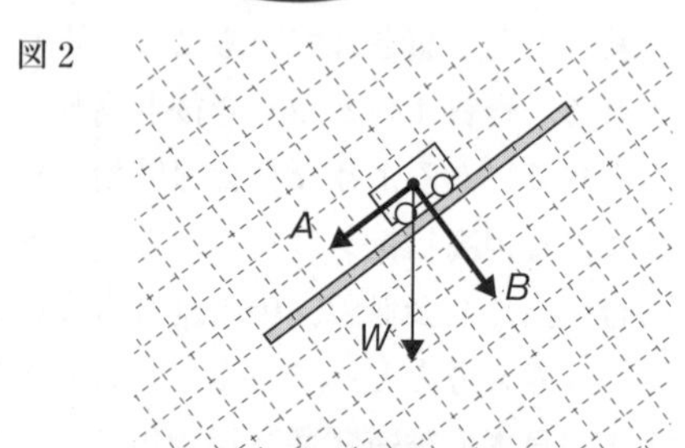

図3
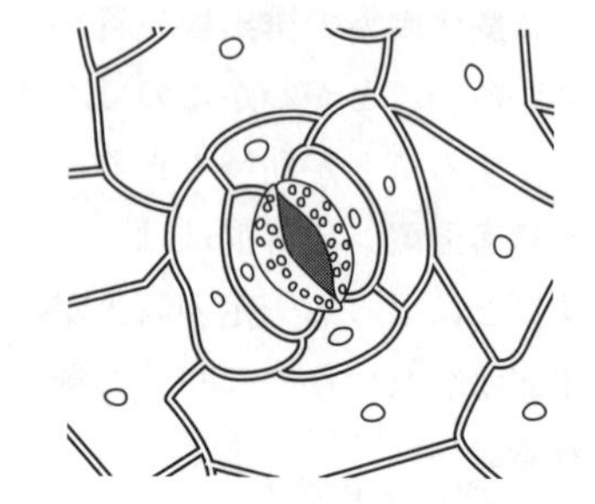

1 〔小問集合〕

(1)<磁界の向き>コイルに電流が流れると，コイルの周りに磁界が生じる。右手の親指以外の指先をコイルに流れる電流の向きに合わせると，突き出した親指の向きがコイルの内側にできる磁界の向きになる。また，方位磁針のN極は，磁界の向きを指す。よって，図のコイルの内側に生じる磁界の向きは左向きになり，図のコイルの外側の方位磁針のある場所には右向きの磁界が生じるので，方位磁針のN極が指した向きは右である。

(2)<水の電気分解>水酸化ナトリウムを溶かした水に電流を流すと，水が電気分解されて，陽極から酸素，陰極から水素が発生する。陰極で発生した水素は，最も密度の小さい気体で，非常に燃えやすいので，マッチの火を近づけると音を立てて燃え，空気中の酸素と結びついて水ができる。なお，アは塩素などの漂白作用がある気体の性質で，ウは水に溶けて酸性を示す気体の性質，エは物を燃やすはたらきがある酸素の性質である。

(3)<養分の消化>だ液に含まれる消化酵素はアミラーゼで，デンプンをブドウ糖が2つつながった麦芽糖や3つ以上つながった物質に変える。その後，麦芽糖などは，すい液中の消化酵素，小腸の壁の消化酵素のはたらきでブドウ糖(物質A)に分解される。また，タンパク質は胃液中の消化酵素

(ペプシン)，すい液中の消化酵素(トリプシン)，小腸の壁の消化酵素のはたらきでアミノ酸(物質B)に分解される。なお，脂肪は胆汁やすい液中の消化酵素(リパーゼ)のはたらきで脂肪酸とモノグリセリド(物質C)に分解される。

(4)**＜星の日周運動と年周運動＞**北の空の星は1日で北極星を中心に反時計回りに1周するように見えるから，1時間では，360°÷24＝15°より，約15°動いて見える。これより，図の観察を行った日の午後10時の3時間前の午後7時に，北斗七星はAの位置から15°×3＝45°時計回りに動いたエの位置に見える。また，北の空の星を同じ時刻に観察すると，1年で北極星を中心に反時計回りに1周するように見えるから，1か月では，360°÷12＝30°より，約30°動いて見える。よって，3か月後の午後7時に，北斗七星はエの位置から30°×3＝90°反時計回りに動いたウの位置に見える。

2〔小問集合〕

(1)**＜細胞分裂，塩化水素の性質＞**①タマネギの根をうすい塩酸に数分間ひたしてあたためることによって，細胞と細胞の結合が切れ，細胞を一つ一つばらばらにしやすくなる。この処理を行った後，プレパラートを作成するときに根をおしつぶすことで，細胞どうしの重なりがなくなり，細胞を観察しやすくなる。　②塩化水素は水に溶けやすく，空気よりも密度が大きい。水に溶けやすい気体は水上置換法で集めることはできないので，空気より密度が大きい気体は下方置換(法)で集める。なお，空気より密度が小さい気体は上方置換(法)で集める。　③植物の細胞では，細胞分裂が始まると，まず，核が消え，染色体が現れる(c)。次に，染色体が細胞の中央付近に並び(e)，2つに分かれて細胞の両極に移動する(b)。その後，細胞質に仕切りができ(d)，2つの細胞に分かれる。

(2)**＜音の性質，直列回路＞**①モノコードの弦を強くはじくと，大きな音が出る。音の大きさは振幅で表され，大きい音ほど振幅が大きくなる。また，弦をはじく強さだけを変えたので，音の高さは変わらない。音の高さは振動数(1秒当たりの波の数)によって変わるので，この実験では振動数は変わらない。よって，下線部aの結果として最も適当なのは，図1と波の数が等しく，振幅が大きいイである。　②電圧計は，電熱線に並列になるように，電源の＋極側に＋端子を，電源の－極側に－端子をつなぐ。また，電圧計は，測定する部分の電圧の大きさがわからないときは，電源装置の－極側を最も大きい電圧を測定することのできる300Vの－端子につなぐ。　③抵抗を直列につなげた回路では，それぞれの抵抗に流れる電流の大きさは等しく，かかる電圧の大きさの和は電源の電圧に等しい。よって，図2で，2Ωの抵抗Aに3Vの電圧がかかるとき，抵抗Aに流れる電流の大きさは，オームの法則〔電流〕＝$\frac{〔電圧〕}{〔抵抗〕}$より，$\frac{3}{2}$＝1.5(A)である。したがって，抵抗Bに流れる電流も1.5Aで，かかる電圧の大きさは，9－3＝6(V)だから，抵抗Bの抵抗の大きさは，6÷1.5＝4(Ω)となる。なお，直列回路では，それぞれの抵抗にかかる電圧の大きさは，各抵抗の抵抗値の比に等しい。そのため，抵抗Aに3V，抵抗Bに6Vの電圧がかかるとき，それぞれの抵抗値の比は，3：6＝1：2になるから，抵抗Aが2Ωのとき，抵抗Bは2倍の4Ωになる。

(3)**＜雲のでき方＞**①密度は，〔密度(g/cm^3)〕＝〔質量(g)〕÷〔体積(cm^3)〕で求める。また，1mLは1cm^3に等しいので，エタノール15mLは15cm^3である。よって，求める密度は，11.9÷15＝0.793…より，0.79g/cm^3となる。　②液体が気体になると，分子の運動が激しくなり，分子と分子の間隔が広がるので，体積が大きくなる。このとき，分子の数は変わらないため，質量は変化しない。よって，物質が液体から気体になると，密度は小さくなる。　③ピストンをすばやく引くと，フラスコ内の圧力が下がり，空気が膨張して温度が下がる。フラスコ内の空気の温度が露点まで下がると，フラスコ内の空気に含まれる水蒸気の一部が，線香のけむりを凝結核として水滴になり，白くくもる。　④水蒸気を含む空気が上昇すると，上空は地上より気圧が低いため，空気の体積が膨張し，温度が下がる。空気が上昇し続け，温度が露点まで下がると空気中に含みきれなくなった水蒸気が凝結して水滴になり，雲が発生する。

3〔運動とエネルギー〕

(1)＜**力の分解**＞斜面上の台車には，下向き(地球の中心に向かう向き)に重力Wがはたらく。重力を斜面に沿う向きの分力(力A)と斜面に垂直な向きの分力(力B)に分解すると，重力Wは，これらの２力を２辺とする平行四辺形(この場合は長方形)の対角線となる。作図は，右図のように，重力Wを表す矢印の先端から，斜面に平行な直線と垂直な直線を引き，それぞれ重力の作用点から斜面に垂直な直線と平行な直線の交点をとる。重力の作用点から，それぞれの交点に矢印をかくと，斜面に平行な矢印が力A，垂直な矢印が力Bとなる。

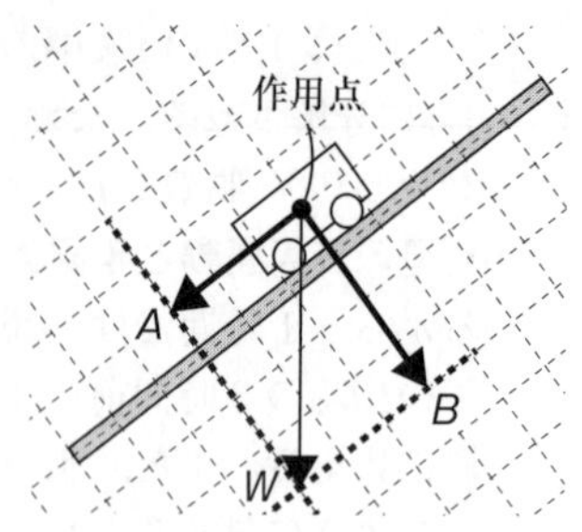

(2)＜**テープの処理**＞１秒間に50回打点する記録タイマーを使用したので，打点は$\frac{1}{50}$秒ごとに打たれる。よって，$0.1 \div \frac{1}{50} = 5$より，テープを５打点ごとに切ると，0.1秒間に移動した長さになる。また，最初の数打点は打点が重なっていて読み取りづらいため，一つ一つの打点がはっきりと読み取れる所から切って使用する。

(3)＜**平均の速さ**＞図２で，テープXの長さは14.7cm，記録した時間は0.1秒間なので，〔平均の速さ(cm/s)〕=〔移動距離(cm)〕÷〔移動にかかった時間(s)〕より，平均の速さは，14.7÷0.1=147(cm/s)となる。

(4)＜**速さの変化**＞図４のように，自転車で坂道を下るとき，自転車の運動の向きには，重力の斜面に沿う向きの分力が下向きに一定の大きさで加わり続ける。そのため，自転車の速さは一定の割合で増え続ける。また，５秒後からブレーキをかけると，斜面に沿う下向きの分力の大きさと，運動を妨げる向きにはたらく力の大きさがつり合い，自転車の運動の向きに力がはたらかなくなるため，坂道を下る自転車の速さは一定になる。この運動の様子を表すグラフは，０～５秒までは速さは時間に比例するので，原点を通る直線になり，５秒以降は速さが一定であるため，横軸に平行な直線になる。

4 〔植物の生活と種類〕

(1)＜**顕微鏡の使い方**＞顕微鏡の対物レンズを４倍から10倍に変えると，倍率が大きくなるので，観察できる範囲は狭くなる。このとき，視野に入る光の量が減るため，視野の明るさは暗くなる。

(2)＜**気孔**＞図２で，気孔は，１対の三日月形の細胞(孔辺細胞)に囲まれたすき間である。気孔からは，蒸散によって水蒸気が出ていき，呼吸と光合成によって酸素と二酸化炭素が出入りする。

(3)＜**気孔の数**＞ムラサキツユクサの気孔は，葉の裏側に多く見られるので，図１は葉の裏側，図２は葉の表側のスケッチである。また，アジサイの葉のつくりがムラサキツユクサと同じであるとすると，アジサイの気孔も葉の裏側に多く見られる。蒸散は気孔から水蒸気が出ていく現象なので，アジサイの葉の蒸散の量は，気孔の数が多い葉の裏側の方が多いと考えられる。

(4)＜**蒸散量**＞予想の②，③より，蒸散は葉のみで行われ，Bのグループの試験管から減少した水の量が葉の裏側から蒸散した量，Cのグループの試験管から減少した水の量が葉の表側から蒸散した量であるならば，これらの和は，葉の表側と裏側からの蒸散の量であるAのグループの試験管から減少した水の量と等しくなる。しかし，実際には，表より，BとCのグループの試験管から減少した水の量の和は，2.4+0.7=3.1(mL)となり，Aのグループの試験管から減少した水の量2.8mLより多いため，葉以外の部分からも蒸散していると考えられる。

(5)＜**蒸散量**＞蒸散は葉の表側と裏側，茎から行われ，ワセリンを塗った部分は気孔がふさがれるので，蒸散は行われない。そのため，それぞれのグループの試験管から減少した水の量は，Aのグループでは葉の表側と裏側，茎からの蒸散の量であり，Bのグループでは葉の裏側と茎からの蒸散の量，Cのグループでは葉の表側と茎からの蒸散の量となる。よって，葉の表側と裏側にワセリンを塗って同じ実験をした場合，試験管から減少する水の量は，茎からの蒸散の量となる。表のAとBのグループの結果から，葉の表側からの蒸散の量が求められ，2.8−2.4=0.4(mL)となり，AとCのグループの結果から，葉の裏側からの蒸散の量が求められ，2.8−0.7=2.1(mL)となる。したがって，茎からの蒸散の量は，$2.8-(0.4+2.1)=0.3$(mL)である。

(6)<**実験操作**>試験管に油を注がないと，水面からも水が蒸発するので，水の減少量は，蒸散による減少量より多くなる。そのため，蒸散した量を正確に調べることができない。

5 〔大地のつくりと変化〕

(1)<**火山噴出物**>火山の噴火によって火口から噴出される火山ガス，火山灰，火山弾，火山れき，軽石，溶岩などをまとめて火山噴出物という。

(2)<**火山灰の層の厚さ**>観測地での先生の説明より，観測地の火山灰が含まれる層は，火山Aが噴火したときに噴出した火山灰によってできたもので，同じ層は中学校の近くでも見られ，中学校の近くの層の厚さは，観測地の層の厚さより薄いことがわかる。また，図より，火山Aの噴火による火山灰は，強い西風によって火山Aの東側に広がり，火山Aから離れるほど降り積もった火山灰の層の厚さは薄くなっていることがわかる。よって，観測地と中学校はどちらも火山Aの東側にあり，中学校は観測地よりも火山Aから離れた位置にある。したがって，観測地と火山A，中学校の位置関係はエのようになる。

(3)<**観察の手順**>火山灰の観察を行うときは，蒸発皿に火山灰を入れ，水を少し加えて親指の腹で押し洗いし，にごった水を捨て，再び，新しい水を入れて指で押し洗いする。この操作を，水がにごらなくなるまで繰り返し，残った鉱物を乾燥させてペトリ皿に移し，双眼実体顕微鏡で観察する。

(4)<**鉱物の種類**>無色で不規則に割れる無色鉱物はセキエイである。また，長い柱状や針状の形をしていて，こい緑色や黒色をした有色鉱物はカクセン石である。なお，クロウンモは板状で六角形をした有色鉱物で，決まった方向にうすくはがれ，カンラン石は丸みを帯びた短い柱状の，黄緑色をした有色鉱物である。

(5)<**マグマのねばりけと噴火**>無色鉱物であるセキエイやチョウ石を多く含んだマグマは白っぽい色をしている。このような白っぽい色をしたマグマは，ねばりけが強く，気体成分が抜けにくいため，噴火のときに激しい爆発を伴うことが多い。

6 〔化学変化と原子・分子〕

(1)<**実験操作**>図のように試験管の口を上に向けて加熱すると，加熱によって発生した液体(水)が下の加熱部へ流れ込む。水が加熱部に流れ込むと，加熱部が急に冷えて試験管が割れるおそれがあるため，試験管の口を加熱部より少し下げて加熱する。

(2)<**発生する気体**>炭酸水素ナトリウム($NaHCO_3$)は，ナトリウム原子(Na)，水素原子(H)，炭素原子(C)，酸素原子(O)からなる化合物である。よって，炭酸水素ナトリウムの分解によって発生する可能性がある気体は，これらの原子からなる気体である。したがって，塩素(Cl_2)，酸素(O_2)，窒素(N_2)，二酸化炭素(CO_2)のうち，発生する可能性のある気体は，酸素と二酸化炭素と考えられる。また，実際に発生する気体は二酸化炭素で，発生した気体が二酸化炭素であることは，気体を集めた試験管に石灰水を入れ，石灰水が白くにごることを確かめればよい。

(3)<**対照実験**>水を加熱して生じる水蒸気に生地をふくらませるはたらきがあるかどうかを調べるには，炭酸水素ナトリウムを混ぜずに，小麦粉と水のみを混ぜて生地をつくり，実験1と同様に加熱すればよい。この結果，生地がふくらまなかったので，水蒸気には生地をふくらませるはたらきはないことがわかる。このように，調べたい条件以外の条件を全く同じにして行う実験を対照実験という。

(4)<**化学反応式**>炭酸水素ナトリウム($NaHCO_3$)を加熱すると，炭酸水素ナトリウムが分解して炭酸ナトリウム(Na_2CO_3)，二酸化炭素(CO_2)，水(H_2O)ができる。なお，化学反応式は，矢印の左側に反応前の物質の化学式，右側に反応後の物質の化学式を書き，矢印の左右で原子の種類と数が等しくなるように化学式の前に係数をつける。

国語解答

一 (一) 3
(二) カイトにウソをついてしまい，気まずくなっているが，今度はきちんと本当のことを伝えたいという気持ち。(49字)
(三) 1　(四) 2
(五) 皆さんに紹介したいのは，『ぼくのまつり縫い』という小説です。(30字)
〔皆さんに紹介したい小説は，『ぼくのまつり縫い』です。(26字)〕

二 (一) 1　(二) 4
(三) 一族皆よせて披露し，振舞わめきけり
(四) 2

三 (一) ア　心理学　イ　機械工学
(二) 4　(三) 2　(四) 3
(五) 役に立たないこと　(六) 1
(七) (例)本をたくさん読む人がいる一方で，全く読まない人も多い。時間が取れないことと，読みたい本が見つからないのが主な理由だ。／そこで，学年や学級に本を置くスペースを設け，いつでも，誰でも本を手に取ることができるようにするべきだ。大切なのは，日常生活の中で自然に読書に親しむ環境をつくり出すことだと考える。(150字)

四 (一) (1) 散策　(2) 耕　(3) 衛星
(4) くわだ　(5) ひんぱん
(6) いど
(二) 4　(三) 3

一〔小説の読解〕出典；神戸遥真『ぼくのまつり縫い　手芸男子は好きっていえない』。

(一)<表現>カイトとユートとの会話の部分に，「情景描写」は繰り返して書かれてはいない(1…×)。「……やっぱり，いまさらだったのかもしれない」の文頭の部分は，ユートがカイトの「サッカー部やめちまえ」という言葉を受けて気落ちしていることを，表している(2…×)。「ホントは」，「ムリして」，「すげーじゃん」などの正式でない表現をあえて使うことで，ユートとカイトの会話が生き生きとしたものになっている(3…○)。ユートの心の中の思いは素直に表現されているが，カイトの心情は直接には描かれていない(4…×)。

(二)<心情>ユートは，カイトにうそをついていて気まずいし，自分の謝罪の言葉にカイトが何も言わないのもつらいけれど，自分の気持ちを正直に話したいと思ったのである。

(三)<心情>「おまえみたいなヤツは，サッカー部やめちまえ」とカイトは言ったが，その後，笑いながら「それで，好きな服作れよ」と言い，さらに「服作れるとか，すげーじゃん」と言っている。カイトは，ユートの趣味を応援しようとしてくれているのである。

(四)<表現>春香さんは，紹介文で，ユートが中学校に入ってからのことを時の流れに沿って順序どおりに紹介している(1…○)。その際に，春香さんは，段落分けをしてわかりやすくまとめている(3…○)。春香さんは，ユートやカイトや糸井さんなどの登場人物が何をしたか，その言動を書いているが，その言動一つ一つに対して自分の考えを書いているわけではない(2…×)。春香さんは，「なんと，訪ねてきた人たちが……」のように，起こったことがどうなったか，出来事を最後まで書かず，また，自分の感想を全て書いてはいない(4…○)。

(五)<文の組み立て>もとの文では，「～小説が，～小説です」と「小説」が重複しているため，「小説」を主部か述部のどちらか片方に入るようにする。文の主部を「私が皆さんに紹介したいのは」にすれば，「私が皆さんに紹介したいのは，『ぼくのまつり縫い』という小説です」となり，「私が皆さんに紹介したい小説は」を主部とすれば，「私が皆さんに紹介したい小説は，『ぼくのまつり縫

い』です」となる。

二〔古文の読解―笑話〕出典；安楽庵策伝『醒睡笑』巻之六「うそつき」。

≪**現代語訳**≫聟がいる。妻の父親のところへ挨拶しようとして，ある町を通ったが，新しい鳫を棚に出して置いていた。(聟はその鳫を)二百で買い，矢を(鳫に貫き)通して持たせていく。妻の父親が出てきて(聟と)会い鳫を見て，「これは」と尋ねると，(聟は)「私が来る途中で仕とめました」と言ったので，(妻の父親は)大いに喜び，一族を全て招いて(その鳫を)披露し，もてなし騒いだ。聟は調子に乗り，「もう一度(鳫を)持たせて参ろう」と家来と示し合わせて，「私は先に行こう。(お前は)後から(鳫を)買ってこい」と言い捨てて，まず妻の父親に会うと同じように，「いやおどろいたことにわたしはしあわせもので，また鳫を仕とめました」と言う。妻の父親は勢い込んで得意そうにした。その聟の家来が，塩鯛に矢を貫いて持ってきた。(妻の父親が)「それで今度の矢は(鳫には)当たらなかったのか」(と言う)。(聟は)「さよう，鳫には外れて，塩鯛に当たりました」と(言った)。

㈠<**古文の内容理解**>矢で仕とめたとうそをついて持っていった鳫に「舅」が喜んだので，「聟」は，調子に乗って，もう一度鳫を仕とめてお持ちしようと言い，鳫を買い取るように「家の子」に命令しておいたら，「家の子」は，塩鯛を買い取りそこに矢を通して持ってきたのである。

㈡<**古文の内容理解**>「聟」は，「舅」の家に来る途中で鳫を買い，自分で仕とめた鳫だと「舅」に思わせるために，矢を刺したのである。

㈢<**古文の内容理解**>鳫を贈られた「舅」は，大いに喜んで，「一族」を呼び集めて鳫を見せてごちそうしたのである。

㈣<**古文の内容理解**>「聟」が，今回は矢が鳫から外れて塩鯛に当たったと無理な言い訳をしたところで話が終わり，それに対して「舅」がどのような反応をしたのかは書かれていないので，この後どうなったのかと読者に思わせる効果が生じている。

三〔論説文の読解―芸術・文学・言語学的分野―読書〕出典；山崎太郎「学びの海の羅針盤―関心を広げ，味わいを深める読書のすすめ」(上田紀行編著『新・大学でなにを学ぶか』所収)。

≪**本文の概要**≫読書のよい点は，ある本から次々に別の本を読んでいくという視点の広がりと関心の深まりがもたらされることである。同じ分野の複数の本を読み込むことで，自分の考えや関心をより深めることができるし，ジャンルを横断するように自分の興味や知識を他の分野まで広げることもできる。異なる学問分野が広くつながっていくのは，仕事をする過程でも実感できる。世の中の仕事の多くは，分野ごとに分けられるものではなく，多くの要素や視点が複雑に絡まっている。仕事は社会を対象とするから，それには人間の心や行動や生態への洞察と理解が必要であり，考えていく道筋も多様である。全ての分野は，広い視野で見れば，どこかでつながっている。重要なことは，個人が特定の分野の専門知を極めようとしながら，それ以外の分野もどこかで結びつくものとして尊重することであり，そうすれば，学びのうちで役に立たないことなどないと実感できる。読書は，総合的知の領域を感じ取れる唯一無二の方法である。

㈠<**文章内容**>ア．自動車の製造を考えると，結局人間がハンドルやブレーキなどをどのように操作すれば安全に運転できるのかということにつながるから，「認知科学」「脳科学」「心理学」の視点が必要になる。　　イ．医療においても，医療機器のための「機械工学」や「医学」，「薬学」そして，心理学をはじめとする文系的視点も必要である。

㈡<**文脈**>人間の行動を考える道筋は多様であり，文学・歴史学・文化人類学・宗教学・民俗学などからアプローチすることもあれば，生物学・動物行動学からのアプローチもある。「要するに，すべての分野は広い視野で見れば，どこかでつながっているということ」なのである。

㈢<**表現**>「截然」や「渉猟」などの漢語は多く用いられているが(1…×)，資料は引用されていない(3…×)。読書は総合的知の領域に通じる唯一無二の道だという主張が，世の中にある仕事が多くの学問分野とつながっているという具体例によって説明されているが(2…○)，事実だけが述べられているわけではなく，筆者の推測も交えられている(4…×)。

㈣<**文章内容**>「本を読むことが嫌い」と答えた生徒はいるけれども，「知識や情報が得られていない」わけではない(1…×)。本文では，興味がない分野の本は自分と無関係だから読まないと切り捨ててはいけないと書かれてはいるが，「興味のない本こそたくさん読むべきだ」とは書かれていない(2…×)。テレビやマンガの方がおもしろいから本を読まないと答えた生徒もいるが，想像力や空想力を養えるから本を読むという生徒もいる(4…×)。

㈤<**文章内容**>読書は，「自分の関心の思わぬ広がりをももたらすもの」であり，勉強することは，広い視野で見ればどこかでつながっているのだから，「役に立たないこと」はないのである。

㈥<**表現**>「アンケートの結果で何か気になること」はあるか，と問いかけることで，これからの話し合いの視点をアンケート結果に対する具体的な意見交換に定めて，意見を述べてもらうようにはたらきかけている。

㈦<**作文**>まずA中学校の読書の現状を【Ⅰ】や【Ⅱ】の林さんの発言などからまとめる。そして，自分なら，読書生活を充実させるためにはどのようにしていこうとするのかを考えて書いていく。二段落構成にし，字数を守って，誤字脱字に注意して書いていくこと。

四〔**国語の知識**〕

㈠<**漢字**>(1)「散策」は，ぶらぶらと歩くこと。　(2)音読みは「耕作」などの「コウ」。　(3)「衛星」は，惑星の周りを回る天体のこと。　(4)音読みは「企画」などの「キ」。　(5)「頻繁」は，ひっきりなしであること。　(6)音読みは「挑戦」などの「チョウ」。

㈡<**漢字の知識**>行書で書かれている「橋」は，楷書では十六画。「額」は十八画。「幕」は十三画。「選」は十五画。「鋼」は十六画。

㈢<**故事成語**>最後のシーンは余計であり，必要なかったというのだから，あっても余計なことという意味の「蛇足」が入る。「蛇足」は，蛇の絵を描く競争で，早く描きあげた人が蛇の足まで書き添えて結局負けになったという故事から生まれた言葉。「圧巻」は，全体の中で最も優れた部分のこと。「巻」は答案の意味。昔，中国で官吏登用試験が行われた際，一番優秀な答案を上にのせたという故事から生まれた言葉。「余地」は，余った土地や，ゆとりのこと。「推敲」は，文章などを作成するときに，よりよい表現を求めて考えること。中国の詩人が門を「推す」とするか，門を「敲(たた)く」とするかで迷ったという故事から生まれた言葉。

茨城県 正答率

英語

1	(1)	No.1	93.4%
		No.2	81.1%
		No.3	78.1%
		No.4	65.8%
		No.5	60.1%
	(2)	No.1	78.1%
		No.2	75.9%
		No.3	92.5%
		No.4	74.2%
	(3)	No.1	54.4%
		No.2	77.6%
	(4)	①	48.7%
		②	20.6%
2	(1)	①	65.3%
		②	80.5%
		③	84.0%
	(2)	④	42.9%
		⑤	13.0%
		⑥	39.0%
3	(1)		63.2%
	(2)		70.6%
4	(1)	①	76.7%
		②	59.3%
		③	87.9%
		④	61.9%
		⑤	54.9%
	(2)		21.6%
5	(1)		35.0%
	(2)		56.7%
	(3)	①	55.9%
		②	42.4%
	(4)	①	5.6%
		②	5.6%
6			1.3%

社会

1	1	(1)		79.5%
		(2)		76.4%
		(3)		62.5%
	2	(1)		67.0%
		(2)		75.5%
		(3)		31.7%
	3	(1)	名称	42.4%
			記号	81.2%
		(2)		85.3%
		(3)		56.3%
2	1	(1)	語	77.2%
			名前	54.0%
		(2)	内容	35.7%
			記号	82.6%
		(3)		51.8%
	2	(1)		50.0%
		(2)		25.9%
		(3)	内容	52.2%
			記号	77.7%
3	1	(1)		51.8%
		(2)		30.8%
		(3)	語	66.5%
			内容	19.6%
	2	(1)	記号	67.0%
			憲法名	78.6%
		(2)		55.3%
		(3)	内容	69.2%
			語	46.9%
4	1	(1)		56.7%
		(2)	あ内容	46.9%
			い内容	41.9%
	2	(1)		62.0%
		(2)		18.8%
		(3)		47.3%
	3	(1)		52.3%
		(2)		82.1%
		(3)	内容	40.6%
			具体例	66.0%

数学

1	(1)		50.6%
	(2)		67.5%
	(3)		91.3%
	(4)		35.9%
2	(1)		33.3%
	(2)		44.6%
	(3)		67.1%
	(4)		61.5%
3	(1)		67.1%
	(2)	①	30.3%
		②	7.8%
4	(1)		76.6%
	(2)		77.1%
	(3)		33.8%
5	(1)		68.4%
	(2)		68.4%
	(3)		28.6%
6	(1)		26.8%
	(2)		40.7%
	(3)		5.2%

国語

一	(一)	(1)	19.9%
		(2)	89.1%
		(3)	92.7%
	(二)		85.3%
	(三)		78.8%
	(四)		5.6%
	(五)		77.0%
二	(一)	(1)	97.8%
		(2)	86.6%
		(3)	90.0%
	(二)		88.8%
	(三)		17.3%
	(四)		33.8%
	(五)		76.6%
三	(一)		75.8%
	(二)		36.3%
	(三)		42.9%
	(四)		71.0%
	(五)		49.3%
	(六)		18.6%
四	(一)		91.8%
	(二)		34.6%
	(三)		74.5%
	(四)		30.3%
	(五)		13.9%

理科

1	(1)		55.0%
	(2)		60.3%
	(3)		68.3%
	(4)		85.3%
2	(1)	①	63.0%
		②	62.9%
		③	89.3%
	(2)	①あ	29.9%
		①い	30.3%
		②	55.4%
	(3)	①	77.7%
		②	86.2%
		③	75.0%
		④	87.5%
		⑤	84.8%
3	(1)		21.9%
	(2)		43.3%
	(3)	あ	67.4%
		い	73.7%
		化学反応式	50.5%
4	(1)		87.1%
	(2)		42.9%
	(3)		53.1%
	(4)		51.8%
	(5)	う	71.0%
		え	88.0%
5	(1)		21.5%
	(2)		64.7%
	(3)		5.4%
	(4)		18.7%
6	(1)		96.0%
	(2)		34.4%
	(3)		72.8%
	(4)		42.9%
	(5)		38.4%

英語解答

1 (1) No.1　イ　No.2　イ　No.3　ア
No.4　ウ　No.5　エ
(2) No.1　エ　No.2　ウ　No.3　ア
No.4　イ
(3) No.1　エ　No.2　ア
(4) ①…ウ
② (例) I like to play soccer at our school.

2 (1) ① better　② children
③ running
(2) ④ know　⑤ show
⑥ interested

3 (1) ウ　(2) イ→ウ→ア

4 (1) ①…エ　②…ウ　③…イ　④…ウ
⑤…ア
(2) (例) Why don't you come with me?

5 (1) ウ，オ，カ　(2) 2
(3) ① He was born in 1901.
② He wanted to make many people happy.
(4) ① (例) I think he was great because he tried many times for his dream.
② (例) My dream is to be a tennis player. I practice tennis with my friends very hard every day.

6 (例1) We had a chorus contest in November. I was the leader of our class, and worked hard for the contest. Some of my friends supported me, and our class won the contest. (32語)
(例2) I was a member of the soccer club. Our team was not so strong, but we wanted to win. So we decided to practice harder than before. It was very hard. But we supported each other and continued to practice hard every day. After three months, we won the game.
(50語)

1〔放送問題〕

(1)No.1.「私は花の写真を撮っています」―イ

No.2.「私の仕事は具合の悪い人の世話をすることです」―イ

No.3.「メアリーとエミの間で音楽を聴いている少年を見てください。彼がボブです」―ア

No.4.「ピアノ演奏を習うことは水泳を習うことよりも人気があります。英語を習うことは3つの中で最も人気があります」―ウ

No.5.「私は7時に勉強を始めました。50分間英語の勉強をして，その後40分間数学を勉強しました」―エ

(2)No.1. A：ビル，私のバッグがどこにあるか知ってる？／B：赤いバッグならテーブルの上にあるのを見たよ，ママ。／A：えっとね，私は青いのを探してるのよ。／B：ああ，それならベッドのそばで見たよ。

Q：「ビルの母が探しているバッグはどこにあるか」―エ.「ベッドのそば」

No.2. A：すみません，今何時ですか？／B：10時30分です。／A：次のバスは何時に来ますか？／B：今から10分後ですよ。

Q：「次のバスが来るのは何時か」―ウ.「10時40分」

No.3. A：やあ，チカ。リナと僕で放課後にテニスをするんだ。君も僕らと一緒にやらない？／

B：ごめんね，ジョン。できないの。／A：忙しいの？／B：うん。お母さんが家にいないの。私が夕食をつくらないといけないんだ。

Q：「帰宅後，チカは何をするつもりか」―ア．「夕食をつくる」

No.4．A：こんにちは，タケシ。何してるの？／B：やあ，ジェニー。友達のジャックからの手紙を読んでるんだ。彼とはオーストラリアにいたときに出会ったんだ。彼が僕に会いに日本に来ることになったからうれしいよ。／A：私も彼に会えるかな？／B：もちろんさ。

Q：「タケシがうれしい気分なのはなぜか」―イ．「ジャックとまた会うことになったから」

(3)**≪全訳≫メアリー(M)**：もうすぐお母さんの誕生日ね。／**サム(S)**：そうだね！　お母さんに誕生日プレゼントに何をあげたらいいかな？／M：それを考えてたところなの。サムには何かアイデアはある？／S：バッグはどうかな？／M：また？　去年2人で小さいバッグをあげたじゃない。／S：そうじゃなくて，テニスラケットを入れて運ぶためのバッグのことさ。お母さんは先月テニスを始めただろ？／M：なるほど，それはいいわね。お母さん，気に入ると思うわ。／S：次の土曜日に郵便局の近くのお店に行ってみない？／M：それはいい案だとは思えないわ。バスで30分かかるのよ。駅の近くに新しくできたお店はどうかしら？　そこなら歩いて行けるし。／S：そのとおりだね！　次の土曜日にそこへ行ってみよう！

No.1．「メアリーとサムは母親に何をあげるつもりか」―エ．「テニスラケット用のバッグ」

No.2．「メアリーとサムは次の土曜日にどこへ行くつもりか」―ア．「駅の近くにある店」

(4)**≪全訳≫**今日は皆さんにお知らせしたいことがあります。次の金曜日，アメリカから本校に高校生がやってきます。彼らは自分たちの学校で1年間，日本語を勉強してきました。／当日の午前中，彼らは当市の有名な場所を訪れる予定です。午後に彼らは来校し，音楽の授業に参加します。彼らは私たちのために日本の歌を歌ってくれることになっています。そして，放課後は，みんなでお互いの学校について話し合う予定です。宿題として，この質問に答えてください。皆さんはこの学校でどんなことをするのが好きですか？

①ウ．「次の金曜日の午後にアメリカから来る学生がサクラの学校を訪れる予定だ」　第2文および第5文参照。　②What do you like to do ～? ときかれているので，この形を生かしてI like to と始め，自分のやりたいことを書けばよい。解答例の訳は「僕は自分の学校でサッカーをするのが好きだ」。

2 〔長文読解総合―Eメール〕

≪全訳≫A：こんにちは，スミス先生。／私はここですばらしい時間を過ごしています。私の英語は前よりよくなったように思います。ホストファミリーはとても親切です。この一家には3人の子どもがいます。毎朝公園でその子たちと一緒に走るのが楽しいです。次の日曜日に，彼らのいとこが私たちの所を訪れることになっています。彼らと何について話したらいいでしょうか？　何かアイデアはありますか？

B：こんにちは，ユミ。／お元気ですか？　あなたが楽しく過ごしているとわかって私もうれしく思います。私にいい考えがあります。和食は世界中で人気があるそうですね。彼らに，あなたのお気に入りの料理のつくり方を教えてあげるといいでしょう。きっと彼らは和食に興味を持ってくれますよ。

(1)**＜語形変化＞**①後ろに than「～よりも」があるので，比較級の better にする。 good－better－best　②前に three「3(人の)」とあるので，複数形の children にする。　③enjoy ～ing で「～するのを楽しむ，楽しんで～する」。run は n を重ねてから ing をつけ，running とする。

(2)**＜適語補充＞**④glad「うれしい」のような気持ちを表す語の後の to不定詞は「～して…」という‘感情の理由’を表す。ユミのメールを読んでスミス先生はユミが楽しく過ごしていることを知り，それをうれしく思っていると考えられるので，know「～を知る，～とわかる」が適する。 ⑤'show＋人＋物事'で「〈人〉に〈物事〉を教える」。ホストファミリーのいとこたちに何を話したらいいかというユミの質問に対し，スミス先生は和食のつくり方を教えるというアイデアを示したのである。 how to ～「～の仕方，方法」 ⑥be interested in ～ で「～に興味がある」。和食は世界中で人気があるし，和食のつくり方を教えてあげれば，ホストファミリーのいとこたちも和食に興味を持つだろう，という文脈になっている。

3〔**長文読解総合**〕

⑴**＜要旨把握―説明文＞≪全訳≫**今は，多くの人がスマートフォンを持っている。スマートフォンを使えば，いつでもどこでも友達に電話をかけたり，Eメールを送ったり，インターネットを利用したりできるため，スマートフォンはとても便利だと考えられている。ところが，歩きながらスマートフォンでゲームをする人がいる。これはスマートフォンのよい使い方ではない。スマートフォンの正しい使い方について考えてみよう。

＜解説＞スマートフォンを話題にし，具体例を挙げたうえで，最後にその正しい使い方について問題提起をし，読者に考えさせる内容になっている。したがって，ウ．「スマートフォンの使い方について考えることは我々にとって重要である」が適切。 the way of ～ing≒the way to ～≒how to ～「～の仕方，方法」

⑵**＜文整序―スピーチ＞≪全訳≫**僕の週末についてお話しします。土曜日，家族とサッカーの試合を見にスタジアムへ行きました。試合中は雨が降っていました。／→イ．けれども，試合を見るのはそれが初めてだったので，とても興奮しました。／→ウ．試合の後，スタジアムでたくさんの物を買いました。／→ア．そのうちの１つがこの赤いTシャツです。／今ではこれは僕のお気に入りのTシャツになりました。次回スタジアムに行くときには，これを着ていくつもりです。

＜解説＞空所の直前に，「試合中は雨だった」と観戦を楽しむのには不向きな内容があるので，'逆接'の However「しかし」に続けて観戦を楽しんだという内容のイが１番目として適する。アにあるTシャツは，ウの many things「(スタジアムで買った)たくさんの物」のうちの１つだと判断できるので，ウ→アと並べればよい。

4〔**長文読解総合―表を見て答える問題―対話文**〕

≪全訳≫❶ハルカ(H)：こんにちは，リサ。何してるの？

❷リサ(L)：こんにちは，ハルカ。アオバ市立図書館のウェブサイトを見てるんだ。

❸H：それは私たちの町で一番大きな図書館よ。

❹L：えっ，そうなんだ？ あなたはよくそこへ行くの？

❺H：ええ，週末に行くことがあるわ。

❻L：日曜日も開いてるの？

❼H：①開いてるわ，でも５時に閉まっちゃうの。

❽L：そうなんだ。

❾H：私は次の日曜日にその図書館に行くつもりなの。宿題をするのに何冊か本を借りたくて。この市の歴史について書かないといけないのよ。きっとあなたもそこで読書を楽しめると思うわ。②この市について英語で書かれた本があるから。

❿L：それはいいな，日本語の本を読むのは私には難しいから。

⓫H：私と一緒にそこへ行かない？

⓬L：もちろん。あなたと一緒に行くよ。この市に関する本を読みたいな。本は何冊借りられるの？それに，どのくらい本を借りていられるのかな？

13 H：③10冊の本を２週間借りられるわ。見て。毎週日曜日に短編映画を上映してるのね。その１つに「アオバ市の歴史と文化」っていうのがあるわ。

14 L：それはいいね。私，それを見たいな。

15 H：10時に駅前で待ち合わせましょう。駅から図書館まで20分くらいかかるの。まずは必要な本を探しましょう。その後，短編映画を見ればいいわね。

16 L：わかった。それを見終わるのは何時かな？

17 H：④11時40分に見終わるわ。

18 L：その後はどうしようか？

19 H：⑤A室の前でお昼を食べましょう。

20 L：それはいい考えだね！　お昼ごはんを持ってこよう。

アオバ市立図書館について

開館時間

火曜日－金曜日	午前９時－午後７時
土曜日－日曜日	午前９時30分－午後５時

閉館日

毎週月曜日
年末年始 （12月28日－１月４日）

本　図書館にはさまざまな本があります。

外国の方向けには…
- 当市について学べる英語の本
- 日本の歴史について学べる英語の本
- 英語の漫画

部屋

A室	学習用
B室	短編映画鑑賞用
C室	コンピューター利用

・これらの部屋では飲食は禁止です。
・当図書館で飲食したい場合は，A室の前のテーブルと椅子をご利用ください。

貸し出し

	いくつまで？	期間は？
本	10冊	２週間
CD	５枚	１週間

短編映画上映時間：毎週日曜日

映画のタイトル	上映時間	
「アオバ市の歴史と文化」	午前10時－午前10時20分	午前11時20分－午前11時40分
「日本の名峰」	午前10時40分－午前11時	午後１時－午後１時20分

(1)＜**適文・適語句選択**＞①表の Opening Hours「開館時間」の欄より，日曜日は開いているが，５時に閉まることがわかる。　②続けてリサは，日本語の本を読むのが難しいのでそれはいい，と言っている。ここから，ハルカは図書館にある英語の本について話したとわかる。ア～エに示された本のうち，表の Books「本」の欄にある本と一致するのは books about this city written in English「英語で書かれたこの市に関する本」である。　③表の Borrowing「貸し出し」の欄より，10冊の本を２週間借りられることがわかる。　④第13～15段落から，２人が見る短編映画が「アオバ市の歴史と文化」で，図書館に着くのは10時20分頃だとわかる。表の Time「上映時間」より，午前10時開始の回には間に合わないので，11時20分から11時40分の回の映画を見るとわかる。　⑤この後，お昼ごはんを持ってこようと言っていること，表の Rooms「部屋」の注意書きに「当図書館で飲食したい場合は，A室の前のテーブルと椅子をご利用ください」とあることから，ハルカはA室の前で昼食をとることを提案しているとわかる。

(2)＜**適文補充**＞この後，２人が図書館に行く予定を立てていることと，空所の言葉に対してリサが「もちろん。あなたと一緒に行くよ」と言っていることから，ハルカはリサに自分と一緒に行こうと誘ったのだと推測できる。‘勧誘’は Why don't you ～?「～してはどうですか」や How about ～ing?「～するのはどうですか」，Let's ～「～しましょう」などで表せる。

5〔**長文読解総合―伝記**〕

≪**全訳**≫**1**「全ての夢は実現することができる，それを追い求める勇気があれば」　これはウォルト・ディズニーが述べた私のお気に入りの言葉の１つだ。

2ウォルトは1901年に生まれた。彼は絵を描くことと美術が好きだった。彼は幼い頃に絵を描き始めた。ウォルトは高校生のとき，学校新聞に載せる漫画を制作した。また，夜は美術学校で授業を受けた。1919年，ウォルトはアートスタジオでの仕事を見つけた。この時期に，彼はアニメーションについて学んだ。彼は自分自身のアニメーションを制作したかったので，１つ目の会社を設立し，そこで短編映画を制作した。そのアニメーションは人気が出たが，彼の会社はいくつかの問題を抱えていた。彼は自分の会社をたたまざるをえなかった。

31923年，ウォルトは自分の兄と別のスタジオを始めた。ウォルトは人気キャラクターをつくりあげた。このキャラクターのおかげで，彼のスタジオはうまくいった。ところが，１つ大きな問題が起きた。よその会社が彼のキャラクターを横取りし，彼の仕事仲間たちを奪っていったのだ。しかし，ウォルトは決して諦めなかった。彼は再び新たなキャラクターをつくった。彼が音声つきでこのキャラクターのアニメ映画を制作すると，多くの人々がこれを愛した。その後，ウォルトはたくさんの新しいキャラクターを生み出した。彼らは劇中で動いたりしゃべったりした。キャラクターはどれも皆かわいらしく，人気が出た。

4その後，ウォルトは長編アニメ映画をつくろうと決心した。彼の周囲には，それは難しいと言う人もいたが，彼は自分と同僚ならそれができると信じていた。1937年，彼らはついにその映画を完成させた。その映画は大人気となった。ウォルトは多くのお金を手に入れた。彼はそのお金を使ってまた別の映画スタジオを設立し，さらに多くのアニメ映画を制作した。

5ウォルトはまた，大規模な遊園地をつくるというアイデアも持っていたが，それは彼がたくさんの人を幸せにしたかったからである。1955年，彼はアメリカに初となる自分の遊園地を開園した。この遊園地は有名になり人気が出て，今でも休暇中の訪問先として世界で最も人気のある場所の１つとなっている。後に，ウォルトは別のアメリカの都市にさらに大きな遊園地を建設することを思いついた。彼はこの計画に取り組んだが，その遊園地が1971年に開園するより前に亡くなってしまった。

6ウォルト・ディズニーは1966年12月15日に亡くなったが，彼の夢はまだ生き続けている。彼の映画や遊園地は世界中で多くの人に愛されている。彼の会社はすばらしい映画をつくり続けているのだ。

(1)＜**内容真偽**＞ア.「ウォルトは高校に通っていた頃に，絵を描き始めた」…×　第２段落第３文参照。幼い頃に絵を描き始めた。　イ.「ウォルトは美術学校に行って学校新聞のために写真を撮った」…×　第２段落第４文参照。写真を撮ったのではなく漫画を描いた。　take pictures「(複数の)写真を撮る」　ウ.「いくつかの問題があったため，ウォルトは最初の会社をたたまなければならなかった」…○　第２段落最後の２文と一致する。　エ.「ウォルトは友人と一緒に２番目の会社を始めた」…×　第３段落第１文参照。友人ではなく兄である。　オ.「ウォルトはキャラクターをつくり出し，それらを自分のアニメ映画で使った」…○　第３段落第７，８文と一致する。　カ.「ウォルトは，自分と同僚たちは長編アニメ映画を製作できると信じていた」…○　第４段落第１，２文と一致する。　キ.「ウォルトは１つ目の自分の遊園地をアメリカに開園し，２つ目を日本に建設した」…×　第５段落最後から２文目参照。日本ではなくアメリカの都市である。　ク.「1966年にウォルトが亡くなると，彼の会社は映画制作をやめた」…×　第６段落第１文および最終文参照。映画制作は続いている。

(2)＜**適所選択**＞補う文に this character とあるので，直前にウォルトが a popular character「人気キャラクター」をつくったとある２が適する。ここは，ウォルトが人気キャラクターをつくり，そのおかげでスタジオは成功したが，大きな問題が起きた，という流れになっている。

(3)＜**英問英答**＞①「ウォルトが生まれたのはいつか」―「彼は1901年に生まれた」　第２段落第１文

参照。　②「ウォルトが大規模な遊園地をつくるというアイデアを持っていたのはなぜか」―「たくさんの人々を幸せにしたかったから」　第5段落第1文参照。

(4)**＜条件作文＞≪全訳≫先生(T)**：ウォルト・ディズニーについて，君はどう思うかな？／**生徒(S)**：①(例)自分の夢のために何度も挑戦したので，すごい人だと思います。／**T**：なるほど。ところで，君の夢は何かな？　君は自分の夢のためにどんなことをしているの？／**S**：②(例)僕の夢はテニス選手になることです。毎日友達と一緒にテニスの練習をとてもがんばっています。／**T**：ああ，それはいいことだね。君の夢が実現するよう願っているよ。

①この後，先生が生徒の夢について尋ねているので，本文で述べられたウォルトの夢に対する考え方や，実現に向けた努力について書くとよい。　②将来の夢と，それを実現するために実行していることを具体的に書く。I want to ～ in the future.「私は将来～したい」といった形で表すこともできる。

6〔テーマ作文〕

≪全訳≫こんにちは，次の授業までの宿題について説明します。次の授業では，皆さんにスピーチをしてもらいます。話題は「他の人たちと協力すること」です。／あなたたちはこれまでに他の人と協力したことはありますか？　1人で何かをやるのはとても難しいことがあります。けれども，誰かが支えてくれれば，それをするのが難しくないと感じるかもしれません。この話題についての文章を書き，次の授業のときにその原稿を持ってきてください。

＜解説＞学校の友人や家族など，2人以上で協力して何かをした経験を具体的に挙げ，周囲の支えがあってそれが成し遂げられたことを述べるとよい。例1の訳は「11月に合唱コンテストがありました。私はクラスのリーダーで，コンテストに向けてがんばりました。何人かの友人が私を支えてくれて，私たちのクラスはコンテストで優勝しました」。例2の訳は「僕はサッカー部に入っていました。僕たちのチームはそれほど強くありませんでしたが，勝ちたいと思っていました。そこで僕たちは，以前よりも一生懸命練習しようと決めました。それは大変なことでした。しかし，僕たちはお互いに支え合い，日々熱心に練習を続けました。3か月後，僕たちは試合に勝利しました」。

数学解答

1 (1) -5℃　(2) $5\sqrt{2}$cm　(3) ア

(4) (例)

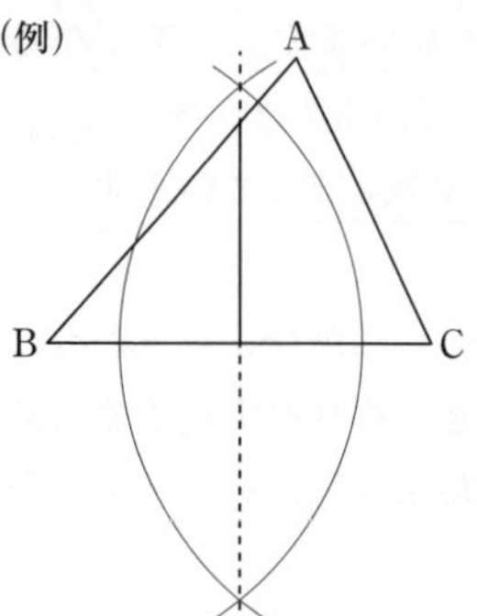

2 (1) ア…$100a+10b+5$
イ…$20a+2b+1$

(2) ア…$x+y$　イ…$\frac{4}{5}x+y-800$

(3) (6, 0)　(4) $\frac{7}{36}$

3 (1) 50°

(2)

① (例)△ABE と△ACD で,
仮定から, AB＝AC……①,
∠BAE＝∠CAD……②
$\overset{\frown}{AD}$ に対する円周角だから,
∠ABE＝∠ACD……③
①, ②, ③から, 1組の辺とその両端の角がそれぞれ等しいので,
△ABE≡△ACD

② $\frac{5}{3}$cm

4 (1) $y=100x+3000$
(2) B店が500円安い
(3) 51枚以上59枚以下のとき

5 (1) 21m　(2) 14%
(3) (例)中央値が含まれる階級は24m以上26m未満であり, 太郎さんの記録23.5mは中央値より小さいから。

6 (1) ア, エ　(2) $2\sqrt{5}$cm²
(3) $\frac{8}{3}$cm³

1 〔独立小問集合題〕

(1)＜数の計算＞ある日の最低気温が-3℃であり, [　]内が$+2$であることから, この気温は前日の最低気温と比べて2℃高いので, 前日の最低気温は, $-3-2=-5$(℃)となる。

(2)＜図形—長さ＞正方形の1辺の長さをx cmとすると, 面積が50cm²より, $x^2=50$が成り立つ。これより, $x=\pm5\sqrt{2}$となり, $x>0$だから, 正方形の1辺の長さは$x=5\sqrt{2}$(cm)である。

(3)＜文字式の利用—不等式＞1枚a gの封筒と, 1枚b gの便せん5枚の重さの合計は, $a+b\times5=a+5b$(g)である。この重さが60gより重いので, $a+5b>60$となる。

(4)＜図形—作図＞右図1のように, 頂点Bが頂点Cに重なるように折ったときの折り目を線分PQとすると, 点Bと点Cは直線PQについて対称だから, PQ⊥BC, BQ＝CQとなる。つまり, 直線PQは線分BCの垂直二等分線となる。よって, 作図は, 右図2で,
①2点B, Cを中心として半径の等しい円の弧をかき(2つの交点をD, Eとする),
②2点D, Eを通る直線を引く。②の直線が線分BCの垂直二等分線だから, この直線上で△ABCの内部にある部分(線分PQ)が折り目となる線分である。解答参照。

図1

図2

2 〔独立小問集合題〕

(1)＜文字式の利用—論証＞一の位の数が5で, 百の位の数がa, 十の位の数がbである3けたの自然

数は，$100\times a+10\times b+1\times 5=100a+10b+5$ と表せる。$100a+10b+5=5\times(20a+2b+1)$ となり，a，b が整数より，$20a+2b+1$ は整数だから，$5\times(20a+2b+1)$ は 5 の倍数となる。

(2)＜**連立方程式の応用―立式**＞定価 x 円のポロシャツと定価 y 円のトレーナーを 1 着ずつ買うと，代金の合計が6300円になるので，上の式は，$x+y=6300$ となる。また，定価の 2 割引きになったポロシャツの値段は $x\times\left(1-\frac{2}{10}\right)=\frac{4}{5}x$(円)，定価の800円引きになったトレーナーの値段は $y-800$ 円である。このときの代金の合計が5000円なので，下の式は，$\frac{4}{5}x+y-800=5000$ となる。

(3)＜**関数―座標**＞右図で，2 点A，Bは関数 $y=x^2$ のグラフ上にあり，x 座標がそれぞれ -3，2 だから，y 座標はそれぞれ $y=(-3)^2=9$，$y=2^2=4$ となり，A$(-3,\ 9)$，B$(2,\ 4)$ である。よって，直線 AB の傾きは $\frac{4-9}{2-(-3)}=-1$ となるので，その式は $y=-x+b$ とおける。点Bを通るので，$4=-2+b$，$b=6$ となり，直線 AB の式は $y=-x+6$ となる。点Cは直線 $y=-x+6$ と x 軸の交点だから，$y=0$ を代入して，$0=-x+6$，$x=6$ となり，C$(6,\ 0)$ である。

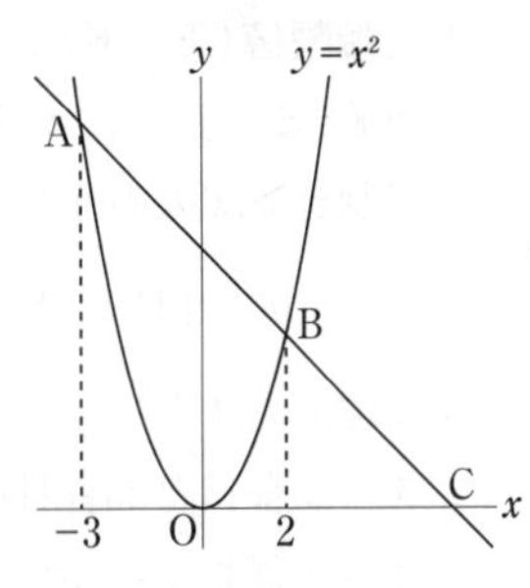

(4)＜**確率―さいころ**＞2 個のさいころをX，Yとする。2 個のさいころX，Yを同時に 1 回投げるとき，目の出方は全部で $6\times6=36$(通り)ある。このうち，点Pが頂点Eの位置に移動するのは，出た目の数の和が 4，9 のときだから，(X，Y)＝(1，3)，(2，2)，(3，1)，(3，6)，(4，5)，(5，4)，(6，3)の 7 通りある。よって，求める確率は $\frac{7}{36}$ である。

3 〔平面図形―円，二等辺三角形〕

(1)＜**角度**＞右図 1 で，△ABC は AB＝AC の二等辺三角形だから，$\angle ABC=\angle ACB=(180^\circ-\angle BAC)\div 2=(180^\circ-40^\circ)\div 2=70^\circ$ である。また，$\overset{\frown}{CD}$ に対する円周角より，$\angle CBD=\angle CAD=20^\circ$ である。よって，$\angle ABE=\angle ABC-\angle CBD=70^\circ-20^\circ=50^\circ$ となる。

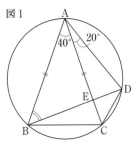

(2)＜**論証，長さ**＞①右下図 2 で，AB＝AC，∠BAE＝∠CAD である。∠ABE＝∠ACD がいえると，1 組の辺とその両端の角がそれぞれ等しくなる。解答参照。　②図 2 の△ABC と△BCE で，AB＝AC より，∠ABC＝∠BCE である。また，∠BAC＝∠CAD であり，$\overset{\frown}{CD}$ に対する円周角より∠CBE＝∠CAD だから，∠BAC＝∠CBE である。よって，2 組の角がそれぞれ等しいから，△ABC∽△BCE となる。したがって，BC：CE＝AB：BC だから，2：CE＝3：2 が成り立ち，$CE\times3=2\times2$，$CE=\frac{4}{3}$ となる。これより，$AE=AC-CE=3-\frac{4}{3}=\frac{5}{3}$ となる。①より，△ABE≡△ACD だから，$AD=AE=\frac{5}{3}$(cm)である。

図 1

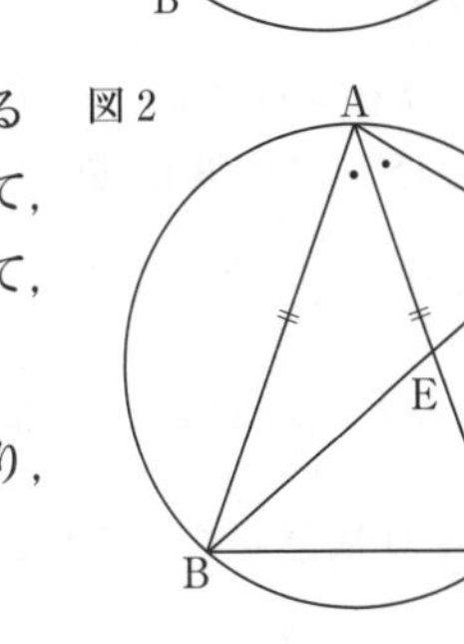

図 2

4 〔関数―関数の利用〕

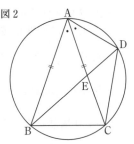

(1)＜**関係式**＞B店は，初期費用が3000円で，タオル 1 枚につき100円かかるので，タオルを x 枚つくるとき，かかる費用は $3000+100\times x=100x+3000$(円)となる。よって，$y=100x+3000$ となる。

(2)＜**費用の比較**＞A店は，21枚から50枚までは何枚でも6500円だから，A店で30枚つくるとき，かかる費用は6500円である。また，B店で30枚つくるときのかかる費用は，(1)より，$100\times30+3000=6000$(円)である。よって，$6500-6000=500$ より，かかる費用はB店が500円安い。

(3)＜**枚数の範囲**＞A店のかかる費用は，40枚から50枚までが6500円，51枚から80枚までが9000円である。一方，B店は，かかる費用が6500円になるとき，$100x+3000=6500$ より，$x=35$(枚)である。B店は1枚につき100円かかるから，40枚から50枚までのかかる費用は6500円より大きくなり，B店が高くなる。B店でかかる費用が9000円になるとき，$100x+3000=9000$ より，$x=60$(枚)だから，51枚から59枚までのかかる費用はB店が安く，61枚から80枚まではB店が高くなる。よって，B店のかかる費用がA店のかかる費用より安くなるのは，51枚以上59枚以下である。

5〔資料の活用―ヒストグラム〕

(1)＜**最頻値(モード)**＞人数が最も多い階級は，12人の20m 以上22m 未満の階級である。よって，最頻値(モード)はこの階級の階級値で，$(20+22)\div 2=21$(m)となる。

(2)＜**割合**＞50人のうち，記録が20m 未満の生徒の人数は $3+2+2=7$(人)である。よって，その割合は，$\frac{7}{50}\times 100=14$(%)となる。

(3)＜**理由**＞50人のハンドボール投げの記録なので，中央値(メジアン)は，記録を小さい順に並べたときの25番目と26番目の記録の平均値となる。ヒストグラムより，24m 未満は $7+12+5=24$(人)，26m 未満は $24+10=34$(人)だから，25番目，26番目の記録はともに24m 以上26m 未満の階級に含まれ，中央値が含まれる階級は24m 以上26m 未満となる。解答参照。

6〔空間図形〕

(1)＜**投影図**＞右図1で，面 DNGH，面 AMFE，面 MFGN を正面として見ると，投影図は，それぞれ，右図2の(a)，(b)，(c)のようになる。よって，正しいものは，ア，エである。

図1

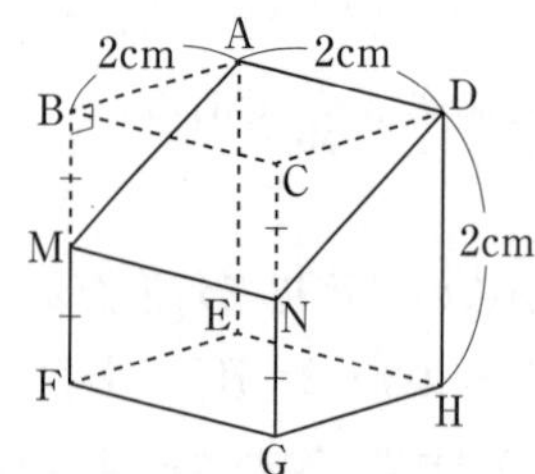

図2

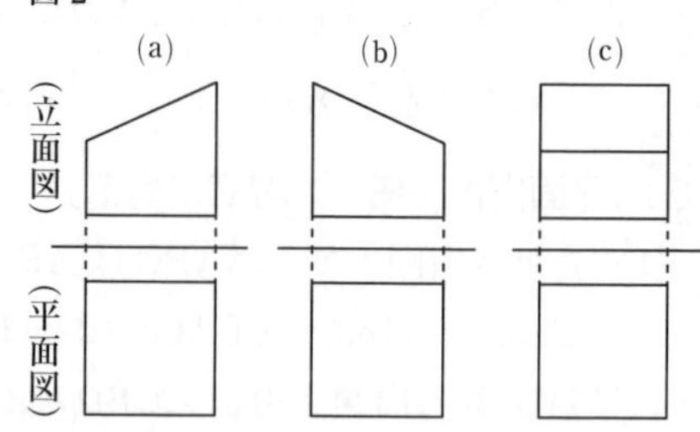

(2)＜**面積**＞右図1で，AD∥MN，$\angle MAD=\angle NDA=90^\circ$ より，四角形 AMND は長方形である。$BM=MF=\frac{1}{2}BF=\frac{1}{2}\times 2=1$ だから，△ABM で三平方の定理より，$AM=\sqrt{AB^2+BM^2}=\sqrt{2^2+1^2}=\sqrt{5}$ である。よって，四角形 AMND の面積は，$AD\times AM=2\times\sqrt{5}=2\sqrt{5}$(cm²)となる。

(3)＜**体積**＞右図3で，〔面 AMND〕⊥〔面 AMFE〕だから，点Eから面 AMND に垂線 EI を引くと，点 I は辺 AM 上の点となる。△AEM の面積は，$\frac{1}{2}\times AE\times EF=\frac{1}{2}\times 2\times 2=2$ となる。また，$AM=\sqrt{5}$ を底辺と見ると，高さは EI となるから，△AEM の面積について，$\frac{1}{2}\times\sqrt{5}\times EI=2$ が成り立つ。これより，$EI=\frac{4\sqrt{5}}{5}$ となるから，四角錐 EAMND の体積は，$\frac{1}{3}\times$〔四角形 AMND〕$\times EI=\frac{1}{3}\times 2\sqrt{5}\times\frac{4\sqrt{5}}{5}=\frac{8}{3}$(cm³)である。

図3

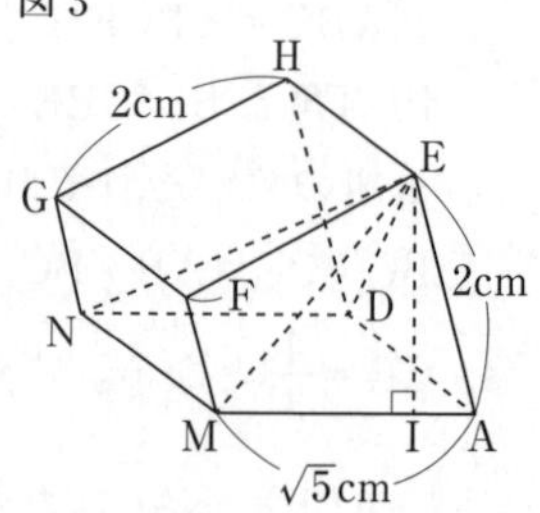

社会解答

1 1 (1)…イ (2)…ア
(3) (例)出荷量が少なく価格が高い時期に出荷量を増やすことで
2 (1)…石川 (2)…エ
(3) (例)季節風の影響で雪が多い
3 (1) 名称…中京工業地帯 記号…ウ
(2)…イ
(3) (例)労働者の平均賃金が中国より低い東南アジア諸国

2 1 (1) 語…口分田
名前…中大兄(皇子)
(2) 内容 (例)分割(して)相続した
記号…ウ
(3)…エ
2 (1)…ウ
(2) (例)満25歳以上の全ての男性が選挙権を持つようになったから。〔普通選挙法が成立したから。〕
(3) 内容 (例)ソ連を含む5か国全ての常任理事国が加盟に賛成した
記号…イ

3 1 (1)…ア
(2) (例)(さまざまな意見を反映し,)慎重に審議するため
(3) 語…累進課税
内容 (例)所得の格差を小さくする〔経済格差の是正／所得の再分配〕
2 (1) 記号…エ
憲法名…ワイマール憲法〔ヴァイマル憲法〕
(2)…社会保険
(3) 内容 (例)減少している
語…ワーク・ライフ・バランス〔仕事と生活のバランス／仕事と生活の調和〕

4 1 (1)…ア
(2) あ (例)世界遺産に登録された年以外にも，観光客数が大幅に増加した年がある
い (例)景観を守る
2 (1)…オセアニア州
(2) (例)世界全体のGDPの約70%〔7割〕を占めている
(3) (例)発展途上国に技術協力や経済援助などをする
3 (1)…エ (2)…地球温暖化
(3) 内容 (例)自然分解するまでに時間がかかり，また，量が増えていく
具体例 (例)マイボトルを使用する。〔レジ袋を有料にする。〕

1 〔地理―中部地方，日本と世界の諸地域，地形図〕

1(1)<地形図の読み取り>特にことわりのないかぎり，地形図上では上が北となる。扇状地は，川が山地から平地に流れ出る所に土砂が積もってできた扇形の地形である。資料1中では，京戸川が蜂城山とその北東側に位置する山の間を通って平地に流れ出る場所を起点として，そこから北西に向かって扇状地が形成されている(イ…○)。なお，釈迦堂PAの近くには博物館(🏛)があるが，図書館(🕮)は見られない(ア…×)。蜂城山の頂上付近の神社(⛩)から見て，釈迦堂PAは北西の方角にある(ウ…×)。高速道路の北側には，神社と寺院(卍)が見られる(エ…×)。

(2)<地中海式農業>イタリアやフランスの南部，スペインなどの地中海に面する地域は，温帯の地中海性気候に属しており，夏は高温で乾燥し，冬には比較的降水量が多い。このような気候を利用して，夏にぶどうやオリーブ，オレンジなどを栽培し，冬に小麦などを栽培する地中海式農業が盛んに行われている。

(3)<促成栽培の利点>促成栽培は，ビニールハウスなどを利用して農作物の生育を早め，通常よりも早い時期に農作物を収穫し出荷する栽培方法である。資料4でなすの出荷量を見ると，促成栽培を行っている高知県は冬から春にあたるXの時期に出荷量が多いが，その他の産地を含む全体の出荷量は夏に多くなっている。次になすの平均価格を見ると，全体の出荷量が少ないXの時期の価格は

高く，全体の出荷量が多い夏の価格は低くなっている。以上から，促成栽培を行うのは，他の産地からの出荷量が少ない時期に出荷することで，高い価格で売ることができるためであることがわかる。

2(1)<**石川県の伝統産業**>輪島塗は石川県輪島市，加賀友禅は石川県金沢市を中心に生産されている伝統的工芸品である。

(2)<**資料の読み取り**>資料７より，2010年には国内製品の出荷額が海外製品の輸入額を上回っているが，2013年には国内製品の出荷額が海外製品の輸入額を下回っている(エ…○，ウ…×)。なお，国内製品の出荷額は，2010年に比べて2013年は増加している(ア…×)。国内製品の出荷額と海外製品の輸入額のどちらも，2010年に比べて2013年は増加している(イ…×)。

(3)<**日本海側の気候**>資料９からわかるように，日本列島では，夏は南東からの季節風が，冬は北西からの季節風が吹く。冬の季節風は，日本海の上空を通るときに大量の水蒸気を含み，山地にぶつかって雪を降らせるため，北陸地方を含む日本海側の地域では冬に雪が多い。資料８で冬の降水量が多いのは，雪によるものである。このため，冬の間に農作業ができないことから家の中でできる副業が盛んとなり，地場産業や伝統産業として発展した。

3(1)<**中京工業地帯**>中京工業地帯は，愛知県から三重県にかけて広がる日本最大の工業地帯である。豊田市(愛知県)を中心に自動車産業が盛んであるため，製造品出荷額に占める機械工業の割合が非常に大きい。したがって，資料10中のウが中京工業地帯である。なお，化学や繊維の割合が比較的大きいアは瀬戸内工業地域，機械の割合が比較的大きく繊維の割合が非常に小さいイは京浜工業地帯，金属の割合が比較的大きいエは阪神工業地帯である。

(2)<**資料の読み取りと戦後の経済**>資料11より，2017年の生産台数は，日本が約1000万台，アメリカが約1100万台，中国が約3000万台であり，日本とアメリカの生産台数の合計は中国の生産台数を下回る(ア…×)。石油危機が起こったのは1970年代であり，1990年代前半に日本の生産台数が減少したこととは無関係である(ウ…×)。世界金融危機が起こった2008年から翌年にかけてアメリカの生産台数が減少しているが，中国の生産台数は大きく増加している(エ…×)。

(3)<**日本企業のアジア進出**>資料12から，日本企業の進出数を国別に比べると，2015年から2017年までは中国が最も多い。一方，「日本企業の海外への進出数の変化に着目する」と，中国への進出数は2015年から2017年にかけて減少しているのに対し，中国以外の東南アジア４か国への進出数はいずれも増加している。次に，中国とこれら４か国の平均賃金の指数を比べると，中国に比べて４か国の平均賃金の指数は低い。以上から，日本企業は，中国よりも平均賃金の低い東南アジア諸国への進出を増やしていることがわかる。

2 〔歴史―古代～現代の日本と世界〕

1(1)<**口分田，中大兄皇子**>語．律令制のもとで班田収授法と呼ばれる土地制度が定められ，戸籍に登録された６歳以上の全ての人々に口分田が与えられた。与えられる口分田の大きさは性別や身分によって異なり，死後は国に返すこととなっていた。　**名前**．中大兄皇子は，中臣鎌足(後の藤原鎌足)らと協力して645年に蘇我氏を倒し，大化の改新と呼ばれる政治改革を始めた。この改革では，それまで豪族が支配していた土地と人々を国家が直接支配する公地・公民の方針が示された。その後，中大兄皇子は７世紀後半に即位して天智天皇となった。

(2)<**分割相続と元寇**>**内容**．資料１を見ると，親の領地を複数の子どもが分割して相続していることがわかる。このように，惣領(一族の長)以外の子どもにも領地を分けて相続させる方法を分割相続という。分割相続が繰り返されると領地は細分化されて小さくなっていくため，鎌倉時代後期になると，領地から十分な収入を得られずに生活が苦しくなる御家人が増えた。鎌倉幕府は，1297年に徳政令(永仁の徳政令)を出し，カード２に書かれているように御家人が質に入れたり売ったりした領地を無償で返すことを命じたが，効果は薄かった。　**記号**．元の皇帝フビライ=ハンは，日本に服属を求めたが，鎌倉幕府第８代執権北条時宗がこれを退けたため，1274年(文永の役)，1281年(弘安の役)の２度にわたって九州北部に大軍を送った(元寇)。この戦いでは元軍を退けたとはいえ，新たな土地を得られたわけではなかったため，幕府は御家人に十分な恩賞を与えることができなかった。そのため，御家人の間で幕府への不満が高まった。

(3)**<アヘン戦争の日本への影響>**カード3は，江戸幕府が1825年に出した異国船打払令の内容であり，日本の沿岸に近づく外国船を撃退することを命じている。しかし，アヘン戦争(1840～42年)で清(中国)がイギリスに敗れたことが伝わると，幕府は方針を転換して1842年に資料3の法令を出し，日本に寄港した外国船に燃料や水を与えて退去させることを命じた。

2(1)**<五・一五事件>**1932年，犬養毅首相が海軍の青年将校らによって暗殺される五・一五事件が起こった(ウ…○)。なお，日本が日清戦争(1894～95年)後に獲得した遼東半島を三国干渉によって清に返還したのは1895年(ア…×)，富山県から全国に広がった米騒動が起こったのは1918年(イ…×)，日本国憲法が公布されたのは1946年(エ…×)である。

(2)**<普通選挙法と有権者数>**1925年に普通選挙法が成立したことにより，納税額による選挙権の制限が撤廃され，満25歳以上の全ての男性に選挙権が与えられた。このため，1928年に行われた衆議院議員選挙では有権者数が大きく増加した。

(3)**<日本の国連加盟，北方領土>内容**．1956年，日本とソ連は資料5の日ソ共同宣言に調印し，国交を回復した。資料6を見ると，日本の国際連合加盟について，1952年にはソ連のみが反対し，1956年にはソ連を含む5つの常任理事国全てが賛成している。つまり，国交の回復に伴い，ソ連がそれまでの反対から賛成に転じたため，日本の国際連合加盟が実現したことがわかる。　**記号**．イは北方領土と呼ばれる地域で，択捉島，国後島，色丹島，歯舞群島からなり，第二次世界大戦末期にソ連によって占領され，ソ連解体後はロシアが占領を続けている。日本政府は，これらの島々は日本固有の領土であるとしてロシアに返還を求めているが，現在まで解決していない(2020年4月現在)。

3〔公民―総合〕

1(1)**<税金の種類>**国税であり直接税でもある税金には，法人税のほか，所得税，相続税などがある。なお，酒税と関税は国税だが間接税，自動車税は直接税だが地方税である。

(2)**<二院制>**現在の日本の国会は，衆議院と参議院の二院制をとっており，両院は任期や被選挙権，選出方法などがそれぞれ異なっている。二院制がとられているのは，多様な意見を国会に反映させ，慎重に審議を行うためである。

(3)**<累進課税の役割>**資料1からわかるように，所得税では，所得が高いほど税率が高くなる累進課税の仕組みがとられている。累進課税のもとでは，低所得者の税負担が軽くなり，その分を高所得者が多く負担することになるので，納税後の所得の格差は納税前よりも小さくなる。また，集められた税金は，社会保障や公共事業などの財源として使われる。資料2からわかるように，一般に所得の低い人ほど社会保障給付額が高くなるため，ここでも所得の格差を小さくする効果がはたらいている。

2(1)**<生存権，ワイマール憲法>記号**．社会権は，人間らしい生活を送ることを保障される権利である。日本国憲法では，「健康で文化的な最低限度の生活を営む権利」(第25条)である生存権，教育を受ける権利，勤労の権利，労働基本権(団結権，団体交渉権，団体行動権)を社会権として保障している。なお，選挙権，請願権は人権を守るために日本国憲法で保障されている権利，知る権利は日本国憲法には規定のない新しい人権の1つである。　**憲法名**．ワイマール憲法は，第一次世界大戦後の1919年にドイツで制定された憲法で，「人間に値する生存」を保障する社会権(生存権)の考え方を初めて取り入れた。

(2)**<社会保険>**日本の社会保障制度は，社会保険，公的扶助，社会福祉，公衆衛生の4つの柱で構成されている。このうち社会保険は，毎月掛け金(保険料)を支払い，必要が生じたときに給付を受ける仕組みである。社会保険には，失業したときに給付金を受け取ることができる雇用保険，病気になったときに一部の負担で治療を受けられる医療保険，高齢になったときなどに給付金を受け取ることができる年金保険などがある。

(3)＜資料の読み取り，ワーク・ライフ・バランス＞**内容**．資料４を見ると，日本の一人当たりの平均年間労働時間は，2000年が1821時間，2018年が1680時間で，2000年に比べて2018年は減少している。**語**．ワーク・ライフ・バランスとは，「仕事と生活の調和」を意味し，仕事と家庭などの私生活とを両立し，どちらも充実させようという考え方である。ワーク・ライフ・バランスを実現するため，長時間労働をなくすことや，育児休業や介護休業の充実などの取り組みが行われている。

4〔三分野総合―「持続可能な未来のために」をテーマとする問題〕

1(1)＜日本の世界遺産＞資料１のXが指しているのは平泉（岩手県）で，平安時代に東北地方で大きな勢力を持った奥州藤原氏が拠点とした場所である。写真の建物は，奥州藤原氏が建立した中尊寺金色堂であり，この時代に多くつくられた阿弥陀堂の１つである（X…①）。Yが指しているのは屋久島（鹿児島県）である。樹齢数千年の「縄文杉」が残り，標高の変化に沿って亜熱帯から冷帯までの植物が分布するなど，貴重な自然環境を見ることができる（Y…③）。なお，②は石見銀山遺跡（島根県），④は知床（北海道）についての説明である。

(2)＜資料の読み取り＞あ．花子さんは，1995年に比べて2017年の観光客数が増えている理由として，1995年に白川郷が世界遺産に登録されたことを挙げている。これに対して，太郎さんは「理由はそれだけじゃないと思う」と述べている。［あ］には，太郎さんがそのように考えた根拠となる内容が入る。資料２を見ると，高速道路が開通した2008年，北陸新幹線が延伸した2015年のように，世界遺産登録から時間がたってからも観光客数が大きく増加している年があり，これが太郎さんの意見の根拠になると考えられる。　い．資料３の「景観政策」は，建物や屋外広告物，観光車両などによって古くからの合掌造り集落の景観が損なわれることを防ぐ内容となっている。

2(1)＜世界の州＞北アメリカ州（アメリカなど），アジア州（中国など），ヨーロッパ州（ドイツなど），南アメリカ州（ブラジル）に属する国があるが，アフリカ州とオセアニア州に属する国はない。

(2)＜資料の読み取り＞［う］には，太郎さんの「世界の経済格差は大きいことがわかる」という発言の根拠となる内容が入る。資料４では，アメリカからカナダまでの上位10か国で世界の国内総生産〔GDP〕の100－32.8＝67.2％を占めていることが読み取れる。

(3)＜ODA＞ODA〔政府開発援助〕は，発展途上国の経済・社会の発展を支援するため，先進国の政府が行う資金援助や技術協力である。日本は，アジアやアフリカなどの国々にODAを行っており，その総額は世界の中でも多い。

3(1)＜条例の改正請求＞地方自治において，住民は一定の署名を集めることによって地方公共団体に政治上の請求を行う直接請求権を認められている。このうち，条例の制定や改廃を請求する場合には，有権者の50分の１以上の署名が必要となる。茨城県の有権者数を240万人とするとあるので，240万÷50＝4.8万より，必要な署名数は48000人となる。

(2)＜地球温暖化＞地球温暖化は，地球の気温が上昇する環境問題である。エネルギー消費の増大に伴って化石燃料の消費量が増加し，二酸化炭素などの温室効果ガスが大量に排出されるようになったことが，地球温暖化の要因の１つと考えられている。地球温暖化の進行によって氷河などが溶け，世界各地で海面の上昇が見られるようになっており，ベネチアや海抜の低い島国などでは浸水の被害が深刻化している。

(3)＜海洋プラスチックごみによる環境問題＞**内容**．資料８から，海洋プラスチックごみは，自然分解するまでに数十年～数百年と長い時間がかかることがわかる。また資料９から，海洋プラスチックごみの量は今後大きく増えていくと予想されていることがわかる。　**具体例**．資料８中に代表的なプラスチックごみが書かれているので，これらを減らすための方法を考えるとわかりやすい。ペットボトル飲料を買わずマイボトルを使用する，レジ袋を有料にする，プラスチック製品を紙など別の素材に変えるなどが考えられる。

理科解答

1 (1) ウ　(2) エ　(3) イ　(4) ア

2 (1) ①…B　②…蒸留　③　ア，ウ

(2) ①　あ…25　い…240　②　ア，イ

(3) ①　化石　②　い…O_2　う…CO_2

③…ウ　④…イ　⑤…エ

3 (1) 現象…ア　電流の流れる向き…a

(2) (例)電解質の水溶液と2種類の金属を組み合わせる。

(3) あ…化学　い…電気

化学反応式…$2H_2 + O_2 \longrightarrow 2H_2O$

4 (1) ア　(2) イ　(3) 分離の法則

(4) (例)体細胞分裂によって新しい個体をつくるため，親と遺伝子が変わらない

(5) う…核

え…DNA〔デオキシリボ核酸〕

5 (1) (例)電熱線から発生する熱による温度上昇を正確に求める

(2) 6.0Ω　(3) 31.4　(4) イ

6 (1) マグニチュード　(2) 7.0km/s

(3) イ

(4) (例)P波とS波の到着時間の差がうまれ，震源からの距離が遠くなるほど初期微動継続時間が長くなる。

(5) (例)地震のゆれの運動エネルギーが，ゴムの弾性エネルギーに変換されるため。

1 〔小問集合〕

(1)＜**溶解度**＞水溶液の温度を10℃にしたとき，溶けきれなくなって出てくる結晶の質量は，水に溶かした質量35gから10℃での溶解度をひいた質量である。つまり，結晶が最も多く出てくるのは，10℃での溶解度が最も小さい物質である。よって，出てくる結晶の質量が最も多い物質は，図より，10℃での溶解度が最も小さいミョウバンである。

(2)＜**圧力**＞スポンジのへこみが同じになるのは，スポンジが受ける圧力が等しいときである。スポンジが受ける圧力は，$〔\text{圧力(Pa)}〕 = \dfrac{〔\text{面に垂直にはたらく力(N)}〕}{〔\text{力がはたらく面積}(m^2)〕}$で求めることができるから，圧力が等しいとき，スポンジにはたらく力の大きさと力がはたらく面積の比は一定になる。ここで，スポンジにはたらく力の大きさは，物体にはたらく重力の大きさで，重力の大きさは物体の質量に比例し，力がはたらく面積は板の面積なので，スポンジにはたらく力の大きさを物体の質量，力がはたらく面積を板の面積と考える。それぞれの物体の質量と板の面積の比を求めると，物体Aと板aの組み合わせでは432：3×6＝24：1，物体Bと板bの組み合わせでは624：4×6＝26：1，物体Bと板cの組み合わせでは624：5×6＝104：5，物体Cと板dの組み合わせでは720：6×6＝20：1，物体Dと板dの組み合わせでは864：6×6＝24：1となる。よって，比が物体Aと板aの組み合わせと等しいのは，物体Dと板dの組み合わせなので，スポンジのへこみが図2のときと同じ値になるのはエである。

(3)＜**双子葉類**＞植物に着色した水を吸わせたとき，色水で染まるのは維管束の道管である。図のように，茎の横断面の維管束が輪状に並ぶのは，双子葉類の特徴である。双子葉類のなかまはアブラナやエンドウであり，葉脈は網目状で，根は主根と側根からなる。なお，ツユクサやユリは単子葉類のなかまで，茎の横断面の維管束はばらばらに分布し，葉脈は平行で，根はひげ根である。

(4)＜**気温と湿度**＞図で，⦶は晴れ，◎はくもり，●は雨を表す天気記号である。図より，1日目の18時までの天気は晴れで，晴れの日には，気温が上がると湿度が下がり，通常，気温は午後2時頃に最も高くなるので，Aは気温，Bは湿度を表している。なお，くもりの日の日中は，気温・湿度ともに変化が小さい。また，雨の日は，気温の変化は小さく，湿度は常に高い。

2 〔小問集合〕

⑴＜**蒸留**＞①赤ワインは水やエタノールなどが含まれている混合物である。表より，エタノールの沸点は水の沸点よりも低いので，赤ワインを加熱して沸騰が始まると，先にエタノールが多く気体となって出てくる。そのため，試験管B，C，Dの順にエタノールが多く集まり，試験管Aに残った液体にはほとんどエタノールは含まれていない。よって，エタノールのにおいが最も強く，最も長く燃えたのは，エタノールが最も多く含まれている試験管Bに集めた液体である。　②液体を沸騰させて気体にして，その気体を冷やして再び液体にして集める操作を蒸留という。沸点の異なる液体の混合物は，蒸留によって分けて取り出すことができる。　③液体を加熱するときは，液体が突然沸騰して試験管の外に飛び出すことを防ぐために，液体に沸騰石を入れる。また，ガスバーナーの火を止めると試験管が冷えて内部の気圧が下がり，水がガラス管から試験管に流れ込んで試験管が割れるおそれがある。そのため，火を止める前にガラス管の先が液体の中に入っていないことを確かめる。なお，ガスバーナーの炎の色は青色になるようにする。また，においを調べるときは，容器をあまり近づけないようにして，手であおいでかぐ。

⑵①＜**仕事の原理**＞図３のように定滑車を使うと，力の大きさやロープを引く距離は，物体を直接持ち上げたときと変わらないから，10kgの物体を直接持ち上げるのに必要な力は100Nである。一方，図４のように動滑車を１個使うと，図３のときに比べて，10kgの物体を持ち上げるのに必要な力は$50\div100=\frac{1}{2}$(倍)になる。仕事の原理より，図３，図４のときも仕事の大きさは同じで，仕事は〔仕事(J)〕＝〔力の大きさ(N)〕×〔力の向きに引いた距離(m)〕で求められるから，力の大きさが$\frac{1}{2}$倍になるとき，ロープを引く距離は２倍になる。これより，図２では動滑車を２個使っているので，物体を持ち上げるのに必要な力は$\frac{1}{2}\times\frac{1}{2}=\frac{1}{4}$(倍)，ひもを引く距離は４倍になる。したがって，図２で10kgの物体を持ち上げるのに必要な力は$100\times\frac{1}{4}=25$(N)，ロープを引く距離は$60\times4=240$(cm)となる。　②＜**天体の動き**＞日本で太陽の南中高度が季節によって変化するのは，地球が地軸を傾けたまま太陽の周りを公転しているためである。太陽の南中高度は，日本では地軸の北極側が太陽の方に傾く夏至の頃に最も高くなり，太陽と反対の方に傾く冬至の頃に最も低くなる。

⑶①＜**エネルギー資源**＞太古の生物の死がいが変化してできた石炭や石油，天然ガスなどを，化石燃料という。　②＜**化学反応式**＞化石燃料を燃やすと，化石燃料に含まれている炭素(C)が空気中の酸素(O_2)と化合して二酸化炭素(CO_2)になる。よって，いにはO_2，うにはCO_2が当てはまる。　③＜**生態系**＞ある生態系において，生産者，生産者を食べる草食動物(消費者)，草食動物を食べる肉食動物(消費者)の数量関係をピラミッドのように表したものを生態系ピラミッドという。生態系ピラミッドの上位にいる生物は下位にいる生物を食べることで有機物を体内に取り込んでいる。しかし，下位の消費者が取り込んだ有機物は，その生物自身の呼吸によっても消費されるため，上位の消費者は下位の消費者が取り込んだ有機物を全て利用できるわけではない。　④＜**光合成**＞図の植物の細胞の中で，光合成が行われるのはイの葉緑体である。　⑤＜**植物の体のつくり**＞図で，植物の体を支えるのに役立っているのは，ウの細胞膜の外側にあるエの丈夫なつくりで，これを細胞壁という。なお，アは液胞である。

3 〔化学変化とイオン〕

⑴＜**化学電池**＞実験１で，亜鉛は電子を２個放出して亜鉛イオン(Zn^{2+})になり，水溶液中に溶け出している。一方，銅には，水溶液中の水素イオン(H^+)が移動し，銅から電子を受け取って水素原子になり，それが２個結合して水素分子(H_2)となって，気体として発生する。また，亜鉛から放

出された電子は導線を通って銅に移動するので，電子の流れる向きは図のｂである。よって，電流の流れる向きは，電子の流れる向きと反対なので，ａである。

(2)＜**化学電池**＞実験１～４で，電流を取り出すことができたのは，電子オルゴールが鳴った実験１だけである。よって，実験１と実験２の結果より，電流を取り出すためには，２種類の金属が必要であることがわかる。また，うすい塩酸は電解質の水溶液であり，エタノール水溶液は非電解質の水溶液である。したがって，実験１と実験３の結果より，電流が流れるためには電解質の水溶液を用いなければならないことがわかる。

(3)＜**化学電池**＞物質が持つエネルギーを化学エネルギーという。化学電池は，物質が持つ化学エネルギーを，化学変化により，電気エネルギーに変換して取り出す装置である。また，水素(H_2)と酸素(O_2)が化合すると，水(H_2O)が生成する。化学反応式は，矢印の左側に反応前の物質の化学式，右側に反応後の物質の化学式を書き，矢印の左右で原子の種類と数が等しくなるように化学式の前に係数をつける。

4 〔生命の連続性〕

(1)＜**染色体と遺伝子**＞染色体は体細胞の核の中に存在し，同じ大きさで同じ形をした染色体(相同染色体)が２本対になっている。この対になった染色体それぞれに対立形質を示す遺伝子が存在しているため，遺伝子も対になっている。実験１で，子はそれぞれの親から遺伝子を受け継ぐため，子の持つ遺伝子の組み合わせがAa，しわのある親の持つ遺伝子の組み合わせがaaであった場合，親の丸い種子をつくる純系のエンドウはＡを持っている。純系のエンドウは代を重ねても子が全て同じ形質になるので，この丸い種子をつくる純系のエンドウはＡしか持っていない。よって，遺伝子の組み合わせはAAになる。

(2)＜**遺伝子の組み合わせ**＞図より，実験１で得られた種子(子)の持つ遺伝子の組み合わせは全てAaである。実験２のように，子の代の種子をまいて育てて自家受粉させると，得られる種子(孫)の持つ遺伝子の組み合わせは，右表１より，AA，Aa，aaとなり，このうち，しわのある種子の遺伝子の組み合わせはaaのみである。よって，Aaを持つ種子(子)とaaを持つ種子(孫)をかけ合わせると，得られる種子の持つ遺伝子の組み合わせと数の割合は，右表２より，Aa：aa＝２：２＝１：１となる。Aaは丸い種子，aaはしわのある種子になるので，このとき得られる丸い種子としわのある種子の数の割合は，丸い種子：しわのある種子＝１：１になる。

表１

	A	a
A	AA	Aa
a	Aa	aa

表２

	A	a
a	Aa	aa
a	Aa	aa

(3)＜**分離の法則**＞有性生殖では，減数分裂によって生殖細胞がつくられるとき，対になっている遺伝子は分かれて別々の生殖細胞に入る。この法則を分離の法則という。

(4)＜**無性生殖**＞無性生殖は，親の体の一部が体細胞分裂をすることで新しい個体が生まれる。体細胞分裂では，もとの細胞と新しい細胞の持つ遺伝子は全く同じになる。そのため，子の形質は親の形質と同じになる。

(5)＜**遺伝子の本体**＞染色体は，細胞の核の中に存在する。また，染色体の中には，遺伝子の本体であるDNA(デオキシリボ核酸)という物質が含まれている。

5 〔電流とその利用〕

(1)＜**実験操作**＞温度の異なる２つの物質が触れ合っていると，熱は温度の高いものから低いものへ移動し，２つの物質の温度は同じになる。水温と室温が違う状態で実験を行うと，コップ中の水と空気の間に熱の移動が生じている。そのため，水の温度上昇が電熱線から発生する熱によるものだけではなくなり，電熱線から発生する熱による水の上昇温度を正確に調べることができない。

(2)＜**抵抗**＞表１より，コップＡでは，電熱線に電圧を3.0V加えると，0.50Aの電流が流れている。よって，オームの法則〔抵抗〕=〔電圧〕÷〔電流〕より，この実験で用いた電熱線の抵抗は，3.0÷0.50=6.0(Ω)となる。

(3)<**水の上昇温度**>図２で，グラフは原点を通る直線になっているので，水の上昇温度は電力に比例することがわかる。(2)より電熱線の抵抗は6.0Ωだから，コップＤの電熱線に12.0Vの電圧を加えると，流れる電流は12.0÷6.0=2.0(A)となる。よって，このときの電力は，〔電力(W)〕=〔電圧(V)〕×〔電流(A)〕より，12.0×2.0=24.0(W)となる。表２より，コップＡの電力は1.5Wなので，コップＤの電力はコップＡの24.0÷1.5=16(倍)になる。したがって，５分後の水の上昇温度も16倍で，0.9×16=14.4(℃)になるから，室温が17.0℃より，水の温度は17.0+14.4=31.4(℃)である。

(4)<**電熱線の発熱量**>まず，図３のように電熱線を直列につなぐと，回路全体の抵抗が大きくなるため，回路を流れる電流は小さくなり，電熱線１本に加わる電圧も小さくなる。よって，図１の電熱線よりも，電熱線１本当たりの消費電力が小さくなるため，発熱量も小さくなる。次に，図４のように電熱線を並列につなぐと，電熱線１本に加わる電圧は変わらないため，流れる電流の大きさも変わらない。したがって，電力も図１の電熱線と変わらないため，電熱線１本当たりの発熱量は変わらない。

6 〔大地のつくりと変化〕

(1)<**マグニチュード**>地震の規模(エネルギー)を表す数値を，マグニチュード(M)という。マグニチュードの数値が１大きくなると，エネルギーは約32倍になる。

(2)<**Ｐ波の速さ**>表のゆれ始めた時刻は，それぞれの地点にＰ波が到着した時刻である。よって，表より，震源からの距離が42kmの地点Ａと84kmの地点Ｂで，ゆれ始めた時刻の差は，10時24分18秒−10時24分12秒=6(秒)だから，Ｐ波は84−42=42(km)を６秒で伝わったことになる。したがって，P波の伝わる速さは，42÷6=7.0(km/s)である。

(3)<**震央**>各地点の震源からの距離と震央からの距離は異なるため，各地点の震源からの距離の比と震央からの距離の比は全く同じにはならないが，震源が浅い場合はほぼ同じになる。表より，震源から地点Ｂまでの距離は，地点Ａまでの距離の84÷42=2(倍)である。よって，図１で，震央の位置として考えられるのはイである。なお，アから地点Ｂまでの距離が，アから地点Ａまでの距離の約３倍と２倍以上になっているので，アは震央として適さない。

(4)<**初期微動継続時間**>地震が発生すると，震源から初期微動を伝えるＰ波と主要動を伝えるＳ波が同時に周囲に広がっていく。このとき，Ｐ波が伝わる速さはＳ波が伝わる速さより速いため，震源から離れるほど，Ｐ波とＳ波の到着時刻の差である初期微動継続時間は長くなる。

(5)<**エネルギーの変換**>図２で，地震によって建物がゆれると，建物を支えているゴムは変形するが，変形したゴムはもとに戻ろうとする。このとき，ゆれている建物が持つ運動エネルギーは，ゴムがもとに戻ろうとする弾性エネルギーに変換されるため，地震による建物のゆれは軽減される。

国語解答

一 (一) (1) 保証 (2) 申 (3) 麦
(二) 3　(三) 4
(四) オーストラリアに行けないうえにお父さんとも会えず，弟を連れて大叔父の家に行かなければならないから。(49字)
(五) 兵吾のほう〔兵吾は主税／自分もあん／表には出さ〕

二 (一) (1) かごん (2) いったん (3) つ
(二) 2
(三) 自分の固有の立場を持ち，周囲のさまざまな情報を切り取り，その情報について自分の言葉で語る(44字)［こと］
(四) 自分の「考～という活動
(五) 相互作用

三 (一) 1　(二) 2　(三) 4
(四) 地球　(五) 3
(六) とてつもなく長い時間を回収

四 (一) いわく　(二) 1　(三) 4
(四) 敢へて理を横にせず。
(五) (例)私が希望する企画はミュージカルです。なぜなら，「心を一つに」という文化祭のテーマに一番合っていると考えたからです。／例えばお化け屋敷の場合は，教室が狭いため，お化け役を交代で演じることしかできません。しかし，ミュージカルなら，舞台裏の仕事の担当者も含めて，全員同時にステージで観客の前に立つ場面をつくることができます。全員一緒にステージに上がることで，クラスの団結力が一層強くなると思います。(199字)

一〔**小説の読解**〕出典；朽木祥『月白青船山』。

(一)＜**漢字**＞(1)「保証」は，人や物について確かであると受け合うこと。　(2)音読みは「申請」などの「シン」。　(3)音読みは「麦秋」などの「バク」。

(二)＜**心情**＞主税は，オーストラリアに行けなくなったことにずっと不満を持ち続けているため，お母さんと兵吾が言うこと全てに反発したのである。

(三)＜**心情**＞お母さんは，オーストラリアに行けなくなった主税のことをかわいそうだと思っているので，主税が文句を言うことを叱りはしなかった。最後に麦わら帽子を蹴飛ばした主税の態度にはすっかりあきれてしまったが，主税のがっかりした気持ちも理解できるので，お母さんは，何も言わなかったのである。

(四)＜**心情**＞兵吾も，オーストラリアに行けず，大好きな父にも会えないことにがっかりしていた。それに加えて，自分の心に素直で我が道を行くという元気な弟の主税と一緒に，なじみのない鎌倉の大叔父の家に行き，兄として弟の面倒もみなければいけないと思うと，兵吾の気持ちはふさいでしまうのである。

(五)＜**文章内容**＞オーストラリアに行けないことに文句を言いっぱなしの主税と違い，「兵吾のほうは淡々と荷造りをして」いた。兵吾もオーストラリアに行けず，主税と同じようにがっかりしていたが，兵吾は，自分の気持ちをあまり表に出さないため，自分の気持ちを素直に表す弟に対して「自分もあんなふうに帽子をけっとばして出ていけたら，どんなにラクだろう」と思って，「主税がうらやましかった」のである。また，兄という立場でもあるので，「表には出さない」が，兵吾は，元気の塊である弟が「ちょっと負担になること」があった。

二〔**論説文の読解―社会学的分野―コミュニケーション**〕出典；細川英雄『対話をデザインする―伝わるとはどういうことか』。

≪**本文の概要**≫対話には「テーマ」があり，その「テーマ」について自分が何を言いたいのかを，はっきり相手に見えるようにしなければならない。そして，自分の言いたいことを見出すためには，まず「情報の収集を」と考える自分の発想を疑う必要がある。情報の速さと量は，情報の質そのものを高めるわけではない。たくさんの情報を自分の目と耳で切り取り，それについてどのように自分の言葉で語ることができるかが重要である。自分の固有の立場を持たないと，さまざまな情報に振り回されるだけである。情報あっての自分であると同時に，自分あっての情報である。情報の問題に関連して，「知りたい，わかりたい，だから調べたい」ということと，「自分の知っていることをみんなに教えてあげたい」ということには，共通の問題が潜んでいる。情報を知りたいや情報を教えたいというのは，知識や情報のやり取りのレベルにとどまっているだけである。なぜ自分は知りたいのかを突き詰め，テーマについての自分固有の考えを持たないと，展開される議論は表面的で薄っぺらいままである。自分が考えていることを相手に示し，それについて相手から意見をもらい，さらに考えていくという相互関係的な活動が対話という行為である。

㈠<**漢字**>⑴「過言」は，言いすぎであるということ。　⑵「一端」は，一部分のこと。　⑶「突き詰める」は，物事を徹底的に考えたり，調べたりする，という意味。

㈡<**接続語**>A．インターネットが一般化したことによって，世界のどこかで起きた一つの事件について，地球上の全ての人々がほぼ同時に知ることができるようになった情報の質はさまざまで，それに加えて，その情報をもとにした人々の立場や考え方も，それぞれ違っている。　B．単なる情報のやり取りだけでは，議論は表面的なものになってしまうとはいえ，当然知識や情報を求めることは悪いことではない。

㈢<**文章内容**>自分の言いたいことがはっきり相手に見えるようにするためには，いろいろな情報に振り回されずに自分の固有の立場を持ち，情報を自分の目と耳で切り取り，その情報について自分の言葉で語ることが必要である。

㈣<**文章内容**>情報を集め，知った情報を提供するだけでは，対話は成り立たない。対話という行為は，「とてもインターラクティブ(相互関係的)な活動」であり，「自分の『考えていること』を相手に示し，それについて相手から意見をもらいつつ，また，さらに考えていくという活動」である。

㈤<**文章内容**>対話は，相手があって自分がいるし，自分がいるから相手もいるというインターラクティブ(相互関係的)な活動である。情報を交換するだけの表面的なやり取りでは，対話の「相互作用」は生じにくいのである。

三〔**説明文の読解―芸術・文学・言語学的分野―文学**〕出典；栗木京子『短歌をつくろう』。

㈠<**漢字の知識**>②の部分は，「点画を省略して書かれて」いないうえ，左払いが止めになっている(２…×)。③の部分は，点画を省略している(３…×)。④の部分は，「右払いへ連続して」いない(４…×)。

㈡<**品詞**>「おかしな」は，連体詞。「好きな」「立派な」「はるかな」「大切な」は，それぞれ形容動詞「好きだ」「立派だ」「はるかだ」「大切だ」の連体形。

㈢<**短歌の内容理解**>好きな人がなかなか現れず，「不安な気持ちを立て直そう」と「千年くらゐは待つてみせるさ」というのだから，まだ現れない好きな人をいくらでも待つつもりだと「やせがまん」しているのである。「やせがまん」は，無理して平気そうに見せかけること。

㈣<**短歌の内容理解**>人間が登場してからの地球を思うと，人間が地球をすっかり汚してしまったという悔しさがあるが，その「地球」を見捨てることなく咲いている水仙に，作者は「ありがとう，と言いたく」なるのである。

㈤<**要旨**>Ⅰの短歌からは，好きな人との待ち合わせや，決意表明の姿など，いろいろな状況が想定でき，未来へ向かう作者の意識を感じることができる(1…×，3…○)。Ⅱの短歌からは，最後に「水仙」を加えることで，一見無力であるが，水仙の持つ「強靭」さを感じることができる(4…×)。また，Ⅱの短歌は，恐竜の世紀，鯨の世紀とはるか昔からの時間を歌っているが，Ⅰの短歌も「千年くらゐは待つてみせるさ」という表現で長い時間を意識している(2…×)。

㈥＜**文章内容**＞Ⅱの短歌では，鯨の世紀や恐竜の世紀といった「とてつもなく長い時間」が，「水仙の白」という短い時間を表す言葉に「回収」されていくのである。

四〔**古文の読解―説話**〕出典；『注好選』。

≪**現代語訳**≫昔，孔子が車に乗ってその道を行った。三人の七歳である子どもがいた。土をこねて城の模型をつくって楽しく遊んでいた。そのときに孔子がやってきて子どもたちに告げて言うには，「子どもたち，お前たちは，道を空けて私の車を通せ」と。子どもたちが嘆いて言うには，「今までに車をよける城を聞いたことがない。城をよける車は聞いたことがある」と。そこで孔子は，車をよけて城の外側を通り過ぎた。(孔子は)決して道理を曲げることはしなかった。

㈠＜**歴史的仮名遣い**＞歴史的仮名遣いの語頭以外のハ行は，現代仮名遣いでは，原則として「わいうえお」と書く。

㈡＜**熟語の構成**＞「反論」と「入口」は，上の漢字が下の漢字を修飾している熟語。「登校」は，下の漢字が上の漢字の目的語になっている熟語。「建築」は，似た意味の漢字を重ねている熟語。「着脱」は，反対の意味の漢字を重ねている熟語。

㈢＜**古文の内容理解**＞孔子は，子どもたちが土をこねてつくった城のそばを通り過ぎようとして，子どもたちに道を空けるように求めたところ，子どもたちは，車が城をよけることはあるけれども，城が車をよけるとは聞いたことがないと述べた。孔子は，子どもの理屈を聞いて納得し，城をよけて通り過ぎた。

㈣＜**古文の内容理解**＞孔子は，子どもの理屈を聞いて納得し，「敢へて理を横にせず」に，土の城をよけて通った。

㈤＜**作文**＞まず自分がどの企画を希望するかを明確にすること。自分の支持する企画の長所などを具体的に考えてみる。また，他の企画と比較しやすいポイントを考えるとよい。誤字脱字に注意して書いていくこと。

＝読者へのメッセージ＝

孔子は，中国春秋時代の思想家で，儒学の祖です。孔子の言葉や行動は，『論語』という書物にまとめられています。教育者として孔子はたくさんの弟子を育てましたが，その中でも十人の弟子たちが有名で，彼らは，孔門十哲といわれています。

Memo

誰にもよくわかる **解説と解答** 2019年度

茨城県 正答率

英語

大問	小問		正答率
1	(1)	No.1	73.9%
		No.2	81.1%
		No.3	70.6%
		No.4	51.3%
		No.5	63.4%
	(2)	No.1	93.3%
		No.2	85.3%
		No.3	54.2%
		No.4	84.9%
	(3)	No.1	58.8%
		No.2	83.2%
	(4)	①	55.9%
		②	71.4%
2	(1)	①	74.0%
		②	72.3%
		③	44.5%
	(2)	④	57.6%
		⑤	28.2%
		⑥	53.8%
3	(1)		72.3%
	(2)		25.6%
	(3)	①	52.5%
		②	31.5%
		③	10.1%
4	(1)	①	75.6%
		②	64.3%
		③	34.0%
		④	54.6%
		⑤	56.3%
	(2)		12.6%
5	(1)		26.9%
	(2)	①	18.1%
		②	25.2%
	(3)		43.7%
	(4)		57.6%
6			0.8%

社会

大問	小問		正答率
1	(1)	記号	89.7%
		語	69.5%
	(2)		31.3%
	(3)		68.2%
	(4)	a	62.2%
		b	44.2%
	(5)		52.8%
	(6)		43.8%
	(7)		90.1%
2	(1)		39.9%
	(2)	記号	42.9%
		語	65.7%
	(3)	語	70.4%
		説明	57.9%
	(4)	人物名	38.6%
		記号	57.1%
	(5)	記号	55.0%
		正しい記述	33.1%
3	(1)	記号	60.1%
		語	74.2%
	(2)	府庁・県庁所在地名	39.9%
		記号	69.1%
	(3)	記号	63.1%
		海流名	68.2%
	(4)	地形図上の長さ	64.8%
		記号	69.1%
	(5)		68.7%
	(6)	記号	45.5%
		語	64.4%
	(7)		79.4%
	(8)	X	43.4%
		Y	31.7%
4	(1)	a	57.5%
		b	6.9%
	(2)		56.3%
	(3)	記号	58.4%
		語	21.5%
	(4)	語	27.4%
		記号	71.2%
	(5)	将軍名	32.6%
		記号	39.0%
	(6)	説明	21.0%
		語	49.4%
	(7)	記号	33.5%
		条約名	36.9%
	(8)		55.3%

数学

大問	小問	正答率
1	(1)	99.6%
	(2)	90.3%
	(3)	90.8%
	(4)	89.5%
	(5)	87.0%
2	(1)	92.0%
	(2)	66.4%
	(3)	50.4%
	(4)	19.3%
	(5)	62.2%
3	(1)	46.2%
	(2)	33.6%
	(3)	42.9%
4	(1)	58.4%
	(2)	9.7%
5	(1)	24.0%
	(2)	4.2%
6	(1)	13.0%
	(2)	6.7%
7	(1)	42.0%
	(2)	14.7%
8	(1)	40.3%
	(2)	5.5%

国語

大問	小問		正答率
一	(一)	(1)	87.4%
		(2)	92.0%
		(3)	88.7%
	(二)		76.9%
	(三)		82.8%
	(四)		4.6%
	(五)		64.3%
二	(一)	(1)	47.0%
		(2)	89.9%
		(3)	94.9%
	(二)		85.3%
	(三)		15.1%
	(四)		8.8%
	(五)		66.8%
三	(一)		46.2%
	(二)		66.8%
	(三)		53.4%
	(四)		74.8%
	(五)		69.3%
	(六)		42.4%
四	(一)		34.0%
	(二)		95.3%
	(三)		52.5%
	(四)		70.1%
	(五)		16.0%

理科

大問	小問		正答率
1	(1)		61.4%
	(2)		83.3%
	(3)		63.9%
	(4)		38.6%
2	(1)	あ	69.6%
		い	18.0%
	(2)	①	63.6%
		②	37.8%
	(3)	①	59.3%
		②	55.8%
	(4)		28.4%
	(5)	あ	61.0%
		い	89.7%
	(6)	①	77.7%
		②	70.4%
3	(1)		87.2%
	(2)		22.8%
	(3)	①	59.3%
		②	24.0%
	(4)		69.1%
	(5)		45.9%
4	(1)		51.5%
	(2)		52.4%
	(3)		83.7%
	(4)		9.0%
	(5)		15.0%
5	(1)		66.1%
	(2)		76.8%
	(3)		32.7%
	(4)		30.4%
	(5)		28.7%
6	(1)		51.5%
	(2)		22.3%
	(3)		65.2%
	(4)		75.5%
	(5)		42.5%

英語解答

1 (1) No. 1 イ No. 2 ア No. 3 エ
No. 4 ウ No. 5 エ
(2) No. 1 イ No. 2 エ No. 3 ア
No. 4 ウ
(3) No. 1 イ No. 2 ア
(4) ①…30 ②…エ

2 (1) ① bigger ② called ③ goes
(2) ④ popular ⑤ took ⑥ tired

3 (1) long
(2) キ→イ→エ→オ→カ→ウ→ア
(3) ① Sunday ② because
③ lot

4 (1) ①…ウ ②…ウ ③…ア ④…イ
⑤…エ
(2) Have you ever joined such an activity

5 (1) エ，オ，ク
(2) ① Three students did.
② He told them about her website.
(3) 4 (4) ウ

6 (例１) You should go to school by bus. It is fun to talk with your classmates. You can listen to music and read books when you are alone on the bus.(30語)
(例２) Going to school by bike is better. If you go by bus, you may be late for school because the bus is often late. It is also very expensive to go to school by bus every day.
(37語)

1 〔放送問題〕

(1)No. 1．「私は電話で話しています」―イ

No. 2．「私はこれを父からもらいました。これを使ってたくさん写真を撮るつもりです」―ア

No. 3．「まっすぐ行って２番目の角を右に曲がってください。左側に図書館が見つかりますよ」―エ

No. 4．「今，６時45分です。コンサートまであと15分あります」―ウ

No. 5．「ユキコはシズカよりも速く走ります。リサはシズカほど速く走りません」―エ

(2)No. 1． A：ジュンコ，外国に行ったことある？／B：ええ，マーク。カナダに３回，中国に２回行ったことがあるわ。／A：へえ，すごいね。どっちの国の方が好き？／B：カナダの方が好きよ。

Q：「ジュンコはカナダに何回行ったことがあるか」―イ．「３回」

No. 2． A：やあ，ケイコ。明日は映画を見ない？／B：いいわよ，トム。午前中はピアノの練習があるから，午後に行きましょう。／A：わかった。じゃあ，僕は午前中は勉強してるよ。ジャックも一緒に行きたがると思う？／B：いいえ，そうは思わないわ。彼は昨日からずっと具合が悪いの。

Q：「ケイコは明日の午前中，何をするつもりか」―エ．「ピアノの練習をするつもりである」

No. 3． A：うれしそうだね，ミカ。／B：ええ，テッド。ヤマダ先生から英語のスピーチコンテストに参加するように頼まれたの。／A：それはいいニュースだね。／B：コンテストで優勝できるように，毎日練習するつもりよ。

Q：「ミカにとっていいニュースとは何か」―ア．「スピーチコンテストに参加することになった」

No. 4． A：クミ，何を食べる？／B：スープとサラダにしようかしら。あなたは？／A：僕はピザとサラダとケーキにするよ。／B：私もケーキを食べようっと。

Q：「クミは何を食べるつもりか」―ウ．「スープとサラダとケーキ」

(3)≪全訳≫グリーン先生(G)：こんにちは，ヒロシ。今朝はとても寒いわね。／ヒロシ(H)：今夜は雪になりそうですよ。／G：すごくわくわくするわ。／H：先生の国では雪は降りますか？／G：いいえ。私の国には冬がないから，自分の国では雪を見たことがないの。／H：本当ですか？ 先生の国には季節がいくつあるんですか？／G：季節は２つしかないの。４つの違った季節を楽しめるから，

私は日本が好きよ。あなたはどの季節が好き？／H：そうですね，海で泳げるから夏が好きです。先生はどうですか？／G：私は春が一番好き，だってきれいなお花を楽しめるでしょう。／H：秋にとても美しく咲く花もありますよ。僕は秋の花を見るのが好きなんです。だから，秋も僕の好きな季節の1つです。

No.1.「なぜグリーン先生はわくわくしているのか」―イ.「今夜は雪が見られそうだから」

No.2.「ヒロシが好きな季節はどれか」―ア.「夏と秋」

(4)≪全訳≫皆さん，こんにちは。10時になりました。ツアーを始めましょう。1時間かけてこの動物園をご案内いたします。その後，お買い物のための自由時間となります。自由時間の後，11時30分に，ここで集合写真の撮影を行います。／それでは，皆さんにこの動物園についてとても大切なことをお伝えいたします。第1に，動物にはいっさい手を触れないでください。動物に触るのは危険です。第2に，動物に食べ物を与えないでください。動物が病気になるかもしれません。第3に，ビッグニュースがあります。3か月前に赤ちゃんパンダが生まれました。まだご覧にはなれませんが，売店で写真をお買い求めになれます。何かご質問はございますか？　どうぞこのツアーをお楽しみください。

2〔長文読解総合―Eメール〕

≪全訳≫A：僕はちょうど日本のホストファミリーの家に着いたところだよ。僕の部屋はオーストラリアの自分の部屋よりも大きいんだ。部屋の窓からはワカバ山っていうきれいな山が見える。多くの子どもたちが修学旅行でこの山に登りに来るんだ。僕のホストファザーは釣りが好きだから，よくワカバ山近くの湖に行くんだよ。明日，彼は僕をその山に連れていってくれる予定なんだ。すごく楽しみだな。

B：昨日，僕とホストファザーはワカバ山に行ったよ。そこで若い人たちを大勢見かけた。ワカバ山登山は若い人たちの間でとても人気があるんだ。山登りは僕にはすごく大変で，3時間もかかった。すごく疲れたから，早く寝ちゃったよ。

(1)＜語形変化＞①後ろに than「～よりも」があるので，比較級の bigger にする。　big－bigger－biggest　②a beautiful mountain＝Mt. Wakaba だと考えられるので，過去分詞の called にし「ワカバ山と呼ばれる美しい山」とする(過去分詞の形容詞的用法)。　③前にある動詞が likes という現在形で，go の主語が he という3人称単数であることから，3人称単数現在形の goes とする。

(2)＜適語補充＞④若い人たちを大勢ワカバ山で見たとあるので，その山に登ることが若い人たち間で popular「人気だ」とわかる。　⑤時間を述べる際に用いる it が主語で，後には「3時間」という時間があることから，「(時間)がかかる」という意味を持つ take が適する。過去の文なので，過去形の took とする。　take－took－taken　⑥登山をした後，早く寝てしまったという文脈なので，tired「疲れる」が適する。　'so ～ that …'「とても～なので…」

3〔長文読解総合―対話文〕

≪全訳≫❶カズミ(K)：こんにちは，ブラウン先生。先生は京都に行かれたそうですね。ご旅行はいかがでしたか？

❷ブラウン先生(B)：すばらしかったよ。

❸K：京都に何日滞在なさったんですか？

❹B：そこで3日間過ごして，観光を楽しんだよ。僕は日本の歴史について学ぶのが好きだから，有名な神社やお寺をたくさん訪れたんだ。

❺K：きっと京都で楽しく過ごされたんですよね。

❻B：そうだね。でも，最終日，電車にかばんを置き忘れてしまったんだ。

❼K：本当ですか？　見つかったんですか？

❽B：ああ。駅員さんがとても親切でね。その人が他のたくさんの駅に電話をかけてくれて，一緒に1時間もかばんを捜してくれたんだ。最後には見つかったよ。

❾K：わあ，それはよかったですね。

10 B：親切な人が私のかばんを拾って，駅の事務室に届けてくれたんだ。僕は(B)日本の人たちがとても親切だとわかってとてもうれしいよ。

(1)＜**書き換え**＞How many days ～？「何日(間)～か」を，‘期間’を尋ねる How long ～？「どのくらいの間～か」で書き換えればよい。

(2)＜**整序結合**＞落としたかばんを親切な駅員さんが捜してくれて，親切な人が届けてくれたという文脈から，I'm の後には very happy がくるとわかる。to は動詞の原形とともに to不定詞をつくれるので，to know を happy の後ろに置き，‘感情の原因’を表す to不定詞の副詞的用法で「～だとわかってうれしい」という意味にする。know の目的語として残りの語句を ‘that＋主語＋動詞…’「～ということ」の形にまとめる。‘主語’は Japanese people，‘動詞…’は are so kind「とても親切だ」とすればよい。 I'm very happy to know that Japanese people are so kind.

(3)＜**要約文完成**＞「金曜日から日曜日まで京都に滞在した。僕は日本の歴史に興味があるから，有名な神社やお寺をたくさん訪れたよ。最終日，電車にかばんを置き忘れてしまってね。駅員さんがたくさん手伝ってくれた。最後には，かばんは戻ってきたよ。日本がすばらしい国だって本当によくわかった」 ①第4段落に3日間滞在したとあるので Friday「金曜日」から Sunday「日曜日」までいたことになる。 ②第4段落第2文参照。「日本の歴史を学ぶのが好き」だということが「神社やお寺を訪問した」ことの理由になっているので，後に理由を続ける接続詞として because「なぜなら～から」が適する。 ③第8段落から，駅員さんがブラウン先生のかばんを捜すのに1時間も割いてくれたことがわかる。また，空所の前に a があるので a lot「たくさん」とすると，「たくさん手伝ってくれた」となって対話文の内容をうまくまとめられる。

4 〔**長文読解総合―ちらしを見て答える問題―対話文**〕

≪**全訳**≫**1** ユカ(Y)：こんにちは，メアリー。何のちらしを読んでるの？

2 メアリー(M)：これは今年の夏の①ボランティア活動に関するものよ。この中の1つに参加するつもりなの。あなたはどうする？

3 Y：私も参加したい。同じプログラムを選びましょう。あなたはどれがいい？

4 M：午前中は部活があるから，午後のプログラムに参加したいな。

5 Y：「歌を歌う」はどう？

6 M：ごめんなさい，②8月14日は午後3時30分より前に家に帰らなきゃならないの。他のプログラムについて考えてみましょう。

7 Y：わかったわ。私は将来先生になりたいの，だからあなたと一緒に③「子どもたちと遊ぶ」をやってみたいな。午前中にあなたは部活に行けるし。

8 M：それはいいわね。じゃあ，水のボトルを持っていかないと。

9 Y：わかったわ。ところで，1つ心配なことがあるの。今までにこういう活動に参加したことはある？

10 M：ないわ。これが初めて。あなたは？

11 Y：わたしもこれが初めて。

12 M：それについては心配ないわ，だってこのちらしに④この活動のやり方について学べるって書いてあるもの。

13 Y：ありがとう。どうすればこのプログラムに申し込めるのかしら？

14 M：⑤担任の先生に言えば申し込めるわ。

15 Y：このプログラムを通じて新しい友達ができるといいな。

当市は学生の皆さんのお手伝いを必要としています！

何を？	どこで？	いつ？
駅を掃除する	駅	8月1，8，22，29日　午前9時―午前11時
子どもたちに教える	学校	8月2，9，23，30日　午前9時―午前11時30分
子どもたちに本の読み聞かせをする	図書館	8月3，10，24，31日　午後1時―午後2時30分
子どもたちと遊ぶ	公園	8月4，11，25日　午後1時―午後2時30分

歌を歌う	病院	8月7，14，28日　　午後2時―午後4時

以下の必要があります…

1)全ての日程に来てください。
2)「駅を掃除する」と「子どもたちと遊ぶ」に参加する場合は，飲み物を持ってきてください。

以下の必要はありません…

1)1人で参加するのを心配する必要はありません。すぐに友達ができます。
2)これらの活動の経験は必要ありません。活動のやり方はこちらでご説明します。

・ご質問がある場合は，お電話ください。こちらの電話番号は□□□－△△△－○○○○です。
・こちらのウェブサイトでもっと詳しい情報をご覧いただけます。www. □□□□□□ . △△△△ .com
・活動に参加することが決まったら，担任の先生にお伝えください。先生方が申し込みをしてくれます。

⑴＜**適語句・適文選択**＞①市が学生の手伝いを必要としているというタイトルや活動内容から，ボランティア活動に参加する学生を募集するちらしだとわかる。　②ユカの提案に対して謝っているので，「歌を歌う」に参加できない理由が入る。「歌を歌う」は8月7，14，28日の午後2時から午後4時まで行われるので，この日時のどこかに予定があって都合が悪いという内容が適する。

③前で「教師になりたい」と言っていることと，後ろでメアリーに「午前中にあなたは部活に行ける」と言っていることから，子どもたちとの活動で，午後に行われるものだと判断できる。また，第8段落でメアリーが「水を持っていかないと」と言っており，ちらしには「子どもたちと遊ぶ」に参加する場合には飲み物を持参するよう書かれている。　④第9～11段落から，2人ともこうした活動に参加するのが初めてで，ユカはそれを心配しているとわかる。ちらしには経験がなくてもやり方を教えるとあり，この部分を読んでメアリーはユカを安心させようとしたのだと判断できる。　⑤ちらしの最後に，参加を申し込む場合は担任の先生に伝えるようにと書かれている。

⑵＜**適文補充**＞この後，2人がそれぞれ「これが初めて」と述べていることや，空所の質問に対して後に No, I haven't. と答えていることから，'have/has＋過去分詞' という現在完了の '経験' 用法を用いて「あなたは今までにこういうボランティア活動に参加したことはありますか」といった内容の疑問文をつくればよい。疑問文なので Have you ever ～「あなたは今までに～したことはあるか」と始め，join「参加する」の過去分詞 joined を続ける。目的語としては such an activity「このような活動」や any volunteer activities「何らかのボランティア活動」などが考えられる。

5〔**長文読解総合―物語**〕

≪**全訳**≫**1** 6月のある日，ケンの英語の先生であるヨシダ先生がケンにこう言った。「夏休みに国際会議に参加してみない？　外国の高校生が東京に集まって，自分たちの国の問題について話し合うの。いい経験になるわよ」　会議がおもしろそうだと思ったので，ケンはそれに参加することにした。

2 その会議は8月に開かれた。100名ほどの生徒が集まった。午前中は発展途上国出身の生徒3名がスピーチを行った。その後，生徒全員がグループに分かれて自分たちの国について話し合った。ケンはよその国の問題について学んだ。

3 昼食中に，彼はある少女と出会った。彼女の名前はイブリンといった。彼女は17歳だった。ケンは彼女の日本の第一印象について尋ねた。彼女はケンの靴を見てこう答えた。「大勢の生徒がきれいな靴を履いているのを見てうれしく思います」　それから彼女はこう尋ねた。「あなたは古くなった靴を捨てますか？」　彼は答えた。「ええ，捨ててしまいます」　ケンは彼女ともっと話したかったが，あまり時間がなかった。彼はお別れを言い，彼女にEメールを送ると約束した。

4 午後，ケンと他の生徒たちは別々のグループで自分たちの国の問題について話し合った。また，一緒に英語の歌を歌ったり，踊ったりした。彼らは楽しく過ごした。そして会議は終了した。

5 帰宅後，ケンはこう考えた。「なぜイブリンは僕の古い靴のことなんて尋ねたんだろう？」　ケンはインターネットでイブリンの国について調べてみた。彼はイブリンの国の子どもたちの写真を見た。彼は自分の疑問に対する答えを見つけた。通りにいる子どもたちの多くは靴を履いていなかったのだ。彼はこれを知ってとても驚いた。彼はこの子たちの役に立ちたいと思った。「彼らのために，僕に何ができるだろう？」と彼は思った。それから彼はこんなメッセージの書かれたウェブサイトを見つけた。「あなたの靴が私たちの生活を救います。どうかあなたがもう履かなくなった靴を私たちに送ってください。靴のない子どもが大勢います，そしてしょっちゅうひどいけがをしているのです」

6翌日，ケンはイブリンにEメールを送り，そのウェブサイトについて尋ねた。彼女はこう書いてきた。「それは私のウェブサイトです。私は発展途上国の子どもたちのために靴を集めています。多くの人が私のウェブサイトを見て靴を送ってくれますが，まだまだもっとたくさん必要なのです」 彼はこう書いた。「僕は君に協力したいです」 それから彼はクラスメイトに彼女のウェブサイトについて話した。彼らは学校で靴を集めることにし，ポスターを制作した。それにはこう書かれていた。「自分の靴を送って，発展途上国の子どもたちを助けよう」 2週間後，彼らはたくさんの靴を集めることができ，それをイブリンに送った。

7数日後，ケンはイブリンからEメールを受け取った。「協力してくれてどうもありがとう。将来はもっと多くの人たちを助けましょう」

8この経験を通じて，ケンは世界の問題を理解することが大切だということを知った。また，協力して他者を助けることが大切だということも学んだ。

(1)＜**内容真偽**＞ア．「ケンは国際会議に関する情報をインターネットで見つけた」…×　第1段落参照。ヨシダ先生から聞いている。　イ．「会議で，ケンは発展途上国における問題についてスピーチを行った」…×　第2段落第3文参照。発展途上国の高校生がスピーチを行った。　ウ．「ケンとイブリンは6月に国際会議で出会った」…×　第2段落第1文参照。会議は8月に開かれた。　エ．「昼食のとき，イブリンはケンに彼の靴について尋ねた」…○　第3段落第1，2文および第6文と一致する。　オ．「ケンは発展途上国には靴のない子どもがたくさんいることを知った」…○　第5段落第3～5文と一致する。イブリンが発展途上国出身であることは，第3段落や第6段落から読み取れる。　カ．「イブリンはEメールの中でケンに彼の国の問題について尋ねた」…×　第6段落前半と第7段落第2，3文にイブリンからのEメールがあるが，ケンの国について尋ねる内容はない。　キ．「ケンはクラスメイトを助けるために靴を集めた」…×　第6段落最後の4文参照。発展途上国の子どもたちを助けるためである。　ク．「ケンがさらに多くの靴を集めるのを手伝ってくれたので，イブリンは彼に感謝した」…○　第6段落最終文～第7段落第2文と一致する。

(2)＜**英問英答**＞①「発展途上国から来た何人の生徒がスピーチを行ったか」―「3人が行った」　第2段落第3文参照。　②「イブリンにEメールを送った後，ケンはクラスメイトに何について話したか」―「彼女のウェブサイトについて話した」　第6段落終わりから4文目参照。

(3)＜**適所選択**＞脱落文は「彼は自分の疑問に対する答えを見つけた」という意味。第5段落第1文でケンはイブリンがなぜ靴のことを尋ねたのか疑問に思っており，続く第2，3文にはインターネットで調べ，写真を見たとあるので，この写真を見て「答えを見つけた」とすると，答えの具体的な内容である「通りにいる子どもの多くが靴を履いていない」という次の文にうまくつながる。

(4)＜**適語句選択**＞第5，6段落でケンは発展途上国の子どもたちのためにクラスメイトと協力し，イブリンに靴を集めて送った。これはイブリンの活動への協力でもあり，ケンはこうしたことを通してウ．「協力して他者を助ける」ことの大切さを学んだのである。

6〔**テーマ作文**〕

≪**全訳**≫やあ，元気かい？　あることについて君の意見を知りたいんだ。僕は来月，日本で新生活を始める予定だ。そして君の学校で君と一緒に勉強することになる。昨日，僕はホストファザーからEメールをもらったんだ。彼によると，学校は彼の家から5キロメートル離れているらしい。バス通学もできるし，ホストファミリーから自転車を借りて自転車通学もできる。どうやって学校に行けばいいかな？　君の意見はどうだい？

＜**解説**＞まず，どちらで行くべきかについて自分の意見を述べ，なぜそう思うかという理由を具体的に説明する形が考えられる。理由としてそれぞれの交通手段の長所を挙げるか，選ばなかった方の短所を挙げてもよいだろう。

数学解答

1 (1) -2　(2) 12　(3) $\frac{1}{4}$

(4) $-9x+2y$　(5) $5\sqrt{7}$

2 (1) $(x+9)(x-4)$　(2) -3

(3) $x=\frac{-3\pm\sqrt{21}}{6}$　(4) 83個

(5)

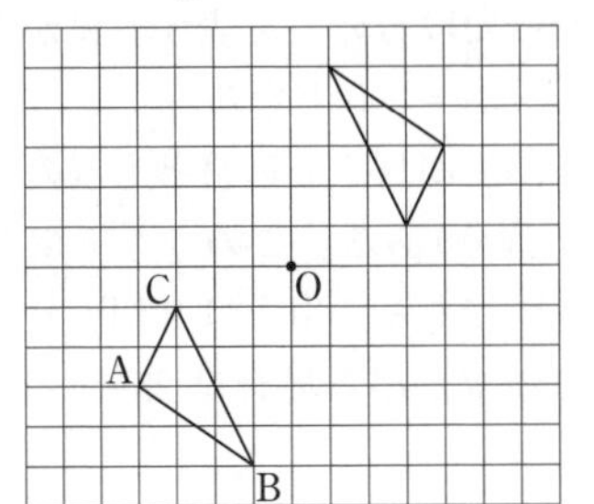

3 (1) $33°$　(2) ア…10　イ…$2x-3y$

(3) $\frac{21}{25}$

4 (1) $y=\frac{3}{4}x+5$　(2) $\left(\frac{10}{3},\ \frac{20}{3}\right)$

5 (1) (例)△ACDと△ECBで，
対頂角だから，
∠ACD＝∠ECB……①
$\overset{\frown}{AE}$に対する円周角だから，
∠ADC＝∠EBC……②
①，②から，２組の角がそれぞれ等しいので，
△ACD∽△ECB

(2) $2\sqrt{15}$cm

6 (1) ア…20　イ…4000　(2) $\frac{8}{5}$分後

7 (1) 平均値…4.8回　最頻値…４回

(2) ２，３，４，５

8 (1) $4\sqrt{5}$cm　(2) 18cm²

1 〔独立小問集合題〕

(1)＜数の計算＞$-7+5=-2$

(2)＜数の計算＞与式$=-12-(-24)=-12+24=12$

(3)＜数の計算＞与式$=\frac{2}{3}\times\left(-\frac{3}{8}\right)+\frac{1}{2}=-\frac{2\times3}{3\times8}+\frac{1}{2}=-\frac{1}{4}+\frac{2}{4}=\frac{1}{4}$

(4)＜式の計算＞与式$=-4x+12y-5x-10y=-9x+2y$

(5)＜平方根の計算＞与式$=\frac{14\times\sqrt{7}}{\sqrt{7}\times\sqrt{7}}+\sqrt{3\times21}=\frac{14\sqrt{7}}{7}+\sqrt{3^2\times7}=2\sqrt{7}+3\sqrt{7}=5\sqrt{7}$

2 〔独立小問集合題〕

(1)＜因数分解＞和が５，積が-36となる２数は$+9$と-4だから，与式$=x^2+\{(+9)+(-4)\}x+(+9)\times(-4)=(x+9)(x-4)$となる。

(2)＜一次方程式の応用＞xについての方程式$3x-4=x-2a$の解が$x=5$だから，解を方程式に代入して，$3\times5-4=5-2a$，$15-4=5-2a$，$2a=5-15+4$，$2a=-6$より，$a=-3$となる。

(3)＜二次方程式＞解の公式より，$x=\frac{-3\pm\sqrt{3^2-4\times3\times(-1)}}{2\times3}=\frac{-3\pm\sqrt{21}}{6}$である。

(4)＜数の性質＞$4=\sqrt{16}$，$10=\sqrt{100}$だから，$4<\sqrt{n}<10$より，$\sqrt{16}<\sqrt{n}<\sqrt{100}$，$16<n<100$である。よって，求める自然数$n$は，17，18，19，……，98，99だから，$99-16=83$(個)ある。

(5)＜図形―点対称な図形＞右図で，△ABCを点Oを中心として点対称移動した図形を△A′B′C′とすると，点Oは，線分AA′，BB′，CC′の中点となる。よって，点A′は，直線AO上のOA＝OA′となる位置にある。点B′，点C′も同様に考える。解答参照。

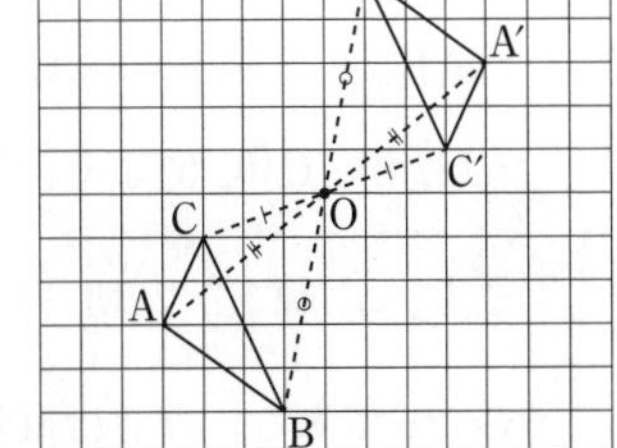

3 〔独立小問集合題〕

(1)＜図形―角度＞次ページの図で，辺AC，辺BCと辺DEの交点をそれぞれF，Gとする。△ABC≡△ADEより，∠ADF＝∠ABC＝61°だから，△ADFで内角と外角の関係より，∠GFC＝∠DAF

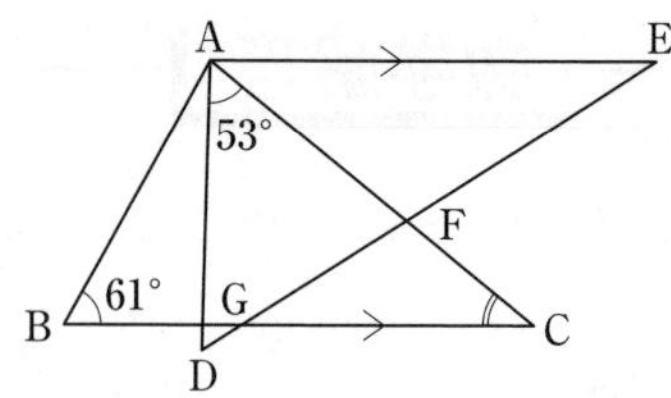

$+\angle ADF=53^\circ+61^\circ=114^\circ$である。また，$\angle FCG=\angle AEG$であり，$AE/\!/BC$より錯角は等しいから，$\angle AEG=\angle FGC$である。よって，$\angle FCG=\angle FGC$となるから，△FGCで，$\angle FCG=\angle FGC=(180^\circ-\angle GFC)\div2=(180^\circ-114^\circ)\div2=33^\circ$となり，$\angle ACB=\angle FCG=33^\circ$である。

⑵<**連立方程式の応用―立式**>$x+y$は，兄と弟が勝った回数の合計だから，上の式は，じゃんけんで勝負がついた回数を表す。勝負は10回ついたから，上の式は，$x+y=10$となる。-5は，兄が弟より5段下にいたことを表すから，下の式は，兄と弟の上がった段数の差を表す。兄が上がった段数は$2x$段，弟が上がった段数は$3y$段だから，下の式は，$2x-3y=-5$となる。

⑶<**確率―色玉**>玉は5個あり，取り出した玉は袋に戻すから，1回目，2回目とも玉の取り出し方は5通りある。よって，玉の取り出し方は全部で$5\times5=25$(通り)ある。このうち，少なくとも1回は赤玉が出る場合は，2回とも白玉が出る場合を除いた場合である。白玉は2個より，2回とも白玉が出る場合は$2\times2=4$(通り)だから，少なくとも1回は赤玉が出る場合は$25-4=21$(通り)となり，求める確率は$\frac{21}{25}$である。

4 〔関数―関数 $y=ax^2$ と直線〕

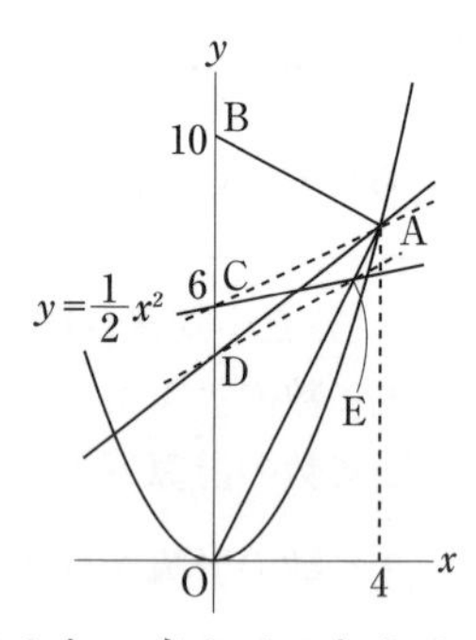

⑴<**直線の式**>右図で，点Aは関数$y=\frac{1}{2}x^2$のグラフ上の点であり，x座標が4だから，$y=\frac{1}{2}\times4^2=8$より，A(4, 8)である。点Dは線分OBの中点で，B(0, 10)だから，点Dのy座標は$\frac{0+10}{2}=5$となり，D(0, 5)である。よって，直線ADは，傾きが$\frac{8-5}{4-0}=\frac{3}{4}$，切片が5だから，直線ADの式は$y=\frac{3}{4}x+5$となる。

⑵<**座標**>右上図で，△OABは，OB=10を底辺と見ると，点Aのx座標が4より，高さは4となる。よって，$\triangle OAB=\frac{1}{2}\times10\times4=20$だから，〔四角形ABCE〕$=\frac{1}{2}\triangle OAB=\frac{1}{2}\times20=10$となり，$\triangle OCE=\triangle OAB-$〔四角形ABCE〕$=20-10=10$となる。△OCEの底辺を$OC=6$としたときの高さを$h$とすると，$\frac{1}{2}\times6\times h=10$が成り立ち，$h=\frac{10}{3}$となる。これより，点Eの$x$座標は$\frac{10}{3}$である。また，A(4, 8)より，直線OAの傾きは$\frac{8}{4}=2$だから，直線OAの式は$y=2x$である。点Eは直線OA上にあるから，$y=2\times\frac{10}{3}=\frac{20}{3}$より，$E\left(\frac{10}{3}, \frac{20}{3}\right)$である。

≪別解≫右上図で，〔四角形ABCE〕$=\frac{1}{2}\triangle OAB$であり，点Dが線分OBの中点より，$\triangle ABD=\triangle OAD=\frac{1}{2}\triangle OAB$だから，〔四角形ABCE〕$=\triangle ABD$である。よって，2点A，Cを結ぶと，$\triangle ABC+\triangle ACE=\triangle ABC+\triangle ACD$より，$\triangle ACE=\triangle ACD$となる。これより，$AC/\!/ED$である。A(4, 8)，C(0, 6)より，直線ACの傾きは$\frac{8-6}{4-0}=\frac{1}{2}$だから，直線EDの傾きも$\frac{1}{2}$である。D(0, 5)より，直線EDの切片は5であり，直線EDの式は$y=\frac{1}{2}x+5$である。また，直線OAの式は$y=2x$である。点Eは直線EDと直線OAの交点だから，$2x=\frac{1}{2}x+5$より，$\frac{3}{2}x=5$，$x=\frac{10}{3}$となり，$y=2\times\frac{10}{3}$，$y=\frac{20}{3}$となるから，$E\left(\frac{10}{3}, \frac{20}{3}\right)$である。

5〔平面図形—円〕

(1)<論証>右図1の△ACDと△ECBにおいて，2組の角がそれぞれ等しいことを示す。対頂角が等しいこと，同じ弧に対する円周角が等しいことを利用する。解答参照。

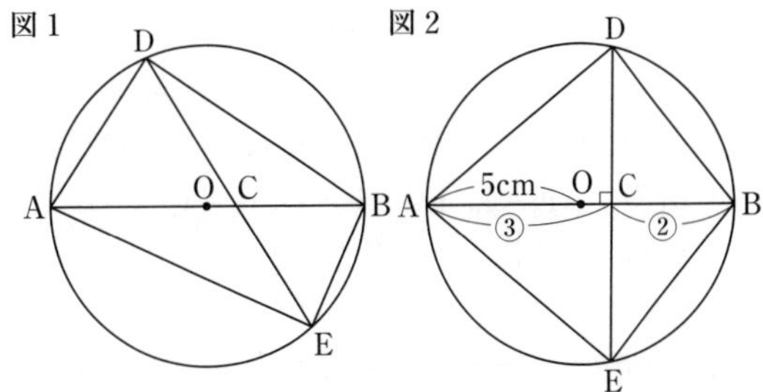

(2)<長さ—相似>右図2の△ACDと△ADBにおいて，∠CAD＝∠DABである。また，∠ACD＝90°であり，線分ABが円Oの直径より，∠ADB＝90°だから，∠ACD＝∠ADBとなる。よって，2組の角がそれぞれ等しいから，△ACD∽△ADBとなり，AD：AB＝AC：ADとなる。ここで，AB＝2OA＝2×5＝10であり，AC：CB＝3：2だから，AC＝$\frac{3}{3+2}$AB＝$\frac{3}{5}$×10＝6となる。したがって，AD：10＝6：ADが成り立ち，$AD^2=10\times6$，AD＝$\pm2\sqrt{15}$となる。AD>0だから，AD＝$2\sqrt{15}$(cm)である。

6〔関数—関数の利用〕

(1)<高さ，水を入れる割合>水そうは1辺が40cmの立方体だから，深さは40cmである。問題の図2より，底面から水面までの高さが40cmになるのは14分後だから，満水になるのは14分後である。また，6分後の底面から水面までの高さは20cmだから，6分後から満水になるまでの間に，底面から水面までの高さは40－20＝20(cm)上がっている。6分後に直線の傾きが変化していることから，おもりPを2つ積み上げたときの高さが20cmなので，底面から水面までの高さが20cm以上のとき，水が入る部分の底面は1辺が40cmの正方形となる。よって，6分後から満水になるまでの14－6＝8(分間)に入った水の体積は40×40×20＝32000(cm^3)だから，32000÷8＝4000より，水そうには毎分4000cm^3の水を入れていた。

(2)<時間>(1)より，毎分4000cm^3の割合で水を入れ，入れ始めてから14分後に満水になるので，このとき入る水の体積は，4000×14＝56000(cm^3)である。水そうの容積は40×40×40＝64000(cm^3)だから，おもりP2個の体積は64000－56000＝8000(cm^3)であり，1個の体積は8000÷2＝4000(cm^3)となる。また，(1)より，おもりP2個を縦に積み上げたときの高さが20cmだから，おもりPの高さは20÷2＝10(cm)となる。よって，おもりPの底面積は4000÷10＝400(cm^2)である。底面から水面までの高さが8cmのとき，おもりPの高さよりも小さいから，このとき入っている水の体積は40×40×8－400×2×8＝6400(cm^3)である。したがって，6400÷4000＝$\frac{8}{5}$より，$\frac{8}{5}$分後である。

7〔資料の活用〕

(1)<平均値，最頻値>平均値を求めると，(1×1＋2×1＋3×1＋4×3＋6×2＋7×2＋9×1)÷11＝53÷11＝4.81…となるから，小数第2位を四捨五入して，4.8回である。また，人数が最も多いのは3人の4回だから，最頻値(モード)は4回となる。

(2)<度数>まず，問題の表1，表2より，2年生のボールが入った回数とその人数は，0回が0人，1回が1－1＝0(人)，2回が1－1＝0(人)，3回が2－1＝1(人)，4回が4－3＝1(人)，5回が$x-0=x$(人)，6回が6－2＝4(人)，7回が3－2＝1(人)，8回が$y-0=y$(人)，9回が3－1＝2(人)，10回が0人となる。2年生は15人だから，$1+1+x+4+1+y+2=15$が成り立ち，$x+y=6$となる。また，2年生15人の中央値が6回より，ボールの入った回数を小さい順に並べたとき，8番目は6回となる。5回以下は$1+1+x=2+x$(人)，6回は4人だから，8番目が6回となるのは，$2+x=4$，5，6，7のときで，$x=2$，3，4，5となる。$x+y=6$より，x，yは0以上6以下の整数だから，いずれも適する。

8〔空間図形—立方体〕

(1)**<長さ—三平方の定理>**AP，PG を含む２つの面 AEFB，BFGC を右図１のように展開する。図１で，AP＋PG の長さを最も短くするとき，３点Ａ，Ｐ，Ｇは一直線上の点となる。よって，AP＋PG の長さを最も短くしたときの長さは，線分 AG の長さである。$AE=4$，$EG=EF+FG=4+4=8$ であり，$\angle AEG=90°$ だから，△AEG で三平方の定理より，求める長さは，$AP+PG=AG=\sqrt{AE^2+EG^2}=\sqrt{4^2+8^2}=\sqrt{80}=4\sqrt{5}$(cm)となる。

図１

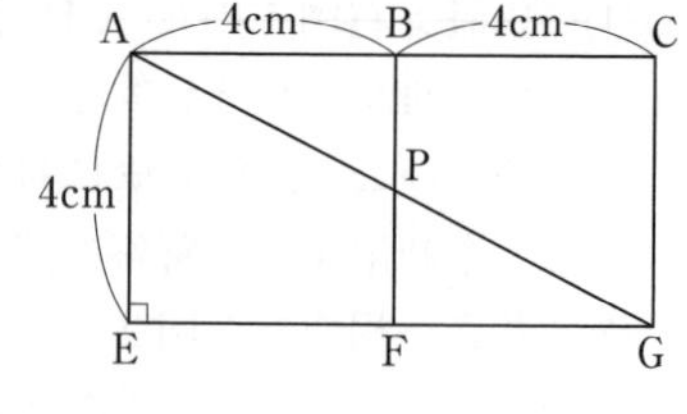

(2)**<面積>**右図２で，点Ａと点Ｃ，点Ｅと点Ｇをそれぞれ結ぶと，AC∥EG である。また，点Ｑ，点Ｒはそれぞれ辺 EF，辺 FG の中点だから，△EFG で中点連結定理より，EG∥QR である。よって，AC∥QR となるから，３点Ａ，Ｑ，Ｒを通る平面は点Ｃを通り，切り口は台形 AQRC となる。さらに，AE＝CG，$EQ=GR=\frac{1}{2}EF=\frac{1}{2}\times4=2$，$\angle AEQ=\angle CGR=90°$ より，△AEQ≡△CGR だから，AQ＝CR である。２点Ｑ，Ｒから AC にそれぞれ垂線 QI，RJ を引く。△ABC は直角二等辺三角形だから，$EG=AC=\sqrt{2}AB=\sqrt{2}\times4=4\sqrt{2}$ であり，△EFG で中点連結定理より，$QR=\frac{1}{2}EG=\frac{1}{2}\times4\sqrt{2}=2\sqrt{2}$ である。四角形 IQRJ は長方形となるから，$IJ=QR=2\sqrt{2}$ である。また，IQ＝JR だから，直角三角形の斜辺と他の１辺がそれぞれ等しく，△AQI≡△CRJ となり，$AI=CJ=(AC-IJ)\div2=(4\sqrt{2}-2\sqrt{2})\div2=\sqrt{2}$ となる。△AEQ で三平方の定理より，$AQ^2=AE^2+EQ^2=4^2+2^2=20$ だから，台形 AQRC の高さは，△AQI で三平方の定理より，$IQ=\sqrt{AQ^2-AI^2}=\sqrt{20-(\sqrt{2})^2}=\sqrt{18}=3\sqrt{2}$ である。したがって，求める面積は，〔台形 AQRC〕＝$\frac{1}{2}\times(AC+QR)\times IQ=\frac{1}{2}\times(4\sqrt{2}+2\sqrt{2})\times3\sqrt{2}=18$(cm²)となる。

図２

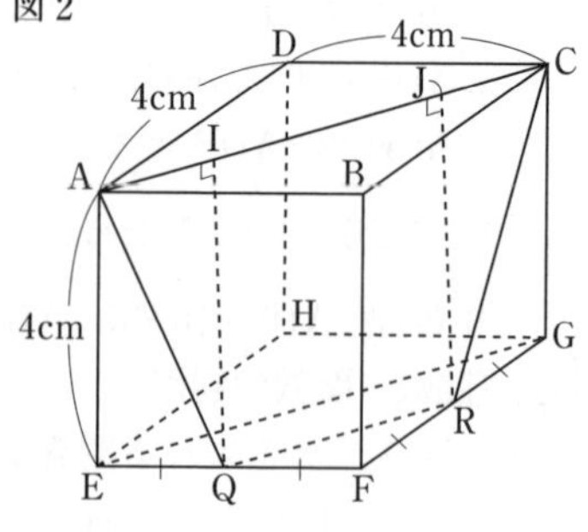

社会解答

1 (1) 記号…イ
語…排他的経済水域〔経済水域，EEZ〕
(2) イ→ア→エ→ウ　(3) ア
(4) a…フビライ=ハン〔フビライ〕
b…北条時宗
(5) ウ　(6) エ　(7) E

2 (1) (例)有権者数が少なかったうえに，投票率が低かった
(2) 記号…ア　語…条例
(3) 語…行政
説明　(例)権力が１つの機関に集中することを防ぐため。〔権力の濫用を防ぐため。〕
(4) 人物名…ケネディ　記号…ウ
(5) 記号…イ
記述　(例)銀行(金融機関)にお金の貸し出しを行う。

3 (1) 記号…ウ　語…地中海
(2) 府庁または県庁所在地名…大津
記号…エ
(3) 記号…ア　海流名…千島海流〔親潮〕
(4) 地形図上の長さ…２　記号…イ
(5) (例)製品の輸送に便利なため。
(6) 記号…エ　語…シリコンバレー
(7) イ
(8) X　(例)風力発電や太陽光発電の供給の値が増加している
Y　(例)燃料費や二酸化炭素対策費がかからないが，設備費，運転維持費や政策経費が高い

4 (1) a…邪馬台国　b…親魏倭王
(2) 防人　(3) 記号…ウ　語…町衆
(4) 語…元禄　記号…ア
(5) 将軍名…徳川慶喜〔一橋慶喜〕
記号…ウ
(6) 説明　(例)不安定な年貢の収入から，地価を基準とした地租に変えることで，財政を安定させるため。
語…地券
(7) 記号…カ　条約名…日ソ中立条約
(8) ア

1〔三分野総合─国の特色に関連する問題〕

(1)＜**国家の領域**＞領海の範囲は領土の沿岸から12海里(約22km)で，沿岸から200海里(約370km)の範囲を排他的経済水域〔経済水域，EEZ〕と呼ぶ。

(2)＜**日本とイギリスの関係**＞年代の古い順に，江戸時代初め(1613年)の平戸イギリス商館での貿易開始(イ)，江戸時代末(1863年)の薩英戦争(ア)，明治時代半ば(1894年)のイギリスの領事裁判権の撤廃(エ)，明治時代末(1902年)の日英同盟の締結(ウ)となる。

(3)＜**フランス革命**＞1789年のフランス革命で発表されたのは，人権宣言である。なお，イの『法の精神』は1748年にモンテスキューが著した三権分立を主張した書物，ウの権利(の)章典はイギリスで名誉革命が起こった翌年の1689年に発表された文書，エの独立宣言はアメリカの独立戦争中の1776年に発表された文書である。

(4)＜**元寇**＞都を大都に移して国号を元と改めたモンゴルの皇帝は，フビライ=ハンである。フビライは，日本を服属させようと使者を送ったが，鎌倉幕府の執権であった北条時宗は要求を拒否した。要求に応じない日本に対して，フビライは1274年(文永の役)，1281年(弘安の役)の二度にわたって大軍を派遣した。

(5)＜**オーストラリアの貿易**＞オーストラリアは，鉄鉱石(2016年)や石炭(2015年)の輸出額が世界第１位である。貿易相手国では，かつてイギリスや日本が最大の輸出相手国だったが，近年では中国が

最大の輸出相手国となっている(2016年)。

(6)＜**地域統合**＞ブラジルは，アルゼンチンなどの南アメリカ諸国とMERCOSUR〔南米南部共同市場，メルコスール〕に加盟している。なお，アのNAFTAは北米自由貿易協定の略称，イのEUはヨーロッパ連合の略称，ウのASEANは東南アジア諸国連合の略称である。

(7)＜**時差**＞日本の標準時子午線は東経135度である。経度15度ごとに1時間の時差が生じるので，経度0度である本初子午線の通るイギリスと日本では135÷15＝9時間の時差がある。日本から西に行くほど時刻を戻すため，日本が1月30日午前10時のとき，イギリスは1月30日午前1時である。地図より，E国(ブラジル)はイギリスよりも経度30度以上西にあり，時刻が2時間以上戻るため，日本が1月30日午前10時のとき，E国は1月29日であることがわかる。

2 〔公民―総合〕

(1)＜**資料の読み取り**＞指定語句のうち「有権者数」については，図1から，20～29歳は60～69歳の3分の2程度だったことがわかる。また，「投票率」については，表1から，20～29歳が31.25％で，60～69歳の64.26％の半分以下だったことがわかる。

(2)＜**自由権，地方自治**＞財産権は，自由権の中の経済活動の自由に分類される。なお，生存権，教育を受ける権利，団結権などの労働基本権は，社会権に分類される。また，地方議会が制定する，その地方公共団体だけに通用する法を，条例と呼ぶ。

(3)＜**三権分立**＞内閣は，国家の権力のうち，行政権を担当している。また，図2のような三権分立のしくみは，権力が1つの機関に集中し，濫用されて，国民の自由や権利が侵害されることを防ぐためにある。

(4)＜**消費者の保護**＞安全を求める権利，知らされる権利，選択する権利，意見を反映させる権利という消費者の4つの権利を1962年に宣言したのは，アメリカのケネディ大統領である。また，商品の欠陥による消費者の損害を製造者が賠償する責任を明確に定めたのは，1994年に制定された製造物責任法〔PL法〕，契約上のトラブルから消費者を保護するために2000年に制定されたのは，消費者契約法である。なお，消費者政策の基本理念を示すために1968年に制定された消費者保護基本法は，2004年に消費者の権利を明記した消費者基本法へと改正された。

(5)＜**日本銀行**＞日本の中央銀行である日本銀行は，家計や企業のお金を預かったり，家計や企業にお金を貸し出したりすることはなく，一般の銀行のお金を預かったり，一般の銀行にお金を貸し出したりしている。発券銀行，政府の銀行と並ぶ日本銀行のこの役割を，銀行の銀行と呼んでいる。

3 〔地理―総合〕

(1)＜**地中海沿岸の気候と農業**＞地中海沿岸に位置するローマ(イタリアの首都)の気候は，温帯の中でも，夏に降水量が少なく乾燥し，冬は温暖で雨が多いことを特色とする地中海性気候である(Ⅱ)。地中海沿岸の地域では，地中海性気候の特色に合わせて，夏には乾燥に強いオリーブなどの果樹を栽培し，冬には小麦などを栽培する地中海式農業が行われている。

(2)＜**地域による高齢化の状況**＞図3から，65歳以上人口の割合が24～27％であるのは滋賀県と愛知県である。このうち，近畿地方に位置するのは滋賀県である。その滋賀県の県庁所在地は，大津市である。また，図3から，高知県は65歳以上人口の割合が33％以上である。愛知県は24～27％，大阪府と広島県は27～30％より，この4府県の中では高知県が65歳以上人口の割合が最も高い。よって，65歳以上人口が多いエの人口ピラミッドを選ぶ。なお，アは大阪府，イは広島県，ウは愛知県を表している。

(3)＜**北方領土，海流**＞日本の領域の最北端に位置する択捉島は，アの位置にある。なお，イはウルップ島〔得撫島〕，ウはパラムシル島〔幌筵島〕で，ともに千島列島に含まれる島である。また，エは樺太〔サハリン〕である。矢印の海流は，千島列島沿いに北東から南西に流れる寒流で，千島海流〔親潮〕と呼ばれる。

(4)<**地形図の読み取り**>縮尺が2万5千分の1の地形図では，地形図上の1cmが実際の距離250mを表すので，実際の距離500mは地形図上では2cmで表される。図6（平成26年発行の地形図）で市役所(◎)がある場所は，図5（昭和46年の地形図）で町役場(○)がある場所より北側に位置している(イ…○)。なお，かつて町役場の南側の小中学校(文)があった場所には，文化会館や図書館(🕮)が建てられた(ア…×)。鉄道のカーブから判断して，尾張旭駅は，かつてのあさひあらい駅より東側にある(ウ…×)。図6には，名鉄瀬戸線沿線の北側などにわずかに水田が残っている(エ…×)。

(5)<**半導体工場の立地**>図7と図8を比較すると，東北地方の半導体工場の多くが高速道路沿いにつくられていることがわかる。これは，生産した製品をトラックなどで輸送するのに便利だからである。

(6)<**アメリカの工業**>アメリカの工業地帯で，早くから発展したのは水上交通に便利な大西洋岸や北東部の五大湖周辺である(ア…×)。デトロイトは自動車産業，ピッツバーグは鉄鋼業の中心地として発展した(イ…×)。20世紀後半に日本からの輸入品に打撃を受けたのは，鉄鋼業や自動車産業である(ウ…×)。また，サンフランシスコの南に位置し先端技術産業が集中する地域は，シリコンバレーと呼ばれる。

(7)<**資料の読み取り**>表1から，1990年と2015年ともに技術輸出額が最も少ないのは日本である(ア…×)。表2から，2015年における日本の技術輸出額が北アメリカ向けに次いで多いのは，アジア向けである(ウ…×)。表2から，2015年における日本のアジアからの技術輸入額を，北アメリカからの輸入額と比べると，319億÷4278億＝0.074…で，10分の1（＝0.1）未満だが，20分の1（＝0.05）よりは多い(エ…×)。

(8)<**資料の読み取り**>X．表3から，主な国の新エネルギー供給について2009年と2014年を比較すると，地熱発電の供給の値は変化がないか微増しているだけなのに対して，風力発電と太陽光発電については，大幅に増加していることが読み取れる。　Y．表4から，新エネルギーは火力発電と比較して，燃料費や二酸化炭素対策費はかからないが，設備費や運転維持費，政策経費が高いことが読み取れる。

4〔**歴史—総合**〕

(1)<**邪馬台国**>邪馬台国の女王卑弥呼が239年に魏に使いを送り，魏の皇帝から「親魏倭王」という称号を得たことが，魏志倭人伝に記録されている。

(2)<**防人**>奈良時代に編さんされた『万葉集』には，中国や朝鮮半島からの攻撃に備えて九州北部に送られた兵士である防人がよんだ歌が収録されている。

(3)<**室町時代の都市**>堺は，室町時代に，水上交通の要所として日明貿易などによって栄えた港町で，現在の大阪府中部に位置する都市である。なお，アは京都，イは奈良，エは神戸を示している。また，室町時代の京都で自治の中心となり，祇園祭を復活させた裕福な商工業者を，町衆と呼ぶ。

(4)<**元禄文化**>江戸時代前半にあたる17世紀末から18世紀初めにかけて，京都や大阪などの上方の町人が担い手となった文化を，元禄文化と呼ぶ。この時期には，浮世草子を書いた井原西鶴や，人形浄瑠璃の脚本を書いた近松門左衛門などが活躍した。なお，松尾芭蕉は，元禄文化の時期に，俳諧で新しい作風を生み出した。また，十返舎一九は，江戸時代後半の化政文化の時期に『東海道中膝栗毛』というこっけい本を著した。

(5)<**大政奉還と明治維新**>1867年に朝廷に政権を返す大政奉還を行った江戸幕府第15代将軍は，徳川慶喜である。翌年に始まった戊辰戦争を経て明治維新が始まり，1871年，岩倉使節団が欧米に派遣された。なお，1859年の安政の大獄による吉田松陰の処罰，1858年の日米修好通商条約による貿易の開始，1866年の薩長同盟は，いずれも大政奉還より前の出来事である。

⑹**<地租改正>**図３から，江戸幕府の年貢収入は，ききんが起こると大きく減少するなど不安定だったことがわかる。これに対して，1873年に地租改正が行われ，図４の1875年以降，地租による収入は安定していることが読み取れる。これは，明治政府が税収を安定させるために，政府が定めた地価の３％（後に2.5％）を地租とすることに決めて徴収したためである。また，地租改正にあたって土地の所有者に発行した証券を，地券と呼ぶ。

⑺**<第二次世界大戦>**年代の古い順に，1939年のドイツによるポーランドへの侵攻(Ⅲ)，1941年の大西洋憲章の発表(Ⅱ)，1945年のポツダム宣言の発表(Ⅰ)となる。また，1941年，日本が南方へ進出するために北方の安全を確保する必要があったことから，ソ連と結んだ条約は，日ソ中立条約である。

⑻**<1970年前後の出来事>**沖縄が日本に復帰したのは，1972年のことである。なお，教育基本法の制定は1947年のこと，細川内閣成立による55年体制の崩壊は1993年のこと，サンフランシスコ平和条約締結は1951年のことである。

理科解答

1 (1) ア　(2) エ　(3) イ　(4) イ　(5) イ

2 (1) あ…83　い…0.38
(2) ① あ…原子核　い…中性子
② ア
(3) ① 発生　②…ウ
(4) $2Ag_2O \longrightarrow 4Ag + O_2$
(5) あ…生態系〔エコシステム〕
い…外来種〔外来生物〕
(6) ①…ウ　②…イ

3 (1) 無セキツイ動物
(2) (例)体を支えて内部を保護するはたらき。
(3) ① 外とう膜
② 記号…ウ　生物名…ザリガニ
(4) ウ　(5) エ

4 (1) イ　(2) ウ　(3) ウ
(4) 右図
(5) (例)摩擦力がはたらくことによって，力学的エネルギーの一部が熱エネルギーなどに変わったため。

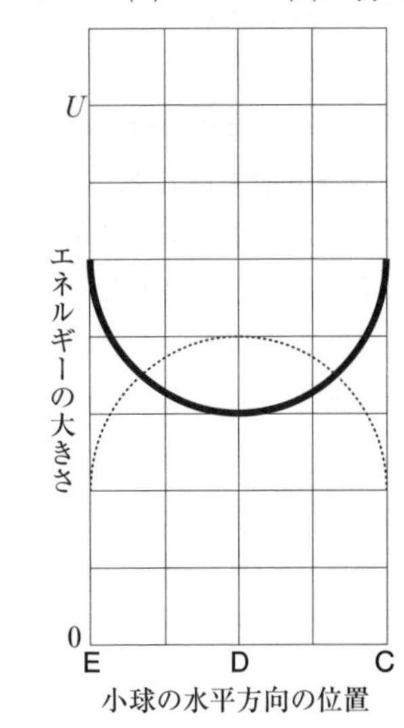

5 (1) (例)調べる水溶液が混ざらないようにするため。
(2) 砂糖水　(3) HCl　(4) 400g

6 (1) かぎ層
(2) ① 泥
② (例)C，B，Aの順に堆積物の粒の直径が小さくなることから，Cが堆積した時代の海は浅く，しだいに深くなっていったと考えられる。
(3) ア　(4) エ　(5) 新生

1〔小問集合〕

(1)＜**陰極線**＞図で，蛍光板に見られた光るすじを，陰極線という。陰極線は，－極から飛び出した電子がぶつかって蛍光板が光ったものである。電子は－の電気を帯びているため，図で，陰極線は電極板の＋極の方に曲がる。よって，電極板Aが＋極，電極板Bが－極となるようにつないだとき，陰極線は電極板Aの方に曲がる。

(2)＜**化学変化**＞化学変化の前後で全体の質量は変化しない。これを質量保存の法則という。質量保存の法則が成り立つのは，化学変化の前後では，物質をつくる原子の組み合わせは変わるが，原子の種類や数が変わらないためである。

(3)＜**離弁花類**＞アブラナのように，被子植物，双子葉類のうち，花弁が互いに離れている植物を離弁花類という。ア～エのうち，離弁花類に分類されるのはサクラである。なお，ツツジ，タンポポ，アサガオのように，被子植物，双子葉類のうち，花弁がくっついている植物を合弁花類という。

(4)＜**月の観察**＞図のように，月が満月のとき，月は地球から見て太陽と反対側にある。このとき，満月は夕方に東から昇り，真夜中に南中して，明け方に西に沈む。よって，満月が西の空に見えたのは，午前6時頃である。

2〔小問集合〕

⑴＜**浮力**＞電子てんびんは，図１の状態では容器と水の質量の合計を示し，図３の状態では容器と水と物体の質量の合計を示す。よって，物体の質量は，図１と図３で電子てんびんが示す値の差となるから，365－282＝83(g)である。また，図２では，物体にはたらく浮力と逆向きの力が水に加わることから，水に加わった力と浮力の大きさは等しい。図２で水に加わった力は，図１と図２で電子てんびんが示す値の差より，320－282＝38(g)の物体にはたらく重力に等しいから，38÷100×1＝0.38(N)となる。したがって，この物体にはたらく浮力は0.38Nである。

⑵＜**原子の構造**＞①原子の中心には原子核があり，その周りに－の電気を持つ電子が存在している。また，原子核は＋の電気を持つ陽子と，電気を持たない中性子でできている。　②電子の質量は陽子の質量のおよそ$\frac{1}{1840}$と，非常に小さい。

⑶＜**発生**＞①受精卵が分裂を繰り返して，やがて親と同じような形へ成長する過程を発生という。②生殖細胞は減数分裂によってつくられ，その染色体の数は親の体をつくっている細胞の中にある染色体の半分である。よって，２つの生殖細胞が受精してできる受精卵は，親の体をつくっている細胞の中にある染色体の数と同じになる。

⑷＜**酸化銀の熱分解**＞酸化銀(Ag_2O)を加熱すると，酸化銀が分解して銀(Ag)と酸素(O_2)が生じる。化学反応式は，矢印の左側に反応前の物質の化学式，右側に反応後の物質の化学式を書き，矢印の左右で原子の種類と数が等しくなるように化学式の前に係数をつける。

⑸＜**生態系**＞ある環境と，そこにすむ生物を一つのまとまりと見たものを生態系(エコシステム)という。また，ある地域に本来はいなかった生物で，人間の活動などにより，他の地域から持ち込まれて定着した生物を外来種(外来生物)という。

⑹＜**天気図**＞①日本列島の上空には，偏西風と呼ばれる強い西風が吹いている。日本上空を通過する低気圧や移動性の高気圧は，偏西風の影響を受けて西から東へ移動することが多い。これより，図で，四国の南の海上にある低気圧は，翌日には，ウのように東へ移動したと考えられる。　②周りよりも気圧が高い所を高気圧，低い所を低気圧という。よって，正しいのはイである。なお，低気圧の中心部では上昇気流となっていて，雲ができやすい。また，寒冷前線の近くでは，寒気によって暖気が急激に押し上げられるため積乱雲ができやすく，温暖前線の近くでは，暖気が寒気の上をはい上がるように進むため乱層雲ができやすい。

3 〔動物の生活と生物の変遷〕

⑴＜**無セキツイ動物**＞背骨を持たない動物を無セキツイ動物といい，背骨を持つ動物をセキツイ動物という。

⑵＜**外骨格**＞無セキツイ動物の中で，あしに節のある動物のなかまを節足動物といい，節足動物の体の外側は外骨格という固い殻でおおわれている。外骨格は，体を支えたり，内部にある内臓などを保護したりするはたらきを持つ。

⑶＜**軟体動物**＞①イカは無セキツイ動物の軟体動物で，内臓を包み込むやわらかい膜を外とう膜という。　②イカの呼吸器官はえらで，図２のア～エの中で，えらを示しているのはウである。図１の中で，イカと同じようにえらを持つのは，水中にすんでいるザリガニである。なお，図１の動物の呼吸器官は，バッタが気門で，トカゲとハトとクジラは肺である。

⑷＜**ホニュウ類**＞クジラはホニュウ類なので，雌の子宮で子としての体ができてから生まれる(胎生)。なお，図１の生物の中で，体の表面が湿ったうろこでおおわれているのはハチュウ類のトカゲ，外界の温度が変わっても体温が一定に保たれる恒温動物は鳥類のハトとクジラ，生まれた子をしばらく親が世話をするのはハトとクジラである。

(5)＜**相同器官**＞トカゲの前あしとクジラの胸びれの骨格を比較すると，基本的なつくりに共通点が見られる。これは，もとは同じものが生活やはたらきに適した形に変化したと考えられる。よって，これらは相同器官の関係にある。なお，ウのバッタのはねとハトの翼のように，同じようなはたらきをするが，同じものから変化したものではない体の部分を相似器官という。

4〔**運動とエネルギー**〕

(1)＜**力学的エネルギーの保存**＞物体の持つ位置エネルギーと運動エネルギーの和を力学的エネルギーという。小球は，図２の点Ａでは位置エネルギーだけ持っているので，このときの位置エネルギーの大きさは力学的エネルギーの大きさに等しい。小球がレール上を運動すると，位置エネルギーは運動エネルギーに移り変わるが，力学的エネルギーは常に一定に保たれる（力学的エネルギーの保存）。小球が点Ｆ，Ｇ，Ｈを通り，最も高い点Ｉに到達したとき，小球の持つ力学的エネルギーは全て位置エネルギーに移り変わっているので，その大きさは点Ａでの位置エネルギーの大きさに等しい。よって，点Ｉの高さは点Ａと同じになる。

(2)＜**斜面上の物体にはたらく力**＞図２で，斜面上の小球には，重力の分力が斜面に沿って下向きにはたらいている。小球が初めて点Ｈを通過するとき，この力の向きは小球が運動する向きと逆向きなので，小球の速さはしだいに遅くなる。

(3)＜**運動エネルギー**＞同じ高さにある小球の持つ位置エネルギーは等しいから，力学的エネルギーの保存より，このとき，運動エネルギーも等しくなる。よって，ア～エのうち，小球の持つ運動エネルギーが等しくなるのは，図２で，小球が同じ高さにある点Ｂと点Ｆである。

(4)＜**力学的エネルギーの保存**＞力学的エネルギーの保存より，小球がどの位置にあっても小球の持つ位置エネルギーと運動エネルギーの和は，点Ａで小球が持っていた力学的エネルギーの大きさUに等しい。図３より，小球の持つ位置エネルギーの大きさは，点Ｅと点Ｃでは$\frac{2}{7}U$，点Ｄでは$\frac{4}{7}U$だから，それぞれの点で持つ小球の運動エネルギーの大きさは，点Ｅと点Ｃでは$U-\frac{2}{7}U=\frac{5}{7}U$，点Ｄでは$U-\frac{4}{7}U=\frac{3}{7}U$となる。よって，図に，これらの点を・などでかき，この３点を通って，位置エネルギーのグラフと上下が対称な曲線をかく。解答参照。

(5)＜**エネルギーの保存**＞実験２のように，点Ｆと点Ｇの間に摩擦力のはたらく布をはると，小球がFG間を運動するとき，摩擦により力学的エネルギーの一部が熱エネルギーなどに変化する。その結果，小球の持つ力学的エネルギーが減少するので，小球は点Ｉまでは到達することができない。

5〔**化学変化とイオン**〕

(1)＜**実験操作**＞水溶液に電流が流れるかどうかを調べる実験で水溶液をかえたとき，そのまま電極を使うと前に調べた水溶液が混ざってしまうので，正しい結果を得ることができない。そのため，水溶液をかえるときには，電極についた前の水溶液を精製水で洗い流す。

(2)＜**非電解質**＞６種類の水溶液のうち，電流が流れない非電解質の水溶液は砂糖水である。よって，水溶液Ｃは砂糖水とわかる。

(3)＜**水溶液の識別**＞水溶液Ｂ，Ｅはアルカリ性なので，うすい水酸化ナトリウム水溶液と石灰水のどちらかである。さらに，石灰水と混ぜると白くにごるのは，二酸化炭素の水溶液である炭酸水だから，混ぜると白くにごった水溶液Ｂは石灰水，水溶液Ｄは炭酸水であり，水溶液Ｅはうすい水酸化ナトリウム水溶液である。また，水溶液Ａを加熱すると白い固体が出てきたことから，水溶液Ａは固体が溶けた水溶液で，食塩水である。以上より，残った水溶液Ｆはうすい塩酸で，溶質は塩化水素（HCl）である。

(4)<**質量パーセント濃度**>〔質量パーセント濃度(%)〕$=\dfrac{\text{〔溶質の質量(g)〕}}{\text{〔水溶液の質量(g)〕}}\times 100$より，〔溶質の質量(g)〕＝〔水溶液の質量(g)〕$\times\dfrac{\text{〔質量パーセント濃度(%)〕}}{100}$となる。これより，質量パーセント濃度10%の食塩水100gに溶けている食塩の質量は$100\times\dfrac{10}{100}=10$(g)である。よって，この食塩水に水を加えて2%の食塩水をつくるとき，加える水の質量をxgとすると，水溶液の質量は$100+x$gとなるから，$(100+x)\times\dfrac{2}{100}=10$が成り立つ。これを解くと，$x=400$(g)となる。

(5)<**水溶液の識別**>水溶液を青色リトマス紙につけると，酸性のうすい塩酸と炭酸水の2種類の水溶液をつけた青色リトマス紙が赤色に変わり，他の4つの水溶液は色が変化しない。よって，適当なのはイである。なお，水溶液をろ過しても，ろ紙には何も残らない。青色の塩化コバルト紙に水溶液をつけると水と反応して全て赤色に変化する。また，緑色のBTB溶液を加えると，酸性のうすい塩酸と炭酸水は黄色，アルカリ性のうすい水酸化ナトリウム水溶液と石灰水は青色に変わり，中性の食塩水と砂糖水は緑色のまま変化しない。

6 〔大地のつくりと変化〕

(1)<**かぎ層**>凝灰岩の層や同じ化石が含まれている層のように，遠く離れた地層が同時代にできたことを調べるときのよい目印となる地層をかぎ層という。

(2)<**地層のでき方**>①川の水によって運ばれた土砂は，粒の小さいものほど河口から離れた海底に堆積する。れき，砂，泥の粒の大きさは，れき＞砂＞泥なので，河口から最も離れた海底に堆積するのは最も粒の小さい泥である。　②地層は下のものほど古いから，図の地点Ⅲの柱状図より，この地点の地層は，Cのれき岩→Bの砂岩→Aの泥岩の順に堆積したことがわかる。よって，堆積した順に堆積物の粒の大きさが小さくなっていることから，これらの層が堆積した期間に，この地域の海の深さはしだいに深くなっていったと考えられる。

(3)<**地層の深さ**>図で，地点Ⅰ～Ⅲの凝灰岩の層の下面の地表からの深さは，それぞれ5m，10m，15mと5mずつ深くなっている。よって，地点Ⅰ～Ⅳは，標高が同じで一直線上に等間隔で並び，一定の方向に傾いて広がっているので，地点Ⅳでの凝灰岩の層の下面の深さは，地点Ⅲより5m深い20mと考えられる。したがって，地点Ⅳで，凝灰岩がある深さは19～20mである。

(4)<**石灰岩**>うすい塩酸をかけると気体(二酸化炭素)が発生する岩石は，石灰岩である。よって，岩石Xは石灰岩である。石灰岩は海底で生物の死がいなどが堆積してできた堆積岩で，フズリナなどの生物の化石が含まれることがある。なお，チャートも生物の死がいなどが堆積してできた堆積岩だが，うすい塩酸をかけても気体は発生しない。

(5)<**示準化石**>地層が堆積した年代を知る手がかりとなる化石を示準化石といい，ビカリアの化石は新生代の代表的な示準化石である。よって，ビカリアの化石が発見された地層は，新生代に堆積したと考えられる。

国語解答

一 (一) (1) 焼 (2) 夢 (3) 遠 (二) 2

(三) 1

(四) 母親の態度から，父親が言うとおり自分がきちんと見てもらっていないことに気づいてがっかりしている。(48字)

(五) 響音は，くちびるを引きむすんで下を向いた。〔そうじぶんに言いきかせて，千弦の音の変化に気づかないふりをしていたのかもしれない。／響音はこくんとうなずく。／少し考えて，響音は「うちに帰る」と答えた。〕

二 (一) (1) かおく (2) つつぬ (3) かいぞう

(二) 4

(三) 紙と木でつくられた日本の住居は，自然の音や空気が簡単に入り込む環境だったため，雑音に価値を見出した。(50字)

(四) 説得力 (五) 西洋の建物

三 (一) 1 (二) 4 (三) 青空の井戸

(四) 3 (五) 1

(六) 作者が明示していないことを想像する

四 (一) 3 (二) しいて

(三) おっしゃって

(四) おのが分を知りて

(五) (例)私は，自分の限界を知って行動するのが賢い生き方だという考えに反対だ。なぜなら，自分自身の限界を予測することは困難だし，目標を追い続けることで自分自身の力を伸ばせると考えるからだ。／古典には，できないときはすぐやめるのが賢いと書かれているが，私ははじめから自分の限界をつくろうとは思わない。仮に高すぎる目標を設定して失敗しても，再挑戦すればいい。私はこれからも努力を続けていきたい。

一〔小説の読解〕出典；小俣麦穂『ピアノをきかせて』。

(一)<**漢字**>(1)音読みは「燃焼」などの「ショウ」。　(2)音読みは「夢中」などの「ム」。　(3)音読みは「遠足」などの「エン」。

(二)<**心情**>千弦のピアノの音色が昔と違って生き生きしておらず，つまらないものになっていると感じて千弦を心配している響音のことを，父は気にかけているのである。

(三)<**文章内容**>響音は，千弦のピアノの音色の変化から千弦のことが心配になり，千弦にどのように接したらよいのかと思っていた。しかし，千弦がまだ帰宅しておらず，顔を合わせなくてもよいことがわかったので，響音は少しほっとしたのである。

(四)<**心情**>「しおしおと」は，気落ちして元気がない様子。身支度をした響音は母にまとわりつくが，母は響音の「制服っぽくしてみた」着こなしや「いつもの三倍くらいかわいく」見える髪形に反応が薄く，響音は，父の言葉を思い出し，母が自分をしっかり見ていないと感じてがっかりしたのである。

(五)<**文章内容**>響音は，自分が感じたことを自分から言うような人物ではない。だから響音は，父に「千弦のピアノ……ショックだったんだな」と話しかけられても，「千弦の音の変化に気づかないふりをしていたのかもしれない」と思いつつも，すぐには答えず，「くちびるを引きむすんで下を向いた」のである。また，「お姉ちゃんが，心配になっちゃったんだな」と言われても，響音は，「こくんとうなずく」だけだし，父に家に帰るか祖父の家に泊まるかきかれても，「うちに帰る」とだけ答えている。

二〔**論説文の読解—文化人類学的分野—日本文化**〕出典；山﨑広子『声のサイエンス　あの人の声は，なぜ心を揺さぶるのか』。

≪本文の概要≫西洋の建物は音が響くので，一つ一つの音が研ぎ澄まされ，雑音は排されてきた。街の中にも必要最小限の音しかなく，ハーモニーを生み出せる環境であった。それに対して，日本の伝統家屋は木と草と紙でつくられていることから，日本の家屋には防音効果がなく，雑音が入り込む。西洋から東洋に向かうほど街がうるさくなるということは，よくいわれることである。日本も，街の中にも雑音があふれ内と外が隔離されずに音が家の中に入り込む環境だったので，日本人は雑音に価値を見出した。そのため，日本人の伝統的な声の美意識は「雑音」にある。日本人は，ハーモニーがない代わりに雑音をまとわせることで表現力を生み出したし，日本では雑音をほどよく混ぜた声が説得力を持った。

㈠**<漢字>**⑴人が住むための建物のこと。　⑵話し声がそのまま聞こえること。　⑶つくり直すこと。

㈡**<接続語>**A．西洋の街には必要最小限の音しかなく，西洋人は，一つ一つの音を研ぎ澄ましてハーモニーを生み出してきたのに対して，反対に東洋の街にはさまざまな音があふれ，澄んだ正確な音がつくられないために，ハーモニーは生まれなかった。　B．日本人は，大陸から渡来した楽器にも雑音を生み出す仕組みをつくった，ということは，「ハーモニーがない代わりに，雑音をまとわせることで表現力を生み出した」ということである。

㈢**<文章内容>**日本の伝統家屋は，紙や木でつくられており，内と外が遮断されず，「自然の音や空気が簡単に家の中に入り込む環境」なので，日本人にとって雑音は，風情を感じさせる価値のあるものになったのである。

㈣**<文章内容>**日本人は，静まりかえったところの澄んだ音よりも，そこここにある雑音に価値を見出した。そうした美意識があるので，日本人は「雑音をほどよく混ぜた声」に説得力を感じるようになったのである。

㈤**<文章内容>**西洋の建物は，防音効果のある石でつくられていて，音が響く。つまり「西洋の建物では音が響くので，一つ一つの音を研ぎ澄ませ，雑音を排して」きたから，街の中には必要最小限の音しかないのである。

三〔**説明文の読解—芸術・文学・言語学的分野—文学**〕出典；坂井修一『ここからはじめる短歌入門』。

㈠**<漢字の知識>**①「糸(いとへん)」の書き順が，楷書と行書では違う。　②「各」の上の部分は，行書は左払いから続けて書く。

㈡**<品詞>**「中に」「勢いに」「読者に」「空に」の「に」は，格助詞。「ように」の「に」は，比況の助動詞「ようだ」の連用形「ように」の一部。

㈢**<短歌の内容理解>**初句から二句にかけての「青空の井戸よ」は，いろいろな解釈が読者に任されていて，わかりにくい表現である。

㈣**<短歌の内容理解>**「行く方を思へ」の句は，「作者が大切に思う男性」の「行く方を思」うのか，「短歌を含む日本の文芸そのもの」の「行く方を思」うのか，「日本の歴史」の「行く方を思」うのか，はっきりとしていないから，焦点が「絞りきれない」のである。

㈤**<文章内容>**「青空の」の短歌は，現実世界を描いているのか，空想の世界を描いているのか明確でなく，また，作者が何の「行く方を思へ」と誰に命じられたかもわからないなど，解釈に難しい部分もあり「唯一の正解を求めると読みは挫折」するけれども，いろいろな解釈が許されるところが，この歌のおもしろさである(１…○)。

㈥**<文章内容>**何でも自由に想像してよいというわけではなく，「作者が明示していないことは，想像して読めばよい」ということである。

四〔**古文の読解―随筆**〕出典；兼好法師『徒然草』百三十一段。

≪**現代語訳**≫貧しい者は財貨をもってするのを礼儀と心得，年をとった者は体力をもってするのを礼儀と心得ている。自分の身のほどを知って，できないときは，速やかにやめることを知恵のある生き方というのだろう。(できないことをやめることを)許さないようなことは，人の誤りである。身のほどを知らないで，無理に励むのは，自分の誤りである。

貧しくて身のほどを知らないので盗みをはたらき，体力が衰えて身のほどを知らないので病を受ける。

㈠＜**古文の内容理解**＞自分の身のほどを知って，できないときはすぐにやめるべきなのに，やめることを許さないのは誤りなのである。

㈡＜**歴史的仮名遣い**＞歴史的仮名遣いの語頭以外のハ行は，現代仮名遣いでは，原則として「わいうえお」と書く。

㈢＜**敬語**＞文雄は，部活の先生の言葉を引用しているが，先生を敬うには，謙譲語の「申して」ではなく，尊敬語の「おっしゃって」を使う。

㈣＜**古文の内容理解**＞「自分の立場や能力を分かって」という意味であるのは「おのが分を知りて」の部分である。「おの」は，自分，という意味の代名詞，「分」は，身のほど，分際，という意味。「おのが分を知りて」，できないときはすぐにやめることが知恵のある生き方なのである。

㈤＜**作文**＞まず，賛成か反対か，自分の立場を明確にすること。自分が力の限界を感じた経験など，具体的に考えてみる。また，「これからの生活にどのように生かしていくか」という将来への視点を取り入れる。

＝読者へのメッセージ＝

『徒然草』は鎌倉時代に成立した随筆ですが，江戸時代になると人生の教訓の書として愛読され，多数の注釈書や研究書が生まれました。

Memo

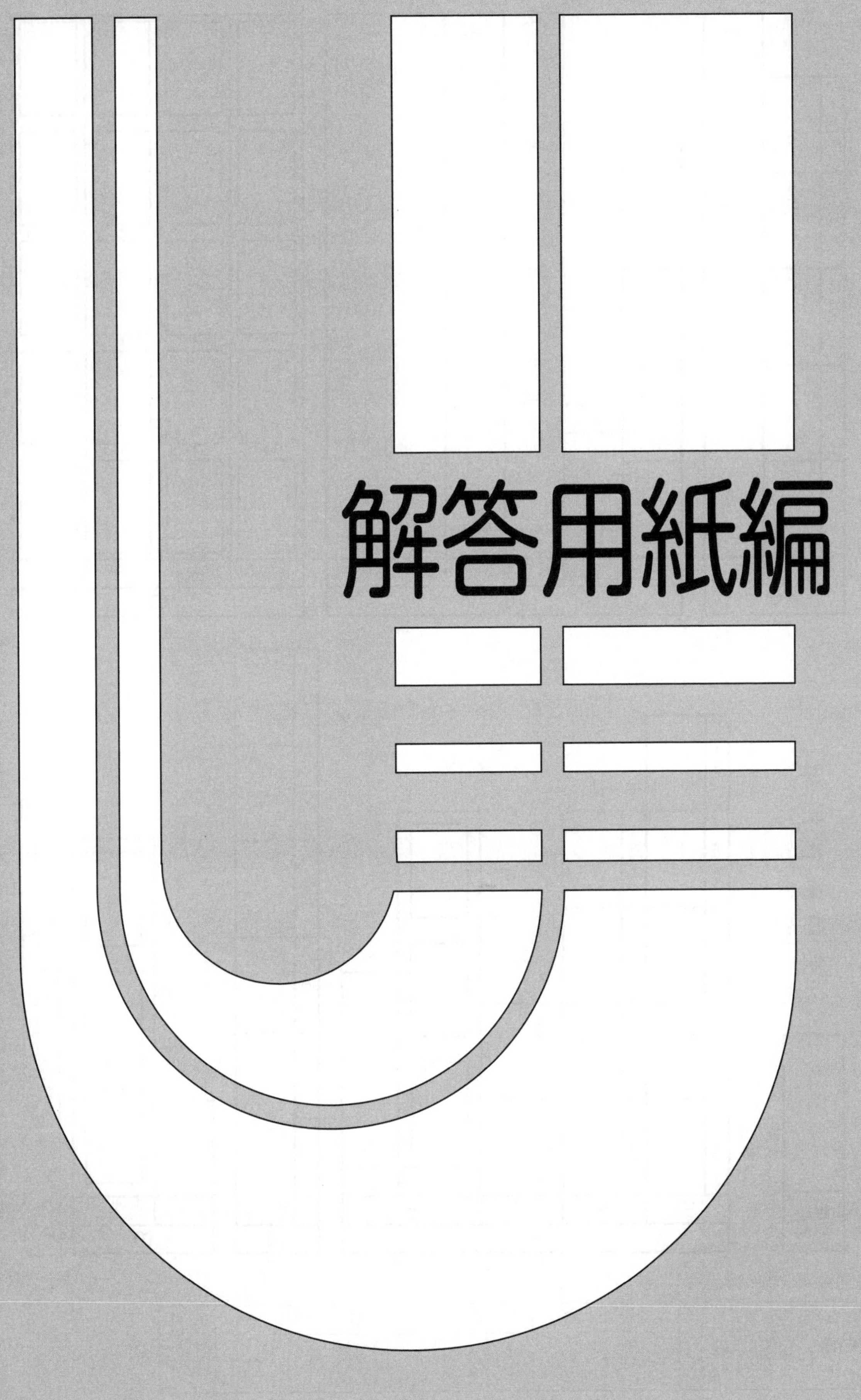

解答用紙編

2024年度

受検番号	

英語解答用紙

1

	No. 1	No. 2	No. 3	No. 4	No. 5
(1)					

	No. 1	No. 2	No. 3	No. 4
(2)				

	No. 1	No. 2
(3)		

(4) ① □ → □ → □

②

2

①	②	③	④	⑤	⑥

3

(1)

(2) □ → □ → □

（注）この解答用紙は実物を縮小してあります。Ａ３用紙に164%拡大コピーすると、ほぼ実物大で使用できます。（タイトルと配点表は含みません）

4

	①	②	③	④	⑤
(1)					

(2) (　　)(　　)(　　)

5

(1)　　　　(2)

(3) ①　　②

(4) ① (　　)(　　)(　　)(　　)

② (　　)(　　)(　　)

(5)

6

① □ → □ → □ → □ → □

② □ → □ → □ → □ → □

③ □ → □ → □ → □ → □

④ □ → □ → □ → □ → □

配点

	1	2	3	4	5	6	合計
英語	⑴，⑵－2点×9 ⑶，⑷－3点×4	2点×6	4点×2	⑴－2点×5 ⑵－3点	⑴，⑶－3点×5 ⑵，⑷－2点×3 ⑸－4点	3点×4	100点

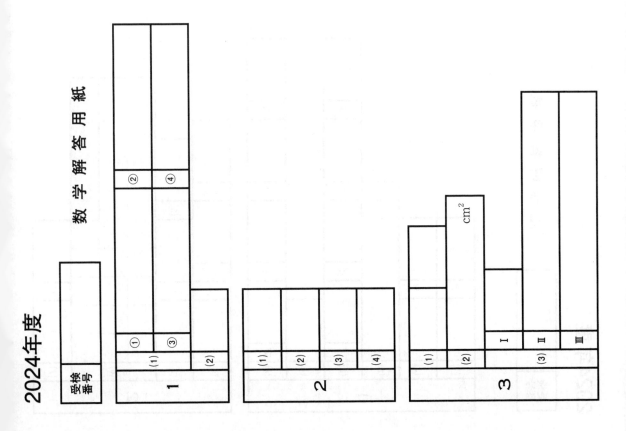

2024年度

数学解答用紙

受検番号	

1

(1)	①		②	
	③		④	
(2)				

2

(1)	
(2)	
(3)	
(4)	

3

(1)		
(2)		cm^2
(3)	I	
	II	
	III	

4

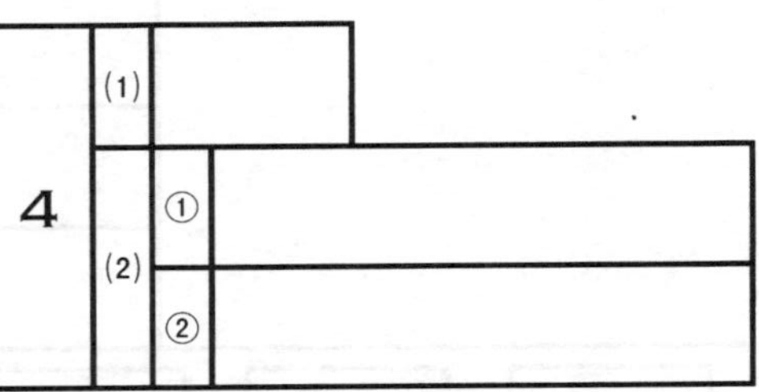

(1)		
(2)	①	
	②	

5

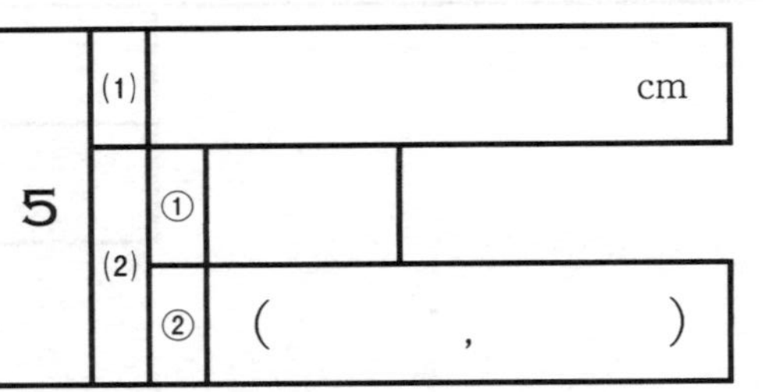

(1)		cm
(2)	①	
	②	(,)

6

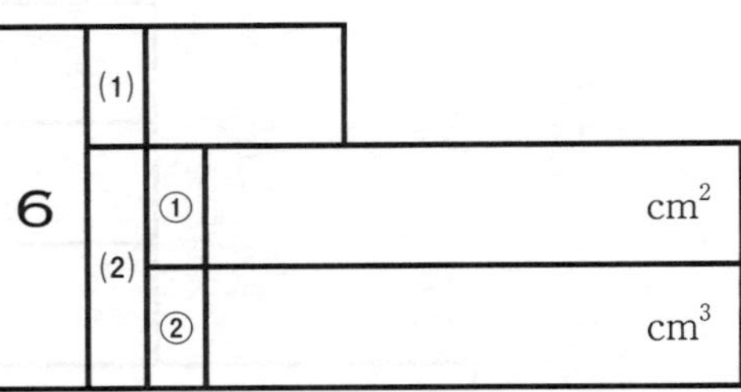

(1)		
(2)	①	cm^2
	②	cm^3

（注）この解答用紙は実物を縮小してあります。A3用紙に164%拡大コピーすると、ほぼ実物大で使用できます。（タイトルと配点表は含みません）

配点

	1	2	3	4	5	6	合計
数学	4点×5	5点×4	(1), (3)－2点×5 (2)－5点	(1)－4点 (2)①－5点 (2)②－6点	(1)－4点 (2)①－5点 (2)②－6点	(1)－4点 (2)①－5点 (2)②－6点	100点

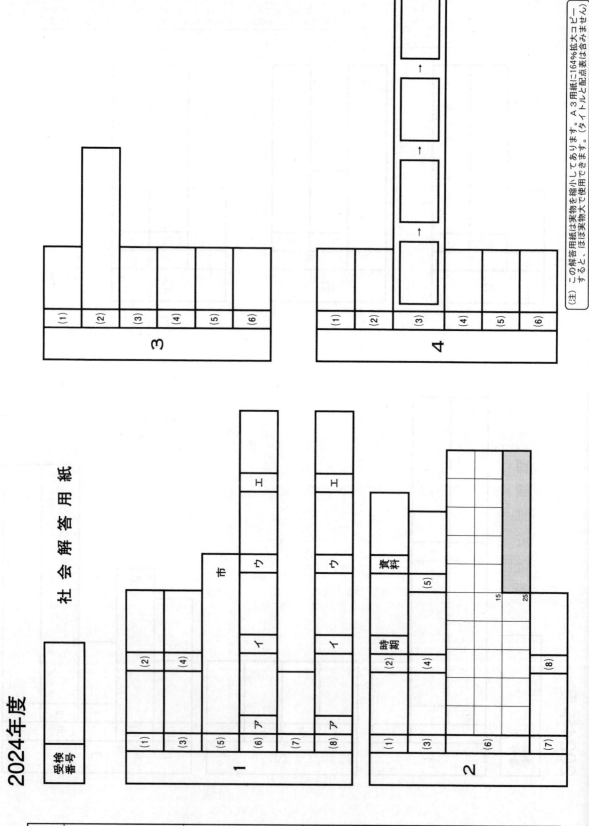

2024年度

社会解答用紙

受検番号	

1

(1)		(2)					
(3)		(4)					
(5)	市						
(6)	ア		イ		ウ		エ
(7)							
(8)	ア		イ		ウ		エ

2

(1)		(2)	時期		資料	
(3)		(4)		(5)		
(6)	15 / 25					
(7)		(8)				

3

(1)	
(2)	
(3)	
(4)	
(5)	
(6)	

4

(1)	
(2)	
(3)	→ → →
(4)	
(5)	
(6)	

（注）この解答用紙は実物を縮小してあります。Ａ３用紙に164％拡大コピーすると、ほぼ実物大で使用できます。（タイトルと配点表は含みません）

配点

	1	2	3	4	合計
社会	(1), (3), (4), (7)－３点×４ (2), (5)－５点×２ (6), (8)－４点×２	(1), (2), (4)－４点×３ (3), (5), (7), (8)－３点×４ (6)－６点	(1), (3)～(6)－３点×５ (2)－５点	(1), (2), (4)～(6)－３点×５ (3)－５点	100点

2024年度

受検番号	

理科解答用紙

1	(1)		(2)		(3)		(4)	
	(5)		(6)		(7)		(8)	

2						
(1)						
(2)	Ω					
(3)	ア		イ		ウ	
(4)						

3						
(1)						
(2)						
(3)	ア		イ		ウ	
(4)	g					

4	
(1)	
(2)	
(3)	
(4)	

5				
(1)	あ		い	
	う		え	
(2)				
(3)	度			

6				
(1)	あ	N	い	g
(2)	kg			
(3)				
(4)				

（注）この解答用紙は実物を縮小してあります。A3用紙に164%拡大コピーすると、ほぼ実物大で使用できます。（タイトルと配点表は含みません）

配点

理科	1	2	3	4	5	6	合計
	3点×8	4点×4	4点×4	4点×4	(1), (3)－6点×2 (2)－4点	3点×4	100点

二〇二四年度

受検番号

国語解答用紙

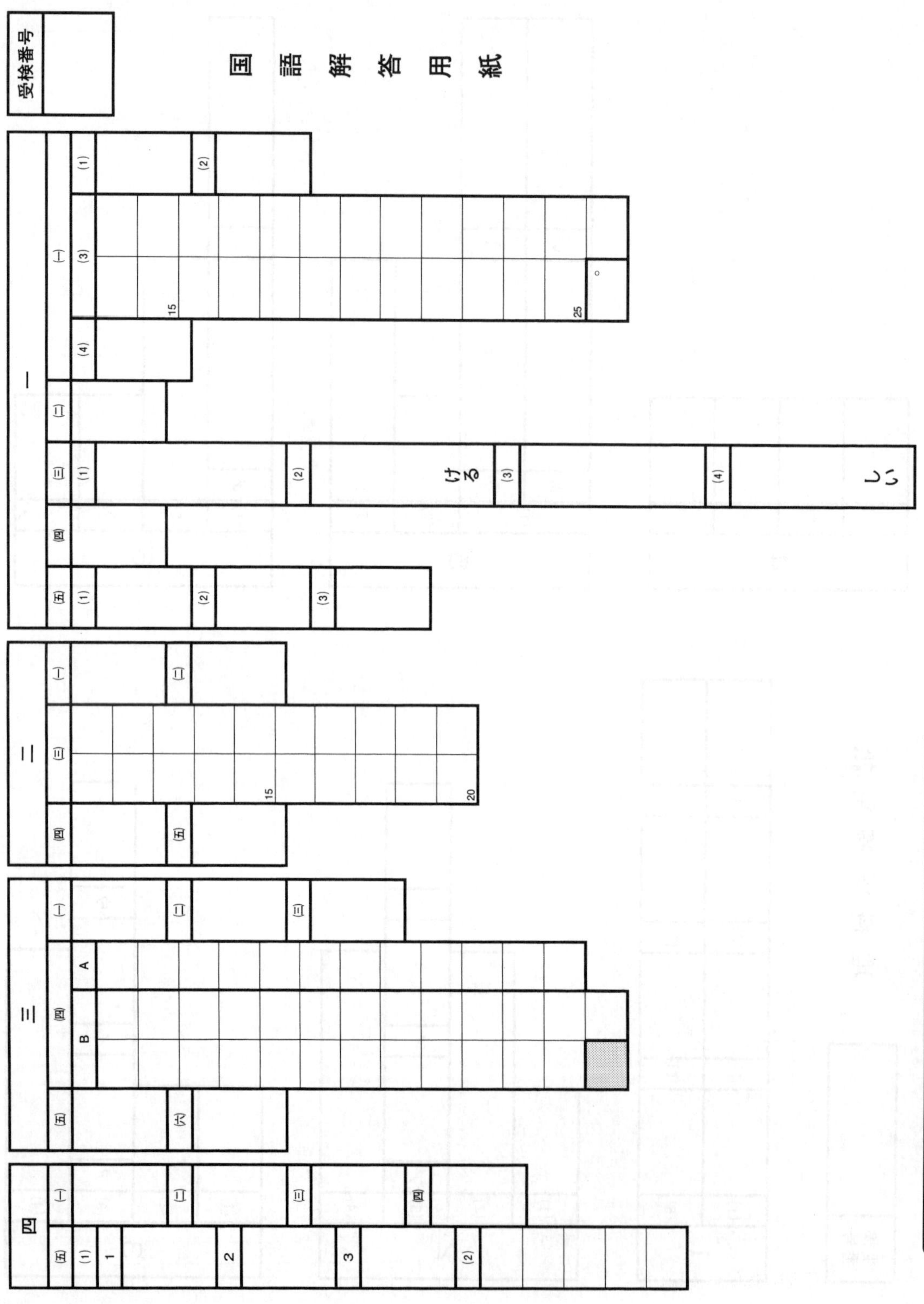

（注）この解答用紙は実物を縮小してあります。175%拡大コピーすると、ほぼ実物大で使用できます。（タイトルと配点表は含みません）

配点	一	二	三	四	合計
国語	㈠⑴，⑵，⑷，㈤－1点×6 ㈠⑶－4点 ㈡～㈣－2点×6	5点×5	㈠～㈢，㈤，㈥－4点×5 ㈣－5点×2	㈠～㈣－3点×4 ㈤⑴－2点×3 ㈤⑵－5点	100点

2023年度

受検番号	

英語解答用紙

1

	No. 1	No. 2	No. 3	No. 4	No. 5
(1)					
(2)					
(3)					

(4) ① □→□→□→□　②

2

	①	②	③
(1)			

	④	⑤	⑥
(2)			

3

(1)

(2) □→□→□

4

	①	②	③	④	⑤
(1)					

(2) (　　)(　　)(　　)

5

(1)　　　(2)

(3) ①　　②

(4) (　　)(　　)(　　)(　　)

(5) ① (　　)(　　)(　　)
② (　　)(　　)(　　)

6

① □→□→□→□→□
② □→□→□→□→□
③ □→□→□→□→□
④ □→□→□→□→□

(注) この解答用紙は実物を縮小してあります。A３用紙に164%拡大コピーすると、ほぼ実物大で使用できます。(タイトルと配点表は含みません)

配点

	1	2	3	4	5	6	合計
英語	(1), (2)－2点×9 (3), (4)－3点×4	2点×6	4点×2	(1)－2点×5 (2)－3点	(1)～(4)－3点×7 (5)－2点×2	3点×4	100点

2023年度

受検番号

数学解答用紙

1		
(1)	①	
	②	
	③	
	④	
(2)		

2	
(1)	
(2)	$n=$
(3)	$x=$
(4)	個

3	
(1)	
(2)	
(3)	

4			
(1)	①		cm
	②	ア	
		イ	
		ウ	
		エ	
		オ	
(2)			cm^2

5		
(1)	①	$a=$
	②	
(2)		

6		
(1)		
(2)	①	cm
	②	cm^3

（注）この解答用紙は実物を縮小してあります。A３用紙に164％拡大コピーすると、ほぼ実物大で使用できます。（タイトルと配点表は含みません）

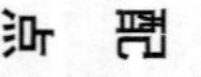
配点

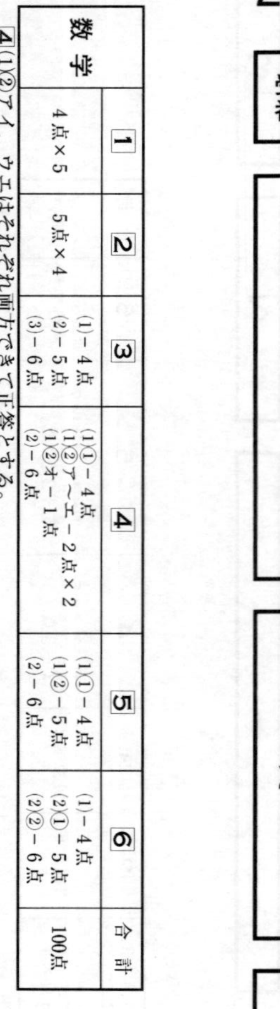

	1	2	3	4	5	6	合計
数学	４点×５	５点×４	(1)－４点 (2)－５点 (3)－６点	(1)①－４点 (1)②ア～エ－２点×２ (1)②オ－１点 (2)－６点	(1)①－４点 (1)②－５点 (2)－６点	(1)－４点 (2)①－５点 (2)②－６点	100点

4(1)②アイ，ウエはそれぞれ両方できて正答とする。

2023年度

受検番号

社 会 解 答 用 紙

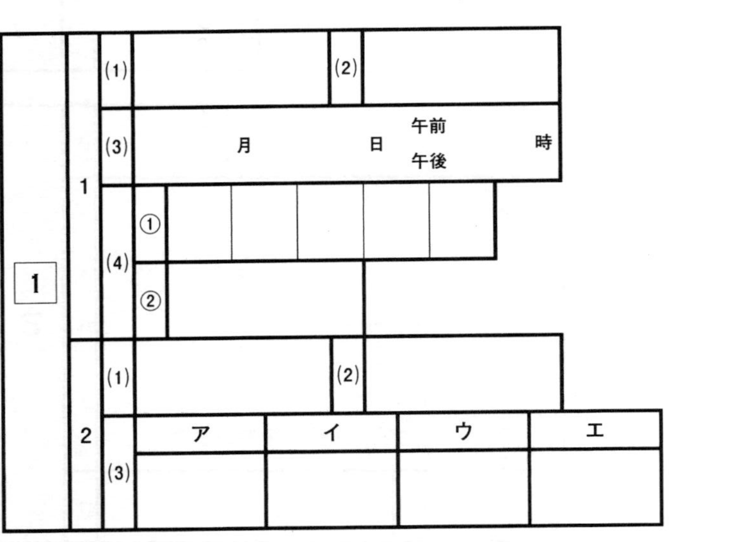

1
1
(1)
(2)
(3)
月
日
午前
午後
時
(4)
①
②
2
(1)
(2)
(3)
ア
イ
ウ
エ

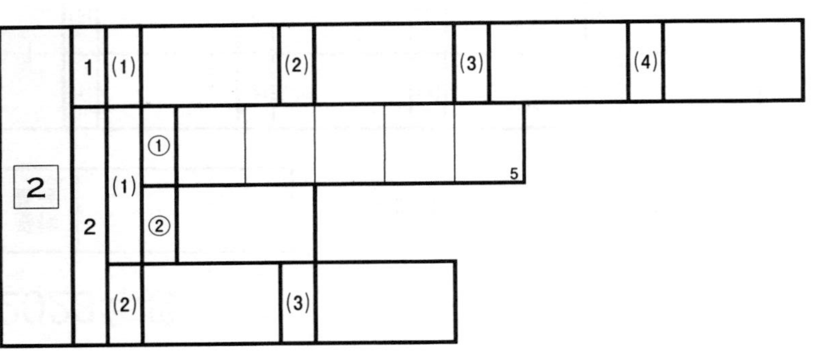

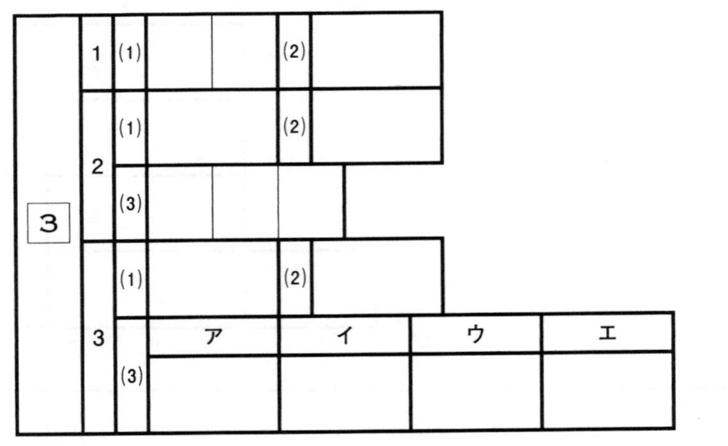

3
1
(1)
(2)
2
(1)
(2)
(3)
3
(1)
(2)
(3)
ア
イ
ウ
エ

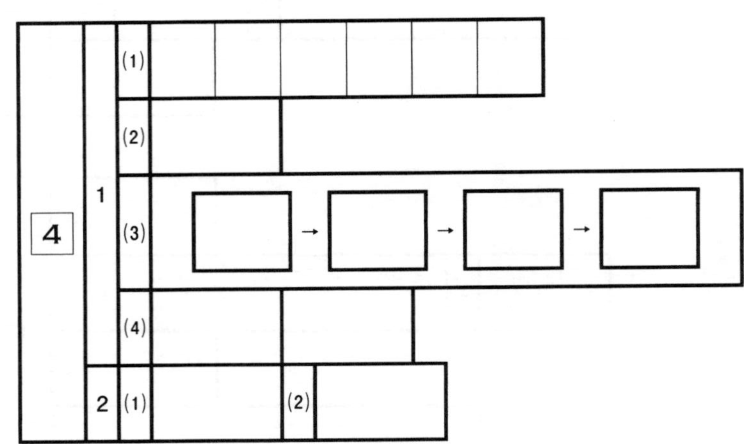

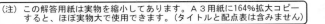

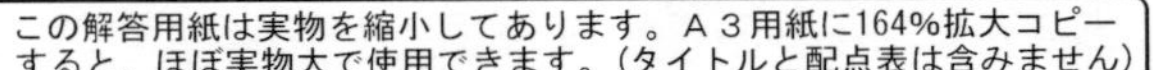
(注) この解答用紙は実物を縮小してあります。Ａ３用紙に164%拡大コピーすると、ほぼ実物大で使用できます。(タイトルと配点表は含みません)

配点	1	2	3	4	合計
社会	1(1), (2), 2(1)−2点×3 1(3), (4), 2(2), (3)−4点×5	1(1), (3), 2(1)②−2点×3 1(2), 2(2)−3点×2 1(4), 2(1)①, (3)−4点×3	1(1), 2(1), (3), 3(2), (3)−4点×5 1(2), 2(2), 3(1)−2点×3	1(1)〜(3), 2−4点×5 1(4)−2点×2	100点

2023年度

受検番号	

理科解答用紙

1	(1)		(2)		(3)		(4)	
	(5)		(6)		(7)		(8)	

2	
(1)	
(2)	
(3)	F₂ F₁ Q
(4)	

3	
(1)	
(2)	
(3)	
(4)	
(5)	ア　イ　ウ　エ

4	
(1)	
(2)	
(3)	う　え
(4)	

5	
(1)	
(2)	う　え
(3)	
(4)	

6		
(1)	①	
	②	
(2)	①	
	②	

(注) この解答用紙は実物を縮小してあります。A３用紙に164%拡大コピーすると、ほぼ実物大で使用できます。(タイトルと配点表は含みません)

配点

	1	2	3	4	5	6	合計
理科	3点×8	4点×4	(1)〜(4)－3点×4 (5)－4点	4点×4	4点×4	3点×4	100点

二〇二三年度

受検番号

国語解答用紙

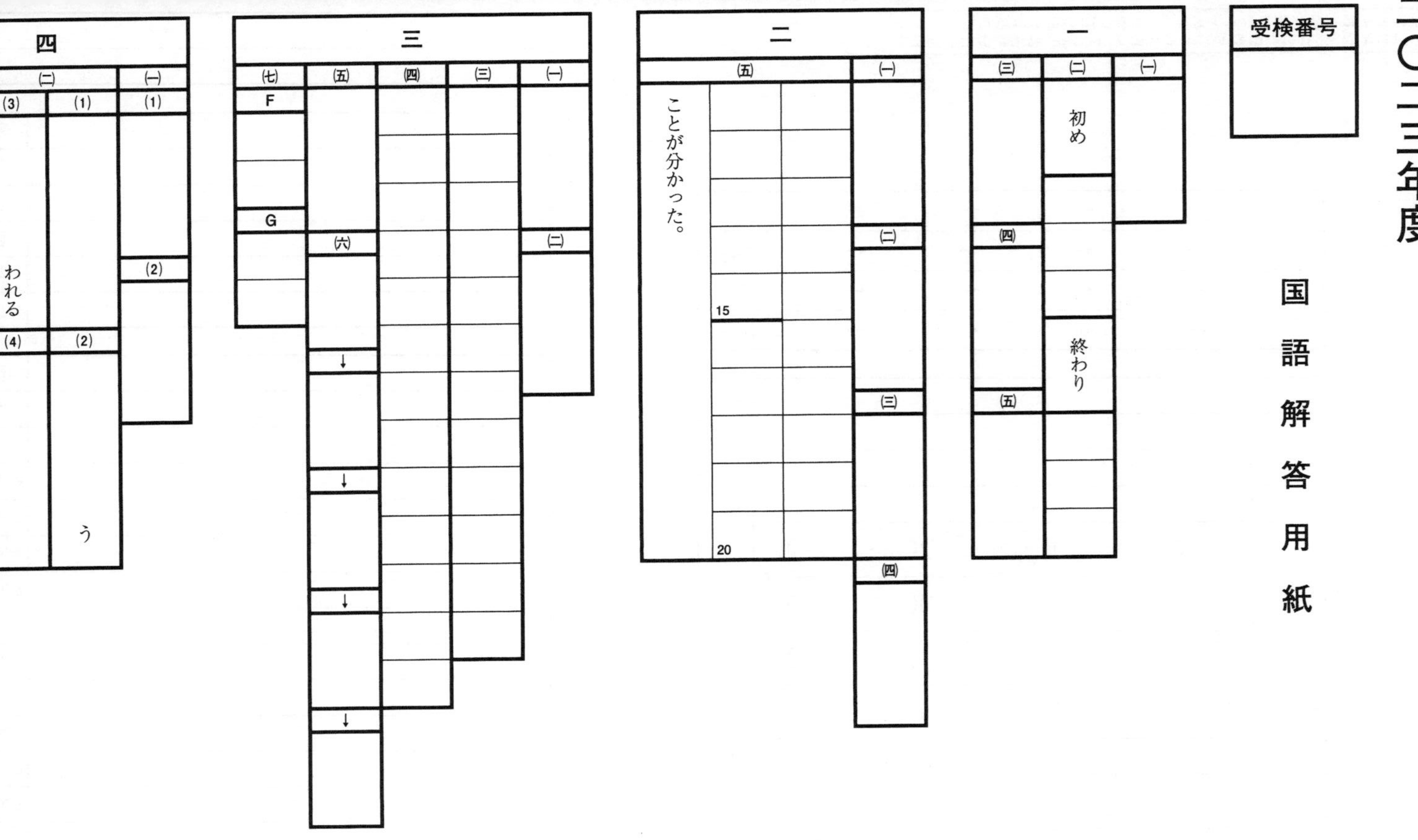

一
㈠
㈡
初め
終わり
㈢
㈣
㈤
二
㈠
㈡
㈢
㈣
㈤
15
20
ことが分かった。
三
㈠
㈡
㈢
㈣
㈤
㈥
→
㈦
F
G
四
㈠
(1)
(2)
㈡
(1)
(2)
う
(3)
われる
(4)
㈢

(注) この解答用紙は実物を縮小してあります。A３用紙に164%拡大コピーすると、ほぼ実物大で使用できます。(タイトルと配点表は含みません)

配点

	一	二	三	四	合計
国語	㈠，㈢〜㈤－５点×４ ㈡－６点	㈠，㈡－４点×２ ㈢，㈣－５点×２ ㈤－６点	㈠，㈢〜㈤－４点×４ ㈡，㈦－５点×２ ㈥－７点	㈠，㈢－３点×３ ㈡－２点×４	100点

2022年度

英語解答用紙　　総得点

1	(1)	No. 1	
		No. 2	
		No. 3	
		No. 4	
		No. 5	
	(2)	No. 1	
		No. 2	
		No. 3	
		No. 4	
	(3)	No. 1	
		No. 2	
	(4)	①	
		②	
		③	

2	(1)	①	
		②	
		③	
	(2)	④	
		⑤	
		⑥	

3	(1)	
	(2)	→ →

4	(1)	①	
		②	
		③	
		④	
		⑤	
	(2)		( )( )₂

5	(1)		各行に一つずつ記号を書くこと
	(2)		
	(3)	①	( )( )( )( ) ( )( )₆
		②	( )( )( )( ) ( )( )( )₇
	(4)	①	
		②	
		③	
	(5)		

6	①	→ → → →
	②	→ → → →
	③	→ → → →
	④	→ → → →

（注）この解答用紙は実物を縮小してあります。Ａ３用紙に159%拡大コピーすると、ほぼ実物大で使用できます。（タイトルと配点表は含みません）

配点

	1	2	3	4	5	6	合計
英語	(1), (2), (4)－2点×12 (3)－3点×2	2点×6	4点×2	(1)－2点×5 (2)－3点	(1), (3)－2点×5 (2), (4), (5)－3点×5	3点×4	100点

2022年度

数学解答用紙

総得点

1		
(1)	①	
	②	
	③	
	④	
(2)		$x=$

2	
(1)	$a=$　　　　, $b=$
(2)	
(3)	円
(4)	cm^2

3						
(1)	a		b		c	
(2)	度					
(3)	cm					

4		
(1)	①	午前　　時　　分
	②	分速　　m
(2)		m

5								
(1)	①	冊						
	②							
(2)	①		②		③		④	

6	
(1)	cm^3
(2)	cm^2
(3)	cm

（注）この解答用紙は実物を縮小してあります。A３用紙に159％拡大コピーすると、ほぼ実物大で使用できます。（タイトルと配点表は含みません）

配点

	1	2	3	4	5	6	合計
数学	4点×5	5点×4	(1)－4点 (2)－5点 (3)－6点	(1)①－4点 (1)②－5点 (2)－6点	(1)①－4点 (1)②－5点 (2)－6点	(1)－4点 (2)－5点 (3)－6点	100点

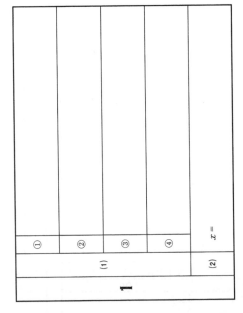

2022年度

社会解答用紙　　総得点

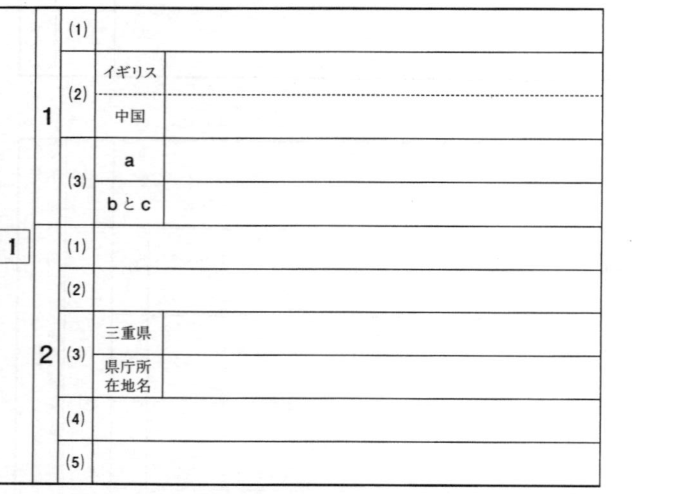

1				
1	(1)			
	(2)	イギリス		
		中国		
	(3)	a		
		bとc		
2	(1)			
	(2)			
	(3)	三重県		
		県庁所在地名		
	(4)			
	(5)			

2			
1	(1)		
	(2)		
	(3)	位置	
		あとい	
	(4)		
2	(1)		
	(2)		
	(3)		

3		
(1)		
(2)		
(3)		
(4)		
(5)		
(6)	a	
	b～d	
(7)		

4			
1	(1)		
	(2)		
2	(1)		
	(2)		
	(3)	→ → →	
	(4)	お	
		か	
		き	
3	(1)		
	(2)		

(注) この解答用紙は実物を縮小してあります。Ａ３用紙に152%拡大コピーすると、ほぼ実物大で使用できます。(タイトルと配点表は含みません)

配点

	1	2	3	4	合計
社会	1(1),(3)bとc，2(1),(3)～(5)－2点×7 1(2),(3)a，2(2)－4点×3	1(1)，(2)，(4)，2(2)－4点×4 1(3)，2(1)，(3)－2点×4	(1)，(2)，(6)－2点×4 (3)～(5)，(7)－4点×4	1(1)，2(2)，(4)，3－2点×7 1(2)，2(1)，(3)－4点×3	100点

2022年度

理科解答用紙

総得点

1	
(1)	
(2)	
(3)	
(4)	
(5)	
(6)	
(7)	
(8)	

2	
(1)	
(2)	
(3)	
(4)	

3	
(1)	
(2)	
(3)	
(4)	

4	
(1)	
(2)	
(3)	
(4)	

5				
(1)	あ		い	
(2)				
(3)				
(4)				
(5)				

6	
(1)	
(2)	kg/m^3
(3)	
(4)	

（注）この解答用紙は実物を縮小してあります。B４用紙に143％拡大コピーすると、ほぼ実物大で使用できます。（タイトルと配点表は含みません）

配点

	1	2	3	4	5	6	合計
理科	3点×8	4点×4	4点×4	4点×4	(1), (2), (4), (5)－3点×4 (3)－4点	3点×4	100点

二〇二二年度

国語解答用紙

総得点

一

一	
(一)	
(二)	
(三)	
(四)	
(五)	

二

二	
(一)	
(二)	
(三)	
(四)	
(五)	

三

三		
(一)		
(二)		
(三)		
(四)		
(五)		
(六)		
(七)	C	
	D	

四

四		
(一)		
(二)		
(三)	(1)	
	(2)	
(四)	(1)	しい
	(2)	
	(3)	る

（注）この解答用紙は実物を縮小してあります。A３用紙に167％拡大コピーすると、ほぼ実物大で使用できます。（タイトルと配点表は含みません）

配点

	一	二	三	四	合計
国語	(一)，(三)～(五)－５点×４ (二)－６点	４点×５	(一)～(六)－５点×６ (七)－４点×２	(一)，(二)－３点×２ (三)，(四)－２点×５	100点

2021年度

英語解答用紙

得点	

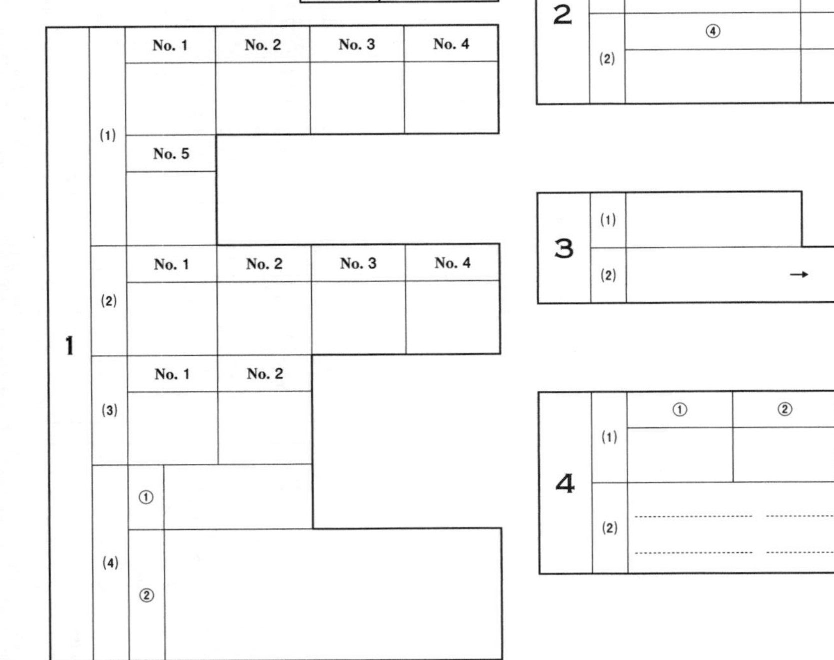

1

	No. 1	No. 2	No. 3	No. 4	No. 5
(1)					
(2)					
(3)					

(4) ① ②

2

	①	②	③
(1)			

	④	⑤	⑥
(2)			

3

(1)

(2) → →

4

	①	②	③	④	⑤
(1)					

(2) 4 8

5

(1) (2)

(3) ① ②

(4) ① ②

6

30 60

配点	1	2	3	4	5	6	合計
英語	(1), (2)－2点×9 (3), (4)－3点×4	2点×6	4点×2	(1)－2点×5 (2)－3点	(1)－2点×3 (2), (3)－3点×3 (4)－5点×2	12点	100点

（注）この解答用紙は実物を縮小してあります。200%拡大コピーすると、ほぼ実物大で使用できます。（タイトルと配点表は含みません）

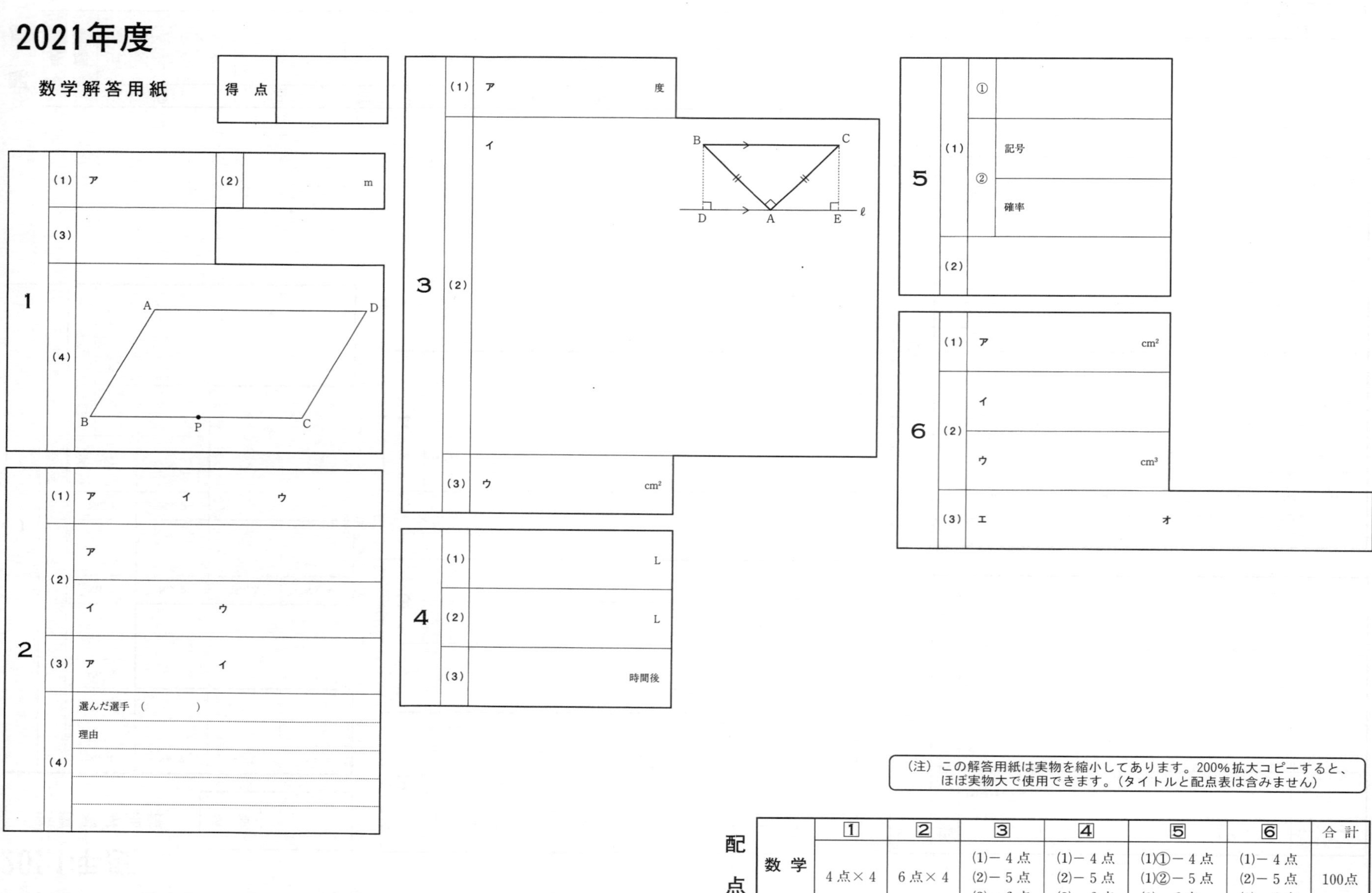

2021年度

数学解答用紙

得点	

1

(1)	ア	
(2)		m
(3)		
(4)	A D B P C	

2

(1)	ア　イ　ウ
(2)	ア
	イ　ウ
(3)	ア　イ
(4)	選んだ選手（　　） 理由

3

(1)	ア	度
(2)	イ　B C D A E ℓ	
(3)	ウ	cm²

4

(1)	L
(2)	L
(3)	時間後

5

(1)	①	
	②	記号
		確率
(2)		

6

(1)	ア	cm²
(2)	イ	
	ウ	cm³
(3)	エ　オ	

（注）この解答用紙は実物を縮小してあります。200％拡大コピーすると、ほぼ実物大で使用できます。（タイトルと配点表は含みません）

配点

	1	2	3	4	5	6	合計
数学	4点×4	6点×4	(1)－4点 (2)－5点 (3)－6点	(1)－4点 (2)－5点 (3)－6点	(1)①－4点 (1)②－5点 (2)－6点	(1)－4点 (2)－5点 (3)－6点	100点

2021年度

社会解答用紙

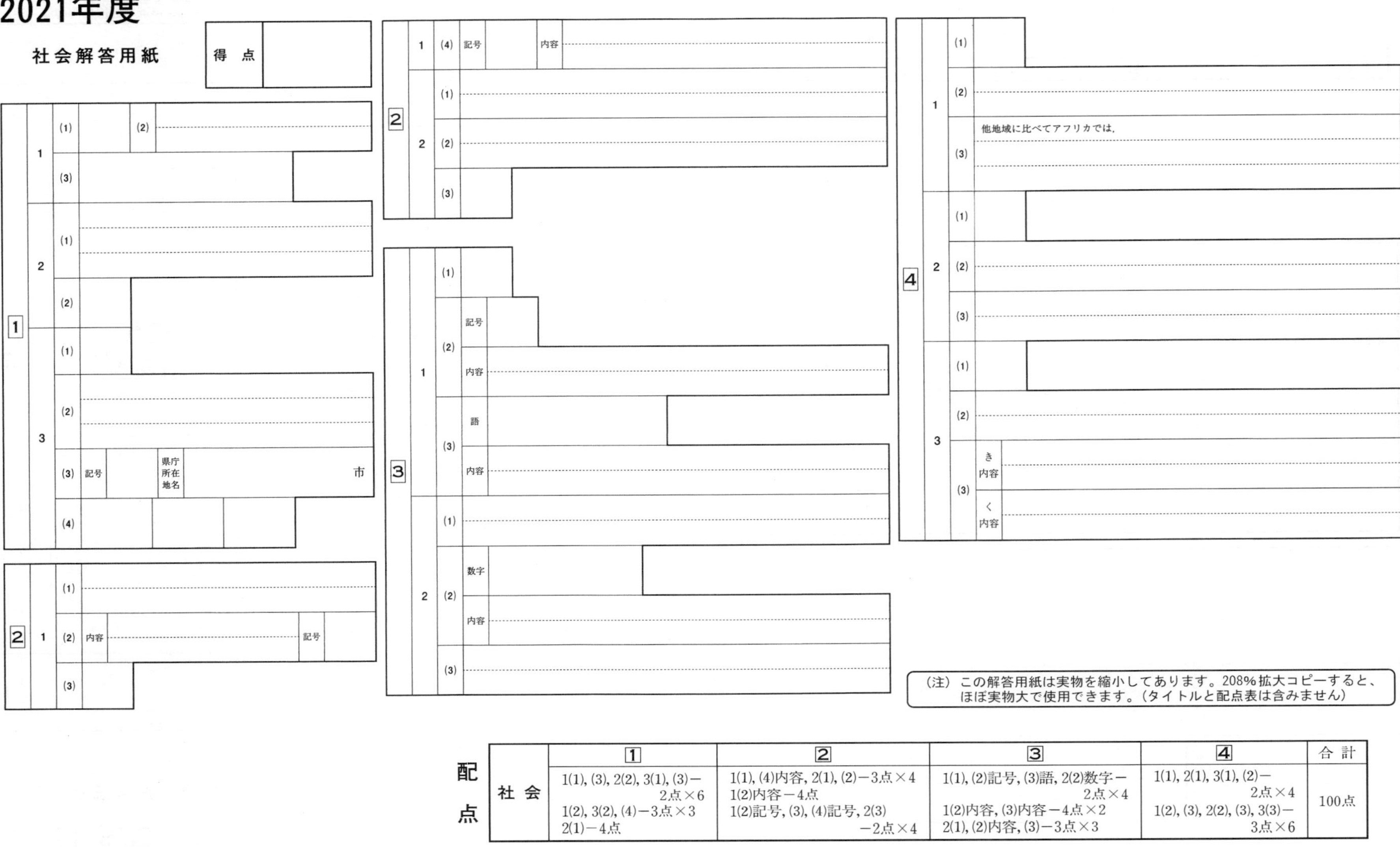

得点

1
1 (1) (2) (3)
2 (1) (2)
3 (1) (2) (3) 記号 県庁所在地名 市 (4)

2
1 (1) (2) 内容 記号 (3)

2
1 (4) 記号 内容
2 (1) (2) (3)

3
1 (1) (2) 記号 内容 (3) 語 内容
2 (1) (2) 数字 内容 (3)

4
1 (1) (2) (3) 他地域に比べてアフリカでは，
2 (1) (2) (3)
3 (1) (2) (3) き 内容 く 内容

（注）この解答用紙は実物を縮小してあります。208%拡大コピーすると、ほぼ実物大で使用できます。（タイトルと配点表は含みません）

配点

	1	2	3	4	合計
社会	1(1), (3), 2(2), 3(1), (3)－2点×6 1(2), 3(2), (4)－3点×3 2(1)－4点	1(1), (4)内容, 2(1), (2)－3点×4 1(2)内容－4点 1(2)記号, (3), (4)記号, 2(3)－2点×4	1(1), (2)記号, (3)語, 2(2)数字－2点×4 1(2)内容, (3)内容－4点×2 2(1), (2)内容, (3)－3点×3	1(1), 2(1), 3(1), (2)－2点×4 1(2), (3), 2(2), (3), 3(3)－3点×6	100点

※ 1 3(4)は完答。

2021年度

理科解答用紙

得点	

1

(1)	(2)	(3)	(4)

2

(1)	①	理由は， ，細胞を見やすくするため	
	②	記号	
		集め方	法
	③	a → → → →	
(2)	①		
	②	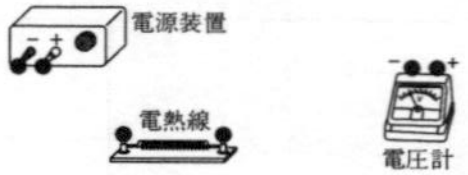 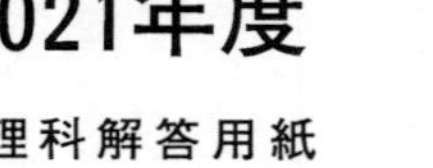	記号
	③	Ω	
(3)	①	g/cm³	
	②		
	③		
	④		

3

(1)	W
(2)	
(3)	cm/s
(4)	

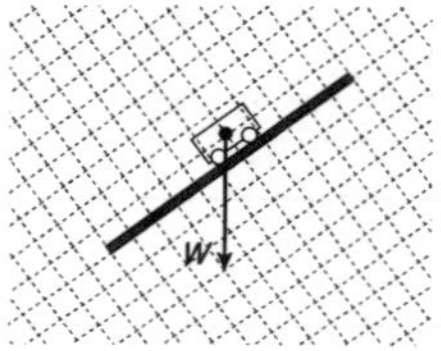

4

(1)	観察できる範囲		視野の明るさ	
(2)	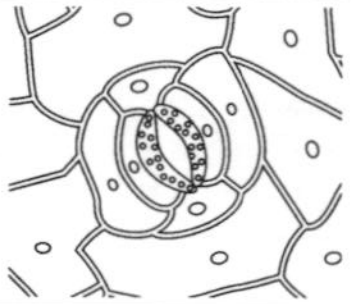			
(3)	あ		い	
(4)	実験の結果から， ので，葉以外の部分からも蒸散していると考えられる。			
(5)	mL			
(6)	試験管に油を注がないことで，			

5

(1)				
(2)				
(3)				
(4)	い		う	
(5)	マグマのねばりけが			

6

(1)	あ			
	い			
(2)	う		え	
	お	試験管Bに という結果になると，		
(3)	と			
(4)				

（注）この解答用紙は実物を縮小してあります。200%拡大コピーすると、ほぼ実物大で使用できます。（タイトルと配点表は含みません）

配点

	1	2	3	4	5	6	合計
理科	3点×4	(1)①，②，(2)①，(3)②～④－2点×6 (1)③，(2)②，③，(3)①－3点×4	4点×4	(1)，(2)－2点×2 (3)～(6)－3点×4	(1)～(4)－3点×4 (5)－4点	(1)－4点 (2)～(4)－3点×4	100点

※2(1)②，(2)②，4(1)，(3)，5(4)，6(1)，(2)う・え，(3)はそれぞれ完答。

二〇二一年度 国語解答用紙

得点

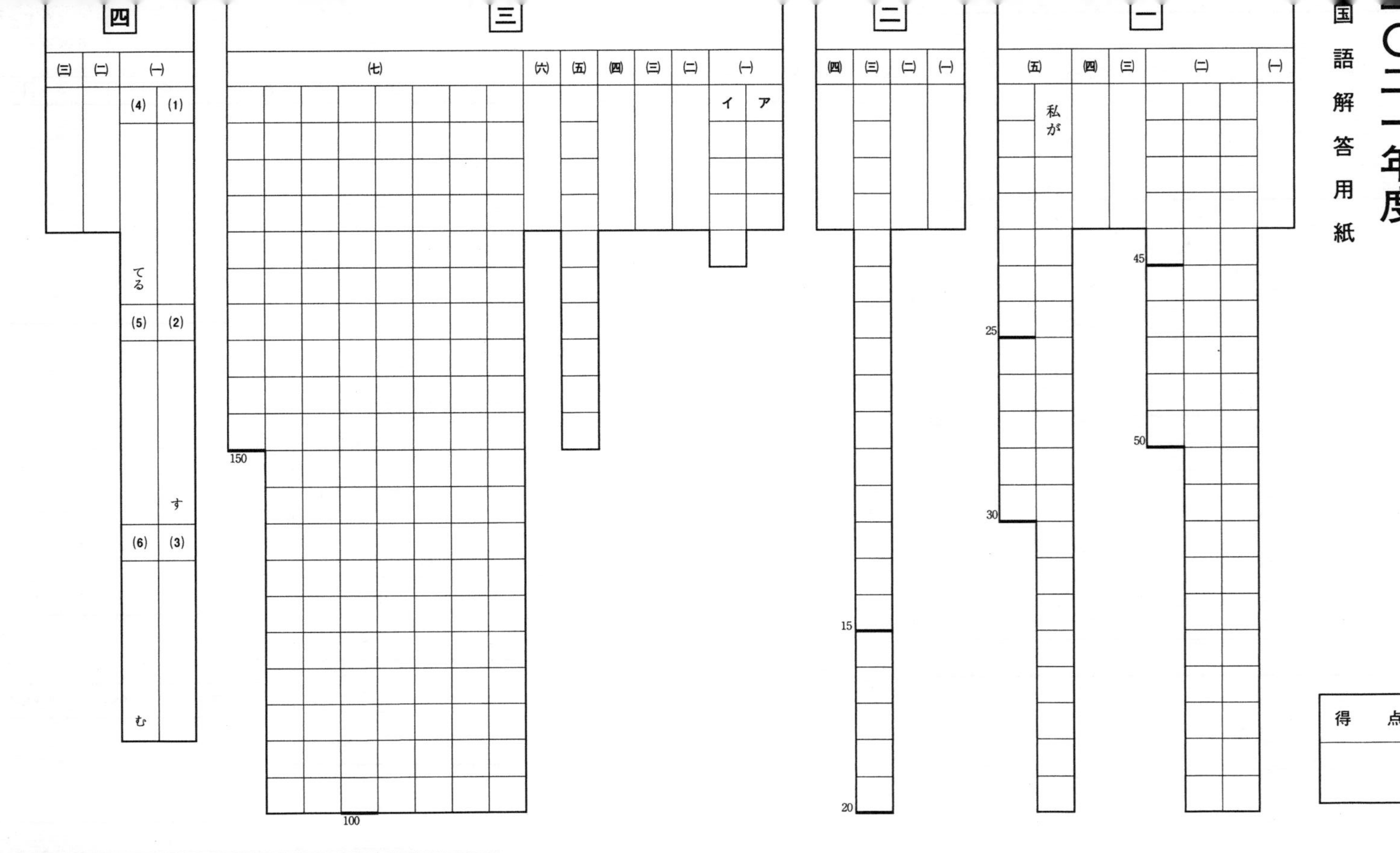

（注）この解答用紙は実物を縮小してあります。200%拡大コピーすると、ほぼ実物大で使用できます。（タイトルと配点表は含みません）

配点

	一	二	三	四	合計
国語	(一), (三), (四)－5点×3 (二), (五)－6点×2	4点×4	(一)－3点×2 (二)～(六)－4点×5 (七)－10点	(一)(1)～(3), (二), (三)－3点×5 (一)(4)～(6)－2点×3	100点

2020年度

英語解答用紙

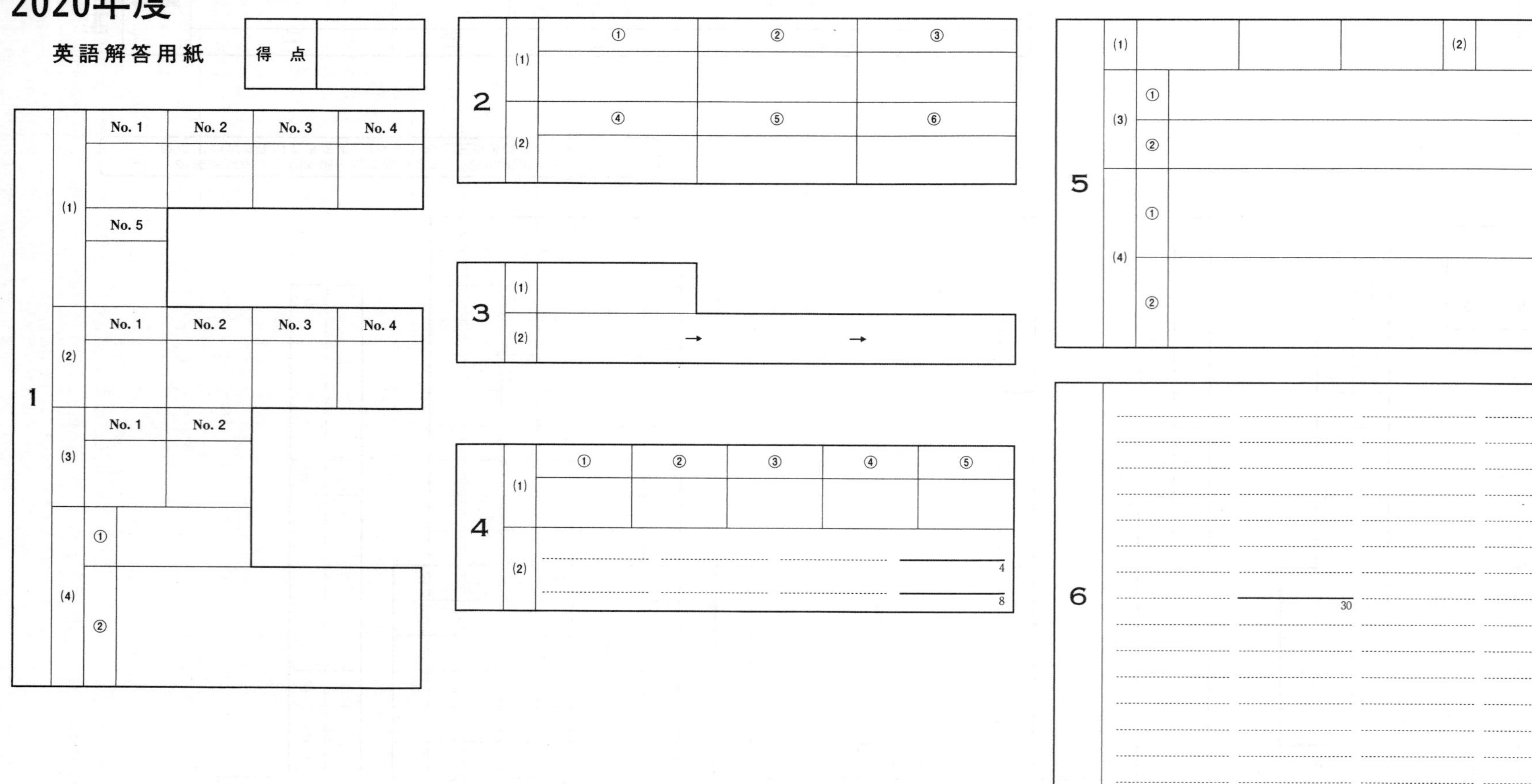

配点		1	2	3	4	5	6	合 計
	英 語	(1), (2)－ 2 点× 9 (3), (4)－ 3 点× 4	2 点× 6	4 点× 2	(1)－ 2 点× 5 (2)－ 3 点	(1)－ 2 点× 3 (2), (3)－ 3 点× 3 (4)－ 5 点× 2	12点	100点

2020年度

数学解答用紙

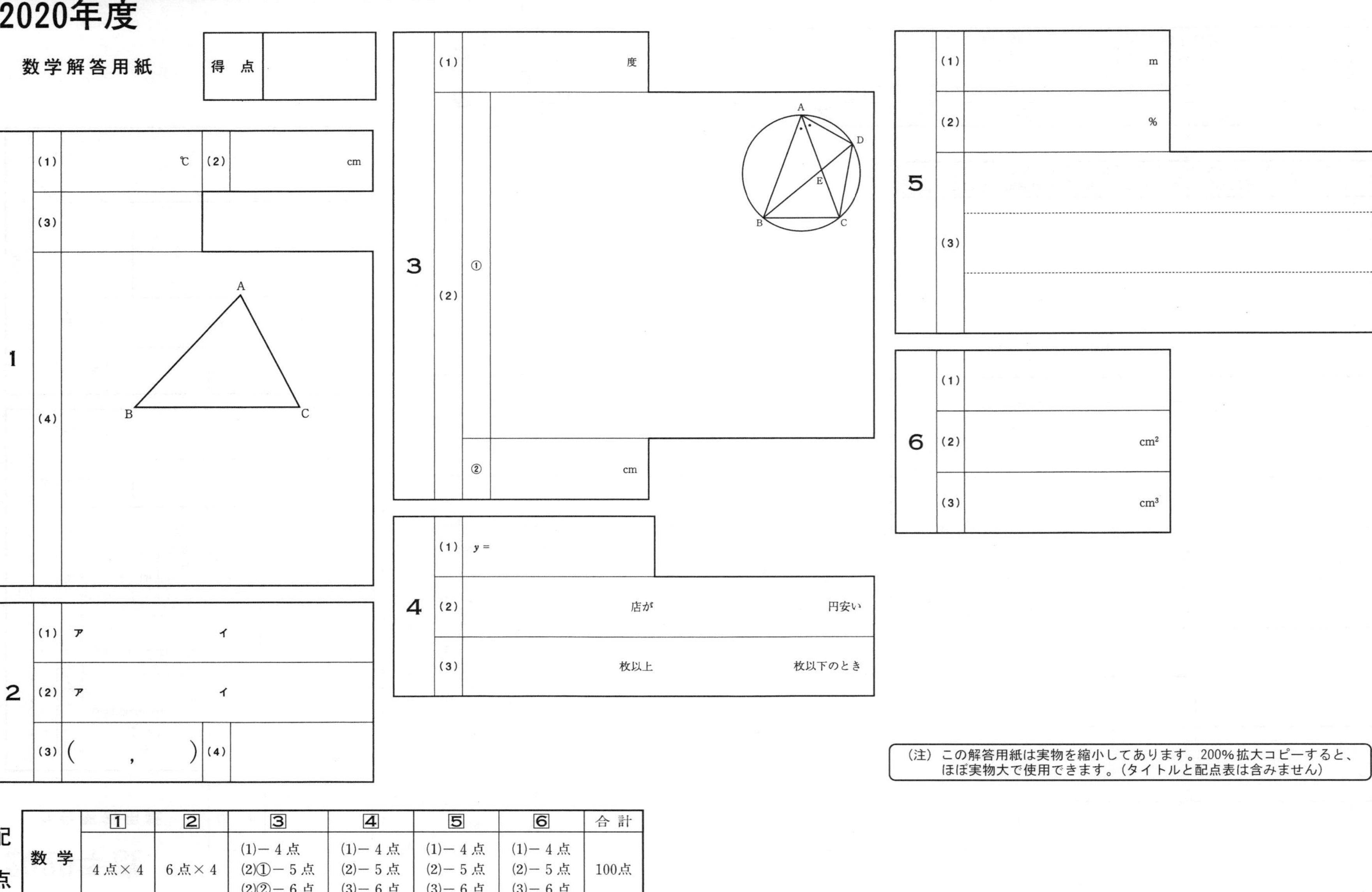

(注) この解答用紙は実物を縮小してあります。200%拡大コピーすると、ほぼ実物大で使用できます。(タイトルと配点表は含みません)

配点

	1	2	3	4	5	6	合計
数学	4点×4	6点×4	(1)−4点 (2)①−5点 (2)②−6点	(1)−4点 (2)−5点 (3)−6点	(1)−4点 (2)−5点 (3)−6点	(1)−4点 (2)−5点 (3)−6点	100点

2020年度

社会解答用紙

得　点

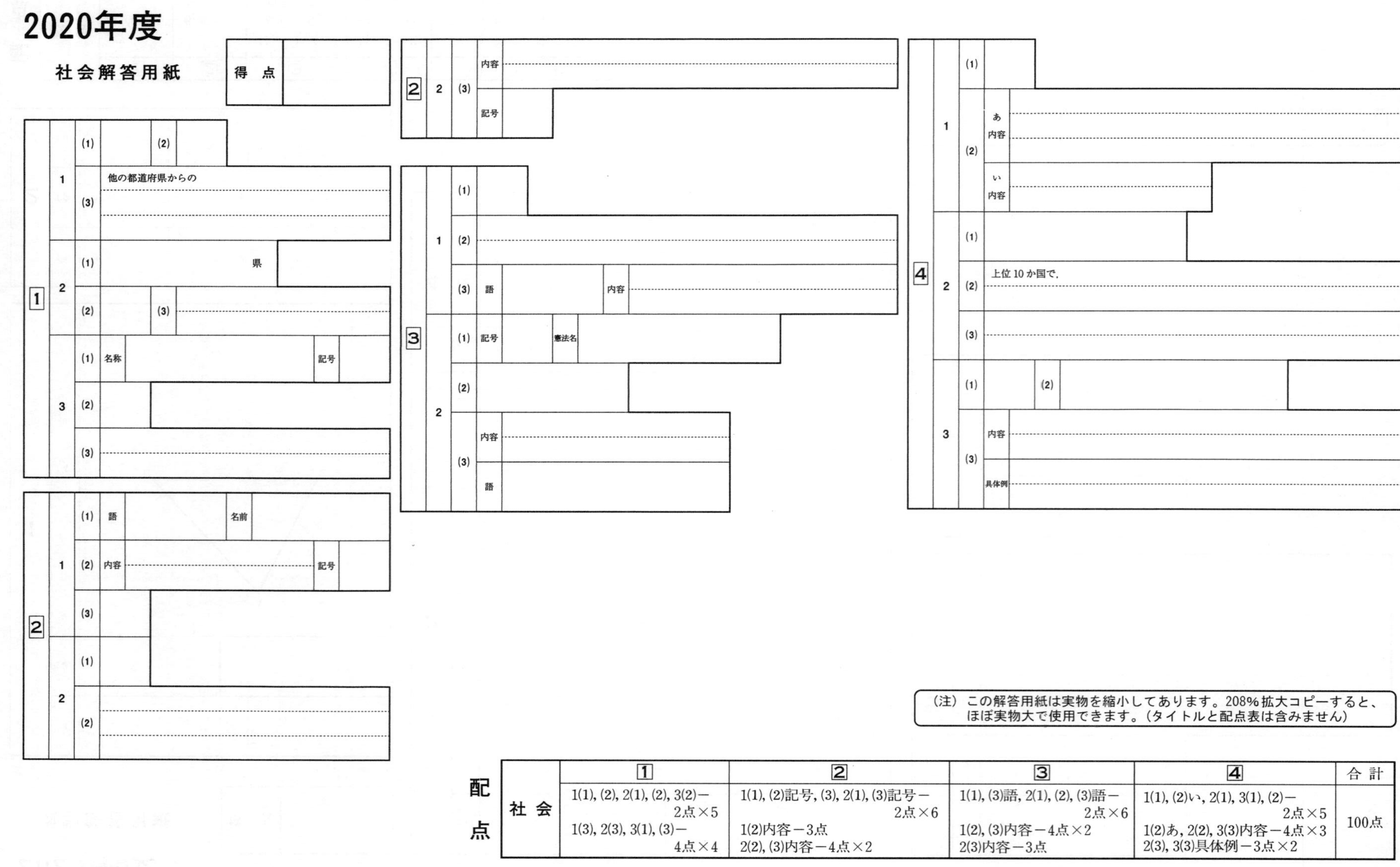

1
1 (1) (2)
(3) 他の都道府県からの
2 (1) 県
(2) (3)
3 (1) 名称 記号
(2)
(3)
2
1 (1) 語 名前
(2) 内容 記号
(3)
2 (1)
(2)
2 (3) 内容 記号
3
1 (1)
(2)
(3) 語 内容
2 (1) 記号 憲法名
(2)
(3) 内容 語
4
1 (1)
(2) あ 内容 い 内容
2 (1)
(2) 上位 10 か国で,
(3)
3 (1) (2)
(3) 内容 具体例

（注）この解答用紙は実物を縮小してあります。208％拡大コピーすると、ほぼ実物大で使用できます。（タイトルと配点表は含みません）

配点

	1	2	3	4	合計
社会	1(1), (2), 2(1), (2), 3(2)－2点×5 1(3), 2(3), 3(1), (3)－4点×4	1(1), (2)記号, (3), 2(1), (3)記号－2点×6 1(2)内容－3点 2(2), (3)内容－4点×2	1(1), (3)語, 2(1), (2), (3)語－2点×6 1(2), (3)内容－4点×2 2(3)内容－3点	1(1), (2)い, 2(1), 3(1), (2)－2点×5 1(2)あ, 2(2), 3(3)内容－4点×3 2(3), 3(3)具体例－3点×2	100点

※ 1 3(1)は完答。

2020年度

理科解答用紙

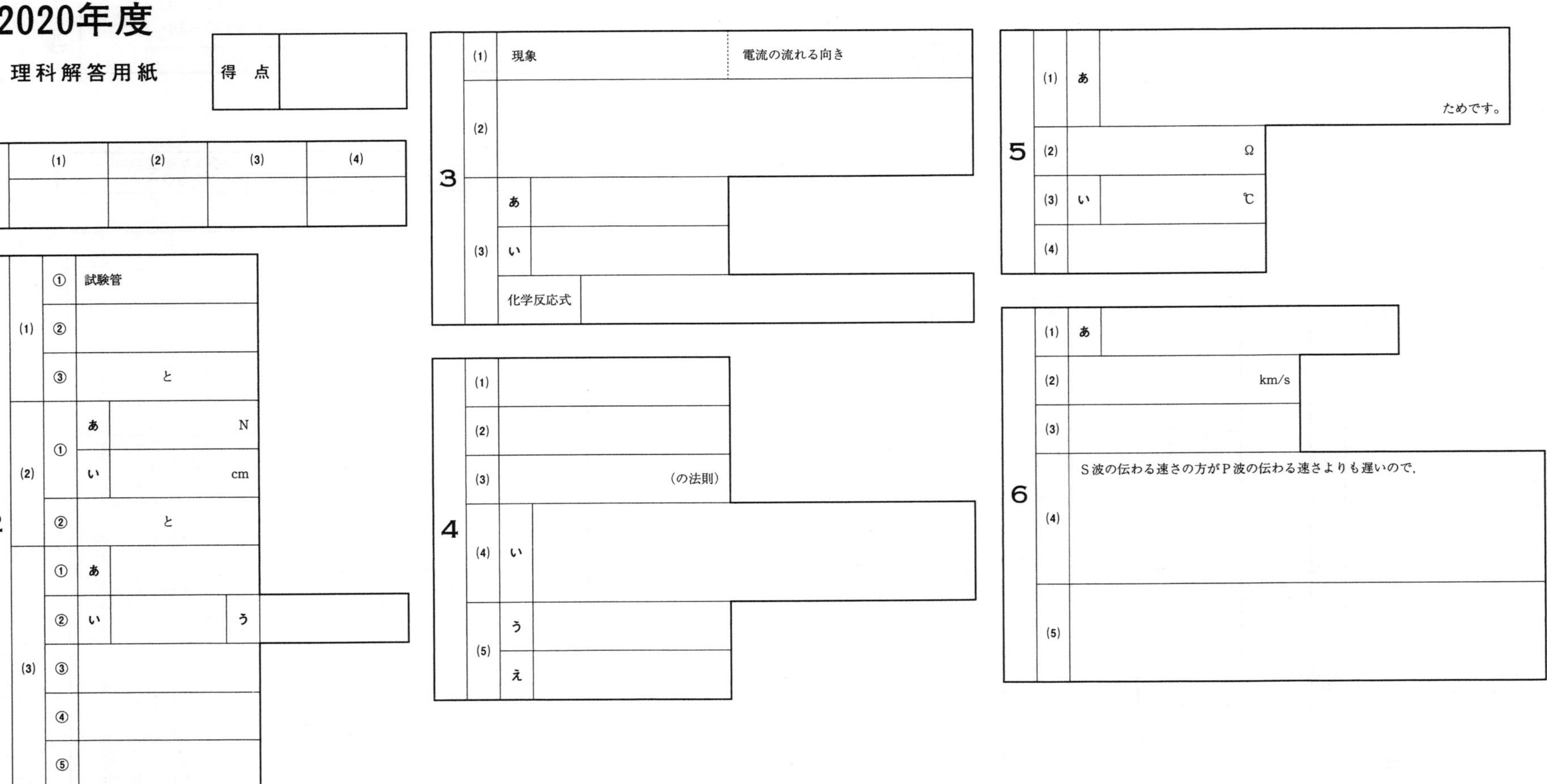

得点	

1

(1)	(2)	(3)	(4)

2

(1)	①	試験管	
	②		
	③	と	
(2)	①	あ	N
		い	cm
	②	と	
(3)	①	あ	
	②	い	う
	③		
	④		
	⑤		

3

(1)	現象	電流の流れる向き
(2)		
(3)	あ	
	い	
	化学反応式	

4

(1)		
(2)		
(3)	（の法則）	
(4)	い	
(5)	う	
	え	

5

(1)	あ	ためです。
(2)		Ω
(3)	い	℃
(4)		

6

(1)	あ	
(2)		km/s
(3)		
(4)	S波の伝わる速さの方がP波の伝わる速さよりも遅いので,	
(5)		

配点

	1	2	3	4	5	6	合計
理科	3点×4	(1), (2), (3)③～⑤－2点×9 (3)①, ②－3点×2	(1)－4点 (2), (3)－3点×4	(1), (3)－3点×2 (2), (5)－2点×3 (4)－4点	4点×4	(1)～(3), (5)－3点×4 (4)－4点	100点

※2(3)②, 3(1)はそれぞれ完答。

（注）この解答用紙は実物を縮小してあります。200%拡大コピーすると、ほぼ実物大で使用できます。（タイトルと配点表は含みません）

二〇二〇年度

国語解答用紙

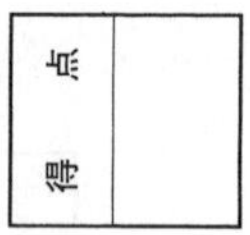

一
(一) (1) (2) し (3)
(二)
(三)
(四)
(五)

二
(一) (1) (2) (3) め
(二)
(三) こと
(四) 初め 終わり
(五)

三
(一)
(二)
(三)
(四)
(五)
(六)

四
(一)
(二)
(三)
(四)
(五)

(注) この解答用紙は実物を縮小してあります。200%拡大コピーすると、ほぼ実物大で使用できます。(タイトルと配点表は含みません)

配点

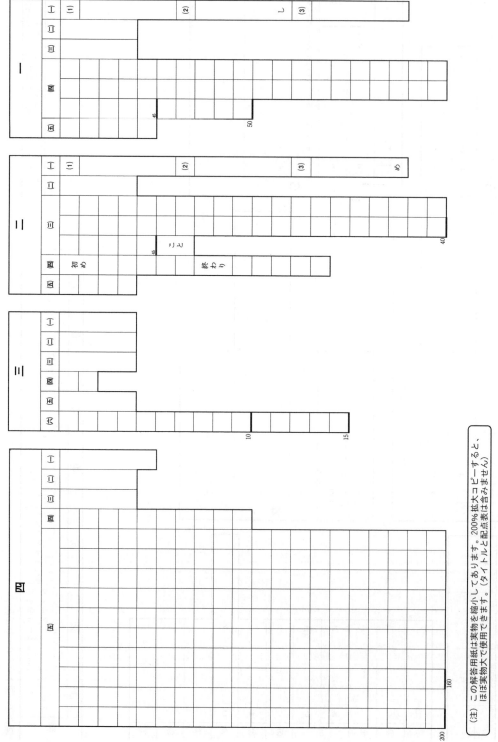

国語	一	二	三	四	合計
	(一)－3点×3 (二),(三),(五)－4点×3 (四)－6点	(一)－2点×3 (二),(四),(五)－5点×3 (三)－6点	(一)～(三)－3点×3 (四)～(六)－4点×3	(一)－3点 (二)～(四)－4点×3 (五)－10点	100点

2019年度

英語解答用紙

得点	

1

	No. 1	No. 2	No. 3	No. 4	No. 5
(1)					

	No. 1	No. 2	No. 3	No. 4
(2)				

	No. 1	No. 2
(3)		

(4)	
①	分間
②	

2

	①	②	③
(1)			

	④	⑤	⑥
(2)			

3

(1)

(2) → → → → → →

	①	②	③
(3)			

4

	①	②	③	④	⑤
(1)					

(2) 4 8

5

(1)

(2) ① ②

(3)

(4)

6

Hello, John.
Thank you for your e-mail.

30

40

See you soon.

（注）この解答用紙は実物を縮小してあります。200%拡大コピーすると、ほぼ実物大で使用できます。（タイトルと配点表は含みません）

配点

	1	2	3	4	5	6	合計
英語	(1), (2)―2点×9 (3), (4)―3点×4	2点×6	(1), (2)―3点×2 (3)―2点×3	(1)―2点×5 (2)―3点	(1), (3), (4)―3点×5 (2)―4点×2	10点	100点

2019年度

数学解答用紙

得　点	

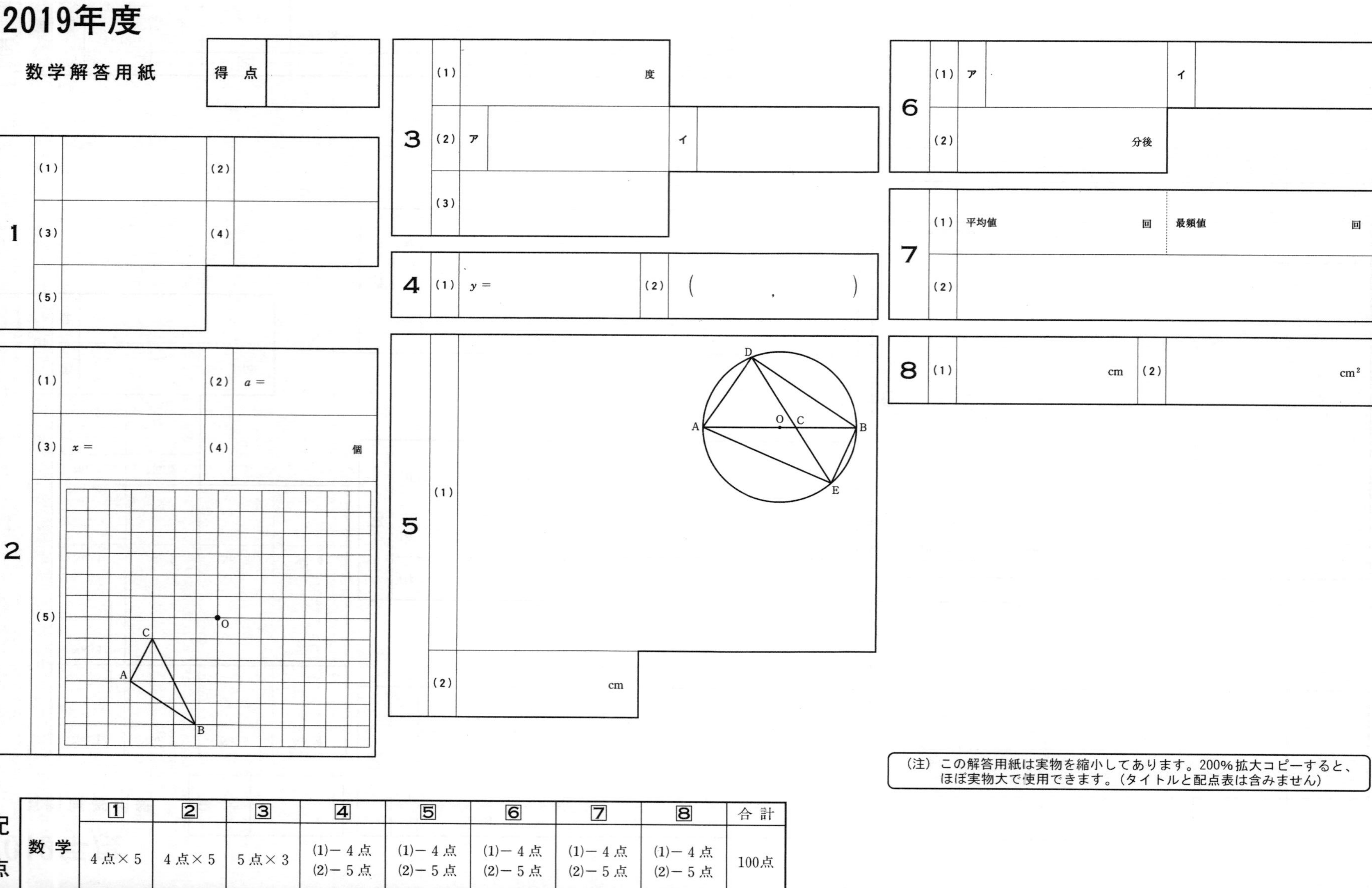

（注）この解答用紙は実物を縮小してあります。200%拡大コピーすると、ほぼ実物大で使用できます。（タイトルと配点表は含みません）

配点

	1	2	3	4	5	6	7	8	合計
数学	4点×5	4点×5	5点×3	(1)−4点 (2)−5点	(1)−4点 (2)−5点	(1)−4点 (2)−5点	(1)−4点 (2)−5点	(1)−4点 (2)−5点	100点

2019年度

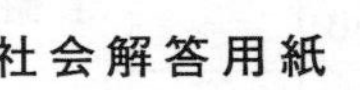

社会解答用紙

得点	

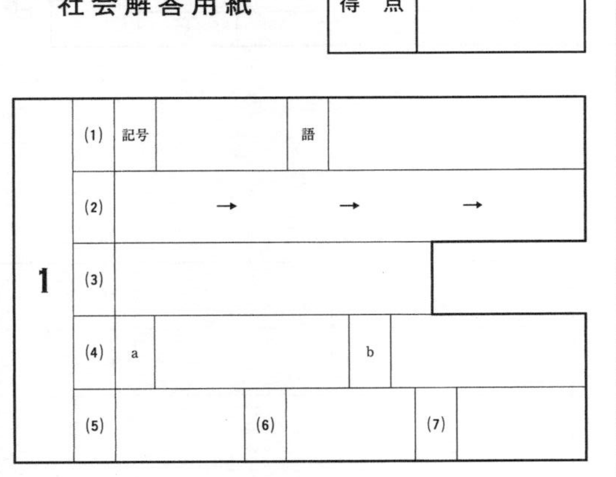

1

(1)	記号		語		
(2)	→ → →				
(3)					
(4)	a		b		
(5)		(6)		(7)	

2

(1)				
(2)	記号		語	
(3)	語			
	説明			
(4)	人物名		記号	
(5)	記号			
	正しい記述			

3

(1)	記号		語	
(2)	府庁または県庁所在地名	市	記号	
(3)	記号		海流名	
(4)	地形図上の長さ	cm	記号	
(5)				
(6)	記号		語	
(7)				
(8)	X			
	Y			

4

(1)	a		b	
(2)				
(3)	記号		語	
(4)	語		記号	
(5)	将軍名		記号	
(6)	説明	江戸時代の		
	語			
(7)	記号		条約名	
(8)				

（注） この解答用紙は実物を縮小してあります。200％拡大コピーすると、ほぼ実物大で使用できます。（タイトルと配点表は含みません）

配点

	1	2	3	4	合計
社会	(1)記号, (3)～(7)－2点×7 (1)語, (2)－3点×2	(1)－4点 (2)～(5)－2点×8	(1)～(7), (8)X－2点×13 (8)Y－4点	(1)～(5), (6)語, (7), (8)－2点×13 (6)説明－4点	100点

2019年度

理科解答用紙

得点	

1

(1)	(2)	(3)	(4)

2

(1)	あ	g	
	い	N	
(2)	① あ		
	① い		
	②		
(3)	①	②	
(4)			
(5)	あ	い	
(6)	①	②	

3

(1)		
(2)		
(3)	①	
	② 記号	生物名
(4)		
(5)		

4

(1)	
(2)	
(3)	
(4)	
(5)	

5

(1)	
(2)	
(3)	
(4)	g
(5)	

6

(1)	
(2) ①	
(2) ②	
(3)	
(4)	
(5)	(代)

配点

	1	2	3	4	5	6	合計
理科	3点×4	(1)～(3), (5), (6)－2点×10 (4)－4点	(1), (3)①, (4), (5)－2点×4 (2), (3)②－4点×2	(1)－2点 (2), (3)－3点×2 (4), (5)－4点×2	(1), (3), (4)－4点×3 (2), (5)－2点×2	(1), (5)－3点×2 (2), (3)－4点×2 (4)－2点	100点

※2(2)①，3(3)②，6(2)はそれぞれ完答

（注）この解答用紙は実物を縮小してあります。200%拡大コピーすると、ほぼ実物大で使用できます。（タイトルと配点表は含みません）

二〇一九年度

国語解答用紙

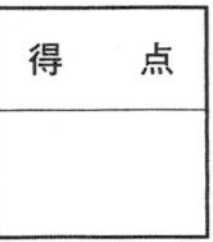

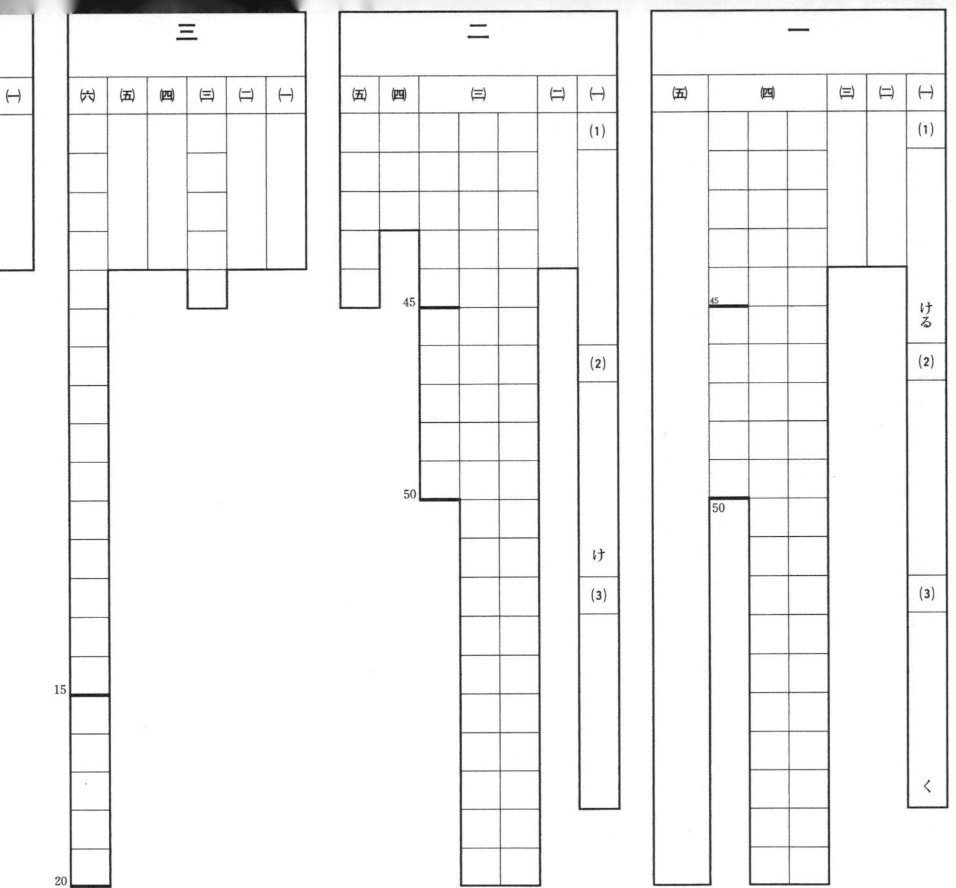

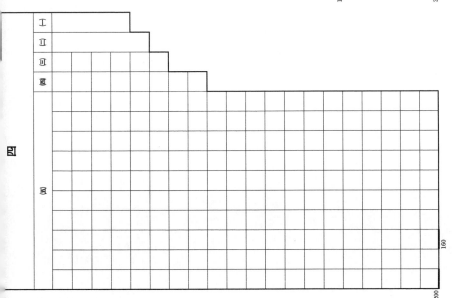

（注）この解答用紙は実物を縮小してあります。200％拡大コピーすると、ほぼ実物大で使用できます。（タイトルと配点表は含みません）

配点

	一	二	三	四	合計
国語	(一)－3点×3 (二), (三), (五)－4点×3 (四)－6点	(一)－2点×3 (二), (四), (五)－5点×3 (三)－6点	(一), (二), (四)－3点×3 (三), (五), (六)－4点×3	(一), (三), (四)－4点×3 (二)－3点 (五)－10点	100点

Memo

Memo

Memo